Rainer Ehrnsberger (Hrsg.)

Bodenmesofauna und Naturschutz
Informationen zu Naturschutz und Landschaftspflege in Nordwestdeutschland
Band 6

Geographisches Institut
der Universität Kiel
ausgesonderte Dublette

Inv.-Nr. 96/A36492

Rainer Ehrnsberger (Hrsg.)

Bodenmesofauna und Naturschutz

Bedeutung und Auswirkungen
von anthropogenen Maßnahmen

INFORMATIONEN ZU NATURSCHUTZ UND
LANDSCHAFTSPFLEGE IN NORDWESTDEUTSCHLAND
Band 6 mit 170 Abbildungen und 45 Tabellen

Herausgegeben vom Naturschutzverband Niedersachsen e.V.
(NVN, 1. Vorsitzender Dr. Remmer Akkermann) in Verbindung
mit der Universität Osnabrück, Standort Vechta.

Verlag Günter Runge, Cloppenburg 1993

Gedruckt mit finanzieller Unterstützung des Niedersächsischen Umweltministeriums sowie aus Spenden und Mitgliedsbeiträgen der BSH und des NVN

CIP-Kurztitelaufnahme der Deutschen Bibliothek

Bodenmesofauna und Naturschutz : Bedeutung und Auswirkungen von anthropogenen Maßnahmen ; mit 45 Tabellen / hrsg. vom Naturschutzverband Niedersachsen e.V. (NVN) in Verbindung mit der Universität Osnabrück, Standort Vechta. Rainer Ehrnsberger (Hrsg.). – Cloppenburg : Runge, 1993
  (Informationen zu Naturschutz und Landschaftspflege in
  Nordwestdeutschland ; Bd. 6)
  ISBN 3-926720-11-5
NE: Ehrnsberger, Rainer [Hrsg.] Naturschutzverband Niedersachsen; GT

Umschlagseite: *Rhagidia halophila* mit einem Collembolen,
Foto Rainer Ehrnsberger

Umschlagsentwurf und gestalterische Konzeption:
Dipl.-Des. Sylve Ehrnsberger

Druck: Druckerei Runge GmbH, Cloppenburg, Printed in Germany

Vorwort

Der vorliegende Band 6 der Informationen zu Naturschutz und Landschaftspflege in Nordwestdeutschland beschäftigt sich, im Unterschied zu den bisher erschienenen 5 Bänden, nicht mit dem "feuchten Element", sondern mit dem Boden, speziell mit den Bodentieren. Im Vordergrund stehen die Auswirkungen auf die Bodentiere, die durch unterschiedliche Bewirtschaftungsmaßnahmen hervorgerufen werden. Die Bodentiere wirken z. T. direkt und ganz wesentlich indirekt auf den Abbau der organischen Materie im Boden ein. Entgegen früheren Annahmen sind die Bodentiere nur zu etwa 10 % an der Energiefreisetzung durch Dekomposition beteiligt (einzelne Gruppen wie Tausendfüßer oder Asseln können unter bestimmten Voraussetzungen auch einen wesentlich höheren Anteil erreichen). Die Bedeutung aufgrund ihrer Steuerfunktion beim Abbau der organischen Substanz über Mikroorganismen ist dagegen weitaus größer, indem sie durch selektives Abweichen bestimmter Mikrobenstämme regulativ in die Abbauprozesse im Boden eingreifen. Außerdem sind sie stark an der Verbreitung der Mikroorganismen beteiligt. Damit kommt ihnen bei der Entstehung des Humus und der Erhaltung der Bodenfruchtbarkeit eine ganz wesentliche Rolle zu. Unter Bodenfruchtbarkeit kann die Fähigkeit des Bodens verstanden werden, die auf ihm wachsenden Pflanzen mit Mineralsalzen und Wasser zu versorgen und günstige physikalische, chemische und biologische Bedingungen vorzuhalten, sowie den Boden gegenüber schädigenden Umwelteinflüssen abzupuffern. Hieraus resultiert, daß die Bodenfruchtbarkeit Voraussetzungen schafft, auf lange Zeit gesunde Pflanzen und deren Früchte ernten zu können. Bodenfruchtbarkeit ist eine nicht meßbare Eigenschaft des Bodens, jedoch können Bodentiere als Bioindikatoren komplexe Zustände im Boden signalisieren, die sonst nur mit großem apparativen Aufwand (quantitative chemische Analysen) oder erst viel später erkannt werden können.
Ein wesentliches Merkmal des Bodens ist seine Unvermehrbarkeit. Alle Flächen, die durch Eingriffe verloren gehen, sind in der Regel unwiederbringlich verloren. In der öffentlichen Diskussion spielt der Boden eine Rolle als
— Industriestandort
— bebaubare Fläche (Straßen- und Wohnungsbau)
— Ressourcenlieferant (Kies, Mergel, Ton und Torf)
— Deponiefläche
— land- und forstwirtschaftliche Nutzfläche.
Er wird dagegen nicht so sehr als begrenzender Faktor für unsere Ernährung gesehen. Die natürliche Bodenfruchtbarkeit ist für den Bodenbesitzer oft nicht „faßbar", da sie auch nicht „handelbar" ist.
Der RAT VON SACHVERSTÄNDIGEN FÜR UMWELTFRAGEN stellte 1985 fest, „daß eine langfristige Schädigung der Regelungs- und Lebensraumfunktion der Böden infolge

nachteiliger Beeinflussung durch landwirtschaftliche Nutzung nicht ausgeschlossen werden kann". In diesem Band werden zuerst einige Grundlagen der Bodenzoologie vorgestellt und anschließend Umwelteinflüsse auf die Bodentiere erörtert. Den größten Umfang nehmen hier die Auswirkungen durch Eingriffe der Landwirtschaft ein. Es werden verschiedene Bodenbearbeitungsverfahren, Düngung, Kalkung, Pestizideinsatz und Schwermetallbelastungen untersucht. Ferner werden nicht nur die Auswirkungen auf die Bodentiere beschrieben, sondern auch analysiert, inwieweit sie als Bioindikatoren die veränderten Zustände anzeigen. Weitere Beiträge befassen sich mit Fragen des Biotopschutzes, Rekultivierungsmaßnahmen und Bodentieren in Uferregionen.

Die Mehrzahl der Arbeiten behandelt Milben und Springschwänze, die zahlenmäßig größten Gruppen der Mesofauna. Hierunter versteht man allgemein Bodentiere mit einer Größe von 0,2 bis 4 mm. Um den Gesamteindruck abzurunden, wurden aber auch Asseln und Doppelfüßer berücksichtigt. Im Gegensatz zu vielen früheren Untersuchungen sind in den Beiträgen dieses Bandes die Bodentiere nicht nach Gruppen, wie „Springschwänze", „Milben" oder „Raubmilben", zusammengefaßt und ausgewertet, sondern sogar bis zur Art bestimmt worden. Das erfordert einen hohen Arbeitsaufwand, weil von den Tieren mikroskopische Präparate hergestellt werden müssen, die zur Artbestimmung bei starker Vergrößerung im Mikroskop untersucht werden. Dieser Aufwand ist nötig, weil sich die Tiere sonst nicht auf Artniveau unterscheiden lassen. Von den beiden z. B. im Ackerboden lebenden Raubmilben der Gattung *Dendrolaelaps* bevorzugt *D. rectus* humosen Sandboden und mäßig feuchte Substrate, während *D. latior* auch in Komposthaufen und in altem Mist in der Erde gefunden wurde. Würden diese Milben (beide 0,4 mm) mit unterschiedlichen „ökologischen Ansprüchen" auf Gattungsniveau ausgewertet, so wäre eine differenzierende Aussage nicht möglich.

In diesem Band wurden die Untersuchungsgebiete nicht auf Nordwestdeutschland beschränkt, weil nicht bestimmte Gebiete unter Naturschutzgesichtspunkten untersucht werden, sondern die wichtige Tiergruppe der Bodenmesofauna. Gerade das westliche Niedersachsen wird durch eine intensiv wirtschaftende Landwirtschaft gekennzeichnet, und die daraus resultierenden Probleme werden an vielen Stellen sichtbar. Mit Bodenerosion, Überdüngung, Bodenverfestigung und Nitratauswaschung sollen nur einige Beispiele genannt werden. Deshalb ist es nur sinnvoll, z. B. die Untersuchungsergebnisse über Bodenbelastung durch Fungizide und Kupfer auf Springschwänze mit zu berücksichtigen, auch wenn diese in Süddeutschland an Hopfenkulturen gewonnen wurden. Erst jetzt ist andeutungsweise bekannt geworden, daß im Dümmerbereich wahrscheinlich durch Schweinegülle Kupferbelastungen im Boden auftreten, die die zulässigen Grenzwerte um ein Vielfaches übersteigen. Die Auswirkungen auf die Bodenfauna sind jedoch noch nicht untersucht. Ein Beitrag aus Polen befaßt sich mit der Wiederbesiedlung von Galmeihalden durch Vertreter der Mesofauna. Einige Artikel befassen sich mit dem Wald, wobei insbesondere die Bodenversauerung, die Kompensationskalkung und die Klassifizierung nach der Mesofauna eine Rolle spielen.

Der Titel dieses Bandes lautet „Bodenmesofauna und Naturschutz", wobei einige Leser sich vielleicht fragen, was die Bodentiere mit Naturschutz zu tun haben. Heute werden im allgemeinen Sprachgebrauch die Begriffe „Naturschutz" und „Umweltschutz" vereinfachend zu „Natur- und Umweltschutz" zusammengefaßt. Der Naturschutz befaßt sich konkret mit bestimmten Flächen, den darauf lebenden Organismen und mit Schutzmaßnahmen sowie speziell erlassenen Verordnungen. Im Vordergrund stehen also Lebewesen. Demgegenüber beschäftigt sich der Umweltschutz mit Emissionen, Immissionen und deren Belastungen sowie Reduzierung, z. B. durch Klärwerke, Rauchgasentgiftung, Entsorgung von Müll, Schallschutz und Energieeinsparung. Hier steht das technisch Machbare im Mittelpunkt, wobei der Bezug zu einer bestimmten Fläche nicht gegeben sein muß.

Gerade der schonende Umgang mit dem Boden sowie die ihn erhaltenden und gestaltenden Bodentiere soll das Anliegen dieses Bandes sein. Die Bodentiere sind klein und deshalb weitgehend unbeachtet. Daher gibt es für sie auch keine „Roten Listen".

Die Bodenorganismen haben in allen terrestrischen Lebensräumen eine fundamentale Bedeutung. Sie schließen als Destruenten im Ökosystem den Stoffkreislauf und ermöglichen den beiden anderen Gliedern die Existenz, indem sie die Nährstoffe den Produzenten verfügbar machen. Die Produzenten (Pflanzen) dienen den Konsumenten (Tiere) über verschiedene Stufen als einzige Nahrungsquelle. Ohne Bodenorganismen würde der Abbau der organischen Substanzen unterbleiben und der Stoffkreislauf wäre unterbrochen. Insofern spielen die Bodenorganismen bei der Erhaltung aller Lebensräume eine unverzichtbare Rolle und sollten deshalb auch bei allen Naturschutzmaßnahmen mit in die Überlegungen einbezogen werden.

Bei der Beurteilung der Auswirkungen von anthropogenen Einflüssen auf die Bodenmesofauna und damit auch auf die Bodenfruchtbarkeit sollte bedacht werden, daß bei den vorliegenden Arbeiten meistens nur ein Parameter variiert wurde und daß die Gesamtauswirkungen größer sind als die Summe aller einzelnen Auswirkungen. Um das Ausmaß der Veränderungen bei der Bodenmesofauna zu erfassen, sollten nicht nur Vergleiche unterschiedlich bewirtschafteter Flächen vorgenommen werden, sondern auch die zeitliche Entwicklung berücksichtigt werden. So konnten z. B. 1961 in Weinbergen noch 90 Collembolenarten gefunden werden, obwohl damals noch nicht einmal alle der heute bekannten Arten beschrieben waren. Heute findet man dagegen in Weinbergen und ähnlich intensiv bearbeiteten Hopfenfeldern etwa 30 Arten, oder trotz bester Bodenverhältnisse in Lößschwarzerde (in der ehemaligen DDR) wegen intensiver Bearbeitung nur noch 19 Arten. Dieser allgemeine Artenrückgang sollte uns stark zu denken geben und uns veranlassen, auch die kleinen, oft übersehenen Tiere bei Naturschutzüberlegungen mit zu berücksichtigen.

Dieser Band wendet sich an alle, die mit dem Boden zu tun haben. Als Zielgruppen kommen in Frage:
— Interessierte an Naturschutz und Landschaftspflege
— Naturschützer, Mitarbeiter in Naturschutzbehörden
— Repräsentanten in politischen Gremien und Verwaltungen
— Landwirte und Mitarbeiter in Landwirtschaftskammern und LUFAs
— Lehrer und Biologen.

Da die Beiträge in diesem Band sich mit der Bodenfauna befassen, hauptsächlich mit Milben und Springschwänzen (einige auch mit Asseln und Doppelfüßern), wurden die Literaturzitate der einzelnen Beiträge zu einer gemeinsamen Literaturübersicht am Ende dieses Bandes zusammengefaßt.

Der Herausgeber bedankt sich beim Niedersächsischen Umweltministerium für eine umfangreiche Zuwendung, ohne die dieser Band nicht hätte realisiert werden können.

Rainer Ehrnsberger

Inhalt

Vorwort 5

Teil 1: Allgemeines

EHRNSBERGER, R.: Bodenzoologie und Agrarökosysteme 11

KOEHLER, H.: Extraktionsmethoden für Bodenmesofauna 42

EISENBEIS, G.: Zersetzung im Boden 53

LEINWEBER, P. & H. J. SCHULTEN: Untersuchungen der molekular chemischen Zusammensetzung organischer Bodensubstanzen mit modernen analytischen Methoden 77

Teil 2: Wald

KRATZMANN, M., LUDWIG, M., BŁASZAK, C. & G. ALBERTI: Mikroarthropoden: Reaktionen auf Bodenversauerung, Kompensationskalkungen und Schwermetalle 94

RIPPLINGER, E. & G. ALBERTI: Die Isopoden- und Diplopodenpopulationen unterschiedlich bewirtschafteter Auwaldstandorte der Rastatter Rheinaue 111

KÖHLER, H.-R.: Der Einfluß von Schwermetallen auf den Dekompositionsprozeß in mitteleuropäischen Laubwäldern am Beispiel der Interaktion von Mikroflora und Diplopoden 125

FRITSCH, F.: Collembolen im Stammablaufbereich von Buchen 144

BŁASZAK, C. & G. MADEJ: Gamasina-Milben als differenzierendes Faunenelement in verschiedenen Waldtypen 166

Teil 3: Acker

FRIEBE, B.: Auswirkungen verschiedener Bodenbearbeitungsverfahren auf die Bodentiere und ihre Abbauleistungen 171

EHRNSBERGER, R. & F. BUTZ-STRAZNY: Auswirkung von unterschiedlicher Bodenbearbeitung (Grubber und Pflug) auf die Milbenfauna im Ackerboden 188

HEISLER, C.: Einfluß von mechanischen Bodenbelastungen (Verdichtung) auf Raubmilben und Collembolen in landwirtschaftlich intensiv genutzten Flächen 209

BUTZ-STRAZNY, F. & R. EHRNSBERGER: Auswirkungen von mineralischer und organischer Düngung auf Mesostigmata (Raubmilben) und Collembola (Springschwänze) im Ackerboden 220

KAMPMANN, Th.: Untersuchungen zu Auswirkungen unterschiedlicher ackerbaulicher Produktionssysteme (Dünger, Pflanzenschutzmittel) auf Bodenmilben 249

LÜBBEN, B. & B. GLOCKEMANN: Untersuchungen zum Einfluß von Klärschlamm und Schwermetallen auf Collembolen und Gamasiden im Ackerboden 261

Teil 4: Biotopschutz

BURYN, R.: Auswirkung von Pflegemaßnahmen (Schafbeweidung oder Mahd) auf Gamasida auf Magerrasen 280

BURYN, R.: Die oberfränkischen Hecken als Lebensraum für Bodentiere/Mesostigmata 294

SCHICK H. & K. KREIMES: Der Einsatz von Collembolen als Bioindikatoren . 309

Teil 5: Bodenbelastung und Rekultivierung

KOEHLER, H.: Chemikalienwirkung auf Bodenmesofauna am Beispiel des Pestizids Aldicarb 324

ULLRICH, B. & V. STORCH: Umweltschadstoffe und das Reaktionspotential terrestrischer Isopoda und funktioneller Gruppen der Bodenmikroflora: Überleben durch Anpassung? 340

UFER, A., SCHMIDER, F. & G. ALBERTI: Auswirkungen einer Bodenentseuchung auf die Populationen von Collembolen in Ackerbiozönosen . 355

FILSER, J.: Die Bodenmesofauna unter der landwirtschaftlichen Intensivkultur Hopfen: Anpassung an bewirtschaftungsbedingte Bodenbelastungen 368

BECKMANN, M.: Die Kleintierwelt in Kompostmieten und Komposten 387

MADEJ, G. & C. BŁASZAK: Untersuchungen über die Sukzession der Mesostigmata-Fauna (Acarina) auf verschieden alten Brachfeldern mit Galmei- und Bleiglanzabraum im Bergbau 397

Teil 6: Mesofauna in Uferregionen

ERNST, H., SIEMER, F., BÜCKING, J. & H. WITTE: Die litorale Milbenzönose auf Uferbefestigungen des Weserästuars in Abhängigkeit von Substrat und Salzgehaltsgradient 401

Literaturverzeichnis aller Arbeiten 417

Resolution der AG Bodenmesofauna 450

Rainer Ehrnsberger

Bodenzoologie und Agrarökosysteme

mit 12 Abbildungen und 1 Tabelle

Inhalt

1. Einleitung
2. Vertikalzonierung
3. Der Boden als Teilökosystem
3.1 Konsumenten-Nahrungskette
3.2 Detritus-Nahrungskette
3.3 Bedeutung der Bodentiere
4. Bodenmesofauna als Bioindikator
5. Agrarökosystem
5.1 Mechanische Bodenbearbeitung
5.2 Düngung
5.3 Pestizid- und Schwermetallbelastung
5.3.1 Pflanzenschutzmittel
5.3.2 Bodenentseuchungsmittel
5.3.3 Herbizide
5.3.4 Schwermetalle
5.4 Perspektiven für eine naturverträgliche Landwirtschaft
6. Mesofauna
6.1 Springschwänze
6.2 Milben
6.2.1 Prostigmata
6.2.2 Hornmilben
6.2.3 Mesostigmata

1. Einleitung

In der „Natur- und Umweltschutz"-Diskussion der letzten Jahrzehnte haben Gewässer- und Luftverunreinigungen im Vordergrund gestanden. Heute sind zwei- oder dreistufige Klärwerke, Katalysatoren am Auto und Rauchgasgiftung sowie in Ansätzen Müllvermeidung schon fast eine Selbstverständlichkeit. Kaum jemand erinnert sich noch an das Gejammer der Autoindustrie, als es vor 10 Jahren um die Einführung des Abgaskatalysators ging.

Die aktuellen Themen sind heute das „Ozonloch", die „Klimakatastrophe", Energieeinsparung und Müllprobleme (Beseitigung, Vermeidung und Recycling).

Der Boden als wichtige Ressource bleibt weitgehend unbeachtet. Täglich verschwindet in der Bundesrepublik durch Bebauung und Versiegelung eine Fläche von ca. 114 ha (errechnet nach Angaben des STATISTISCHEN JAHRBUCHS ÜBER ERNÄHRUNG, LANDWIRTSCHAFT UND FORSTEN 1992, aufgrund von Erhebungen aus den Jahren 1985 und 1989 sowie nach verschiedenen anderen Autoren), wobei 1 ha etwa der Größe eines Fußballplatzes entspricht.

Der Boden unterscheidet sich von den Ressourcen Wasser und Luft dadurch, daß man ihn so gut wie gar nicht „säubern" kann. Dabei stellt der Boden eine wichtige Lebensvoraussetzung für die auf ihm gedeihenden Pflanzen und die sich davon ernährenden Tiere dar. Er ist damit auch für die Ernährung der Menschheit unverzichtbar. Neben den heute einwirkenden negativen Umwelteinflüssen und direkten Auswirkungen der Landwirtschaft stellen die in der Vergangenheit oft sorglos abgelagerten Müllmengen eine weitere, schwer abschätzbare Belastung für den Boden dar.

Der Boden ist nicht eine amorphe Masse, sondern strukturiert und besteht aus einzelnen Horizonten mit den jeweiligen Bodenschichten. Wenn man sich auf dem Acker oder im Garten umschaut, so fällt dem Betrachter die riesige Ausdehnung auf; was man aber nicht sofort sieht, ist die nur sehr geringe Mächtigkeit. Auf einigen sandigen Böden ist manchmal nur eine 5 bis 10 cm dicke Humusschicht vorhanden, bei Ackerböden 30 — 40 cm. Diese, im terrestrischen Bereich alles Leben bedingende Humusschicht, ist im Verhältnis zum Erddurchmesser dünner als die Hülle einer Seifenblase.

Die Entstehung der Böden ist ein langwieriger Prozeß, bei dem physikalische, chemische und biologische Verwitterungsprozesse ablaufen. Je nach den klimatischen Verhältnissen, der Exposition, dem vorhandenen Wasser und dem Ausgangsgestein können verschiedene Bodentypen entstehen, wobei auch noch die Verwitterungsdauer und der Einfluß des Menschen eine Rolle spielen.

Die Zusammensetzung der Böden variiert zwar, jedoch lassen sich am Beispiel des Bodens eines frischen Laub-Mischwaldes die Bestandteile exemplarisch aufzeigen. Dieser Boden enthält 6% organische Substanzen, von denen 85% abgestorben sind (Bestandsabfall, Abbauprodukte und Humus). Der Rest besteht etwa je zur Hälfte aus lebenden Wurzeln und Bodenorganismen (Edaphon), was ungefähr 1% des Bodengewichtes ausmacht. Eine Hälfte des Edaphons entfällt auf Bakterien und Strahlenpilze, ein Viertel auf Pilze und das restliche Viertel auf Bodentiere.

Der RAT VON SACHVERSTÄNDIGEN FÜR UMWELTFRAGEN (1985) stellte fest, „der Boden wird entscheidend durch den Tatbestand der Belebtheit geprägt. Darüber hinaus

ist der Boden in seiner Entstehung, Entwicklung und Erhaltung vollständig von der Mitwirkung von Lebewesen oder biologischen Vorgängen abhängig."
In der Bodenzoologie gibt es verschiedene Ansätze, die Bodentiere zu klassifizieren. Die augenfälligste richtet sich nach der Größe.
— Mikrofauna (bis 0,2 mm): Einzeller
— Mesofauna (0,2 bis 4 mm): Nematoden, Bärtierchen, Rädertierchen, Milben, Springschwänze
— Makrofauna (4 bis 80 mm): Schnecken, Regenwürmer, Doppelfüßer, Hundertfüßer, Asseln, Insekten
— Megafauna (über 80 mm): z. T. Regenwürmer, Wirbeltiere.

Ein anderes Einteilungsprinzip geht von der Bindung an das Bodenleben aus, von permanenten (ständig) bis transitorischen (nur mit einem inaktiven Stadium) Bodentieren. Auch die unterschiedliche Bindung an das Wasser oder die Fortbewegungsweise (von aktiv grabend bis auf ein Hohlraumsystem angewiesen) wird zur Klassifizierung herangezogen.

Die Mesofauna kommt in kaum vorstellbaren Individuenzahlen im Boden vor (Abb. 1), wobei neben dem Bodentyp hauptsächlich die Bearbeitungsintensität ausschlaggebend für deren Menge ist. Die drei Standorte Laubwald, Wiese und Acker unterscheiden sich erheblich.

Wald

Unsere heutige Landschaft ist keine Naturlandschaft mehr, sondern eine Kulturlandschaft, bestehend aus Agrarökosystemen, die der Natur einst abgerungen wurden und stets gegen sie (mit vielen Eingriffen) aufrechterhalten werden müssen. Die Wälder sind heute fast ausschließlich Wirtschaftswälder, in denen zum Teil nicht standortgerechte Nadelhölzer (Fichtenacker) angebaut werden. In den Laubwäldern mit einer Streudecke und tief wurzelnden Bäumen finden wir für die Bodenmesofauna die höchsten Besiedlungsdichten (siehe Tab. 1).

Wiesen

Sie unterscheiden sich, wie auch der Acker, vom Wald dadurch, daß der größte Teil der Gesamtproduktion der Pflanzen entnommen wird und damit weniger organisches Material in den Detritovorenkreislauf (siehe 3.2) eingeht. Das dicke Wurzelwerk bedingt ein Hohlraumsystem, in dem viele Hornmilben leben können (Abb. 11). Insgesamt stellt die Bodentierwelt eine an Arten und Individuen verarmte Waldfauna dar, wobei die Arten fehlen, die auf größere Hohlräume angewiesen sind. Der heute zu beobachtende Trend, Dauergrünland in „Grasäcker" (mit Einheitseinsaat und 4 bis 5jährigem Umbruch) umzuwandeln, führt zu einer Arten-

	Wald	Grünland	Acker
Fadenwürmer	8.000.000	6.000.000	4.000.000
Milben	200.000	100.000	40.000
Springschwänze	100.000	80.000	20.000
Enchytraeiden	150.000	40.000	4.000

Tabelle 1: Vorkommen der Bodenmesofauna in verschiedenen Lebensräumen pro m²

verarmung der Vegetation und — was bisher weitgehend unberücksichtigt blieb — zu einer weiteren Artenverarmung und Abundanzerniedrigung der Bodentiere, mit der Folge, die Stabilität und die Selbstregulierungskräfte des Bodens weiter zu schwächen.

Acker

Durch ständig wiederkehrende Bodenbearbeitung, Einsatz von Dünger und Pestiziden sowie das lange Brachliegen (beim Mais 5 Monate im Jahr) und der da-

Abb. 1: Bodentiere aus einer Handvoll Waldboden

Abb. 2: Springschwänze, Anpassung an die Vertikalzonierung, 12x

Abb. 3: Pauropoden (Tausendfüßer) aus unterschiedlichen Bodenschichten, 30x

mit verbundenen Erosion sind auf dem Acker noch weniger Bodentiere zu finden. Es handelt sich hierbei um eine verarmte Wiesenfauna. Gehäuseschnecken, Asseln, Tausendfüßer und Hornmilben fehlen fast ganz.

2. Vertikalzonierung

Die physikalischen und chemischen Bedingungen sind im Boden nicht überall gleich. Das Hohlraumsystem nimmt von oben nach unten im Durchmesser ab, die Feuchtigkeit und der CO_2-Gehalt der Bodenluft zu. Auch die Helligkeit nimmt nach unten ab. Dadurch ergeben sich bestimmte Graduenten, denen sich viele Bodentiere angepaßt haben. Besonders deutlich läßt sich das bei den Springschwänzen beobachten. Die auf der Bodenoberfläche und in den obersten Schichten lebenden Springschwänze besitzen lange, gegliederte Antennen, relativ lange Beine und eine gut ausgebildete Sprunggabel. Die Körperdecke ist beborstet und pigmentiert, der Körper langgestreckt. Am Kopf befinden sich Anhäufungen von Punktaugen (Abb. 2).

Die in tieferen Schichten lebenden Springschwänze sind an ein engeres Hohlraumsystem angepaßt. Ebenso wie der gesamte Körper sind auch dessen Anhänge wie Antennen, Beine und Sprunggabel verhältnismäßig klein. Pigmentierung und Augen sind nicht mehr vorhanden, dafür befinden sich am Kopf „Feuchtigkeitssensoren" (siehe auch 6.1).

Die echten Tiefenformen sind noch kleiner und fast schon wurmförmig, blind und besitzen nur noch ganz kurze Extremitäten. Die Sprunggabel kann ganz reduziert sein.

Ähnliche Anpassungen an die unterschiedlichen Lebensbedingungen im Boden lassen sich auch bei Milben, Wenigfüßern (Abb. 3) und Insektenlarven beobachten. Wenn beim Pflügen die gewachsenen Bodenverhältnisse „auf den Kopf gestellt" werden, stellt dieses für die speziell angepaßten Bodentiere eine „Elementarkatastrophe" dar. Beim Vergleich unterschiedlich intensiver Bodenbearbeitungsmethoden (Pflug — Grubber — Direktsaat) läßt sich die Bearbeitungsintensität anhand der Bodentierabundanzen leicht feststellen (siehe Beiträge EHRNSBERGER & BUTZ-STRAZNY, FRIEBE in diesem Band).

3. Der Boden als Teilökosystem

Unter einem Ökosystem versteht man das Beziehungsgefüge der Organismengemeinschaft aus Tieren und Pflanzen untereinander sowie zu der von ihr besiedelten Lebensstätte. Die Verknüpfung der einzelnen Komponenten wird bedingt durch die physikalische Gliederung des Raumes, die Verteilung der organischen und anorganischen Stoffe und durch die biologische Beziehung der Ernährungsstufen. Diese Stufen sind: Produzenten, Konsumenten und Destruenten. Das Ökosystem wird durch zwei Grundprinzipien aufrechterhalten: Energiefluß und Stoffumsatz: Beide Vorgänge sind eng miteinander verbunden. Die Energie fließt durch das Ökosystem hindurch und hält den Stoffkreislauf in Gang.

Das Zusammenwirken der einzelnen Elemente in einem Ökosystem soll am Beispiel Wald erläutert werden (Abb. 4, stark vereinfacht).

Für unseren Gesamt-Energiegewinn auf der Erde kommt fast ausschließlich nur die Sonne in Frage. Ein Drittel der einstrahlenden Sonnenenergie wird bereits an den Wolken reflektiert. Die restliche Energie wird absorbiert, verbleibt damit eine Zeitlang auf der Erde und wird schließlich als Wärme wieder in den Weltraum abgestrahlt. Die grünen Pflanzen absorbieren als Produzenten ungefähr 40 bis 50% des auftreffenden Lichtes. Die vom Chlorophyll absorbierte Energie wird unter hohen Verlusten zu 1% chemisch gebunden, indem aus anorganischen Substanzen (CO_2) organische (Zucker) synthetisiert werden. Die Hälfte davon wird für die eigene Atmung verbraucht, so daß von der einfallenden Sonnenenergie nur 0,4% (Netto-Primärproduktion) für alle weiteren Abläufe zur Verfügung stehen.

3.1 Konsumenten-Nahrungskette

Als Produzent ist in dem Schema ein Laubbaum dargestellt, an dessen Blättern eine Raupe frißt. Dieser Pflanzenfresser stellt im Ökosystem den Primärkonsumenten dar, der die Energie aus der Netto-Primärproduktion für den eigenen Bau- und Betriebsstoffwechsel abbaut und dadurch Körpersubstanz bilden und seine Lebensvorgänge mit Energie versorgen kann. Nur ein geringer Teil der aufgenommenen Energie wird beim Konsumenten als tierisches Gewebe gebunden. Die für Arbeitsleistungen und biologische Prozesse benötigte Energie geht als Wärme verloren (weiße Pfeile rechts in der Abbildung), so daß für die nächst höhere Trophie-Stufe im Ökosystem, den Sekundärkonsumenten, — hier am Beispiel des Singvogels — weit weniger Energie (10 — 20%) zur Verfügung steht. Die Sekundärkonsumenten können die tierische Nahrung besser nutzen, da sie schon mehr der eigenen Körpersubstanz gleicht. Auch auf dieser Trophie-Stufe wird durch die Lebensvorgänge viel Energie in Wärme umgesetzt und über Exkrete und Exkremente energiereiche organische Substanzen abgegeben, d. h. aus der Nahrungskette ausgeschleust.

Auf die Sekundärkonsumenten folgen die Carnivoren (in diesem Beispiel ein Baummarder), der wiederum Beute eines Greifvogels werden kann.

Die Glieder dieser gedachten Nahrungskette (tatsächlich handelt es sich um ein weitverzweigtes Nahrungsnetz) setzen jeweils Energie frei und geben je nach Ernährungsbedingungen 10 bis 20% der aufgenommenen Energie als Biomasse weiter.

In einem Laubwald gehen etwa 10% der Laubproduktion in die Konsumenten-

Nahrungskette ein. Die übrigen 90% fallen im Herbst herab und liegen als Bestandsabfall auf dem Boden. Hier landen auch die Exkrete und Exkremente der Konsumenten sowie deren Leichen (wenn sie nicht vorher gefressen werden). Diese Bestandteile enthalten organische Substanzen und damit noch abbaubare Energie. Sie gehen in die Detritus-Nahrungskette ein, indem sie den Saprovoren, Koprophagen und Nekrophagen als Nahrung dienen und damit weiter abgebaut werden.

3.2 Detritus-Nahrungskette

Nachdem die wasserlöslichen Verbindungen aus dem Bestandsabfall (Blätter, Nadeln, Pflanzenreste, Zweige u. a.) herausgelöst worden sind und teilweise Mikroorganismen die Oberflächen besiedelt haben, wird ein Teil des Materials von Erstzersetzern wie Asseln, Doppelfüßern, Schnecken, Regenwürmern und Insektenlarven von Mücken, Blatthornkäfern und Köcherfliegen gefressen. Im Darmtrakt der Erstzersetzer wird die Oberfläche des Bestandsabfalls vergrößert und

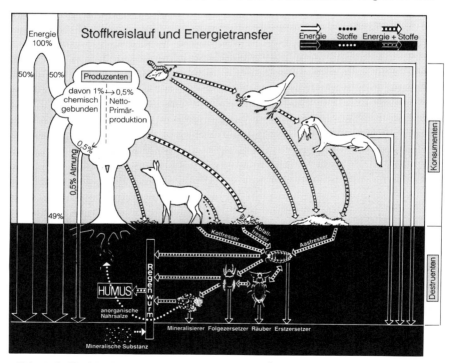

Abb. 4: Stoffkreislauf und Energiedurchfluß in einem Ökosystem, stark vereinfacht

Abb. 5: Pseudoskorpion (Räuber) mit nach vorn gestreckten Pedipalpen, 12x

Abb. 6: Erdläufer, einen Doppelfüßer fressend, 6x

die Mikroorganismen können sich vermehren. Unter guten Bedingungen können einzelne Erstzersetzer bis zu 20% des Bestandsabfalls aufarbeiten. Bei der Darmpassage werden nur ca. 10 bis 20% der pflanzlichen Nahrung aufgeschlossen und abgebaut. Die unverdauten Nahrungsbestandteile werden mit den Kotballen wieder ausgeschieden, die den Folgezersetzern wie Hornmilben (Abb. 11) und Springschwänzen (Abb. 8) als Nahrung dienen. Die organische Substanz wird dabei weiter schrittweise abgebaut. Ferner wird den Mitgliedern der Detritovoren-Nahrungskette Energie für ihre Lebensvorgänge freigesetzt. Auf diese Weise entstehen immer einfachere, energieärmere organische Verbindungen, die schließlich von Pilzen und Mikroorganismen (Mineralisierer) zu anorganischen Verbindungen abgebaut werden.

Im Boden leben auch viele Räuber wie Pseudoskorpione (Abb. 5), Raubmilben (Abb. 12), Hundertfüßer (Abb. 6) sowie Lauf- und Kurzflüglerlarven. Sie greifen regulativ in die Populationsentwicklung der einzelnen Organismengruppen ein und bedingen dadurch, daß sich die Beutetiere in einer ansteigenden Wachstumsphase ihrer Populationsentwicklung befinden und auf diese Weise zu großen Leistungen stimuliert werden. Das heißt, Raubmilben, Pseudoskorpione oder Kurzflügler begünstigen indirekt die Entwicklung der Springschwänze.

Am Ende des Abbaus der organischen Substanzen im Boden stehen die Mineralisierer wie Bakterien, Schleimpilze und Pilze, die die restliche Energie freisetzen und anorganische Substanzen als Stoffwechselendprodukt haben. Diese befinden sich nun auf dem "Null-Niveau" (in der Graphik ganz unten) und stehen als anorganische Nährsalze den Pflanzen (Produzenten) wieder zur Verfügung.

Der Abbau der organischen Substanzen durch die Destruenten verläuft tatsächlich komplizierter. Nicht alle Zwischenprodukte werden umgesetzt; einige reagieren auch untereinander. Die Durchmischer im Boden wie z. B. die Regenwürmer nehmen die unterschiedlich weit abgebauten organischen Substanzen gemeinsam mit mineralischen Substanzen auf und produzieren bei der Darmpassage die stabilen „Ton-Humus-Komplexe", die ganz wichtige Bestandteile des Humus bilden. Was allgemein als „Humus" bezeichnet wird, ist ein sehr heterogenes Gemisch von Huminstoffen und Nichthuminstoffen (siehe Beitrag Leinweber & Schulten in diesem Band). Obwohl der Gehalt an Humus im A-Horizont bei mineralischen Böden nur einen Anteil von 1 — 5% ausmacht, ist seine Bedeutung für die Fruchtbarkeit des Bodens immens groß. Der Humus spielt bei der Wasseraufnahme und -abgabe sowie für die Speicherung von Nähr- und Schadstoffen eine große Rolle. Ferner ist er für die Strukturstabilität und damit für das Verhalten des Bodens gegenüber mechanischer Belastung verantwortlich.

Die Humusbestimmung erfolgt durch Oxidation über Bestimmung des C-Gehaltes oder durch Ermittlung des Glühverlustes einer bei 105 °C vorgetrockneten Bodenprobe. Hierbei werden aber auch alle organischen, noch nicht humifizierten Substanzen erfaßt sowie Wurzeln und die Bodenorganismen. Deshalb ergibt sich für den Humusgehalt (wenn man darunter nur die Huminstoffe versteht) ein zu hoher Wert. Aus diesem Grund ist es zweckmäßiger, die Huminstoffe und die organischen Substanzen gemeinsam als Humus zu bezeichnen.

3.3 Bedeutung der Bodentiere

Die Bedeutung der Bodentiere besteht zum Teil in der direkten Beteiligung am Abbau der organischen Substanzen. Weitaus größer ist aber ihre Bedeutung durch ihre indirekte Beteiligung:
— Sie verbreiten die Mikroorganismen und regulieren deren Bestand.
— Sie steuern dadurch die Abbauvorgänge.
— Sie durchmischen den Boden und bilden das Poren- und Hohlraumsystem.
— Sie sorgen für die „Krümelstruktur" und für die „Lebendverbauung" mit Schleimen und Sekreten.

Neben diesen Tätigkeiten kommt den Bodentieren noch eine weitere Bedeutung zu. Sie verhindern eine allzugroße Anhäufung von toten Nährstoffen und ebenso eine zu rasche Mineralisierung, denn durch den Aufbau von körpereigener Substanz wird Energie festgelegt. Diese kann sogar in die Konsumenten-Nahrungskette zurückgeführt werden (z. B. durch Vögel, die Bodentiere fressen) oder sie wird verzögert abgebaut (durch Räuber oder Leichenfresser).

Am Abbau des Bestandsabfalls müssen jedoch nicht unbedingt die Saprovoren beteiligt sein. Bei der Kompostierung (siehe Beitrag BECKMANN in diesem Band) oder bei den Netzbeutelversuchen (siehe Beitrag FRIEBE in diesem Band) sind so gut wie keine oder gar keine Bodentiere beteiligt. Der Abbau wird nur durch die Reduzenten vorgenommen.

Unter tropischen Bedingungen läuft der Stoffabbau fast ohne Beteiligung der Bodentiere ab. Die absterbenden Pflanzen werden direkt durch die mikrobielle Zersetzung mineralisiert. Bei nur sehr geringer Humusauflage und großer Umsetzungsgeschwindigkeit können die dabei produzierten anorganischen Nährsalze von den Pflanzen nicht immer gleich genutzt werden und gehen somit durch Auswaschung verloren. Besonders groß ist der Verlust an Nährsalzen nach einer Brandrodung. Da die Speicherkapazität des Bodens für Nährsalze aufgrund der geringen Humusschicht sehr gering ist, nehmen die Ernteerträge schnell ab und der Boden versteppt.

4. Bodenmesofauna als Bioindikator

Die Bodentiere sind ganz wesentlich an der Bodenbildung und Bodenerhaltung beteiligt. Sie schaffen sich damit das Milieu, in dem sie leben und zeigen durch ihre Anwesenheit oder ihr Fehlen bestimmte Bedingungen oder Zustände im Boden an. Die nichtgrabenden Vertreter der Bodenmesofauna wie Milben und

Springschwänze sind besonders gut als Bioindikatoren geeignet. Folgende Merkmale zeichnen sie hierfür aus:
— hohe Korrelation zu kurzlebigen Mikroorganismen
— Lebensformtyp und Ernährung zeigen ökologische Ansprüche an
— hohe Individuendichte und Ortstreue
— unterschiedliche Empfindlichkeit gegenüber Giften
— keine widerstandsfähigen Dauerstadien
— schnelle Entwicklung (1 — 4 Generationen im Jahr).

In den Beiträgen dieses Bandes werden häufig die Auswirkungen der verschiedenen anthropogenen Einflüsse auf den Boden untersucht, wobei die Milben und Springschwänze als Bioindikatoren benutzt werden. Bei den Milben sind es hauptsächlich die Raubmilben (Gamasida). Das liegt daran, daß sie im Verhältnis zu anderen Milben besser untersucht sind und deshalb auch bessere Bestimmungsliteratur vorhanden ist. Außerdem kommen sie in allen Lebensräumen vor, im Gegensatz zu den Hornmilben, die im Acker fast gänzlich fehlen. Als Räuber stehen die Raubmilben am Ende des Nahrungsnetzes, sie ernähren sich von Nematoden, Enchyträen, Springschwänzen und Insekteneiern, wodurch sie als Bioindikatoren für das Bodenleben besonders geeignet sind. Ihre Abundanzen liegen in einer Größenordnung, daß Proben quantitativ ausgewertet werden können, die mit einem Probenstecher genommen und mit dem Macfayden-Ausleseapparat extrahiert wurden.

5. Agrarökosystem

Auch Agrarökosysteme werden von den beiden Grundprinzipien Energietransfer und Stoffumsatz geprägt. Während beim oben vorgestellten Laubwald von einem Stoffkreislauf gesprochen werden kann, ist beim Acker keine ausgeglichene Stoffbilanz vorhanden. Im Wald fließen 5 bis 10% der Nettoprimärproduktion durch die Konsumenten-Nahrungkette, die übrigen 90 bis 95% gehen als Bestandsabfall (Blätter, Totholz, abgestorbene Wurzeln und Früchte) in die Detritus-Nahrungskette ein. Auf dem Acker greift der Mensch nachhaltig in die natürlichen Vorgänge ein. Er entfernt die Feldfrüchte, teilweise sogar die ganzen Pflanzen und entnimmt damit dem System den größten Teil der energiehaltigen, organischen Stoffe. Diese fehlen dann in der Detritus-Nahrungskette, mit dem Ergebnis, daß sich weniger Bodenleben entwickeln kann und am Ende der Nahrungskette weniger Nährsalze für die Pflanzen zur Verfügung stehen.

Sowohl durch das Abernten als auch durch Pflanzenschutzmaßnahmen kommt es außerdem zur Zerstörung des natürlichen Hohlraumsystems und der Boden wird verfestigt. Diese Eingriffe versucht der Landwirt mit Düngung und mechanischer Bodenlockerung zu kompensieren. Im Idealfall werden dem Boden soviel Nährstoffe wieder zugeführt (einschließlich der kostenlosen Nitratdüngung in

Höhe von mindestens 24 kg N/ha aus der Luft), wie durch Ernte, Auswaschung und Freisetzung in die Luft verloren gehen. Wird mehr zugesetzt, als die Pflanzen verwerten, so können Überschüsse ins Grundwasser ausgewaschen werden. Dies ist z. B. möglich, wenn in agrarischen Intensivgebieten zu viel Gülle ausgebracht (entsorgt) wird. Hierbei spielt auch der Zeitpunkt der Gülleausbringung eine Rolle, denn wenn z. B. keine Pflanzen (Mais) auf dem Acker vorhanden sind (November — Mai), können die sofort pflanzenverfügbaren Nährstoffe (50%) nur bedingt gespeichert werden.

5.1 Mechanische Bodenbearbeitung

Der bei der Ernte und durch Pflanzenschutzmaßnahmen verfestigte Boden bietet weniger Bodentieren eine Lebensmöglichkeit. Auf diese Weise kann es zu einer Verzögerung bei der Dekomposition kommen. Bei hängigem Boden führt die Bodenverdichtung oft auch noch zu Oberflächenabfluß des Niederschlags und dadurch zu Bodenerosion. Der verdichtete Boden wird in der Regel durch Pflügen wieder gelockert. Allerdings wird hierdurch das natürliche Lückensystem im Boden zerstört, viele Bodentiere vernichtet und die Mikroorganismen zu höherer Aktivität veranlaßt, wodurch ein Humusabbau erfolgt und daraus resultierend eine Nitratfreisetzung. Bei Anwendung von schonenderer Bodenbearbeitung können diese nachteiligen Auswirkungen reduziert werden, ohne daß deutliche Ertragseinbußen auftreten. Der Aufwand für Herbizide fällt dann etwas größer aus. Die Abundanzen der Bodentiere sind dagegen jedoch erheblich größer (siehe Beitrag EHRNSBERGER & BUTZ-STRAZNY in diesem Band) und damit auch die Stabilität des Teilökosystems Boden und dessen Leistungsfähigkeit. Deshalb sollte der Landwirt versuchen, die Bodenbearbeitung so schonend wie möglich durchzuführen. Ein Ansatz hierzu ist, die Häufigkeit des Befahrens zu reduzieren und mehrere Arbeitsgänge zu vereinen. Auch der Einsatz von leichteren Maschinen gehört dazu. Dieses wird möglich bei einer weniger intensiven Bearbeitung, wenn statt des Pflugs der Grubber eingesetzt wird. Nasser Boden sollte möglichst nicht befahren werden, weil dann Verquetschungen auftreten und die Gefahr einer weiteren Verdichtung besonders groß ist. Auch die Bodenbedeckung spielt eine Rolle. Wenn beim Maisanbau nach der Ernte der Boden ein halbes Jahr lang brach liegt und dem Wind und Wetter ausgesetzt ist, kommt in der oberen Bodenschicht das Bodenleben zum Erliegen. Außerdem besteht — gerade bei sandigen Böden — die Gefahr einer erhöhten Erosion durch Wind und abfließende Niederschläge. Eine Zwischenfrucht vermindert diese negativen Auswirkungen und erlaubt es den Bodenorganismen, länger aktiv zu sein.

5.2 Düngung

Die durch die Ernte entnommene Biomasse führt zu einem Nährstoffentzug, den der Landwirt durch Düngung auszugleichen versucht. Hierzu stehen ihm Stallmist, Gülle und Mineraldünger sowie Klärschlamm zur Verfügung. Bei der früher praktizierten Stallhaltung mit Stroh-Einstreu waren Misthaufen auf dem Bauernhof die Regel. Der Stallmist konnte dort langsam verrotten, wobei der Strohanteil für eine gewisse Lockerung und als Kohlenstofflieferant diente. Der berühmte „Hahn auf dem Misthaufen" ist ein Zeichen dafür, daß der Misthaufen belebt ist, der Hahn sucht nämlich Würmer. Bei der Verrottung wurde durch mikrobielle Vorgänge ein Teil der organischen Verbindungen aufgespalten. Gut verrotteter Stallmist erhöht die Besatzdichte der Bodentiere direkt, indem er den Destruenten als Nahrung dient. Frischer Stallmist dagegen zeigt oft erst nach 11 Monaten eine positive Wirkung auf die Bodentiere. Im frischen Mist herrschen anaerobe Bedingungen. Ammoniak und Schwefelwasserstoff wirkt auf die Bodentiere stark toxisch. Zuerst erfolgt eine Aktivierung der Mikroorganismen, später stellen sich koprophage Destruenten ein, denen danach die „normalen Bodentiere" folgen. Schließlich vermehren sich die Milben, Springschwänze und Regenwürmer und zeigen eine erhöhte Bodenfruchtbarkeit an.

Die mineralische Düngung hat ebenfalls einen positiven Einfluß auf das Bodenleben, allerdings einen indirekten. Durch den Mineraldünger erfolgt ein vermehrtes Pflanzenwachstum mit stärkerer Wurzelbildung, wovon wiederum die Bodentiere profitieren. Der Mineraldünger selbst hat keine schädigenden Auswirkungen auf die Bodenorganismen, wenn sie nicht unmittelbar mit ihm in Kontakt kommen. Eine Kombination von gut verrottetem Stallmist und Mineraldünger fördert das Bodenleben am stärksten und damit auch die Bodenfruchtbarkeit.

Die Gülle ist eine Mischung aus Kot, Urin und Wasser und ebenfalls ein organischer Dünger. In den letzten Jahren hat die öffentliche Diskussion über die Gülle stark zugenommen. Durch die Einfuhr von billigen Futtermitteln aus Ländern der „Dritten Welt" wurde es den Landwirten ermöglicht, wesentlich mehr Tiere zu halten, als es die eigene Futtermittelproduktion zuließ. In einigen Landkreisen wird nur noch 10% des Futtermittelbedarfs produziert (Windhorst 1984). In der Massentierhaltung fallen dabei so große Güllemengen an, daß oft Gesichtspunkte der Abfallbeseitigung und nicht der Düngung im Vordergrund zu stehen scheinen. In der Öffentlichkeit werden folgende negativen Auswirkungen der Güllewirtschaft und Massentierhaltung diskutiert:
— Überdüngung der Äcker mit teilweise rückläufigen Erträgen
— Verschlammung des Bodens und damit Verschlechterung der Lebensbedingungen der Bodentiere
— Begünstigung der Erosion
— Gefährdung von bedrohten Tier- und Pflanzenarten

— Eutrophierung der Landschaft und „Vernesselung" weiter Landstriche (Brennesseln sind Nitratzeiger)
— Auswaschung des Nitrats ins Grundwasser
— Emissionen von pathogenen Keimen und Allergenen.

Es läßt sich nicht generell sagen, ob Gülle die Bodenorganismen schädigt. Das hängt von der ausgebrachten Menge pro Fläche, den Standortbedingungen, den Nutzpflanzen und dem Termin ab. Der Gülleerlaß Niedersachsens von 1983 regelt die Ausbringung. Danach darf in der Zeit von Ende Oktober bis Ende Februar keine Gülle ausgebracht werden. Als Höchstmenge ist eine Güllegabe von 3 Düngeinheiten pro Hektar zulässig. Als Dungeinheit gilt die Güllemenge, „die nicht mehr als 80 kg Stickstoff, bewertet als Gesamtstickstoff oder nicht mehr als 70 kg Phosphat, bewertet als Gesamtphosphat, enthält". Diese Obergrenze war nach Ansicht des RATES VON SACHVERSTÄNDIGEN FÜR UMWELTFRAGEN (1985)

> „zu hoch und selbst dann nicht akzeptabel, wenn eine zeit- und fruchtartengerechte Ausbringung gewährleistet ist".

Sei Januar 1990 ist durch eine Änderung der Gülleverordnung nur noch das Ausbringen von 2,5 Dungeinheiten erlaubt. Es ist zu erwarten, daß die Höchstmenge ab Januar 1994 auf 2 Dungeinheiten begrenzt wird (in Niedersachsen).
Für die Mikroorganismen (Reduzenten) konnte DOMSCH (1988) keine negativen Auswirkungen feststellen. Hierbei muß allerdings berücksichtigt werden, daß bei Untersuchungen über die Auswirkung von anthropogenen Einflüssen auf die Mikroorganismen nur deren Atmungsaktivität gemessen wird. Welche Artverschiebungen und welche Abundanzen auftreten, bleibt unberücksichtigt.
Bei den Bodentieren liegen unterschiedliche Ergebnisse vor. WEIL & KROONTGE (1979) untersuchten in einem fünfjährigen Versuch den Einfluß von Hühnergülle auf die Bodenarthropoden im Maisacker. Im Vergleich zur Nullparzelle wirkten sich Güllegaben von 2,3; 4,7 und 7,4 Dungeinheiten fördernd auf die Bodentiere aus. Selbst die empfindlichen Raubmilben hatten bei 4,7 DE/ha ihre größte Abundanz. Hierzu ist anzumerken, daß die ausgebrachten Güllemengen weder praxisorientiert noch erlaubt sind. Bei der Interpretation der Ergebnisse ist aber zu berücksichtigen, daß eine Beurteilung der Raubmilbenanzahl insgesamt nur wenig sinnvoll ist. Die ökologischen Ansprüche der einzelnen Raubmilben sind sehr verschieden und es ist durchaus wahrscheinlich, daß sich Milben der Gattung *Cheiroseius* stark vermehrt haben, die typisch für feuchte Böden sind und zersetzende Pflanzenteile sowie Dung bevorzugen. Es kann also wegen anaerober Verhältnisse im Boden zu einer Vermehrung einer Raubmilbengruppe gekommen sein und die hohe Abundanz der Raubmilben insgesamt ist kein Indiz für ein intaktes Bodenleben. Deshalb ist die Bestimmung der Raubmilben (und natürlich auch anderer Bodentiergruppen) unbedingt bis auf das Artniveau nötig. Nur so lassen sich aus den ökologischen Ansprüchen der untersuchten Tiere Rückschlüsse auf die Lebensbedingungen im Boden ziehen.

In der Arbeit von BUTZ-STRAZNY & EHRNSBERGER in diesem Band wird der Einfluß von mineralischer und organischer Düngung (Schweinegülle) in optimaler und doppelter Dosierung auf die Springschwänze und Raubmilben im Ackerboden untersucht. Ein negativer Einfluß der Gülle auf diese beiden Tiergruppen war nicht feststellbar. Das soll aber nicht heißen, daß Gülle keine schädigende Wirkung auf die Tiere dieser beiden Gruppen hat. Hierbei ist zu bedenken, daß die Bodenfauna im Acker eine ohnehin schon stark verarmte Wiesenfauna darstellt, die durch die intensive Bodenbearbeitung artenmäßig schon bereits stark dezimiert ist. Die Gülle ist dann für die verbliebenen Bodentiere wohl nur das „kleinere Übel". Regenwürmer werden durch Gülle stark gereizt und kommen an die Bodenoberfläche, wo sie oft ihren Räubern zum Opfer fallen oder den „UV-Tod" sterben.
Bei der Güllewirtschaft stellen die ins Grundwasser ausgewaschenen Nitrate wohl das Hauptproblem dar. Neben den bis jetzt erlaubten 2,5 Dungeinheiten wird oft zusätzlich auch noch Mineraldünger gegeben, zudem darf sogar noch Klärschlamm aufgebracht werden; die kostenlose Nitratfracht mit dem Regen (24 kg N/ha) nicht zu vergessen. Hieraus addiert sich eine Nitratfracht, die dazu geführt hat, daß das Grundwasser vielerorts bereits zu hoch belastet ist (mehr als 50 mg/l).
Neben dem Nitrat sollten in Zukunft vermehrt auch die Phosphatfrachten der Gülle beachtet werden, denn Phosphat ist im Gegensatz zu Nitrat im Boden nicht so mobil. Bereits heute wird schon ganz erhebliche Phosphatanreicherungen in einigen Böden festgestellt.

5.3 Pestizid- und Schwermetallbelastung

Der großflächige Anbau weniger, hochspezialisierter Kulturpflanzen bringt es mit sich, daß Krankheiten und Schädlinge gute Entwicklungsmöglichkeiten vorfinden. Sie können sich schnell ausbreiten, da durch die Flurbereinigung große, zusammenhängende Flächen geschaffen wurden. Hierbei wurden in der Vergangenheit auch Hecken und Flurgehölze beseitigt, so daß Räuber wie Laufkäfer, Schwebfliegen(larven) und Spinnen kaum noch Rückzugsgebiete haben, von denen sie die Felder bei Schädlingsbefall neu besiedeln können.
Gegen Krankheiten (Pilzbefall) und Schädlinge werden Pflanzenschutzmittel (PSM) eingesetzt. 1991 wurden in der Bundesrepublik 37.000 t (STATISTISCHES JAHRBUCH ÜBER ERNÄHRUNG, LANDWIRTSCHAFT UND FORSTEN 1992) in der Landwirtschaft ausgebracht. Etwa 300 verschiedene Wirkstoffe stehen zur Verfügung, die in ca. 1 000 Präparaten angeboten werden. Wenn diese auf dem Acker ausgebrachten PSM nicht schnell genug abgebaut oder durch einen zu geringen Humusanteil nicht gebunden werden können, versickern sie ins Grundwasser. Die Biozide der ersten Generation waren persistente, schwer abbaubare Produkte;

sie waren lipophil, folglich wenig wasserlöslich und damit im Boden wenig beweglich. Wegen der geringen Halbwertszeit wurden sie weit verbreitet und traten auch in Gebieten auf, in denen sie nie eingesetzt wurden (Arktis). Die heutigen Produkte sind viel kurzlebiger, jedoch aufgrund ihres bipolaren Charakters im Boden viel schneller beweglich und somit auch viel schneller im Grundwasser. Inzwischen sind 40 PSM im Trinkwasser nachgewiesen worden.

5.3.1 Pflanzenschutzmittel

Die Auswirkung von PSM auf die Mikroorganismen ist schwer feststellbar, da deren Population auch unter normalen Bedingungen erheblich schwankt. Teilweise ist eine Vermehrung bei den Mikroorganismen festzustellen, da diese positiv auf die damit verbundene zusätzliche Kohlenstoffgabe reagieren.

Die Wirkung der PSM auf die Bodentiere kann sehr komplex sein. Wenn allgemein die Springschwänze als gute Bioindikatoren gelten, so muß man bei der Beurteilung von Auswirkungen auf diese Tiere auch ihre Stellung im Nahrungsnetz beachten. Sie stellen für viele Raubmilben eine bevorzugte Beute dar. Nur so ist es auch erklärlich, weshalb nach einer PSM-Gabe die Springschwänze als gesamte Gruppe in ihrer Abundanz zunehmen. Der Grund liegt darin, daß ihre Räuber, die Raubmilben, viel stärker dezimiert werden und sich die Springschwänze dadurch so stark vermehren können (Abb. 7). Nach vier Monaten können die Raubmilben ihren Bestand stabilisieren und erst nach acht Monaten haben sie die ursprüngliche Populationsdichte wieder erreicht, zu einem Zeitpunkt, an dem das PSM abgebaut ist. Die Springschwänze erreichen gleichzeitig die größte Abundanz und werden zunehmend von den Raubmilben gefressen, bis sich auch bei ihnen nach über einem Jahr die ursprüngliche Populationsdichte wieder einstellt.

Regenwürmer sind gegenüber chlorierten Kohlenwasserstoff- Verbindungen relativ unempfindlich. Sie reichern das Gift im Körper an (bis zur zehnfachen Konzentration gegenüber ihrer Umgebung) und geben es in der Nahrungskette an die Vögel weiter.

5.3.2 Bodenentseuchungsmittel

In landwirtschaftlichen Spezialkulturen wie im Zierpflanzen- und Gemüseanbau können bodenbürtige Krankheitserreger und pflanzenschädigende Nematoden stark ertragsmindernd wirken. Hier werden unspezifisch wirkende Bodenentseuchungsmittel mit einem breiten Wirkungsspektrum eingesetzt, die die im und auf dem Boden lebenden Insekten, Pilze, Nematoden und Pflanzen (hier Unkräuter) vernichten. Nach einem totalen Zusammenbruch der einzelnen Populationen

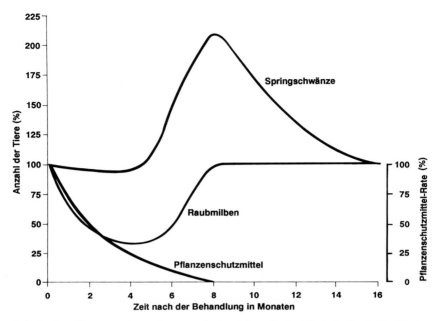

Abb. 7: Auswirkungen eines Pflanzenschutzmittels auf die Räuber- Beute-Beziehung (Schematisch), verändert nach EDWARDS (1969)

wird nach einigen Monaten die ursprüngliche Individuendichte wieder erreicht. Die Wiederbesiedlung durch epigäisch lebende und schnell laufende Tiere, wie Spinnen und Laufkäfer, kann vom Ackerrandstreifen und von Hecken aus geschehen (sofern diese noch nicht von der Flurbereinigung ausgeräumt wurden). Die im Boden lebenden Springschwänze besitzen diese Möglichkeit nicht (jedenfalls nicht innerhalb der Bewirtschaftungszyklen). Hier können Springschwänze aus tieferen Schichten die bei der Bodenentseuchung dezimierten Springschwänze der oberen Bodenschicht ersetzen (siehe Beitrag UFER et al. in diesem Band). Wird einige Monate nach der Entseuchung etwa die ursprüngliche Populationsdichte wieder erreicht, so jedoch durch weniger Arten. Erst nach acht Monaten stellen sich wieder vergleichbare Artenzahlen ein.

Bei den Raubmilben sind die Auswirkungen viel intensiver und nachhaltiger. Durch das als Nematizid und Insektizid wirksame Bodenentseuchungsmittel Aldicarb sterben die Raubmilben im Boden ab, die als non-target-Bodentiere eigentlich nicht beeinträchtigt werden sollten (siehe Beitrag KOEHLER in diesem Band). Nach acht Wochen baut sich langsam wieder eine Population auf, die auch nach einem Jahr die Verluste bei weitem nicht ausgleichen kann.

5.3.3 Herbizide

Herbizide werden in der Landwirtschaft eingesetzt, um unerwünschte Unkräuter zu beseitigen. Das erfolgte in großem Umfang beim Maisanbau, bei dem durch das inzwischen verbotene Atrazin die zweikeimblättrigen Unkräuter fast vollständig ausgeschaltet wurden. Da dieses Herbizid kaum gegenüber einkeimblättrigen Pflanzen wie dem Mais wirksam ist, haben sich einkeimblättrige Unkräuter wie Hirsearten und die Erdmandel (sehr schwer zu bekämpfen wegen der winterharten Knollen) zum Teil sehr stark vermehrt.

Die Bodentiere mit Ausnahme der Nematoden reagieren ausgeprägt empfindlich (POPOVICI et al. 1977) auf das Herbizid Atrazin, wobei die Empfindlichkeit proportional zur Konzentration des Mittels ist. Springschwänze und Raubmilben zeigen nach Atrazinanwendung eine Artenreduktion und eine Abundanzverminderung. Bei der Beurteilung der Auswirkung von Atrazin auf die Bodenfauna ist aber zwischen direkter und indirekter Wirkung zu unterscheiden. Allein durch den Wegfall der Unkräuter, die den Boden bedecken, entstehen andere mikroklimatische Bedingungen, z. B. durch größere Sonneneinstrahlung, Windeinwirkung und stärkere Verdunstung. Des weiteren wirkt sich die mechanische Unkrautbekämpfung stark dezimierend auf die Bodenorganismen aus.

5.3.4 Schwermetalle

Mit dem Mineraldünger, der Gülle, dem Klärschlamm und anorganischen Fungiziden kommen erhebliche Mengen Schwermetalle auf den Acker und damit in den Boden. Aber auch durch geogene Schwermetallfrachten, die durch Erzfördermaßnahmen (siehe Beitrag ULRICH & STORCH in diesem Band) noch verstärkt werden, treten Belastungen für die Bodenorganismen auf. Schwermetalle können nicht abgebaut werden. Gelangen sie mit der Nahrung in das Nahrungsnetz, so werden sie stets weitergegeben, bis zur Stufe der Mineralisierer. Von Springschwänzen ist bekannt, daß sie Schwermetalle bei der Häutung mit dem Mitteldarmepithel ausscheiden können und dadurch etwas toleranter als andere Bodentiere sind. Dies könnte auch die Ursache dafür sein, daß Springschwänze in stark schwermetallbelasteten Böden prozentual häufiger (bis 66%) auftreten als in anderen landwirtschaftlich genutzten Böden. Das gilt nur für die Individuenzahl, nicht aber für die Artenzahl. In Böden von Weingärten und Hopfenfeldern mit einer starken Schwermetallbelastung (siehe Beitrag FILSER in diesem Band) treten deutlich weniger Springschwanzarten als in Böden benachbarter Felder auf.

Auch bei Schwermetallbelastung durch Klärschlamm ist zu beobachten, daß die Artenzahl der Springschwänze abnimmt und einige Arten sich stärker vermehren (siehe Beitrag LÜBBEN & GLOCKEMANN in diesem Band). Möglicherweise nehmen die gegenüber Schwermetall scheinbar unempfindlicheren Arten zahlenmäßig den Platz der empfindlichen und dezimierten Arten ein. Ob sie es auch funktionell tun, bleibt fraglich. Die Raubmilben stehen am Ende des Nahrungsnetzes und sind deshalb als Bioindikatoren für die in den Boden eingebrachten Schadstoffe gut geeignet. Unbelasteter Klärschlamm — in vernünftiger Dosierung — fördert das Bodenleben. So werden durch die Vermehrung der Beutetiere (Nematoden und Springschwänze) auch die Raubmilben gefördert. Bei schwermetallbelastetem Klärschlamm hingegen reduziert sich das Artenspektrum ganz erheblich (siehe Beitrag LÜBBEN & GLOCKEMANN in diesem Band) und nur 2 Arten machen 94% der Gesamtindividuen aus. Bei der Klärschlammausbringung auf landwirtschaftliche Flächen können neben Schwermetallbelastungen auch Belastungen durch Dioxine, Furane, Biphenyle u. a. auftreten. Da in vielen Landkreisen aber nur der Schwermetallgehalt des Klärschlamms untersucht wird, sind viele Landwirte beunruhigt, weil sie eine Belastung ihrer Flächen befürchten. Dies könnte dazu führen, daß die Landwirte in Zukunft eingeteilt werden in solche, die keinen Klärschlamm auf ihren Flächen geduldet haben, und solchen, die der Ausbringung von Klärschlamm auf ihren Flächen (im Osnabrücker Raum für „Entschädigung" von 3 DM/m^3) zugestimmt haben. Wegen der Belastung durch o. g. Gifte, fürchten viele Landwirte, kämen die „Klärschlammentsorgungsflächen" in Zukunft nicht mehr für den Anbau von Nahrungsmitteln, sondern nur noch für nachwachsende Rohstoffe (Fasern, Öle, Alkohol) in Frage. Welche Auswirkungen diese Gifte auf die Bodenmesofauna und damit auch auf die Bodenfruchtbarkeit haben, ist zur Zeit noch völlig unbekannt.

5.4 Perspektiven für eine naturverträgliche Landwirtschaft

Anhand dieser Beispiele für unterschiedliche Bodenbearbeitung, Düngung, Pestizid- und Schwermetalleintrag in den Boden wird deutlich, daß alle Eingriffe mehr oder weniger negative Auswirkungen auf die Bodentiere haben. In vielen Fällen ist bei den Untersuchungen jeweils nur ein Parameter modifiziert worden, um exakt die von ihm bedingten Auswirkungen feststellen zu können. Auf die Bodentiergemeinschaften wirken aber viele Belastungen gleichzeitig ein. Hierbei ist zu bedenken, daß in dem Wirkungsgefüge die Gesamtbelastung für die Bodentiere um ein Vielfaches höher ist als die Addition der Einzelbelastungen. Die Auswirkungen sind nicht unbedingt an der Individuendichte einer Tiergruppe zu erkennen. Es kommt zur Artenverarmung. In einem einigermaßen intakten Boden kann nach Schädigung oder Ausschaltung einer Gruppe durch einen Eingriff eine andere deren Funktion übernehmen. Werden z. B. die Hornmilben vernichtet, so können Modermilben oder Fadenwürmer an ihre Stelle treten. Hierin ist eine gute Bestätigung einer ökologischen Regel zu sehen: Nur in Lebensräumen mit genügender Artenvielfalt können bei Ausfall bestimmter Gruppen die Prozesse noch so verlaufen, daß sie als normal zu bezeichnen sind. Bei einem reduzierten Artenspektrum nimmt bei einem Eingriff die Gefahr einer Destabilisierung erheblich zu und damit auch die Beeinträchtigung der Bodenfruchtbarkeit. Neben der chemischen Bodenentseuchung werden die Bodentiere durch die mechanische Bodenbearbeitung (Pflügen) am stärksten beeinträchtigt. Alle Eingriffe sollten auf das unbedingt Notwendige reduziert werden und der Aufwand an Dünger und chemischen Pflanzenschutzmitteln nicht prophylaktisch, sondern in Abhängigkeit von den Ergebnissen einer Bodenuntersuchung gestaltet werden. Hierbei sollten die Erkenntnisse des integrierten Pflanzenschutzes auch tatsächlich berücksichtigt und Pflanzenschutzmittel nach dem Schadensschwellenprinzip eingesetzt werden. Die Düngung sollte pflanzengerecht und nach dem ermittelten Nährstoffentzug erfolgen.

Angesichts der Nahrungsmittelüberproduktion in der EG, für die die Bürger 1991 ca. 70 Mrd. DM an Marktordnungskosten aufbringen mußten, werden zahlreiche Flächenstillegungsprogramme durchgeführt. Hierbei läßt der Landwirt einige Flächen eine bestimmte Zeit (5 Jahre) brach liegen oder darf sogar „Gründünger" anbauen. Gleichzeitig wird er aber versuchen, bei garantierten Festpreisen ein Maximum von seinen übrigen Flächen zu erwirtschaften, um bei geringer Gewinnspanne sein Auskommen zu haben. Dieser Weg führt zu einer immer stärkeren Intensivierung in der Landwirtschaft. Es darf aber nicht zu einer Zweiteilung der Landschaft kommen, indem auf der einen Seite extensiviert und auf der anderen Seite, bedingt durch den agrartechnischen Fortschritt, zunehmend intensiviert wird. Statt einer zeitlich begrenzten Flächenstillegung sollte die Extensivierung auf der gesamten Fläche angestrebt werden. Hierzu wären folgende marktpolitischen Maßnahmen geeignet:
— Produktionsobergrenzen
— Freigabe des Marktpreises
— Besteuerung von produktionsfördernden Mitteln (Dünger, Pflanzenschutzmitteln)
— Kopplung der Tierhaltung an die Fläche
— Begrenzung des Futtermittelimportes.
— Güllekataster

Langfristig sollte die Landwirtschaft nicht nur Nahrungsmittel, sondern Lebensqualität für alle produzieren. Die neu hinzukommenden Produktionsziele könnten heißen:
— Erhaltung der Bodenfruchtbarkeit
— Erhaltung der Trinkwasserqualität
— Artenvielfalt
— Erhaltung von alten Haustierrassen
— Erhaltung und Pflege nährstoffarmer Standorte, Feuchtwiesen, § 28a — Flächen usw.
— Pflege und Bewirtschaftung von Naturschutzgebieten

6. Mesofauna

Die Bodenfauna auf landwirtschaftlichen Flächen ist als verarmte Wiesenfauna anzusehen und hat sich an die dort herrschenden Bedingungen angepaßt. Die meisten Bodentiere sind auf den Äckern arten- und individuenmäßig schwach vertreten. Die kleineren Bodentiere mit einer hohen Fortpflanzungsrate können sich den wechselnden Bedingungen gut anpassen und erreichen teilweise hohe Abundanzen. Deshalb können die Tiere der Mesofauna in Ackerböden einen höheren Anteil an der Gesamtfauna haben als in ungestörten Böden. Die wichtigsten Vertreter der Mesofauna sind die Springschwänze und die Milben. Beide Gruppen besiedeln die verschiedensten Habitate und decken eine Vielzahl von ökologischen Ansprüchen ab. Sie sind deshalb oft Gegenstand agrarökologischer Untersuchungen und werden in fast allen Beiträgen dieses Bandes behandelt.

6.1 Springschwänze

Die Springschwänze gehören zu den Insekten. Sie werden häufig mit den Beintastern, Doppelschwänzen und Borstenschwänzen zu den Urinsekten zusammengefaßt. Im Gegensatz zu den übrigen Insekten hat diese Gruppe keine Flügel. Die Springschwänze sind kleine (0,3 bis 5 mm), zarthäutige Insekten. Ihr Körper ist gegliedert in Kopf, Brust und Hinterleib. Der Kopf trägt die beiden meist kurzen Gliederantennen, die bei einigen Arten (*Tomocerus longicornis*) verlängert und sekundär geringelt sein können.

An der Basis der Antennen liegen die Postantennalorgane, die als Feuchtigkeitssinnesorgane dienen. Die „Augen" bestehen aus einzelnen Punktaugen, die in ihrer Zahl je nach dem Lebensraum variieren. Die auf der Bodenoberfläche lebenden Arten haben bis zu 8 Punktaugen, bei den im Boden lebenden Arten können sie ganz reduziert sein. Die Mundwerkzeuge liegen in der Kopfkapsel und können kauend oder stehend saugend ausgebildet sein. Der Rumpf besteht aus drei Segmenten, von denen jedes ein Beinpaar trägt. Die Beine sind gegliedert und tragen am Ende gewöhnlich eine Klaue und ein borstenförmiges Empodium.

Der Hinterleib (Abdomen) besteht aus 6 Segmenten und besitzt einige Gliedmaßen. Am ersten Abdominalsegment befindet sich als Verschmelzungsprodukt der Ventraltubus, der am Ende paarige, ausstülpbare Bläschen oder Schläuche besitzt. Die Ausstülpungen dienen als Haftorgan und wegen ihrer dünnen Membran wahrscheinlich auch zur Atmung und Wasseraufnahme. Bei den Kugelspringern werden die schlauchförmigen Ausstülpungen auch noch als Putzorgan eingesetzt. Das vierte Abdominalsegment trägt die Sprunggabel, die namensgebend für diese Insektengruppe ist. Sie ist gegabelt und wird in der „Ruhestellung" nach vorn unter den Rumpf gebogen. Dort wird sie von zwei kleinen, gezähnten Fortsätzen gehalten. Bei Flucht können die Springschwänze sich mit der Sprunggabel vom Untergrund wegschleudern und sich so vor Feinden schützen. Eine solche Sprunggabel ist natürlich nur bei Oberflächenformen und Tieren der Laubstreu (mit entsprechenden Hohlräumen) wirkungsvoll. Bei den tiefer im Boden lebenden Springschwänzen (Isotomiden) ist die Sprunggabel kürzer ausgebildet und bei den echten Bodentieren ist sie fast ganz reduziert.

Die Körperoberfläche der Springschwänze kann pigmentiert sein und ausgeprägte Muster tragen (Oberflächenformen) oder unpigmentiert milchig-weiß (Tiefenformen) sein. Auch die Beborstung und Beschuppung zeigt in ihrer Ausbildung eine Abhängigkeit von der Vertikalzonierung.

Die Springschwänze lassen sich in zwei Gruppen einteilen. Die Kugelspringer besitzen einen kugelförmigen Hinterleib, an dem keine sichtbaren Segmentgrenzen vorhanden sind. Sie werden selten im Boden angetroffen, sondern halten sich hauptsächlich auf der Bodenoberfläche oder in der bodennahen Vegetation auf. Dort ernähren sie sich von Pollen, Algen und Pflanzenresten. Daß sie hierbei durch Fraß an Keimlingen zu Schädlingen werden, ist sicher die Ausnahme. Durch Pflanzenreste aus einer Zwischenkultur oder Gründüngung kann soetwas vermieden werden. Als Oberflächenformen sind die meisten Kugelspringer deutlich pigmentiert und tragen Muster (Verbergetracht).

Die andere Springschwanzgruppe repräsentiert den „Normaltypus". Diese Tiere sind eher langgestreckt (Abb. 8), besiedeln die Bodenoberfläche und je nach Bodenstruktur den Boden bis in die tieferen Schichten (entlang von Wurzelröhren bis zu 2 m Tiefe).

Neben der Sprunggabel zur Flucht vor Feinden besitzen einige Springschwänze „Pseudocellen", die als ringförmige Öffnungen über den ganzen Körper verteilt liegen können. Bei Reizung wird ein dünnes Häutchen zerrissen und eine toxische, zäh-klebrige Hämolymphe herausgepreßt. Diese Flüssigkeit verklebt vielen Raubmilben die Mundwerkzeuge, wobei gelegentlich sogar einige Raubmilben danach verenden. Bei den Onichiuriden sind die Pseudocellen auf dem Hinterleib gut als weiße Flecken zu erkennen.

Die Ernährung der Springschwänze kann recht unterschiedlich sein und damit auch die Ausgestaltung der Mundwerkzeuge. Die meisten Springschwänze besitzen kräftige Mandibeln mit starken Zähnen am Ende und einer Reibeplatte in der Mitte. DUNGER (1983) unterscheidet vier Ernährungstypen. Die meisten Springschwänze sind „Kauer", die Pilzhyphen, Pilzsporen und Blätter in einem bestimmten Rottegrad bevorzugen. Die Sporen werden nicht verdaut und mit der Losung ohne Veränderung wieder abgegeben. Hierdurch kommt es zu einer Beimpfung von weiterem Pflanzenmaterial.

Einige Springschwänze besitzen an den Mandibeln nur Reißzähne, mit der sie ihre Nahrung anritzen und den verdaulichen Inhalt aufsaugen („ritzende Sauger"). Bei einigen sind die Mundwerkzeuge nadelförmig ausgebildet und der

Abb. 8: Springschwanz *Orchesella* mit langen Extremitäten, 15x

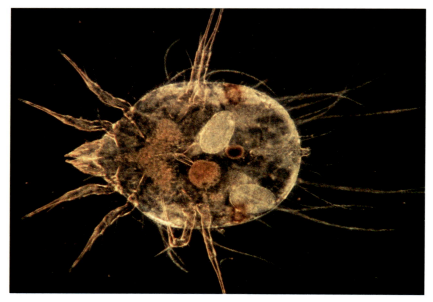

Abb. 9: Vorratsmilbe *Glycyphagus domestica*, mikroskopische Aufnahme, 120x

Abb. 10: Zwei Calyptostomiden an einer Schnakenlarve saugend, 15x

Abb. 11: Hornmilben mit einem Blattrest und Kotballen, 15x

Schlund funktioniert als Saugpumpe („stechende Sauger"). Die Mundwerkzeuge können auch besenartig verändert sein, so daß sie sich zum Zusammenfegen von Pflanzen- und Bakterienschleim eignen („kehrende Sauger").

Die Fortpflanzungsbiologie der Springschwänze ist interessant und zeigt eine deutliche Anpassung an den Lebensraum Boden, in dessen Hohlraumsystem eine fast 100prozentige relative Luftfeuchtigkeit herrscht. Die Männchen setzen mit ihrer Geschlechtsöffnung am fünften Abdominalsegment eine gestielte Spermatophore ab. Diese besteht aus einem Sekretstiel, der an die Unterlage geheftet wird. Auf dem Stiel befindet sich das Spermatröpfchen, das sich ohne eine spezielle Unterlage allein aufgrund seiner Viskosität am Stielende hält. Das Tröpfchen selbst besitzt auch keine weitere Hülle. Die Männchen können in 2 — 3 Tagen bis zu 200 Spermatophoren absetzen, was bei fünf Reproduktionsphasen bis zu 1000 Spermatophoren ausmacht. Die Spermatophoren werden ohne die Gegenwart von Weibchen abgesetzt, bestimmte Signale wie Fadenstraßen fehlen. Da Männchen und Weibchen nicht in Kontakt kommen, kann man bei ihnen auch nicht von Geschlechtspartnern sprechen. Die Weibchen nehmen das Sperma mehr oder weniger zufällig auf. Treffen sie auf eine Anhäufung von Spermatophoren und enthalten sie legereife Eier, so senken sie den Hinterleib und wischen mit der quergestellten Geschlechtsöffnung über die Samentröpfchen hinweg, wobei das Sperma aufgenommen wird. SCHALLER (1962) bezeichnet diesen Vorgang als „Indirekte Spermatophoren-Übertragung", weil es zu keiner Begattung und zu einer inneren Befruchtung kommt. Treffen Männchen auf Spermatophoren der eigenen Art, so überprüfen sie deren Zustand. Dazu stellen sie sich so, daß sich die Spermatophore zwischen der Basis der abgesenkten Fühler befindet. Durch „Kopfschütteln" wird das Alter der Spermatophore geprüft. Ist diese etwa 8 Stunden alt oder älter, frißt das Männchen sie auf und setzt an dieselbe Stelle eine neue.

Die Weibchen legen 1 bis 2 Tage nach der Spermaaufnahme in mehreren Perioden 200 bis 300 Eier ab. Innerhalb von einigen Monaten (von Art zu Art unterschiedlich und temperaturabhängig) wachsen die Jungtiere, die den erwachsenen Tieren sehr stark ähneln, heran und vollziehen dabei durchschnittlich 30 Häutungen.

Spermatophoren sind bei Bodentieren nicht selten und stellen wahrscheinlich ein ursprüngliches Merkmal bei Gliedertieren dar, deren Vorfahren wohl aus dem Wasser gekommen sind. In der feuchtigkeitsgesättigten Luft des Bodens ist die Gefahr des Austrocknens stark herabgesetzt. Bei den einzelnen Tiergruppen kann es bei der Spermatophorenübertragung (gestielte und ungestielte) zu Partnerbildung, Ritualtänzen, Signalstraßen, Duftsignalen oder Schutzeinrichtungen gegen Austrockung kommen. Die Spermatröpfchen können bei der Milbe *Rhagidia* (EHRNSBERGER 1977) auch auf Fäden (einzeln oder in Reihen) abgesetzt werden. Die Männchen der Milbe *Linopodes* setzen so viele fadenförmige Spermatophoren ab, daß ein Netz daraus entsteht (EHRNSBERGER 1988).

6.2 Milben

Die Milben (Acari) gehören gemeinsam mit den Spinnen, Weberknechten, Skorpionen, Pseudoskorpionen, Walzenspinnen und einigen anderen zu den Spinnentieren. Die auffälligsten Merkmale bei den Spinnentieren sind die 4 Laufbeinpaare, die 2 Paar Mundwerkzeuge, zudem ist kein deutlich abgesetzter Kopf vorhanden. Die Laufbeine sind relativ einheitlich gebaut, es sind eben Laufbeine. Bei den Mundwerkzeugen lassen sich größere Unterschiede feststellen. Das erste Paar sind die Cheliceren, die bei den Milben recht unterschiedlich ausgebildet sein können und bei den übrigen Vertretern der Spinnentiere immer dem Scherentyp ähneln. Auch die Taster (2. Mundwerkzeugpaar) können in ihrer Ausgestaltung stark variieren. Bei den Skorpionen und Pseudoskorpionen (Bücherskorpionen) sind die Taster zu riesigen Scheren umgestaltet, die zum Ergreifen der Beute, zur Verteidigung und zum Graben dienen. Auf den Scheren sitzen lange Tast- und Riechhaare. Bei den Weberknechten, Walzenspinnen, Milben und Spinnen ist der Taster laufbeinartig ausgebildet. Nur bei den Spinnen setzt das Männchen den Taster auch noch zur Spermaübertragung ein, er ist entsprechend kompliziert gebaut.

Anhand der Körpergliederung lassen sich die einzelnen Ordnungen unterscheiden. Der Körper ist meistens in ein Prosoma, bestehend aus dem Kopfteil und den vier Laufbeinsegmenten, und in ein Opisthosoma geteilt. Nur bei den Weberknechten und Milben sind die beiden Körperabschnitte verwachsen, wobei bei den Weberknechten deutlich die Segmentgrenzen zu erkennen sind, bei den Milben in der Regel nicht mehr.

Während alle anderen Spinnentiere sich ausschließlich räuberisch ernähren, sind bei den Milben alle Ernährungsweisen anzutreffen: Räuber, Pflanzenfresser, Detritusfresser, Tier- und Pflanzenparasiten, Gallenbildner. Sie sind relativ klein (0,5 bis 2 mm) und besiedeln viele Lebensräume: Boden, Pflanzen, Süßwasser und Meer. Zahlreiche Milben, die sich in der Natur von Sporen, Schimmelpilzen und Detritus ernähren, treten als Vorratsschädlinge in Wohnungen auf, in denen sie ideale Lebensbedingungen vorfinden. Zu ihnen gehört auch die Polstermilbe (Abb. 9), die sich hauptsächlich von getrocknetem, pflanzlichen Material ernährt. Etliche der Vorratsmilben sind als Allergenproduzenten bekannt geworden. Wegen ihrer Verzwergung ist die innere Körperorganisation oft vereinfacht, das Herz fehlt meistens und Atmungsorgane kommen nur gelegentlich vor. Die Larven der Milben haben nur 3 Paar Beine, das vierte tritt erst nach der Häutung zur Protonymphe auf. Normalerweise durchlaufen sie in ihrer weiteren Entwicklung drei Nymphenstadien, deren letztes sich zu den erwachsenen Tieren häutet.

Im folgenden Teil soll die Lebensweise einiger Milbengruppen vorgestellt werden, ohne auf die systematische Stellung und Verwandtschaft näher einzugehen.

Abb. 12: *Macrocheles superbus* an einem Entomobryiden (Springschwanz) fressend, 20x

6.2.1 Prostigmata

Die größeren Prostigmata (die Atemöffnungen liegen vorn) sind vorwiegend Räuber. Ihre Larven unterscheiden sich in ihrer Ernährungsweise; die eine Gruppe lebt ebenfalls räuberisch, während die andere auf Säugetieren oder Gliedertieren parasitiert. Die Sammetmilbe gehört zur letzten Gruppe. Die auffällig scharlachrot gefärbten Milben leben in den oberen Schichten des Bodens und fressen hauptsächlich Insekteneier. Ihre Larven parasitieren an Insekten.
Die Calyptostomiden (Abb. 10) bevorzugen staunasse Wiesen als Lebensraum. Sie besitzen rückziehbare Mundwerkzeuge, mit denen sie Insektenlarven anstechen können. Dabei injizieren sie Verdauungssaft in die Beute, wodurch das umliegende Gewebe verflüssigt und anschließend von der Milbe aufgesaugt wird. Die angestochenen Tipulalarven überleben dies nicht. Zu den Prostigmata mit räuberischen Larven gehören u. a. *Rhagidia* (siehe Titelseite) (EHRNSBERGER 1981), *Cunaxa* und die Schnabelmilben. Sie sind alle auffällig gefärbt und dünnhäutig. In ungestörten Lebensräumen kann man sie relativ häufig antreffen, im Ackerboden dagegen nur sehr selten.
Sehr viel häufiger sind die kleineren Prostigmata (0,3 mm) im Ackerboden (Tarsionomidae und Pygmephoridae). Sie saugen Pflanzensäfte, stechen Pilzhyphen an und ernähren sich von in Fäulnis befindlichen Pflanzenresten. Ihre Abundanzen

können ganz erheblich sein, bis zu 100.000 auf einem Quadratmeter. Ihre Anwesenheit deutet oft auf faulende Substanzen (Pflanzenreste, Mist u. a.) und auf anaerobe Bedingungen im Boden hin.

6.2.2 Hornmilben

Die Horn- oder Moosmilben (Oribatida) sind dick gepanzerte Milben mit einem mehr oder weniger kugeligen Habitus (Abb. 11). Einige können sogar den Vorderkörper gegen den Hinterkörper einklappen, was als Schutz gegenüber Feinden und Verdunstung anzusehen ist. Viele Hornmilben besitzen eine glänzende Körperoberfläche und sind nur spärlich beborstet. Als Saprovoren haben die Hornmilben eine große bodenbiologische Bedeutung. Neben einigen Spezialisten unterscheidet man Mikrophyten-, Makrophytenfresser und Nichtspezialisten (SCHUSTER 1956). Zu den Mikrophytenfressern zählt die kleine *Oppia*, die auch gelegentlich im Ackerboden zu finden ist. Sie weiden Beläge aus Pilzen, Hefen, Bakterien und Algen ab. Die Makrophytenfresser, die zu den Erstzersetzern gezählt werden, nehmen Laub- und Nadelstreu oder Holz als Nahrung zu sich, das bereits von Mikroorganismen besiedelt ist. Die meisten Hornmilben gehören zu den Nichtspezialisten und zeigen kein klares Nahrungswahlvermögen. Die Hornmilben sind, wie auch die Springschwänze, nicht nur direkt, sondern auch indirekt am Abbau der toten pflanzlichen Substanzen beteiligt, indem sie die Mikroorganismen durch ihre Fraßtätigkeit in ihrer Lebensaktivität intensivieren und ihre Sporen verbreiten. Auch in der Fortpflanzungsbiologie ähneln sie den Springschwänzen. Die Männchen setzen ebenfalls gestielte Spermatophoren ab, auch wenn keine Weibchen in der Nähe sind. In den intensiv bearbeiteten Ackerböden kommen Hornmilben nur selten vor, in der Laubstreu des Waldes können es bis 100.000 Individuen/m^2 sein.

6.2.3 Mesostigmata

Zu den Mesostigmata (die Atemöffnungen liegen an der Basis der 3. oder 4. Laufbeinhüften) gehören die Raubmilben, Schildkrötenmilben und Zecken. Sie sind relativ gut gepanzert und sehen bernsteinfarben aus. Die Mundwerkzeuge sind zwar je nach der bevorzugten Beute verschieden ausgebildet, gleichen aber doch weitgehend dem Grundtypus. Die Cheliceren sind immer scherenförmig, wobei die Länge und Bezahnung der Scherenfinger unterschiedlich sein kann. Die Raubmilben ernähren sich, wie der Name vermuten läßt, ausschließlich räuberisch, wobei gelegentlich auch Aas vertilgt wird (Macrochelidae). Als Nahrung kommen in Frage: Nematoden, Springschwänze, Enchytraeiden, Hornmilben, Prostigmata, Vorratsmilben und Insekteneier. Das erste Beinpaar ist oft dünner und länger als die übrigen Beine. Es dient nicht zur Fortbewegung, sondern wird tastend nach vorn gehalten. Trifft die Raubmilbe auf ein mögliches Beutetier, so stoßen die weit vorstreckbaren Cheliceren nach vorn und ergreifen die Beute, wobei sowohl die Taster, als auch die Beine mit eingesetzt werden können. An einer dünnen Stelle der Kutikula reißen die Cheliceren ein Loch und durchkneten das Gewebe (Abb. 12). Gleichzeitig wird Verdauungssaft in die Wunde gespritzt und das Gewebe verflüssigt (vorverdaut). Dieser Nahrungsbrei wird anschließend aufgesaugt. Größere Beutetiere wie Enchytraeiden werden gelegentlich von mehreren Raubmilben gemeinsam überwältigt (BLASZAK et al. 1990).

Viele Raubmilben werden an Dunghaufen und Mist angetroffen. Sie fressen dort die im Dung lebenden Fliegenlarven und Nematoden, die sich wiederum größtenteils von Bakterien ernähren. Die Deutonymphen der „Käfermilbe" (*Parasitus coleoptratorum*) können sich mit Hilfe der Cheliceren und der Haftlappen an den Beinen an Mist- und Aaskäfern festheften. Wenn die Futterquelle austrocknet, lassen sie sich so zu einem günstigeren Substrat transportieren. Dieses als Phoresie bezeichnete Verhalten schadet den Transporttieren nicht. Bei der Wiederbesiedlung von Ackerböden nach einer Entseuchungsmaßnahme spielt das phoretische Verhalten einiger Raubmilben sicherlich eine entscheidende Rolle.

Das zweite Beinpaar ist beim Männchen oft verdickt und trägt Apophysen und Dornen. Diese Beine dienen gelegentlich zum Graben und stets zum Anklammern an die Weibchen während der Spermaübertragung. Bei *Macrocheles superbus* leitet das Männchen die Kopulationsphase dadurch ein, daß es den Rücken des Weibchens mit den Beinen I betrillert (BLASZAK 1990). Das paarungsbereite Weibchen bleibt stehen und läßt das Männchen auf den Rücken steigen, das dann seitlich zwischen den Beinen II und III oder III und IV hindurch auf die Bauchseite des Weibchens zu gelangen versucht. Dort angekommen umklammert das Männchen mit seinen verdickten Beinen II die Beine III des Weibchens. Mit dem Rücken nach unten hängend beginnt das Männchen nach einiger Zeit mit der Spermaübertragung. Aus der männlichen Geschlechtsöffnung tritt eine Spermatophore aus, die durch „Nickbewegungen" des Gnathosoma an das Vorderende der Chelicere gebracht wird. Dort wird das Sperma vom Spermatodactylus (Anhangsorgan am beweglichen Finger der Chelicere) aufgenommen und auf den Extragenitalporus des Weibchens übertragen. Es kommt also zu einer direkten Spermaübertragung. Bei anderen Raubmilben (*Pergamasus crassipes*) überträgt das Männchen mit der Chelicere die Spermatophore direkt in die weibliche Geschlechtsöffnung.

Die Raubmilben besiedeln alle Schichten des Bodens. Die Oberflächenformen in der Laubstreu sind deutlich größer, stärker gepanzert und haben verhältnismäßig längere Beine als die in tieferen Schichten lebenden. Hier lassen sich, wie bei den Springschwänzen, unterschiedliche Ausprägungsgrade entsprechend der Vertikalzonierung erkennen. Die Tiefenformen, wie *Rhodacarus minimus* sind eher länglich, dünnhäutig, kurzbeinig und bewegen sich relativ langsam fort. Sie dringen bis in die hohlraumarmen Mineralschichten vor. Bei starker Bodenverdichtung nehmen die größeren Raubmilben in ihrer Anzahl stark ab und die kleineren Arten können über 90% der Raubmilbenfauna ausmachen. Aus der Faunenzusammensetzung in Bezug auf die Körpergröße läßt sich das Ausmaß der Bodenverdichtung erkennen (siehe Beitrag HEISLER in diesem Band).

Die Milben aus der Familie Phytoseiidae unterscheiden sich in ihrer Biologie von den übrigen Raubmilben. Sie ersteigen Pflanzen und jagen dort nach Spinnmilben. Neben tierischer Nahrung fressen sie auch Pollen und Sporen. Einige Phytoseiiden werden für die biologische Schädlingsbekämpfung in Gewächshäusern gezüchtet.

Anschrift des Autors:

Prof. Dr. Rainer Ehrnsberger, Universität Osnabrück, Standort Vechta, Postfach 15 53, W-2848 Vechta.

Hartmut Koehler

Extraktionsmethoden für Bodenmesofauna

mit 3 Abbildungen

Abstract

A survey of the most commonly used extraction methods for soil mesofauna is given. Mechanical and dynamic extraction procedures are discussed. Mechanical extraction is very efficient, but time consuming. Mobile and immobile stages as well as exuviae and dead animals are extracted equally well. Dynamic extraction methods rely on the mobility of the soil animals, which are in most cases expelled from the soil by using heat. Only mobile stages are extracted and the efficiency depends on soil type and humidity. Some suggestions for standardization are given.

Keywords

soil mesofauna, extraction, Enchytraeidae, Acari, Collembola

Inhalt

1. Einleitung
2. Probenahme
3. Extraktion
3.1 Mechanische Verfahren
3.2 Dynamische Verfahren
3.2.1 Nasse Extraktion
3.2.2 Trockene Extraktion
4. Bearbeitung des Extraktionsgutes

1. Einleitung

Bodentiere führen als „Unterwelt des Tierreichs" (SCHALLER 1962) ein verstecktes Dasein. Die Winzlinge unter den Bodentieren werden als Bodenmesofauna bezeichnet: Bodenkleinarthropoden von bis zu ca. 2 mm Körpergröße und Enchytraeiden, kleine unpigmentierte Verwandte der Regenwürmer. Aufgrund ihrer Kleinheit und ihrer versteckten Lebensweise werden sie meist übersehen, obwohl sie in großer Anzahl (in Größenordnungen von 10^5-10^6 Tieren/m^2) und großer Formenvielfalt buchstäblich unter unseren Füßen leben. Die Bodenmesofauna besitzt eine große Bedeutung für Bodenfruchtbarkeit, Regulation und Erhalt der Stoffkreisläufe und generell für die Aufrechterhaltung eines intakten ökologischen Gefüges, z. B. durch Räuber-Beute-Beziehungen. Die Kenntnis der Formen und ihrer Anzahlen, das Verständnis der Biologie und der ökologischen Interaktionen ist Voraussetzung für die Beantwortung der daraus resultierenden vielfältigen Fragestellungen, wie z. B. in den anwendungsorientierten Bereichen Indikation und Ökotoxikologie. Zahlreiche Methoden wurden entwickelt, um der Tiere habhaft zu werden und qualitative (Formenkenntnis) und quantitative (Siedlungsdichten) Befunde zu erarbeiten.

Die Entwicklung der Sammel- und Austreibapparate (Extraktionsgeräte) für Bodenmesofauna begann mit BERLESES (1905) Arbeiten und ist insbesondere von MACFADYEN (1953, 1955, 1961 u. a.) vorangetrieben worden. Im folgenden soll ein knapper Überblick über die gebräuchlichen Methoden gegeben werden, wobei prinzipielle Aspekte im Vordergrund stehen. Eine ausführliche Behandlung der Methoden geben DUNGER & FIEDLER (1989) und EDWARDS (1991).

2. Probenahme

Die Proben werden in der Regel mit einem Bodenbohrer entnommen, der im einfachsten Fall als Schlagrohr mit einem Schonhammer in den Boden eingetrieben wird. So können als intakte Bodenzylinder, vorsichtig aufgebrochen oder als Mischproben extrahiert werden. Die Art der Probenahme ist eng auf die verwendete Extraktionsmethode abgestimmt.

Die Probenahme mit Schlagbohrer erfordert mechanisch stabile Böden. Wassergesättigte Böden kollabieren bei der Probenahme, die Tiere werden zerquetscht, bzw. ihre Fluchtwege zerstört. Die Extraktionseffizienz ist folglich sehr niedrig (KOEHLER 1984).

Das Volumen der Bodenzylinder beträgt üblicherweise ca. 100 cm^3 bei Schichtdicken von nicht mehr als vier cm. Höhere Volumina beherbergen schwer handhabbar hohe Individuenzahlen und beschränken die statistischen Auswertungsmöglichkeiten wegen des geringeren bearbeitbaren Stichprobenumfanges. Bei zu hohen Schichtdicken müssen die Tiere während der Austreibung zu weite Wege zurücklegen, und die Proben trocknen schlecht durch.

Werden Proben aufgebrochen, muß eine Verschmieren der Poren vermieden werden. Die Fluchtwege sind kurz. Es muß darauf geachtet werden, daß Bodenbrocken nicht von allen Seiten austrocknen, denn dadurch würden sich die Tiere im Innern versammeln und dort schließlich zugrunde gehen.
Manchmal erscheint es sinnvoll, Material zahlreicher Einstiche aus einer Bodenschicht zu vermischen und diese Mischung zu beproben. Unter Verzicht auf Informationen über die Horizontalverteilung erhofft man, einen möglichst umfassenden Einblick ins Artenspektrum zu gewinnen und die natürliche Variabilität zu reduzieren. Ein Teil der Tiere wird jedoch je nach Bodenart und Wassergehalt beim Mischen zerquetscht, das zerstörte Porengefüge erschwert die Flucht. Die Variabilität der Befunde wird etwas geringer (PUSCHNIG 1991). Durch Mischen erreichte SCHEUER (in Vorb.) eine erhebliche Reduzierung der Variabilität für Gamasina-Abundanzen, wodurch ein Vergleich unterschiedlicher Extraktionsmethoden und -regimes ermöglicht wurde. Es ist zu betonen, daß wegen der geschilderten Einschränkungen Mischproben nur bei bestimmten Fragestellungen sinnvoll einsetzbar sind.

3. Extraktion

In der Bodenmesofaunistik werden zwei grundsätzlich verschiedene Extraktionsmethoden angewendet. Die mechanischen Verfahren nutzen das im Vergleich zum sie verbergenden Boden geringere spezifische Gewicht der Bodentiere, um sie aus dem Substrat aus- und aufzuspülen, wodurch eine Trennung von Tieren und Bodenpartikeln erreicht wird. Den dynamischen Methoden liegt im wesentlichen die Fluchtreaktion der Tiere vor einer Verschlechterung der Umweltbedingungen, speziell vor Hitze und Trockenheit, zugrunde.
Geräte zur Extraktion der Bodenkleintiere sind prinzipiell sehr ähnlich gebaut. Über einem Auffanggefäß befindet sich in einem Sieb die Bodenprobe. Über der Bodenprobe kann eine Wärmequelle angebracht werden, die Unterseite kann gekühlt werden. Derartige Geräte wurden Anfang des Jahrhunderts von BERLESE (1905) für systematisch-taxonomische Arbeiten benutzt. Für die gleichzeitige Extraktion mehrerer Proben und die Gewährleistung eines kontrollierten Temperatur- und Feuchtigkeitsregimes wurden nach diesem Prinzip die unterschiedlichsten Extraktionsgeräte gebaut.

3.1 Mechanische Verfahren

Mechanische Verfahren nutzen Unterschiede der Dichte und Benetzbarkeit, um die Bodentieren vom sie umgebenden Substrat zu trennen. Da sie sehr arbeitsaufwendig sind, werden sie trotz ihrer relativ hohen Effizienz in der Bodenmeso-

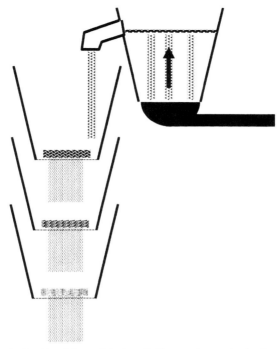

Abb. 1: Mechanische Extraktion: einfacher Spülapparat aus Joghurtbechern (500 ml). Das Substrat wird im Wasserstrom mit Hilfe eines Duschkopfes aufgeschwemmt. Materialien geringer Dichte gelangen über den Ausfluß in die Siebkaskade (Maschenweiten z. B. 1 mm, 0.5 mm, 0.2 mm).

faunistik weniger häufig angewendet als die dynamischen Verfahren. Eine große Bedeutung kommt ihnen im Zusammenhang mit Effizienz-Überprüfungen dynamischer Verfahren zu (z. B. EDWARDS & FLETCHER 1971, LASEBIKAN et al. 1978).

Bei den Flotationsmethoden wird der Boden in Wasser oder Salzlösungen höheren spezifischen Gewichts aufgspült, so daß die Tiere aufschwimmen und abgeschöpft oder dekantiert werden können. Diese Methode eignet sich für Böden, die sehr arm an pflanzlicher organischer Substanz sind. Mobile und immobile Stadien, aber auch Exuvien und tote Tiere werden mit gleicher Effizienz abgetrennt.

Im einfachsten Fall wird die höhere Sinkgeschwindigkeit mineralischer Betandteile genutzt, indem man den Boden in eine kleine Schale mit Wasser gibt und ihn kräftig aufwirbelt. Da die meisten Bodenkleintiere langsamer sedimentieren als die mineralischen Bestandteile, kann man sie nach kurzer Zeit dekantieren. Diese Methode erleichtert die Auszählarbeit, obwohl für quantitative Bestimmungen

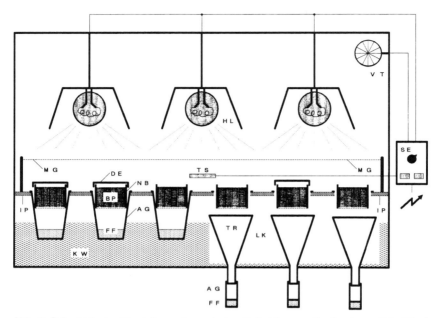

Abb. 2: Schematische Darstellung dynamischer Extraktionsgeräte (trockene Extraktion) vom Typ „MACFADYEN extractor": links „canister" Typ, rechts „high-gradient funnel" Typ. Einige Proben sind zugedeckelt abgebildet (feuchtes Regime), andere ohne Deckel (trockenes Regime). *HL* Heizlampe oder andere Heizung, *VT* Ventilator für Temperaturverteilung, *SE* Steuereinheit für Temperaturregelung, *MG* Maschengitter (um Temperatur gleichmäßig zu verteilen), *TS* Thermosensor für Temperaturregelung, *IP* Trag- und Isolierplatte, *BP* Bodenproben, *DE* Deckel, *NB* Netzbecher, *AG* Auffanggefäß, *FF* Fixierungsflüssigkeit, *KW* Kühlwasser, *TR* Trichter, *LK* Luftkühlung.

wiederholt flotiert und das Bodenmaterial nach rasch abgesunkenen Tieren geprüft werden muß. Sie ist zu empfehlen bei verschmutztem Extraktionsgut der dynamischen Methoden.

Flotationsmethoden werden häufig durch Flüssigkeitsströmungen und Siebkaskaden verfeinert (LADELL 1936, SALT & HOLLICK 1944, RAW 1955, 1962). Ein einfach aus Joghurtbechern und Duschkopf zu bauender Flotationsapparat mit anschließender Siebkaskade ist in Abb. 1 dargestellt. Der Boden (sandige Böden, ca. 10 — 20 g) wird über dem Duschkopf mit Wasser aufgewirbelt. Bestandteile mit niedrigem spezifischen Gewicht schwimmen auf und gelangen über den Überlauf in eine Siebkaskade mit Maschenweiten von z.B. 1 mm, 0.5 mm, 0.2 mm. Er eignet sich für qualitative Analysen der Bodenfauna und der pflanzlichen Bestandteile, insbesondere der feinen Wurzeln, Algen und Pilze. Bei Substraten mit hohem or-

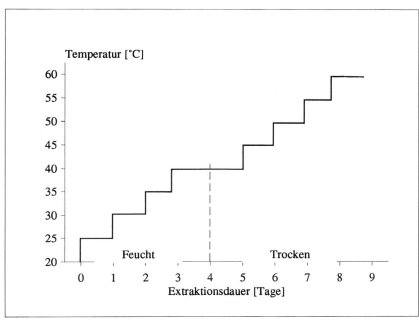

Abb. 3: Temperaturregime bei der MACFADYEN-Extraktion. Die Temperatur wird täglich um 5 °C erhöht. Während der ersten vier Tage bleiben die Proben zugedeckelt (feuchtes Regime). Nach dem Abdeckeln beginnt die Austrocknung der Proben (trockenes Regime). Durch Kühlung liegen die Temperaturen an der nach unten gewandten Probenseite um bis zu 15 °C niedriger. Gegen Ende der Extraktion erreichen die Temperaturen an der Probenunterseite nach Abschalten der Kühlung Werte über 40 °C.

ganischen Anteil, wie Torfböden, wird die unterschiedliche Benetzbarkeit der Oberflächen des pflanzlichen Materials und der Tiere durch organische Lösungsmittelzusätze genutzt (HALE 1964).

Quantitativ arbeitende mechanische Methoden erfordern einen relativ hohen technischen Aufwand. Das extrahierte Material ist in der Regel durch Detritus oder andere organische Materialien verschmutzt, so daß die Tiere aussortiert werden müssen, was sehr zeitaufwendig ist. Die beim Spülen und Flotieren benutzten relativ großen Gefäße können zu Verlusten durch an den Wänden anhaftende Tiere führen. Die Tiere haben während der Extraktion starke mechanische Beanspruchungen zu ertragen, die bei empfindlichen Organismen zu Deformierungen führen können. Trotz dieser Einschränkungen sind mechanische Verfahren hocheffizient. Für eine Abschätzung der Besatzdichten immobiler Stadien gibt es außer Handauslese keine anderen Methoden.

3.2 Dynamische Verfahren

Die dynamischen Verfahren sind in der Bodenmesofaunistik weit verbreitet. Durch sie wird eine meist sehr vollständige Trennung der Tiere vom Substrat erreicht, so daß saubere Proben mit vergleichsweise geringem Arbeitsaufwand (ca. 0.5 — 2 Stunden/100 cm^3 Boden) grob ausgezählt werden können. Grundlage der dynamischen Extraktion ist die Vorliebe der meisten Bodenkleintiere für kühle und feuchte Umweltbedingungen. Oberseitige Erwärmung von Bodenproben durch eine Heizquelle und damit häufig verbundene Austrocknung verschlechtern diese Verhältnisse, so daß die Tiere fliehen, schließlich aus den Proben herausfallen und mit untergestellten Gefäßen aufgefangen werden können. Mit dieser Methode werden ausschließlich aktive Stadien erfaßt.

Optimierungsarbeiten befassen sich neben baulichen Verbesserungen der Apparate im wesentlichen mit Problemen der Extraktions- Effizienz, die in drei Punkten zusammengefaßt werden können: zum einen sollen möglichst alle der im untersuchten Boden lebenden Individuen erfaßt werden, zum anderen soll die Methode für alle Böden gleichermaßen effizient und schließlich sollen äußere Faktoren, wie z. B. Witterung oder das Geschick des Betreibers, von geringem Einfluß auf die Effizienz sein. Leider werden profunde methodische Untersuchungen wegen ihres hohen Arbeitsaufwandes selten durchgeführt, so daß einige dieser Probleme erst zum Teil gelöst sind. Besondere Aufmerksamkeit wird in diesem Zusammenhang dem Extraktionsregime gewidmet, der Entwicklung der Temperatur- und Feuchteverhältnisse während der Extraktion.

Einige wenige Grundsätze müssen eingehalten werden, um die Aktivität der Tiere nicht durch die Methode zu beeinträchtigen: 1) Die Bodenporen dürfen nicht verschmiert oder zusammengepreßt sein, so daß die Tiere einer Verschlechterung der Umweltbedingungen nicht ausweichen können. Um eine Flucht durch zunehmend größere Poren zu ermöglichen, werden die Proben invers eingesetzt, d. h. die im Freiland tiefere Bodenschicht weist nach oben zur Heizquelle. 2) Bei trockener Extraktion muß die Erwärmung langsam erfolgen (5-10 °C/Tag). Bei zu plötzlicher Erwärmung sterben die Tiere auf der Flucht oder fallen in eine Schutzstarre. Die Endtemperatur an der nach unten weisenden Probenseite sollte der maximal im Freiland auftretenden Temperatur an der Bodenoberfläche nahekommen (ca. 40 °C), um die Tiere nicht nur an der Probenunterseite anzureichern, sondern sie auch zum Verlassen der Probe zu bewegen. 3) Die Verschlechterung der Lebensbedingungen muß langsam von oben nach unten erfolgen, damit sich ein richtender Gradient aufbauen kann. Eine Verschlechterung der Umweltverhältnisse kann nur herbeigeführt werden, wenn sie zu Beginn der Extraktion für die Bodentiere günstig sind. Die Aktivität der Tiere darf nicht beeinträchtigt werden. Für Enchytraeiden, die an das Bodenwasser bzw. an den Feuchtigkeitsfilm in den Bodenporen gebunden, sind werden daher nasse Extraktionsverfahren benutzt, während für Kleinarthropoden trockene Verfahren zur Anwendung kommen. Eine universell für die gesamte Bodenmesofauna nutzbare dynamische Extraktionsmethode gibt es nicht.

3.2.1 Nasse Extraktion

Speziell für die Austreibung von Enchytraeen entwickelte O'CONNOR (1962) eine nasse Extraktionsmethode. Vorsichtig aufgebrochene Bodenkerne werden in einem Sieb (z. B. Teesieb) in einen Auffangbecher gehängt, der mit Wasser aufgefüllt wird, so daß die Bodenprobe vollständig durchnäßt ist und etwas zerfällt. Von oben wird die Bodenprobe erwärmt und von unten z. B. in einem Wasserbad (ca. 15 °C) gekühlt. Beste Resultate werden bei folgendem Vorgehen erzielt: 24stündige Wässerung ohne jede Erwärmung, dann 4stündige Erwärmung auf ca. 45 °C Probenoberseite und 30 °C Probenunterseite (BORN 1984, GRAEFE 1987, HEITKAMP & SCHAUERMANN 1982). Während der Wässerung emigriert schon ein Großteil der Tiere. Die Enchytraeen werden in Wasser lebend aufgefangen und bei Bedarf fixiert.

3.2.2 Trockene Extraktion

Bodenkleinarthropoden leben im meist wasserdampfgesättigten Luftraum der Bodenporen. Um die Tiere aus dem Boden auszutreiben, werden die meist in Bechern mit einem Gazeboden (Netzbecher) ruhenden Proben von oben erwärmt und langsam ausgetrocknet. Somit entsteht ein die Aktivität der Tiere richtender Temperatur- und Feuchtegradient mit hohen Temperaturen und niedriger Feuchte an der Probenoberseite und niedrigen Temperaturen und hoher Feuchte an der Probenunterseite. Schon Raumtemperatur trocknet eine in einem Sieb (Tee- oder Nudelsieb) liegende Probe langsam aus und treibt Tiere nach unten, wo sie in das Auffanggefäß fallen. Eine Wärmequelle niedriger Leistung erhöht die Effizienz. Bei kleinem Öffnungsdurchmesser des Auffanggefäßes wird ein Trichter benutzt (funnel extractor), um die Tiere in das Gefäß zu leiten. Es ist darauf zu achten, daß sich im Trichter kein Kondenswasser bildet, in dem die Tiere kleben bleiben könnten. Die Auffanggefäße können Alkohol oder andere Tötungs- bzw. Fixierungsflüssigkeiten enthalten. Werden Becher als Auffanggefäße benutzt (canister extractor), so entfallen die Probleme, die die Trichter aufwerfen. Die Auffangflüssigkeit muß hier jedoch einen sehr niedrigen Dampfdruck aufweisen, damit aufsteigende Dämpfe die Tiere nicht in ihrer Aktivität beeinträchtigen. Häufig wird Pikrinsäure benutzt, die jedoch wegen ihrer Kanzerogenität vosichtig gehandhabt werden muß. Unproblematischer ist Ethylen-Glycol. Für die Aufbewahrung müssen die Tiere bei diesem Verfahren durch Umspülen mit Hilfe eines feinen Siebes (25μ) in 70% Alkohol überführt werden.

Da Extraktionsgeräte bislang nur von einigen wenigen Firmen angeboten werden, müssen sie häufig selbst konstruiert werden. Sehr einfach zu bauen, gut transportierbar und von relativ hoher Effizienz ist ein Gerät auf der Basis einer Bierkiste (Bierkistenextraktor BEX). Als Auffanggefäße dienen in den Flaschenhalterungen stehende Zahnputzbecher, Teesiebe halten den Boden, und acht 40 W Glühbirnen, die an einem Haushaltsgitter montiert sind, dienen als Wärmequelle über den Proben. Ihre Leistung kann über einen handelsüblichen Schnurdimmer geregelt werden. Die unterseitige Kühlung erfolgt durch die Raumluft.

Für quantitative Arbeiten ist ein kontrolliertes und reproduzierbares Wärme- und Feuchtigkeitsregime erforderlich, wofür aufwendigere Apparate erforderlich sind. Es handelt sich hierbei meist um Kisten, deren untere Hälfte vom Deckel durch eine wärmedämmende Platte getrennt ist. Somit entsteht ein unterer und ein oberer Raum. Der obere wird erwärmt (z. B. Glühbirnen, Heizplatten, Wärmegebläse), der untere gekühlt (Wasserbad, Luftkühlung) (Abb. 2). Heizung und Kühlung können geregelt werden. In die Platte sind Öffnungen geschnitten, in die die Netzbecher mit den Proben gesetzt werden können, die jeweils zur Hälfte in den warmen und den kühlen Raum ragen. Damit die Aktivität der Bodentiere während der ersten Tage der Extraktion nicht durch rasches Austrocknen eingeschränkt ist, wird die Feuchte kontrolliert, entweder durch Klimatisierung des Heizraumes oder durch einfaches Zudecken der Proben. Dann kann nur wenig Wasserdampf entweichen. Dieses feuchte Regime wird abgelöst von einem Austrocknungsregime, das mit dem Entfernen der Deckel einsetzt (KOEHLER 1984, THEISS 1989). Ein durch bloßes Zudecken gewährleistetes feuchtes Regime kann nur bei ausreichendem Wassergehalt der Bodenproben durchgeführt werden. Große Sommertrockenheit kann die Extraktionseffizienz negativ beeinflussen. Die Saugspannung muß unterhalb des kritischen Bereichs für Bodentiere liegen (ca. pF 3.5) (VANNIER 1970 in DUNGER & FIEDLER 1989). Ist die Saugspannung höher, müssen die Proben vor der Extraktion mit einem Wasserzerstäuber befeuchtet werden (KOEHLER 1984). Da pF-Werte aufwendig zu erstellen sind, sollte über Bodenart und Wassergehalt (Vol.%) eine Abschätzung der Saugspannung erfolgen. Erfahrung mit dem beprobten Boden, Augenschein und Kenntnis der Witterung erleichtern die Entscheidung, ob vor der Extraktion befeuchtet werden muß.

Die Tiere verlassen den Boden bei unterschiedlichen Kombinationen von Temperatur und Feuchte. Auf Grund der unterschiedlichen ökologischen Ansprüche gibt es artspezifische Schwellenwerte, bei deren Überschreiten Fluchtreaktion einsetzt (VANNIER 1970). In der Regel verlassen die wenig trockenresistenten Collembolen die Proben zuerst, noch während des feuchten Regimes. Die Austreibung von Oribatiden hingegen kann recht hohe Temperaturen und starke Austrocknung erfordern. Zum Ende der Extraktion müssen auch an der Probenunterseite die Umweltbedingungen für die Bodentiere suboptimal werden. Durch Abschalten der Kühlung erreichen die Temperaturen an der Unterseite der nunmehr völlig durchgetrockneten Proben über 40 °C.

Nach unseren Untersuchungen (KOEHLER 1984, SCHEUER in Vorb., KOEHLER unveröff.) ergeben sich folgende Einschränkungen für die Extraktioneffizienz:
— zu nasser Boden bei der Probenahme (führt zum Kollabieren der Poren);
— zu trockener Boden bei der Probenahme (Tiere sind inaktiv oder werden bei weiterer Verschlechterung der Umweltbedingungen inaktiviert);
— zu schnelle Temperaturerhöhung (Tiere können die Probe nicht schnell genug verlassen, werden durch Temperaturschock inaktiviert);
— ein zu geringer Gradient von Probenober- nach Probenunterseite (THEISS 1989);
— unvollständige Durchtrocknung und zu „gute Umweltbedingungen" an der Probenunterseite bei Extraktionsende.

Das in Abb. 3 dargestellte Extraktionsregime ergab in unseren Experimenten die besten Resultate. Der Zeittakt der Temperaturveränderungen richtet sich z. T. nach der Austrocknung der Böden. Eine Verkürzung des Zeittaktes von 24 auf 12 Stunden hat i. d. R. keinen Einfluß auf die Effizienz, eine Verlängerung birgt die Gefahr verstärkten Züchtens während der Extraktion.

4. Bearbeitung des Extraktionsgutes

Das Extraktionsgut wird unter dem Binokular grob sortiert und dabei gezählt. Als Werkzeuge dienen hierbei Pasteurpipetten, mit denen die Tiere angesaugt werden, oder feine Drahtösen und Pinzetten, mit denen Tiere einzeln entnommen werden können. Die Bestimmung der Tiere, wenn möglich bis zur Art, stellt häufig ein großes Problem dar. Determinationsliteratur steht für die meisten Gruppen zur Verfügung (s. dazu DUNGER & FIEDLER 1989), jedoch nicht immer bis zur Artebene und nicht immer didaktisch aufbereitet. Daher sind für die Einarbeitung in eine neue Gruppe die Hilfestellungen von Experten sehr zeitsparend, ja z. T. unerläßlich. Das Aufsuchen autorisierter Vergleichssammlungen z. B. an Museen ist zur Absicherung der Determinationen unerläßlich. Leider wird einigen dieser Sammlungen in letzter Zeit wenig Wert zuerkannt, so daß sie zu verkommen drohen. Das ist ein unersetzlicher Verlust für angewandt arbeitende Wissenschaftler der Bodenzoologie und Landwirtschaft sowie für gutachterlich Tätige (HAIDER et al. 1990, AGBMF 1991).
Die Bestimmung der Bodenmesofauna erfolgt unter dem Mikroskop, wobei Differential-Interferenz-Kontrast Einrichtungen sehr zu empfehlen sind. Enchytraeiden werden lebend bestimmt. Bodenkleinarthropoden werden vor dem Mikroskopieren aufgehellt, z. B. in Milchsäure. Es ist vorteilhaft Dauerpräparate herzustellen (z. B. mit Polyvinyl-Lactophenol), damit Determinationen revidiert werden können und Vergleichsmaterial zur Verfügung steht (zu den zahlreichen Fixativen und Einbettungsmedien s. DUNGER & FIEDLER 1989).
Die aus volum- oder flächenbezogener Probenahme erzielten Daten weisen

naturgemäß hohe Streuungen auf (HANDELMANN 1992). Dies ist zum einen mit der Populationsökologie der Bodenkleintiere zu begründen, zum anderen durch die ungleichmäßige Verteilung der Kleinhabitate bedingt. Verteilungsmuster sind nicht vorhersagbar und können sich im Jahresverlauf ändern, so daß für statistische Zwecke verteilungsfreie Testverfahren angewendet werden müssen. Die üblichen bearbeitbaren Stichprobenumfänge sind gering und liegen in der Größenordnung von 10 Proben. Daher muß für Abundanzbestimmungen in den meisten Fällen bei 90% Sicherheit mit Vertrauensbereichen von über 50% des Mittelwertes gerechnet werden (EKSCHMITT 1993). Die Interpretation von Befunden bodenmesofaunistischer Untersuchungen kann sich daher nur bedingt auf statistische Analysen stützen, sondern muß auf ein erhebliches Maß an ökologischer und bodenzoologischer Erfahrung zurückgreifen.

Anschrift des Autors:

Dr. Hartmut Koehler, Universität Bremen, Fachbereich 2, AG „Ökosystemforschung und Bodenökologie", Postfach 33 04 40, W-2800 Bremen

Gerhard Eisenbeis

Zersetzung im Boden

mit 9 Abbildungen, 1 Tabelle und 1 Tafel

Inhalt

1. Was ist Zersetzung?
2. Strategien der Zersetzung
2.1 Abiotische Zersetzung
2.2 Biotische Zersetzung
2.2.1 Mineralisierung und Humifizierung
2.2.2 Zusammensetzung der Bodenfauna und Humustyp
2.2.3 Strukturelle Aspekte der Zersetzung
2.2.4 Aspekte der Zersetzung im Hinblick auf Stoff- und Energieflüsse
2.2.5 Zersetzung und Umwelteinflüsse
2.3 Methoden zum Streuabbau
2.3.1 Netzbeutel- oder Litterbag-Versuche
2.3.2 Bait-lamina-Test (nach v. Törne)
2.3.3 Minicontainer-Test (nach Eisenbeis und Mitarbeitern)
3. Zusammenfassung

Keywords

Decomposition, decomposition rates, soil organisms, biological activity, litterbag-test, bait-lamina-test, minicontainer-test, C/N-ratio, carbon, nitrogen Zersetzung, Zersetzungsraten, Bodenorganismen, Biologische Aktivität, Netzbeutel-Test, Ködermembran-Test (Bait-lamina-Test), Minicontainer-Test, C/N-Verhältnis, Kohlenstoff, Stickstoff

Abstract

In ecosystem research, decomposition is generally regarded as an integrative key process in the dynamics and turnover of organic matter. Both the abiotic and biotic components of decomposition as well as the main pathways of matter fluxes, elution (leaching), mineralization and humification are reviewed using a flow chart. Furthermore, the importance of soil organisms in soil dynamcis, the organization of the soil organisms community with respect to the soil status (pH), some structural aspects of the destruction of organic material, and changes in the decomposition rate by environmental factors are considered. Methods for studying the decomposition process under laboratory and field conditions are presented. While microcosms provide the framework for laboratory studies, litterbags are commonly used to estimate decomposition rates in the field. Two other methods are dealt with in more detail: the bait-lamina-test (introduced in 1990 by von Törne) and a newly developed minicontainer test presented for the first time. Selected results are presented to illustrate the usefulness of these methods to measure the biological activity of soils. The minicontainer test proved to be a powerful tool in estimating decomposition rates on a mini-scale level and in addition provided information about the organisms involved as well as the dynamics of organic matter (C, N and C/N-ratio, mineral content etc.). This should be of general interest for the study of soil ecology as well as for applied research such as agriculture, forestry, environmental research, town ecology, soil contamination and ecotoxicology. In addition, power functions and formulas for the calculation of decomposition rates and the changes in the humus and litter status of soils are given.

1. Was ist Zersetzung?

Auf den ersten Blick sollte es schwerfallen, einen Zusammenhang zwischen dem gewählten Thema und dem Naturschutzgedanken herzustellen. Meine Aufgabe wird deshalb zunächst darin bestehen, Bedeutung und Stellenwert der Zersetzung in einem größeren Zusammenhang darzustellen. In dem abschließenden methodischen Teil schließlich werden einige Methoden vorgestellt, die geeignet sind, Störungen im Funktionsablauf von Böden schneller zu entdecken, als dies bisher möglich war. Das Wissen um die Zusammenhänge im Boden muß heute mehr denn je auch einer breiteren Öffentlichkeit nahe gebracht werden. Es ist die beste Vorsorge für einen wirkungsvollen Bodenschutz und damit für einen Schutz der Natur überhaupt. Der Begriff Zersetzung wird heute in unterschiedlicher Bedeutung gebraucht. In erster Linie versteht man darunter den stofflichen Abbau der in der Natur produzierten toten organischen Biomasse — Nekromasse, Detritus, Streu — in ihre Grundbestandteile. Zersetzung ist ein meist aerober Vorgang, der bis zur vollständigen Verwesung der organischen Ausgangsmasse führen kann. Bezeichnungen wie Dekomposition, Destruktion, Stoffreduktion und Verwesung bezeichnen diesen Vorgang am treffendsten, während Begriffe wie Mineralisierung und Humifizierung bereits wichtige Teilaspekte des insgesamt äußerst komplexen Zersetzungsablaufes ansprechen. Als Komplementärprozesse zur

Biosynthese finden Zersetzungsvorgänge überall in der Biosphäre statt, wo von Organismen organische Substanz produziert wird. Dies geschieht in marinen und limnischen Lebensräumen gleichermaßen wie in terrestrischen. Allerdings können sich bedeutende Unterschiede im Ablauf und Ergebnis der Zersetzung in den genannten Großlebensräumen ergeben, die von den dort herrschenden abiotischen und biotischen Faktoren abhängig sind. So entscheidet etwa das Sauerstoffangebot in einem See darüber, ob die Zersetzung vollständig verläuft und sämtliche Abbauprodukte in den Stoffkreislauf zurückkehren oder ein Anteil davon unzersetzt bleibt und im Bodenschlamm sedimentiert. Unter Luftabschluß kommt es zu einer intensiven Kohlenstoffanreicherung (>30%), die man als Vertorfung und Verkohlung bezeichnet. Das Zersetzungsgeschehen umfaßt aber nicht nur den Abbau von organischer Substanz, sondern auch zahlreiche biologische Vorgänge, an denen sich viele Organismen beteiligen. Es sind dies die sog. Zersetzungsspezialisten, auch Destruenten genannt, die sich in ihrer Lebensweise vollständig auf Abbauvorgänge eingestellt haben und somit eine wichtige Planstelle in den Ökosystemen besetzen. Ohne ihre Tätigkeit kämen die Stoffkreisläufe in der Natur zum erliegen, wäre ein stetes Zurückfließen der Stoffe nicht möglich. Nach (AJTAY et al. 1979) werden von der gesamten terrestrischen Produktion an Kohlenstoff 10% von Phytophagen verzehrt, die restlichen 90% werden jedoch dem Boden als Streu zugeführt und gehen in das Bodennahrungsnetz als Kohlenstoffeintrag ein.

2. Strategien der Zersetzung

Im folgenden soll der Gang des Zersetzungsgeschehens im Boden im Hinblick auf die daran beteiligten abiotischen und biotischen Komponenten etwas näher betrachtet werden. Dabei werde ich mich nach Möglichkeit auf „gemäßigte" Wälder beschränken. Mit dem Laubfall in unseren Wäldern wird dem Boden in vergleichsweise kurzer Zeit eine größere Menge abgestorbener Pflanzensubstanz zugeführt, die Herbststreu. In einem Buchenwald stellt sie den größten Anteil der über ein ganzes Jahr dem Boden zugeführten organischen Nekromasse dar. Die übrige Masse, von JÖRGENSEN (1987) als 'Jahrestreu' bezeichnet, umfaßt Material wie Knospenschuppen, Holz in Form von abgefallenen Zweigen und Früchte, das über das ganze Jahr verteilt auf die Bodenoberfläche gelangt. Ein nicht unerheblicher Anteil wird auch durch abgestorbene Wurzeln und Wurzelabscheidungen beigesteuert. Jahres-, Herbststreu und Wurzelabfall ergeben die Gesamtstreu. Diese wird der Reststreu gegenübergestellt, die, noch vom Vorjahr stammend, den Hauptteil der dem Boden bereits aufliegenden Nekromasse ausmacht. Auch auf Agrarflächen kommt es zu einem zyklischen Eintrag organischer Biomasse, deren Hauptanteil mit der Zeit der herbstlichen Ernte zusammenfällt. Zusätzliche Einträge ergeben sich nach Zwischenernten oder im Rahmen der Feldbestellung immer dann, wenn krautige Abfälle oder Wurzelrückstände wieder in den Boden eingearbeitet werden oder zusätzliche Gaben organischer Dünger auf die Äcker gelangen. Man weiß heute, daß der Prozeß der Zersetzung, etwa eines Blattes, bereits einsetzt, wenn es sich noch am Sproß befindet. Der intensivste Abschnitt seiner Zersetzung beginnt jedoch erst mit dem Auftreffen auf der Bodenoberfläche. Grundsätzlich lassen sich im weiteren Geschehen drei Hauptprozesse unterscheiden: Elution, Mineralisierung und Humifizierung (Abb. 1). Diese Prozesse sind eng miteinander verwoben und selbst wiederum Teil eines übergeordneten Geschehens, das sich als abiotische und biotische Zersetzung klassifizieren läßt.

2.1 Abiotische Zersetzung

Betrachtet man die Zusammensetzung der in die Abbaukette einfließenden Nekromasse, so muß zwischen zwei Hauptgruppen an Verbindungen unterschieden werden: lösliche und feste Stoffe (Abb. 1). Zu den ersten gehören etwa Aminosäuren, Zucker und Mineralien, die nach dem Aufbrechen der Zellen und im Verlauf der ersten Zersetzungsphase, der ‚Biochemischen Initialphase', frei werden und vom Wasser aufgenommen werden können. Dieser Vorgang wird als Elution oder Leaching bezeichnet und ist ein wichtiger Aspekt der abiotischen Zersetzung. Etwa 5 — 10% der organischen Masse treten durch Lösungsvorgänge in die Bodenlösung über, wo sie zum Teil sofort von Mikroorganismen aufgenommen werden. Weiterhin gehören zur abiotischen Zersetzung noch Oxidationsvorgänge und chemische Umbauvorgänge, die ohne Zutun von Organismen ablaufen. Man schätzt, daß insgesamt etwa 5 — 30% des Abbaues abiotischen Prozessen zugeordnet werden können (Abb. 1). Neben der bereits erwähnten Aufnahme der eluierten Stoffe durch Mikroorganismen geht ein Teil der Produkte des abiotischen Abbaues in die Prozesse der Mineralisierung und Humifizierung ein.

2.2 Biotische Zersetzung

Für die biotische Zersetzung werden Anteile von 40 — 90% im Verlauf des ersten Jahres angegeben (Abb. 1). Dies unterstreicht, daß Zersetzung zum größten Teil von der Tätigkeit der Bodenorganismen abhängt. Allerdings wird hierbei ein komplexes Gefüge externer Faktoren wirksam, die als natürliche Steuergrößen auf ihren Ablauf einwirken. Folglich ist Zersetzung als integraler Prozeß zu bewerten, der die Biologische Aktivität eines Bodens widerspiegelt. An wichtigen abiotischen Faktoren sind zu nennen Feuchte, Temperatur, Bodenreaktion (pH), Ionenzusammensetzung des Bodenwassers, Zusammensetzung der Bodenluft, Poren

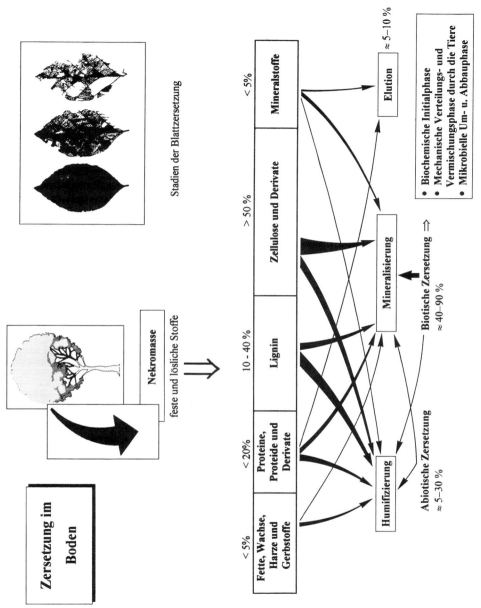

Abb. 1: Schematische Darstellung des Zersetzungsablaufes im Boden (kombiniert und verändert nach verschiedenen Autoren).

volumen und Salinität, wobei der Feuchte die größte Bedeutung zukommt. FRITSCH & EISENBEIS (1993) konnten zeigen, daß möglicherweise das in der Bodenlösung vorhandene Magnesium einen Einfluß auf die Populationsdichte der Milben ausübt. Der Franzose VANNIER (1987) versuchte, in Anlehnung an den russischen Bodenökologen Ghilarov, die Eigenheiten des edaphischen Lebensraumes als ganz speziellen, intermediären Lebensraum zwischen aquatischen und atmobionten Habitaten zu charakterisieren. Er schuf den Begriff der Porosphäre. Der Boden ist demzufolge wie ein Schwamm zu betrachten mit einer enormen inneren Oberfläche. Jegliche Aktivität ist dabei in besonderem Maße an die Verfügbarkeit von Wasser und Sauerstoff gekoppelt. Bodenorganismen müssen dem Rechnung tragen und sind deshalb in hohem Maße an die häufigen Schwankungen zwischen extremem Wasserüberschuß und Trockenheit angepaßt; sie verfügen über eine duale Natur. Bei den biotischen Faktoren spielen intra- und interspezifische Konkurrenz, positive und negative Interaktionen zwischen Symbionten und Parasiten sowie das Nahrungsangebot eine wichtige Rolle. Der Wettbewerb um die Ressourcen dürfte hier der Schlüsselfaktor sein, denn fast alle Bodenorganismen leben direkt oder indirekt vom Prozeß der Zersetzung. Die leicht verfügbaren Nahrungsbestandteile werden in aller Regel schnell von den Mikroorganismen aufgenommen. Jede weitere Nahrungsquelle muß erst erschlossen werden, was zu einem hohen Konkurrenzdruck zwischen den Bodeninvertebraten und den Mikroorganismen, besonders der Mikroflora, geführt hat. WOLTERS (1991 a) spricht von zwei wichtigen Faktoren für die Koevolution zwischen diesen beiden Organismengruppen, das sind die geringe Verfügbarkeit von Energie und die hohe Heterogenität in Raum und Zeit. Sicherlich kommt den erdgeschichtlich älteren Bodenmikroorganismen eine Leitfunktion für die Erschließung terrestrischer Lebensräume zu, wobei die Rolle der Tiere darin besteht, sich in das von den Mikroorganismen vorstrukturierte Nahrungsnetz einzufügen.

Der Begriff der Biologischen Aktivität, der oft mit der Zersetzungsleistung von Böden in Zusammenhang gebracht wird, bedarf noch einer besonderen Erläuterung. Biologische Aktivität wird in der Literatur in unterschiedlichem Zusammenhang gebraucht. Meist wird darunter die mikrobielle Aktivität verstanden in Zusammenhang mit der Bodenatmung sowie der Stoff- und Nährstoffdynamik (ANDERSON & DOMSCH 1986, BECK 1986, BEYER 1989, 1990, BUCHANAN & KING 1992, GEHLEN & SCHRÖDER 1990, KJOLLER & STRUWE 1982, SCHEU 1987). Als Varianten der mikrobiologischen Aktivität gelten die enzymatische Aktivität, oft in Zusammenhang mit Untersuchungen über Leitenzyme, die für den Abbau von Bedeutung sind, oder etwa die akkumulative Aktivität (Beispiel: Phosphat-Index, BEYER et al. 1992). Schließlich gibt es zahlreiche Arbeiten, welche die Aktivität der Dekomposition zum Gegenstand haben. Aktuelle Arbeiten hierzu befassen sich hauptsächlich mit der Interaktion zwischen Mikroorganismen und Tieren. Von besonderem Interesse ist dabei die Rolle der Tiere für die Steuerung des Abbaues und ihr Beitrag für die Entwicklung der Humusformen (AMELSVOORT et al. 1988, ANDERSON 1975, 1988, ANDERSON et al. 1985, DUNGER 1988, MOORE et al. 1988, PETERSEN & LUXTON 1982, SCHAEFER 1990, SCHAEFER & SCHAUERMANN 1990, SCHEU & WOLTERS 1991 a, SEASTEDT 1984, WOLTERS 1989, 1991 a, WOLTERS et al. 1989).

2.2.1 Mineralisierung und Humifizierung

Mineralisierung und Humifizierung gelten als die zentralen Ereignisse im Verlauf der Zersetzung (Abb. 1). Erstere führt unter weitgehender Beteiligung der Bodenorganismen zu einer Zerlegung der organischen Substanz in ihre Ausgangsbestandteile: CO_2, H_2O, NH_4, NO_3 und mineralische Nährelemente. Die als Massenschwund meßbare Abnahme der Nekromasse erfolgt im wesentlichen als Mineralisierung. Wird die Zersetzungsrate für Böden berechnet, so wird hauptsächlich das Ergebnis der Mineralisierung berücksichtigt. Die Humifizierung ist ein parallel verlaufender Prozeß, bei der vor allem die schwer abbaubaren Bestandteile, z. B. phenolische Komponenten aus dem Ligninabbau, zu hochkomplexen Molekülstrukturen transformiert werden. Diese bilden ein neues organisches Kompartiment, die Humin- oder Humusstoffe, die eng mit der anorganischen Bodenmatrix assoziieren und so zur Bildung der Organo-Mineralkomplexe beitragen. Man könnte die Huminstoffe leicht als Abfallstoffe der Stoffdynamik in Böden betrachten. Tatsächlich kommen ihnen aber wichtige Funktionen im Hinblick auf die Bodeneigenschaften zu. So gelten sie neben den Tonmineralien als zweites Austauscher- und Puffersystem im Boden, das in die Nährstoffdynamik einbezogen ist. Umgekehrt ist der Verlauf der Humifizierung von der Bodenreaktion abhängig. Starke Versauerung bewirkt bei geringer biotischer Aktivität die Bildung der gelb bis rotbraunen, niedermolekularen Fulvosäuren, die zur charakteristischen Färbung etwa eines Rohhumus beitragen. Bei höherer bzw. normaler Bodenreaktion (pH >5) entstehen die hochmolekularen Huminsäuren unter vorwiegender Beteiligung der Organismen. Sie sind für die Braun- bzw. Schwarzfärbung biologisch aktiver Böden mitverantwortlich. Humusstoffe können sehr alt werden. Dennoch unterliegen auch sie einem Turnover und werden entweder durch Mikroorganismen oder auf chemischem Wege mineralisiert. Die Richtung der Zersetzung, ob Mineralisierung oder Humifizierung, hängt wesentlich von der stofflichen Zusammensetzung ab und wird in Abb. 1 durch die unterschiedliche Pfeilstärke symbolisiert.

2.2.2 Zusammensetzung der Bodenfauna und Humustyp

Neben der Bodenreaktion hat als weitere wichtige Steuergröße der Zersetzung die Zusammensetzung von Bodenfauna und Mikroflora zu gelten (Abb. 2). Saure

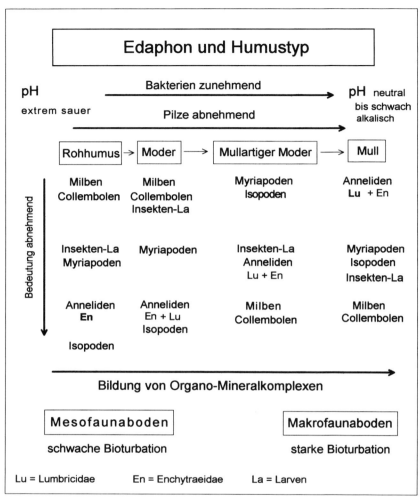

Abb. 2: Schema zur Zusammensetzung der Bodenlebensgemeinschaft in Abhängigkeit vom pH-Wert (verändert nach WALLWORK, 1970).

Böden beherbergen im wesentlich Kleinorganismen der Mikro- und Mesofauna bei gleichzeitig hohem Pilzanteil, während schwach saure bis basische Böden neben den genannten Gruppen über eine gut entwickelte Makrofauna verfügen und der Bakterienanteil zunimmt. SCHAEFER (1990) unterscheidet zwischen einem Meso- und Makrofaunaboden mit weitreichenden Konsequenzen für das biologische Geschehen. Mesofaunaböden zeigen bei einer insgesamt geringeren biologischen Aktivität ein verzögertes Abbauverhalten mit der Tendenz zur Humusakkumulation an der Bodenoberfläche. In Makrofaunaböden — meist dominiert dort eine gut entwickelte Regenwurmfauna — findet eine schnelle Zersetzung statt mit nachfolgender Einmischung der Restprodukte in den Oberboden. Dieser Vorgang wird als Bioturbation oder Biomixion bezeichnet. Hierbei entsteht die günstige Humusform Mull mit einem tiefgründigen, von Humuskrümeln geprägten Oberboden, dem A_h-Horizont. Während in einem Mesofaunaboden den Enchytraeiden, Collembolen und Milben die Rolle der Primärzersetzer zufällt, erfüllen sie in einem von der Makrofauna dominierten Boden mehr die Rolle von Sekundärzersetzern. Nicht alle Mesofaunaböden entstehen als Folge der Bodenversauerung. Rohböden mit geringer Bodentiefe und A-C-Böden, z. B. Protorendzinen, Rendzinen und Ranker, werden häufig von der Mesofauna dominiert. Der z. T. tiefschwarze, aus feinsten Krümeln aufgebaute Humus dieser Böden besteht zu einem großen Teil aus der Losung von Collembolen und Milben (RUSEK, 1975).

2.2.3 Strukturelle Aspekte der Zersetzung

Der Angriff der Mikroorganismen auf Blätter kann bereits vor dem Laubfall erfolgen, indem feine Pilzfäden sich auf der Blattoberfläche, auch Phyllosphäre genannt, ausbreiten und vereinzelt über die Stomata in das Blattinnere vordringen. Eine intensive Überziehung mit einem dichten Pilzgeflecht tritt jedoch erst dann ein, wenn das Blatt als Streu dem Boden aufliegt (Tafel 1 b). Parallel zu den nun folgenden chemischen Umwandlungen durch die Mikroorganismen führt die weitere Zersetzung zu einem strukturellen Abbau der Pflanzensubstanz, der im wesentlichen von den Tieren geleistet wird. Blattoberflächen werden dabei durch die filigran gebauten Mundwerkzeugen von Collembolen und Milben geöffnet, wobei die etwas weichere Blattunterseite zunächst bevorzugt wird. Im weiteren Verlauf wird das Blatt von einer immer stärkeren Skelettierung betroffen, bis das Gerippe der Leitbündel und die etwas derbere Blattoberfläche übrigbleibt. Dies führt zu dem Erscheinungsbild, das auch Fensterfraß genannt wird (Tafel 1 d, f). Sämtliches weichere Material wurde bis dahin durch Elution und die Fraßtätigkeit entfernt. In der letzten Stufe des Abbaues erfolgt dann die weitere Zerkleinerung und Auflösung, bis mikroskopisch keine erkennbaren Pflanzenstrukturen mehr vorliegen. Eine gründliche Darstellung einer horizontbezogenen Abfolge des Zersetzungsgeschehens erfolgte durch ZACHARIAE (1965). Bereits RUSEK (1975) und SCHALLER (1950) konnten mit Hilfe von Darminhaltsanalysen nachweisen, daß sich Collembolen und Milben tatsächlich an der Zerkleinerung des pflanzlichen Abfalles beteiligen. Die unverdaulichen Reste legen sie in Form granulärer Pellets auf Blattflächen und in den Hohlräumen ab, wo sie ein optimales Nährsubstrat für Mikroorganismen darstellen. Tafel 1a zeigt eine Ansammlung solcher Pellets

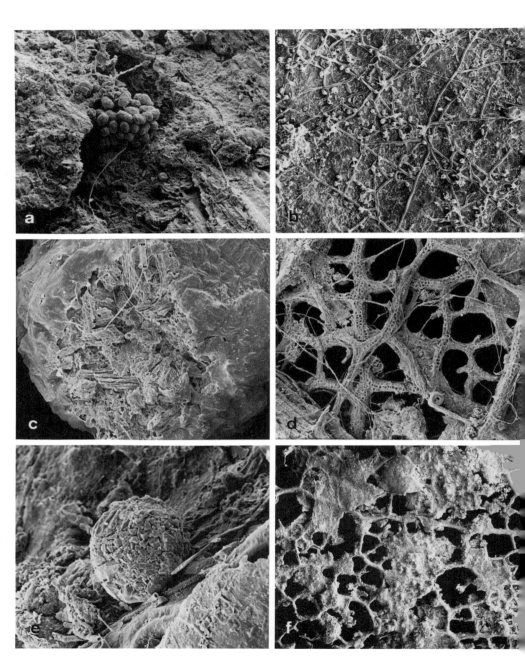

zwischen Blattstapeln des Fermenthorizontes. Handelt es sich um größere Insekten, dann ist jeder einzelne Kotballen noch von einer im Insektendarm gebildeten peritrophischen Membran umgeben, wie in Tafel 1 c zu sehen ist. Deutlich ist dabei zu erkennen, daß er im Inneren noch aus winzigen, dicht zusammengepackten Pflanzenresten besteht. Collembolen nehmen mit ihrer Nahrung zusätzlich noch mineralische Partikel auf, weshalb bereits im Darm die Primäraggregate der für die Bodeneigenschaften so wichtigen Organo-Mineralkomplexe (Ton-Humus-Komplexe) als Folge intensiver Vermischung gebildet werden. Ein solches Konglomerat in Form eines kugeligen Pellets mit einer etwas unregelmäßig geformten Oberfläche zeigt Tafel 1e. Milben nehmen keine Mineralpartikel auf, weshalb ihre rundlich ovalen Pellets an der Oberfläche meist völlig glatt sind (RUSEK 1975).

2.2.4 Aspekte der Zersetzung im Hinblick auf Stoff- und Energieflüsse

Untersuchungen zur Energiebilanz von Waldökosystemen legten offen, daß Tiere nur etwa 10% der jährlich anfallenden Energieressourcen nutzen und die wesentlichen Stoffflüsse von der Mikroflora bewältigt werden (SCHAEFER 1990). Dennoch erfüllen die Tiere durch ihre Beteiligung an der mechanischen Zerkleinerung, an der Verfrachtung von Material in den Oberboden und ihren regulativen Einfluß auf die Populationen der Pilze und Bakterien eine wichtige Steuerfunktion für den Stoff- und Energieumsatz eines Bodens. Als Meßgröße hierfür kann die Zersetzungsrate dienen, auf die an anderer Stelle noch eingegangen wird. Milben und Collembolen können beispielsweise einen stimulatorischen, neutralen oder hemmenden Effekt auf das Pilzwachstum ausüben, was sich wiederum auf die Atmung und die N-Mineralisierung auswirkt (ANDERSON 1988, WOLTERS 1991 c).

2.2.5 Zersetzung und Umwelteinflüsse

Umwelteinflüsse wie Bodenversauerung und der Eintrag von Schwermetallen und Umweltchemikalien wirken direkt oder indirekt auf Zersetzungsabläufe im

Tafel 1 Rasterelektronenmikroskopische Darstellung ausgewählter Stadien des Zersetzungsablaufes.
a Ausschnitt aus der F-Schicht eines Buchenwaldes mit einer Anhäufung von Losungsballen (Pellets). Vergrößerung: 170 x.
b Oberfläche eines Buchenblattes mit dichtem Überzug von Pilzhyphen. Vergrößerung: 180 x.
c Losungsballen eines Insekts mit umhüllender peritrophischer Membran. Vergrößerung: 100 x
d Fensterfraß an der Unterseite eines Buchenblattes. Vergrößerung: 80 x.
e Kugeliger Losungsballen vermischt mit mineralischen Partikeln. Vergrößerung: 450 x.
f Fortgeschrittener Fensterfraß betrachtet von der Oberseite eines Buchenblattes. Vergrößerung: 25 x.

Boden ein. Meist resultiert daraus eine Abnahme der Zersetzungsrate, wodurch es bei verminderter CO_2-Produktion zu einer Anhäufung organischer Biomasse auf der Bodenoberfläche kommt (ABRAHAMSEN et al. 1980, SCHÄFER 1986, 1987). Beispiel hierfür sind die mächtigen Rohhumusauflagen versauerter Waldböden und Streuakkumulationen immissionsbelasteter Flächen. Direkte Wirkungen auf die Bodenorganismen treten beispielsweise dann ein, wenn das Pilzwachstum durch Schwermetalle selektiv gehemmt wird. Angriffsorte von Blei, Cadmium und Zink sind wichtige Leitenzyme wie Dehydrogenase, Amylase und saure Phosphatase (SCHULLER 1989). Indirekte Wirkungen für Tiere ergeben sich durch eine Änderung im Nahrungsangebot, etwa wenn bakteriophagen Arten durch eine Zunahme der Pilze infolge Versauerung die Nahrungsgrundlage entzogen wird. WOLTERS & JÖRGENSEN (1991) wiesen eine verminderte Kohlenstoff-Fixierung in einem natürlichen Säuregradienten bei gleichzeitiger Hemmung der CO_2-Produktion in der Streuschicht nach. Andere Experimente zeigten eine Hemmung der Kohlenstoff-Mineralisierung der Streuschicht. Diese und andere negative Effekte der Versauerung können jedoch durch die Aktivität der Meso- und Makrofauna abgepuffert werden (WOLTERS 1991 b, c, SCHEU & WOLTERS 1991 b, WOLTERS & SCHEU 1987). Die Arbeiten von FRITSCH (1992) und KOPESZKI (1992) weisen den Stammablaufbereich von Buchen als besonders sensiblen Bereich für die Mesofauna durch Säure- und Schwermetallbelastung aus. Breit angelegte Untersuchungen zur Wirkung von Umweltchemikalien auf die Zersetzungsleistung und Stoffdynamik von Böden wurden von BECK et al. (1988) und WEIDEMANN et al. (1988) durchgeführt. Die Zersetzung als hochintegrierender Parameter reagiert bei Belastung mit einer abgestuften Abnahme, während eine Feinanalyse auf Populationsebene oft gegenläufige Reaktionen sichtbar werden läßt.

2.3 Methoden zum Streuabbau

Bei den Methoden zum Streuabbau muß man einerseits zwischen Labor- und Feldmethoden und andererseits und zwischen Standard- und Spezialmethoden unterscheiden. Labormethoden zum Streuabbau sind vielfach als Mikrokosmosexperimente bekannt, in denen unter möglichst definierten Bedingungen die Einwirkung der Bodenorganismen auf unterschiedliche Substrate getestet werden kann (ZIEGLER & ZECH 1988, SETÄLÄ & HUHTA 1990, TAYLOR & PARKINSON 1988, s. a. Arbeiten von WOLTERS). Eine Evaluation von Freilandexperimenten (Mesokosmosversuche) und Mikrokosmosversuchen im Labor wurde von TEUBEN & VERHOEF (1992) vorgenommen. HUHTA & SETÄLÄ (1990) geben detaillierte Anweisungen zum Aufbau eines Makrokosmos im Labor. Im folgenden sollen einige Methoden und Ergebnisse aus Freilandstudien vorgestellt werden.

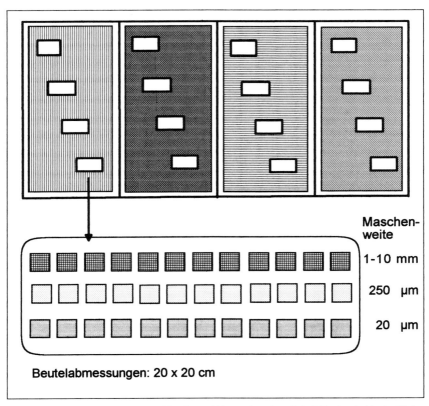

Abb. 3: Anlage eines Litterbag (Netzbeutel)-Versuches konzipiert für landwirtschaftliche Versuchsflächen (verändert nach Friebe in AG Mesofauna-Bericht 6./7.10. 1988). Pro Bestellungs- bzw. Bearbeitungsvariante sind 4 Teilflächen mit je 36 Litterbags vorgesehen.

2.3.1 Netzbeutel- oder Litterbag-Versuche

Zu den klassischen Experimenten bodenökologischer Methodik werden die Netzbeutel- oder Litterbag-Versuche gerechnet, die in verschiedenen Varianten vorkommen. Prinzip ist es, eine darin eingewogene Streumenge im Boden zu ex-

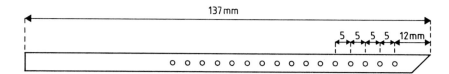

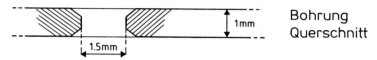

Abb. 4: Schema eines Bait-lamina-Teststreifens (verändert nach von Törne). Die Löcher werden mit einer speziellen Mischung als Köder verfüllt (s.a. Text).

ponieren und sie für eine vorgegebene Zeit der Wirkung der Bodenorganismen auszusetzen. Neben Beuteln werden auch mit Gaze bespannte Streudosen eingesetzt (KRATZ 1991). JÖRGENSEN (1987) gibt einen Überblick über das Spektrum an bisher eingesetzten Litterbag-Einheiten zwischen 10 x 10 cm und 1 x 1 m. Ferner sind in dem Protokoll der AG Mesofauna (Bonn 6./7.1988) zahlreiche methodische Anregungen zum Einsatz der Methode zusammengetragen. Aus Gründen der Vergleichbarkeit einigte man sich auf definierte Maschenweiten: 20 μm (Mikroorganismen-Test), 250 μm (Mikroorganismen + Mesofauna), 1 — 10 mm (Mikroorganismen + Mesofauna + Makrofauna). Die Vorteile der Methode liegen darin, daß man Streumengen relativ großflächig exponieren kann. Die Abb. 3 zeigt schematisch die Anlage eines landwirtschaftlichen Litterbag-Versuches (verändert nach den Vorschlägen von FRIEBE 1988; AG-Mesofauna-Bericht). Darin wurden 4 Versuchsparzellen mit je 4 Sets mit Netzbeuteln unterschiedlicher Maschenweite bestückt, um verschiedene Methoden der Bodenbearbeitung in ihrer Auswirkung auf bestimmte bodenbiologische Parameter — tierische Besiedlung, Abnahme der eingesetzten Nekromasse — zu testen. Auch die Nachteile der Methode sollen nicht unerwähnt bleiben. Netzbeutel-Versuche sind mit Versuchsfehlern belastet, die ihren Einsatz z. T. fragwürdig erscheinen lassen. So kommt es, vor allem nach Starkregen, zu einem erheblichen mineralischen Fremdeintrag, wodurch das Meßergebnis der eingesetzten Nekromasse verfälscht und die Auslese erschwert wird. Ferner ergeben sich für eine wie in Abb. 3 skizzierte Versuchsplanung Probleme hinsichtlich des Arbeitsaufwands und der Bewältigung des in großen Mengen anfallenden Tier- und Versuchsmaterials. Werden etwa Netzbeutel von der Größe 1 x 1 m eingesetzt (JÖRGENSEN 1987) lassen sich nur wenige Versuchseinheiten sinnvoll durchführen. In Projekten mit vergleichenden Ansätzen sollten auf jeden Fall kleinere Netzbeutel oder Streudosen

Tiefenprofile der Freßaktivität mit dem Bait-Lamina-Test

14-tägige Exposition auf 4 Standorten bei Mainz

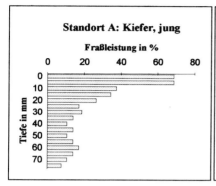

Summenaktivität von 0-20 mm: 47,2 %

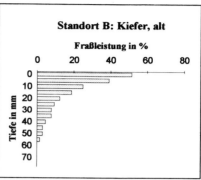

Summenaktivität von 0-20 mm: 29,4 %

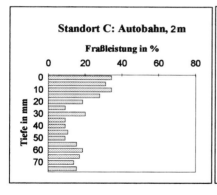

Summenaktivität von 0-20 mm: 29,4 %

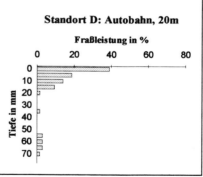

Summenaktivität von 0-20 mm: 16,6 %

Abb. 5: Ergebnisse eines Bait-lamina-Versuches zur Ermittlung der Biologischen Aktivität (Freßaktivität) (Daten aus Diplomarbeit R. Paulus, Mainz, FB Biologie 1993).

eingesetzt werden, etwa in der Größe von 5x13 cm (hxd), wie KRATZ (1991) sie vorschlägt. Aus statistischen Gründen sollte einer randomisierten Verteilung der unterschiedlichen Beuteltypen der Vorzug vor der in Abb. 3 gezeigten reihenweisen Anordnung gegeben werden.

2.3.2 Bait-Lamina-Test (nach v. Törne)

Der von v. TÖRNE (1990 a, b) entwickelte Bait-lamina-Test ist methodisch ein Ködermembran-Test, dessen Anwendung auch von HOFFMANN et al. (1991) empfohlen wurde. Er wurde entwickelt, um als Schnelltest Hinweise über die kleinräumige Verteilung der Biologischen Aktivität (Freßaktivität) in Böden zu liefern. Er ist demzufolge als Mini-scale-Test einzustufen. Den Aufbau eines Teststreifens zeigt Abb. 4. Als Füllmaterial der eingestanzten Löcher dient eine Grundmischung aus Agar-Agar und Zellulose, der noch verschiedene Bindemittel beigemischt werden können. Wir haben den Bait-lamina-Test mittlerweile auf mehreren Standorten eingesetzt und sind von seiner Handhabbarkeit überzeugt. Er liefert relativ schnell Ergebnisse über die Biologische Aktivität eines Boden, vor allem wenn man an vergleichenden Untersuchungen interessiert ist. Erste Ergebnisse aus Mainzer Böden sind in Abb. 5 zusammengefaßt. Standort A: Kiefer, jung besitzt einen tiefgründigen Mullboden (A_h 10 — 15 cm) und eine reichhaltige Makro- und Mesofaunabesiedlung (EISENBEIS & FELDMANN 1991). Hier ergab sich dicht unter der Bodenoberfläche nach 14tägiger Vertikalexposition eine Freßaktivität von rund 70%, die Summenaktivität betrug von 0 — 20 mm 47,2% (Diplomarbeit R. Paulus, FB Biologie, Mainz 1993). Bei Standort B: Kiefer, alt handelte es sich um einen bereits stärker versauerten Standort (pH ca. 4,2) mit einem flachgründigen A_h (ca. 5 cm), der ziemlich abrupt in den gelben, lessivierten Flugsand übergeht. Die Summenaktivität von 0 — 20 mm fällt mit 29,4% deutlich geringer aus und die Biologische Aktivität geht zwischen 50 und 60 mm Tiefe gegen 0. Zum Vergleich dazu zeigen die beiden stark belasteten Verkehrsflächen in Autobahnnähe weitere Varianten der Freßaktivität. Standort C: Autobahn, 2 m zeichnet sich bei geringeren Aktivitätsamplituden durch eine relativ gleichbleibende Aktivität in den oberen 20 mm aus, weshalb in der Summe die gleiche Aktivität wie auf Standort B erreicht wird. Standort D: Autobahn, 20 m erreichte schließlich nur noch eine Summenaktivität von 16,6% mit einem nahezu aktivitätsfreien Bereich zwischen 20 und 55 mm. Damit soll verdeutlicht werden, daß die Methode Informationen in mehrfacher Hinsicht liefert, die allerdings nicht überinterpretiert werden sollten. Als nachteilig erweist es sich, daß keine qualitativen Angaben über die tierische Besiedlung gewonnen werden können. Allerdings eröffnet die Methode noch eine ganze Reihe interessanter Forschungsansätze hinsichtlich der Wahlmöglichkeit für verschiedene Substrate und auch für toxikologische Anwendungen.

2.3.3 Minicontainer-Test (nach Eisenbeis und Mitarbeitern)

Der in Mainz entwickelte Minicontainer-Test kann ebenfalls noch als Mini-scale-Test gelten, doch decken seine Anwendungsmöglichkeiten den intermediären Be-

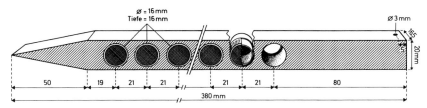

Abb. 6: Schema eines Minicontainer-Stabes (nach Eisenbeis u. Mitarbeitern) für die Aufnahme von 12 Minicontainern.

reich zwischen dem aufwendigen Litterbag-Test und dem Bait-lamina-Test ab. Abb. 6 zeigt eine Profilskizze eines aus PVC oder Teflon gefräßten Minicontainer-Stabes, in welchen 12 Bohrungen (d = 16 mm) zur Aufnahme der Minicontainer eingelassen sind. Der Stab besitzt eine Dicke von 16,5 mm, eine Gesamtlänge von 38 cm und eine Höhe von 20 mm. Die Minicontainer (Innendurchmesser = 13 mm) wurden bisher aus Teilen von Kunststoffvials hergestellt, wie sie in der Szintillationstechnik Verwendung finden. Sie sind auf beiden Seiten offen. An der Vorderseite wird die leicht handhabbare Verschlußkappe aufgedreht, deren Deckelseite zuvor in einer Feinmechanischen Werkstatt abgetrennt wurde. Zwischen Minicontainer-Sockel und Verschlußkappe wird zuvor noch eine ausgestanzte Scheibe aus Gaze oder Netzstoff (d = 2,5 cm) eingelegt. Die Gegenseite der Minicontainer wurde ebenfalls durch eine ausgestanzte Scheibe (d=16 mm; Gaze oder Netzstoff) verschlossen. Diese wird allerdings mit Hilfe eines wasserunlöslichen Klebers auf dem Rand des Minicontainers befestigt. Als Maschenweiten werden 20 μm, 250 μm und 2 mm verwendet. Um bei Verwendung der Feinstgaze Schlupflöcher für die Mesofauna zu verhindern, wurden die Bohrungen für die Minicontainer nicht ganz glatt durchgefräst, sondern es blieb an der Hinterseite eine feine Ringleiste (1 mm) stehen. Die Seite mit der geklebten Gaze wird nach dem Einsetzen der Minicontainer fest gegen die Ringleiste gepreßt und verhindert so die Entstehung von Lücken. Das Innenvolumen eines Minicontainers beträgt ca. 2,1 cm^3. Die Minicontainer können nun ähnlich wie Netzbeutel mit Substraten bekannter Masse und Zusammensetzung beschickt werden. Die Stäbe lassen sich dann in horizontaler oder auch vertikaler Ausrichtung im Boden exponieren und nach definierten Zeitpunkten wieder entnehmen. Die in Abb. 6 am rechten Ende des Minicontainer-Stabes angebrachte Bohrung dient der Anbringung einer Markierung. Die abgeschrägte Spitze erlaubt das leichte Einführen in den Boden. Die Handhabung hat sich bisher als äußerst praktikabel erwiesen, was auch für die Rückführung ins Labor gilt. Pro Entnahmezeitpunkt wird ein ganzer Stab dem Boden entnommen und die einzelnen Minicontainer werden sofort und einzeln in 25 ml Glasvials mit Schraubverschluß überführt. Im Labor werden sie ungeöffnet und ebenfalls einzeln in einen „Mini-MacFadyen-Extraktor" mit Spezialtrichtern gesetzt und einer dynamischen Hitzeextraktion

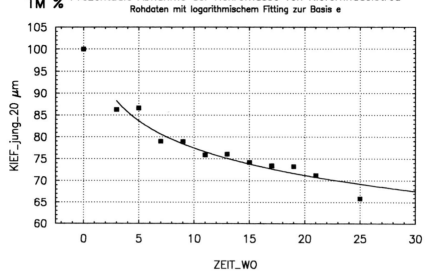

Abb. 7: Ergebnisse eines Minicontainer-Versuches mit Darstellung der prozentualen Abnahme der Trockenbiomasse über den Verlauf eines halben Jahres (Rohdaten aus Diplomarbeit R. Paulus, Mainz, FB Biologie 1993).

ausgesetzt. Die Gaze erfüllt für diesen Arbeitsgang die Funktion eines Siebes. Bisher wurden zwei Waldstandorte, zwei Autobahnstandorte und sechs unterschiedlich bewirtschaftete Agrarflächen mit dieser Methode beprobt (Diplomarbeiten R. Paulus und Ch. Pfeiffer, FB Biologie, Mainz 1993). Als besonders günstig erwies sich auf den Agrarflächen, daß die Minicontainerstäbe bei anstehender Feldbearbeitung kurzfristig am Feldrand „geparkt" und anschließend wieder reimplantiert werden konnten. Als weitere Vorteile für die Anwendung der Minicontainer-Methode wären zu nennen:

- Sie ermöglicht bei geringer Probengröße die Erstellung einer Abbaukinetik für Zersetzungsvorgänge.
- Die daran beteiligten Bodenorganismen können qualitativ und quantitativ erfaßt werden.
- Bereits nach wenigen Tagen zeigen im Boden exponierte Minicontainer eine deutliche Besiedlung.
- Es lassen sich verschiedene Substrate auf engem Raum testen.
- Das Substrat steht für weitere chemische Analysen, etwa C/N-Bestimmungen, Elementgehalte etc. zur Verfügung. Auch Strukturuntersuchungen am Substrat sind möglich.

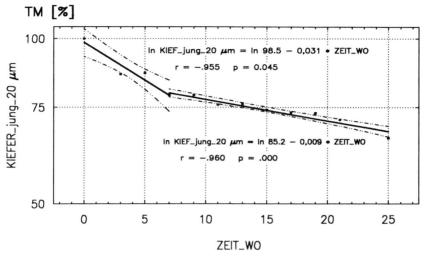

Abb. 8: Transformation der in Abb. 7 gezeigten Daten in ein zweistufiges Kinetikmodell mit semilogarithmischer Darstellung (s.a. Tab. 1). Die Rate für die schnelle Anfangsphase beträgt —3,1 %/Woche, für die langsame Endphase — 0,9%/Woche. Gestrichelte Linien: 95% Vertrauensbereiche.

- Die Methode ist für ökotoxikologische Fragestellungen adaptierbar.
- Die geringe Probengröße ermöglicht eine höhere Zahl an Versuchsvarianten und erleichtert die statistische Auswertung.
- Die Methode eignet sich besonders auch für die Untersuchung belasteter Böden.
- Die Methode ist insgesamt geeignet, für die Charakterisierung der Biologischen Aktivität von Böden eingesetzt zu werden.

Zum Schluß sollen einige Ergebnisse aus Minicontainer- Untersuchungen vorgestellt werden. Abb. 7 zeigt die Abnahme der Nekromasse von Kiefernnadelstreu über den Zeitraum eines halben Jahres. Die Abnahme folgt einer exponentiellen Kinetik mit einer Tendenz zur Verlangsamung. Führt man eine zweistufige Regressionsberechnung dieser Rohdaten mit semilogarithmischer Transformation durch, so ergeben sich zwei Geraden (Abb. 8). Für den Zeitraum von 0 — 7 Wochen erfolgt eine schnelle Zersetzung mit einer Rate von 3,1%/Woche, danach verlangsamt sich die Rate auf 0,9%/Woche. Der Kurvenverlauf legt demzufolge offen, daß in den ersten Wochen die Nekromasse deutlich schneller abnimmt. Dies beruht wahrscheinlich darauf, daß die leicht löslichen und besser abbauba-

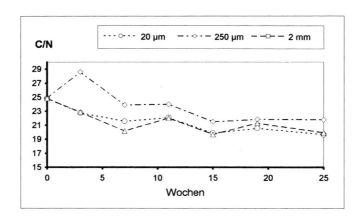

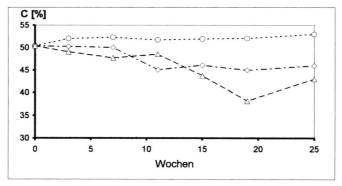

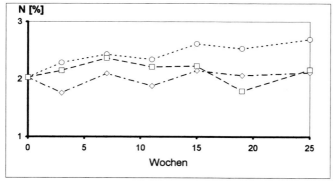

Abb. 9: Ergebnisse eines Minicontainer-Versuches mit Darstellung der C/N-Kinetik und des C- und N-Anteils in der Trockenmasse von Kiefernnadelstreu über den Verlauf eines halben Jahres (Daten aus Diplomarbeit R. Paulus, Mainz, FB Biologie 1993).

Vorgang	Formel	Parameter	Kinetik	Zweck	Bemerkungen
Zersetzung der organischen Nekromasse	$m_t = m_0 * e^{-k_r \cdot t}$ $\ln m_t = \ln m_0 - k_r \cdot t$ $k_r = \dfrac{\ln(m_t/m_0)}{t}$ $t_{50} = 0{,}693/k_r$	m_t = Nekromasse zum Zeitpunkt t (Trockennekromasse) m_0 = Ausgangsnekromasse (Trockennekromasse) k_r = relative Abbaukonstante	exponentiell einstufig Transformation der Rohdaten von m_t in logarithmische Werte ermöglicht die Berechnung von Geraden mittels linearer Regression	Darstellung des Zeitverlaufs der Zersetzung	gestattet die Verwendung der Regressionsdaten zur Berechnung des mehrjährigen Abbauverhaltens
	$m_t = m_1 * e^{-k_1 \cdot t} + m_2 * e^{-k_2 \cdot t}$ $\ln(m_t) = (\ln m_1 - k_1 \cdot t) + (\ln m_2 - k_2 \cdot t)$	m_t = Nekromasse zum Zeitpunkt t m_1 = schnell zersetzbare Teilnekromasse (= schnelle Abbaukomponente) m_2 = langsam zersetzbare Teilnekromasse (= langsame Abbaukomponente) k_1 = schnelle relative Abbaukonstante k_2 = langsame relative Abbaukonstante	exponentiell zweistufig		m_1 geht nach relativ kurzer Anfangsphase (nach wenigen Wochen) gegen Null

Humus-turnover im Boden	$HM_{ges} = (E_{org} \cdot HK_E) + (D_{org} \cdot HK_D) - (HM_{Bod} \cdot K_{min})$	E_{org} = Ernterückstände, org. (Wurzeln, Blatt- und Sproßreste) D_{org} = Düngerzufuhr, organ. (Mist, Klärschlamm, Kompost) HK_E = Humifizierungs-koeffizient für die Ernterückstände HK_D = Humifizierungs-koeffizient für die Düngerzufuhr K_{min} = Mineralisations-koeffizient für die Humusnekromasse HM_{Bod} = Humusnekromasse im Boden HM_{ges} = Humusnekromasse, gesamt	kein Zeitverlauf Bilanzierung nur mit Jahresraten	Erstellung der jährlichen Humusbilanz für Agrarböden	berücksichtigt nur das Gesamtergebnis im Abbau-geschehen eines Jahres
Streu-turnover im Boden	$KL = \dfrac{L_{in}}{\overline{L}_{ges}}$	KL = Abbaukonstante (Streukonstante) L_{in} = jährlicher Streueintrag (g/m² · a) $\overline{L}_{ges}$ = mittlere Jahresstreumenge	Verhältniszahl	gibt, ähnlich wie bei der Humusbilanz, einen Hinweis auf den Abbauverlauf im Ökosystem	

Tabelle 1: Zusammenstellung der Berechnungsmöglichkeiten für Zersetzungsraten auf der Basis von e-Funktionen sowie Berechnungen zur Bilanzierung des Humus- und Streuturnovers (kombiniert nach GISI et al. 1990, JÖRGENSEN 1987 und WIEDER & LANG 1982).

ren Stoffe schneller abgenommen haben; anschließend setzt sich ein langsamerer Abbau der schwer zersetzbaren Substanzen fort. Allerdings ist zu bedenken, daß in der Anfangsrate von 3,1%/Woche schnelle und langsame Komponente zusammen enthalten sind. Subtrahiert man die langsame Rate, so ergibt sich in diesem Falle mit 2,2%/Woche die tatsächliche Rate für die schnelle Abbaukomponente.

Die Berechnungsweise ist in der am Ende des Beitrages angefügten Tabelle 1 erläutert. Allerdings entspricht sie nicht ganz dem zweistufigen Modell, da hierfür die jeweiligen Ausgangsmassen (m_1 und m_2) für die schnelle und langsame Komponente bekannt sein müßten. Durch das geschilderte Subtraktionsverfahren läßt sich aber dennoch eine gute Schätzung der schnellen Zersetzungsrate erzielen.

Abb. 9 zeigt das Ergebnis einer C/N-Bestimmung für Kiefernnadelstreu aus Minicontainer-Proben. Nach einem halben Jahr ist das C/N-Verhältnis leicht abgesunken. Im Falle der 20 μm-Gaze ist dies besonders deutlich, wobei die Abnahme mit einem Anstieg des N-Gehaltes korreliert.

Für die Förderung unserer Arbeiten durch das Umweltzentrum der Johannes Gutenberg-Universität und durch die Feldbauschstiftung beim Fachbereich Biologie möchte ich mich an dieser Stelle herzlich danken, desgleichen bei Frau K. Rehbinder für die schöne Zeichnung des Minicontainer-Stabes. Herrn Prof. Dr. V. Wolters, Mainz/Göttingen, gilt mein besonderer Dank für kritische Anmerkungen und hilfreiche Tips.

3. Zusammenfassung

Zersetzung ist ein integraler Prozeß, der für die Stoffumsätze in Ökosystemen eine große Bedeutung besitzt. Wichtige Teilprozesse der abiotischen und biotischen Zersetzung wie Elution (Leaching), Mineralisierung und Humifizierung werden besprochen und mit Hilfe eines Flußdiagramms in Beziehung zueinander gesetzt. Desweiteren wird auf die Bedeutung der Bodenorganismen, auf strukturelle Aspekte der Zersetzung, auf Stoff- und Energieflüsse und auf Umwelteinflüsse für das Zersetzungsgeschehen eingegangen. In einem abschließenden methodischen Teil werden Mikrokosmosversuche, der Litterbag-Test, der Bait-lamina-Test sowie ein neu entwickelter Minicontainer-Test vorgestellt. Mit Ergebnissen des Minicontainer-Tests wird dessen Anwendbarkeit zur Untersuchung der Zersetzungsleistung von Böden dargestellt. Er wird als Mini-scale- Test eingestuft und eignet sich besonders für vergleichende Untersuchungen zur Charakterisierung der Biologischen Aktivität von Böden. Als potentielle Anwendungsgebiete kommen Bodenzoologie und -mikrobiologie und die angewandte Bodenforschung (Landwirtschaft, Forstwirtschaft, Stadtökologie, Altlastenforschung, Ökotoxikologie) in Frage. In einer abschließenden Zusammenstellung werden Verfahren zur

Berechnung der Zersetzungsrate sowie des Humus- und Streuturnovers vorgestellt und kommentiert.

Anschrift des Autors:

Privatdozent Dr. Gerhard Eisenbeis, Institut für Zoologie der Johannes Gutenberg-Universität, Saarstr. 21, W-6500 Mainz

Peter Leinweber und Hans-Rolf Schulten

Untersuchungen der molekularchemischen Zusammensetzung organischer Bodensubstanzen mit modernen analytischen Methoden

mit 7 Abbildungen und 3 Tabellen

Abstract

Recent investigations of different soil organic matter (SOM) compartments such as soil bacteria and fungi, Mesostigmata, Collembola, organo-mineral particle-size fractions and whole soil samples by pyrolysis-field ionization mass spectrometry (Py-FIMS) and ^{13}C-NMR spectroscopy are summarized. In the Py-FI mass spectra of mesofauna samples, the most intensive signals indicated thermal decomposition products of lipids (e. g. m/z 368: cholesterole) and N-compounds (chitin, amino acids). Changes in the molecular composition of SOM during its initial formation from grass residues were observed in samples from a pot experiment on humus formation by Py-FIMS and ^{13}C-NMR. These two methods indicated similarly a transfer of carbohydrates from medium silt to clay in the time-period from the 13th to the 34th experimental year. Temperature profiles for distinct substance classes demonstrated that changes in the molecular composition were accompanied by changes in the thermal stability of chemical bondings in SOM.

Keywords

Soil organic matter, organo-mineral particle-size fractions, pyrolysis-field ionization mass spectrometry, ^{13}C-NMR spectroscopy, edaphone

Inhalt

1. Einleitung
2. Pyrolyse-Feldionisation Massenspektrometrie von Bodenlebewesen
3. Bildung organischer Bodensubstanzen in humusfreiem Mineralsubstrat
3.1 Partikel-Größenfraktionierungen
3.2 ^{13}C-NMR-Spektroskopie

3.3 Pyrolyse-Feldionisation Massenspektrometrie
4. Molekularchemische Veränderungen der organischen Bodensubstanzen infolge Bodenbewirtschaftung
5. Schlußfolgerungen
6. Danksagung
7. Zusammenfassung

1. Einleitung

Ein beträchtlicher Teil der globalen Kohlenstoff- (C), Stickstoff- (N), Phosphor- (P) und Schwefelvorräte (S) ist in organischen Bodensubstanzen (OBS) gebunden, die daher ein wesentliches Glied in den biogeochemischen Zyklen dieser Elemente sind (SCHLESINGER 1990). Trotz teilweise geringer Gehalte, z. B. 1% bis 5% im A-Horizont vieler Mineralböden, sind die OBS von fundamentaler Bedeutung für deren Eigenschaften wie Nähr- und Schadstoffgehalte, —bindung und -freisetzung, Aggregierung und Strukturstabilität, Wasserhaltevermögen, Verhalten gegenüber mechanischer Belastung etc. Obwohl die OBS deshalb Gegenstand umfangreicher Forschungen waren, sind ihre chemischen Strukturen auf molekularer Ebene nur unzureichend bekannt.

Der Gehalt des Bodens an organisch gebundenem C (C_{org}) wird im allgemeinen als Maß für dessen OBS-Gehalt angegeben. Die OBS werden eingeteilt in Bodenlebewesen (Edaphon) und postmortale organische Substanz (Humus); diese wiederum in Nichthuminstoffe (z. B. Mono- und Polysaccharide, Proteine, Fette, Wachse) und Huminstoffe. Bei den Huminstoffen unterscheidet man aufgrund unterschiedlicher Löslichkeit Fulvosäuren (Löslich in 0,1 M NaOH/0,1 M $Na_4P_2O_7$, nicht säurefällbar), Huminsäuren (Löslich in 0,1 M NaOH/0,1 $Na_4P_2O_7$, säurefällbar) und Humine (Unlöslich in 0,1 M NaOH/0,1 $Na_4P_2O_7$) (SCHNITZER 1991). Es ist kritisch anzumerken, daß diese Abgrenzungen konventionell sind; analytisch lassen sich in den Huminstofffraktionen ebenfalls Bausteine der Polysaccharide, Proteine usw. nachweisen. Diese chemisch getrennten Huminstofffraktionen waren seit mehr als 200 Jahren die bedeutsamsten Untersuchungsobjekte zur Strukturaufklärung der OBS. Moderne Strukturmodelle beschreiben Huminsäuren als Makromoleküle, in denen Alkylaromaten ein dreidimensionales, poröses, „schwammartiges" Gerüst bilden und in denen Sauerstoff in Karboxyl-, phenolischen und alkoholischen OH-Gruppen, Karboxylestern und Ethern sowie Stickstoff in Form von Heterozyklen und Nitrilen vorkommt (SCHULTEN et al. 1991, SCHULTEN & SCHNITZER 1993). Naßchemische und spektroskopische Untersuchungen haben jedoch auch ergeben, daß bei den Huminstofffraktionierungen chemische Veränderungen des zu untersuchenden Materials eintreten (z. B. KHAIRY & ZIECHMANN 1981).

Die Bodenlebewelt, das Edaphon, macht nur einen relativ geringen Masse-Anteil der OBS aus. Nimmt man 5 Masse-% für den Anteil des Edaphon an der OBS an, so würden auf Bakterien, Strahlenpilze und Pilze zusammen 3,75%, auf die Mikro- und Mesofauna jeweils 0,15 %, auf die Makrofauna 0,25% und auf die Megafauna 0,7% entfallen (Zahlen nach DUNGER 1973). Milben (Acarina) und Springschwänze (Collembola) sind die bedeutsamsten Ordnungen innerhalb der Mesofauna. Der Beitrag des Edaphons, insbesondere der Bodenmikroflora sowie der Mikro- und Mesofauna, zur molekularchemischen Zusammensetzung der OBS ist weitgehend unbekannt.

Ein erheblicher Anteil der abgestorbenen OBS ist eng an die Bodenminerale gebunden und bildet mit diesen organisch- mineralische Komplexe (OMK). Der Anteil der mineralisch gebundenen organischen Substanzen kann, in Abhängigkeit von Bodenart (Korngrößenzusammensetzung) und Bewirtschaftung, 50% bis 100% der gesamten OBS betragen, wie durch Partikelgrößen- und Dichtefraktionierungen ermittelt wurde (LEINWEBER et al. 1991). Bei diesen physikalischen Fraktionierungen wird der Gesamtboden (und damit die OBS) meist durch Ultraschall disaggregiert und dann durch Sedimentation (Gravitation oder im Zentrifugalfeld, in Wasser oder in schweren Trennflüssigkeiten) in Fraktionen mit definierten Äquivalentdurchmessern (ÄD) oder Dichten aufgetrennt. Ein grundsätzlicher Vorteil dieser Methodik ist, daß Fraktionen der OBS für weitere Analysen gewonnen werden, die chemisch weitgehend unverändert sind.

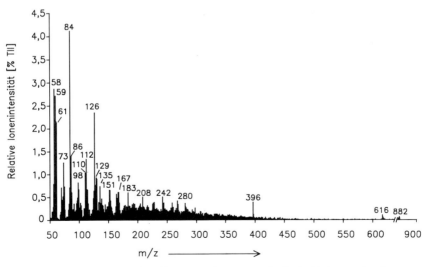

Abb. 1: Pyrolyse-Feldionisation Massenspektrum von Bodenbakterien und -pilzen aus Ackerboden

Auf der Grundlage neuer analytischer Techniken wurden in den letzten Jahren wesentliche Fortschritte bei der Aufklärung der molekularchemischen Zusammensetzung der OBS erzielt. Von diesen Analysenmethoden sind insbesondere die Pyrolyse-Feldionisation Massenspektroskopie (Py-FIMS) und die ^{13}C-Kernmagnetresonanz- Spektroskopie (^{13}C-NMR) zu nennen (SCHNITZER 1990). Die physikalischen Grundlagen, apparativen Voraussetzungen, Interpretationsmöglichkeiten und Applikationen der Py-FIMS wurden zusammenfassend von SCHULTEN (1987), die der ^{13}C-NMR von WILSON (1987) beschrieben. Ein wesentlicher Fortschritt dieser Methoden besteht darin, daß physikalisch getrennte und damit chemisch weitgehend unveränderte Proben untersucht werden können.

In diesem Beitrag wird zusammengefaßt über einige Untersuchungen berichtet, bei denen physikalische Fraktionierungen sowie Py-FIMS und ^{13}C-NMR Spektroskopie zur chemischen Charakterisierung der OBS angewendet wurden. Die einbezogenen Proben umfassen Bodenbakterien und —pilze, Raubmilben und Springschwänze, organisch-mineralische Partikel-Größenfraktionen sowie Gesamt-Bodenproben. Die Untersuchungen sollten Aufschluß geben über den Beitrag der Bodenorganismen zu molekularchemischen Eigenschaften der gesamten OBS, über die Neubildung von OBS in humusfreiem Mineralsubstrat sowie über ihre langfristige Beeinflussung durch extrem unterschiedliche Bodenbewirtschaftung.

2. Pyrolyse-Feldionisation Massenspektrometrie von Bodenlebewesen

Bei der Py-FIMS wird die Probe im Hochvakuum innerhalb von 10 min von 50 °C auf 700 °C erwärmt. Die thermischen Zerfallsprodukte werden nach schonender Ionisierung im elektrischen Feld entsprechend ihres Masse/Ladungs-Verhältnisses (m/z 50 bis > 1000 Dalton) massenspektrometrisch getrennt und als elektrische Impulse registriert. Auf diese Weise werden 50 bis 70 Massenspektren aufgenommen und im Datensystem gespeichert. Für eine erste Übersicht wird daraus ein Summenspektrum der Probe errechnet; weitere mögliche Auswertungen sind z. B. Einzelspektren für bestimmte Temperaturbereiche, Subtraktionsspektren zur Verdeutlichung von Unterschieden zwischen Proben, Thermogramme der Gesamt-Ionenintensitäten, für Verbindungsklassen und Einzelionen und Errechnung der mittleren Molekularmassen (SCHULTEN 1987).

In dem Py-FI Massenspektrum der aus einem Ackerboden isolierten Bodenbakterien und -pilze (Abb. 1) dominieren Signale der Pyrolyseprodukte von Kohlenhydraten (Mono- und Polysaccharide: m/z 60, 84, 86, 98, 110, 112, 114, 126, 132, 144 und 162), wobei Hexosen (m/z 126) stärker als Pentosen (m/z 114, 132) vertreten sind. Sehr deutlich treten außerdem zahlreiche Signale von N- Verbindungen hervor (ungerade m/z). Diese können sowohl auf Aminosäuren (z. B. m/z 57, (60),

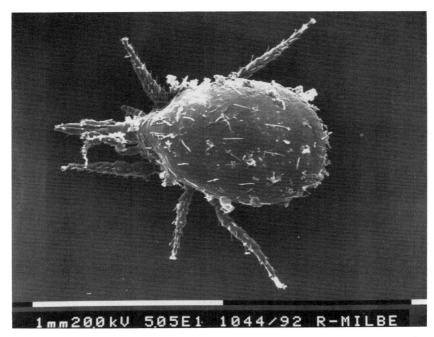

Abb. 2: Rasterelektronenmikroskopische Aufnahme einer Raubmilbe (Unterordnung Gamasida) (Aufn.: Dr. W. Gloede, Institut Fresenius, Taunusstein)

70, 73, 74, 75, 91, 97, 99, 115, 129, 135 und 151) (SORGE et al. 1993), als auch auf N-Acetyl- Aminozucker (z. B. m/z 59, 73, 135, 137, 151) (BRACEWELL et al. 1989) zurückgeführt werden. Weiterhin deuten zahlreiche höhermolekulare Pyrolyseprodukte auf N-Verbindungen hin (m/z 163, 167, 183, 197, 225, 267, 297, 339), die bisher noch nicht identifiziert sind. Andere Signale im höheren Massenbereich zeigen insbesondere aliphatische Komponenten an, wie z. B. n-C_{10-18} Fettsäuren, n-C_{15-16} Alkane und Alkene, Ergosterol (m/z 396) sowie Mono- bis Triglyceride (m/z 616, 882) aus Zellwandlipiden.
Aus Waldboden wurden Raubmilben (Mesostigmata) und Springschwänze (Collembola) selektiert. Die rasterelektronenmikroskopischen Aufnahmen ermöglichten die Zuordnung der Mesostigmaten zu den Unterordnungen *Gamasida* (Raubmilben, s. Abb. 2) und *Uropodina* (Schildkrötenmilben, Familie *Polyaspididae*, s. Abb. 3; SCHULTEN 1993) (BLASZAK, persönliche Mitteilung).
Für die massenspektroskopische Untersuchung wurden jeweils ca. 10 Individuen pyrolysiert (ca. 140 μg Probenmaterial, >90% Gewichtsverlust, 16,8 10^6 [Raubmilben] bzw. 3,3 10^6 [Springschwänze] Signaleinheiten Total-Ionenintensität).
Die Py-FI Massenspektren der Mesostigmata und Collembola zeigen intensive

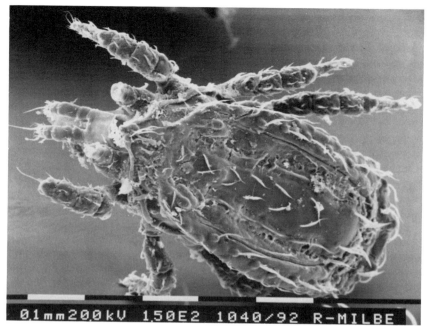

Abb. 3: Rasterelektronenmikroskopische Aufnahme einer Schildkrötenmilbe (Unterordnung Uropodina, Familie Polyaspididae) (Aufn.: Dr. W. Gloede, Institut Fresenius Taunusstein)

Signale im Massenbereich m/z 40 bis 700 (Abb. 4 a, b). In beiden Spektren ist m/z 386 das intensivste Signal, das thermische Zerfallsprodukte von Lipiden (Fette, Wachse) anzeigt, wie z. B. Cholesterol ($C_{27}H_{46}O$) mit der typischen Wasserabspaltung bei m/z 368. Daneben kann eine Reihe sehr intensiver Signale langkettigen aliphatischen Kohlenwasserstoffen zugeordnet werden. Dies können n-Alkane (n-C_{10-47}, insbesondere n-C_{20} [m/z 282]), n-C_{41-44} [m/z 576, 590, 604, 618]) und n-Alkene (n-C_{10-47}, insbesondere n-C_{12} [m/z 168], n-$C_{20, 22, 24}$ [m/z 282, 308, 336]) sein. Während bei den Mesostigmata die Signale für n-$C_{29, 31, 36, 38, 39, 43, 44, 45 \text{ und } 46}$ (m/z 406, 434, 504, 532, 546, 602, 616, 630 und 644) besonders hervortreten, sind bei den Collembola n-$C_{29, 32, 41 \text{ und } 42}$ (m/z 406, 448, 574 und 588) intensiver. Eine weitere Signalserie deutet auf eine homologe Reihe der Fettsäuren mit n-C_{10-46} hin. Besonders intensive Signale ergeben dabei n-$C_{15, 16, 18, 22, 24}$ (m/z 242, 256, 284, 340, 368) sowie im Spektrum der Mesostigmata n-$C_{25, 27, 31 \text{ und } 37}$ (m/z 382, 410, 466 und 550). Eine große Anzahl von Signalen mit ungeraden m/z im höheren Massenbereich deutet auf bisher unidentifizierte höhermolekulare N-Verbindungen hin, z. B. Pyrolyseprodukte von Polypeptiden und

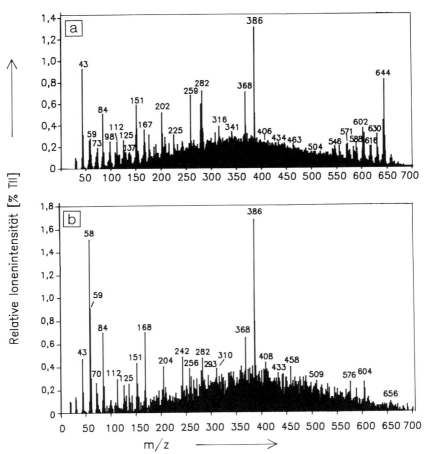

Abb. 4: Pyrolyse-Feldionisation Massenspektren von a) Raubmilben (Mesostigmata) und b) Springschwänzen (Collembola)

Proteinen. Thermische Abbauprodukte von Chitin werden durch m/z 43, 59, (60, 84), 125, 137, 139, 151, 167, 181, 185 und 204 in beiden Mesofauna-Spektren angezeigt. Ihre Signalmuster entsprechen denen mehrerer Chitinstandards, die von VAN DER KAADEN et al. (1984) untersucht wurden. Diese Signale sind stärker ausgeprägt bei der Mesostigmata-Probe. Weitere Signale mit ungeraden m/z werden, entsprechend einer aktuellen Studie von SORGE et al. (1993), sauren (m/z 60, 70, 84 und 87), neutralen (m/z 60, 73 und 87) und basischen (m/z 129 und 135) Aminosäuren zugeordnet. Die Signale bei m/z 72, 98, 112 und 126 deuten auf Kohlenhydrate (Mono- und Polysaccharide) hin.

Zusammenfassend wird festgestellt, daß sich die Py-Fl Massenspektren von Bodenmikroflora (Bakterien und Pilze) und Mesofauna sehr deutlich unterscheiden. Während in ersterem vor allem Signale von Kohlenhydraten dominieren, sind in den Spektren der Mesofauna-Proben Signale intensiver, die langkettigen Kohlenwasserstoffen (Lipide, vermutlich Bestandteile der tierischen Wachse) und N-Verbindungen (Chitin, Aminosäuren und unidentifizierte höhermolekulare N-Verbindungen) zugeordnet werden. Das Signal m/z 386 wird nach diesen ersten Untersuchungen als Biomarker für die untersuchten Mesofauna-Spezies angesehen. Die Proben von Mesostigmata und Collembola ergaben trotz der genannten Gemeinsamkeiten unterschiedliche Signalmuster, so daß auf eine gattungs-, familien- bzw. ordungsspezifische molekulare Zusammensetzung geschlossen wird.

3. Bildung organischer Bodensubstanzen in humusfreiem Mineralsubstrat

3.1 Partikel-Größenfraktionierungen

Die Neubildung von OBS aus Gras-Rückständen wurde an Proben aus einem 34jährigen Gefäßdauerversuch an der Universität Rostock (Hu3-Lehmmergel, REUTER 1981) untersucht. Die Besonderheit dieses Versuches besteht darin, daß das humusfreie Mineralsubstrat, ein sandiger Lehmmergel (20% Ton, 42% Schluff, 38% Sand, 33% $CaCO_3$) während der Versuchsdauer nur Gras-Rückstände, hauptsächlich Wurzeln, als organische Primärsubstanz der OBS erhielt. In der untersuchten Variante stiegen die C_{org}-Gehalte von 0,22% im Lehmmergel auf 0,27% im 2., 0,86% im 7. Versuchsjahr und erreichten nach 10 bis 13 Jahren einen Gleichgewichtszustand zwischen Zufuhr und Abbau bei etwa 1% C_{org} (REUTER 1991). Die Auftrennung der OBS in die organisch-mineralischen Partikel- Größenfraktionen Ton (< 2 μm ÄD), Fein- (2 bis 6,3 μm ÄD), Mittel- (6,3 bis 20 μm ÄD) und Grobschluff (20 bis 63 μm ÄD) sowie Sand (63 bis 2000 μm ÄD) ergab Erhöhungen der C_{org}- und N_t-Gehalte mit der Zeit in allen Fraktionen < 63 μm ÄD, jedoch Verringerungen der C-Gehalte von Sand nach dem 13. Versuchsjahr. Meist wurde die Rangfolge Ton >Mittelschluff >Feinschluff >Grobschluff >Sand für die C_{org}- und N_t-Gehalte gefunden. Mit der Zeit kam es zu Umverteilungen der C- und N-Anteile der Fraktionen, vor allem zu Erhöhungen im Ton und Feinschluff, sowie zu einer Verengung der C/N-Verhältnisse in Ton und Sand (LEINWEBER & REUTER 1992).

3.2 ^{13}C-NMR-Spektroskopie

Bei der ^{13}C-NMR-Spektroskopie werden die mit 1,11% natürlicher Häufigkeit vor-

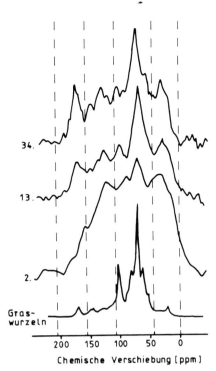

Abb. 5: Festkörper-^{13}C-Kernmagnetische Resonanzspektren von Graswurzeln und Bodenproben aus dem 2., 13. und 34. Versuchsjahr des Gefäß-Dauerversuches Hu3-Lehmmergel

kommenden ^{13}C-Kerne unter dem Einfluß von hochfrequenter elektromagnetischer Strahlung in unterschiedliche Spinzustände versetzt, wobei die Übergänge zwischen diesen mit Kernresonanz und einer charakteristischen Schwächung der eingestrahlten Energie verbunden sind (VOLLHARDT 1990). In den Spektren von OBS werden meist 4 Regionen der chemischen Verschiebungen unterschieden, die für folgende Bindungen des C charakteristisch sind: 0 bis 46 ppm (Alkyl-C), 46 bis 110 ppm (O-Alkyl-C, z. B. in Kohlenhydraten), 110 bis 160 ppm (aromatischer C, z. B. in Phenolen und Lignin) und 160 bis 210 ppm (Karboxyl-C) (FRÜND & LÜDEMANN 1989).

Die ^{13}C-NMR-Spektren der Gras-Rückstände, sowie des Gesamt-Bodens nach 2, 13 und 34 Versuchsjahren sind in Abb. 5 zusammengestellt. Der dominierende Kohlenhydrat-Peak bei Graswurzeln ist in dem insgesamt schlecht aufgelösten Spektrum der Probe aus dem 2. Versuchsjahr stark verringert. Dafür deuten die Signale 0 bis 40 ppm bei den Bodenproben auf eine Anreicherung der OBS mit aliphatischem C nach 13 und 34 Versuchsjahren hin. Ebenso ist eine deutliche Verstärkung des Karboxyl-C-Signals (160 bis 210 ppm) zu erkennen (s. Abb. 5). Die Integration der Peakflächen zeigt nur geringfügige Veränderungen in der chemischen Zusammensetzung der OBS des Gesamt-Bodens an (Tab. 1). Demgegenüber sind die entsprechenden Tonfraktionen mit Alkyl-C angereichert, während im Feinschluff vornehmlich Kohlenhydrat-C gespeichert wurde. Die oben festgestellte C-Anreicherung im Feinschluff läßt sich demzufolge mit den Daten aus Tab. 1 weitgehend durch einen Transfer von Kohlenhydrat-C aus gröberen Fraktionen, z. B. Mittelschluff, Grobschluff und Sand erklären.

3.3 Pyrolyse-Feldionisation Massenspektrometrie

Die Py-Fl Massenspektren der Gesamt-Bodenproben aus dem 2., 13. und 34. Jahr des Versuches Hu3-Lehmmergel zeigen erhebliche Unterschiede in der molekularchemischen Zusammensetzung der OBS (Abb. 6). Die dominierenden Signale im Bereich niedriger Massen sind Pyrolyseprodukten von Kohlenhydraten zuzuordnen (z. B. m/z 78, 82, 96, 98, 128, 132 und 144). Sie sind in allen 3 Spektren vorhanden, mit der Tendenz steigender Anteile an den Total-Ionenintensitäten vom 2. zum 13. und 34. Versuchsjahr. Mehrere Signale mit ungeraden m/z deuten auf heterozyklische N-Verbindungen hin, z. B. m/z 67 (Pyrrol), m/z 79 (Pyridin), m/z 81 (Methylpyrrol), m/z 111 (Hydroxypyrrol, Formylpyrrol oder Dimethylpyrrol), m/z 123 (Tetramethylpyrrol). Diese Signale sind in den Spektren b und c ebenfalls stärker ausgeprägt. Phenole und Lignin-Monomere ergeben Signale bei m/z 94, 108, 110, 120, 122, 138, 150, 152, 164, 166, 168, 178, 180, 182, 192, 194, 196, 208, 210 und 212. Im Bereich höherer Massen dominieren Signale von

Probe	Alkyl-C	Kohlen-hydrat C	Aroma-tischer C	Karboxyl-C
Graswurzeln	6,4	79,2	11,9	2,6
Boden (13.)	22,3	47,4	21,2	9,1
Ton (13.)	27,0	41,9	19,3	11,9
Feinschluff (13.)	20,0	42,2	25,5	12,3
Mittelschluff (13.)	22,4	49,3	20,7	7,6
Boden (34.)	19,4	47,6	22,0	10,9
Ton (34.)	24,6	46,6	16,7	12,2
Feinschluff (34.)	23,0	48,5	18,6	9,8
Mittelschluff (34.)	20,4	51,0	20,2	8,5

Tabelle 1: Ergebnisse der Peakflächenintegration der Festkörper-^{13}C-Kernmagnetischen Resonanzspektren von Graswurzeln, Gesamt-Bodenproben und organisch-mineralischen Partikel-Größenfraktionen aus dem Versuch Hu3-Lehmmergel (0 bis 210 ppm = 100%)

Lignin-Dimeren, Alkylaromaten, Alkanen, Alkenen, Fettsäuren und Alkyl-Mono- und -Diestern. Die Auswertung der entsprechenden Massenlisten erlaubt eine quantitative Abschätzung der relativen chemischen Veränderungen der OBS während ihrer Genese aus Gras-Rückständen (Tab. 2). Vom 2. zum 13. Jahr ist ein starker Anstieg der Signalintensitäten von Lignin-Dimeren und Kohlenhydraten zu erkennen. Die Anreicherung mit Phenolen, Lignin-Monomeren und Kohlenhydraten setzt sich fort zum 19. und 34. Jahr, während Lignin-Dimere zwischendurch verringerte Intensitäten erkennen lassen (nicht gezeigt). Übereinstimmend mit den C/N-Verhältnissen erhöhen sich auch die Anteile an N-Verbindungen. Bei Betrachtung aller untersuchten Proben, die hinsichtlich des C-Gehaltes ein Fließgleichgewicht anzeigten (13., 19., 25., 29. und 34. Jahr), fanden wir mehrfach fluktuierende Werte, wobei Erhöhungen der Anteile an Lignin- Dimeren stets einhergingen mit Verringerungen bei den Phenolen, Lignin-Monomeren und N-Verbindungen. Daraus wurde die Hypothese abgeleitet, daß die Populationsdynamik der abbauenden Organismen, evtl. gesteuert durch die Menge verfügbarer N-Verbindungen, ein wesentlicher Faktor für die aktuelle Qualität der OBS ist, insbesondere für die Relation zwischen dimeren (weniger abgebauten) und monomeren Lignin-Untereinheiten (SCHULTEN et al. 1992). Bei den Partikel-Größenfraktionen sind Anreicherungen von Lignin-Dimeren im Feinschluff und von N-Verbindungen im Ton besonders deutlich. Als wesentliche Veränderungen sind Verringerungen der Anteile an Kohlenhydraten, Phenolen, Lignin-Monomeren im Mittelschluff zugunsten von Lignin-Dimeren und Lipiden zu nennen (Tab. 2).

Jahr, Probe	PHLM	LDIM	ALAR	LIPI	MPSA	NVER
2. Boden	9	1	9	2	8	4
7. Boden	2	4	4	2	9	2
13. Boden	10	6	8	3	12	4
13. Ton	18	5	14	5	9	13
13. Feinschluff	16	11	13	7	10	11
13. Mittelschluff	15	9	11	9	11	4
19. Boden	20	3	10	2	15	11
34. Boden	20	6	10	4	16	11
34. Ton	16	6	11	5	10	12
34. Feinschluff	13	8	11	7	10	7
34. Mittelschluff	10	12	9	11	5	3

Tabelle 2: Summierte Ionenintensitäten für wichtige Verbindungsklassen der OBS von Proben aus unterschiedlichen Jahren und Partikel-Größenfraktionen des Versuches Hu3-Lehmmergel (in % der Gesamt-Ionenintensität, Abkürzungen für die Substanzklassen: PHLM = Phenole, Lignin-Monomere, LÖDIM = Lignin-Dimere, ALAR = Alkylaromaten, LIPI = Lipide, MPSA = Mono- und Polysaccharide, NVER = N-Verbindungen (LEINWEBER & SCHULTEN 1992, SCHULTEN et al. 1992)

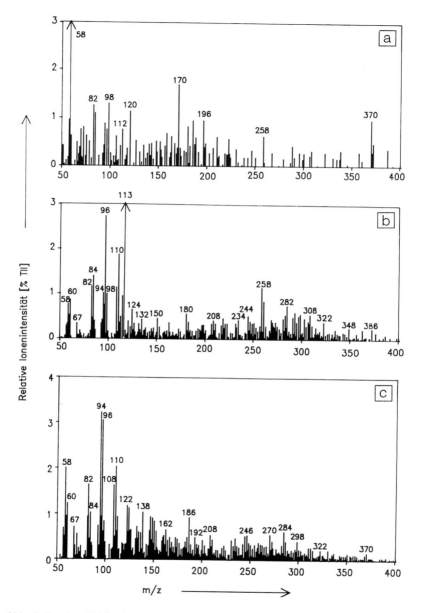

Abb. 6: Pyrolyse-Feldionisation Massenspektren von Bodenproben aus dem 2., 13. und 34. Versuchsjahr des Gefäß-Dauerversuches Hu3-Lehmmergel

Probe und Variante		PHLM	LDIM	ALAR	LIPI	MPSA	NVER
Boden	U	21	5	13	3	17	19
	St_l	6	10	11	3	9	14
Ton	U	11	2	11	1	15	21
	St_l	8	8	9	2	11	14
Feinschluff	U	9	7	12	3	10	11
	St_l	7	9	8	3	7	8
Mittelschluff	U	9	9	12	3	9	8
	St_l	7	11	8	4	6	5
Grobschluff	U	10	6	14	2	12	13
	St_l	11	14	15	2	8	6
Sand	U	13	8	13	2	17	6
	St_l	14	11	11	2	16	6

Tabelle 3: Summierte Ionenintensitäten für wichtige Verbindungsklassen der OBS von Boden und Partikel-Größenfraktion aus 2 Düngungsvarianten des Versuches „Ewiger Roggenbau" zu Halle (in % der Gesamt-Ionenintensität, Abkürzungen für die Substanzklassen s. Tab. 2 U = Ungedüngt, St_l = 12 t Stallmist $\cdot$ ha^{-1} $\cdot$ a^{-1}) (SCHULTEN & LEINWEBER 1991, LEINWEBER et al. 1992)

Wie in der Methodenbeschreibung angedeutet, erlaubt die Py-FIMS die Konstruktion von Temperatur-Profilen für Substanzklassen, indem die Ionenintensitäten der jeweiligen Marker-Moleküle für jedes der 50 bis 70 einzelnen Massenspektren summiert und dann gegen die Temperatur aufgetragen werden. Da alle Proben vor und nach der Pyrolyse gewogen und die Ionenintensitäten auf mg Probenmasse bezogen werden, sind relative quantitative Vergleiche innerhalb eines Probensatzes möglich. Aus den Ionenintensitäten und den Freisetzungstemperaturen können darüberhinaus Rückschlüsse auf die Bindungsstärken gezogen werden, mit denen die Molekularbausteine in den OBS verknüpft sind. Schließlich ist es möglich, Veränderungen in Menge und Bindungszustand einzelner Substanzklassen sichtbar zu machen, indem die entsprechenden Temperaturprofile zu vergleichender Proben voneinander subtrahiert werden (z. B. Probe 34. Versuchsjahr minus Probe 13. Versuchsjahr). Diese Differenz-Temperaturprofile sind in Abb. 7 für die Fraktionen Ton, Fein- und Mittelschluff aus dem Versuch Hu3-Lehmmergel dargestellt. Es wurden drei Substanzklassen unterschieden, wobei 1.) Kohlenhydrate und N-Verbindungen, 2.) Phenole, Lignin-Monomere und Lignin-Dimere sowie 3.) Lipide und Alkylaromaten aufgrund ähnlicher Kurvenverläufe jeweils zusammengefaßt wurden. Punkte bzw. Kurvenabschnitte mit positiver Intensitätsdifferenz bedeuten Anreicherungen, bzw. mit negativer Differenz Verluste an den jeweiligen Substanzen zwischen 13. und 34. Versuchsjahr. Die deutlich zweigipfeligen Kurvenverläufe zeigen an, daß die quantitativen Veränderungen Molekülbausteine betreffen, für deren Freisetzung aus der gesamten OBS unterschiedliche thermische Energien notwendig sind. Im Ton und Feinschluff sind hauptsächlich Anreicherungen von OBS-Bestandtei-

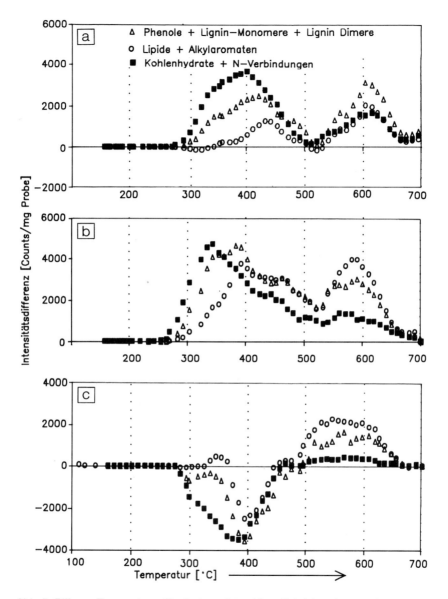

Abb. 7: Differenz-Temperaturprofile der Ionenintensitäten (34. Jahr minus 13. Jahr) von 1.) Kohlenhydraten und N-Verbindungen, 2.) Phenolen, Lignin-Monomeren und -Dimeren sowie 3.) Lipiden und Alkylaromaten in a) Ton, b) Feinschluff und c) Mittelschluff aus dem Gefäß-Dauerversuch Hu3-Lehmmergel

len festzustellen, die zwischen 280 °C und etwa 520 °C (Maxima bei 330 °C bis 430 °C) freigesetzt werden. Diese Anreicherungen korrespondieren direkt mit entsprechenden Verlusten im Mittelschluff. Der besonders steile Kurvenabfall bei 300 °C wird auf Verluste von Kohlenhydraten, N-Verbindungen und Lignin-Bausteinen aus primärem Pflanzenmaterial zurückgeführt, das durch mechanische Zerkleinerung (Mesofauna) und biochemische Reaktionen (Mikroflora) sukzessiv umgewandelt wird (s. negative Kurvenabschnitte zwischen 280 °C und 470 °C in Abb. 7 c). Die Peaks bei 610 °C (Ton), 590 °C (Feinschluff) und 550 °C (Mittelschluff) zeigen Anreicherungen von Molekülbausteinen, die erst bei höheren Pyrolysetemperaturen freigesetzt werden. Sie deuten auf einen allmählichen Einbau dieser OBS-Bestandteile in thermisch stabilere chemische Bindungen während der 20jährigen Bodenentwicklung hin. Dies könnten C-C-Bindungen in den Huminstoff-Makromolekülen (dreidimensionale Vernetzung) und/oder organisch-mineralische Verbindungen sein.

4. Molekularchemische Veränderungen der organischen Bodensubstanzen infolge Bodenbewirtschaftung

An Gesamtboden- und Fraktionsproben aus einem der ältesten landwirtschaftlichen Düngungsversuche, dem 108 Jahre alten „Ewigen Roggenbau" zu Halle wurde untersucht, welche Veränderungen der OBS extrem unterschiedliche Bodenbewirtschaftung bewirkt. Es wurden die Varianten „Ungedüngt" (Roggen-Monokultur ohne jegliche Düngung) und „Stallmist I" (Roggen-Monokultur, 12 t Stallmist ha^{-1} a^{-1}) verglichen. Py-FI Massenspektren der Partikel- Größenfraktionen aus der ungedüngten Variante zeigten sehr deutliche Unterschiede der Signalmuster zwischen den einzelnen Fraktionen, insbesondere im höheren Massenbereich (SCHULTEN & LEINWEBER 1991; LEINWEBER et al. 1992). Die Auswertung der Massenlisten und die Summierung der Ionenintensitäten für Substanzklassen (Tab. 3) ergibt steigende Anteile an Lignin-Dimeren und Lipiden mit zunehmenden ÄD von Fein-+Mittelton zum Fein- bzw. Mittelschluff. Demgegenüber nehmen die Anteile an Phenolen, Lignin-Monomeren, Kohlenhydraten und N-Verbindungen in dieser Richtung ab. Grobschluff und Sand enthalten relativ viel Lignin-Untereinheiten, Alkylaromaten und Kohlenhydrate. Dies gilt gleichermaßen für beide Düngungsvarianten. Das stützt die Vermutung, daß den einzelnen Mineralfraktionen eine spezifische Bedeutung für die Stabilisierung der OBS zukommt, unabhängig von der Höhe der Zufuhr an organischen Primärsubstanzen. Der Hauptunterschied zwischen den beiden Düngungsvarianten liegt in der stärkeren Anreicherung aller Fraktionen aus der Stallmist-Parzelle mit Lignin-Dimeren bei gleichzeitiger Abnahme der Phenole, Lignin-Monomere, Alkylaromaten, Kohlenhydrate und N-Verbindungen. Letzteres stimmt überein mit den N-Gehalten der Fraktionen und bedeutet, daß schwer abbaubare N-Heterozyklen bei langjährig reduziertem Input an organischen Primärsubstanzen insbesondere im Ton konserviert werden. Das wurde auch in anderen Dauerdüngungsversuchen wie dem „Statischen Versuch" in Bad Lauchstädt (92 Versuchsjahre) (LEINWEBER & SCHULTEN 1993) sowie in Fruchtfolge-Düngungsversuchen in Puch und Neuhof gefunden (SCHULTEN & HEMPFLING 1992). Daraus ist abzuleiten, daß intensive Bodenbewirtschaftung mit reduziertem Input an organischen Primärsubstanzen zu umsetzungsträgen, „passiven" OBS führt. Demgegenüber wurden in alternativ (Biologischdynamisch) bewirtschafteten Böden höhere Anteile an Protein-N und Kohlenydraten angereichert (KAPFER & SCHULTEN 1992).

5. Schlußfolgerungen

Die vorgestellten Ergebnisse zeigen, daß mit modernen analytischen Methoden neue Erkenntnisse über die molekularchemische Zusammensetzung der OBS und ihre Veränderungen bei der Bodenentwicklung und infolge der Bodenbewirtschaftung gewonnen werden können. Während ^{13}C-NMR einen Überblick über die relativen Anteile des OBS-C in aliphatischen, O-Alkyl-, aromatischen und Karboxyl-Gruppen ermöglicht, erlaubt Py-FIMS weitergehende Differenzierungen in Kohlenhydrate, Phenole, monomere und dimere Lignin-Bausteine, n-Alkane, -Alkene und -Fettsäuren sowie Alkylaromaten mit unterschiedlichen Kettenlängen, und verschiedene N-Verbindungen (Heterozyklen, Amino-N, Nitrile). Die temperaturaufgelöste Py-FIMS und die Temperaturprofile für einzelne Substanzklassen ermöglichen erstmals die Erforschung der thermischen Eigenschaften und damit Einblicke in die Bindungsstabilitäten, mit denen OBS-Bestandteile in den makromolekularen Strukturen verknüpft sind.

6. Danksagung

Die Autoren danken Herrn Dr. T. Beck, Bayrische Landesanstalt für Bodenkultur und Pflanzenbau, München, für die Bereitstellung der Mikroflora-Proben und Herrn Prof. Dr. G. Reuter, Universität Rostock, für die Überlassung von Gesamt-Bodenproben aus dem Versuch Hu3. Herrn Dr. W. Gloede, Institut Fresenius, Angewandte Festkörperanalytik, Taunusstein, wird für die rasterelektronenmikroskopischen Aufnahmen der Mesostigmata gedankt. Herr Prof. Dr. Ehrnsberger, Herr Prof. Dr. Blaszak und Frau Dipl.-Biol. F. Butz-Strazny, Universität Osnabrück, stellten freundlicherweise die Mesofauna-Proben bereit und übernahmen die Klassifikation der Mesostigmata.

7. Zusammenfassung

In dem Beitrag wird zusammengefaßt über Untersuchungen verschiedener Kompartimente der organischen Bodensubstanzen (OBS) wie Bodenbakterien und -pilze, Mesostigmaten, Collembolen, organisch-mineralische Partikel-Größenfraktionen und Gesamt-Bodenproben mit Pyrolyse-Feldionisation Massenspektrometrie (Py-FIMS) und ^{13}C-NMR Spektroskopie berichtet. Die ersten Py-FI Massenspektren von Boden-Mesofauna ergaben besonders intensive Signale thermischer Zerfallsprodukte von Lipiden, wie z. B. m/z 368 (Cholesterol) sowie von N-Verbindungen (Chitin, Aminosäuren). Die ^{13}C-NMR-Spektren und die Py-FI Massenspektren von Gesamt-Bodenproben und Partikel-Größenfraktionen aus einem Dauerversuch zur Humusbildung zeigten deutliche Veränderungen in der molekularen Zusammensetzung der OBS während ihrer Neubildung aus Gras-Rückständen an. Mit beiden Methoden wurde ein Transfer von Kohlenhydrat-C vom Mittelschluff zum Ton zwischen dem 13. und 34. Versuchsjahr gefunden. Temperaturprofile der thermischen Freisetzung einzelner Substanzklassen zeigten, daß Veränderungen der chemischen Zusammensetzung einhergingen mit Veränderungen in der Stabilität der chemischen Verbindungen in den OBS.

Anschrift der Autoren:

Dr. Peter Leinweber, Universität Osnabrück, Standort Vechta, Institut für Strukturforschung und Planung in agrarischen Intensivgebieten (ISPA), Driverstr. 22, Postfach 15 53, W-2848 Vechta
Prof. Dr. Hans-Rolf Schulten, Fachhochschule Fresenius, Abteilung Spurenanalytik, Dambachtal 20, W-6200 Wiesbaden

Markus Kratzmann, Mario Ludwig, Czeslaw Błaszak & Gerd Alberti

Mikroarthropoden: Reaktionen auf Bodenversauerung, Kompensationskalkungen und Schwermetalle

mit 13 Abbildungen und 1 Tabelle

Abstract

Reactions of microarthropods (Acari: Gamasida and Oribatida; Insecta: Protura) to artificial liming have been investigated in a field study comparing eight forest stands. Six of them were based on red sand stone and two were based on loess/shell lime. The stands were further characterized by the tree species (either spruce or beech) and different liming treatment. The study revealed that the spruce stands showed the more extreme situations or reactions. For instance the most heterogeneous dominance patterns of gamasids and oribatids were found in the spruce stand with the lowest pH. Regarding the homogeneity of the dominance patterns the limed stands ranged between the untreated red sandstone stands (very low pH) and the untreated loess/shell lime stands (less low pH). Most species of both groups of mites were collected from the loess/shell lime stands. Though no sudden decrease in population densities occurred after liming it was evident that the species reacted in a different manner. Some species obviously showed preference to certain pH-conditions and thus may be regarded as indicators.

Since soil acidity influences directly or indirectly the soil organisms and is of much importance regarding the bioavailability of metals, some aspects concerning possible effects of related parameters (concentrations of lime or heavy metals in the soil or food) are discussed.

Keywords

Acari, detoxification, genital papillae, heavy metals, lime, microarthropods, Protura, organes racémiformes, proventricular glands, soil acidity

Inhalt

1. Einleitung
2. Untersuchungsmethoden
2.1 Bodenökologische Methoden und Standortparameter
2.2 Elektronenmikroskopie
2.3 Histochemie
2.4 Atomabsorptionsspektrophotometrie (AAS)
3. Ergebnisse
3.1 Bodenökologie
3.2 Ökomorphologie
4. Schlußbetrachtung

1. Einleitung

Der anthropogen bedingte Eintrag von verschiedenen Schadstoffen (z.B. Schwermetallen), die massive Bodenversauerung durch Säureeintrag und die damit verbundene Freisetzung von geogenen oder vorübergehend im Boden festgelegten Metallen werden als wesentliche Ursachen für die „neuartigen Waldschäden" (Waldsterben, Baumsterben), die seit ca. 15 Jahren in Mitteleuropa beobachtet werden, angesehen (ULRICH & al. 1981, BLUME 1990). Bis heute ist es nicht gelungen, den Schadensverlauf wesentlich zu mildern bzw. zu stoppen. Dem WALDZUSTANDSBERICHT DES BUNDES von 1991 zufolge ist in der gesamten Bundesrepublik durchschnittlich jeder vierte Baum schwer erkrankt (d.h. hat über 25% seiner Nadeln oder Blätter verloren).

Während mit dem gestiegenen Problembewußtsein in der Öffentlichkeit begrüßenswerterweise erhebliche Anstrengungen für die Dokumentation der Schäden, für die Eindämmung der Schadstoffquellen und für die Milderung der Belastung vor Ort (z.B. Kompensationskalkungen) unternommen wurden, hat eine Intensivierung der ökologischen Erforschung eines Hauptortes des Geschehens, nämlich des Waldbodens, nur recht zögernd eingesetzt. Hierbei hat besonders die Bodenzoologie, als lange Zeit — wie jetzt schmerzlich bemerkt wird — weitgehend vernachlässigte Wissenschaft, einen erheblichen Nachholbedarf (BECK 1987, FUNKE 1986, DUNGER 1989, WALDZUSTANDSBERICHT DES BUNDES 1991). So gibt es z. B. fast keine Zustandsbeschreibungen für Bodenbiocönosen aus bestimmten Waldgebieten/Bodentypen aus Zeiten geringerer oder fehlender Belastung. Viele Bodentiergruppen sind unzureichend taxonomisch, geschweige denn bionomisch/ökologisch, bearbeitet. Für viele gibt es in Deutschland keine Spezialisten (mehr) oder es sind sicher zu wenig. Es ist zu hoffen, daß mit dem zu beobachtenden Erkennen der essentiellen Bedeutung dieses Teilökosystems für alles terrestrische Leben (auch im Hinblick auf die sich verschärfende globale Situation; MYERS 1985) dieser Forschungszweig eine stärkere Förderung erfährt.

Die auf basen- und nährstoffarmen Buntsandsteinböden stockenden Wälder des Odenwaldes gehören zu den stark gefährdeten Waldgebieten. Dies wurde u.a. durch die katastrophalen Windbrüche Anfang 1990 deutlich (WALDZUSTANDSBERICHT DES BUNDES 1991). Es wird angenommen, daß die Instabilität der Bäume gegenüber Windeinwirkung Ausdruck einer Schwächung der Widerstandskraft ist. Zur Stabilisierung der Waldbestände werden im Heidelberger Forst auf gefährdeten Flächen seit 1984 Kompensationskalkungen durchgeführt, mit denen einerseits den Bäumen Nährstoffe zugeführt und erhalten, andererseits das Boden-pH angehoben werden soll. Die Bodenreaktion (pH-Wert: Maß für den Säuregrad in einer wäßrigen Lösung) liegt in den betreffenden Böden häufig (wenigstens zeitweise) im (oder sogar unter) dem sogenannten Aluminium-Puffer- Bereich (pH 4,2-3,0) (ULRICH & al. 1981). Das bedeutet, daß geogen gebundene Aluminium-Ionen aber auch Schwermetall-Ionen freigesetzt und u.U. bioverfügbar werden, d.h. von Pflanzen und Tieren des Bodens aufgenommen werden können (bzw. ins Grundwasser ausgewaschen werden). Beide lonengruppen haben schädlichen Einfluß auf die Organismen der Rhizosphäre (ERNST & JOOSSE-VAN DAMME 1983, ULRICH 1984). Besonders Schwermetalle gelangen über die Nahrungskette auch in nicht bodenlebende Organismen (so z. B. über die Schwermetallanreicherung in Pilzen oder im Wild auch in den Menschen).

Kompensationskalkungen sind lediglich in der Lage (mit erheblichem Kosten- und Arbeitsaufwand) für einen gewissen Zeitraum Symptome zu mildern. Sie beseitigen nicht die Ursachen der Waldschäden.

In dem untersuchten Gebiet wurde vom Forstamt Heidelberg zu einem bestimmten Zeitpunkt (im Frühjahr 1985) eine einmalige Gabe von 2,8 t Kalkdünger/ha auf den Waldboden aufgebracht. Diese Maßnahme muß als ein plötzlicher, gravierender Eingriff in die Bodenbiocönose angesehen werden, die sich auf diesen Flächen u.U. über lange Zeiträume auf relativ niedrige pH-Werte eingestellt hatte. Eine pH-Abhängigkeit von Bodenorganismen ist sowohl von faunistisch-ökologischen als auch von Laborstudien bekannt (z.B. ABRAHAMSEN & al. 1980, BÅÅTH & al. 1980, FUNKE 1986, HÅGVAR 1988, HUHTA & al. 1983, RAJSKI 1967, 1968, SCHAEFER 1985, VAN STRAALEN & al. 1988, WEIGMANN 1989). Sowohl die experimentellen als auch die an der forstlichen Praxis orientierten, besonders aus Skandinavien stammenden, Freilanduntersuchungen über die Reaktionen von Mikroarthropoden auf Kompensationskalkungen ergaben meist eine Abnahme der Individuendichten nach der Kalkung, wobei einzelne Arten durchaus verschieden reagierten (PERSSON 1988).

Mikroarthropoden eignen sich als Objekte für derartige Studien besonders gut, da viele Arten in sehr großen Individuenzahlen auftreten und eine Vielzahl ökologischer Nischen besetzen. Im vorliegenden Fall wurden Milben aus den Gruppen Gamasida (=Mesostigmata mit Epicriina, Zerconina, Uropodina=sogen. Schildkrötenmilben, Parasitina, Dermanyssina) (meist räuberische Lebensweise) und Oribatida (=Cryptostigmata: Moos- oder Hornmmilben) (meist saprophage

Ernährung) sowie Urinsekten aus der Gruppe Protura (Beintaster) (Pilzhyphenfresser, z. B. von Mykorrhiza-Pilzen) (DUNGER 1983) bearbeitet (Abb. 1). Mikroarthropoden können auf relativ einfache, für das Ökosystem schonende Weise gewonnen werden. Exemplarische Untersuchungen zu morphologischen wie auch ökophysiologischen Anpassungen lassen sich anschließen. Ein Handicap ist die oft schwierige Determination der Arten, die den meist sehr mühseligen und zeitraubenden Erwerb eines detaillierten, taxonomischen Spezialwissens erfordert, was allerdings auch als eine Investition in eine hoffentlich bessere „bodenzoologische Zukunft" gesehen werden sollte.

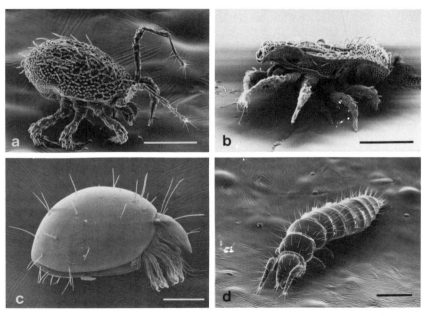

Abb. 1: Rasterelektronenmikroskopische Aufnahmen von einigen Vertretern der hier untersuchten Arthropodengruppen: a. *Berlesiana denticulata* (Epicriina, Gamasida, Acari). Maßstab: 200 μm. — b. *Trachytes aegrota* (Uropodina, Gamasida, Acari). Maßstab: 200 μm. - c. *Rhysotritia duplicata* (Oribatida, Acari). Maßstab: 200 μm. — d. *Acerentomon gallicum* (Protura, Insecta). Maßstab: 200 μm (z. T. verändert nach ALBERTI et al. 1992)

2. Untersuchungsmethoden

2.1 Bodenökologische Methoden und Standortparameter

Aus mit einem Bodenstecher (Grundfläche 23,75 cm, Einstichtiefe 10 cm) in 14-tägigem Abstand über ein Jahr (April 1985 — April 1986) gewonnenen Bodenproben wurden von acht Waldflächen (4 Buchen-/*Fagus sylvatica* L., 4 Fichten-/*Picea abies* (L.) KARST.- Standorte) in Paralleluntersuchung die Gamasiden- und Oribatiden- sowie die Proturenfauna mit Berlese-Tullgren-Apparaten extrahiert. Die Fichtenstandorte erbrachten die extremeren Ergebnisse und werden daher hier in den Vordergrund gestellt. Wegen der z.T. sehr hohen Individuenzahlen konnten nicht für alle Gruppen alle 800 Proben ausgewertet werden (zum Vergleich: Bei den Oribatiden erbrachte die auf 52 reduzierte Probenzahl, die auch nur die Fichtenstandorte umfaßte, annähernd die gleiche Individuenzahl wie bei den Gamasida der gesamte Probenumfang).

Jeweils drei der 4 Fichten- (F1-3) bzw. Buchenflächen (B1-3) sind Buntsandsteinstandorte aus dem gleichen westexponierten Waldgebiet (Heiligenberg bei Heidelberg), die unterschiedlich behandelt worden waren.

Fichte 1 (F1) und Buche 1 (B1), gekalkt ein Jahr vor Untersuchungsbeginn, pH 4,4 (F1), pH 3,6 (B1)

Fichte 2 (F2) und Buche 2 (B2), gekalkt kurz nach Beginn der Untersuchung, pH 4,4 (F2), pH 4,2 (B2)

Fichte 3 (F3) und Buche 3 (B3), ungekalkt, pH 3,0 (F3), pH 3,1 (B3)

Eine Fichten- (F4) und Buchenfläche (B4) hatten Muschelkalk mit Lößauflage als Untergrund und lagen in einem entfernteren Waldgebiet (bei Mauer) im geschützteren Rückraum der westlichen Odenwaldkante. Diese beiden Flächen wurden nicht gedüngt, sie dienten als Vergleichsflächen (pH 6,2: F4, pH 4,1: B4). Die pH-Werte sind Jahresmittel. Tabelle 1 gibt einen Überblick über einige weitere Bodencharakteristika.

	Untergrund	Kalkung	pH $\varnothing$/a	pH max.	pH min.	Basensätt. %	Org. Mat. %	C/N-Verh.
F1	Buntsandstein	3/84	4,4	5,9	2,4	40,3	15,7	17,1
F2*	Buntsandstein	5/85	4,4	5,6	2,6	43,7	27,2	19,4
F3	Buntsandstein	—	3,0	3,5	2,4	16,8	23,1	18,3
F4	Muschelkalk	—	6,2	7,5	3,4	78,8	11,9	15,7
B1	Buntsandstein	3/84	3,6	5,1	3,1	16,0	9,9	16,5
B2*	Buntsandstein	5/85	4,2	5,5	3,2	28,0	8,9	15,9
B3	Buntsandstein	—	3,1	3,5	2,3	8,9	13,7	17,6
B4	Muschelkalk	—	4,1	6,7	3,3	69,7	7,9	13,6

*Meßwerte nach der Kalkung

Tabelle 1: Abiotische Merkmale der bearbeiteten Standorte (F = Fichte, B = Buche)

2.2 Elektronenmikroskopie

Die Tiere wurden nach den üblichen Verfahren für die Transmissionselektronenmikroskopie (TEM) mit Glutardialdehyd und O_SO_4 fixiert, über eine Alkoholreihe entwässert und in Araldit eingebettet. Ultradünnschnitte wurden mit einem Reichert-Ultramikrotom angefertigt. Die Kontrastierung der Schnitte wurde mit Bleicitrat und Uranylacetat vorgenommen. An unkontrastierten Schnitten einzelner Tiere wurden auch einige Elektronenverlustspektren (EELS) zum Nachweis von Cadmium und Calcium aufgenommen (mit dankenswerter Hilfe durch die Fa. Zeiss, Oberkochen). Transmissionselektronenmikroskope: Zeiss EM 9-S2, Zeiss EM 10CR, Zeiss CEM 902. Für die Rasterelektronenmikroskopie (REM) wurden einige Tiere in 70% Ethanol fixiert, über Alkoholstufen entwässert und criticalpoint getrocknet, andere wurden luftgetrocknet. Nachdem die Tiere auf Aluminium-Tischchen aufgeklebt worden waren, wurden sie in einer Sputteranlage mit Gold beschichtet. Rasterelektronenmikroskope: Cambridge S4-10, Philips 505.

2.3 Histochemie

Schwermetalle wurden nach der Methode von TIMM (1958), Calciumsalze nach CARASSO & FAVARD (1966) an Semidünnschnitten (1 μm) nachgewiesen.

2.4 Atomabsorptionsspektrophotometrie (AAS)

Für die AAS wurden die Tiere nach einer Hungerperiode von 48 h (zum Entkoten) getötet, mehrmals mit aqua bidest. gewaschen und gefriergetrocknet. Danach erfolgte der Naßaufschluß mit heißer 65 % Salpetersäure (supra-pur). Die Messungen wurden mit einem flammenlosen Atomabsorptionsspektrophotometer (Perkin Elmer 5000, HGA 500) vorgenommen.

3. Ergebnisse

3.1 Bodenökologie

Insgesamt wurden 10 564 Gamasiden (davon 1901 Uropodina) aus 71 Arten (davon 14 Uropodina) gefunden. Aus der reduzierten Probenmenge bei den Oribatiden wurden 8954 Individuen aus 77 Taxa determiniert.
Proturen waren mit 987 Individuen aus 11 Arten vertreten.
Bei keiner der hier bearbeiteten Arthropodengruppen konnte auf den kurz nach

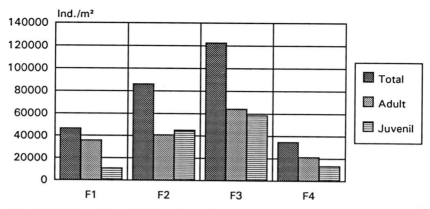

Abb. 2: Individuendichte (Mittelwerte) der Oribatiden an den Fichtenstandorten

Beginn der Untersuchung gekalkten Flächen (F2/B2) ein schneller Zusammenbruch der Population als unmittelbare Kalkungsfolge beobachtet werden.
Nur bei Oribatiden (weniger offensichtlich auch bei Proturen: B2 s. u.) ließen sich deutliche Unterschiede in den Individuendichten bei der Betrachtung über den gesamten Beobachtungszeitraum an den verschiedenen Standorten feststellen. Sie erreichten die höchsten Abundanzen am ungekalkten und extrem sauren Standort F3 (Abb. 2). Bei den Gamasiden zeigten sich keine so auffälligen Unterschiede in den Individuendichten. An den Fichtenstandorten traten sie mit 5700 — 6400 Ind./m^2 auf. An den Buchenstandorten B2 — B4 wurden zwischen 3800 — 4800 Ind./m^2 gefunden. Etwas erhöht zeigte sich allerdings Standort B1 mit 6200 Ind./m^2.
Sowohl die meisten Gamasiden- als auch die meisten Oribatidenarten wurden an den Muschelkalkstandorten (F4/B4) gefunden (vgl. Abb. 3).
Bei den Proturen war bemerkenswert, daß die Individuendichten an den Fichtenstandorten z. T. weit unter denen der entsprechenden Buchenstandorte lagen (Abb. 4). Die höchsten Individuenzahlen traten bei dieser Gruppe an den Muschelkalkstandorten auf (sowohl an Buche als auch besonders an Fichte). Auffällig gering waren die Individuendichte und Artenzahl an dem während der Untersuchung gekalkten Standort B2 im Vergleich zu den anderen Buchenstandorten.
Eine Analyse der Dominanzverhältnisse an den einzelnen Standorten macht deutlich, daß an den Standorten 1 — 3 (besonders gilt das für die Fichtenstandorte) einzelne Arten mit sehr hohen Individuenzahlen auftraten. So werden z. B. an F3 bei den Gamasida fast 50% der Gesamtindividuenzahl nur von einer Art, *Rhodacarus haarlovi* SHCHERBAK, 1977, ausgemacht, die auch in der Abundanz an F3 das stärkste Vorkommen aufweist (Abb. 8). Die Gamasiden insgesamt erreichten hier die niedrigste Artenzahl (Abb. 3).

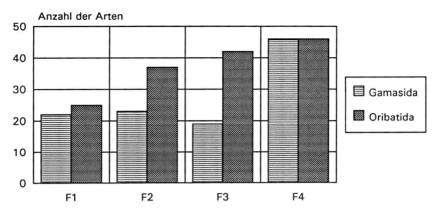

Abb. 3: Anzahl der Milbenarten an den Fichtenstandorten

Dieses Überwiegen weniger Arten gilt auch für die Oribatiden an F3, die dort zwar mit recht hohen Artenzahlen vertreten sind, jedoch ist die Mehrzahl der Arten mit nur ganz wenigen Individuen vertreten. Über 75% der Arten sind als subrezedent (weniger als 1% der Gesamtpopulation) zu betrachten (Abb. 5). Der extremen Dominanz einzelner Arten an den ungekalkten Standorten F3/B3 sowohl bei Gamasida als auch Oribatida stehen die jeweils ausgeglichensten Verhältnisse an den Muschelkalkstandorten F4/B4 gegenüber (Abb. 5 und 6). Die gekalkten Standorte F1/B1 und F2/B2 nehmen eine Zwischenstellung ein.

Mehr oder weniger deutlich lassen sich in allen Gruppen Arten erkennen, die eine Tendenz entweder zur Besiedlung von Naturkalkböden zeigen (z. B. *Berlesiana denticulata* EVANS 1955, *Trachytes aegrota* (C. L. KOCH, 1841): Gamasida; — *Achipteria coleoptrata* (L., 1758) : Oribatida — *Acerentomon gallicum* IONESCU, 1933: Protura) (Abb. 4, 5, 6 und 7) oder die eher den versauerten Böden zuneigen (z. B. *Rhodacarus haarlovi* SHCHERBAK, 1977, *Polyaspinus cylindricus* BERLESE, 1916: Gamasida; — *Tectocepheus velatus* (MICHAEL, 1880), *Rhysotritia duplicata* (GRANDJEAN, 1953): Oribatida; — *Acerentomon nemorale* WOMERSLEY, 1927: Protura) (Abb. 4, 5, 6, 8 und 9).

3.2 Ökomorphologie

Bodenarthropoden sind in faszinierender Weise an ihren Lebensraum angepaßt, wobei sicher nur ein geringer Teil dieser Anpassungen bekannt oder hinreichend untersucht wurde. Körperform, Körperdecke (Kutikula), Sinnesorgane, Modifikationen der Extremitäten, Nahrungserwerb, Wasserhaushalt, Fortpflanzungsorgane und -verhalten und anderes bieten spannende Forschungsthemen in Hülle und Fülle.

Im Hinblick auf die hier betrachtete Problematik sind nur wenige Untersuchungen angestellt worden. Mehr Informationen dazu finden sich bei Makroarthropoden (s. z. B. HOPKIN 1989, IRELAND 1988, STORCH 1988 sowie die Kapitel von KÖHLER und ULLRICH & STORCH im vorliegenden Band).

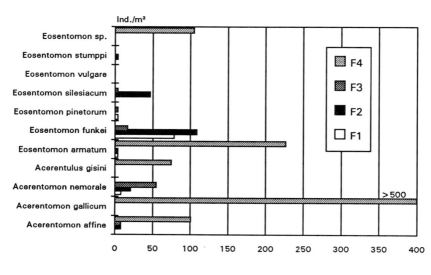

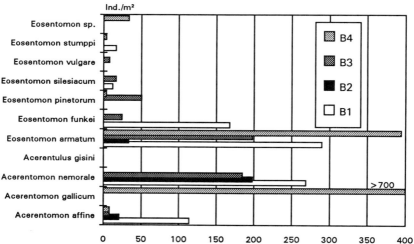

Abb. 4: Individuendichten (Mittelwerte) der verschiedenen Proturenarten an den Fichten- (F1 — F4) bzw. Buchenstandorten (B1 — B4) (verändert nach ALBERTI et al. 1989)

Auf zwei Komplexe soll hier jedoch wenigstens hingewiesen werden. Urinsekten aus den Gruppen der Collembolen (Ventraltubus), Dipluren (Coxalbläschen) und Machiliden (Coxalbläschen) besitzen abdominale Organe, die der Wasseraufnahme bzw. Osmo/Ionenregulation dienen (EISENBEIS 1974, 1976, WEYDA 1974). Von Collembolen ist bekannt, daß die Wasseraufnahme durch den Salzgehalt und den pH-Wert beeinflußt wird (EISENBEIS 1982, JAEGER & EISENBEIS 1984).
Proturen besitzen ebenfalls ventrale Anhänge (3 Paar Abdominalextremitäten mit ausstülpbarem Endbläschen; STORCH & WELSCH 1991), die jedoch nicht entsprechend untersucht wurden. Bei Milben, einer Gruppe ganz anderer systematischer Zugehörigkeit (Arachnida: Spinnentiere), liegen dagegen einige Befunde

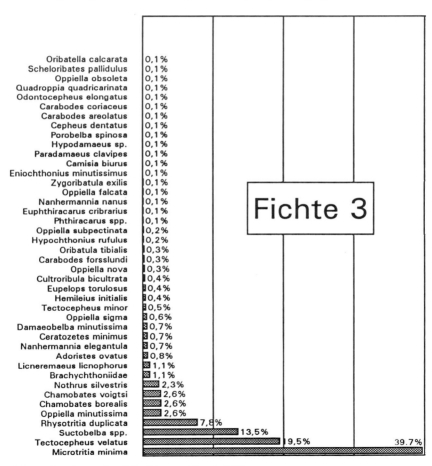

Abb. 5: Dominanz der Oribatiden an Standort F3

vor. So kommen bei Oribatiden (und primär auch bei vielen anderen actinotrichen Milben) sogenannte Genitalpapillen (primär 3 Paar) vor, die aus der Genitalöffnung herausgestreckt werden können und die sehr wahrscheinlich entsprechende Funktionen erfüllen wie die genannten Strukturen der Urinsektengruppen (ALBERTI 1979, ALBERTI & LÖWENFELD 1989, ALBERTI & al. 1992) (Abb. 10). Es ist bekannt, daß bei verwandten Gruppen (Süßwassermilben) Schwermetallionen über diese Papillen aufgenommen werden können. Der Schluß, daß diese Organe durch niedrige pH-Werte oder andere Belastungen des Bodenwassers in ihrer Funktion beeinträchtigt werden ist naheliegend. Entsprechende Experimente stehen jedoch noch aus.

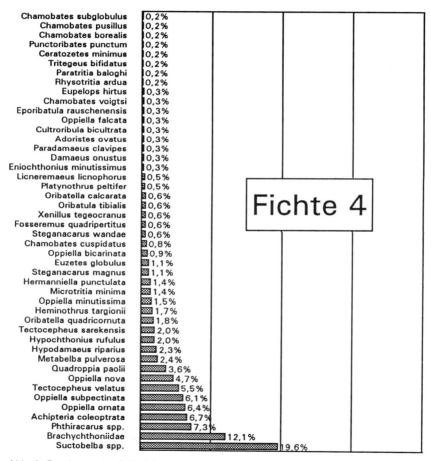

Abb. 6: Dominanz der Oribatiden an Standort F4

Von Collembolen ist ein Speichervermögen von Schwermetallen in sogenannten Sphäriten im Mitteldarmepithel lange bekannt (HUMBERT 1974, 1977). Derartige Sphärite sind im Tierreich weit verbreitet (HOPKIN 1989, HOPKIN & al. 1989). In ihnen werden anorganische Stoffe (z.B. Kalk, aber auch Schwermetalle) in unschädlicher Form gelagert. Solche Depots können in sehr spezifischen Regionen bzw. spezialisierten Organen/Geweben angelegt werden. Bekannt sind das Chloragoggewebe der Regenwürmer als Depot für Schadstoffe (Chloragosomen) oder die Kalksäckchen der Regenwürmer, die im Vorderdarm gelegen sind und Kalk in das Darmlumen sezernieren können. Auch die genannten Sphärite können in das Darmlumen abgegeben und damit ausgeschieden werden. Sol-

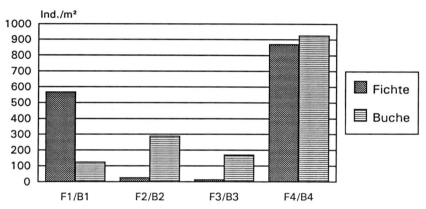

Abb. 7: Individuendichte (Mittelwerte) von *Trachytes aegrota* (Uropodina, Gamasida) an den verschiedenen Standorten

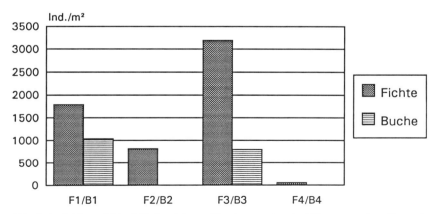

Abb. 8: Individuendichte (Mittelwerte) von *Rhodacarus haarlovi* (Dermanyssina, Gamasida) an den verschiedenen Standorten

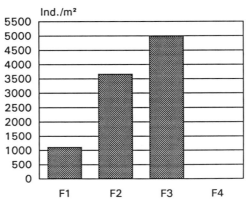

Abb. 9: Individuendichte (Mittelwerte) von *Rhysotritia duplicata* (Oribatida) an den verschiedenen Standorten (verändert nach ALBERTI et al. 1992)

che Mechanismen sind z.B. von Spinnen, Oribatiden, Asseln, Diplopoden bekannt (DALLINGER & PROSI 1988, HOPKIN 1989, LUDWIG 1990. LUDWIG & ALBERTI 1988, HUBERT 1978, KÖHLER & ALBERTI 1992, PROSI & DALLINGER 1988, PROSI & al. 1983, WIESER 1979, WIESER & KLIMA 1969).
Die Möglichkeit, auf diese Weise Schwermetalle zu immobilisieren bzw. aus dem Körper auszuschleusen, kann u.a. die im Laborversuch aber auch im Freiland zu beobachtende sehr hohe Schwermetalltoleranz mancher Oribatidenarten erklären (LUDWIG & al. 1991, LUDWIG & al. in Vorb., VAN STRAALEN & al. 1989). Manche Oribatiden deponieren Schwermetalle offensichtlich auch in der Kutikula (LUDWIG & al. 1991). So wurden in Vertretern der Art *Steganacarus magnus* (NICOLET, 1855), die aus der Laubstreu eines Buchenwaldes auf einer ehemaligen Zinkmine extrahiert wurden, folgende Werte ermittelt: Blei: 250 μg/g; Cadmium: 100 μg/g; Zink: 2000 μg/g (Mittelwerte in μg/g Trockengewicht). In Laborversuchen konnte gezeigt werden, daß für dieselbe Art bei einer Cadmium-Belastung über die Nahrung von 1000 μg/g erst nach vier Wochen die Mortalität anstieg. Eine entsprechende Wirkung trat bei Blei sogar erst ab 10000 μg/g ein. Ebenso tolerierten die Oribatiden *Rhysotritia duplicata* (GRANDJEAN, 1953) und *Nothrus silvestris* NICOLET, 1855 dieselbe Belastung über mehrere Wochen. In den Milben wurden dabei nach 56 Tagen Kontamination Metallbelastungen von 400 μg Cd/g (*N. silvestris*) und 500 μg Cd/g (*Rh. duplicata*) bzw. 1000 μg Pb/g (*N. silvestris*) und 1200 μg Pb/g (*Rh. duplicata*) gemessen. Nach Fütterung unkontaminierter Nahrung wurde nur ein Teil der Metallbelastung wieder abgebaut (LUDWIG & al. 1991, LUDWIG & al. in Vorb.).
Bei einigen Oribatidenarten kann man schon am lebenden Tier zwei deutliche, dunkle Flecken im vorderen Teil des Hinterkörpers erkennen (Abb. 11). Diese Organe, die MICHAEL bereits 1884 histologisch als proventrikuläre Drüsen beschrie-

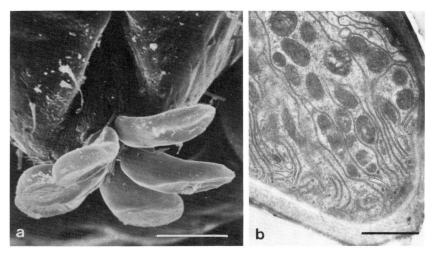

Abb. 10: a. REM-Aufnahme der Genitalpapillen der Oribatide *Hypochthonius rufulus* in ausgestülptem Zustand. Diese Organe dienen sehr wahrscheinlich der Wasseraufnahme bzw. der Osmo/Ionenregulation. Maßstab: 20 µm. — b. TEM-Aufnahme einer Genitalpapille von *H. rufulus*. Es sind die zahlreichen Einstülpungen der Zellmembran sowie die vielen Mitochondrien zu erkennen. Beides ist typisch für Zellen mit transzellulärem Wasser- bzw. Ionentransport. Maßstab: 1 µm

ben hat, wurden später wegen der Anordnung der sie charakterisierenden Granula auch „traubenförmige Organe" (organes racémiformes, GRANDJEAN 1962) genannt. Erstaunlicherweise sind sie bei ein und derselben Art nicht immer gleich stark entwickelt. So sind einzelne Individuen derselben Art oft dadurch unterschieden, daß durch ihre Rückendecke hindurch entweder ein oder zwei oder auch gar keine organes racémiformes zu erkennen sind. Die Zahl der sie aufbauenden Granula (Abb. 11) kann offensichtlich schwanken. Die Funktion dieser Organe war lange Gegenstand der Spekulation. In ihnen wurden enzymproduzierende Organe, Lichtrezeptoren aber auch Organe, die bei der pH- Regulation eine Rolle spielen könnten, gesehen (BERNINI 1984, LUDWIG & al. 1992).
Bei den hier vorgestellten Untersuchungen wurde nun bei der Art *Chamobates borealis* TRÄGARDH, 1902 beobachtet, daß die Organe häufiger granulagefüllt waren, wenn die Tiere von Flächen mit höherem pH-Wert gesammelt wurden (Abb. 12). Entsprechende Experimente bestätigten die Vermutung, daß diese Organe in ihrem Erscheinungsbild vom pH-Wert bzw. Kalkgehalt des Substrates bzw. der Nahrung abhängig waren (Abb. 13). Die Vermutung, daß es sich bei diesen Organen um Bildungen handelt, die der Regulation des pH-Wertes bzw. Kalkgehalts dienen (BERNINI 1984), wird damit gestützt. Bei Fütterung mit schwermetallangereicherter Nahrung ließ sich auch eine Deposition von Schwermetallen

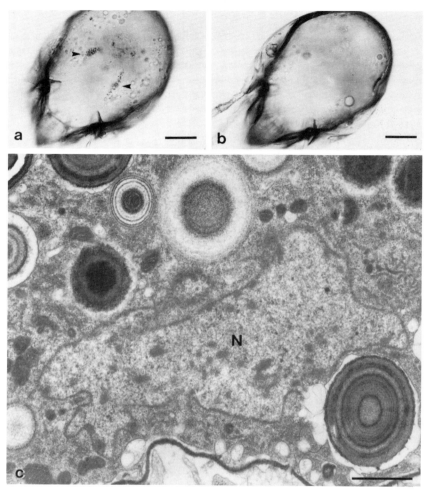

Abb. 11: Proventrikuläre Drüsen von *Chamobates borealis* (Oribatida). a. Lichtmikroskopische Aufnahme, die die durch die Rückendecke schimmernden Granula (organe racémiforme) zeigt (Pfeile). Maßstab: 50 μm. — b. Ein anderes Tier, bei dem keine Granula erkennbar sind. Maßstab: 50 μm. — c. TEM- Aufnahme einer granulagefüllten Zelle (N = Zellkern). Maßstab: 1 μm (verändert nach LUDWIG et al. 1992)

in diesen Granula nachweisen (LUDWIG & al. 1992). Sie könnten damit auch eine wichtige Rolle für die Schwermetallentgiftung haben. Diese Organe könnten demnach einen Schlüssel für die Beobachtung liefern, daß einige Oribatiden besonders gut an das Milieu saurer Waldböden angepaßt sind.

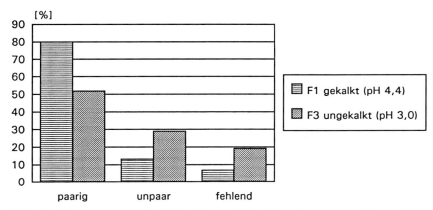

Abb. 12: Auftreten von granulagefüllten Proventrikulardrüsen (organes racémiformes) bei Freilandtieren von *Chamobates borealis* (Oribatida) (verändert nach LUDWIG et al. 1992)

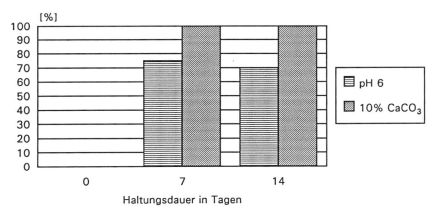

Abb. 13: Auftreten von granulagefüllten Proventrikulardrüsen (organes racémiformes) bei *Chamobates borealis* (Oribatida) unter Laborhaltung. Bei Versuchsbeginn waren bei keinem Individuum Proventrikulardrüsen von außen erkennbar (verändert nach LUDWIG et al. 1992)

4. Schlußbetrachtung

Die Untersuchung hat gezeigt, daß der schwerwiegend erscheinende Eingriff einer Kompensationskalkung zu keinen spektakulären Zusammenbrüchen in dem hier betrachteten Teil der Bodenmesofauna führt, wie man zunächst vielleicht erwartet hätte. Bei Oribatiden zeichnet sich jedoch eine Abnahme der Individuendichte am Fichtenstandort F1 infolge der ein Jahr zurückliegenden Kalkung ab. Oribatiden gelten als Gruppe, die in mit organischem Material angereicherten Böden (z.b. auch infolge einer Dekompositionsverzögerung durch anthropogen bedingte Belastung; WEIGMANN 1985) besonders zahlreich auftritt (HOPKIN 1989, KRATZMANN & al. im Druck). Der Rückgang der Individuendichte könnte durch die gesteigerte Dekompositionsrate nach pH-Anhebung infolge der Düngung erklärt werden. Deutlich werden auch Verschiebungen im Dominanzgefüge sowie eine Verarmung der Bodenfauna unter Säurestreß. Die einzelnen Arten reagieren sehr differenziert und indizieren damit z.T. sehr deutlich die unterschiedlichen Belastungsverhältnisse. Die ökomorphologischen und -physiologischen Grundlagen dieser Reaktionen lassen sich erst im Ansatz erkennen. So zeigen manche Oribatiden z.B. eine sehr hohe Toleranz gegenüber Schwermetall- und Säurebelastung, die sich möglicherweise mit effektiven Mechanismen der Detoxifikation (z.B. Sphärite) bzw. Abpufferung mit gespeichertem Kalk (proventrikuläre Drüsen) erklären lassen. Diese Milbengruppe hat sich wenigstens mit einem Teil ihrer Arten sehr gut an den in unserem Klima natürlichen, langsam verlaufenden Prozess der Bodenversauerung und Metallfreisetzung anpassen können. Es ist anzunehmen, daß die in dieser Hinsicht besonders fortgeschrittenen Arten auch unter der anthropogen bedingten Beschleunigung dieser Abläufe am besten zurechtkommen werden.

Angesichts der enormen Individuenzahlen, der sicher hohen bodenbiologischen Bedeutung der ökologischen Gruppe „Bodenmikroarthropoden" für die Dekomposition und damit für die Bodenfunktionen (Recycling von Nährstoffen, Nährstoffreserve, Puffer, Filter usw.) einerseits und der geringen Kenntnisse der ökologischen Funktionen der einzelnen Arten andererseits, ist noch ein erheblicher Forschungsaufwand erforderlich, bevor ein Abschätzen der Konsequenzen der sicher zu erwartenden Faunenverschiebungen möglich ist. In einem eindringlichen Artikel (WILSON 1987) hat der bekannte Entomologe und Soziobiologe E.O. WILSON die hier behandelten Gruppen nicht umsonst zu den „little things that run the world" gerechnet.

Anschriften der Autoren:

Prof. Dr. G. Alberti, Zoologisches Institut I (Morphologie/Ökologie), Universität Heidelberg, Im Neuenheimer Feld 230, W-6900 Heidelberg
Prof. Dr. C. Błaszak, Institut für Tiermorphologie, Universität Poznań, Szamarzewskiego 91, PL-60-569 Poznań, Polen
Dipl. Biol. M. Kratzmann, Zoologisches Institut I (Morphologie/Ökologie), Universität Heidelberg, Im Neuenheimer Feld 230, W-6900 Heidelberg
Dr. M. Ludwig, German Mosquito Control Association (KABS), Europaplatz 5, W-6700 Ludwigshafen

Edith Ripplinger & Gerd Alberti

Die Isopoden- und Diplopodenpopulationen unterschiedlich bewirtschafteter Auwaldstandorte der Rastatter Rheinaue

mit 9 Abbildungen und 1 Tabelle

Abstract

During a two years' investigation, the fauna of isopods and diplopods was studied as part of a project of the German WWF-Auen-Institut, Rastatt. The eight study areas were situated in a floodplain forest of the Upper Rhine valley, showing differences in cultivation. 11.438 isopods of nine species and 4.644 diplopods of 11 species were found. Compared with semi-natural parts of the hard wood riverside forest, species composition and dominance structure of the areas situated in a monoculture of poplars differed significantly, indicating a general disturbance of the biocoenosis. The study areas in the forest behind the dam were characterized by low abundance and high diversity of species. The study demonstrates the influence of different methods of cultivation on the epedaphic fauna.

Keywords

floodplain ecology, floodplain forest, diplopods, isopods, ecological assessment, Upper Rhine valley

1. Einleitung
2. Untersuchungsgebiet und Methodik
2.1 Die Untersuchungsflächen in der Rastatter Rheinaue
2.2 Untersuchungsmethoden
3. Ergebnisse
3.1 Die Untersuchungsflächen der Pappelkultur
3.2 Die Untersuchungsflächen der naturnahen Hartholzaue
3.3 Die Untersuchungsflächen der ausgedeichten Aue
4. Der Einfluß der waldwirtschaftlichen Maßnahmen auf die Isopoden- und Diplopodenpopulation im Auwald

1. Einleitung

Die Weichholz- und Hartholzauenwälder am Oberrhein nahmen ursprünglich eine Fläche von etwa 1500 km^2 ein. Sowohl die Rektifikation des Oberrheins durch Tulla als auch der Ausbau des Oberrheins mit Staustufen zerstörten rund 60% der Auen. Die Nutzung der ausgedeichten Auwaldstandorte für Siedlungen, Landwirtschaft und Industrie, sowie der Abbau von Kies sind ebenfalls für einen starken Rückgang der Augebiete verantwortlich (GERKEN 1988). Nur wenige der natürlichen Auenstandorte besitzen noch eine relativ intakte Biozönose (HÜGIN 1981), während ein großer Teil der Flächen mit nicht ursprünglichen Wäldern bestockt ist. Der moderne forstwirtschaftliche Plantagenanbau veränderte die Artenzusammensetzung und die Struktur der Auwälder. Insbesondere der artenreiche und ungleichaltrige Hartholzauenwald wurde durch Pappelkultur-Plantagen sowie durch Reinbestände an Eschen (*Fraxinus excelsior*), Bergahorn (*Acer pseudoplatanus*) und Schwarznuß (*Juglans nigra*) ersetzt (DISTER 1983).

Die Rheinaue zwischen Iffezheim und Karlsruhe stellt mit 1725 ha ein Areal mit relativ intakten Auwäldern dar. Auch hier wurde jedoch durch Maßnahmen der modernen Forstwirtschaft die Struktur dieser naturnahen Auwälder so verändert, daß nur noch 22% der Waldfläche in der Rheinniederung des Landkreises Rastatt als „vorrangig erhaltenswert" eingestuft werden können (TRAUTMANN 1977, HEINRICHFREISE 1981). Eine Lösung des Konflikts zwischen der Erhaltung der restlichen naturnahen Auwaldbestände und ihrer forstlichen Nutzung ist daher dringend notwendig. In dem Projekt „Naturnahe Auenwälder am Oberrhein — Möglichkeiten der Renaturierung und naturnahe Bewirtschaftung" des WWF-Auen-Instituts sollten naturnahe Bewirtschaftungsmethoden sowie Methoden zur Renaturierung der teilweise stark abgewandelten Auwälder erarbeitet und deren Auswirkungen auf das Ökosystem Auwald aufgezeigt werden. In der tierökologischen Begleituntersuchung wurden der Einfluß forstwirtschaftlicher Maßnahmen im Auwald auf die verschiedenen trophischen Ebenen dieses Ökosystems untersucht. Die vorliegende Untersuchung betrachtet zwei wichtige Vertreter der Destruenten, die Diplopoden und die Isopoden. Diplopoden und Isopoden zersetzen ein Drittel der im Auwald anfallenden Laubstreu (DUNGER 1958) und sind daher für die Bodenfruchtbarkeit von Bedeutung. Außerdem reagieren diese epedapischen Gruppen relativ rasch und intensiv auf Umweltveränderungen und sind somit gerade als Monitororganismen gut geeignet (DUNGER 1982).

2. Untersuchungsgebiet und Methodik

2.1 Die Untersuchungsflächen der Rastatter Rheinaue

Das Naturschutzgebiet Rastatter Rheinaue zieht sich als ca. 1 km breites Band vom Unterwasser der Staustufe Iffezheim bis zur Mündung der Murg und liegt damit im Übergangsbereich der Furkationszone des Rheins zur Mäanderzone. Dieses 850 ha große Gebiet ist seit 1984 unter Schutz gestellt (Abb. 1).
Durch die Rektifikation des Rheins sowie durch den Bau der Hochwasserdämme wurde die ehemals 3 km breite Aue auf etwa 1 km eingeschränkt. Auf den früher überfluteten Kiesflächen entstanden Silberweidenwälder (*Salicetum albae*), während sich die ehemaligen Silberweidenwälder sukzessiv in Eichen-Ulmenwälder (*Querco- Ulmetum*) umwandelten. Der überwiegende Teil der Waldfläche ist jedoch naturfremd mit Edellaubhölzern und Hybridpappeln bestockt (SPÄTH 1979). Im Naturschutzgebiet „Rastatter Rheinaue" wurden mehrere Untersuchungsflächen ausgewählt und nach bestimmten Bewirtschaftungsrichtlinien behandelt. Auf bestimmten Probeflächen sollte die Waldstruktur der Wirtschaftspappel-Bestände durch das Einbringen von auentypischen Haupt- und Nebenbaumarten wie Stieleiche (*Quercus robur*), Flatterulme (*Ulmus laevis*), Esche (*Fraxinus excelsior*) und Graupappel (*Populus canescens*) verbessert, und eine Entwicklung zur naturnahen Hartholzaue bewirkt werden. Außerdem wurde in den natur-

Abb. 1: Die Rastatter Rheinaue im Winter 1992/93. Links im Hintergrund die Pappelmonokultur

nahen Hartholzauenbeständen die natürliche Verjüngungsdynamik gefördert. Ziel ist es, den Altersklassenwald mit seinem Kahlschlagprinzip durch eine dauerwaldartige Bewirtschaftungsform zu ersetzen, um so die Strukturvielfalt zu vergrößern.

Auf den Untersuchungsflächen wurden durch begleitende Untersuchungen die ökologischen Auswirkungen der verschiedenen waldbaulichen Maßnahmen sowohl auf Flora und Fauna der Untersuchungsflächen, als auch auf Wasserhaushalt und Mikroklima erfaßt (RIPPLINGER 1992).

In der folgenden Tabelle 1 werden die einzelnen Untersuchungsflächen charakterisiert:

2.2 Untersuchungsmethoden

Die Erfassung der saisonalen Aktiviträtsrhythmik sowie des Arteninventars erfolgte mittels Bodenfallenmethode nach BARBER (1931). Dazu wurden Joghurtbecher

Probefläche	Bestand und Waldbauliche Maßnahmen
A Tiefe Hartholzaue	30jähriger Hybridpappelbestand, 1989: Pappel z. T. geräumt und Eichenheister gepflanzt, 1990: Unterwuchs gemäht.
B Tiefe Hartholzaue	30jähriger Hybridpappelbestand, 1990: Unterwuchs gemäht, faunistische Vergleichsfläche.
C Hohe Hartholzaue	Ehemaliger Kleinkahlschlag in einem 120jährigen Mittelwald aus Eichen, Stieleichen, Pappeln und Robinien, zu gleichen Teilen mit Eichen und Eschen bepflanzt.
D Hohe Hartholzaue	Relativ naturnaher 80 — 170jähriger Hartholzauenbestand aus Stieleiche, Esche, Bergahorn und Graupappel, keine Maßnahmen durchgeführt, Kontrollfläche zu C, E und F.
E Hohe Hartholzaue	Relativ naturnaher Hartholzauenbestand, hauptsächlich Bergahorn und Graupappel entnommen, Pflanzung von Stieleichen.
F Hohe Hartholzaue	Relativ naturnaher Hartholzauenbestand, Auslichtung wie in E, keine weiteren Maßnahmen durchgeführt, Förderung der Naturverjüngung von Eichen und Eschen.
G ausgedeichte Aue	Mäßig trockener Eichen-Hainbuchenwald, auf der Grabenschulter eines ehemaligen Altrheinarms gelegen, keine Maßnahmen durchgeführt.
H ausgedeichte Aue	Mäßig trockener Eichen-Hainbuchenwald, im Bett des ehemaligen Altrheinarms gelegen, keine Maßnahmen durchgeführt.

Tabelle 1: Die Untersuchungsflächen in der Rastatter Rheinaue

bis an den oberen Rand bündig in den Boden vergraben und zu einem Drittel mit 3,5% Formalin-Lösung gefüllt. Die Abdeckung der Becher erfolgte mit durchsichtigen Plastikschalen, die etwa 5 cm über dem Boden befestigt wurden. Auf jeder Untersuchungsfläche wurden fünf Bodenfallen aufgestellt, wobei der Abstand zwischen den Fallen mindestens 1,50 m und höchstens 3 m betrug. Die Leerung der Fallen erfolgte vom Oktober 1989 bis März 1990 zweimonatlich, von April 1990 bis Oktober 1990 monatlich. Im Jahr 1991 wurden die Fallen jeden Monat 14 Tage eingesetzt.

Zur quantitativen Erfassung der an den Boden gebundenen Fauna wurde die Hitzeextraktion nach KEMPSON et al. (1963) angewendet. Diese Methode dient hauptsächlich zur Ermittlung von Individuendichten in Streu- und Bodenproben. Es wurden insgesamt fünf Probenahmen für den Kempson-Apparat durchgeführt. Die Probenahme erfolgte mit einem Stechzylinder aus Edelstahl (Durchmesser: 14,5 cm). Der Bodenstecher wurde ca. 7 cm tief in den Boden eingedreht und die gesamte Bodenprobe in einen Plastikeimer überführt und sofort mit einem Deckel verschlossen. Auf jeder der acht Untersuchungsflächen wurden sechs Bodenproben entnommen. Nach einer dreiwöchigen Extraktion im Kempson-Apparat konnten die Individuendichten ermittelt werden. Da bei der Auswertung der Diplopoden nur die Männchen bis zur Art bestimmt wurden, diese jedoch für eine sinnvolle Auswertung der Abundanzen bzw. Aktivitätsdichten auf Artniveau nicht ausreichten, war es notwendig für diese Aspekte die Gesamtindividuenzahlen der Familien zu betrachten. Dabei besteht jedoch die Gefahr, daß vorhandene und z. T. deutliche Unterschiede zwischen den Diplopodenpopulationen bei unterschiedlicher Waldbewirtschaftung nicht zu erkennen sind; daher die exemplarische Darstellung bestimmter, für diese Waldstrukturen typischer, Arten (Abb. 3).

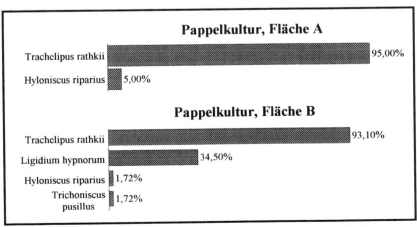

Abb. 2: Dominanzstrukturen der Isopoden der Pappelkultur (nach den Ergebnissen der Kempsonproben)

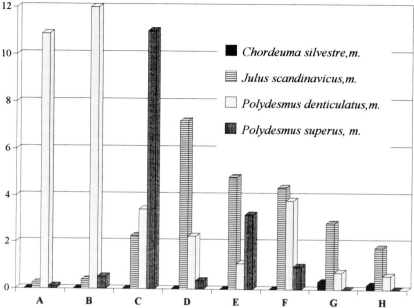

Abb. 3: Aktivitätsdichten ausgewählter Diplopoden (Männchen)

3. Ergebnisse

3.1 Die Untersuchungsflächen der Pappelkultur

Auf der Untersuchungsfläche A, die im Gegensatz zu B häufigen Störungen durch das Betreten der Fläche für Pflanzungen, Kontrollen und Probenahmen ausgesetzt war, konnte neben *Trachelipus rathkii* nur noch eine weitere Isopodenart, *Hyloniscus riparius*, festgestellt werden. Unerwartet war das Ausfallen der feuchtigkeitsliebenden und sehr laufaktiven Art *Ligidium hypnorum,* die anstelle von *Trachelipus rathkii* als eudominante Art dieser in der „Tiefen Hartholzaue" gelegenen Standorte zu erwarten gewesen wäre (Abb. 2).
Auf der Untersuchungsfläche B konnten mit der Kempson-Extraktion lediglich noch die drei weiteren, für Auwälder typischen Isopoden-Arten *Trichoniscus pusillus, Hyloniscus riparius* und *Ligidium hypnorum*, nachgewiesen werden, deren Abundanzwerte jedoch relativ niedrig waren. Das Artenspektrum umfaßt also solche Arten, die ein hohes Feuchtigkeitsbedürfnis besitzen aber auch Staunässe

ertragen können (BEYER 1964). Dies entspricht dem Mikroklima dieser Standorte. Die hohen Gesamtabundanzen der Probeflächen in der Pappelkultur sind auf *Trachelipus rathkii* zurückzuführen, die auf beiden Untersuchungsflächen eudominanten Charakter besitzt. Diese euryöke Art, die häufig als eine Charakterart der offenen Kulturlandschaft beschrieben wird, konnte BEYER (1964) in grundwasserbeeinflußten Erlen-Eschen Wäldern nicht nachweisen. Die hohe Nachkommenschaft dieser zweibrütigen Art erleichtert die Erhaltung ihres Bestandes auch in ungünstigen Lebensräumen (TISCHLER 1958). Offensichtlich sind Arten wie *Ligidium hypnorum* und *Hyloniscus riparius*, die für Standorte der „Tiefen Hartholzaue" typisch sind, in einer Pappelmonokultur gegenüber *Trachelipus rathkii*, einer euryöken Art mit größerer ökologischer Plastizität, benachteiligt.

Die geringe Diversität der Diplopodenfauna der Pappelkultur ist wohl mit dem anthropogenen Einfluß, der sich besonders in der hohen Dominanz von *Polydesmus denticulatus* äußert, in Zusammenhang zu bringen. *Polydesmus denticulatus* ist eine euryöke Art, die auch von DUNGER (1983) als typisch für Auwaldböden beschrieben wird. Die hohen Individuendichten der Pappelstandorte sind trotzdem erstaunlich, da diese Art aufgrund ihrer nicht grabenden Lebensweise an relativ enge Feuchtigkeitsgrenzen gebunden ist. *Julus scandinavicus,* der typisch für sehr feuchte Laubwälder ist, trat dagegen nur in geringen Individuenzahlen auf (Abb. 3). Zum einen könnte der Grund für diese Entwicklung die drei relativ trockenen Jahre 1989, 1990 und 1991 sein, in denen es im Vergleich zu den Vorjahren nur zu kürzeren Überflutungen der Untersuchungsflächen A und B kam, zum anderen könnte dies aber auch eine Folge der forstwirtschaftlichen Nutzung durch Pappelkulturen darstellen.

3.2 Die Untersuchungsflächen der naturnahen Hartholzaue

Die Fläche C (ein ehemaliger Kleinkahlschlag) weist zwar das gleiche Artenspektrum in der Isopodenfauna wie die übrigen Probeflächen der naturnahen Hartholzaue auf, zeigt jedoch Unterschiede bezüglich der Dominanzstruktur der hier auftretenden fünf Isopodenarten (Abb. 4). Es dominiert, wie auch auf den Flächen A und B, *Trachelipus rathkii* mit Abundanzwerten von durchschnittlich 209 Individuen/m^2. Im Gegensatz zur Kontrollfläche der Pappelkultur (B) weisen aber die übrigen Arten hier relativ hohe Abundanzen auf. Für die kleine euedaphische Art *Haplophthalmus mengii* wurde z.B. gerade auf der Fläche C die höchste Abundanz im gesamten Untersuchungsgebiet festgestellt (Abb. 6).

Das Artenspektrum der übrigen Untersuchungsflächen im naturnahen Hartholzauenwald entspricht dem der Untersuchungsfläche C. Sie weisen außerdem untereinander starke Faunenähnlichkeiten auf (Ähnlichkeitsindex nach WAINSTEIN über 80%).

Für die Untersuchungsfläche D wurden die geringsten Individuendichten in der

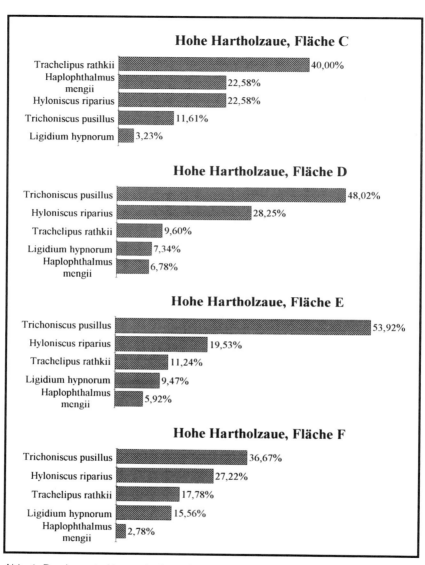

Abb. 4: Dominanzstrukturen der Isopoden der Hohen Hartholzaue (nach den Ergebnissen der Kempsonproben)

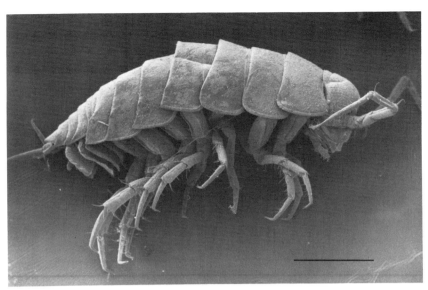

Abb. 5: *Ligidium hypnorum*, Balken entspricht 1 mm

Isopodenfauna festgestellt. Der dichteregulierende Einfluß des Mikroklimas und der Witterung auf die Isopodenpopulation wurde durch zahlreiche Freilanduntersuchungen bestätigt (WARBURG et al. 1984, SUTTON 1980). Da sich diese Untersuchungsfläche hauptsächlich durch die mikroklimatischen Verhältnisse von den beiden anderen Standorten unterscheidet, sind darin wohl die Gründe für geringere Individuendichten zu suchen. Die Aktivitätsabundanzen von *Trachelipus rathkii* sind auf der Fläche D wesentlich geringer als auf den Fläche A, B und C, während *Ligidium hypnorum* auf dieser Fläche eudominant ist (Abb. 4).

Eine gleiche Entwicklung der Isopodenfauna kann man auf den Flächen E und F beobachten (Abb. 6). THIELE (1959) beschreibt *Ligidium hypnorum* als eine stenöke Waldart, die an *Alnetum*, *Acerto-Fraxinetum* und nordexponierte Bestände des *Querceto-Carpinetum* gebunden ist und außerdem hohe Ansprüche an die Luftfeuchte stellt. Diese Standortfaktoren sind auf den Flächen der „Hohen Hartholzaue" erfüllt. Eine weitere typische Art dieser Standorte in der „Hohen Hartholzaue" stellt *Trichoniscus pusillus* dar, die in der Regel mesophile Laubwälder bevorzugt und häufig mit *Ligidium hypnorum* vergesellschaftet ist. Relativ hohe Individuendichten konnten auch für *Hyloniscus riparius* festgestellt werden (Abb. 5). Diese Art tritt häufig mit *Ligidium hypnorum* und *Trichoniscus pusillus* auf, meidet aber dauernde Nässe (BEYER 1958).

Auffällig sind die hohen Aktivitätsdichten der Diplopodenpopulation dieser Untersuchungsflächen, die hauptsächlich auf die extrem hohen Aktivitätsabundanzen

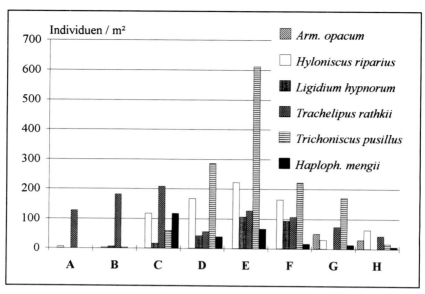

Abb. 6: Abundanzen der Isopoden

der *Polydesmidae* im Mai 1990 (181 Individuen/Falle/14 Tage) zurückzuführen sind (Abb. 3). Einerseits kann dieser hohe Wert durch die größere Laufaktivität der Weibchen in der Fortpflanzungszeit bedingt sein, andererseits kann aber auch der extrem trockene Mai zu einer Steigerung der Laufaktivität geführt haben. Ein weiterer Grund für die hohen Individuenzahlen dieser Fläche kann der geringe „Raumwiderstand" sein, bedingt durch den sehr geringen Bedeckungsgrad im Mai, wodurch die Laufaktivität der Diplopoden weniger gehemmt und daher die Fangwahrscheinlichkeit erhöht wird. Insgesamt weisen die Flächen der naturnahen Hartholzaue nach den Ergebnissen der Bodenfallen geringere Aktivitätsdichten auf als die Flächen der Pappelkultur, während mit Kempson-Proben höhere Individuendichten festgestellt wurden. Offensichtlich liegt hier eine unterschiedliche Verteilung der Individuen auf die Bodenschichten vor. Solche Vertikalbewegungen der Diplopoden werden häufig durch saisonal schwankende abiotische Faktoren induziert, insbesondere durch die Änderung der Temperatur und der Feuchtigkeit (DUNGER 1983). Auf allen Flächen der naturnahen Hartholzaue sowie auf denen der ausgedeichten Aue konnten die *Julidae* als eudominante Familie nachgewiesen werden. BLOWER (1955) beschreibt Laubwälder mit einer dicken Laubschicht als bevorzugtes Habitat von *Julus scandinavicus*. Eine Erklärung für diese Verteilung der Arten wäre, daß diese Flächen, insbesondere die Fläche D, die höchste Laubschicht aller Untersuchungsflächen aufweisen. Die Untersuchungsflächen C und E unterscheiden sich durch die hohe Aktivitätsdich-

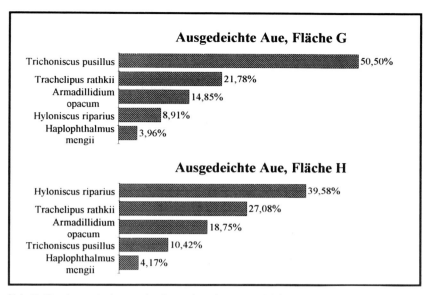

Abb. 7: Dominanzstrukturen der Isopoden der ausgedeichten Aue (nach den Ergebnissen der Kempsonproben)

te von *Polydesmus superus* deutlich von den Flächen D und F der naturnahen Hartholzaue. Hier scheint die größere Luft- und Bodenfeuchte ausschlaggebend zu sein.

3.3 Die Untersuchungsflächen der ausgedeichten Aue

Für die Isopodenpopulation der Untersuchungsfläche G sind insbesondere die hohen Individuendichten von *Trichoniscus pusillus* interessant, die auf dieser Fläche eudominant ist und auf der feuchteren Fläche H nur geringe Abundanzen aufweist. *Hyloniscus riparius* dagegen tritt auf der Fläche H eudominant auf (Abb. 7). Dies widerspricht den Angaben von BEYER (1958), nach denen diese Art eher Standorte besiedelt, die für *Trichoniscus pusillus* bereits zu trocken sind. Hier müssen andere Ursachen für diese Verteilung der Arten vorliegen. Einen Hinweis könnte die Untersuchung von STRÜVE- KUSENBERG (1987) im Göttinger Kalkbuchenwald geben, nach deren Angaben Bärlauchbestände das Verteilungsverhalten und die Siedlungsdichte von *Trichoniscus pusillus* beeinflussen. Sie beobachtete, daß sich *Trichoniscus pusillus* in den Frühjahrsmonaten während des Austriebs und der Vegetationszeit des Bärlauch in signifikant größerer Zahl in tiefere Bodenschichten zurückzieht als auf einer Vergleichsfläche mit *Mercurialis*-Bestand. Diese Beobachtungen können durch die Ergebnisse der

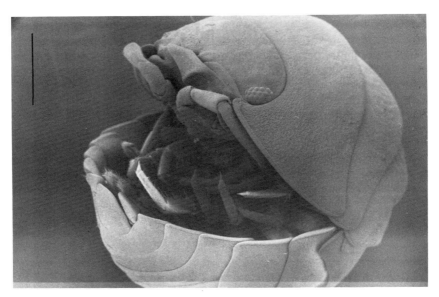

Abb. 8: *Armadillidium opacum*, Balken entspricht 1 mm

vorliegenden Untersuchungen bestätigt werden. Auch auf den Untersuchungsflächen G und H wird im Frühjahr die Krautschicht flächendeckend von *Allium ursinum* bestimmt; und entgegen den Aktivitätsmaxima von *Trichoniscus pusillus* auf anderen Flächen wurden in dieser Zeit in den Bodenfallen keine Individuen dieser Art erfaßt. In den Kempson-Proben konnte dagegen eine hohe Individuendichte von *Trichoniscus pusillus* auf der Fläche G festgestellt werden. Auch hier scheinen sich die Tiere während der Vegetationszeit von *Allium ursinum* in tiefere Bodenschichten zurückzuziehen. Unterschiede in den mikroklimatischen Verhältnissen der ausgedeichten Flächen werden durch zwei weitere Arten angezeigt, die in der rezenten Aue nur sporadisch auftreten und keine typischen Auwaldarten darstellen. Zum einen ist dies *Oniscus asellus*, eine stenöke Waldart, die kühle und feuchte Standorte bevorzugt, und zum anderen *Armadillidium opacum* (Abb. 8), die eher in wärmeren Waldhabitaten anzutreffen ist (BEYER 1967) und auf der Fläche G als dominante Art auftritt.

Die Dominanzstruktur der Isopodenpopulation der Untersuchungsfläche H unterscheidet sich hauptsächlich durch das dominante Auftreten der feuchtigkeitsabhängigen Art *Hyloniscus riparius* (Abb. 7). Da diese Fläche im Gegensatz zu G zeitweise von Druckwasser überflutet wurde, ist diese Verschiebung der Dominanzstruktur hin zu feuchtigkeitsliebenden Arten verständlich. Insgesamt erscheint die Dominanzstruktur dieser Untersuchungsfläche, wie schon bei G, sehr homogen.

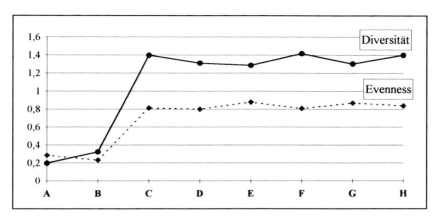

Abb. 9: Diversität und Evenness der Isopodenpopulationen

Die Diplopodenfauna dieser Vergleichsstandorte in der ausgedeichten Aue besitzt die geringsten Individuendichten und Aktivitätsabundanzen aller untersuchten Flächen, wobei jedoch insgesamt die größte Artenzahl ermittelt wurde. Auffällig sind die relativ hohen Aktivitätsdichten der euryöken Waldart *Tachypodoiulus niger*. Mit einer Feuchtigkeitspräferenz von 37% (THIELE 1968) entsprechen die Flächen der ausgedeichten Aue eher den mikroklimatischen Ansprüchen dieser Art als die der rezenten Aue.

4. Der Einfluß der waldwirtschaftlichen Maßnahmen auf die Diplopoden- und Isopodenpopulationen im Auwald

Insgesamt wurden 11.438 Isopoden aus neun Arten und 4.644 Diplopoden aus 11 Arten mit den verschiedenen Untersuchungsmethoden erfaßt. Ein anthropogener Einfluß durch die Waldbewirtschaftung auf die Isopodenpopulationen im Auwald konnte sowohl in der Populationsdynamik einzelner Arten als auch in einer veränderten Dominanzstruktur und Diversität der einzelnen Untersuchungsflächen nachgewiesen werden.

Am deutlichsten zeigten sich die Unterschiede in der Isopodenfauna anhand der aus den Kempsonproben ermittelten Abundanzen und deren Verteilungsmuster (Abb. 6). Insbesondere die Standorte der „Tiefen Hartholzaue", die eine naturfremde Bestockung mit Hybridpappeln tragen, und die der naturnahen Hartholzaue stellen sich sehr unterschiedlich dar. Die Ergebnisse der faunistischen Untersuchung weisen für die Probeflächen der Pappelkultur das typische Bild einer unausgeglichen, instabilen Biozönose auf. Das eudominante Auftreten einer euryöken Art, wie *Trachelipus rathkii*, sowie extrem steil verlaufende Dominanzstrukturkurven und die extrem niedrigen Werte der Diversität von 0,198 (A) respektive

0,322 (B) deuten auf eine erhebliche Störung dieses Ökosystems hin (Abb. 9). Die gleichen Tendenzen sind auch für die Diplopodenpopulationen dieser Untersuchungsflächen festzustellen. Im Vergleich zu allen anderen Flächen konnte in der Pappelkultur die dichteste Diplopodenpopulation festgestellt werden. Diese weist jedoch nur eine geringe Diversität und Evenness sowie eine einseitige Dominanzstruktur auf. Die Hauptursache für diese Entwicklung liegt wohl in der naturfremden Bestockung, die zu einem relativ schwach strukturierten Ökosystem und damit zu artenarmen Lebensgemeinschaften der Isopoden und Diplopoden geführt hat.

Die Dominanzstrukturen aller Flächen der ursprünglichen, naturnahen Hartholzaue (D-F) lassen dagegen auf ausgeglichene und stabile Biozönosen schließen. Hier zeigten sich sowohl für die Populationen der Isopoden als auch für die der Diplopoden mittlere auentypische Individuendichten mit relativ hohen Artenzahlen und homogenen Dominanzstrukturen. Geringe Unterschiede der Individuendichten einzelner Arten zwischen den Flächen der naturnahen „Hohen Hartholzaue" können auf die mikroklimatischen Veränderungen der Flächen nach den teilweise starken Auslichtungsmaßnahmen zurückgeführt werden. Die Auswirkungen der Naturverjüngung und der durchgeführten Pflanzungen auf die Biozönose können erst in weiteren Vergleichsuntersuchungen festgestellt werden. Insgesamt deuten die im Vergleich zur artenarmen Pappelkultur unterschiedlichen Lebensgemeinschaften der Isopoden und Diplopoden des ursprünglichen Hartholzauenwaldes auf stabile und vielseitige Lebensbedingungen hin.

Da sich die Vegetation der Strauch- und Baumschicht sowie das Mikroklima der Untersuchungsflächen in der ausgedeichten Aue deutlich von denen der rezenten Aue unterscheidet, sind Unterschiede insbesondere im Artenspektrum sowie in der Individuendichte dieser Flächen verständlich. Für beide untersuchten Tiergruppen stellen sich die Flächen der ausgedeichten Aue als ausgesprochen homogene Biozönosen dar (Abb. 3, Abb. 6). Diese Untersuchungsflächen waren durch niedrige Individuendichten bei hoher Diversität und Evenness der Populationen gekennzeichnet, wobei das Artenspektrum nur noch wenige typische Auenarten umfaßte. Die große Artenzahl an Isopoden und Diplopoden bei nur geringen Aktivitätsdominanzen lassen jedoch auf einen Reichtum an ökologischen Nischen für die Flächen der ausgedeichten Aue schließen.

Mit der vorliegenden Untersuchung konnte anhand der Diplopoden und Isopoden, die sich als gute Bioindikatoren für die genannten unterschiedlichen Entwicklungen erwiesen, ein deutlicher Einfluß der Waldbewirtschaftung auf die epedaphische Fauna der Auwälder nachgewiesen werden.

Anschrift der Autoren:

Prof. Dr. G. Alberti, Dipl.-Biol. E. Ripplinger, Universität Heidelberg, Zoologisches Institut I (Morphologie/Ökologie), Im Neuenheimer Feld 230, W-6900 Heidelberg

Heinz-R. Köhler

Der Einfluß von Schwermetallen auf den Dekompositionsprozeß in mitteleuropäischen Laubwäldern am Beispiel der Interaktion von Mikroflora und Diplopoden

mit 8 Abbildungen

Abstract

The aim of the present paper is to review numerous recent publications focussing on decomposition delay in heavy metal contaminated woodlands, microbial activity, and the role of diplopods in soil in order to give insight into mechanisms how heavy metals may influence the soil microflora, saprofauna, the interrelationship between these groups, and the resulting adverse affection of the decomposition process.

Microbial activity alone often is not affected quantitatively by heavy metals due to the high plasticity of microbial communities in heavy metal containing soils. Contrary to this, nutrient absorption efficiency of diplopods has been shown to be reduced by high heavy metal concentrations in the food. This effect alone, however, cannot explain the massive deceleration of the decomposition process under heavy metal influence, which has been reported numerous times in the last decades all over the world. Most likely decreased soil fauna activity results in a drastically diminised indirect enhancement of microbial activity by faunal influence under contaminated conditions and thus this effect represents the main reason for decreased decomposition rates and the subsequent accumulation of organic material in heavy metal contaminated soils. This, however, is restricted to only those parts of the dead organic matter (the „further decomposed material") which usually forms the habitat of the saprophagous soil fauna.

Keywords

Decomposition, heavy metals, Diplopoda, beech forest, leaf litter accumulation, nutrition, faeces, microflora

Inhalt

1. Einleitung
2. Mikrobielle Dekomposition der Laubstreu
3. Nahrungskonsum und —absorption von Diplopoden
4. Mikrobielle Dekomposition von Diplopodenfaeces
5. Indirekte Dekompositionssteigerung
6. Laubakkumulation in belasteten Gebieten — ein Fallbeispiel

1. Einleitung

Die Dekomposition, der Abbau des organischen Bestandesabfalles, ist einer der wichtigsten ökophysiologischen Prozesse im Boden. Sie beschreibt den Zerfall von toter pflanzlicher und tierischer Substanz bis hin zur vollständigen Mineralisation des organischen Materials in niedermolekulare Bestandteile, welche als Nährstoffe für Pflanzen dienen. Für eine ungestörte Dekomposition sind sowohl eine intakte Bodenfauna als auch mannigfache Interaktionen zwischen Tieren und Mikroorganismen des Bodens ebenso wie das Zusammenwirken zahlreicher abiotischer Faktoren Voraussetzung. Aufgrund dieser Komplexität ist die Abschätzung des Einflusses von Belastungsfaktoren auf den Gesamtprozeß der Dekomposition äußerst schwierig. Aus diesem Grund existieren bisher vorwiegend Untersuchungen, die sich ausschließlich mit der Beeinflussung bestimmter Teilprozesse der Dekomposition durch Schadstoffe beschäftigen.

So konnte gezeigt werden, daß Schwermetalle die Funktionsfähigkeit des Bodens bezüglich der Zersetzung organischen Materials derart beeinträchtigen, daß, bedingt durch erhöhte Konzentrationen von Schwermetallen, in Böden unterschiedlicher terrestrischer Ökosysteme verminderte Dekompositionsraten auftreten (INMAN & PARKER 1976, WILLIAMS et al. 1977, STROJAN 1978 a, COUGHTREY et al. 1979, MCNEILLY et al. 1984, WEIGMANN et al. 1985). Diese führen zu einer Akkumulation unvollständig zersetzter organischer Substanz in den obersten Schichten des Bodens (RÜHLING & TYLER 1973, WILLIAMS et al. 1977, STROJAN 1978 a, MCNEILLY et al. 1984). Weiterhin sollen verschiedene Stoffkreisläufe beeinträchtigt und die Mineralisation verzögert werden (WILLIAMS et al. 1977, SCHÄFER 1987), wodurch längerfristig ein Rückgang der Primärproduktion verursacht werden kann (TYLER 1972, MCNEILLY et al. 1984). Als weiterer Aspekt wurde der Einfluß von Schwermetallen auf verschiedene Bodentiere untersucht, wobei vor allem Veränderungen der Abundanzen und Dominanzstrukturen von Bodenbiocoenosen schwermetallbelasteter Gebiete (z. B. STROJAN 1978 b, BENGTSSON & RUNDGREN 1984) bzw. Konzentrationen und Orte der Speicherung von zahlreichen Metallen in verschiedenen Organen dieser Organismen (zusammengefaßt in HOPKIN 1989) im Vordergrund standen.

An dieser Stelle soll nun versucht werden, zahlreiche, mit unterschiedlichen Methoden bearbeitete Einzelaspekte zu einem Gesamtbild zusammenzufassen, durch welches der quantitative Einfluß und die Angriffspunkte von Schwermetallen auf die Dekomposition der Laubstreu in einem mitteleuropäischen Laubwald dargestellt werden sollen.

2. Mikrobielle Dekomposition der Laubstreu

Für den Abbau des organischen Bestandesabfalles, die Dekomposition, sind die mannigfachen Interaktionen, die zwischen den Mikroorganismen des Bodens und den Bodenwirbellosen bestehen, Voraussetzung. Diese Komplexität erschwert jedoch die Abschätzung des Einflusses erhöhter Schwermetallgehalte auf den Dekompositionsprozeß im Freiland.

In der Regel beginnt die Dekomposition frischen Fallaubes ohnehin sowohl mit einer rein physikalischen Auswaschung („leaching") gut wasserlöslicher Substanzen, wie z. B. Kalium- und Magnesiumsalzen (KRATZ 1991) als auch mit der Erstbesiedlung durch Vertreter der Mikroflora. Nach der Erstinfektion erreicht die bakterielle Besiedlung bereits nach 8-15 d ihren Höhepunkt (JENSEN 1974, HANLON 1981 a, HASSALL et al. 1987), was den raschen Anstieg des Substanzabbaues und Energieverlustes des frischen Fallaubes kurz nach dem Beginn des Dekompositionsprozesses (KÖHLER 1992) erklären kann. Unter natürlichen Bedingungen treten nach ca. 30 d pilzliche Destruenten, nach ca. 40 d Actinomyceten auf (MINDERMAN & DANIELS 1967). Der weitere Verlauf des mikrobiell bedingten Laubabbaues ist jedoch von vielen weiteren, z. T. unbekannten Faktoren abhängig. So spielt höchstwahrscheinlich das C/N-Verhältnis eine bedeutende Rolle. Durch die mikrobielle Aktivität werden vorwiegend Kohlenhydrate veratmet, was zu einer Reduktion des Kohlenstoffgehaltes führt. Hingegen bleibt der Stickstoffanteil in zerfallenden Blättern größtenteils konstant (ANDERSON 1973, SEASTEDT 1984). Daraus resultiert eine stetige Verminderung des C/N- Verhältnisses, die — möglicherweise durch die zunehmende Verknappung mikrobiell gut abbaubarer Kohlenhydrate — mit der erwähnten Abflachung der Funktion für die Abbaurate einhergeht. Allerdings kann das C/N-Verhältnis bereits bei frischem Fallaub je nach Pflanzenart differieren (SCHMIDT 1952). Hieraus folgen aber nicht zwangsläufig Unterschiede in den Dekompositionsraten, genauso wenig, wie aus dem nahezu identischen C/N-Verhältnis frischen Fallaubes von Q. rubra und F. sylvatica (SCHMIDT 1952) ein quantitativ ähnlich verlaufender mikrobieller Abbau resultieren muß (KÖHLER et al. 1989, KÖHLER 1992).

Die mikrobielle Aktivität ist zudem stark von der Zusammensetzung des Blattmaterials abhängig. Als Beispiele für dekompositionshemmende Komponenten seien an dieser Stelle lediglich Phenole (IVARSON 1977), hohe Ligningehalte (SCHMIDT 1952), und Tannine (als Exoenzymhemmer) (BASARABA & STARKEY 1966) genannt.

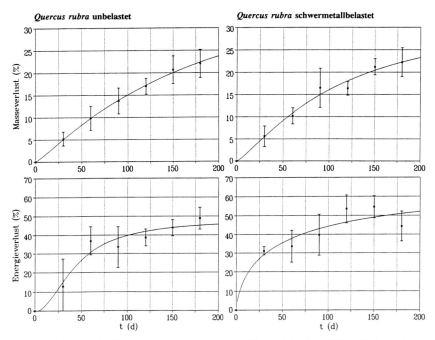

Abb. 1: Beispielhafte Darstellung des Verlustes an Masse (oben) und Energie (unten) von frischem Fallaub von *Quercus rubra* während der ersten Phasen einer rein mikrobiell bedingten Dekomposition in Mikrokosmosversuchen. Ein negativer Effekt einer Belastung mit 1000 mg/kg Pb^{2+} (als $Pb(NO_3)_2$) (rechts) gegenüber der Kontrolle (links) ist in diesem Fall nicht zu erkennen.

Hohe pH-Werte sollen die mikrobielle Besiedlung fördern (JENSEN 1974). Inwieweit der Schwermetallgehalt des Substrates Besiedlung und Aktivität von Bakterien und Pilzen beeinflußt, soll jedoch im weiteren genauer diskutiert werden.
Die potentielle Schädigung mikrobieller Populationen sowie deren Aktivitäten durch Schwermetallapplikation im Labor oder auf kontaminierten Freilandflächen ist Gegenstand verschiedener, zuweilen widersprüchlicher Publikationen. Die Toxizität von Schwermetallen für Mikroben in hohen Konzentrationen scheint gesichert zu sein. So hemmen 1000 mg/kg Quecksilber, Cadmium, Nickel, Zink oder Kupfer bakterielle Respiration, 1000 mg/kg Quecksilber oder Cadmium die Cellulaseaktivität (SPALDING 1979). Cadmium in einer Konzentration von 350-6000 mg/kg reduziert die mikrobielle Dekomposition (WEIGMANN et al. 1985). Pilzbiomasse und Bodenrespiration sinken bei einer Kupferkontamination von über 1000 mg/kg, bei geringeren Konzentrationen fanden NORDGREN et al. (1983) jedoch keinen Effekt. Ebenso reduzierten 1000 mg/kg $FeCl_2$, $K_2Cr_2O_7$, $ZnSO_4$, $CdCl_2$ oder $CuCl_2$ in Experimenten von CAPONE et al. (1983) die mikrobielle Bio-

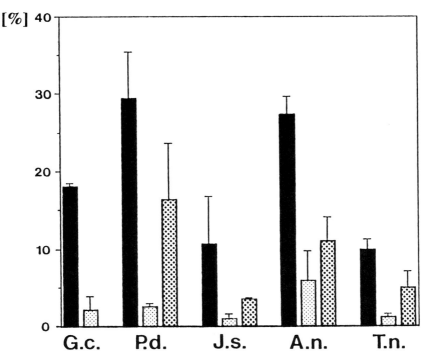

Abb. 2: Nahrungsabsorptionsraten einiger Diplopodenarten unter unbelasteten Bedingungen (schwarze Säulen) und nach akuter Kontamination mit 1000 mg/kg Pb^{2+} (als $Pb(NO_3)_2$) (schwach gerasterte Säulen). Ein Vergleich dieser Werte mit Absorptionsraten von Individuen eines langzeitkontaminierten Standortes unter den gleichen Laborbedingungen (ebenfalls 1000 mg/kg Pb^{2+}) (stark gerasterte Säulen) zeigt die physiologische Anpassung dieser Tiere an den Streßfaktor. G.c.: *Glomeris conspersa*, P.d.: *Polydesmus denticulatus*, J.s.: *Julus scandinavius*, A.n.: *Allaiulus nitidus*, T.n.: *Tachypodoiulus niger*.

masse, die gleichen Konzentrationen von $PbCl_2$, $HgCl_2$ oder $NiCl_2$ zeigten keine Wirkung. Eine ausführliche Zusammenfassung toxischer Schwermetallwirkungen auf isolierte Mikroorganismen wurde von BABICH & STOTZKY (1985) erstellt.
Bei geringeren Dosierungen oder kombinierten Belastungen mit mehreren Metallen scheinen verschiedene Bakterien- und Pilzpopulationen zuweilen sehr unterschiedlich zu reagieren. RÜHLING & TYLER (1973) stellten auf mehreren durch metallverarbeitende Industrie mit Kupfer, Zink, Cadmium und Nickel bzw. Blei, Nickel und Cadmium belasteten Flächen einen Rückgang der mikrobiellen CO_2-Produktion fest. FREEDMAN & HUTCHINSON (1980) fanden die Populationen von Bodenpilzen in der Nähe von Metallschmelzen reduziert. Nach CARPENTER et al. (1983) jedoch beeinträchtigt ein saurer Minenausfluß die Bakterienzahl im Boden nicht.

Für eine gewisse Toleranz der mikrobiellen Biomasse gegenüber Schwermetallen existieren weitere Beispiele. MIKKELSEN (1974) fand nach Applikation von 1000 mg/kg Blei keine nennenswerte Beeinträchtigung der mikrobiellen Respiration. Sogar bei Kontaminationen mit 5000 mg/kg Blei wurde die Respiration nur für 10-14 d erniedrigt und ereichte im weiteren Verlauf ähnliche Werte wie der Kontrollansatz. Nach CRIST et al. (1985) sollen die ersten Stadien der Dekomposition sowohl von Blei in Konzentrationen von bis zu 1000 mg/kg als auch vom pH-Wert (pH 3-5) unbeeinflußbar sein. Ein Unterschied des mikrobiell bedingten Masseverlustes im Vergleich zwischen bleikontaminiertem Ansatz und Kontrolle ist laut CRIST et al.(1985) sowie KÖHLER (1992) nicht feststellbar. Ebenfalls keine signifikanten Unterschiede zwischen Pilzpopulationen in kontaminierten und unbelasteten Gebieten fanden INMAN & PARKER (1976).

Die außerordentlich hohe Plastizität der Mikroflora scheint der Grund für solch widersprüchliche Ergebnisse zu sein. Es ist dabei von äußerster Wichtigkeit, die Herkunft der Bakterien bzw. Pilze zu berücksichtigen. So stellten JORDAN & LECHEVALIER (1975) nach Zinkapplikation in vergleichsweise geringen Konzentrationen Schädigungen der meisten Bakterien und Actinomyceten (100-200 μm = ca. 6,5-13 mg/kg Zink) sowie der meisten Pilze (100-1000 μm = ca. 6,5-65 mg/kg Zink) fest. AMIN & AL-HAQUE (1989) fanden ebenfalls Reduktionen der mikrobiellen Population und der Dekompositionsrate nach Kontamination mit 800-1000 mg/kg Zink. Allerdings benutzten beide Studien mikrobielle Populationen aus unbelasteten Gebieten, in denen kein Selektionsdruck in Richtung Schwermetallresistenz vorlag. Die Berücksichtigung von Toleranz- und Resistenzbildung mikrobieller Organismen muß wohl bei einer Beurteilung toxischer Wirkungen in jedem Fall beachtet werden.

In dauerhaft schwermetallbelasteten Gebieten treten nämlich bevorzugt tolerante oder resistente Formen auf (z. B. WILLIAMS et al. 1977, DOELMAN & HAANSTRA 1979 b, SCHÄFER 1987). So wurden quantitativ mehr resistente Bakterien und Pilze auf kontaminierten Blättern (GINGELL et al. 1976, BEWLEY 1981) oder belasteten Böden (WILLIAMS et al. 1977) isoliert.

In einigen Fällen scheinen die toleranten oder resistenten Formen derart zu dominieren, daß oft ökophysiologische Leistungen des Bodens auch unter hohen Schwermetallkonzentrationen aufrecht erhalten werden können. So wurde zum Beispiel in einem mit 8000 mg/kg Blei, 26000 mg/kg Zink und 200 mg/kg Cadmium belasteten Boden keine Einschränkung der mikrobiellen Stickstoffixierung und Acetylenreduktion festgestellt (ROTHER et al. 1982). In einem anderen Fall waren Pilze aus einem Bergbaugebiet gegenüber 10000 mg/kg Cadmium tolerant (TATSUYAMA et al. 1975). Es ist einsichtig, daß ein solch hoher einseitiger Selektionsdruck zu einer Verschiebung des mikrobiellen Artenspektrums führt. Übereinstimmend stellten BEWLEY (1980), DUXBURY (1985) sowie KÖHLER (1992) eine Förderung pilzlicher Destruenten auf schwermetallbelasteten Blättern fest. Möglicherweise resultiert dieser Effekt aus der direkten Konkurrenz toleranter

Bakterien und Pilze nach dem Zusammenbruch der nichttoleranten mikrobiellen Populationen um ungenutztes Substrat. Nach Abtöten der gesamten Mikrobiomasse durch Sterilisation wurde ebenfalls eine verstärkte Verpilzung von Fallaub beobachtet (LOCKWOOD 1968). Es ist jedoch möglich, daß diese Förderung der Pilzflora auf frisches und nur wenig dekompostiertes Laub beschränkt bleibt, da in schwermetallkontaminierten Bodenproben der umgekehrte Effekt (Förderung der Bakterien auf Kosten der Pilze) nachgewiesen wurde (WILLIAMS et al. 1977, AUSMUS et al. 1978). Der von KÖHLER (1992) beobachtete Effekt, daß in den ersten Tagen der Dekomposition ein erhöhter Energieverlust unter Schwermetallbelastung verglichen mit der Kontrolle zu verzeichnen war, hängt eventuell mit der erwähnten Förderung der Pilze zusammen, die für den Aufbau ihres Thallus möglicherweise mehr Energie benötigen, als Bakterien in der gleichen Zeit veratmen. Es scheint gesichert zu sein, daß bestimmte Taxa (möglicherweise Arten (LIGHTHART 1980)) der Mikroflora erheblich schneller als andere Resistenzen entwickeln

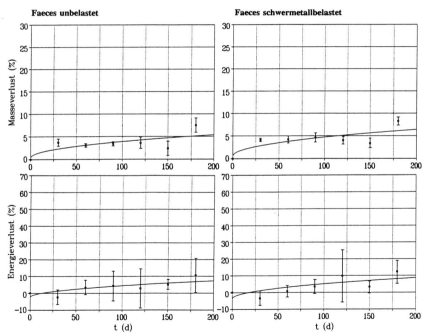

Abb. 3: Masse- (oben) und Energieverlust (unten) eines Gemisches von Faeces verschiedener Juliden- und Glomeridenarten durch rein mikrobiell bedingte Dekomposition. In dem hier dargestellten Fall hat eine Kontamination mit 1000 mg/kg Pb^{2+} (als $Pb(NO_3)_2$) (rechts) keinen quantitativen Einfluß, wie der Vergleich mit der Kontrolle (links) zeigt.

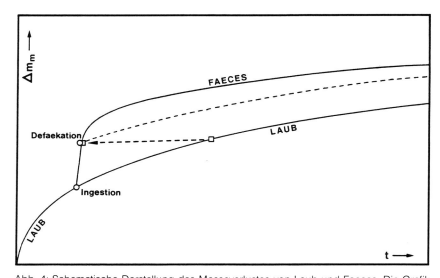

Abb. 4: Schematische Darstellung des Masseverlustes von Laub und Faeces. Die Grafik gibt den prinzipiellen Verlauf der Dekomposition von Laub- und Faecesmaterial, nicht aber die exakten Verhältnisse der Abbaukurven zueinander wieder.
Das frische Fallaub wird zuächst mikrobiell dekompostiert. Erst nach einiger Zeit besteht die Möglichkeit zur Ingestion (Kreis) durch die saprophage Fauna des Bodens. Während der Darmpassage wird dem Laubmaterial innerhalb verhältnismäßig kurzer Zeit relativ viel Masse entzogen, so daß es zum Zeitpunkt der Defaekation (Kreis) weit älterem (d.h. fortgeschritten dekompostiertem) Laub, welches nicht gefressen wurde, entspricht (Quadrat). Im Gegensatz zu diesem werden jedoch frische Faeces zunächst vergleichsweise stark mikrobiell abgebaut. Mit zunehmender Dekompositionszeit ähnelt der Verlauf des Faecesabbaues der Zersetzung des weit mikrobiell dekompostierten Laubmaterials. Die gestrichelte Linie stellt die Projektion der Kurve des mikrobiellen Laubabbaues auf einen früheren Zeitpunkt dar.

und deshalb in kontaminierten Substraten bevorzugt auftreten. So sollen Actinomyceten gegenüber Cadmium toleranter reagieren als Eubacteria (BABICH & STOTZKY 1977). Innerhalb der Eubacteria gehören jedoch die Mehrheit der Isolate aus schwermetallbelasteten Böden zur Gruppe der Gramnegativen, wobei die Gattung *Pseudomonas* dominiert (BABICH & STOTZKY 1977, DUXBURY and BICKNELL 1983). Unter den Grampositiven Bakterien scheint die Gruppe der coryneformen Bakterien eine Ausnahmeerscheinung zu sein und ebenfalls leicht Schwermetallresistenzen zu entwickeln (DUXBURY & BICKNELL 1983), obwohl DOELMAN & HAANSTRA (1979 b) in bleibelasteten Böden einen Rückgang der coryneformen bei gleichzeitiger Förderung der Gramnegativen Bakterien nachwiesen.
Die Toleranz von Bakterien gegenüber zuweilen hohen Konzentrationen von Metallen ist wohl auf die Fähigkeit zur intrazellulären Deposition dieser Metalle zu-

rückzuführen. Es ist bekannt, daß schwermetallresistente Bakterien Schwermetalle anreichern können (BORDONS 1985, McCARVIL & MACHAM 1985), wobei der Mechanismus der intrazellulären Ausfällung durch Sulfide und Phosphate diskutiert wird (AIKING et al. 1985). Eine Anreicherung von Cadmium bis zu 8% des Trockengewichtes ist dabei in Einzelfällen (*Pseudomonas*) möglich (UCHIDA et al. 1973).

Nach der Infektion des frischen Fallaubes durch die Bodenmikroflora und den ersten Stadien der mikrobiellen Zersetzung steht es als Nahrung für die saprophage Fauna zur Verfügung.

3. Nahrungskonsum und -absorption von Diplopoden

Um den schädigenden Einfluß von Schwermetallen auf den Dekompositionsprozeß quantitativ abschätzen zu können, dürfen nicht ausschließlich mikrobielle Prozesse betrachtet, sondern es muß in gleichem Maße auch die Rolle der bodenbewohnenden saprophagen Fauna berücksichtigt werden. Aufgrund ihrer hohen Fraßaktivität an zerfallenden Blättern werden Diplopoden zu den wichtigsten an der Dekomposition beteiligten Tiere der Bodenmakrofauna gezählt (SWIFT et al. 1979, DUNGER 1983). Eine schwermetallbedingte Beeinträchtigung von Nahrungsaufnahme und -verwertung bei Diplopoden hat somit nicht nur massive Auswirkungen auf die betreffenden Individuen sondern auch auf den gesamten Dekompositionsvorgang.

Frisches Fallaub wird jedoch von Diplopoden — wie auch von anderen Saprophagen — in der Regel nicht als Nahrung akzeptiert. Wie von zahlreichen Autoren dargestellt, bevorzugen die saprophagen Tiere des Bodens älteres Laubmaterial stärkeren Dekompositionsgrades (niedrigeren C/N-Verhältnisses) nach Verlust attraktivitätshemmender Substanzen wie Tanninen, Gerbstoffen etc. (z. B. CAMERON & LAPOINT 1978, COLEMAN et al. 1990). Mit zunehmendem Alter steigt jedoch auch der Schwermetallgehalt dieses Laubes einerseits wohl durch den Transport in die Tiefe, andererseits durch die fortschreitende Besiedlung mit Bakterien und Pilzen, die, wie bereits dargestellt, Schwermetalle stark akkumulieren können (UCHIDA et al. 1973, BORDONS 1985, McCARVIL & MACHAM 1985, BENGTSSON 1986). Von diesen Bakterien und Pilzhyphen werden ca. die Hälfte bei der Passage durch den Diplopodendarm verdaut (ANDERSON & BIGNELL 1982). Aus diesem Grund können Diplopoden wesentlich höheren Schwermetallkonzentrationen ausgesetzt sein als eine Betrachtung lediglich der Metallgehalte in den Blättern es vermuten ließe (HOPKIN 1989).

Nach Kontamination der Nahrung mit 1000 mg/kg Blei sinkt die Rate des von Diplopoden im Darmtrakt absorbierten Materiales deutlich ab (ZHULIDOV & DUBOVA 1988, KÖHLER et al. 1992 a). Einige Glomeriden und Juliden vermögen allerdings diese erniedrigte Absorptionsfähigkeit mit einem gesteigerten Nahrungskonsum

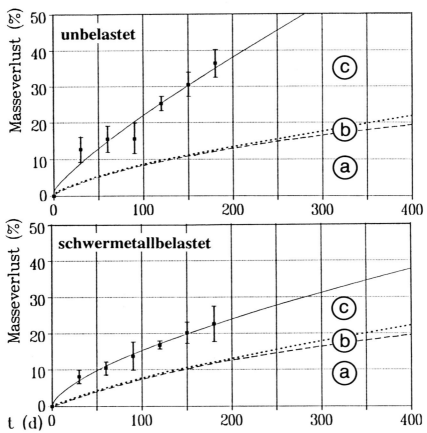

Abb. 5: Masseverlust des Laubmaterials in im Labor kultivierten Biotopausschnitten (durchgezogene Linie) unter minder belasteten Bedingungen (oben) und unter der Schwermetallbelastung eines ehemaligen Blei/Zink-Erz Tagebaugebietes (unten). Vergleich mit der Funktion des für die jeweilige Situation simulierten rein mikrobiell bedingten Masseverlust (gestrichelte Linie) und mit der Funktion der Summe aus (1) simuliertem rein mikrobiell bedingtem und (2) von den in die Kulturen eingesetzten Diplopoden durch Nahrungsabsorption direkt verursachtem Masseverlust (gepunktete Linie).
a: Anteil der rein mikrobiell bedingten Zersetzung ohne Beteiligung der Fauna am gesamten Abbau,
b: Anteil des direkten Beitrages der Diplopoden (Absorption von Laubmaterial) zur Dekomposition,
c: Anteil des durch die Aktivität der Diplopoden verursachten zusätzlichen mikrobiellen Laubabbaus an der gesamten Dekomposition. Wie aus der Abbildung ersichtlich, ist die durch Schwermetalle verursachte Dekompositionshemmung vorwiegend auf die Beeinträchtigung dieses Parameters zurückzuführen.

zumindest teilweise zu kompensieren (KÖHLER et al. 1992 a). Im Gegensatz dazu beobachteten HOPKIN et al. (1985) eine verminderte Nahrungsaufnahme von *Glomeris marginata* nach Schwermetallbelastung. Große Juliden- und Glomeridenarten gehören jedoch einem bestimmten Ernährungstypus an, der sich durch den Konsum großer Mengen an Laubmaterial und durch die Absorption nur geringer Anteile dieses Futters auszeichnet (KÖHLER et al. 1991, 1992 a). Im Gegensatz dazu zeigen kleinere Arthropoden generell die Tendenz zu geringer Konsumption und hohen Assimilationsraten (BERTHET 1971). Diese Tendenz wurde auch für Diplopoden bestätigt (STRIGANOVA 1972, KÖHLER et al. 1989). So ist es zu vermuten, daß kleinere Diplopodenarten, deren Überleben hauptsächlich auf einer effektiven Ausnutzung des Futtermaterials beruht, dem schädigenden Einfluß einer akuten Schwermetallintoxikation besonders ausgesetzt sein können, wie Mortalitätsstudien zeigten (KÖHLER et al. 1992 a).

Nahrungsabsorptions- („Assimilations"-) raten diverser Diplopodenarten sind in der Vergangenheit mehrfach ermittelt worden (z. B. GERE 1956, STRIGANOVA & RACHMANOV 1972, ANDERSON & BIGNELL 1982). Die erwähnten Arbeiten beinhalten jedoch alle ausschließlich Untersuchungen unter unbelasteten Bedingungen, so daß bis heute kaum Daten bezüglich des Einflusses von Schwermetallen auf die Absorptionsrate bei Diplopoden vorhanden sind. Einhergehend mit zellulären Veränderungen im Mitteldarm von Diplopoden unter Schwermetallbelastung (KÖHLER & ALBERTI 1992) beschreiben ZHULIDOV & DUBOVA (1988) sowie KÖHLER et al. (1992 a) eine verminderte Nahrungsabsorption bei hohen Cadmium-, Quecksilber- und Bleikonzentrationen in der Nahrung. ZHULIDOV & DUBOVA (1988) interpretieren diesen Effekt als mögliche Strategie zur Vermeidung der Schwermetallaufnahme. Diese Strategie erscheint jedoch nur dann sinnvoll, wenn die Reduktion der assimilierten Nahrungssubstanz nicht zu einer ungenügenden Energieversorgung führt.

Untersuchungen zum Energiehaushalt bei Diplopoden sind ebenfalls selten. Energieassimilationsraten einiger Arten wurden gemessen und Werte zwischen einigen Prozent und über 60% ermittelt (berechnet nach Werten von O'NEILL (1968), SHAW (1970) sowie DOWDY (1975), KÖHLER et al. (1989)). Diese Untersuchungen wurden zwar ausschließlich mit unbelasteten Individuen durchgeführt, jedoch konnten KÖHLER et al. (1992 a) zeigen, daß neben den Masseabsorptionswerten durch Schwermetalle in den meisten Fällen auch die Energieabsorptionsrate reduziert wird.

Es ist sehr wahrscheinlich, daß Langzeitexpositionen gegenüber einem subletalen Streßfaktor über eine oder viele Generationen hinweg genetisch fixierte Anpassungen verursachen, die es den betreffenden Tieren ermöglichen, auch auf akute Belastungen mit den gleichen oder ähnlichen Streßfaktoren zu reagieren. Obwohl die Bodenbiocoenosen in der Nähe schwermetallemittierender Quellen stark duch den Wegfall von Arten verändert sind (z. B. BEYER et al. 1985, HOPKIN et al. 1985), vermögen doch einige ausgewählte Arten die Intoxikationen durch intrazelluläre Ausfällung der Metalle (zusammengefaßt in HOPKIN 1989), Produktion von Metallothioneinen oder Metallothioneinähnlichen Proteinen (z. B. KÄGI 1987) oder Expression von Hitzeschockproteinen (KÖHLER et al. 1992 b) zu ertragen. Jedoch scheint für die Bewältigung eines plötzlichen Schocks nicht ausschließlich die Präinduktion biotransformatorischer Prozesse Voraussetzung zu sein, sondern es ist ebenso denkbar, daß in langzeitbelasteten Gebieten Individuen selektiert werden, die Detoxifikationsprozesse schneller bzw. effektiver aktivieren können, oder in denen an diesen Prozessen beteiligte Proteine permanent präsent sind. Dies könnte erklären, weshalb die Nährstoffabsorption bei akut kontaminierten Diplopoden wesentlich stärker beeinträchtigt wird als bei langzeitkontaminierten Individuen (KÖHLER et al. 1992 a).

4. Mikrobielle Dekomposition von Diplopodenfaeces

Nach der Darmpassage weist das verdaute Laubmaterial in der Regel einen massiven Verlust an Substanz und Energie auf (KÖHLER 1992). Der kalorimetrisch meßbare Energiegehalt bezeichnet jedoch ausschließlich die chemisch freisetzbare Energiemenge und sagt nichts über die Bioverfügbarkeit von Substanzen aus. So beinhaltet dieses Gemisch aus Laubpartikeln auch nach der Abgabe als Faeces eine ausreichende Menge an verfügbaren Nährstoffen und stellt, bedingt duch die effektive Zerkleinerung und die Durchmischung mit der Intestinalflora ein geeignetes Substrat für die mikrobielle Sukzession dar (LODHA 1974, WEBB 1977, GUNNARSSON & TUNLID 1986).

Von ihrem relativen Energiegehalt her entsprechen die Faeces der Diplopoden sehr weit fortgeschritten dekompostiertem Laubmaterial. Dieser Eindruck wird durch Messungen von geringen C/N-Verhältnissen in Faecesproben (LODHA 1974) gestützt. Auch chemisch sollen sich Faeces nicht wesentlich von dem ihnen zugrundeliegenden Futterlaub unterscheiden (WEBB 1977). So ist ein Unterschied im Dekompositionsgrad verschiedener Laubarten auch nach der Darmpassage noch feststellbar (SPRENGEL 1986, KÖHLER, unveröffentlicht). Im Gegensatz zu Laubmaterial ähnlich fortgeschrittenen Dekompositionsgrades jedoch erleiden frisch abgesetzte Faeces in den ersten Wochen einen Substanzverlust, der mit dem frischen Fallaubes zu vergleichen ist (NICHOLSON et al. 1966, KÖHLER 1992). Dieser für Laubsubstanz in diesem fortgeschrittenen Dekompositionsstadium ungewöhnlich hohe mikrobielle Abbau ist durch folgende Gründe erklärbar: Zum einen fördert die aus der Zerkleinerung des Futterlaubes resultierende vergrößerte Oberfläche der Faeces das *leaching* und den mikrobiellen Besatz (WEBB 1977), obwohl die Pelletierung diesem entgegenwirkt (WEBB 1977), und zum zweiten findet eine Initialinfektion frischer Faeces mit unverdauten Bakterien und Pilzsporen, die die Darmpassage unbeschadet überstanden haben, statt (LODHA 1974, GUNNARSSON & TUNLID 1986). Daraus resultiert kurz nach Faecesab-

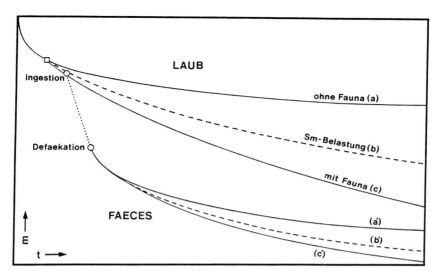

Abb: 6: Schematische Darstellung des Dekompsitionsprozesses von Laubmaterial und Faeces anhand einer Betrachtung der vorhandenen Laub-/Faecesmasse (m) in Abhängigkeit von der Dekompositionszeit (t). Die Grafik stellt lediglich den prinzipiellen Verlauf der Zersetzungsvorgänge, nicht aber deren quantitative Verhältnisse zueinander dar.

Die Dekomposition frischen Fallaubes verläuft zunächst weitgehend rein mikrobiell. Erst ab einem bestimmten, von verschiedenen Faktoren abhängigem Zeitpunkt gerät das Laubmaterial unter den Einfluß der saprophagen Fauna (Quadrat). Durch den direkten (Nährstoffassimilation) und indirekten (Aktivitätssteigerung der Mikroflora) positiven Einfluß der Bodentiere auf die Dekomposition verläuft der weitere Abbau der Laubstreu wesentlich effektiver (c) als er ohne faunistische Beteiligung ablaufen würde (a). Unter Belastung mit Schwermetallen sind verminderte Dekompositionsraten von Laubmaterial feststellbar (b).

Wird Laubsubstanz von Saprophagen ingestiert (Kreis), so erleidet sie innerhalb der sehr kurzen Zeit der Darmpassage abhängig vom Konsumenten einen mehr oder weniger starken Verlust an Masse. Nach der Defaekation (Kreis) wird die weitere Zersetzung des organischen Materials in ähnlicher Weise beeinflußt wie die Dekomposition des Fallaubes. Auch hier vermag die Aktivität der Fauna (c') den Abbau des Faecesmaterials gegenüber einer ausschließlich mikrobiell geleisteten Zersetzung (a') zu steigern. Dieser positive Effekt scheint ebenfalls durch Schwermetalle beeinträchtigt zu werden (b').

satz ein hoher Anstieg von mikrobieller Besiedlung und Respirationsrate (NICHOLSON et al. 1966, ANDERSON & BIGNELL 1980, HANLON 1981 b, INESON & ANDERSON 1985, HASSALL et al. 1987, SPRENGEL 1989, ULLRICH et al. 1991). In dieser Phase unterscheidet sich Faecesmaterial massiv von lediglich mikrobiell dekompostiertem Mischlaub gleichen Energiegehaltes. Die Artenzusammensetzung der Intestinalflora von Diplopoden sowie der Erstbesiedler der abgesetzten Faeces

ist ausführlich untersucht worden, soll aber an dieser Stelle nicht näher behandelt werden (z. B. CRAWFORD et al. 1983).
Die Bakterienzahlen erreichen auf Faeces ihr Maximum nach ungefähr 14tägiger Dekomposition (NICHOLSON et al. 1966, LODHA 1974), sinken aber nach diesem Anfangspeak rasch auf ein konstantes Niveau ab. Dies erklärt die von KÖHLER (1992) beobachtete zunehmende Abflachung der Kurve des Substanzverlustes bei längerer Dekompositionsdauer. In dieser Zeit verhalten sich Faeces und Laubmaterial weit fortgeschrittenen Dekompositionsgrades ähnlich.
Im Vergleich zu den ersten Stadien der Zersetzung frischen Fallaubes ist die mikrobielle Aktivität auf älteren Faeces gering (SPRENGEL 1989). Nach dem Rückgang der bakteriellen Populationen werden zunehmend Pilze gefördert (NICHOLSON et al. 1966, LODHA 1974, KÖHLER 1992), die auf den zerfallenden Faeces den für ihre Existenz erforderlichen größeren Porenraum finden (HANLON 1981 a).
Während der allgemeine Verlauf der Dekomposition von Faeces der saprophagen Makrofauna weitgehend bekannt ist, existieren kaum Arbeiten, die sich mit der Wirkung von Schwermetallen auf diese Zersetzung beschäftigen. So soll durch die Präsenz von Blei eher die Anzahl lebender Bakterien auf Diplopodenfaeces als die Respiration beeinträchtigt werden. Eine Kontamination der Faeces mit 1500 mg/kg Blei soll eine Verzögerung der mikrobiellen Dekomposition verursachen (DOELMAN & HAANSTRA 1979 a). Dies trifft jedoch nicht in jedem Fall zu. In verschiedenen Formen appliziertes Blei (1000 mg/kg) erniedrigte die mikrobiellen Dekompositionsraten von Diplopodenfaeces über ein halbes Jahr hinweg nicht (KÖHLER 1992). Höchstwahrscheinlich hängt das Ausmaß der schädigenden Wirkung von Schwermetallen auf die Mikroflora von Faeces dagegen — ähnlich den Verhältnissen bei der Zersetzung des Fallaubes — maßgeblich von den mikrobiellen Populationsstrukturen und den auftretenden Resistenzerscheinungen ab. Unter Freilandbedingungen werden Faeces bzw. vergleichbar stark zersetztes Laubmaterial sowie die darauf siedelnden Bakterien und Pilze jedoch wieder von Tieren der Bodenmesofauna befressen. Der weitere Abbau dieses Materials wird in ähnlicher Weise wie die bereits geschilderte mikrobielle Dekomposition *frischen* Fallaubbes direkt und indirekt von faunistischen Komponenten beeinflußt (z. B. ANDERSON 1988, HÅGVAR 1988).

5. Indirekte Dekompositionssteigerung

Ein weitgehend akzeptiertes Prinzip der Bodenbiologie ist der Effekt, daß die Tiere der Bodenfauna durch Förderung der Mikroflora wesentlich stärker zum Dekompositionsgeschehen beitragen, als sie es ausschließlich durch ihren körpereigenen Metabolismus vermögen würden (HASSALL et al. 1987). Die Zersetzung von Laubmaterial wird somit zwar einerseits direkt durch Fraß, Assimilation und Veratmung bestimmter Bestandteile des Laubes durch saprophage Bodentiere,

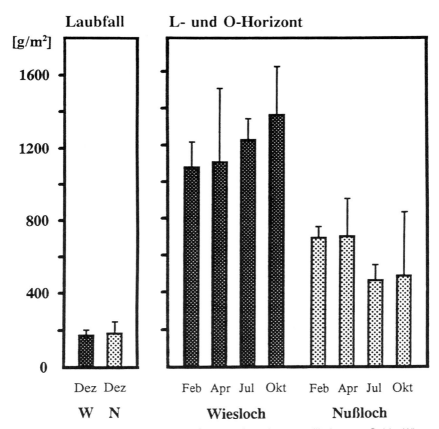

Abb. 7: Akkumulation von organischer Substanz im schwermetallbelasteten Gebiet Wiesloch: Trotz ähnlicher Mengen an Fallaub pro Jahr (links) in den beiden Vergleichsgebieten ist auf der kontaminierten Fläche Wiesloch während des gesamten Jahres eine starke Anreicherung von teilzersetzem organischen Material im L- und O-Horizont des Waldbodens nachzuweisen (dunkel unterlegte Balken rechts).

andererseits jedoch auch und besonders durch eine von diesen Tieren verursachte Stimulation der mikrobiellen Aktivität im Boden gefördert. Der von den Bodentieren ausgehende positive Effekt auf die Bodenmikroflora resultiert u. a. aus einer Neuinfektion bestimmter Teile des Substrates durch Faecesabsatz, einer Erhöhung der Bakterienzahl auf diesen Faeces, einer Durchmischung des Substrates, der Zerkleinerung des Laubmaterials durch den Fraß oder aus dem Halten von Bakterienpopulationen in der logarithmischen Teilungsphase durch fortschreitende Beweidung etc. (z. B. WEBB 1977, GUNNARSSON & TUNLID 1986, ANDERSON 1988, HÅGVAR 1988, zusammengefaßt bei HOPKIN & READ 1992). Da diese

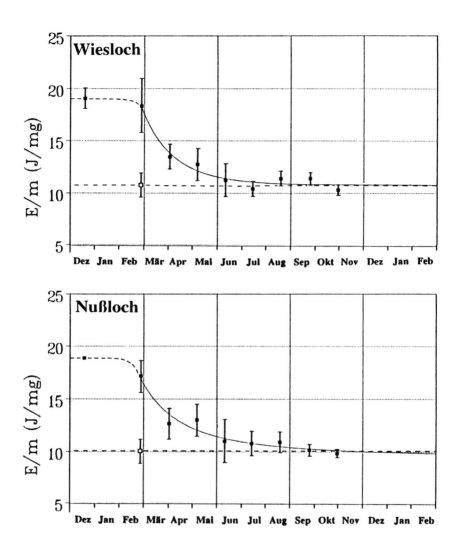

Abb. 8: Relativer Energiegehalt (durchgezogene Linie) von frischem Blattmaterial im ersten Jahr der Dekomposition nach dem Laubfall auf den Freilandflächen Wiesloch (oben) und Nußloch (unten). Der relative Energiegehalt, der ein gutes Maß zur Beurteilung des „Dekompositionsgrades" von Laubmaterial darstellt, verringert sich während des Winters nur wenig (gestrichelter Anfangsteil der Kurve). Am Ende des Jahres sinken die Kurven auf Energiewerte ab, die denen von einjährigem Laub der vorhergehenden Vegetationsperiode entsprechen (untere gestrichelte Linie). Erst hier ist ein geringer Unterschied im Dekompositionsgrad des Laubmaterials zwischen beiden Flächen erkennbar.

Parameter von der Aktivität — und insbesondere der Fraßaktivität — der Bodenfauna abhängen, liegt der Verdacht nahe, daß Schwermetalle nicht nur, wie bereits beschrieben, auf physiologische Vorgänge in Bodenorganismen Einfluß nehmen, sondern auch die Aktivität der Bodentiere und somit den gesamten Prozeß der Dekomposition beeinträchtigen können.

Mit Hilfe der Kultivierung und ständigen Beprobung von Bodenausschnitten aus unterschiedlich stark mit Schwermetallen belasteten Gebieten konnte gezeigt werden, daß unter Laborbedingungen ohne Schwermetallbelastung der Abbau von Laubmaterial durch die Aktivität von Diplopoden im Vergleich zu einer rein mikrobiellen Zersetzung ohne Faunaeinfluß auf ca. das Dreifache gesteigert werden kann. Auch unter dem Einfluß von Schwermetallen ist noch eine Steigerung des Masseverlustes um ca. 100% möglich (KÖHLER 1992, KÖHLER et al. eingereicht). Diese Befunde bestätigen die Annahme von INESON & ANDERSON (1985), daß Bodentiere auch unter Umweltbelastungen die bakterielle Aktivität in Böden maßgeblich steigern können. Die Steigerung der Dekomposition durch saprophage Tiere ist — wie erwähnt — jedoch nur zu einem geringen Teil auf deren Assimilationsleistungen, sondern weitgehend auf die indirekte Förderung der mikrobiellen Aktivität zurückzuführen (HANLON & ANDERSON 1980, HASSALL et al. 1987, ANDERSON 1988, HÅGVAR 1988). So wird der direkte Beitrag der Fauna zum gesamten Bodenmetabolismus — sowohl bezüglich Masse als auch Energie — auf höchstens 10% geschätzt (z. B. SATCHELL 1971, RÜHLING & TYLER 1973, PETERSEN & LUXTON 1982, SEASTEDT 1984, KÖHLER 1992). Da der direkte Beitrag der Bodentiere zur Dekomposition auf diesen geringen Prozentsatz beschränkt ist, ist es nicht möglich, die beobachteten Unterschiede in der Dekomposition von unbelastetem bzw. schwermetallkontaminiertem Laubmaterial allein durch verminderte Assimilationsraten der saprophagen Bodenfauna unter Schwermetalleinfluß (siehe Abschnitt 3) zu erklären, zumal Berechnungen von KÖHLER (1992) zeigten, daß der Anteil assimilierten Laubes zwischen einer unbelasteten und einer schwermetallkontaminierten Diplopodenpopulation nicht wesentlich differierte. Deshalb ist anzunehmen, daß ein verminderter Abbau von schwermetallbelastetem Laub zum größten Teil auf eine Einschränkung der mikrobiellen Aktivitätsförderung zurückzuführen ist. Aufgrund der von KÖHLER (1992) ebenfalls beobachteten geringeren Aufenthaltswahrscheinlichkeit der belasteten Diplopoden in der Laubstreu, ihrer niedrigeren Reproduktionsrate und ihrer verminderten Faecesproduktion ist zu vermuten, daß die Aktivität der Versuchstiere, von der die indirekte Förderung der Mikroflora abhängt, durch die hohe Konzentration an Schwermetallen beeinträchtigt wird (KÖHLER et al. eingereicht). Eine Einschränkung der Aktivität von Bodentieren unter Schwermetallbelastung wurde bereits von GRUTTKE et al. (1987) sowie SCHÄFER (1987) beschrieben. Ebenso wurde bereits eine sinkende Zahl von Bodenarthropoden in mit Cadmium kontaminierten Netzbeuteln beobachtet (WEIGMANN et al. 1985).

Die Förderung der mikrobiellen Aktivität durch die Bodenfauna dürfte wohl in

Laubmaterial, welches nach der Darmpassage wieder in den Faeces erscheint, bzw. welches nach Absatz der Faeces mit diesen vermischt wird, am größten sein. Vermutlich wird durch Schwermetalle vorwiegend der Abbau von Laub- und Faecesmaterial späterer Dekompositionsstadien beeinflußt, welches in erster Linie das Substrat für Diplopoden (und andere Saprophagen) darstellt. Einflüsse von Aktivitätsverminderungen von Bodentieren werden sich wahrscheinlich am deutlichsten dort zeigen.

6. Laubakkumulation in belasteten Gebieten — ein Fallbeispiel

Wie anfangs bereits erwähnt, wurden vielerorts verminderte Dekompositionsraten, die durch überhöhte Schwermetallpräsenz im Boden bedingt waren, festgestellt (RÜHLING & TYLER 1973, INMAN & PARKER 1976, WILLIAMS et al. 1977, STROJAN 1978 a, COUGHTREY et al. 1979, MCNEILLY et al. 1984, WEIGMANN et al. 1985). Auch in einem Waldstück auf Muschelkalkuntergrund südlich von Heidelberg (Wiesloch), welches auf dem Gebiet einer ehemaligen Abbaustätte für Blei/Zink-Erz im Tagebau liegt und in dessen Boden stark erhöhte Werte für Blei (im O-Horizont durchschnittlich 1240 mg/kg), Zink (1962 mg/kg) und Cadmium (91 mg/kg) nachgewiesen wurden (KÖHLER et al. 1992 a), konnte eine derartige Akkumulation von organischem Material auf dem Waldboden beobachtet werden. Im Vergleich zu einer nur ca. 700 m entfernten, minder belasteten Vergleichsfläche im gleichen Waldgebiet traten trotz ähnlicher Mengen Fallaubes pro Jahr eine im Durchschnitt 2 — 3 mal so hohe Masse an mehr oder weniger zersetztem, dem Boden aufliegenden Laubmaterial auf (WEIN 1991).

Es zeigte sich, daß im Verlauf der Dekomposition frischen Fallaubes in den betrachteten Gebieten unabhängig von der Schwermetallkonzentration im Boden zumindest im ersten Jahr auffällige Parallelen zu erkennen sind. Auf beiden Flächen verliert das frische Fallaub nach einem Jahr Dekomposition ca. 20 % an Masse. GOTTSCHALK & SHURE (1979) sowie KRATZ & BIELITZ (1989) ermittelten vergleichbare Werte. Der beobachtete Effekt, daß die ersten Stadien der Dekomposition von Fallaub von erhöhten Schwermetallkonzentrationen im Boden nicht beeinträchtigt werden, steht im Einklang mit Untersuchungen von STROJAN (1978 a), wonach sich die Dekompositionsraten zwischen einem schwermetallbelasteten Gebiet und einer Kontrollfläche erst nach einem halben Jahr unterscheiden. Dies kann zum einen darauf zurückzuführen sein, daß die Dekomposition in ihren ersten Stadien größtenteils rein mikrobiell (JENSEN 1974, HASSALL et al. 1987, KÖHLER et al. eingereicht) und somit (aufgrund möglicher Resistenzbildungen der Mikroflora) oftmals von einer Schwermetallbelastung quantitativ unbeeinflußt verläuft (MIKKELSEN 1974, INMAN & PARKER 1976, CARPENTER et al. 1983, CRIST et al. 1985, KÖHLER 1992). Zum anderen ist anzunehmen, daß die Schwermetallbelastung in der Laubschicht im Vergleich zu tieferen Bodenhorizonten (zumindest auf der betrachteten Fläche) sehr gering ist (KRATZMANN et al. unveröffentlicht) und eine Anreicherung von Schwermetallen erst bei fortschreitender Dekomposition erfolgt (CISTERNAS & MIGNOLET 1982, KRATZ & BIELITZ 1989). Für spätere Dekompositionsstadien wurde jedoch eine schwermetallbedingte Verlangsamung des Dekompositionsprozesses beschrieben (COUGHTREY et al. 1979). Somit ist anzunehmen, daß der negative Einfluß von Schwermetallen entweder erst nach längerer Dekompositionszeit (STROJAN 1978 a) oder bei der Zersetzung leicht abbaubaren Laubmaterials wie z. B. der Blätter von *Filipendula ulmaria* (BALSBERG 1982) oder *Solidago gigantea* (WEIGMANN et al. 1985) auftritt. Auch bezüglich der Dekomposition auf der erwähnten Fläche bei Wiesloch ist davon auszugehen, daß eine nachweisbare Beeinträchtigung der Zersetzung organischen Materials durch die vorhandenen Schwermetalle frühestens nach einem Jahr erfolgt, einer Zeit, nach der erste Verzögerungen im Dekompositionsgeschehen in diesem Gebiet auftraten (KÖHLER 1992). Solche Beeinträchtigungen des Dekompositionsprozesses addieren sich jedoch von einer Vegetationsperiode zur nächsten und führen — über Jahrzehnte oder sogar Jahrhunderte betrachtet — zu einer Akkumulation vorwiegend teildekompostierten organischen Materials auf und im Boden (COUGHTREY et al. 1979, MCNEILLY et al 1984).

Bis zum heutigen Zeitpunkt konnte eine Verminderung der Abundanz der saprophagen Bodenfauna, wie manchmal für schwermetallbeeinflußte Standorte beschrieben (z. B. WEIGMANN et al. 1985) und als Hauptgrund für die verlangsamte Dekomposition bezeichnet (KILLHAM & WAINWRIGHT 1981), in dem betreffenden Gebiet bei Wiesloch nicht festgestellt werden, obwohl Veränderungen von Dominanzgefüge und Diversität, wie sie gewöhnlich in schwermetallbelasteten Böden auftreten (z. B. STROJAN 1978 b, BENGTSSON & RUNDGREN 1984), auch hier nachzuweisen waren (KRATZMANN et al. eingereicht). Dies läßt den Schluß zu, daß nicht nur Abwesenheit, sondern auch verminderte Aktivität der Bodensaprofauna und — daraus resultierend — gestörte Interaktionen zwischen dieser und der Mikroflora des Bodens zu einer Beeinträchtigung des Dekompositionsprozesses führen, der demnach nicht nur durch Schwermetalle, sondern auch durch zahlreiche andere dieses Gefüge störende Faktoren, wie z. B. Pestizide (WEARY & MERRIAM 1978) oder pH-Erniedrigung (CARPENTER et al. 1983), gefährdet werden kann.

Anschrift des Autors:

Dr. Heinz-R. Köhler, Institut für Zoologie, Universität Stuttgart-Hohenheim, Garbenstraße 30, W-7000 Stuttgart 70

Norbert Fritsch

Collembolen im Stammablaufbereich von Buchen

mit 4 Abbildungen und 1 Tabelle

Abstract

The effect of stemflow on the chemical state of the soil and its fauna, especially collembola, was studied in a beech forest, almost 100 years old and situated 15 km south-east of Saarbrücken. The soil was divided into three categories: area between stems, stemflow area and stembase area.

The abundance of collembola was greatly increased (ca. 140,000 ind./m^2) in the stemflow area. Several ecological groups of species were found within the collembola colony. In the stemflow area, the ubiquitous species reacted with a drastic decrease in numbers, whilst the so-called stemflow species had their main distribution points here. *Proisotoma minima* belongs to this group, reaching an abundance of approximately 100,000 ind./m^2.

Keywords

soil acidification, beech forest, stemflow, soil fauna, collembola

Inhalt

1. Einleitung
2. Untersuchungsstandort
3. Material und Methoden
4. Ergebnisse
4.1 Mikroklimatische und bodenchemische Faktoren
4.2 Bodenfaunagruppen
4.3 Collembolen — ökologische Artengruppen
5. Diskussion
6. Zusammenfassung

1. Einleitung

Industrie, Verkehr, Haushalte und auch die Landwirtschaft erzeugen als Nebenprodukt enorme Mengen an Emissionen, die zur Luftverschmutzung führen. Die Schadstoffausbreitung durch die Luft wirkt sich als diffuse, weiträumige Immissionsbelastung des Menschen und seiner Umwelt aus. Die Deposition der Schadstoffe erfolgt aber nicht gleichmäßig über die Landschaft, sondern ist in Waldgebieten wesentlich höher als in anderen Landschaftsbereichen. Gerade die Filterfunktion des Waldes für die Luft, d. h. das Auskämmen der Emissionen aus der Luft, was die Luft selbst reinigt, belastet die Waldökosysteme in besonderem Maße.

Innerhalb des Waldes gelangen die Schadstoffe durch die Niederschläge von der Vegetation in den Boden, der seinerseits wieder Filterfunktion für das durch ihn sickernde Wasser besitzt. Letztendlich bleiben die Schadstoffe also vor allem im Waldboden hängen, sofern nicht die Filterkapazität des Bodens bereits überschritten ist und sie dann ins Grundwasser ausgewaschen werden. Im Boden konzentrieren sich die Schadstoffe allmählich und entfalten ihre Wirkung. Bodenversauerung, Nährstoffauswaschung, Schwermetallakkumulation, Aluminium-Toxizität, Humusdegradation, Absterben von Feinwurzeln, Veränderungen der Mikroflora und der Bodenfauna usw. sind die Folgen.

Diese Schadstoffkonzentration im Waldboden erfährt durch die besonderen Niederschlagsverhältnisse im Wald, d. h. durch die Bestandeshydrologie, eine weitere Differenzierung in verschieden stark belastete Bereiche. Es kommt hinzu, daß sich die Immissionen nicht nur vertikal gesehen im Ökosystemkompartiment Boden, sondern zusätzlich horizontal gesehen in bestimmten durch die Bestandeshydrologie definierten Bereichen des Waldbodens konzentrieren.

Der auf eine Waldfläche fallende Niederschlag entspricht in der Summe dem Freilandniederschlag oder Freiflächenniederschlag; er erfährt jedoch bei der Passage durch das Kronendach Veränderungen in quantitativer und qualitativer Hinsicht. Ein Teil des Niederschlages tropft von den Blättern und Zweigen in freiem Fall auf den Waldboden; er wird als Kronentraufe bezeichnet. Ein anderer Teil läuft an den Ästen und dem Stamm entlang nach unten und bildet den Stammablauf. Ein weiterer Teil verdunstet von der Blatt- und Rindenoberfläche ohne überhaupt auf den Boden gelangt zu sein; das ist die Interzeptionsverdunstung. Kronentraufe und Stammablauf bilden zusammen den Bestandesniederschlag, der dem Freiflächenniederschlag gegenübergestellt wird. Die Kronentraufe umfaßt in Buchenbeständen ca. 70% des Freilandniederschlages, der Stammablauf ca. 15% und die Interzeptionsverdunstung die restlichen 15%. Der vergleichsweise hohe Anteil des Stammablaufs am Bestandesniederschlag bei Buchen ist durch ihre glatte Rinde und die steile Stellung der Äste zu erklären. Beide Faktoren bedingen das schnelle Sammeln und Abfließen des Stammablaufs, ohne daß das Wasser infolge geringer Neigung der Äste zu langsam fließt und abtropft oder durch Benetzung einer reich strukturierten Oberfläche vermehrt verdunstet.

Durch das Abwaschen der Depositionen von den Blättern und Zweigen und das Leaching der Blätter erfährt das zunächst saure Niederschlagswasser als Kronentraufe eine Aufbasung. Demgegenüber nimmt der Stammablauf durch das Abwaschen der Rinde von Ästen und Stamm vor allem saure Depositionen auf, die eine weitere Versauerung bewirken. Kennzeichen der Kronentraufe bzw. des Stammablaufs sind der Weg durch den Bestand zum Waldboden, der mengenmäßige Anteil am Gesamtniederschlag sowie die chemische Beschaffenheit. Es lassen sich nun Bereiche auf dem Waldboden abgrenzen bzw. definieren, die vom Bestandesniederschlag unterschiedlich beeinflußt werden.

Der Bereich des Waldbodens, in dem die Kronentraufe versickert, ist der Kronentraufebereich oder Zwischenstammbereich und entspricht dem Makrostandort (Abb. 1). Inselartig darin verteilt sind die Bereiche, in denen der Stammablauf versickert. Hier muß man, ganz besonders bei Buchen, weiter differenzieren. Der potentielle Einsickerungsbereich des Stammablaufs ist der Stammfußbereich. Infolge einer häufig festzustellenden Stammneigung wenigstens in einem Stammabschnitt, einer Wölbung im unteren Stammabschnitt oder einfach durch die Anordnung der Astansätze auf einer Seite wird der Stammablauf auf eine bestimmte Seite des Stammes gelenkt und fließt dort in einer deutlich sichtbaren, schwärzlichen Stammablaufrinne ab. Diese Ablaufrinne läßt sich bis in den Stammfußbereich verfolgen, wo der Stammablauf gewöhnlich in einer Bucht zwischen zwei Wurzelanläufen versickert. An den meisten Buchen kann man diese Konzentration fast des gesamten Stammablaufs auf einen kleineren Ausschnitt des Stammfußbereichs beobachten. Dieser Bereich des Waldbodens, d. h. der Einsickerungsbereich des einseitig konzentrierten Stammablaufs, ist der eigentliche Stammablaufbereich. Der komplementäre Restbereich am Stammfuß der Buchen, der vom Stammablauf in wesentlich geringerem Maße beeinflußt wird und fast den gesamten Stammfuß umfaßt, soll als Stammfußbereich bezeichnet werden. Stammablaufbereich und Stammfußbereich werden als zwei verschiedene Mikrostandorte behandelt. So ergeben sich aus der Bestandeshydrologie drei unterschiedliche Bereiche des Waldbodens: der Zwischenstammbereich, der Stammablaufbereich und der Stammfußbereich.

Als Folge mehrfacher Konzentrationsvorgänge von Niederschlag und Immisionsbelastung ist zu erwarten, daß einerseits enorme Wassermengen von etlichen Tausend Millimetern Jahresniederschlag im Stammbereich versickern und mit ihm ebenfalls beträchtliche Mengen an Säure und anderen Schadstoffen miteingebracht werden, die die Bodenentwicklungsprozesse hier stark beschleunigen und die Lebensbedingungen drastisch verändern. Die Auswirkungen dieser extremen Verhältnisse auf die Bodenfauna im Vergleich zu den angrenzenden Bereichen zu untersuchen, war die Aufgabe der vorliegenden Arbeit. Ebenso lokal und punktförmig wie die Emission der Schadstoffe aus Schloten und Auspuffrohren ihren Anfang nahm, findet ihre Immission im eng begrenzten Stammablaufbereich der Buche ihr vorläufiges Ende.

2. Untersuchungsstandort

Die Untersuchungsfläche befindet sich im Saarland, ca. 15 km südöstlich von Saarbrücken. Die Trias bildet hier mit den Schichten von Buntsandstein, Muschelkalk und Keuper ein Schichtstufenland, das man als den östlichen Rand des Pariser Beckens auffassen kann.
In der vor allem durch extensive landwirtschaftliche Nutzung geprägten Muschelkalk-Landschaft des Bliesgaus liegt die Untersuchungsfläche auf einem waldbestandenen Hochplateau des oberen Muschelkalks, dem Allenberg, unweit der Ortschaft Bliesmengen-Bolchen. Ihre Höhe beträgt 325 m ü. NN; die Gauß-Krüger-Koordinaten sind H 54 46 375 und R 25 83 200. Die Fläche selbst ist aufgrund ihrer Lage auf einem Plateau fast eben bzw. mit ungefähr 1° schwach nach Süden geneigt. Das Klima ist subatlantisch geprägt, mit einem mittleren Jahresniederschlag von 810 mm/a und einer mittleren Jahrestemperatur von 9,3 °C. Ausgangssubstrat für die Bodenbildung ist der Ceratitenkalk des oberen Muschelkalks, der allerdings noch von einem quartären äolischen Decksediment überlagert wird. Daher entwickelte sich hier eine Braunerde, im Gegensatz zu anderen Böden im Muschelkalkgebiet, wo die Entwicklung nur bis zur Rendzina führte. Die Humusform ist als typischer Mull (L-Mull) anzusprechen; zahlreiche Türmchen aus Regenwurmkot stehen damit im Einklang.
Auf dieser Fläche stockt ein hallenartiger Buchenwald mit relativ wenig Unterwuchs. Die Bestandesgründung erfolgte im Jahre 1893, d. h. zur Zeit der Untersuchung im Jahre 1988 war der Bestand fast 100 Jahre alt. Nach seiner Artenzusammensetzung wäre er pflanzensoziologisch als relativ armer Waldmeister-Buchenwald (Asperulo-Fagetum) und nach ökologischen Kriterien (ELLENBERG 1982) als Mullbuchenwald bzw. Braunmullbuchenwald anzusehen.

3. Material und Methoden

Auf dem Untersuchungsstandort bei Bliesmengen-Bolchen im Bliesgau wurden auf einer Fläche von ungefähr einem halben Hektar (70 m x 70 m) an vier verschiedenen Terminen Proben genommen. Die Probenahmetermine lagen zwischen dem Herbst 1987 und dem Sommer 1988 (am 08.12.87, 02.02.88, 07.04.88 und 10.06.88).
Es wurden die drei durch die Bestandeshydrologie und die Raumstruktur definierten Waldbodenbereiche Zwischenstammbereich, Stammablaufbereich und Stammfußbereich beprobt. In jedem Bereich wurden pro Termin je fünf Parallelproben gezogen, d. h. insgesamt also 4 x 3 x 5 = 60 Proben. An den einzelnen Probenahmepunkten wurden die Straten Streu und Boden voneinander getrennt und im weiteren Verlauf auch getrennt bearbeitet, so daß 2 x 60 = 120 Teilproben entstanden.

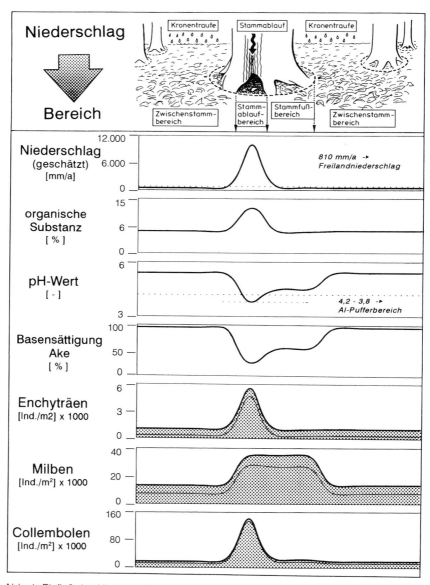

Abb. 1: Einfluß des Niederschlags und der Raumstruktur auf die Gliederung in Bereiche des Waldbodens sowie Niederschlagshöhe, verschiedene Bodenkennwerte und Abundanz einiger Bodenmesofaunagruppen in den verschiedenen Bereichen; Trennlinie zwischen Streu und Boden

Die Streuproben umfaßten die Humusauflage oder organische Auflage, je nach Ausbildung aus verschiedenen Anteilen der Horizonte bzw. Lagen des Auflagehumus (Förna-Horizont, Vermoderungs-Horizont, Humusstoff-Horizont) bestehend; sie wurden mit einem kleinen Metall-Stechrahmen mit 25 cm^2 Grundfläche ausgestochen. Unmittelbar darunter wurden die Bodenproben mit Hilfe eines Bodenstechers mit 14,8 cm^2 Grundfläche bis zu einer Tiefe von 6 cm des mineralischen, humushaltigen Oberbodens (Ah-Horizont) gezogen.

Das Probenmaterial wurde zum Transport in luftdicht verschließbare Plastikbeutel gefüllt. Am gleichen Tage noch wurden die Proben in eine Berlese-Apparatur eingestellt; sie wurden hierzu zerbröckelt, um den Bodentieren das Herauskriechen zu erleichtern. Aufgrund des Helligkeits-, Temperatur- und Feuchtigkeitsgradienten vollzog sich eine aktive Wanderungsbewegung der Bodenfauna aus der Probe nach unten in ein mit Pikrinsäure (Pikrinsäure-Wasser 1:1) gefülltes Auffanggefäß. Die Maschenweite des Siebgewebes betrug 2 mm und ließ daher die gesamte Mesofauna und einen Teil der Makrofauna durchschlüpfen.

Nach ca. 10 Tagen Aufenthalt in der Berlese-Apparatur war die Austreibung beendet. Danach wurden die Bodenfaunagruppen unter dem Binokular sortiert und ausgezählt. Die Collembolen wurden nach Präparation, d. h. Aufhellung in Milchsäure und Übertragung in ein Gemisch aus Aqua dest., pulverisiertem Gummi arabicum, Chloralhydrat und Glyzerin unter dem Mikroskop bestimmt. Als Bestimmungsliteratur wurden GISIN (1960), PALISSA (1964) und FJELLBERG (1980) benutzt.

Aus den Rohdaten wurden die Abundanz, Dominanz und Konstanz der einzelnen Bodenfaunagruppen und Collembolenarten als Jahresmittelwerte berechnet, sowie die Artenidentität (Jaccard-Index), die Dominanz-Identität (Renkonen-Index), der Diversitätsindex nach der Shannon-Wiener-Formel und die Äquität oder Evenness für die einzelnen bestandeshydrologischen Bereiche (Zwischenstammbereich, Stammablaufbereich, Stammfußbereich) ermittelt (FRITSCH 1989). Die Bodenproben wurden nach der Austreibung noch für bodenchemische Analysen gebraucht. Dadurch beziehen sich die Meßwerte der Bodenchemie auf dieselben Proben wie die Daten der Bodenfauna. Im einzelnen wurden der pH-Wert (in Aqua dest. und 1- molarer KCl), die potentielle und die effektive Kationen- Austauschkapazität (AKe), der C-Gehalt, der N-Gehalt (daraus abgeleitet Gehalt an organischer Substanz und C/N-Verhältnis und die Gehalte der austauschbaren Ionen von Ca, Mg, Na, K, Mn, Al, Fe und H gemessen (FRITSCH 1990).

4. Ergebnisse

4.1 Mikroklimatische und bodenchemische Faktoren

Für den Untersuchungsstandort im Bliesgau ist von einem mittleren Jahresniederschlag von 810 mm/a auszugehen. Dieser Wert entspricht dem Freilandniederschlag. Innerhalb eines Altbuchenbestandes gelten jedoch andere Werte, da erstens ein Teil des Niederschlages gleich wieder verdunstet (Intezeptionsverlust) und der Rest sich in Kronentraufe und Stammablauf aufspaltet. Da die Kronentraufe einen Anteil von 70% am Freilandniederschlag hat, fallen im Kronentraufebereich oder Zwischenstammbereich ca. 570 mm/a. Bei einem Anteil des Stammablaufs von 15% am Freilandniederschlag entstehen ca. 120 mm/a an Stammablauf, d. h. pro Quadratmeter im Mittel 120 Liter pro Jahr. Die Bezugsfläche für den Stammablauf eines Baumes ist die Fläche der Krone, die den Niederschlag sammelt.

Wenn man eine Kronenraumfläche von 50 — 100 m^2 annimmt, beträgt die Menge des Stammablaufs eines Baumes 6.000 — 12.000 Liter pro Jahr. Sie konzentriert sich punktförmig auf den kleinflächigen Stammablaufbereich am Stammfuß der Buchen, so daß man in Abhängigkeit von seiner Fläche zu verschiedenen Werten gelangt.

Setzt man einen Quadratmeter Einsickerungsfläche an, beträgt der Stammablauf 6.000 — 12.000 mm/a, bei geringerer Fläche steigt er entsprechend auf ein Vielfaches. Da hier die Stammablaufbereiche von Buchen mit einseitig in einer Stammablaufrinne konzentriertem Stammablauf untersucht wurden, ist wahrscheinlich mit Werten von über 10.000 mm/a oder noch wesentlich mehr zu rechnen. In dem vom eigentlichen Stammablaufbereich unterschiedenen Stammfußbereich kann die Niederschlagsmenge nur sehr schlecht abgeschätzt werden, dürfte aber infolge des gleichwohl geringeren Einflusses des Stammablaufs etwas über dem Wert des Zwischenstammbereichs liegen.

Allein aufgrund der enormen Wassermengen des Stammablaufs muß man ihn als einen einschneidenden und prägenden Faktor des Mikroklimas ansehen. Häufige Überschwemmungen, intensive Durchfeuchtung, zeitweiser Sauerstoffmangel, generell höherer Wassergehalt, langsamere Erwärmung, niedrigere Temperaturen usw. konnten beobachtet werden. Hinzu kommt noch die Immissionsbelastung des Stammablaufs, die zusammen mit den rein qauntitativen Effekten eine Veränderung des chemischen Bodenzustands und der Zersetzungsbedingungen bewirken.

Der pH-Wert des Bodens erreicht im Zwischenstammbereich im Durchschnitt 5,4; die meisten Werte liegen aber zwischen 6-7. Damit gehört der Boden des Makrostandorts in den Silikat- Pufferbereich (pH 5,0 — 6,2) bzw. reicht in den Karbonat-Pufferbereich (pH 6,2 — 8,6). Gute Nährstoffversorgung und eine günstige Humusform (typischer Mull) sind mit diesen Bedingungen verknüpft und auf einem, wenn auch äolisch überprägten, Muschelkalkstandort zu erwarten.

Im Stammfußbereich sinkt der pH-Wert bereits auf 4,5 ab; der Boden ist somit dem Austauscher-Pufferbereich (pH 4,2 — 5,0) zuzuordnen, der durch Nährstoffauswaschung, Tonmineralveränderung und zunehmende Aluminium-Belegung der Austauscher (vor allem Humusstoffe, Tonminerale) gekennzeichnet ist.

Der Stammablaufbereich weist eine extreme Versauerung auf, der pH- Wert liegt knapp unter 3,8, also an der Grenze von Aluminium- Pufferbereich (pH 4,2 — 3,8) und Aluminium-Eisen-Pufferbereich (pH 3,8 — 3,2). Hier ist die Nährstoffverfügbarkeit schon sehr eingeschränkt, während eine starke Freisetzung von toxischen Aluminium-Ionen durch Tonmineralzerstörung erfolgt.

Die Al-Belegung der Austauscher beläuft sich im Zwischenstammbereich nur auf ca. 2%, im Stammfußbereich sind es schon 38% und im Stammablaufbereich steigt der Wert auf über 50%. Ähnliche Ergebnisse zeigt die Basensättigung des Bodens, d. h. die Belegung der Austauscher mit basischen Kationen (Ca^{2+}, Mg^{2+}, K^+ und Na^+), die abgesehen von Natrium wichtige Pflanzennährstoffe darstellen. Hier werden die Anteile an der effektiven Austauschkapazität (AKe) betrachtet. Im Zwischenstammbereich beträgt die Basensättigung 95%, im Stammfußbereich sinkt sie auf 53% und im Stammablaufbereich erreicht sie nur noch 25%. Während einerseits eine Nährstoffauswaschung stattfindet, reichern sich andererseits die sauren Kationen (Mn^{2+}, Al^{3+}, Fe^{3+}, H^+) an den Kationen-Austauschern und in der Bodenlösung an.

Sowohl die Versauerung als auch die Nährstoffauswaschung im Stammablaufbereich kann man als Ergebnis der Einwirkung der riesigen, immissionsbelasteten Mengen von Stammablaufwasser plausibel erklären. Erstaunlich ist nur die unmittelbare Nachbarschaft dieser offensichtlich so verschiedenen Bereiche und die starken Gradienten auf so kurzer Distanz. Ein weiteres Ergebnis ist die Humusakkumulation im Stammablaufbereich, die man als Zeugnis schlechterer Zersetzungsbedingungen verstehen kann. Der Anteil der organischen Substanz im Boden liegt im Zwischenstammbereich und im Stammfußbereich gleichermaßen bei 6%, im Stammablaufbereich dagegen bei über 12%. Sowohl die Versauerung als chemische Komponente wie die Vernässung als mikroklimatische Komponente tragen zu dieser Humusanreicherung bei. Zusätzlich wurde noch das Einschwemmen von abgestorbenen, rindenbewohnenden Luftalgen mit dem Stammablauf beobachtet.

All diese mikroklimatischen und chemischen Faktoren charakterisieren die Verschiedenheit der Lebensbedingungen in den betrachteten, durch die Bestandeshydrologie und die Raumstruktur definierten Bereichen.

4.2 Bodenfaunagruppen

Entsprechend dem beschriebenen Rahmen der abiotischen Verhältnisse ist in den verschiedenen Bereichen auch mit deutlichen Unterschieden in der Besiedlung durch Bodentiere zu rechnen.

Die Austreibung der Bodenfauna mit Hilfe einer Berlese-Apparatur liefert nur für die Bodenlufttiere der Mesofauna zuverlässige Ergebnisse, für die Bodenwassertiere der Mesofauna ist dies nicht die adäquate Methode. Größere Vertreter der Makrofauna werden durch die für sie zu enge Siebmaschenweite nicht erfaßt.

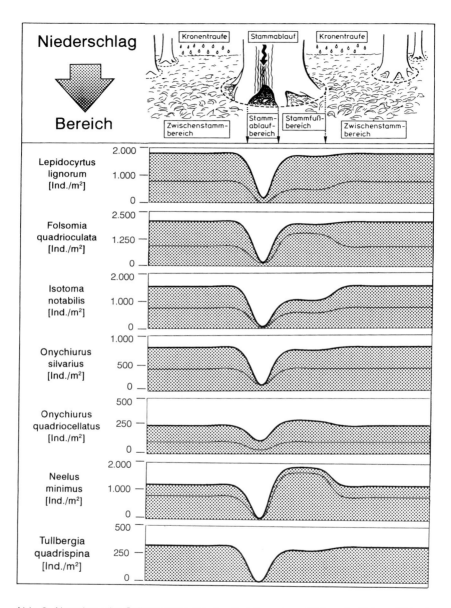

Abb. 2: Abundanz der Collembolenarten des Verteilungstyps 02 (empfindlichere Ubiquisten) in den verschiedenen Bereichen des Waldbodens; Trennlinie zwischen Streu und Boden

Dennoch sollen an dieser Stelle die Enchyträen erwähnt werden, die vermutlich nicht vollständig ausgetrieben werden konnten. In der Streu liegt ihre Besiedlungsdichte im Zwischenstammbereich und im Stammfußbereich bei 700 Ind./m^2, im Stammablaufbereich ein wenig höher bei 900 Ind./m^2; das wäre nicht besonders spektakulär. Im Boden ist ihre Abundanz in den beiden erstgenannten Bereichen noch etwas niedriger und beträgt in beiden wieder gleich ca. 300 Ind./m^2, im Stammablaufbereich jedoch fast 4.700 Ind./m^2.

Für die Dipterenlarven gilt ähnliches — auch methodisch. Auch bei dieser Gruppe findet man mit 1250 Ind./m^2 im Boden des Stammablaufbereich die höchste Abundanz im Vergleich zu den anderen Bereichen (500 bzw. 200 Ind./m^2). Insbesondere Zuckmückenlarven (Chironomidae) waren im Stammablaufbereich zahlreicher zu finden.

Einige weniger stark vertretene Gruppen zeigen bestimmte Tendenzen. Auffällig war das vollkommene bzw. fast vollkommene Fehlen der Diplopoden und Dipluren bzw. der Symphylen im Stammablaufbereich. Andere Gruppen wie die Chilopoden, Spinnen und Käfer konzentrierten sich stärker auf den Stammfußbereich. Die Beintastler (Protura) kommen auf dem Untersuchungstandort praktisch nur im Boden vor, wobei der Stammablaufbereich gemieden und der Stammfußbereich ganz klar bevorzugt wird bei einer Abundanz von 900 Ind./m^2.

Die beiden wichtigsten Gruppen der Bodenmesofauna sind die Milben (Acari) und die Springschwänze (Collembola). In der Streu bewegt sich die Besiedlungsdichte der Milben zwischen 6.000 — 8.000 Ind./m^2 mehr oder weniger gleichmäßig für alle Bereiche. Im Boden jedoch liegt ihre Abundanz bei 7.500 im Zwischenstammbereich gegenüber ca. 27.000 Ind./m^2 im Stammablauf- und Stammfußbereich. Für Streu und Boden zusammen betragen die Abundanzen 13.500 Ind./m^2 im Zwischenstammbereich und 35.000 Ind./m^2 im Stammfuß- und Stammablaufbereich. Auf Gruppenniveau scheinen die Milben ausgesprochen an den versauerten Bodenbereich in Baumnähe gebunden zu sein — unabhängig vom Einfluß des Stammablaufs.

Die Collembolen weisen in der Streu wie die Milben eine recht ähnliche Besiedlungsdichte von ca. 6.000 Ind./m^2 in allen Bereichen auf. Ganz im Gegensatz dazu stehen die Verhältnisse im Boden. Im Zwischenstammbereich beträgt ihre Abundanz 12.500 Ind./m^2 und im Stammfußbereich 17.000 Ind./m^2 — immerhin noch dieselbe Größenordnung. Im Stammablaufbereich aber schnellt die Abundanz der Collembolen auf 134.000 Ind./m^2, d. h. auf mehr als das Zehnfache im Vergleich zum angrenzenden Zwischenstammbereich. Die Relation ist ähnlich wie bei den Enchyträen, die Dimension der Zahlen allerdings übertrift alle anderen bei weitem. Für Streu und Boden zusammen betragen die Abundanzen 18.000 Ind./m^2 im Zwischenstammbereich, 23.000 Ind./m^2 im Stammfußbereich und 141.000 Ind./m^2 im Stammablaufbereich.

Allgemein hätte man unter den gegebenen Voraussetzungen, d. h. bei den extremen Verhältnissen im Stammablaufbereich eine Beeinträchtigung der Bodenfau-

na erwarten können. Einige Gruppen reagieren dementsprechend negativ mit einer Meidung des Stammablaufbereichs oder einer ausgesprochenen Bevorzugung des nicht vom Stammablauf beeinflußten Stammfußbereichs.
Die Milben zeigen scheinbar keine Reaktion auf den Stammablauf. Ihre Verteilung könnte man entweder mit der Habitatstruktur im unmittelbaren Bereich des Baumes oder mit der hier stärkeren Versauerung mit all ihren Konzequenzen erklären. Auf Artniveau könnten sich noch andere Deutungen ergeben. Bei den Collembolen und auch bei den weniger zahlreichen Enchyträen und Dipterenlarven ist eine sehr deutliche positive Reaktion festzustellen. Im Falle der beiden letzten Gruppen könnte die höhere Durchfeuchtung einen Erklärungsansatz bieten. Die Collembolen reagieren als Gruppe jedoch so unerwartet und ausgeprägt positiv auf den Stammablauf, daß dafür eine plausible Erklärung nur in einer Analyse auf Artniveau zu finden ist.

4.3 Collembolen — ökologische Artengruppen

Die Collembolen haben mit 18.000 Ind./m^2 die höchste Abundanz aller untersuchten Gruppen des Makrostandorts (Zwischenstammbereich), und mit 141.000 Ind./m^2 die mit Abstand höchste an dem hier vor allem interessierenden Mikrostandort, dem Stammablaufbereich.

Das Artenspektrum setzt sich aus 50 verschiedenen Collembolenarten zusammen:

Fam. Poduridae (Kurzspringer)

Hypogastrura denticulata (BAGNALL, 1941)
Xenylla tullbergi BÖRNER, 1903
Xenylla grisea AXELSON, 1900
Willemia aspinata STACH, 1949
Friesea mirabilis (TULLBERG, 1871)
Odontella empodialis STACH, 1934
Pseudachorutes parvulus BÖRNER, 1901
Anurida pygmaea (BÖRNER, 1901)
Neanura muscorum (TEMPLETON, 1835)

Fam. Onychiuridae (BLINDSPRINGER)

Proisotoma minima (ABSOLON, 1901)
Isotoma sensibilis (TULLBERG, 1876)
Isotoma arborea (LINNE, 1758)
Isotoma notabilis SCHÄFFER, 1896
Isotoma violacea TULLBERG, 1876

Fam. Entomobryidae (LAUFSPRINGER)

Entomobrya muscorum (NICOLET, 1841)
Orchesella flavescens (BOURLET, 1839)
Orchesella bifasciata NICOLET, 1841
Heteromurus nitidus (TEMPLETON, 1835)
Lepidocyrtus lignorum (FABRICIUS, 1871)

Onychiurus furcifer (BÖRNER, 1901)
Onychiurus armatus (TULLBERG, 1869)
Onychiurus quadriocellatus GISIN, 1947
Onychiurus jubilarius GISIN, 1957
Onychiurus silvarius GISIN, 1952
Tullbergia callipygos BÖRNER, 1902
Tullbergia quadrispina (BÖRNER, 1901)
Mesaphorura hylophila (RUSEK, 1982)
Mesaphorura yosii RUSEK, 1971
Mesaphorura macrochaeta (RUSEK, 1976)
Mesaphorura tenuisensillata (RUSEK, 1974)

Fam. Isotomidae (GLEICHRINGLER)

Folsomia quadrioculata (TULLBERG, 1871)
Folsomia candida (WILLEM, 1902)
Isotomodes templetoni BAGNALL, 1939
Isotomiella minor (SCHÄFFER, 1896)

Lepidocyrtus cyaneus TULLBERG, 1871
Lepidocyrtus violaceus LUBBOCK, 1873
Pseudosinella alba (PACKARD, 1873)
Pseudosinella ksenemani GISIN, 1944
Pseudosinella immaculata (LIE-PETTERSEN, 1896)
Tomocerus flavescens (TULLBERG, 1871)
Tomocerus minor (LUBBOCK, 1862)

Fam. Sminthuridae (KUGELSPRINGER)

Neelus minimus (WILLEM, 1900)
Sminthurides parvulus (KRAUSBAUER, 1898)
Arrhopalites caecus (TULLBEG, 1871)
Sminthurinus aureus (LUBBOCK, 1862)
Sminthurinus flammeolus GISIN, 1957
Sminthurinus niger (LUBBOCK, 1876)
Dicyrtoma ornata (NICOLET, 1841)
Dicyrtoma minuta (O.FABRICIUS, 1783)
Dicyrtoma fusca (LUCAS, 1842)

Eine detaillierte, systematische Auswertung der Einzelergebnisse der Collembolenarten und eine ökologisch sinnvolle Gruppierung der Arten wurde in einer sogenannten Verteilungstypenanalyse versucht.

Unter Verteilung ist hier das spezifische Vorkommen einer Art in den drei Bereichen Zwischenstammbereich, Stammablaufbereich und Stammfußbereich zu verstehen. Das Vorkommen wird durch die Größen Abundanz, Dominanz und Konstanz beschrieben. Je nach dem Schwerpunkt des Vorkommens einer Art bzw. ihrem Verteilungsschwerpunkt innerhalb der drei Bereiche wird sie einem Verteilungstyp zugeordnet. Bei drei Bereichen gibt es acht Haupttypen und entsprechende Übergangstypen. Der Verteilungsschwerpunkt einer Art kann in einem oder zwei Bereichen liegen oder sie ist über alle Bereiche gleichmäßig verteilt. Die Bezeichnung der Verteilungstypen erfolgt mit Hilfe der Symbole 0 (Referenzstandort = Zwischenstammbereich), 1 (erster Mikrostandort = Stammablaufbereich) und 2 (zweiter Mikrostandort = Stammfußbereich).

Unter der Voraussetzung, daß die Arten, die einem bestimmten Verteilungstyp zugeordnet werden, auch ähnlich auf die gleichen Faktoren bzw. Faktorenkombinationen reagieren, kann man die Arten eines Typs zu ökologischen Artengruppen zusammenfassen. Die Verteilungstypen entsprechen folglich bestimmten ökologischen Artengruppen; gegebenenfalls verbergen sich hinter einem Verteilungstyp aber auch mehrere verschiedene ökologische Artengruppen. Selbstverständlich können nur die Arten einem Verteilungstyp zugeordnet werden, für die ausreichend Daten hinsichtlich ihres Vorkommens vorhanden sind; so konnten nur die häufiger und zahlreicher vorkommenden Arten typisiert werden. Im folgenden werden die tatsächlich festgestellten Verteilungstypen bzw. zugehörigen ökologischen Artengruppen besprochen.

Der Verteilungstyp 012 zeigt eine mehr oder weniger gleichmäßige Verteilung über alle Bereiche. Hierher gehören ausgesprochene Ubiquisten und Arten mit breiter ökologischer Valenz wie *Tomocerus flavescens*, *Dicyrtoma minuta* und *Xenylla tullbergi* in der Streu und die weitverbreitete, fast allgegenwärtige *Mesaphorura macrochaeta* im Boden; daneben scheint auch die etwas seltenere Art *Onychiurus jubilarius* in jedem Bereich gleich stark vorzukommen.

Sehr ähnlich erscheint Verteilungstyp 02, allerdings mit dem Unterschied, daß der Stammablaufbereich keine oder nur eine sehr schwache oder sporadische Besiedlung aufweist. Größtenteils handelt es sich ebenfalls um Ubiquisten oder weitverbreitete Waldarten, die aber gegenüber den besonderen im Stammablaufbereich wirksamen Faktoren äußerst empfindlich reagieren. Es sind praktisch Standardarten für Waldstandorte, die auch hier als dominante oder subdominante Arten den gesamten Standort gleichmäßig dicht besiedeln — mit deutlicher Ausnahme der Stammablaufbereiche. In der Reihenfolge ihrer Bevorzugung der Streu sind dies *Lepidocyrtus lignorum*, *Folsomia quadrioculata*, *Isotoma notabilis*, *Onychiurus silvarius*, *Onychiurus quadriocellatus*, *Neelus minimus* und die ausschließlich bodenbewohnende Art *Tullbergia quadrispina*.

Bei dem Verteilungstyp 2 ist der Lebensraum noch weiter eingeschränkt. Weder der Zwischenstammbereich, noch der Stammablaufbereich, sondern nur der Stammfußbereich wird von hierzu gehörenden Arten bewohnt. Für die baumbewohnende Art *Isotoma arborea* leuchtet diese Verteilung ein, für *Onychiurus furcifer* und den hier nur im Boden vorkommenden *Pseudachorutes parvulus* kommen die etwas stärker sauren Verhältnisse wahrscheinlich eher in Betracht. Auch Dicyrtoma ornata, die dem Übergangstyp 2 — 12 zugeordnet wurde, dürfte an das Habitat des Stammfußes besonders angepaßt sein; interessant ist in diesem Zusammenhang, daß die nahe verwandte Art *Dicyrtoma minuta* (Typ 012) zwar in allen Bereichen regelmäßig vorkommt, ausgerechnet aber im Stammfußbereich weniger zahlreich ist, d. h. womöglich eine inverse Verteilung zu *Dicyrtoma ornata* aufweist.

Zum Verteilungstyp 12 sind Arten zu zählen, die den gesamten Stammfußbereich samt Stammablaufbereich bewohnen, im Zwischenstammbereich aber nicht zu finden sind. Offensichtlich handelt es sich bei streubewohnenden Arten dieses

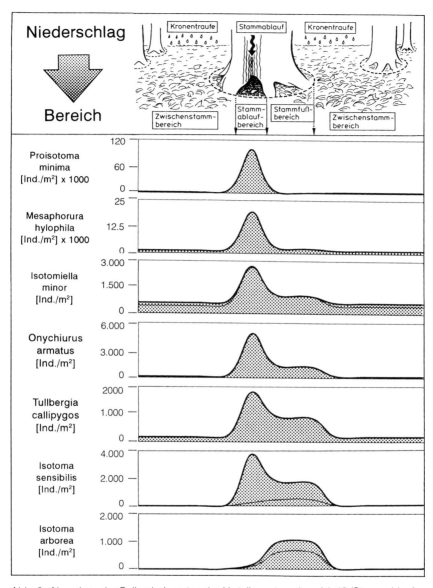

Abb. 3: Abundanz der Collembolenarten des Verteilungstyps 1 und 1- 12 (Stammablaufarten) sowie 12 und 2 (Baumarten); Trennlinie zwischen Streu und Boden

Verteilungstyp [—]	Collembolenart [—]	Abundanz 0 [Ind./m²]	1 [Ind./m²]	2 [Ind./m²]
1	Proistoma minima	1.812	99.084	782
	Mesaphorura hylophila	1.314	19.511	2.167
	Isotomiella minor	595	2.692	995
1 — 12	Onychiurus armatus	142	4.867	1.229
	Tullbergia callipygos	178	1.812	888
12	Isotoma sensibilis	0	3.764	1.725
2 — 12	Dicyrtoma ornata	0	105	324
2	Isotoma arborea	0	170	1.018
	Onychiurus furcifer	36	0	147
	Pseudachorutes parvulus	42	57	355
0	Sminthurinus aureus	2.078	36	270
02	Lepidocyrtus lignorum	1.807	189	1.712
	Folsomia quadrioculata	2.062	184	1.942
	Isotoma notabilis	1.526	78	1.032
	Onychiurus silvarius	784	107	7.280
	Onychiurus quadriocellatus	254	120	296
	Neelus minimus	1.217	57	1.832
	Tullbergia quadrispina	320	0	284
012	Tomocerus flavescens	183	332	303
	Dicyrtoma minuta	416	404	176
	Xenylla tullbergi	126	197	63
	Onychiurus jubilarius	142	178	107
	Mesaphorura macrochaeta	1.954	6.238	2.878

Tab. 1: Verteilungstypen bzw. ökologische Artengruppen der Collembolen und Abundanz der einzelnen Arten im Zwischenstammbereich (0), Stammablaufbereich (1) und Stammfußbereich (2)

Typs um Baumarten, die an dieses Habitat gebunden sind und die Fläche zwischen den Bäumen wegen der fehlenden Strukturen meiden. Gleichzeitig werden sie vom Stammablauf nicht beeinträchtigt. Für *Isotoma sensibilis* trifft dies in beispielhafter Weise zu; nicht ein einziges Exemplar wurde im Zwischenstammbereich gefunden. Die beiden weiter oben angeführten Arten *Isotoma arborea* (Typ 2) und *Dicyrtoma ornata* (Typ 2-12) kann man ebenfalls als Baumarten auffassen, da sie nur am Baum und dort als Adulte vor allem in der Streu vorkommen; sie reagieren aber wesentlich empfindlicher auf den Stammablauf. Analog zu den robusteren Ubiquisten (Typ 012) und den empfindlichen Ubiquisten (Typ 02) lassen sich die robusten Baumarten (Typ 12) den empfindlicheren Baumarten (Typ 2) gegenüberstellen.

Die Arten des Verteilungstyps 1 haben ihren Verteilungsschwerpunkt im Stammablaufbereich, genau dort, wo die oben beschriebenen Faktoren extreme Werte annehmen und daher extreme Lebensbedingungen herrschen. Diese Arten sind für die hohe Abundanz der Collembolen 141.000 Ind./m^2 verantwortlich. Allen voran ist hier *Proisotoma minima* zu nennen, die allein schon 99.000 Ind./m^2 stellt. Davon leben 97.500 Ind./m^2 im Boden und lediglich 1.500 Ind./m^2 in der Streu. Sie hat hier einen Dominanzanteil von etwas mehr als 70% und ist damit superdominant; die Konstanz liegt gleichzeitig bei 90%.

Ihre Zahl von 800 — 1.800 Ind./m^2 in den anderen Bereichen und auch in der Streu des Stammablaufbereichs ist als Überquellen dieses Massenvorkommens zu verstehen, denn normalerweise findet man diese Art nur sporadisch in Einzelexemplaren. Sie gehört nicht zum üblichen Arteninventar bzw. zur Gruppe der dominanten oder subdominanten Arten eines Waldstandorts.

Gerade unter diesen extremen Bedingungen und bei Konkurrenzausschluß der sonst stets vorhandenen Arten (besonders des Typs 02), erreicht sie diese enorme Besiedlungsdichte. Dies charakterisiert *Proisotoma minima* als einen r-Strategen, der zwar die Konkurrenz anderer Arten nicht verkraftet, aber bei deren Fehlen auch den widrigsten Bedingungen trotzt und sich dann massenhaft vermehrt. Wahrscheinlich ist die Kapazität der kleinen Inseln des Stammablaufbereichs, ihres eigentlichen Lebensraumes, sogar z. T. überschritten, so daß sie in angrenzende Bereiche vordringt.

Ähnlich verhält sich auch *Mesaphorura hylophila*, jedoch erreicht ihre Abundanz nur 19.500 Ind./m^2; immerhin die gleiche Größenordnung wie die Gesamtabundanz der Collembolen in den anderen Bereichen. Auch *Isotomiella minor*, eine ansonsten eher ubiquitäre Art, hat einen eindeutigen Verteilungsschwerpunkt im Stammablaufbereich.

Einen stärker stufenweisen Anstieg der Abundanz vom Zwischenstammbereich über den Stammfußbereich zum Stammablaufbereich zeigen die Arten *Onychiurus armatus* und *Tullbergia callipygos*, die deswegen den Übergangstyp 1-12 bilden. Dennoch können sie mit den drei Arten des Typs 1 als Stammablaufarten zusammengefaßt werden. Ihr gemeinsames Merkmal ist der Verteilungsschwerpunkt im Boden des Stammablaufbereichs.

Die unterschiedenen Verteilungstypen dürften weitgehend ökologischen Artengruppen gleichzusetzten sein, die gegebenenfalls weiter zu differenzieren sind (s.Typ 2), andererseits auch wieder in Ubiquisten (Typ 012 u. Typ 02), Baumarten (Typ 2 u. Typ 2-12 u. Typ 12) und Stammablaufarten (Typ 1 u. Typ 1-12) eingeteilt werden können.

Durch die Verteilungstypenanalyse konnten die wichtigsten Collembolen-Arten hinsichtlich ihres ökologischen Verhaltens charakterisiert werden. Gleichzeitig wurden hierdurch die Unterschiede und Gemeinsamkeiten der drei durch Raumstruktur und Bestandeshydrologie definierten Bereiche anhand der Zusammensetzung ihrer Collembolenfauna aus verschiedenen Verteilungstypen bzw. ökologischen Artengruppen herausgearbeitet.

Vergleicht man die Dominanzanteile der einzelnen Verteilungstypen an der Collembolengemeinschaft der Bereiche (Abb. 4), so erkennt man die große Ähnlichkeit von Zwischenstammbereich und Stammfußbereich mit dem markanten Anteil des Typs 02 von 44% bzw. 34%, der im Stammablaufbereich auf 0,5% zusammenschmilzt.

Die o. g. Ähnlichkeit wird durch die Berechnung der Dominanzidentität (Renkonen-Index) bestätigt; zwischen Zwischenstammbereich und Stammfußbereich beträgt sie 51% in der Streu und im Boden, zwischen diesen Bereichen und dem Stammablaufbereich dagegen nur ca. 20% in der Streu und 2% im Boden.

Ganz klar geht das starke Anwachsen der Dominanz des Typs 1 im Stammablaufbereich aus dem Vergleich mit den anderen Bereichen hervor. Die Diversität wird ebenfalls in den Dominanzanteilen der Verteilungstypen widergespiegelt. Hier erweist sich der Stammfußbereich als am besten aufgefächert, entsprechend einem Diversitätsindex von 2,77 (bzw. Evenness von 0,79); der Zwischenstammbereich erreicht einen etwas niedrigeren Wert von 2,44 (bzw. Evenness von 0,69). Dagegen setzt sich der Stammablaufbereich durch das Überwiegen der superdominanten *Proisotoma minima* und einiger weniger anderer Arten mit HS=1,14 (bzw. Evenness von 0,33) sehr deutlich ab.

Auch die Ergebnisse der Bodenfauna und insbesonders der Collembolen belegen, daß der Mikrostandort Stammablaufbereich ein Extremfall ist.

5. Diskussion

Die Besonderheit des Mikrostandorts Stammablaufbereich wurde aus dem Vergleich der bodenchemischen und bodenzoologischen Ergebnisse der hier unterschiedenen Bereiche hergeleitet.

Extreme Versauerung, gekoppelt mit Nährstoffauswaschung und zunehmender Aluminium-Toxizität, sowie Schwermetallakkumulation wurden in allen bodenchemischen Untersuchungen in Mitteleuropa festgestellt, die sich mit dem Einsickerungsbereich des Stammablaufs befassen (KAZDA & GLATZEL, 1984 JOCHHEIM 1985, KOENIES 1982, GLATZEL et al. 1983, GLATZEL & KAZDA 1984, SCHÄFER 1988, FRITSCH 1990).

Immer wieder wurde der Modellcharakter des Stammablaufbereichs hinsichtlich der Entwicklung des Bodens unter der fortschreitenden Immissionsbelastung und damit seine Indikatorfunktion betont. Veränderungen, die zunächst nur den Stammablaufbereich betreffen, werden sich unter Beibehaltung der Belastungssituation langfristig auf den gesamten Bestand ausdehnen. Dabei scheint den

Immissionen, nicht der hohen Niederschlagsmenge, die Rolle des wirksamen Faktors zuzukommen.

In Gebieten ohne nennenswerte Immisionsbelastung wurden die o. g. Effekte des Stammablaufs nicht nachgewiesen (GLAVAC et al. 1985). So waren in Buchenwäldern Korsikas und SW-Kroatiens die bodenchemischen Kennwerte pH-Wert und effektive Kationen- Austauschkapazität (AKe) sowie die Schwermetallgehalte im Mikro- und Makrostandort gleich.

Aus bodenzoologischen Untersuchungen im Eggegebirge (LOSSE 1986) geht hervor, daß die Enchyträen im Stammfußbereich zahlreicher vorkommen und davon zwei säureliebende oder wenigstens säuretolerante Arten, *Cognettia sphagnetorum* und weniger ausgeprägt auch *Marionina clavata*, im Stammablaufbereich meist sogar ihre höchsten Abundanzen erreichen. Die vorliegenden Ergebnisse aus dem Bliesgau zeigen eine ähnliche Tendenz, wobei die Enchyträen aber eine deutliche Massierung speziell im Stammablaufbereich aufweisen.

Im Eggegebirge (LOSSE 1986) meiden die Collembolen den Stammablaufbereich und erreichen im gesamten Stammfußbereich nur Abundanzen zwischen 4.000 bis 5.000 Ind./m^2, während in einer Entfernung von 0,5 — 1,0 m schon 10.000 — 15.000 Ind./m^2 vorkommen. Die Arten *Isotoma sensibilis*, *Onychiurus armatus*, *Tullbergia krausbaueri* (bzw. Arten der Gattung *Mesaphorura*) und *Folsomia quadrioculata* haben dort unmittelbar am Stamm relativ hohe Dominanzen. Abgesehen von der euryöken Art *Folsomia quadrioculata* konnten im Bliesgau die o. a. Arten aufgrund ihres Verteilungsschwerpunktes als Baumarten (*Isotoma sensibilis*) oder sogar Stammablaufarten (*Isotomiella minor*, *Onychiurus armatus* und *Mesaphorura hylophila*) charakterisiert werden. Im Bliesgau kommt jedoch noch die für die Gesamtabundanz entscheidende Art *Proisotoma minima* mit alleine fast 100.000 Ind./m^2 im Stammablaufbereich hinzu, die im Eggegebirge fehlt.

In einer bodenzoologischen Untersuchung im Wienerwald (KOPESZKI et al. 1986) stellte sich heraus, daß sich die relative Häufigkeit (Dominanz) und die Besiedlungsdichte (Abundanz) der Gattung *Mesaphorura* gegen die Stammbasis erhöhen, so daß die Gattung *Mesaphorura* im Einsickerungsbereich des Stammablaufs deutlich dominiert. Hierbei wird die zunehmende Versauerung als Erklärungshypothese angeführt, aber es werden auch die veränderten Konkurrenzverhältnisse in Betracht gezogen, denn umgekehrt wie *Mesaphorura* zunimmt, nehmen die Isotomiden generell ab. Auch im Bliesgau hat die Gattung *Mesaphorura* ihre höchste Abundanz im Stammablaufbereich. *Mesaphorura hylophila* (19.500 Ind./m^2) wurde als ausgesprochene Stammablaufart erkannt. Die zweite hier zahlreich auftretende Art der Gattung ist *Mesaphorura macrochaeta*; sie wurde aufgrund ihrer geringeren Konstanz im Stammablaufbereich gegenüber den anderen Bereichen nicht als Stammablaufart aufgefaßt, hat aber dennoch hier ihre höchste Abundanz (6.000 Ind./m^2) im Vergleich zum Stammfußbereich (3.000.Ind./m^2) und zum Zwischenstammbereich (2.000 Ind./m^2). Die Isotomiden

allerdings gehen im Stammablaufbereich nicht wie im Wienerwald zurück, sondern vermehren sich massenhaft, jedenfalls die Art *Proisotoma minima*.
Allein die hohen Abundanzen der Collembolen von 141.000 Ind./m^2 im Stammablaufbereich und insbesondere die Abundanz von *Proisotoma minima* (99.000 Ind./m^2) stellen für sich schon etwas Bemerkenswertes dar. Die Besiedlungsdichten der Collembolen in Buchenwäldern liegen ansonsten für den Makrostandort bei 8.500 Ind./m^2 im Eggegebirge (GERDSMEIER 1984), bei 13.000 Ind./m^2 im Nord- Schwarzwald (KOGLIN 1979), bei 19.000 Ind./m^2 im Kottenforst bei Bonn (SCHLEUTER 1984), bei 37.000 Ind./m^2 in einem Kalkbuchenwald bei Göttingen (WOLTERS 1983) und bei 63.000 Ind./m^2 im Solling (SCHAUERMANN 1977).
Daraus ist einerseits abzulesen, daß die Abundanz für den Zwischenstammbereich (Makrostandort) im Bliesgau mit 18.000 Ind./m^2 eine mittlere Höhe hat und andererseits die o.a. Abundanz im Stammablaufbereich einen sehr hohen Wert darstellt. Das konzentrierte Massenvorkommen von *Proisotoma minima* ist gewiß als interessanteste Entdeckung in dieser Untersuchung zu werten. Ursprünglich hielt man sie für eine Höhlenform (HANDSCHIN 1929). Später wurde sie in Wäldern (KACZMAREK 1977, DUNGER 1972, BOCKEMÜHL 1956, SCHLEUTER 1984), Wiesen (LEUTHOLD 1961) und Weinbergen (DIELMANN 1982) gefunden. Sie gilt als hygrophil (GISIN 1943), was gut mit dem reichlichen Niederschlagswasser im Stammablaufbereich übereinstimmt. Bisher wurde sie aber nie in großen Mengen angetroffen (SCHLEUTER 1984).
Ihr Massenvorkommen im Stammablaufbereich charakterisiert sie als eine gegenüber Vernässung und Versauerung außerordentlich widerstandsfähige, gegenüber Konkurrenz allerdings wahrscheinlich sehr schwache Art. Das Zusammentreffen extremer abiotischer Verhältnisse mit geringer Konkurrenz im Stammablaufbereich begünstigt *Proisotoma minima* offensichtlich in dramatischer Weise.
Ähnliche Erscheinungen wurden für *Isotomina thermophila* auf Schutthalden eines Stahlwerks bei Völklingen/Saarland festgestellt (GUTTMANN 1979). Diese Art ist, wie ihr Name schon besagt, äußerst thermophil und erträgt Temperaturen von über 40 C. Auf den z. T. im Innern brennenden Schlackenhalden war sie auch in den heißen Dampfspalten vorhanden und erreichte auf den wärmsten Untersuchungsflächen eine Dominanz von 98%.
Dieselbe Art erwies sich in einer anderen Untersuchung als hochgradig resistent gegen Parathion (OLIVIER & RYKE 1969). Auf einer Zitrus-Plantage in Nord-Transvaal wurden Flächen mit unterschiedlichen Mengen des Insektizids Parathion behandelt. Ausgerechnet die höchstbelastete Variante hatte die höchste Abundanz von *Isotomina thermophila* aufzuweisen mit fast 29.000 Ind./m^2, im Vergleich zu 500 Ind./m^2 auf der Kontrolle. Insbesondere die Resistenz gegen Parathion und das dadurch ausgelöste Fehlen ihrer Freßfeinde, der Raubmilben, wird als Erklärungshypothese herangezogen.
Eine andere außergewöhnliche Art ist *Folsomides deserticola*, die als charakteri-

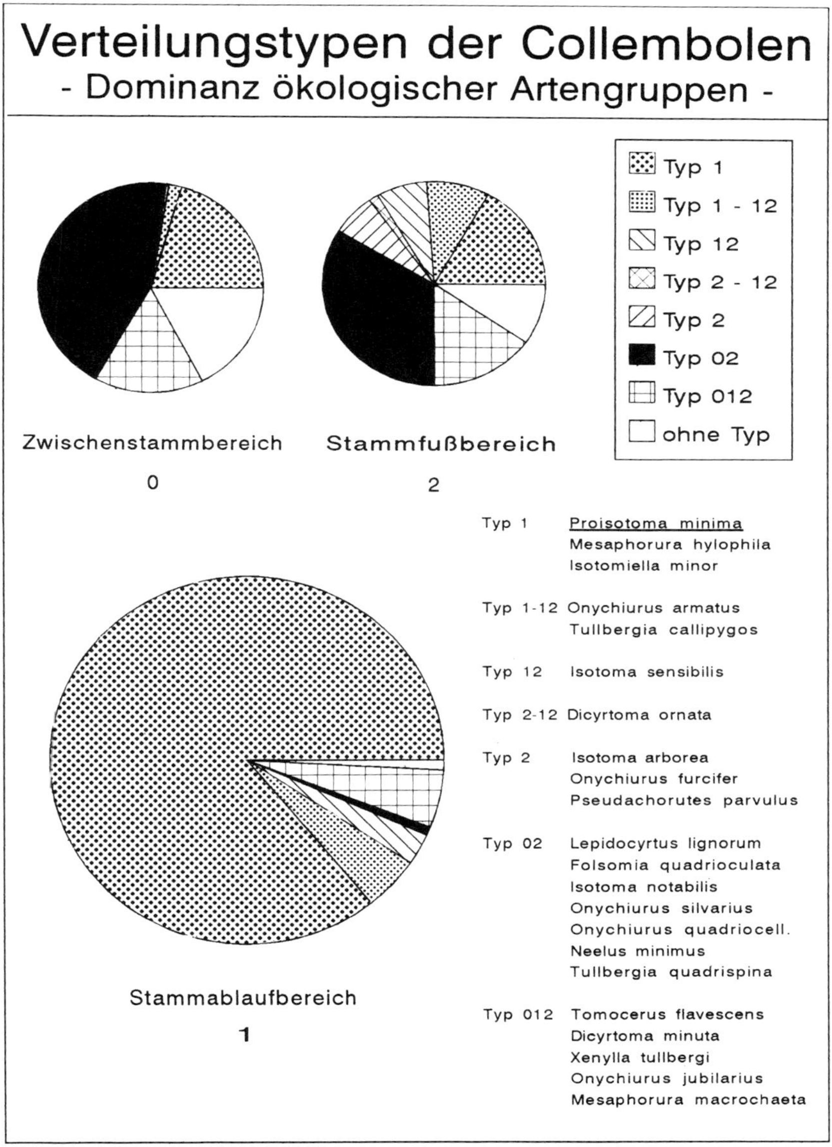

Verteilungstypen der Collembolen
- Dominanz ökologischer Artengruppen -

Zwischenstammbereich
0

Stammfußbereich
2

Stammablaufbereich
1

▦	Typ 1
▦	Typ 1 - 12
◩	Typ 12
◨	Typ 2 - 12
▨	Typ 2
■	Typ 02
⊞	Typ 012
☐	ohne Typ

Typ 1   Proisotoma minima
            Mesaphorura hylophila
            Isotomiella minor

Typ 1-12   Onychiurus armatus
            Tullbergia callipygos

Typ 12   Isotoma sensibilis

Typ 2-12   Dicyrtoma ornata

Typ 2   Isotoma arborea
            Onychiurus furcifer
            Pseudachorutes parvulus

Typ 02   Lepidocyrtus lignorum
            Folsomia quadrioculata
            Isotoma notabilis
            Onychiurus silvarius
            Onychiurus quadriocell.
            Neelus minimus
            Tullbergia quadrispina

Typ 012   Tomocerus flavescens
            Dicyrtoma minuta
            Xenylla tullbergi
            Onychiurus jubilarius
            Mesaphorura macrochaeta

Abb. 4: Dominanzanteile der Verteilungstypen der Collembolen bzw. ökologischer Artengruppen der Collembolen in den verschiedenen bestandeshydrologischen Bereichen

stische Art der ariden und semiariden Gebiete Australiens gilt, und als Indikator für saisonale sowie regionale Aridität (WOOD 1971). Immerhin erreicht sie in den Wüstenböden noch 1.300 Ind./m^2 und stellt damit 50 — 90% der Collembolenpopulation; in der subhumiden Region dagegen dünnt sie aus und verschwindet dann ganz. Die scheinbar ungünstigsten Lebensbedingungen, zumal für Collembolen (Feuchtlufttiere!), werden von *Folsomides deserticola* offenbar optimal genutzt. Auch in diesem Fall ist eine hohe Widerstandskraft gegenüber extremen abiotschen Faktoren, hier Hitze und Trockenheit, mit einer vermutlichen Schwäche gegenüber Konkurrenten oder Freßfeinden gepaart.

Auf Brandrodungsflächen im brasilianischen Regenwald waren neben den Hypogastruriden vor allem die Isotomiden mit Augen, nicht aber die blinden Isotomiden, bereits einen Monat nach der Rodung und dem Niedergang der Primärwaldfauna die typischen Erstbesiedler (HÜTHER 1983). Mit dem Fortschreiten der Sukzession verschwanden sie wieder. HÜTHER sieht hierin eine interessante Übereinstimmung mit der Wieder- und Neubesiedlung von Stahlwerkshalden (GUTTMANN 1979) und Braunkohle-Rekultivierungsflächen (BODE 1973) in Mitteleuropa. Die oben als Beispiele angeführten Arten *Isotomina thermophila*, *Folsomides deserticola*, weiterhin *Isotoma saltans*, der bekannte Gletscherfloh, und ebenso *Proisotoma minima* aus der vorliegenden Untersuchung gehören in eben die von HÜTHER herausgestellte systematische Gruppe der Isotomiden. In dieser Gruppe gibt es offensichtlich gehäuft Pionierarten, die den verschiedensten extremen abiotischen Faktoren trotzen, dem Konkurrenz- und Feinddruck jedoch erliegen.

6. Zusammenfassung

In einem fast 100-jährigen Buchenbestand wurden die Auswirkungen des in Mitteleuropa stark immissionsbelasteten Stammablaufs auf den chemischen Bodenzustand und die Bodenfauna, insbesondere die Collembolen, des Stammablaufbereichs im Vergleich zu den Verhältnissen im angrenzenden Stammfußbereich und im Zwischenstammbereich untersucht.

Die Untersuchungsfläche liegt im Saarland, ca. 15 km südöstlich von Saarbrücken, auf einem Muschelkalkplateau. Streu- und Bodenproben wurden in einer Berlese-Apparatur ausgetrieben, der Boden wurde anschließend chemischen Analysen unterzogen, die Bodenfaunagruppen ausgezählt und davon die Collembolen auf Artniveau bestimmt.

Auffallend waren die gegenüber den anderen Bereichen stark erhöhten Abundanzen der Enchyträen, Dipterenlarven und besonders der Collembolen im Stammablaufbereich. Die Collembolen erreichten hier eine recht hohe Abundanz von ca. 140.000 Ind./m^2 gegenüber ca 20.000 Ind./m^2 in den anderen Bereichen.

Aufgrund der Lage ihres Verteilungsschwerpunktes wurden mehrere Verteilungstypen bzw. ökologische Artengruppen bei den Collembolen unterschieden; die wichtigsten Gruppen sind die Ubiquisten, die Baumarten und die Stammablaufarten. Zu den Ubiquisten zählen fünf weniger empfindliche, über alle Bereiche mehr oder weniger gleichmäßig verteilte Arten und sieben empfindlichere Arten, die im Stammablaufbereich praktisch ausfallen.

Das genau entgegengesetzte, sozusagen inverse Verteilungsmuster mit Verteilungsschwerpunkt im Stammablaufbereich zeigen die Stammablaufarten, zu denen fünf Arten gehören. Unter diesen fällt *Proisotoma minima* durch ihre Abundanz von fast 100.000 Ind./m^2 im Stammablaufbereich gegenüber 1.000 — 2.000 Ind./m^2 in den anderen Bereichen auf. Damit wurde ein Massenvorkommen dieser sonst nur sporadisch vorkommenden Art an einem Mikrostandort mit extremen abiotischen Faktoren festgestellt. *Proisotoma minima* ist eine Pionierart, die starke Vernässung, Versauerung, Nährstoffauswaschung, Aluminium-Toxizität und wahrscheinlich auch Schwermetallakkumulation zumindest toleriert und bei gleichzeitig geringem Konkurrenz- und/oder Feinddruck sich als r-Stratege massenhaft vermehrt.

Anschrift des Autors:

Dipl.-Biol. Dipl.-Geol. Norbert Fritsch, Petersheckstr. 8, W-6682 Ottweiler-Fürth

Czesław Błaszak & Grażyna Madej

Gamasina-Milben als differenzierendes Faunenelement in verschiedenen Waldtypen

mit 4 Abbildungen

Es wird untersucht, welche Arten oder Familien der Gamasina einzelne Waldtypen charakterisieren.
Die Untersuchungen wurden in zwei verschiedenen Wäldern (Eichen-Hainbuchen-Mischwäldern) durchgeführt, die im westlichen Teil von Großpolen liegen (ungefähr 50 km südwestlich von Poznań entfernt). Der Wald „Jakubowo" besitzt eine typische Querco-Carpinetum stachyetosum-Gesellschaft mit *Fagus silvatica*; der Wald "Mogilnica" ist ebenfalls eine typische Querco-Carpinetum stachyetosum silvaticae-Gesellschaft, in dessen höchstem Bereich sich zusätzlich eine Querco-Carpinetum lathyrsum verni-Gesellschaft befindet. In beiden Wäldern gibt es auch Flächen mit Fraxino-Ulmetum. Im Gebüsch wachsen u. a.: *Sanicula europea* L., *Neotia nidus-avis* L., *Galeobdelon luteum* HUDS., *Hepatica nobilis* GRESANLAT, *Anemone nemorosa* L, *Carex digitata* L. und *Actea spicata* L.
Es war das Ziel, die Gamasina-Milben quantitativ vergleichend in den beiden Wäldern zu erfassen. Es wurden 480 Proben gesammelt mit 2.585 Exemplaren aus 68 Arten und 13 Familien. 27 Arten kamen gemeinsam in beiden Wäldern vor. In den beiden Wäldern kamen gleichzeitig 4 Arten vor, die jeweils die höchsten Individuenzahlen hatten (Abb. 1). Diese Milben machten im Jakubowo-Wald 55,2% und im Mogilnica-Wald 51,1% der Gamasina aus. Auch die Dominanzen dieser Arten war am größten (Abb. 2).
Die Gamasina-Milben sind als räuberische Tiere in der Regel sehr flink; deshalb ist das Vorkommen besonders der großen Arten stark schwankend. Um so mehr überrascht es, daß in diesen beiden vergleichend untersuchten Wäldern eine deutlich ausgeprägte stetige Dominanz und Abundanz vorlag. Diese Stetigkeit läßt zu, probeweise charakteristische Raubmilben-Arten für den Eichen-Hainbuchen-Mischwald aufzustellen. Neben der Dominanz ist auch die Konstanz für diese Arten am größten (Abb. 3).
Unter Heranziehung verschiedener Untersuchungen unterschiedlicher Waldtypen in Polen (publizierte und unpublizierte Daten) kann man durch Vergleich verschiedener Wälder die Dominanz-Struktur für die Gamasina-Familien aufstellen. Der Artenvergleich ist beim aktuellen Stand unserer Kenntnisse praktisch unmög-

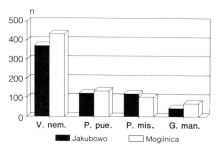

Abb. 1: Individuenzahlen der Arten mit der größten Häufigkeit, V. nem. — *Veigaia nemoralis*, P. pue. — *Paragamasus puerilis*, P. mis. - *P. misellus*, G. man. — *Geholaspis mandibularis*.

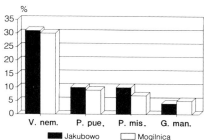

Abb. 2: Dominanzen der Arten mit der größten Häufigkeit, Abkürzungen siehe Abb. 1

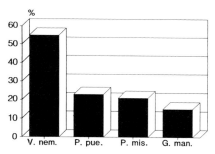

Abb. 3: Konstanz der vier häufigsten Raubmilben im Eichen-Hainbuchen-Mischwald, Abkürzungen siehe Abb. 1

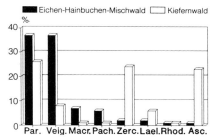

Abb. 4: Dominanzen der Raubmilbenfamilien, Par.-Parasitidae, Veig.-Veigaiaidae, Macr.-Macrochelidae, Pach.-Pachylaelapidae, Zerc.-Zerconidae, Lael.-Laelapidae, Rhod.-Rhodacaridae, Asc.-Ascaidae

lich, denn in diese Überlegungen müßten auch Untersuchungen über Mikrohabitate einbezogen werden (diese Untersuchungen sind bis jetzt zu spärlich). Beim Vergleich haben wir 2 Waldtypen genommen, nämlich: Querceto-Carpinetum (bei Poznań) und Pineto-Vaccinietum (bei Poznań und Warszawa). Abb. 4 zeigt die Dominanzen der dort vorkommenden Raubmilbenfamilien.
Diese Familien bilden in beiden Wäldern ungefähr 88% aller Gamasina-Milben. Im Querceto-Carpinetum-Wald überragen zwei Familien: Parasitidae und Veigaiaidae (zusammen ungefähr 75%), dagegen dominieren im Kiefernwald drei Familien: Parasitidae, Ascaidae und Zerconidae, die zusammen jeweils die höchsten Individuenzahlen hatten (ungefähr 73% aller Gamasina).

	Jakubowo		Mogilnica	
	Individuen	Dominanz	Individuen	Dominanz
1. *Veigaia nemorensis* (C. L. KOCH)	372	31,1	434	30,4
2. *Veigaia exigua* (BERLESE)	37	3,1	463,2	
3. *Veigaia decurtata* ATHIAS—HENRIOT	4	0,3	24	1,7
4. *Veigaia cerva* (KRAMER)	23	1,9	19	1,3
5. *Veigaia planicola* (BERLESE)	2	0,2	3	0,2
6. *Veigaia propinqua* WILLMANN	—	—	1	0,1
7. *Veigaia kochi* (TRÄGARDH)	3	0,2	1	0,1
8. *Veigaia* sp.(juv.)	3	0,2	8	0,6
9. *Paragamasus puerilis* KARG	122	10,2	134	9,4
10. *Paragamasus misellus* BERLESE	120	10,0	105	7,4
11. *Paragamasus digitulus* KARG	56	4,7	34	2,4
12. *Paragamasus lapponicus* TRÄGARDH	30	2,5	10	0,7
13. *Leptogamasus suecicus* TRÄGARDH	—	—	27	1,9
14. *Leptogamasus tectegynellus* ATHIAS—HENRIOT	16	1,3	36	2,5
15. *Leptogamasus bidens* SELLNICK	—	—	17	1,2
16. *Leptogamasus parvulus* (BERLESE)	—	—	7	0,5
17. *Leptogamasus hamatus* (C. L. KOCH)	—	—	1	0,1
18. *Pergamasus septentrionalis* OUDEMANS	2	0,2	2	0,1
19. *Pergamasus* sp. (juv.)	91	7,6	83	5,8
20. *Eugamasus magnus* (KRAMER)	—	—	1	0,1
21. *Eugamasus* sp. (juv.)	1	0,1	1	0,1
22. *Parasitus kraepelini* (BERLESE)	3	0,2	11	0,8
23. *Parasitus* sp. (juv.)	33	2,8	25	1,7
24. *Trachygamasus ambulacris* (WILLMANN)	3	0,2	—	—
25. *Holoparasitus excipuliger* (BERLESE)	4	0,3	8	0,6
26. *Pachylaelaps longisetis* HALBERT	28	2,3	23	1,6
27. *Pachylaelaps furcifer* OUDEMANS	1	0,1	3	0,2
28. *Pachylaelaps litoralis* HALBERT	1	0,1	—	—
29. *Pachylaelaps ineptus* HIRSCHMANN & KRAUS	1	0,1	—	—
30. *Pachylaelaps imitans* BERLESE	—	—	3	0,2
31. *Pachylaelaps siculus* BERLESE	—	—	2	0,1
32. *Pachylaelaps regularis* BERLESE	—	—	5	0,3
33. *Pachylaelaps* sp. (juv.)	43	3,6	26	1,8
34. *Pachyseius humeralis* BERLESE	—	—	—	0,3
35. *Pachyseius* sp. (juv.)	1	0,1	—	—
36. *Lasioseius berlesei* OUDEMANS	1	0,1	—	—
37. *Leioseius bicolor* BERLESE	4	0,3	4	0,3
38. *Leioseius insignis* HIRSCHMANN	1	0,1	—	—
39. *Leioseius* sp. (juv.)	—	—	1	0,1
40. *Arctoseius cetratus* SELLNICK	1	0,1	—	—
41. *Arctoseius* sp. (juv.)	2	0,2	—	—
42. *Iphidozercon gibbus* BERLESE	—	—	3	0,2
43. *Aceoseius muricagtus* (C. L. KOCH)	1	0,1	2	0,1
44. *Pantenniphis mirandus* WILLMANN	2	0,2	—	—

	Jakubowo		Mogilnica	
	Indi-viduen	Domi-nanz	Indi-viduen	Domi-nanz
45. *Dendrolaelaps cornutus* (KRAMER)	—	—	1	0,1
46. *Dendrolaelaps oudemansi* HALBERT	—	—	2	0,1
47. *Dendrolaelaps* sp. (juv.)	1	0,1	2	0,1
48. *Dendroseius reticulatus* (SHEALS)	—	—	3	0,2
49. *Rhodacarus coronatus* BERLESE	7	0,6	26	1,8
50. *Rhodacarus reconditus* ATHIAS—HENRIOT	—	—	2	0,1
51. *Cyrtolaelaps mucronatus* (G. et R. CANESTRINI)	—	—	2	0,1
52. *Leitneria granulata* (HALBERT)	3	0,2	6	0,4
53. *Leitneria* sp. (juv.)	—	—	1	0,1
54. *Halodarcia incideta* KARG	1	0,1	—	—
55. *Amblyseius obtusus* (C. L. KOCH)	6	0,5	—	—
56. *Amblyseius okangensis* (CHANT)	—	—	2	0,1
57. *Amblyseius cucumeris* OUDEMANS	1	0,1	1	0,1
58. *Amblyseius ovicinctus* ATHIAS—HENRIOT	1	0,1	—	—
59. *Amblyseius nemorivagus* ATHIAS—HENRIOT	3	0,2	—	—
60. *Amblyseius* sp. (juv.)	11	0,9	9	0,6
61. *Geholaspis mandibularis* (BERLESE)	44	3,7	69	4,8
62. *Geholaspis longispinosus* (KRAMER)	6	0,5	27	1,9
63. *Geholaspis* sp. (juv.)	—	—	2	0,1
64. *Holostaspella ornata* OUDEMANS	—	—	1	0,1
65. *Macrocheles decoloratus* (C. L. KOCH)	1	0,1	—	—
66. *Macrocheles tridentinus* (G. et R. CANESTRINI)	—	—	2	0,1
67. *Macrocheles* sp. (juv.)	17	1,4	26	1,8
68. *Hypoaspis aculeifer* (CANESTRINI)	17	1,4	17	1,2
69. *Hypoaspis vacua* (MICHAEL)	1	0,1	—	—
70. *Hypoaspis praesternalis* WILLMANN	2	0,2	1	0,1
71. *Hypoaspis sardoa* (BERLESE)	2	0,2	—	—
72. *Hypoaspis* sp. (juv.)	1	0,1	2	0,1
73. *Androlaelaps casalis* (BERLESE)	—	—	1	0,1
74. *Alliphis siculus* (OUDEMANS)	1	0,1	—	—
75. *Eviphis ostrinus* (C. L. KOCH)	15	1,2	57	4,0
76. *Iphidosoma fimetarium* (MULLER)	4	0,3	—	—
77. *Epicrius cf. bureschi* BALOGH	—	—	1	0,1
78. *Epicrius* sp. (juv.)	2	0,2	1	0,1
79. *Zercon peltatus* C. L. KOCH	10	0,8	—	—
80. *Zercon gurensis* MIHELCIC	5	0,4	18	1,3
81. *Zercon* sp. (juv.)	2	0,2	1	0,1
82. *Zercon triangularis* C. L. KOCH	1	0,1	2	0,1
83. *Prozercon kochi* SELLNICK	—	—	10	0,7
84. *Prozercon lutulentus* HALASKOVA	—	—	1	0,1
85. *Gamasina* juv.	5	0,4	4	0,3

Tab. 1: Gamasina-Milben in Eichen—Hainbuchen—Mischwäldern neben Poznań

Beim Vergleich dieser Wälder kann man deutliche Unterschiede bei den Dominanzen feststellen. Familien mit einer hohen Dominanz im Kiefernwald besitzen im Eichen-Hainbuchen-Mischwald nur eine niedrige Dominanz (Zerconidae 1,9%, Ascaidae 0,9%). Eine sehr ähnliche Situation ergibt sich bei den Familien mit einer großen Dominanz im Eichen-Hainbuchen-Mischwald (Macrochelidae und Pachylaelapidae); diese Familien besitzen im Kiefernwald nur eine Dominanz von unter 1%. Sehr charakteristisch ist die Dominanzstruktur der Veigaiaidae. Im Eichen-Hainbuchen-Mischwald macht diese Familie ungefähr 1/3 aller Gamasina-Milben aus, während es im Kiefernwald nur 1/12 ist.

Wenn wir diese Daten vergleichen, kann man deutlich sehen, daß einzelne Familien verschiedene Dominanz-Strukturen besitzen. Hierdurch wird die Auffassung widerlegt, daß zumindest die artenreichen Familien der Gamasina eurytypisch sind. Diese Daten belegen, daß weitere Untersuchungen der einzelnen Waldtypen und besonders ihrer Mikrohabitate nötig sind, in denen die Gamasina-Milben charakteristische Gruppen bilden.

Bei genauerer Untersuchung können wir wahrscheinlich charakteristische Gamasina-Milben für die einzelnen Waldtypen finden. Bei dieser Betrachtung müßte auch der aktuelle Zustand der untersuchten Gebiete (nämlich Umweltzerstörung durch die Industrie, andere anthropogene Einflüsse usw.) berücksichtigt werden. Die Situation der Gamasina-Milben ist abhänig vom Zustand des Lebensraumes, in dem diese kleinen Arthropoden vorkommen, was deutlich durch die Untersuchungen des Teams von Prof. Alberti (Heidelberg) gezeigt werden konnte.

Anschriften der Autoren

Prof. Dr. Czesław Błaszak, Institut für Tiermorphologie, Universität Poznan, Szamarzewskiego 91, PL 60-569, Poznań, Polen

Dr. Grażyna Madej, Lehrstuhl für Ökologie der Tiere, Universität Slaski Bankowa 9, PL 40-087 Katowice, Polen

Bernd Friebe

Auswirkungen verschiedener Bodenbearbeitungsverfahren auf die Bodentiere und ihre Abbauleistungen

mit 10 Abbildungen

Abstract

Effects of different tillage systems on soil fauna and their decomposition efficiency Long-term investigations in the Middle-Hessian region are dealing with the results of different tillage systems on soil parameters. Soil meso- and macrofauna abundance was registrated in a six year period in dependence of soil type and tillage intensity (plough, cultivator, no-tillage). With an field adapted litterbag-technique we made quantitative measurements of straw decomposition and the soil fauna influence on the decomposition rate. Soil type adapted farm management can support the biological functions of the fauna and stabilize soil fertility. Reduced tillage intensity has also an economic aspect. But the farmer has to become familar with these techniques to get yield enough.

Keywords

agroecosystem, soil fauna, Collembola, Acari, tillage, straw decomposition

Inhalt

1. Einleitung
2. Material und Methoden
2.1 Untersuchungsgebiet
2.2 Bearbeitungsverfahren
2.3 Bodenprobennahme
2.4 Netzbeutelmethode
2.5 Tiergewinnung
2.6 Auswertung
3. Ergebnisse

3.1 Einfluß der Bodenart auf die Faunengemeinschaft
3.2 Auswirkungen der Bodenbearbeitungsverfahren
3.3 Abbau pflanzlicher Reststoffe
4. Diskussion
4.1 Ist der Acker ein geeigneter Lebensraum für Bodentiere?
4.2 Sind Bodentiere für die Remineralisierung von organischen Abfällen nötig?
4.3 Wie kann der Landwirt durch geeignetes Management die Bodenfauna fördern?
4.4 Wirtschaftliche Aspekte

1. Einleitung

In relativ naturnah verbliebenen terrestrischen Ökosystemen, wie Wald oder Wiese, wird lediglich ein Anteil von ca. 5% der jährlichen pflanzlichen Produktion durch pflanzenfressende Tiere (Primärkonsumenten) verzehrt. 95% fallen im Laufe der Zeit als abgestorbenes Material (Fallaub, Totholz, abgestorbene Wurzeln, Früchte, etc.) der Destruentennahrungskette im Boden anheim. Dort werden die hochkomplexen organischen Verbindungen remineralisiert und als Nährstoffe den grünen Pflanzen (Primärproduzenten) wieder zur Verfügung gestellt. Im Boden hat sich deshalb eine arten- und individuenreiche Lebensgemeinschaft gebildet, die unter Ausnutzung der energiereichen organischen Verbindungen des Bestandesabfalles in vielen Stufen über mechanische Zerkleinerung und chemischer Aufspaltung diese Remineralisierung besorgt (Abb. 1). In einem funktionierendem Ökosystem ergibt sich ein Gleichgewicht zwischen Aufbau organischer Substanz durch Primärproduzenten und deren Abbau durch die Destruenten, womit ein stetiger Stoffkreislauf durch das System gewährleistet wird. Die Energie, durch die Strahlung der Sonne zur Verfügung gestellt, fließt durch dieses System. Bei jedem Atemvorgang, den die Organismen zur Gewinnung ihrer benötigten Energie durchlaufen, wird diese verbraucht und in die Umgebung abgegeben (Abb. 2).

Auf dem Acker werden diese natürlichen Vorgänge durch den Eingriff des Menschen gestört. Das Abernten der Feldfrüchte und die Bergung von Stroh entziehen dem System Nährstoffe und die in den organischen Verbindungen gespeicherte Energie wird aus dem System entfernt und kann deshalb den nachfolgenden Nahrungsketten nicht mehr zur Verfügung gestellt werden. Das hat zur Folge, daß sich relativ wenig organische Substanz im Ackerboden ansammeln kann und deshalb potentiellen Verwertern fehlt. Gleichzeitig wird durch die jährlich ein- bis zweimalige mechanische Bearbeitung des Bodens die natürliche Struktur des Oberbodens, und damit der Lebensraum der Bodenorganismen zerstört. Der Landwirt muß deshalb Ausgleichsmaßnahmen in Form von Düngung durchführen, um seine Kulturpflanzen ausreichend mit Nährstoffen zu versorgen.

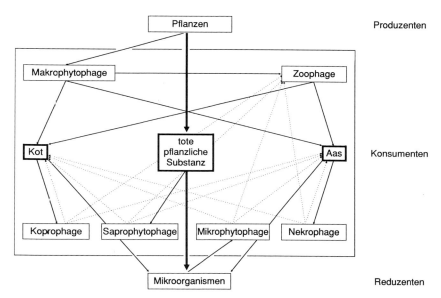

Abb. 1: Das Konsumenten-Nahrungsnetz im Boden. Fett eingerahmt sind die toten organischen Nahrungsressourcen. Schema aus EISENBEIS & WICHARD 1985, kombiniert nach verschiedenen Autoren.

Seit 1980 werden vom Institut für Landtechnik der Universität Gießen auf mehreren mittelhessischen Standorten Dauerversuche zu reduzierter Bodenbearbeitung durchgeführt. Auf unterschiedlichen Böden werden in Langparzellenversuchen auf großen Schlägen die Auswirkungen differenzierter Bodenbearbeitungssysteme auf bodenphysikalische, bodenchemische und bodenbiologische Parameter ermittelt. Nachdem sich die Bodenstrukturen auf diese einzelnen Systeme eingestellt hatten, werden ab 1986 in einem vom BMFT geförderten Verbundvorhaben unter Beteiligung von sieben Instituten bzw. Arbeitsgruppen eine große Anzahl von Parametern untersucht, um die jeweiligen Auswirkungen dieser Bodenbearbeitungen zu ermitteln. Mit einer kleinen Arbeitsgruppe konnte der Autor die Bodenfauna im Acker untersuchen und deren Einfluß auf den Abbau von pflanzlichen Resten, die auf dem Acker nach der Ernte verbleiben. Aus der Waldforschung ist die Bedeutung der Bodentiere für die Destruentennahrungskette bekannt (BECK 1983; ELLENBERG et al. 1986; u. a.), weshalb mit auf den Acker angepaßten Methoden versucht wurde auch deren Leistung in einem solch gestörten Biotop zu ermitteln.

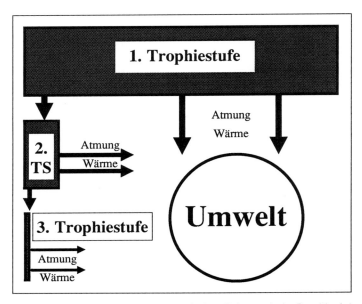

Abb. 2: Verlust des Energiegehaltes der organischen Substanz beim Durchlauf durch die trophischen Niveaus der Konsumenten.

2. Material und Methoden

2.1 Untersuchungsgebiet

Um möglichst unterschiedliche Bodentypen einzubeziehen, wurden für die zoologischen Untersuchungen die drei folgenden Standorte ausgewählt:
a) Gießen: ein brauner Auenlehmboden mit vergleytem Unterboden der Bodenart schluffig-toniger Lehm (utL). — Naturräumliche Einheit: Gießener Lahntal.
b) Wernborn: Ranker auf Tonschiefer-Grauwacke-Sandstein mit hohem Skelettanteil der Bodenart sandiger Lehm (sL). — Naturräumliche Einheit: Östlicher Hintertaunus.
c) Bruchköbel: Braunerde aus Flugsand der Bodenart schluffiger Sand (uS) mit 7% Tonanteil. — Naturräumliche Einheit: Untermainebene.
Für eine exakte Beschreibung der Bodentypen siehe VORDERBRÜGGE (1989) und EICHHORN et al. (1991).

2.2 Bearbeitungsverfahren

Die Anlage der Versuchsflächen erfolgte auf Schlägen ansässiger Landwirte von mehreren Hektar Größe als Langparzellenversuche (Gießen 340 m, Wernborn 160 m, Bruchköbel 250 m), wobei jede Bearbeitungsvariante in mindestens zwei Wiederholungen angelegt wurde. Die Parzellenbreiten betragen in Gießen einheitlich 12 m, in Bruchköbel 5 m und in Wernborn, je nach Bearbeitungsvariante 9 — 17,5 m.

Aus der Palette der Bearbeitungsvarianten wurden aus arbeitstechnischen Gründen vier ausgewählt, die möglichst unterschiedlich intensiv in die Bodenstruktur eingreifen (Abb. 3):

a) Pflugvariante (P): Die Grundbearbeitung erfolgt mit einem Volldrehpflug. Die Bearbeitungstiefe beträgt ca. 25 cm. Der Boden wird dabei gewendet und stark gelockert. Es kann zur Bildung von Strohmatten durch umgewendete Pflanzenreste auf der Pflugsohle kommen. Zur Saatbettbereitung erfolgt eine zweite Überfahrt mit einem Kreiselgrubber, der die Bodenoberfläche einebnet und fein krümelt.

b) Schwergrubber-Rotoreggen-Variante (SR): Ein dreibalkiger Schwergrubber mit zehn starren Zinken reißt den Boden zur Lockerung bis in 25 cm Tiefe auf. Die nachlaufende Rotoregge (horizontale Drehbewegung) krümelt und durchmischt den Oberboden bis in 10 cm Tiefe und arbeitet dabei Pflanzenreste von der Oberfläche mit ein.

c) Flügelschargrubber-Zinkenrotor-Variante (FR): Die einreihig angeordneten Flügelscharen heben den Boden in 25 cm Tiefe an, wobei er entlang seiner natürlichen Bruchkanten aufbricht. Der nachlaufende Zinkenrotor (vertikale Drehbewegung in Fahrtrichtung) zerkleinert den Oberboden (10 cm) und arbeitet Pflanzenreste ein. Es besteht gleichzeitig die Möglichkeit zur Einsaat in den vom Zinkenrotor erzeugten Erdstrom, wodurch die gesamte Bodenbearbeitung für die neue Frucht in einer Überfahrt erledigt werden kann. Dies verhindert zusätzliche Bodenverdichtung.

d) Direktsaat-Variante (D): Es findet keine mechanische Bodenbearbeitung statt. Die Aussaat erfolgt mit einer speziellen Maschine, die lediglich einen Schlitz in die Bodenoberfläche schneidet, in den das Saatgut abgelegt wird. Die Pflanzenreste verbleiben auf der Bodenoberfläche und decken sie ab. Dies ist ein guter Schutz gegen Niederschlagsfolgen wie Erosion und Verschlämmung. Der Boden bildet eine stabile Struktur und wird bei Überfahrten mit Schlepper und Gerät weit weniger verdichtet, als in den gelockerten Varianten. Ein Großteil der auf der Oberfläche verbleibenden Pflanzenreste wird im Laufe der Zeit durch Regenwürmer in den Boden eingearbeitet. In der landwirtschaftlichen Praxis muß allerdings zur Verhinderung unerwünschten Bewuchses (Ausfallsaat der Vorfrucht, Beikräuter) eine Totalherbizid-Behandlung — in der Regel mit Round up — vor der Aussaat der neuen Kulturfrucht durchgeführt werden.

2.3 Bodenprobennahme

Da die Besiedlungsdichte der Tiere im Ackerboden relativ gering ist, findet ein Probenstecher von 10 cm Innendurchmesser und 25 cm Eindringtiefe Verwendung, der mit einem schweren Plastikhammer in den Boden getrieben wird. Im Inneren des Stechzylinders befinden sich zwei Plastikhülsen von je 12,5 cm Länge, die den Bodenkern, getrennt nach Oberboden (0 — 12,5 cm) und Unterbo-

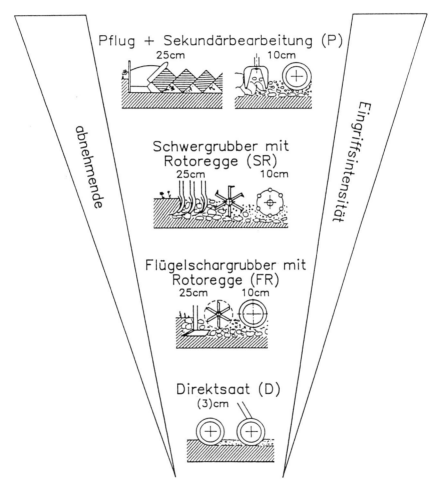

Abb. 3: Abnehmende Bearbeitungsintensität der vier untersuchten Bodenbearbeitungsverfahren, die für die faunistischen Untersuchungen herangezogen wurden.

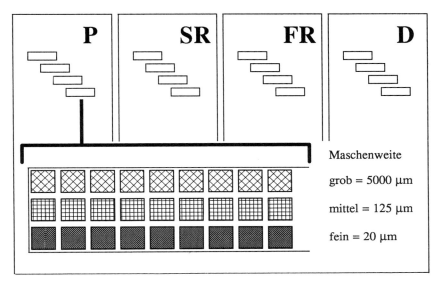

Abb. 4: Schematischer Ausbringplan für die Netzbeutel.

den (12,5 — 25 cm), aufnehmen. Dies entspricht einem jeweiligen Probenvolumen von einem Liter für jeden der beiden Horizonte. Pro untersuchter Bearbeitungsvariante wurden acht Einstiche an jedem Probentermin vorgenommen. Die Probennahme erfolgt in Gießen monatlich, auch in den Wintermonaten, solange der Boden nicht gefroren ist, in Wernborn und Bruchköbel alternierend alle zwei Monate.

2.4 Netzbeutelmethode

Die Netzbeutelmethode ist geeignet, um eine bestimmte Menge Substrat kontrolliert in den Boden einzubringen und nach einer festgelegten Zeit auch wieder entnehmen zu können (ANDRÉN 1984). Durch die Verkleinerung der Maschenweite können selektiv Tiere verschiedener Größenklassen vom Substrat ferngehalten werden (MITTMANN 1980; WÉSSEN 1983; BECK 1989). So kann man im Vergleich mit der Kontrolle deren Leistung beim Abbau des eingebrachten Substrats messen.
In Vorversuchen wurde festgestellt, daß zum Ausschluß aller Makrofaunenelemente eine Maschenweite von 125 μm nötig ist (FRIEBE 1988). Deshalb wurden in unseren Untersuchungen folgende Maschenweiten verwendet: 5000 μm (= 5 mm) als Kontrolle; 125 mm zum Ausschluß der Makrofauna; 20 μm zum zusätzlichen Ausschluß der Mesofauna.

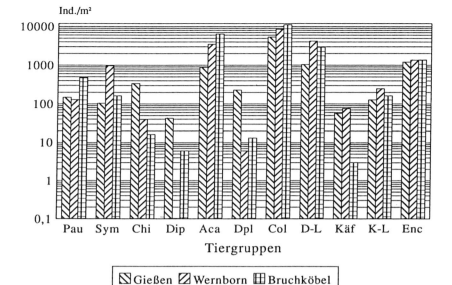

Abb. 5: Durchschnittliche Besiedlungsdichte häufiger Bodentiergruppen in Abhängigkeit vom Bodentyp: Auenlehmboden — Gießen; Schieferverwitterungsboden — Wernborn; Sandboden — Bruchköbel. Tiergruppen: Pau = Pauropoda; Sym = Symphyla; Chi = Chilopoda; Dip = Diplopoda; Aca = Acari; Dpl = Diplura; Col = Collembola; D-L = Dipterenlarven; Käf = Coleoptera; K-L = Coleopterenlarven; Enc = Enchyträen. Zu beachten ist die logarithmische Aufteilung der Y-Achse, da die Absolutwerte der Besiedlungsdichten über vier Zehnerpotenzen variieren.

Auf den beiden Versuchsstandorten Gießen und Wernborn wurden für einen Versuchsdurchlauf insgesamt 768 Netzbeutel (20 x 20 cm, gefüllt mit ca. 20 g Substrat) im Anschluß an die herbstliche Grundbodenbearbeitung ausgebracht. Als Substrat fanden die entsprechenden Vorfrüchte Verwendung: In Gießen Maishäcksel bzw. Gerstenstroh und in Wernborn bei beiden Versuchsdurchgängen gehäckseltes Weizenstroh, jeweils in der Form, wie es auf dem Feld nach der Ernte verblieben ist. Es wurden alle vier Bearbeitungsvarianten beprobt, wobei die Beutel in den jeweiligen Bodenhorizont eingebracht wurden, in den bei der Bearbeitung das meiste Stroh hingelangt war (SCHMIDT & TEBRÜGGE 1989): bei P auf die Pflugsohle, in den Grubbervarianten SR und FR in den Oberboden (0 - 12,5 cm) und in D auf die Bodenoberfläche. Pro Bearbeitungsvariante wurden vier Parallelen mit je acht Beuteln der drei Maschenweiten bestückt (Abb. 4). So konnten bis zur Ernte im Sommer in monatlichem Abstand von allen Parallelen ein Netzbeutel jeder Maschenweite entnommen werden. Im Labor wurde auf Substratverlust und Tierbesatz untersucht. Um mögliche Fehler durch den Eintrag von Bodenpartikeln in die Beutel so gering wie möglich zu halten, beziehen sich die Abbauraten auf die aschefreie Trockensubstanz und die Besiedlungsdichten der Bodenfauna wurden auf 100 g aschefreie TS genormt.

2.5 Tiergewinnung

Die in das Labor verbrachten Bodenproben werden mit zwei Methoden behandelt, um an die darin enthaltenen Tiere zu kommen. Ein Teil der Proben (5 pro Variante) wird in einer modifizierten Kempson-Apparatur (KEMPSON, LLOYD & GHELARDI 1963) behandelt. Durch Heizen von oben und Kühlen von unten wird im Bodenkörper ein Temperatur- und Feuchtegradient erzeugt, der die Bodentiere zum aktiven Auswandern aus der Probe bewegt. Sie werden dabei in einer Konservierungsflüssigkeit (Pikrinsäure) aufgefangen. Man bekommt damit allerdings nicht alle Tiergruppen repräsentativ. Deshalb werden die restlichen drei Proben mit einer Sieb-Flotations-Methode nach BEHRE (1983) behandelt. Dabei wird der Bodenkörper durch Wasserstrahlen aufgelöst und über eine Siebkaskade abnehmender Maschenweite (4,0; 2,5; 0,9; 0,4; 0,25 mm) gespült. Die in den Sieben verbleibenden Rückstände werden in einem Flotationsgefäß mit einem

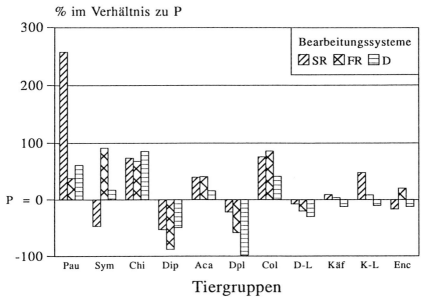

Abb. 6: Durchschnittliche relative Abundanz der Bodentiergruppen in Abhängigkeit von der Bearbeitungsvariante (P = 0). Abkürzungen der Tiergruppen wie in Abb. 5.

Wasser-Glyzerin-Gemisch der Dichte 1,14 aufgeschüttelt. Dabei trennen sich aufgrund der unterschiedlichen spezifischen Gewichte organische Teile inklusive der Tiere, die aufschwimmen und mineralische Teile, die auf den Grund des Gefäßes absinken. Die organische Fraktion wird abdekantiert und unter dem Binokular nach Tieren durchsucht.

Da beide Methoden für einzelne Tiergruppen erhebliche Unterschiede in der Effektivität zeigen (FRIEBE 1990), wurden für die Auswertung immer die Ergebnisse der jeweils effektiveren Methode herangezogen.

Bei den Netzbeuteln kommt lediglich die Kempson-Extraktion zur Anwendung. Das verbliebene Restsubstrat aus den Beuteln wird noch für weitere Untersuchungen benötigt. Außerdem erwies sich diese Methode für die Mesofauna als besonders geeignet und effektiv.

2.6 Auswertung

Aus den Einzelergebnissen der Proben wird der Mittelwert für die Tiergruppen gebildet und auf 1 m^2 hochgerechnet. Damit wird der Abundanzverlauf über den Jahresgang ermittelt. Über die im Vesuchsprotokoll festgehaltenen Felddaten (Bodenbearbeitung, Aussaat, Spritzungen, Düngungen, Ernte, Stoppelbearbeitung) können deren jeweilige Einflüsse auf die Populationsdichte festgestellt werden. Gleichzeitig werden die Klimadaten der Versuchsfelder über die Abundanzkurven gelegt, um die Auswirkungen von Niederschlägen und Temperatur zu erfassen.

Diese „Umweltdaten" werden auch über die Ergebnisse der Netzbeutelversuche gelegt, da besonders trockenes Klima zu einer Verzögerung der Abbauraten führen kann.

3. Ergebnisse

3.1 Einfluß der Bodenart auf die Faunengemeinschaft

Für die Untersuchungen wurden absichtlich Standorte ausgewählt, deren Bodentypen hinsichtlich ihrer physikalischen Eigenschaften die deutlichsten Unterschiede zeigen (s. o.). So werden Löß/Lehm-, Schiefer-Verwitterungs- und Sandböden miteinander verglichen. Dafür wurden die mittleren Besiedlungsdichten der einzelnen Tiergruppen über den ganzen Versuchszeitraum ausgewertet (Abb. 5). Dabei zeigte sich, daß lediglich die größeren Enchyträenarten auf allen drei Versuchsflächen etwa in gleicher Abundanz auftreten. Die Tiere der Mesofauna (Milben und Collembolen) sind deutlich im Sandboden von Bruchköbel am häufigsten, was an den hohen Abundanzen der gelockerten Grubbervarianten liegt.

Tiere der Makrofauna (Diplopoden, Chilopoden, Dipteren-, Käferlarven, Symphylen und Dipluren) kommen eher in den anderen Böden vor.

3.2 Auswirkungen der Bodenbearbeitungsverfahren

Verrechnet man die gefundenen Daten der Bearbeitungsvarianten auf allen drei Standorten, zeigt sich, daß die Tiergruppen recht unterschiedlich auf diese reagieren. Diplopoden, Dipluren und Dipterenlarven haben die höchsten Besiedlungsdichten in der Pflugvariante, Chilopoden und Lumbriciden (FRIEBE & HENKE 1991) in der Direktsaat, während alle anderen Tiergruppen, darunter auch Milben und Collembolen in den gelockerten, aber nicht gewendeten Grubbervarianten am häufigsten sind (Abb. 6).

Von den Collembolengruppen sind auf allen Varianten die Onychiuridae am häufigsten, es folgen die Isotomidae, Entomobryidae, Sminthuridae und Poduridae. Allerdings verschieben sich deren Anteile in Abhängigkeit der Bearbeitungsvariante (Abb. 7). So nimmt der Anteil an Sminthuridae und Poduridae mit abnehmender Bearbeitungsintensität zu, während Isotomidae und Entomobryidae abnehmen. Die Onychiuridae sind dagegen in den Grubbervarianten anteilmäßig am häufigsten.

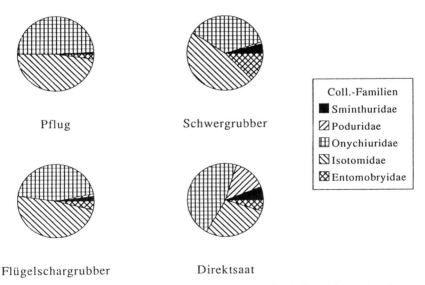

Abb. 7: Relativer Anteil der Collembolenfamilien an der Besiedlungsdichte der oberen 25 cm in Abhängigkeit vom Bearbeitungssystem auf dem Standort Gießen.

Betrachtet man im langjährigen Mittel den Besiedlungsverlauf der Collembolen im Ackerboden, so zeigt sich eine zweigipflige Kurve (Abb. 8) mit dem höheren Maximum im Spätherbst und Winter und einem niedrigeren Maximum im Frühsommer vor der Ernte. Die Bildung eines Frühsommermaximums ist allerdings abhängig vom Witterungsverlauf. Ist es von April bis Juni zu trocken, kann sich die Population nicht vermehren und wir bekommen eine stetige Abnahme der Abundanz bis zur Ernte.

3.3 Abbau pflanzlicher Reststoffe

Der Abbau von Pflanzenresten, die nach der Ernte auf dem Acker verbleiben und danach mehr oder weniger Intensiv durch die Bodenbearbeitung in den Boden eingearbeitet werden, geschieht vor allem durch die Mikroflora und -fauna. Bodentiere können durch ihre Aktivitäten beschleunigend auf diese Vorgänge einwirken. Dabei kommt den sogenannten „Primärzersetzern" der Makrofauna hauptsächlich die Bedeutung der Zerkleinerung des Substrates zu. Eine damit verbundene Oberflächenvergrößerung gibt den Mikroben mehr Angriffsfläche für ihre Tätigkeit.

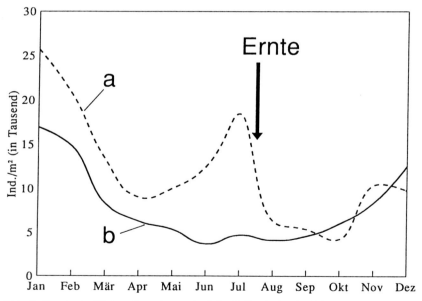

Abb. 8: Durchschnittlicher Abundanzverlauf der Collembolen im Jahresgang bei a) ausreichenden Niederschlägen im Frühjahr und b) Frühjahrstrockenheit.

Die Mesofauna hat einen mehr indirekten Einfluß auf diese Vorgänge. Durch Abweiden von Bakterienrasen und Aussaugen von Pilzhyphen wird deren Stoffwechsel und Vermehrungsrate erhöht. Sie können dabei nicht auf die leicht erschließbare Substanz abgestorbener Individuen der eigenen Spezies zurückgreifen, sondern müssen sich ihre Nährstoffe aus dem angebotenen Pflanzensubstrat holen, wobei die ansonsten schwer zugänglichen Stützsubstanzen des Strohs angegriffen werden. Dies beschleunigt deren Remineralisierung.

Ein primärer größerer Masseverlust des Strohs erfolgt in den ersten vier bis sechs Wochen nach der Ernte und ist bedingt durch das Leaching. Leicht wasserlösliche Substanzen, wie einfacherere Zucker werden durch Niederschläge aus dem Substrat ausgewaschen. Etwa 15 — 20% der ursprünglichen Trockensubstanz werden dabei entfernt. Erst danach können meßbare Auswirkungen mechanischen und chemischen Eingriffs durch die Bodenorganismen nachgewiesen werden (Abb. 9).

Während durch Zugriff der Makrofauna, die das Substrat mechanisch angreifen kann eine Erhöhung der Abbaurate um bis zu 15 bis 20% möglich ist, können die Tiere der Mesofauna bewirken, daß maximal 8% des Substrates (Abb. 10) zusätzlich zur reinen Leistung der Mikroben (bis zu 60%) bis zur nächsten Bodenbearbeitung abgebaut werden. Auf einem bewirtschafteten Feld ist es nicht möglich die nötigen Netzbeutelversuche über mehrere Jahre bis zur endgültigen Remineralisierung der Pflanzenreste durchzuziehen, da nach jeder Ernte eine Bodenbearbeitung folgt.

4. Diskussion

4.1 Ist der Acker ein geeigneter Lebensraum für Bodentiere?

Durch die bei uns weitgehend übliche konventionelle Bodenbearbeitung mit dem Pflug wird der Boden extrem gelockert und ursprünglich nahe der Bodenoberfläche liegende Horizonte mit pflanzlichen Reststoffen tief eingewendet. Zusammenhängende Porensysteme, die für Drainage und Belüftung sorgen, müssen neu gebildet werden. Diese Poren sind Hauptlebensraum für die bodenlebende Mesofauna, da ihre Vertreter nicht in der Lage sind, wie Regenwürmer und Tiere der Makrofauna, selbst aktiv zu graben. Aber gerade die größeren Arten mit ihren langen Generationszeiten werden durch das Pflügen und nachfolgende Verdichtungen bei Befahren mit schwerem Gerät häufig mechanisch verletzt oder sogar getötet und können ihre Populationen bis zur nächsten Bodenbearbeitung nicht regenerieren. Bestes Beispiel sind die Regenwürmer (FRIEBE & HENKE 1992). Die Mesofauna trifft es nicht ganz so hart, obwohl jede Bodenbearbeitung auch für sie eine Elementarkatastrophe darstellt (LORING et al. 1981; GERS 1982; TOUSIGNANT et al. 1988), bei der gewichtige Anteile der Population zugrunde gehen.

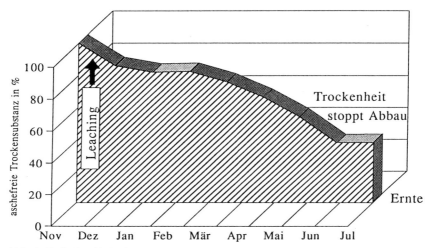

Abb. 9: Typischer Verlauf einer Abbaukurve. Nach dem anfänglichen Leaching (Auswaschung wasserlöslicher Substanzen) erfolgt eine mehr oder weniger gleichmäßige Abnahme der aschefreien Trockensubstanz des Strohs bis zur Ernte der Frucht (Ende des Versuchs).

Das offene Liegenlassen der Bodenoberfläche ohne Mulch oder Zwischenfrucht („reiner Tisch") bis zur Neueinsaat der Kulturfrucht, eventuell sogar über den Winter, puffert keine Witterungseinflüsse ab (BRUSSAARD et al 1990; WINTER et al. 1990). Starke Temperaturschwankungen und die ungebremste Aufprallenergie von Niederschlägen wirken direkt auf den Bodenkörper ein. Das Vergraben der Pflanzenreste auf die Pflugsohle entzieht den Tieren die Nahrungsgrundlage, da die meisten doch eher oberflächennah leben.

Wird dagegen nicht wendend bearbeitet und werden dabei die organischen Reste auf der Bodenoberfläche belassen bzw. in die oberen 10 cm eingemischt, ergeben sich für die Fauna bessere bodenphysikalische und -biologische Bedingungen (HEISLER 1990, 1991), die eine höhere und artenreichere Population zulassen. Die Porösität und Stabilität des Bodens verbessert sich (Lebendverbauung), ein befriedigendes Nahrungsangebot für alle trophischen Niveaus bildet sich aus und als Folge davon verbessert sich die „natürliche Fruchtbarkeit" des Bodens, was durchaus auch wirtschaftliche Aspekte nach sich zieht (s. u.).

In Abhängigkeit von Bodenart und -typ kann der Acker also durchaus ein geeigneter Lebensraum für Bodentiere sein, wenn durch eine angepaßte Bearbeitung den ökologischen Bedürfnissen der Bodenfauna Rechnung getragen wird.

4.2 Sind Bodentiere für die Remineralisierung von organischen Abfällen nötig?

In früheren Jahren, als alles anfallende Stroh für diverse Zwecke (z. B. Futter, Einstreu) benötigt wurde, verblieben lediglich die Stoppeln und Wurzeln als organische Reste nach der Ernte auf dem Feld. Der Nährstoffbedarf der Kulturpflanzen wurde durch Düngung bereitgestellt. Heutzutage wird häufig nach dem Mähdrusch alles anfallende organische Material auf dem Acker belassen und dann bei der Bodenbearbeitung in die Krume eingearbeitet. Oftmals wird es dort sogar als störend empfunden, ohne zu berücksichtigen, daß bei einer Mineralisierung den Kulturpflanzen Nährstoffe zur Verfügung gestellt werden (SACHSE 1978; KISS & JAGER 1987), die Zusatzdünger einsparen (s. u.).
Die Hauptarbeit bei der Mineralisierung leisten zweifelsohne die Mikroben (EITMINAVICIUTE et al. 1976; TEUBEN & ROELOFSMA 1990; TROXLER 1990), wie weiter oben bereits ausgeführt, aber ohne die beschleunigende Wirkung der Bodenfauna zieht sich dies auf längere Zeit hin. Zerkleinerung des Substrates und damit Oberflächenvergrößerung, Beschleunigung der mikrobiellen Stoffwechselleistung (MOORE et al. 1987) und Transport von Mikroorganismen zu der Nahrung durch anhaftende Sporen oder Einzelzellen tragen direkt zur Beschleunigung des Abbaus bei. Eine eher indirekte Wirkung erzeugt die Verbesserung der bodenphysikalischen Eigenschaften durch Lebendverbau (LAGERLÖF & ANDRÉN 1985; LAGERLÖF 1987). Gasaustausch und gute Sauerstoffversorgung verhindern Fäulnisprozesse, ausreichende Drainage, ohne die Kapillarwirkung zu behindern, fördert alle Lebensprozesse und damit auch die Versorgung der Wurzeln von Kulturpflanzen.
Bodentiere sind also neben einer Beschleunigung der Remineralisierung vor allem für eine qualitative Verbesserung des Abbaus nötig (CANCELA DA FONSECA & POINSOT-BALAGUER 1983; ANDRÉN 1984). Eine ausreichend homogene aber auf der anderen Seite auch diverse Lebensgemeinschaft stellt allen Mitgliedern eines Biotops die Ressourcen zur Verfügung, die sie für eine optimale Entwicklung benötigen (BEARE et al. 1989).

4.3 Wie kann der Landwirt durch geeignetes Management die Bodenfauna fördern?

Hinweise auf geeignetes Management für die Bodenfauna finden sich bis jetzt sehr selten und beziehen sich hauptsächlich auf Grünland (SIEPELER & VAN DE

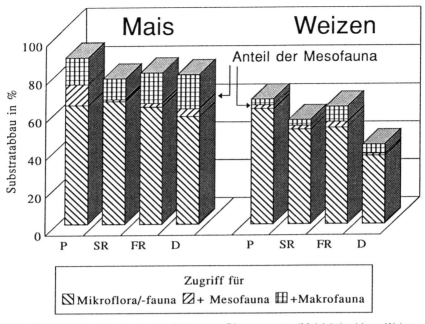

Abb. 10: Anteil der Mesofauna am Abbau von Pflanzenresten (Maishäcksel bzw. Weizenstroh) nach neun Monaten Versuchsdauer.

BUND 1988). Außer bei extrem tonhaltigen Böden sollte das Pflügen vermieden werden. Nur bei hohem Tonanteil bilden sich nach dem Pflügen langlebige Grobporen, die die bodenphysikalischen Bedingungen günstig für Bodentiere gestalten (HARRACH & RICHTER 1992). Bei Böden, die zur Verdichtung neigen (etwa Sandböden), erweist sich eine Auflockerung mit dem Grubber als vorteilhaft. In allen anderen Fällen ist es für die Bodenfauna am besten, wenn nicht bearbeitet wird. Hat man zwei, drei Jahre Geduld, daß sich der Boden und auch seine Lebewesen darauf einstellen können, bildet sich eine Bodenstruktur aus, die jeder Kulturpflanze gerecht wird.

Auf dem Acker verbleibende Pflanzenreste sollten möglichst klein gehäckselt werden. Jede Vergrößerung der angreifbaren Oberfläche fördert den Abbau. Folgt eine Sommerung, sollte eine Zwischenfrucht angebaut werden. Zum einen bindet die Zwischenfrucht Stickstoff, was bei Grundwasserschutzgebieten von Vorteil ist, zum anderen wird die Bodenoberfläche vor direkten Witterungseinflüssen geschützt. Nach Abfrieren der Zwischenfrucht (in der Regel Senf oder Raps), werden deren Reste sehr schnell abgebaut, so daß sie den Sommerfrüchten als Nährstoffe zur Verfügung stehen.

Beim Rübenanbau werden Collembolen häufig als Schädlige angesehen (GARBE et al. 1989), da sie die Keimlinge anfressen. Normalerweise erfolgt dieser Anbau aber auf dem „reinen Tisch". Stellt man den Tieren ausreichende Nahrung zur Verfügung, erfolgt kein Fraß an den Keimlingen. Inzwischen gibt es Techniken zur Mulchsaat von Zuckerrrüben, was diese Gefährdung ausschaltet.

4.4 Wirtschaftliche Aspekte

Begreiflicherweise fragt sich jeder Landwirt, wie sich die unterschiedlichen Bearbeitungssysteme rechnen. Pflügt man nicht, sparen sich einige Überfahrten, was Treibstoff und Material schont. Besonders bei Bearbeitungsflächen von weit über 100 ha, wie sie für das wirtschaftliche Überleben heutzutage notwendig sind, lassen sich einige Rechenbeispiele aufführen (TEBRÜGGE & EICHHORN 1992). Stabilere Bodenkonsistenz ermöglicht eine frühere Befahrbarkeit der Äcker. Damit kann rechtzeitig u. a. mit verminderter Intensität Beikraut bekämpft werden.

Bei rechtzeitiger Mineralisierung von Pflanzenresten erspart sich auch ein Einsatz von vermehrtem Dünger. Düngung nach der EUF-Methode und nicht nach N_{min}-Werten ist möglich (KANÉ & MENGEL 1992).

Also auch auf dem wirtschaftlichen Sektor kann man mit entsprechender Bodenbearbeitung und damit Förderung der Bodenfauna wirtschaftlichen Gewinn erwirtschaften. Dies erfordert allerdings einige Kenntnis der möglichen Bearbeitungssysteme und bedarf einer zwei- bis dreijährigen Einarbeitung.

Anschrift des Autors:

Dr. Bernd Friebe, Justus-Liebig-Universität Gießen, Institut für Landtechnik, AG Bodenfauna, Braugasse 7, W-6300 Gießen

Rainer Ehrnsberger & Frauke Butz-Strazny

Auswirkung von unterschiedlicher Bodenbearbeitung (Grubber und Pflug) auf die Milbenfauna im Ackerboden

mit 6 Abbildungen und 4 Tabellen

Zusammenfassung

In dieser Arbeit wird der Einfluß von unterschiedlicher Bodenbearbeitung (Pflug und Grubber) im Laufe von 2 Jahren auf den Milbenbesatz im Ackerboden untersucht. Es werden die Prostigmata, Cryptostigmata, Astigmata und 15 Mesostigmata-Milben verglichen. Bei allen Proben ist in der Grubbervariante der Milbenbesatz signifikant höher. Die Mesostigmata-Arten kommen bis auf *Arctoseius cetratus* in der Grubberparzelle häufiger vor. Für *Alliphis siculus* konnte die Irrtumswahrscheinlichkeit zum Vergleich zweier unabhängiger Stichproben auf dem 0,1% — Niveau abgesichert werden. Die Habitatansprüche der einzelnen Milbengruppen und Mesostigmata-Arten werden diskutiert. Hierdurch ergibt sich für die Grubberparzelle ein Hinweis auf Rotteprozesse mit Fäule. Die Pflugparzelle tendiert im Vergleich mehr zu fortgeschrittener Rotte. Der „Shannon-Wiener-Index" und der „Eveness"-Wert geben Hinweise auf die Vielfalt der Tiergemeinschaften und die Gleichverteilung der Dominanzen. Die Differenzen beim Tierbesatz sind als Auswirkungen der unterschiedlichen Bearbeitungsmethoden zu verstehen.

Abstract

In this paper we report on the influence of different soil cultivation methods (plough and rotary cultivator) on soil mites during two years. Prostigmata, Cryptostigmata, Astigmata and 15 species of Mesostigmata are compared. In the rotary cultivator plots the mite populations are higher in all samples. The Mesostigmata mites except *Arctoseius cetratus* occur more frequently in the rotary cultivator variant. For *Alliphis siculus* the comparison of two independent sample tests gives the error probability equals 0,1%. The habitation demands of the mite-groups and the Mesostigmata species are discussed. The rotary cultivator variant tends toward decomposition with putrefaction. The plough variant shows advanced decomposition (without putrefaction). The „Shannon-Wiener-index" and the „eveness"-value indicates the variety of the mite populations and the eveness of dominances. The differences in the mite-occurrence are caused by the effect of the different cultivation methods.

Keywords

plough, rotary cultivator, soil mites, Gamasida

Inhaltsverzeichnis

1. Einleitung
2. Zielsetzung
3. Untersuchungsmethodik
3.1 Probennahmefläche
3.2 Probennahme und Probenaufbereitung
4. Ergebnisse
5. Diskussion
5.1 Astigmata
5.2 Prostigmata
5.3 Cryptostigmata
5.4 Mesostigmata
5.4.1 *Alliphis siculus*
5.4.2 Übrige Mesostigmata
5.4.3 Ökologische Indices
6. Beurteilung

1. Einleitung

Durch die Flurbereinigung wurden in der Nachkriegszeit größere Schläge geschaffen und durch Entwässerung die Befahrbarkeit der (Acker)-Böden verbessert. Hierdurch wurde der Einsatz von größeren und damit rentableren Maschinen in der Landwirtschaft möglich. Dieses hat in weiten Teilen zu einer zunehmenden Bodenverdichtung geführt, die selbst durch Tiefenlockerung nicht wieder behoben werden kann.
Beim Pflügen schneidet die Pflugschar aus dem Boden einen Balken heraus und legt diesen bei gleichzeitiger Drehung seitlich ab. Dadurch wird das Erdreich ge-

staucht und im unteren Bereich gedehnt, wodurch die mechanische Lockerung eintritt. Hierbei werden bei gleichzeitiger Zerstörung des ursprünglichen Hohlraumsystems die an die oberen Bodenschichten angepaßten Bodentiere nach unten befördert („beerdigt") und die unten lebenden nach oben gebracht. Das Pflügen stellt somit für viele Bodentiere eine „Elementarkatastrophe" (PALISSA 1964) dar. Im Boden nehmen die Poren im Hohlraumsystem von oben nach unten im Durchmesser ab und allgemein die relative Luftfeuchtigkeit zu. So ist es leicht zu verstehen, daß die kleineren Bodentiere aus den tieferen Schichten mit einem höheren Luftfeuchtigkeitsanspruch stark geschädigt werden, wenn sie beim Pflügen nach oben gewendet werden. Die Springschwänze leiden besonders stark, erholen sich aber bald in ihrem Bestand. Die Mikroorganismen werden durch diesen Eingriff teilweise bis auf ein Zehntel in ihrem Bestand reduziert, können aber danach eine Massenentwicklung durchlaufen und dadurch zum Humusschwund und gleichzeitiger Nitratfreisetzung beitragen. So kann man z. B. oft nach dem Umpflügen von Grünland eine Nitratanreicherung im Grundwasser feststellen. Parasitische Nematoden werden dagegen so gut wie nicht geschädigt.

Wird im trockenen Spätfrühling gepflügt, so sind die Verluste bei den Kleinarthropoden durch die plötzliche Trockenheit besonders groß.

Beim Pflügen werden die Vegetationsreste (wie Maisstoppeln und Stroh) bis auf das Niveau der Pflugsohle nach unten gewendet, wo sie verdichtet und über Jahre eine Matte bilden können. Bei der heute praktizierten Tierhaltung mit wenig oder keiner Einstreu in den Ställten ist der Anfall von Stroh nach der Ernte auf dem Acker größer als früher und damit auch die Gefahr der Mattenbildung. Wird beim Pflügen viel organisches Material in tiefere Schichten verlagert, kann es zu anaeroben Abbauvorgängen, zu Fäulnis, im Boden kommen.

Die durch das Pflügen gebildeten Hohlräume fallen bald wieder zusammen, weil ihnen die entsprechende Auskleidung mit Mikroorganismen sowie Schleimen und Sekreten weitgehend fehlt (Lebendverbauung). Der Verfestigungshorizont unterhalb der Pflugsohle kann Staunässe begünstigen und dazu führen, daß bei starken Niederschlägen das Wasser auf der Oberfläche abfließt.

Das Grubbern stellt dagegen eine weniger intensive Form der Bodenbearbeitung dar, bei der einige Nachteile des Pflügens vermieden werden. Es erfolgt nur eine Lockerung des Bodens und keine Umkehrung der Bodenverhältnisse. Die Ernterückstände werden eingearbeitet und weitgehend gleichmäßig verteilt. Durch die extensivere Bodenbearbeitung und durch den Einsatz von leichteren Zugmaschinen werden die Bodentiere weniger geschädigt. Es ist allerdings ein höherer Aufwand an Herbiziden nötig.

Wir danken der Landwirtschaftskammer Weser-Ems dafür, daß wir auf ihren Versuchsfeldern in Wehnen (LK Ammerland) im Rahmen der Untersuchung „Vergleich von Pflugarbeit mit rotierender Bodenbearbeitung" Proben für unsere Untersuchung nehmen durften.

2. Zielsetzung

Beim Vergleich von Grubberarbeit und Pflugarbeit in der Landwirtschaft sind neben der Auswirkung auf den Ertrag u. a. das Bodengefüge, die Einarbeitung organischer Rückstände und der Unkrautbesatz untersucht worden (SIEBENEICHER 1985). In anderen Arbeiten (KRÜGER 1952, WILCKE 1963, EL TITI 1985) wurde der Einfluß unterschiedlicher Ackerbearbeitungsmethoden auf das tierische Edaphon, das direkt oder indirekt wesentlich am Erhalt der Bodenfruchtbarkeit beteiligt ist, betrachtet.

Die Mikroarthropoden innerhalb der Bodenfauna spielen eine entscheidende Rolle bei den Bodenbildungsprozessen (SCHIMITSCHEK 1938, FRANZ 1956, KARG 1961, BUTCHER et al. 1971). Sie können bei der Beurteilung des Bodenzustandes zum Teil als Indikatoren hinzugezogen werden (WILCKE 1963).

In dieser Arbeit wollen wir uns schwerpunktmäßig damit befassen, wie sich unterschiedliche Bodenbearbeitungsarten auf den Milbenbesatz auswirken.

Als zu untersuchende Gruppe dienen die Milben, da sie einen starken Arten- und Individuenreichtum innerhalb der Bodenmesofauna aufweisen. Die einzelnen Milbenarten besitzen unterschiedliche ökologische Ansprüche (HERBKE et al. 1962, KARG 1982). Bakteriophage und fungiphage Milben z. B. stehen mit ihrer Besiedlungsdichte eng im Zusammenhang mit der Aktivität der Bodenmikroflora (KARG 1968). Räuberische Milben, wie z. B. die Mesostigmata, ernähren sich von Nematoden, anderen Milben, Enchyträen, Collembolen und kleinen Insektenlarven. Veränderungen im Beutespektrum ziehen Veränderungen innerhalb der Mesostigmata nach sich (KARG 1968, 1982). Außerdem wirken sich auch die unterschiedlichen abiotischen Faktoren, die durch verschiedene Arbeitsmethoden hervorgerufen werden, auf die Milben aus. Davon ausgehend dienen die Mesostigmata als Indikatorgruppe (HÖLLER 1962, ALEJNIKOVA et al. 1975, KARG 1968, 1982, 1986), die in dieser Untersuchung spezielle Berücksichtigung findet.

3. Untersuchungsmethodik

3.1 Probennahmefläche

Die Landwirtschaftskammer Weser-Ems führt seit 1985 auf ihren Versuchsfeldern in Wehnen (LK Ammerland) eine Untersuchung zum „Vergleich von Pflugarbeit mit rotierender Bodenbearbeitung" durch. Seit 1986 sind wir mit bodenzoologischer Fragestellung daran beteiligt. An dieser Stelle weisen wir darauf hin, daß uns die Ergebnisse der Ernteerträge, sowie alle physikalischen und chemischen Daten freundlicherweise von der Landwirtschaftskammer zur Verfügung gestellt wurden, und wir bedanken uns für die gute Zusammenarbeit.

Bei dem Bodentyp handelt es sich um Podsol-Braunerde, der häufig im Weser-

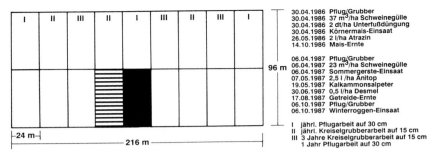

Abb. 1: Lage der Untersuchungsflächen und Bearbeitungsmaßnahmen

Ems-Gebiet als Subtyp des Podsols auftritt (FOERSTER 1986). Als Art liegt humoser Sand vor. Im 2jährigen Wechsel wird Mais und Getreide angebaut. Die einzelnen Versuchsglieder bestehen aus:

I. jährliche Pflugarbeit auf 30 cm Tiefe
II. jährliche Kreiselgrubberarbeit auf 15 cm Tiefe
III. jährliche Kreiselgrubberarbeit auf 15 cm Tiefe 1 Jahr Pflugarbeit auf 30 cm Tiefe

Die Parzellen sind 24 m breit und 96 m lang. Ihre Verteilung und Bearbeitung wird in Abbildung 1 dargestellt. Die markierten Felder geben die Bereiche wieder, aus denen die Proben stammen. Wenn die Gülle im Frühjahr während der Vegetationsperiode ausgebracht wird, kann sie nach HOFFMANN & HOGE (1986) einer mineralischen Düngung im Ertrag gleichwertig sein.

3.2 Probennahme und Probenaufbereitung

Die Probenahmen erfolgten 1986 dreimal (2. Jahr Maisanbau) und 1987 viermal (1. Jahr Getreide), wobei pro Parzelle und Datum 1O Bodenproben gezogen wurden. Im ersten Jahr wurden sie mit dem Spaten entnommen, im zweiten Jahr mit einem Spezialbohrer (nach BIERI et al. 1978). Sie wurden aufgebrochen und auf einzelne Kunststofftüten verteilt. Für das BERLESE-Verfahren wurden aus den zerkrümelten Proben jeweils 250 cm³ ca. 1 cm hoch auf Siebnetze (22 cm, Maschenweite 1,5 mm) verteilt, die auf Glastrichtern (20 cm) lagen. 10 cm oberhalb der Proben waren 40 Watt-Glühlampen angebracht. Unter den Trichtern standen Auffanggefäße mit Wasser. Zur Entspannung der Wasseroberfläche wurde ein Tropfen Detergens hinzugefügt, so daß die extrahierten Tiere bis auf den Becherboden sanken. Die Extraktionsdauer betrug 3 Tage. Die gemessene Wärme auf der Probenoberfläche betrug am 1. Tag ca. 20° C und am 4. Tag ca. 29,5° C. Die Milben wurden anschließend auf Familienebene gezählt, und in 70%igem Ethanol aufbewahrt.

Für die Bestimmung erfolgte eine Aufhellung der Milben in Milchsäure. Anschließend wurden sie in Faure'schem Gemisch (Karg 1971) auf Objektträger gezogen. Die Mesostigmata wurden, soweit möglich, bis zur Art determiniert.

4. Ergebnisse

Anhand der Gesamtindividuenzahl aller Acari (Abb. 2 a) im Verlauf von zwei Jahren werden die Folgen der Ackerbearbeitung sichtbar. In der Grubbervariante ist der Milbenbesatz generell höher als in der Pflugvariante (Signifikanzniveau $\alpha = 0{,}01$).

Mit Ausnahme der Pflugarbeit am 30.4.1986 geht nach dem Pflügen (6.4. u. 6.10.1987) die Individuenzahl stark zurück. Der Milbenbesatz war schon bei der ersten Probennahme (22.4.1986) verhältnismäßig gering. Die Vorfrucht Mais war im vorangegangenen Herbst geerntet worden, und der Acker blieb bis zum April unbewirtschaftet, so daß der Ackerboden und damit auch die Bodentiere sämtlichen Witterungseinflüssen extrem stark ausgesetzt waren. Es kann sein, daß das Pflügen keine so reduzierende Wirkung auf die Bodentiere mehr hatte, was bei der zweiten Probennahme (30.6.1986) zwei Monate später hätte nachgewiesen werden können.

In der Grubberparzelle ist jedesmal nach dem Grubbern ein Anstieg des Milbenbesatzes zu erkennen, auch dann, als keine Gülle gefahren wurde (6.10.1987). In der Grubbervariante sinkt die Milbenanzahl nach der Ernte im Oktober 1986 und im August 1987. Die schützende Vegetation fällt weg, die Witterungsverhältnisse wirken direkter auf den Boden ein, und Temperatur- und Feuchtigkeitsunterschiede können größer sein, so daß die Lebensbedingungen für Milben schlechter werden. Nach der Mais-Ernte 1986 nimmt der Milbenbesatz in der Pflugparzelle zu, während nach der Getreide-Ernte 1987 eine Abnahme erfolgt. Ob dieser Unterschied rein zufällig ist, oder ob die Anbaufrucht eine Rolle spielt, kann erst bei Wiederholungen beurteilt werden.

Während des Maisanbaus wurde der Milbenbesatz zwischen und in den Reihen getrennt gezählt. Es ergab sich, daß im Wurzelbereich der Maispflanzen eindeutig mehr Milben vorhanden waren als zwischen den Reihen (Tab. 2). Wurzelfilz mit mehr Porenvolumen, mehr organischem Material und wahrscheinlich einem günstigeren Mikroklima können Gründe dafür sein. Außerdem spielt hier sicher auch die Unterfußdüngung eine entscheidende Rolle.

Zur statistischen Absicherung wurde der U-Test von Wilcoxon, Mann & Whitney (Sachs 1974) zum Vergleich zweier unabhängiger Stichproben gewählt. Mit 5%iger Irrtumswahrscheinlichkeit liegt die Individuenzahl der sehr heterogenen Prostigmata-Gruppe (Abb. 2 b) in der Grubberparzelle (G) höher als in der Pflugparzelle (P). So ist eine entsprechende Aussage zu ihrer Familie Tarsonemidae nur auf dem 10%-Niveau möglich, während für die Pygmephoridae kein signifi-

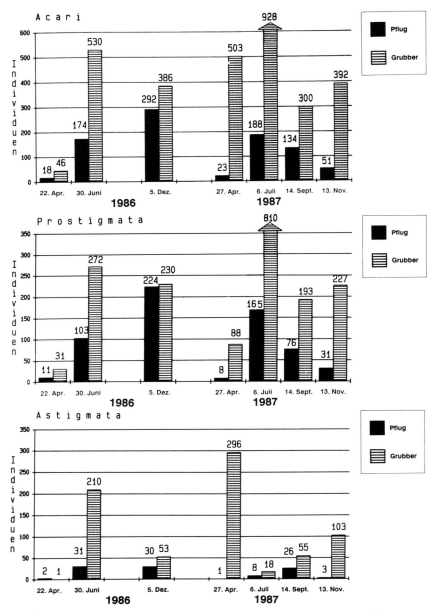

Abb. 2: Graphische Darstellung des Milbenbesatzes, bezogen auf 1000 cm³ Ackerboden, 0 — 15 cm Tiefe, a Acari insgesamt, b Prostigmata, c Astigmata

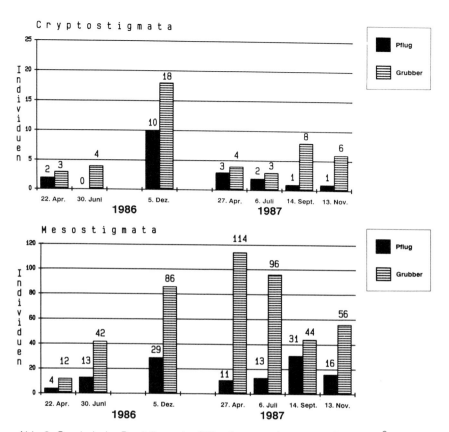

Abb. 3: Graphgische Darstellung des Milbenbesatzes, bezogen auf 1000 cm^3 Ackerboden, 0 — 15 cm Tiefe, a Cryptostigmata, b Mesostigmata

kanter Unterschied festzustellen ist. Bei den Astigmata (Abb. 2 c) wird die Nullhypothese (μG $\leq$ μP) über den einseitigen Test mit 5%iger Irrtumswahrscheinlichkeit, bei den Cryptostigmata (Abb. 3 a) mit 2,5%iger und bei den Mesostigmata (Abb. 3b) mit 1 %iger Irrtumswahrscheinlichkeit verworfen. Für die mesostigmate Milbe *Alliphis siculus* (Abb. 4 a) besteht sogar eine Absicherung auf dem 0.1%-Niveau.

Das Säulendiagramm von *Alliphis siculus* zeigt die meisten Individuen am 27.4.1987 in der Grubberparzelle. Der Acker ist kurz vorher (6.4.1987) bearbeitet und mit Gülle gedüngt worden. *A. siculus* scheint positiv auf Grubber und organische Düngung zu reagieren. Eine Abnahme der Individuenzahlen am 6.7.1987 kann mit den für diese Milben schlechten klimatischen Verhältnissen (heiß und

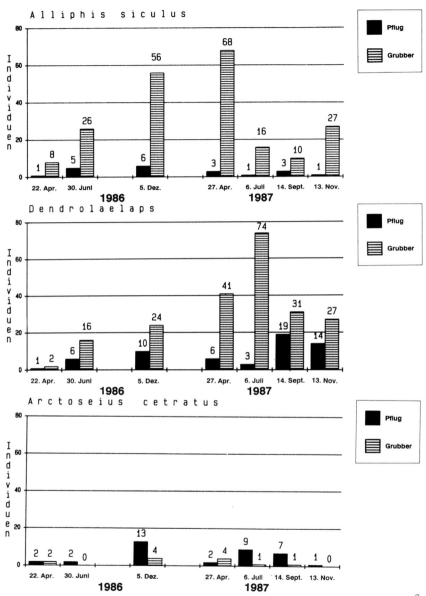

Abb. 4: Graphische Darstellung der Mesostigmata-Milben, bezogen auf 1000 cm^3 Ackerboden, 0—15 cm Tiefe, a *Alliphis siculus*, b *Dendrolaelaps*, c *Arctoseius cetratus*

Tab. 1: Tierbesatz auf den Probeflächen im Jahr 1986, bezogen auf 2500 cm³ Ackerboden, entnommen in 10 Einzelproben 0 – 15 cm Tiefe. R zwischen den Reihen, W im Wurzelbereich der Maispflanze

	22.04.1986						30.06.1986						05.12.1986					
	Grubber-Parzelle			Pflug-Parzelle			Grubber-Parzelle			Pflug-Parzelle			Grubber-Parzelle			Pflug-Parzelle		
	R	W	R,W	R	W	R,W	R	W	R,W	R	W	R,W	R	W	R,W	R	W	R,W
pH	6,11	6,50	–	6,23	6,47	–	5,56	5,29	–	5,49	5,93	–	6,26	6,62	–	6,41	6,26	–
Chironomidenlarven	3	4	–	1	–	1	1	–	1	–	1	1	1	1	2	1	3	4
andere Dipterenlarven	–	–	7	–	6	7	–	–	–	–	–	–	3	3	6	6	–	6
Acari																		
Prostigmata																		
Pygmephoridae	16	47	63	4	10	14	144	90	234	20	118	138	224	248	472	139	347	486
Tarsonemidae	4	10	14	1	9	10	71	371	442	9	110	119	35	57	92	19	46	65
Scutacaridae	–	–	–	1	1	2	–	–	–	–	–	–	1	1	2	–	–	–
Tetranychidae	–	–	–	–	–	–	–	4	4	–	–	–	–	–	–	–	1	1
Eupodina	–	–	–	–	1	1	–	4	4	–	–	–	1	7	8	–	7	7
Rhagidiidae	–	–	–	–	–	–	–	1	1	–	–	–	–	–	–	–	–	–
Individuenzahl	20	57	77	6	21	27	215	466	481	29	228	257	261	313	574	158	401	559
Astigmata																		
nicht genauer bestimmt	–	–	–	–	–	–	–	–	–	–	–	–	–	–	1	–	–	–
Acaridae	–	1	1	–	4	4	447	79	526	16	61	77	33	97	130	23	50	73
Anoetidae	–	1	1	–	–	–	–	–	–	–	1	1	1	–	1	1	–	–
Individuenzahl	–	1	1	–	4	4	447	79	526	16	62	78	35	97	132	24	50	74
Cryptostigmata																		
nicht genauer bestimmt	–	–	–	–	–	–	–	–	–	–	–	–	1	1	2	–	–	–
Brachychthonoidea	–	–	–	1	4	5	11	–	11	–	–	–	13	–	13	–	6	6
Oppia nova	4	3	7	1	–	1	–	–	–	–	–	–	19	10	29	12	6	18
Tectocepheus sp.	–	–	–	–	–	–	–	–	–	–	–	–	–	1	1	–	–	–
Individuenzahl	4	3	7	1	4	5	11	–	11	–	–	–	33	12	45	12	12	24
Mesostigmata																		
Alliphis siculus	2	19	21	–	1	1	29	36	65	11	1	12	27	112	139	1	14	15
Arctoseius cetratus	1	3	3	1	4	5	–	–	–	3	3	6	1	8	9	10	23	33
Amblyseius zwoelferi	–	–	–	–	–	–	–	1	1	–	–	–	–	–	2	–	–	–
Dendrolaelaps crassitarsalis	2	2	4	1	1	2	21	19	40	12	2	14	42	19	61	13	12	25
Parasitus hyalinus	–	–	–	1	–	1	–	–	–	–	–	–	1	3	4	–	–	–
Individuenzahl	5	24	29	2	7	9	50	56	106	26	6	32	72	143	215	24	49	73
Summe aller Acari	29	85	114	9	36	45	723	601	1324	71	296	367	401	565	966	218	512	730

	27.04.87 Grubber-Pflug		06.07.87 Grubber-Pflug		14.09.87 Grubber-Pflug		13.11.87 Grubber-Pflug	
pH	5,7	6,3	6,1	6,6	6,4	6,7	6,3	6,7
Chironomidenlarven	3	2	4	—	6	—	6	—
andere Dipterenlarven	5	3	—	—	10	—	23	—
Acari								
Prostigmata								
Pygmephoridae	166	15	1950	364	260	168	181	71
Tarsonemidae	46	5	—	3	200	21	343	3
Scutacaridae	2	—	—	—	11	—	12	—
Eupodina	7	—	77	26	10	2	32	4
Rhagidiidae	—	—	—	1	—	—	—	—
Bdellidae	—	—	—	—	1	—	—	—
sonstige Prostigmata	—	—	—	20	—	—	—	—
Individuenzahl	221	20	2027	414	482	191	568	78
Astigmata								
Acaridae	723	3	43	17	126	62	224	7
Anoetidae	19	—	2	2	12	2	33	—
Individuenzahl	742	3	45	19	138	64	257	7
Cryptostigmata								
Brachychthonoidea	—	—	—	—	7	—	6	—
Oppia nova	9	7	1	—	12	3	8	3
Apterogasterina	—	—	—	—	—	—	1	—
sonstige Cryptostigmata	—	—	7	4	—	—	—	—
Individuenzahl	9	7	8	4	19	3	15	3
Mesostigmata								
Alliphis siculus	169	7	40	3	25	8	67	1
Arctoseius cetratus	9	5	2	22	2	18	—	2
Amblyseius	4	—	—	—	—	—	—	—
Dendrolaelaps	81	12	155	6	68	45	36	27
Dendrolaelaps spec.	20	—	28	1	2	3	—	—
Dendrolaelaps crassitars.	2	2	1	1	7	—	31	9
Parasitidae	—	1	2	—	—	1	—	—
Parasitus beta	—	—	1	—	—	—	—	—
Parasitus consanguineus	—	—	1	—	—	2	3	—
Parasitus hyalinus	—	—	9	—	3	1	1	—
Parasitus coleoptratorum	—	—	—	—	1	—	—	—
Pergamasus runcatellus	—	—	—	—	—	—	1	—
Cheiroseius spec.	—	—	—	—	2	—	—	—
Macrocheles sp.	—	—	—	—	—	—	1	—
Uropoda spec.	—	—	—	—	1	—	—	—
Individuenzahl	285	27	239	33	111	78	140	39
Summe aller Acari	1257	57	2319	470	750	335	980	127

Tab. 2: Tierbesatz auf den Probenflächen im Jahr 1987, bezogen auf 2500 cm^3 Ackerboden, entnommen in 10 Einzelproben 0 — 15 cm Tiefe

Ver-suchs-glied Nr.	1986 / Körnermais							2jähr. ⌀ 1985/86	
	Korn		Dichte		Kolben je Pflanze	g Korn je Pflanze	TS		
	dt/ha	rel.	Pfl./m²	Kolben/m²			%	dt/ha	rel.
I	73,7	100	8,3	8,4	1,0	87,7	63,2	67,3	100
II	60,2	82	8,1	8,1	1,0	74,3	63,2	63,5	94

Ver-suchs-glied Nr.	1987 / Sommergerste						3jähr. ⌀ 1986/87	
	Korn		Dichte (Ähren m²)	TKG	hl-Gewicht	Kornzahl/ Ähre		
	dt/ha	rel.					dt/ha	rel.
I	55,8	100	918	44,9	64,6	14	63,5	100
II	57,1	102	914	44,2	63,3	14	61,4	97

Tab. 3: Ertragsergebnisse, nach Sachbericht der Landwirtschaftskammer Weser-Ems, Oldenburg; Referat Acker- Pflanzenbau und Düngung

trocken) zusammenzuhängen. Eine weitere Abnahme des *A.- siculus*-Besatzes am 14.9.87 ist wahrscheinlich durch die Ernte bedingt, die kurz vorher stattfand. In der Pflugparzelle dagegen sind geringe Schwankungen zu verzeichnen. Es besteht die Möglichkeit, daß sich die Milben reduzierende Wirkung des Pflügens und der positive Effekt der organischen Düngung innerhalb bestimmter Grenzen derart beeinflussen, daß keine *A.-siculus-* Vermehrung auftritt.
In der Grubbervariante zeigt die Gattung *Dendrolaelaps* (Abb. 4 b) im Juli ein Maximum, und zwar sind zu diesem Zeitpunkt die meisten Jugendstadien gefunden worden. Zum einen ist es möglich, daß sich *Dendrolaelaps* als Konkurrent von *A. siculus* zu dem Zeitpunkt vermehrt, wo *A. siculus* abnimmt. Zum anderen ist die Entwicklung von Mestostigmata-Arten stark temperaturabhängig (NAGLITSCH 1966). Vielleicht ergab sich hier für *Dendrolaelaps* u. a. die optimale Temperatur. Nach der Ernte ist ebenfalls ein Rückgang von *Dendrolaelaps*-Individuen zu verzeichnen. Im Gegensatz dazu treten in der Pflugvariante nach der Ernte (17.8.1987) etwas mehr Individuen auf als vorher. Der weitere Verlauf muß beobachtet werden, um eine Aussage dazu machen zu können. Daß in der Grubberparzelle insgesamt mehr Individuen (Tab. 2 und 3) vorhanden sind als in der Pflugvariante, ist statistisch auf dem 2,5%- Niveau gesichert. *Arctoseius cetratus* (Abb. 4 c) ist in der Grubberparzelle spärlich vertreten. In der Pflugparzelle kommt diese Art besonders im Winter und im Sommer häufiger vor, so daß hier bedeutsam mehr Individuen in der Pflugvariante vorhanden sind (Signifikanzniveau a=0,05).
Betrachtet man die Ernteergebnisse (Tab. 1), so waren 1986 die Mais-Ertragsergebnisse der Pflugvariante mit 1% iger Grenzdifferenz größer als die der

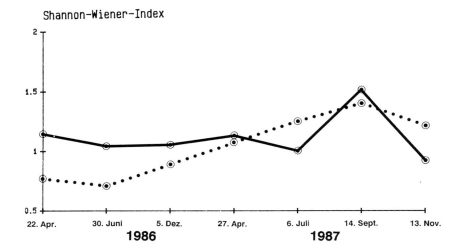
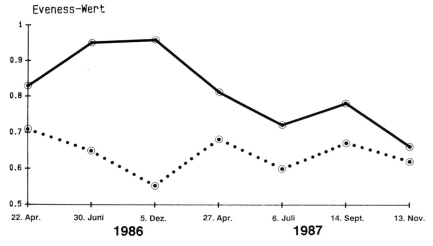

Abb. 5: Graphische Darstellung, a Shannon-Wiener-Index, b Eveness- Wert, —- Pflug, ... Grubber

Grubbervariante, während im vorangegangenen Jahr die Mais-Ernteergebnisse umgekehrt ausgefallen waren.

Für das Jahr 1987 zeigte der Sommergerste-Ertrag keinen signifikanten Unterschied zwischen den pflug- und grubberbearbeiteten Parzellen.

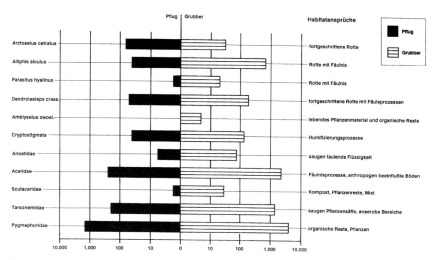

Abb. 6: Graphische Darstellung des Milbenbesatzes bezogen auf 2500 cm³ Ackerboden in logarithmischen Werten mit Angaben zu den Habitatansprüchen der Milben

5. Diskussion

Parallel zu dieser Arbeit wurde der methodische Ansatz (Bodenprobennahme und Extraktionsverfahren) neu durchdacht und überarbeitet. Da ein Methodenwechsel in diesem Untersuchungszeitraum im Sinne der Vergleichbarkeit nicht angebracht schien (Ausnahme: Bodenprobennahme), werden die Ergebnisse auf dem Hintergrund des BERLESE-Verfahrens ohne gezielt herbeigeführten Temperaturgradienten und mit verhältnismäßig kurzer Extraktionsdauer diskutiert. Herr KÖHLER (1984) hat in seiner Dissertation die Schwierigkeiten im Methodenbereich aufgezeigt und den MACFADYEN-Apparat verbessert. Für weitere Untersuchungen werden wir mit dieser inzwischen vorhandenen Apparatur arbeiten. Unsere gefundenen Individuen- und Artenzahlen stimmen mit Literaturangaben überein.

4.1 Astigmata

Betrachtet man die Besatzzahlen der Astigmata im Laufe der 2 Jahre, so fallen die großen Schwankungen in der Grubberparzelle auf. Die „zeitweise" starken Vermehrungen sind hauptsächlich auf die Acaridae (Moder- und Wurzelmilben) zurückzuführen. Die Acaridae scheinen akkumulativ aufzutreten, so daß nach HÖLLER (1962) nur eine große Stichprobenzahl aussagekräftig genug ist. Da in

Tab. 4: Mesostigmata-Milben auf den Probeflächen im Jahr 1987, bezogen auf 2500 cm³ Ackerboden, entnommen in 10 Einzelproben 0 – 15 cm Tiefe. DN Deutonymphe, PN Protonymphe, L Larve

	27.04.87										06.07.87									
	Grubber					Pflug					Grubber					Pflug				
	♀	♂	DN	PN	L	♀	♂	DN	PN	L	♀	♂	DN	PN	L	♀	♂	DN	PN	L
Alliphis siculus	64	40	48	15	2	3	2	2	–	–	36	2	2	–	–	2	1	–	6	–
Arctoseius cetratus	1	3	–	5	–	1	–	1	3	–	1	–	1	–	–	7	1	–	6	2
Amblyseius	–	–	–	2	–	–	–	–	–	–	–	–	–	–	–	–	–	–	–	–
Dendrolaelaps	–	10	10	39	22	–	–	1	5	6	–	19	61	53	22	1	–	3	3	–
Dendrolaelaps spec.	20	–	–	–	–	–	–	–	–	–	28	–	–	–	–	1	–	–	–	–
Dendrolaelaps crassitars.	2	–	–	–	–	2	–	–	–	–	1	–	–	1	1	–	–	–	–	–
Parasitidae	–	–	–	–	–	–	–	–	–	1	–	–	–	1	–	–	–	–	–	–
Parasitus consanguineus	–	–	–	–	–	–	–	–	–	–	–	–	–	–	–	–	–	–	–	–
Parasitus hyalinus	–	–	–	–	–	–	–	–	–	–	5	–	4	–	–	–	–	–	–	–
Parasitus coleoptratorum	–	–	–	–	–	–	–	–	–	–	–	–	–	–	–	–	–	–	–	–
Pergamasus runcatellus	–	–	–	–	–	–	–	–	–	–	–	–	–	–	–	–	–	–	–	–
Cheiroseius spec.	–	–	–	–	–	–	–	–	–	–	–	–	–	–	–	–	–	–	–	–
Macrocheles sp.	–	–	–	–	–	–	–	–	–	–	–	–	–	–	–	–	–	–	–	–
Individuenzahl	87	53	58	61	24	6	2	4	8	7	71	21	69	55	23	11	2	9	9	2

	14.09.87										13.11.87									
	Grubber					Pflug					Grubber					Pflug				
	♀	♂	DN	PN	L	♀	♂	DN	PN	L	♀	♂	DN	PN	L	♀	♂	DN	PN	L
Alliphis siculus	16	6	1	1	1	3	2	1	2	1	17	6	27	17	–	1	–	–	–	–
Arctoseius cetratus	2	–	–	–	–	11	3	3	11	–	–	–	–	–	–	2	–	–	–	–
Amblyseius	–	–	–	–	–	–	–	–	–	–	–	–	–	–	–	–	–	–	–	–
Dendrolaelaps	–	7	41	14	6	3	3	22	–	9	–	7	24	3	2	–	3	23	1	–
Dendrolaelaps spec.	2	–	–	–	–	3	–	–	–	–	31	–	–	–	–	9	–	–	–	–
Dendrolaelaps crassitars.	7	–	–	–	–	–	–	–	–	1	–	–	–	–	–	–	–	–	–	–
Parasitidae	–	–	–	–	–	–	–	–	–	–	–	–	3	–	–	–	–	–	–	–
Parasitus beta	–	–	–	–	–	–	–	–	1	–	–	–	1	–	–	–	–	–	–	–
Parasitus consanguineus	–	1	2	–	–	–	–	–	–	–	1	–	–	–	–	–	–	–	–	–
Parasitus hyalinus	–	–	1	–	–	1	–	1	–	–	1	–	–	–	–	–	–	–	–	–
Parasitus coleoptratorum	–	–	2	–	–	–	–	–	–	–	–	–	–	–	–	–	–	–	–	–
Pergamasus runcatellus	–	2	–	–	–	–	–	–	–	–	–	–	–	–	–	–	–	–	–	–
Cheiroseius spec.	–	–	–	–	–	–	–	–	–	–	–	–	–	–	–	–	–	–	–	–
Macrocheles sp.	–	1	–	–	–	–	–	–	–	–	–	–	–	–	–	–	–	–	–	–
Uropoda spec.	–	–	–	–	–	–	–	–	–	–	–	–	–	–	–	–	–	–	–	–
Individuenzahl	27	14	48	15	7	18	8	27	14	11	50	13	55	20	2	12	3	23	1	–

der Pflugparzele keine starken Schwankungen auftreten, werden die Vermehrungen in der Grubberparzelle nicht als rein zufällig gesehen. Der Unterschied der Besatzzahlen von Pflug- und Grubbervariante ist auf dem 5%-Niveau gesichert. Die Acaridae zeigen Fäulnisprozesse an, die von ihnen gefördert und übertragen werden (HÖLLER-LAND 1958. KARG 1967).
Die Acaridae kommen häufig in anthropogen beeinflußten Böden vor (HERMOSILLA et al. 1978).
Bezogen auf die reinen Individuenzahlen traten in der Grubber- Parzelle ebenfalls mehr Anoetidae auf. Sie „saugen faulende Flüssigkeit auf, die reich an Mikroorganismen sind" (SCHEUCHER 1957 in KARG 1962).

5.2 Prostigmata

Die Werte der Prostigmata werden im wesentlichen durch die Tarsonemidae und Pygmephoridae bestimmt. Die Tarsonemidae saugen Pflanzensäfte (HÖLLER-LAND 1958) und scheinen anaerobe Bereiche zu bevorzugen (HERMOSILLA et al. 1978). Zusammen mit den Acaridae und Anoetidae weisen sie auf Fäulnisprozesse im Boden hin. Die Scutacaridae sind weniger stark vertreten. KARG (1962) stellte fest, daß die Scutacaridae auf verschiedene Anbaufrüchte unterschiedlich reagierten, wobei er keine genaueren Angaben macht.
NAGLITSCH & STEINBRENNER (1963 in BUTCHER et al. 1971) fanden heraus, daß für Mikroarthropden der Einfluß durch die Anbaufrucht bis zu 3 Jahre anhalten kann. Die Individuenanzahl der Scutacaridae nimmt erst im Herbst 1987 etwas zu. Inwieweit der Fruchtwechsel (Mais — Getreide) hier eine Rolle spielt, wäre zu prüfen. Im allgemeinen enthalten leichtere und wärmere Böden mehr Prostigmata als schwere, feuchte und kühle (TISCHLER 1980). Der Sandboden ist dem ersteren zuzuordnen.

5.3 Cryptostigmata

Die Cryptostigmata zeigen nur einen geringen Unterschied in den Besatzzahlen, der aber auf dem 2,5%-Niveau gesichert ist.
Es handelt sich hier hauptsächlich um die kleineren Mikrophytenfresser. Eine Zunahme von Hornmilben deutet darauf hin, daß sich Fäulnisvorgänge verringern und Humifizierungsprozesse vermehren (HÖLLER 1959 in KARG 1969). Viele Oribatidenarten sind besonders O_2-bedürftig (NAGLITSCH 1966). Interessanterweise liegt eine Oribatidenvermehrung im Dezember 1986 vor, während die Acaridae (Fäulnisanzeiger) ein Tief in den Individuenzahlen aufweisen. KARG (1962) stellte fest, daß sich die Abundanzen von *Thyrophagus*-Arten (Acaridae) und *Brachychthonius*-Arten (Cryptostigmata) gegensätzlich verhalten. Die Modermil-

ben haben ein 2. Tief im Juli 1987, aber eine Oribatidenvermehrung fand nicht statt. Zu diesem Zeitpunkt stellten sich wettermäßig die höchsten Temperaturen (bis 29,2 °C) ein mit längster Sonnenscheindauer (13 — 15 Std./Tag) und starker Verdunstung (bis 6,1 mm/Tag). Hier kann Trockenheit sowohl für die weichäutigen Acaridae als auch für die besser sklerotisierten Oribatiden zum begrenzenden Faktor geworden sei. Ob das Fungizid "Desmel" Auswirkungen auf pilzfressende Oribatiden hat, kann hier nicht beantwortet werden. Nach HÖLLER (1962) treten die Oribatiden im Frühjahr am stärksten auf. Dies ist mit unseren Werten nicht zu belegen.

5.4 Mesostigmata

Die generell höheren Individuenzahlen bei den Mesostigmata der Grubberparzelle können u. a. darauf zurückzuführen sein, daß das Beutespektrum dieser Raubmilben in der Grubbervariante größer ist als in der Pflugvariante. Die Bodenorganismen werden durch Lockern ohne Bodenwendung geschont (EL TITI 1984). EL TITI stellte signifikant bis hochsignifikant mehr Mesostigmata in gegrubberten als in gepflügten Böden fest, wobei die Äcker mit 25 cm gleich tief bearbeitet wurden.
Es scheint, daß die Artenzahl der Mesostigmata in der Grubberparzelle ansteigt. In der Gruppe der Mesostigmata besitzen einige Gattungen und Arten Nahrungsspezifität und lassen sich auch bestimmten Habitaten zuordnen.

5.4.1 *Alliphis siculus*

Alliphis siculus ist sowohl in der gepflügten als auch in der gegrubberten Parzelle durchgängig vertreten, wobei in der gegrubberten Parzelle regelmäßig eindeutig mehr Individuen vorhanden sind. *Alliphis siculus* zählt zu den reinen Nematodenfressern (KARG 1962, 1965, 1971, 1983) und tritt hauptsächlich dort auf, wo Rottezustände verbunden mit Fäuleprozessen vorherrschen. Das gleiche Substrat bevorzugen Arten der Gattungen *Parasitus* und *Cheiroseius*. Dabei kommt *Parasitus* insgesamt häufiger in der Grubberparzelle vor und *Cheiroseius* ist nur einmal mit 2 Individuen (ebenfalls Grubberparzelle) vertreten (KARG 1982). *Parasitus* und *Cheiroseius* fressen bevorzugt Nematoden (KARG 1983).
Es wäre zu prüfen, inwieweit das vermehrte Vorkommen von speziell *Alliphis siculus* mit einer Nematodenvermehrung einhergeht, oder ob die abiotischen Bedingungen beim Grubbern so verbessert werden, daß eine Vermehrung von *A. siculus* bei gleich hohem Nahrungsangebot möglich ist. Nach mündlicher Mitteilung von Frau Arens (Diplomandin an der Universität Oldenburg) befinden sich im gepflügten Feld mehr parasitäre Nematoden als in der gegrubberten Variante. Es

ist möglich, daß *A.siculus* zur Dezimierung des schädlichen Nematodenbesatzes mit beigetragen hat.

5.4.2 Übrige Mesostigmata

Arctoseius cetratus ist mit einer Ausnahme häufiger in der Pflugparzelle wiederzufinden als in der Grubberparzelle. Als räuberische Milbe frißt *A. cetratus* Nematoden, Dipterenlarven (KARG 1983) und junge Oribatiden (KARG 1965). Die Gattungen *Arctoseius* und *Dendrolaelaps* zeigen einen fortgeschrittenen Verrottungszustand an. Ihre bevorzugten Lebensräume sind humose Sandböden. *Dendrolaelaps* ernährt sich von Nematoden (KARG 1983) und Collembolen (KARG 1963). Nach KARG (1982) verhält sich die Gattung *Dendrolaelaps* insofern indifferent, als einige Arten auch im Rottestadium verbunden mit Fäuleprozessen auftreten. So haben wir in 2/3 der Proben mehr *Dendrolaelaps*-Individuen auf dem Feld mit Grubberarbeit gefunden. Betrachten wir noch einmal die Gattung *Arctoseius*, so sieht es aus, als wenn in der Pflugparzelle ein Milieu vorliegt, das kaum Fäulnisprozesse zuläßt, sondern die aerobe Zersetzung begünstigt.
Amblyseius kommt in unseren Proben hauptsächlich während des Maisanbaus mit geringer Abundanz vor, wiederum nur in der Grubberparzelle. Diese Gattung bevorzugt lebendes Pflanzenmaterial und organische Reste (KARG 1982). *Amblyseius* vertilgt u. a. auch *Tarsonemus*-Arten (KARG 1965), die ja reichlich vorhanden sind.
Macrocheles spec. und *Pergamasus runcatellus* kamen in der letzten Probennahme jeweils einmal vor (Grupperparzelle), wodurch eine Aussage als Indikator hinfällig ist. Allgemein sei nur erwähnt, daß *Macrocheles*-Arten sich häufig in Substraten aufhalten, die sich in Rottestadien mit Fäulnisprozessen befinden (KARG 1982). Sie ernähren sich von Dipteren-Larven, Enchyträen und Nematoden (KARG 1965). *Pergamasus runcatellus* bevorzugt humusreiche Ackerböden (KARG 1983) und bewegt sich im Wurzelfilz (KARG 1965). Diese Art frißt Collembolen und Nematoden (KARG 1983).
Auch eine *Uropodina*-Art trat nur einmal (Sept. 1987, Grubberparzelle) auf. Uropodinen findet man häufig dort, wo intensive Zersetzungsprozesse organischer Substanzen ablaufen. Eine isolierende Bodenbedeckung ist ebenfalls wichtig (KARG 1986).

5.4.3 Ökologische Indices

Bei der Betrachtung der einzelnen Milbengattungen stellt sich heraus, daß drei bis vier Gattungen auf ein Substrat hinweisen, bei dem die Rotte mit Fäuleprozessen verbunden ist (KARG 1982). Diese Milben sind häufiger in der Grubberparzelle vertreten. Es kann sein, daß durch einen schnellen Atmungsstoffwechsel von Mikroorganismen örtlicher O_2-Mangel entsteht und so eine teilweise Zersetzung stattfindet. Eine schlechte Bodenbelüftung wird nicht angenommen, da es sich bei der Bodenart um Sand handelt. Ebenfalls charakteristisch für Fäulnisprozesse sind bakterienfressende Nematoden und Dipterenlarven, die zu den Beutetieren mesostigmater Milben gehören. Bei unserer Untersuchung sind die Dipterenlarven mitberücksichtigt worden. 1986 lagen in der Pflugvariante geringfügig mehr Dipterenlarven vor. Dies änderte sich im folgenden Jahr insoweit, als der Dipterenlarven-Besatz hier abnahm und in der Grubberparzelle anstieg.

KARG (1962) stellte fest, daß in Ackerböden abwechselnd mal anaerobe und dann wieder aerobe Prozesse stärker aufzutreten scheinen. Es ist möglich, daß durch das Grubbern, den mehr oberflächlich eingearbeiteten Dünger und die Anbaufruchtreste allgemein günstigere Lebensbedingungen in den oberen 15 cm der Grubberparzelle geschaffen wurden, so daß sich hier insgesamt die Bodentiere und Mikroorganismen vermehrt haben, was zu lokaler Sauerstoffzehrung führen kann.

Zu prüfen bleibt, wie der Tierbesatz in der Tiefe von 15 bis 30 cm aussieht. Beim Pflügen bis zu 30 cm findet durch die Bodenwendung z. T. ein Transport von Bodentieren in die Tiefe statt, z. T. werden sie vernichtet. Da der Boden beim Pflügen gelockert wird, mag er zwischen 15 und 30 cm ganz gute Lebensbedingungen bieten. KRÜGER (1952) berichtet, daß beim gepflügten Acker die wichtigsten Bodentiergruppen durchschnittlich mit hohen Besatzzahlen auftraten und zwar auch in einer Tiefe von 12 — 23 cm. EDWARDS & LOFTY (1969) stellten fest, daß sich die meisten Mikroarthropoden-Populationen nach einmaliger Bearbeitung innerhalb von sechs Monaten erholten. HÖLLER (1962) schreibt, daß der Bodenwendung zwar ein teilweiser Zusammenbruch des Tierbesatzes folgt, aber regelmäßiges Pflügen eine tiefere und gleichmäßigere Besiedlung der Schichten bewirkt. Allerdings entsteht durch die regelmäßige Bearbeitung des Ackers in entsprechender Tiefe eine Verdichtungszone, die von Bodentieren gemieden wird. Nach WILCKE (1963) nehmen überhaupt die Besatzzahlen der Bodentiere mit steigender Dichte ab. HERMOSILLA et al. (1978) differenzieren hier etwas mehr und schreiben, daß die Tarsonemini und Acaridae proportional zur Verdichtung zunehmen, während sich die Oribatei (Cryptostigmata) und Gamasina entgegengesetzt verhalten.

Bodendruckmessungen (nach Angaben der Landwirtschaftskammer Weser-Ems) ergaben, daß der Druckwiderstand (Messung von 1986) bezogen auf die oberen 10 cm in der Pflugvariante um fast das Doppelte stärker war als in der Grubberparzelle, tiefer gehend jedoch die Grubbervariante höhere Druckwiderstände als die Pflugparzelle verzeichnete.

Es scheint, daß die Verdichtungen beider Parzellen in den oberen 10 cm in einem Bereich liegen, der nicht stark unterschiedlich prägend auf das tierische Edaphon wirkt, so daß eine Förderung oder Hemmung bestimmter Gruppen schwer nachzuweisen ist.

Anhand des „Shannon-Wiener-Indexes" (Abb. 5) kann eine Aussage zur Vielfalt von z. B. Tiergemeinschaften gemacht werden. Dieser Wert ist hier für die Mesostigmata je Probennahmetag und Parzelle errechnet worden. Der „Shannon-Wiener-Index" der Pflugvariante liegt zwischen April 1986 und April 1987 durchgehend höher als der Index der Grubbervariante. Dieser steigt jedoch stetig an, so daß er im Juli und November 1987 den Wert der Pflugparzelle übersteigt. Durch den „Shannon-Wiener-Index" wird die Artenanzahl und die Gleichverteilung der Individuendichten beurteilt, so daß eine große Artenzahl bei gleichzeitiger Einheitlichkeit der Individuendichten einen hohen Index ergibt.

Die Artenanzahl ist in beiden Varianten verhältnismäßig gering, wobei die Grubbervariante meist etwas mehr aufweist. Für den „Shannon-Wiener-Index" spielt hier die Gleichverteilung der Dominanzen die entscheidende Rolle. Eine „Eveness"-Berechnung zeigt dies klar. Der „Eveness-Wert" der Pflugparzelle liegt an allen Terminen höher als der Wert der Grubbervariante. Der Unterschied wird allerdings bis November 1987 immer geringer. Die Pflugparzelle weist zwar eine etwas geringere Artenanzahl auf als die Grubbervariante, doch ist im Gegensatz dazu die Schwankungsbreite der Individuendichten kleiner. Dadurch fällt der „Shannon-Wiener-Index" der Pflugparzelle oft größer aus als der Index der Grubberparzelle. Da im Laufe der Zeit der Index der Grubbervariante steigt, nehmen wir an, daß langsam eine Stabilisierung im Mesostigmata-Besatz eintritt, indem sich die Individuendichten etwas angleichen. Auch hier wird ersichtlich, daß die weitere Entwicklung des Milbenbesatzes beobachtet werden muß, um klarere Aussagen treffen zu können.

6. Beurteilung

Bei Betrachtung aller Ergebnisse zeigt sich abschließend, daß das tierische Edaphon in der Grubbervariante stärker vertreten ist als in der Pflugvariante. Die Reduzierung der mechanischen Arbeit wirkt sich fördernd auf den Raubmilbenbesatz aus. Auch die Beutetiere werden geschont, so daß auf ein höheres Beuteangebot geschlossen werden kann. Die Tätigkeit der Bodenorganismen führt zu einer Stabilisierung der fruchtbaren Ackerkrume, so daß ihre Vermehrung von Vorteil ist. Im Vergleich zum Waldboden z. B. weist der Ackerboden durch die anthropogenen Eingriffe generell erheblich weniger Bodentiere auf.

In dieser Arbeit stellte sich heraus, daß in der Grubbervariante zum Teil die Milbengruppen stärker vertreten sind, die auf Rotteprozesse mit Fäule hinweisen. Nur eine Art der Mesostigmata (*Arctoseius cetratus*) kommt häufiger in der Pflugparzelle vor als in der Grubberparzelle (Abb. 6). Sie zeigt nach KARG (1982) fortgeschrittene Rotteprozesse an. Auch hier liegt ein Unterschied zwischen beiden Varianten vor, wobei wir davon ausgehen, daß sich das Edaphon in der Grubberparzelle noch im Aufbau befindet, da die Umstellung der Bearbeitung erst drei

Jahre zurückliegt. Vorangegangene Bewirtschaftung kann über drei Jahre hinaus Auswirkungen zeigen (HÖLLER 1962, NAGLITSCH & STEINBRENNER 1963 in BUTCHER et al. 1971). Betrachtet man die Ernteergebnisse im Ganzen, so lassen sich keine entscheidenden Unterschiede zwischen Pflug- und Grubbervariante erkennen, die in Zusammenhang mit den unterschiedlichen Bearbeitungsmethoden zu bringen sind.

Abschließend sei noch einmal bemerkt, daß die Differenzen im Tierbesatz auf Veränderungen im Boden hinweisen, die wahrscheinlich noch mehr Zeit bedürfen, um zum Tragen zu kommen.

Da sich die Ernteerträge über die beiden Versuchsjahre auf den beiden unterschiedlich bearbeiteten Parzellen nicht signifikant unterscheiden, stellt das Grubbern aus der Sicht der Bodenzoologie die bessere Bodenbearbeitungsmethode dar, jedenfalls unter den speziellen Paramentern dieses Versuchs. Die Bodentiere — und hier speziell untersucht die Raubmilben — werden stärker geschont und das Bodenleben weniger gestört. Ein intaktes Bodenleben ist die Voraussetzung für die Erhaltung der Bodenfruchtbarkeit und sollte, wie auch bei anderen anthropogenen Maßnahmen, wie Düngen und Pestizideinsatz, stets angestrebt werden.

Anschrift der Autoren:

Prof. Dr. Rainer Ehrnsberger, Universität Osnabrück, Standort Vechta, Postfach 15 53, W-2848 Vechta

Dipl.-Biol. Frauke Butz-Strazny, Universität Osnabrück, Standort Vechta, Postfach 15 53, W-2848 Vechta

Claus Heisler

Einfluß von mechanischen Bodenbelastungen (Verdichtung) auf Raubmilben und Collembolen in landwirtschaftlich intensiv genutzten Flächen

mit 2 Abbildungen und 5 Tabellen

Abstract

This paper presents the results of investigations about the effects of heavy machinery traffic on the soil fauna in arable lands. During three vegetation periods from may 1988 to july 1990, the effects of mechanical loads (soil compaction) on species diversity and number of species of springtails and predatory mites were studied under sugar beet, winter wheat and winter barley in a parabrown soil of loess. Soil compaction reduces abundance and number of species of Collembola and Gamasina. Both taxa are very important for the fertility and the productivity of soils. For supporting the soil fauna, especially these groups, farming strategies like green manure and reduced tillage should be used more often in future. Some springtail species and the small Gamasina (maximal body length 455 μm) could be used as bioindicators for soil compaction.

Keywords

springtails, predatory mites, mechanical loads, soil compaction, arable land

Inhalt

1. Einleitung
2. Anlage des Feldversuchs
3. Probennahme
4. Ergebnisse
4.1 Collembolen
4.1.1 Artenzahl und Dominanz
4.1.2 Mittlere Individuendichte
4.1.3 Reaktionen der Arten mit mehr als 2% Dominanz

4.2 Raubmilben
4.2.1 Artenzahl und Dominanz
4.2.2 Mittlere Individuendichte
4.2.3 Reaktionen der Arten mit mehr als 2% Dominanz
5. Fazit

1. Einleitung

Seit dem Jahre 1950 erfolgte in der Landwirtschaft nicht nur die Umstellung von der Tieranspannung (Pferde) zum Traktor, sondern es vollzog sich auch eine umfassende Mechanisierung, deren Ergebnis sehr leistungsfähige aber gleichzeitig auch sehr schwere Geräte und Schlepper sind (SCHÖN & OLFE, 1986). Als Beispiel für schwere Lasten, die auf den Ackerflächen transportiert werden, sollen hier Mähdrescher und Rübenroder mit gefülltem Korntank bzw. Ladebunker, Transportanhänger und vor allem Gülleanhänger erwähnt werden. Bei termingebundenen Arbeiten (z.B. Ernte der Zuckerrüben im nassen Herbst) müssen die Flächen auch bei ungünstigen Bodenverhältnissen befahren werden. Mechanische Belastungen wirken sich bei nassem Boden wesentlich stärker aus als bei trockenem. Über die Räder, auf denen z.T. sehr hohe Radlasten liegen, wird der Boden stark beansprucht. Hinzu kommt, daß nach OLFE und SCHÖN (1986) bei bestimmten Arbeitsgängen, z.B. beim Pflügen oder der Rübenernte, der Spuranteil, also der Teil der Fläche, der befahren wird, nahe bei 100% liegt. Das bedeutet, fast die gesamte Feldfläche wird überrollt. Durch die hierdurch verursachten Sackungsverdichtungen wird der Anteil der Grobporen verringert (DUMBECK & HARRACH 1985). Dies führt zur Verminderung der Luftdurchlässigkeit und der Durchwurzelbarkeit des Bodens. Die kleinen luftatmenden Bodentiere wie Collembolen und Raubmilben sind aber gerade auf die luftgefüllten Grobporen mit mehr als 10 μm Durchmesser als Lebensraum angewiesen (JOSCHKO 1990). In hängigem Gelände führen Bodenverdichtungen außerdem zum Oberflächenabfluß des Wassers und somit zu Erosionsschäden. Auf landwirtschaftlich genutzten Flächen kann die natürliche Bodenfruchtbarkeit und dadurch auch die Ertragsfähigkeit des Bodens durch Verdichtungen beeinträchtigt werden.

Die beiden hier näher betrachteten Gruppen der Bodenfauna haben in diesem Zusammenhang einige Bedeutung; DUNGER (1983) beschreibt diese für fast alle Gruppen der Bodentiere. Einige Collembolen-Arten beweiden Bodenpilze und halten sie dadurch permanent in einem physiologisch aktiven Zustand (AMELSVOORT et al. 1988, BECK 1989). Hierdurch wird die Abbauleistung ganz wesentlich erhöht. Gleichzeitig verbreiten diese Collembolen Mikroorganismen (Pilze und Bakterien) deren Sporen und Keime an ihrer Körperoberfläche anhaften. Andere Collembolen-Arten (*Mesaphorura krausbaueri* s.l.) sind Substratfresser, die sich

durch den Boden hindurchfressen und die mit dem Boden aufgenommenen Bakterien verdauen. Diese Arten tragen zur Durchmischung und Lockerung des Bodens bei.
Raubmilben stehen, da sie Räuber sind, am Ende des Nahrungsnetzes von Bakterien, Pilzen, Nematoden, Enchyträen und Collembolen. Dies ist der Grund dafür, daß sie als Bioindikatoren für die Bodenfauna allgemein angesehen werden (KARG 1982). Da viele Raubmilben-Arten sich fakultativ oder obligatorisch von Nematoden ernähren, haben sie für die Bodenhygiene eine große Bedeutung. Dies ist auch wichtig im Zusammenhang mit den Bemühungen um den integrierten Pflanzenschutz.

2. Anlage des Feldversuchs

Um den Einfluß von mechanischen Belastungen zu untersuchen, wurde in der Nähe von Braunschweig in Timmerlah ein Versuchsfeld angelegt. Der Boden ist eine Parabraunerde aus Löß mit 10% Ton im Ap-Horizont. In 30 cm Tiefe ist undeutlich die Schlepperradsohle (Pfluggrenze) zu erkennen. Auf diesem Feld, das konventionell bewirtschaftet wird, wurde ein Beetsystem (Beetbreite 2 m) mit unterschiedlichen mechanischen Belastungen angelegt. Auf diesen Beeten wurden mittels einer speziellen Einzelradbelastungsvorrichtung definierte, an der landwirtschaftlichen Praxis orientierte, mechanische Belastungen aufgebracht. Durch Verwendung eines Geräteverschieberahmens war es möglich, Radspur an Radspur eine flächenhafte Belastung des gesamten Beetes vorzunehmen.
Var. 0 ist die unbelastete Kontrolle, die nicht befahren wird (Tab. 1). Var. 4 wird in der Pflugfurche und Var. 5 bei der Ernte belastet; beide Varianten werden mit etwa gleichhohen Radlasten aber zu unterschiedlichen Zeiten (Pflügen bzw. Ernte) befahren. Var. 7 ist eine extrem belastete Parzelle und stellt die Simulation einer Fahrgasse dar, in der bei jedem durchgeführten Arbeitsgang mit der entsprechenden Radlast belastet wird.

3. Probennahme

Zur Untersuchung der Bodenmesofauna wurden von Mai 1988 bis Juli 1990, also während drei Vegetationsperioden, monatlich pro Variante je acht Bodenkerne von 4 cm Durchmesser und 15 cm Tiefe entnommen. Diese wurden in je drei Tiefenfraktionen (0-5cm; 5- 10cm; 10-15cm) unterteilt und in einem Extraktor nach MACFADYEN ausgetrieben. Während der zehntägigen Extraktionszeit wurde die Temperatur von 20° C auf 45° C erhöht. Die aufgrund des sich ausbildenden Feuchte- und Temperaturgradienten aktiv aus den Bodenkernen auswandernde Bodenmesofauna wurde in Pikrinsäure aufgefangen und am Ende der Extraktionszeit in Äthanol (90%) überführt. In dem Untersuchungszeitraum wurde die ortsübliche dreigliedrige Fruchtfolge mit Zuckerrüben, Winter-Weizen und Winter-Gerste einmal durchlaufen.

Belastungsvariante:	Radlast [t]			
	Var. 0	Var. 4	Var. 5	Var. 7
Belastungsgang:				
Pflügen	—	3,7	—	3,7
Düngen	—	—	—	1,7
Saatbettbereitung	—	2,2	2,2	2,2
Drillen	—	—	—	1,2
Pflanzenschutz	—	—	—	1,7
Ernte	—	—	4,0	4,0
Stoppelbearbeitung	—	2,2	2,2	2,2
Grunddüngung	—	—	—	1,7
Belastungssumme pro Vegetationsperiode	—	8,1	8,4	18,4

Tabelle 1: Aufgebrachte mechanische Belastungen und die entsprechenden Arbeitsgänge. Var. 0; Var. 4; Var. 5; Var. 7: Belastungsvarianten. [t]: Tonnen Radlast

4 Ergebnisse

4.1 Collembolen

4.1.1 Artenzahl und Dominanz

Von den insgesamt 39 Collembolen-Arten wurden 34 auf Var. 0, 26 auf Var. 4, 23 auf Var. 5 und 24 auf Var. 7 gefunden (Tab. 2). Nach dem SPEARMAN'schen Rangkorrelationskoeffizienten besteht eine signifikante negative Korrelation zwischen der Höhe der Belastung und der Artenzahl der Collembolen (r_s = —0,8; α < 0,05). Mechanische Bodenbelastungen, bzw. die hierdurch verursachten Bodenverdichtungen, führen also zur Einengung bzw. Reduzierung des Arteninventars der Collembolen. Besonders empfindlich auf Verdichtungen reagiert *Onychiurus armatus* s.l., eine typische euedaphische Ackerart, die nach ZERLING (1990) ein K-Stratege ist. *O. armatus* ändert ihre Dominanzzugehörigkeit von dominant auf Var. 0 über subdominant (Var. 4 & 5) nach rezedent auf Var. 7. Nach ULBER (1983) verringern Collembolen aus den Gattungen *Onychiurus* und *Folsomia* das Infektionspotential durch den Erreger des Wurzelbrandes bei Zuckerrüben. Bei sinkenden Collembolendichten könnte hierin eine Gefahr liegen. Auch die mit einer Körperlänge von weniger als 0,75 mm kleinste nachgewiesene Collembolenart *Mesaphorura krausbaueri* s.l. vermindert ihren Anteil auf den Belastungsvarianten von 28% (Var. 0) auf 14% (Var. 7) erheblich, ohne allerdings ihren Dominanzgrad zu verändern; sie ist auf allen Varianten stets dominant. Nach ZERLING

	Var. 0 %	Var. 0 Dom	Var. 4 %	Var. 4 Dom	Var. 5 %	Var. 5 Dom	Var. 7 %	Var. 7 Dom
Fam. Isotomidae								
Folsomia fimetaria	13,4	D	26,0	D	22,8	D	14,8	D
F. candida	0,12	SR	0,3	SR	0,2	D	0,1	SR
F. spinosa	0,04	SR	0,08	SR	0,03	SR	—	—
F. quadrioculata	0,02	SR	—	—	—	—	0,03	SR
F. nana	0,008	SR	—	—	—	—	—	—
Isotoma notabilis	9,1	SD	4,2	SD	9,9	SD	5,0	SD
I. hiemalis	—	—	—	—	—	—	0,05	SR
I. anglicana	5,8	SD	10,4	SD	7,6	SD	3,3	R
I. violacea	0,008	SR	—	—	—	—	—	—
I. olivacea	0,65	SR	0,90	SR	0,88	SR	3,2	R
Isotomurus palustris	2,2	R	11,2	SD	13,8	D	20,0	D
Crytopygus bipunctatus	0,4	SR	0,4	SR	0,5	SR	0,4	SR
C. thermophilus	0,2	SR	0,05	SR	0,1	SR	1,0	SR
Proisotoma minuta	0,008	SR	—	—	0,03	SR	0,03	SR
Isotomiella minor	0,02	SR	—	—	0,03	SR	0,03	SR
Isotomodes productus	0,06	SR	0,4	SR	0,03	SR	—	—
Fam. Onychiuridae								
Onychiurus armatus s.l.	30,3	D	8,9	SD	11,8	SD	3,6	R
Mesaphorura krausbaueri s.l.	27,9	D	25,8	D	19,4	D	13,8	D
M. callipygos	0,008	SR	—	—	—	—	—	—
Stenaphorura quadrispina	0,1	SR	0,1	SR	0,07	SR	0,08	SR
S. parisi	—	—	—	—	0,01	SR	—	—
S. denisi	0,008	SR	—	—	—	—	—	—
Fam. Poduridae								
Hypogastrura assimilis	0,7	SR	1,9	R	4,2	SD	14,8	D
Ceratophysella succinea	5,1	SD	7,4	SD	6,4	SD	8,9	SD
C. denticulata	0,9	SR	1,3	R	0,8	SR	0,9	SR
Willemia aspinata	0,04	SR	0,08	SR	0,01	SR	0,08	SR
W. skandinavica	—	—	0,02	SR	—	—	0,03	SR
Fam. Entomobryidae								
Pseudosinella alba	0,8	SR	0,4	SR	0,4	SR	0,1	SR
P. petterseni	0,06	SR	0,03	SR	—	—	—	—
Lepidocyrtus cyaneus	0,008	SR	0,02	SR	—	—	—	—
L. lanuginosus	0,02	SR	0,05	SR	—	—	—	—
L. paradoxus	0,008	SR	0,02	SR	—	—	—	—
L. ruber	0,008	SR	—	—	—	—	—	—
Heteromurus nitidus	0,008	SR	—	—	—	—	—	—
Fam. Sminthuridae								
Sminthurinus aureus	0,2	SR	0,4	SR	0,7	SR	0,7	SR
Bourletiella hortensis	0,1	SR	0,2	SR	0,1	SR	0,3	SR
Spharidia pumilis	—	—	0,02	SR	—	—	—	—
Neelus minimus	0,02	SR	—	—	—	—	—	—
Arrhopalites caecus	—	—	—	—	—	—	0,03	SR
Artenzahl	34		26		23		24	

Tabelle 2: Collembolen: Artenspektrum, relativer Anteil (%) und Dominanz (Dom.)

(1990) ist *M. krausbaueri* ein r-Stratege. Interessant ist, daß die beiden Pionierarten *Isotomurus palustris* und *Hypogastrura assimilis* ihren relativen Anteil mit zunehmender Verdichtung steigern. *I. palustris* erhöht ihren Anteil von 2,2% (Var. 0) um den Faktor 10 auf 20% auf Var. 7; der Dominanzgrad ändert sich von rezedent nach dominant. *H. assimilis* steigert ihren Anteil sogar von subrezedent (0,7% auf Var. 0) nach dominant (14,8% auf Var. 7). Es gibt aber auch Arten, die ziemlich indifferent auf Verdichtungen reagieren, z.B. *Folsomia fimetaria*, die stets dominant ist und ihren relativen Anteil kaum verändert.Bei dieser Art kann sogar eine leichte Bevorzugung der Varianten mit einer mittleren Belastung (Var. 4 & 5) erkannt werden.

4.1.2 Mittlere Individuendichte

In Abb. 1 sind die mittleren Individuendichten bezogen auf die jeweilige Feldfrucht und den Gesamtzeitraum dargestellt. Mittlere Belastungen, wie sie auf den Varianten 4 und 5 aufgebracht wurden, führen zu einer Reduzierung der Individuendichte der Collembolen von ca. 50%. Extreme mechanische Belastungen, wie sie in einer Fahrgasse (Var. 7) auftreten, haben überaus hohe Abundanz- Depressionen von etwa 70% oder mehr zur Folge. Ähnliches gilt für die Mittelwerte, die sich auf W-Weizen bzw. W-Gerste beziehen. Nur im ersten Versuchsjahr unter Zuckerrüben konnte dies noch nicht so klar beobachtet werden. Der SPEARMAN'sche Rangkorrelationskoeffizient zeigt negative Korrelationen für die mittleren Individuendichten und die Höhe der Belastung an. Dies gilt für W-Weizen (r_s = —1); W-Gerste (r_s = —0,8) und den Gesamtzeitraum (r_s = — 0,8). Hieraus könnte abgelesen werden, daß es sich um einen kumulativen Effekt handelt. In der landwirtschaftlichen Praxis werden solche Belastungsvorgänge ja in regelmäßigen Abständen bei der Bewirtschaftung wiederholt, ohne daß zwischendurch eine Regeneration erfolgen kann, die nach VETTER & LICHTENSTEIN (1968) etwa neun Monate beanspruchen würde.

Als Ursache für die z.T. drastische Verringerung der Individuendichte der Collembolen wird der verdichtungsbedingte Verlust an Grobporen (Lebensraum) und eine Verminderung der mikrobiellen Biomasse (Nahrung) angenommen (KAISER et al. 1991). Auch der nach HUYSMAN et al. (1989) stark beeinträchtigte Gasaustausch — durch Bildung von Verdichtungszonen kann Kohlendioxid nicht aus dem Boden entweichen und Sauerstoff nicht eindringen — dürfte hierfür mit verantwortlich sein.

4.1.3 Reaktionen der Arten mit mehr als 2% Dominanz

Nur acht Collembolen-Arten erreichen mehr als 2% Dominanz (Tab. 3). Wie die

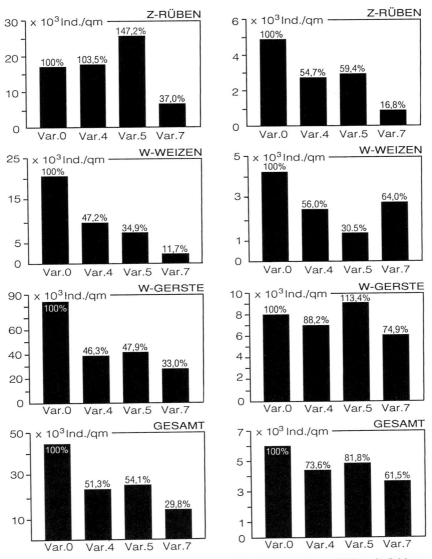

Abb. 1: Collembolen: Mittlere Individuendichte (Ind./m^2). Zuckerrüben: Mai 1988 — Okt. 1988; W-Weizen: Nov. 1988 — Aug. 1989; W-Gerste: Sept. 1989 — Juli 1990; Gesamt: Mai 1988 — Juli 1990

Abb. 2: Raubmilben: Mittlere Individuendichte (Ind./m^2). Zuckerrüben: Mai 1988 — Okt. 1988; W-Weizen: Nov. 1988 — Aug. 1989; W-Gerste: Sept. 1989 — Juli 1990; Gesamt: Mai 1988 — Juli 1990

Art / max. Körperlänge	[mm]	Var. 0	Var. 4	Var. 5	Var. 7	r_s
Folsomia fimetaria	1,4	1682	1605	1555	551	—1
Isotoma notabilis	1,0	1144	269	678	187	—0,8
Isotoma anglicana	4,3	726	654	515	425	—1
Isotomurus palustris	3,0	272	729	940	768	+0,8
Onychiurus armatus	1,8	4020	579	805	135	—0,8
Mesaphorura krausbaueri	0,75	3520	1491	1323	515	—1
Hypogastrura assimilis	1,2	90	120	287	554	+1
Ceratophysella succinea	1,1	648	473	439	333	—1

Tabelle 3: Collembolen: Individuensummen der Arten mit mehr als 2 % Dominanz für die Zeit von Mai 1988 bis Juli 1990 auf den Belastungsvarianten 0; 4; 5 und 7. r_s: SPEARMAN'scher Rangkorrelationskoeffizient

über den Gesamtzeitraum aufaddierten Individuensummen zeigen, reagieren sechs dieser acht Arten auf mechanische Belastungen mit einer starken Verringerung ihrer Individuenzahlen. Zwei Arten *I.* palustris und *H.* assimilis antworten auf die Zunahme der Belastung mit der Erhöhung der Individuensumme. *I. palustris* (Körperlänge < 3 mm) lebt vorwiegend epedaphisch und könnte als phytophage Art wegen des stark entwickelten oberflächlichen Algenrasens auf den belasteten Flächen, besonders auf Var. 7, einen Ernährungsvorteil besitzen. Für beide Arten gilt, daß sie die wechselnde Feuchte auf verdichteten Böden besonders gut vertragen. Die beiden etwa gleichgroßen und zu einer Familie (Poduridae) gehörenden Arten *H.* assimilis und *Ceratophysella succinea* verhalten sich gegensätzlich. *H. assimilis*, nach DUNGER (1968) eine Pionierart, erhöht ihrer Individuenzahl bei zunehmender Verdichtung, während diese bei der anderen abnimmt.

4.2 Raubmilben

4.2.1 Artenzahl

Auch bei den Raubmilben nimmt die Artenzahl mit zunehmender mechanischer Belastung ab (Tab. 4). Auf Var. 0 wurden 24 Arten, 18 Arten auf Var. 4, 21 auf Var. 5 und 17 Arten auf Var. 7 nachgewiesen. Es besteht auch hier eine signifikante negative Korrelation zwischen Artenzahl und Belastungshöhe ($r_s = -0.8$; $\alpha < 0.05$). Große Raubmilben-Arten mit mehr als 1 mm Körperlänge, wie sie vorallem in der Familie Eugamasidae vertreten sind, werden nur in einzelnen Exemplaren gefunden, und dann vermehrt auf der unbelasteten Var. 0. Nach KARG (1968) kann man auf Ackerflächen wegen des für diesen Standort spezifischen Hohlraumvolumens auch nur kleine Arten erwarten. *Arctoseius cetratus* ist auf allen vier Varianten eudominant. Ihr relativer Anteil von 47,3% (Var. 0) klettert mit ansteigender mechanischer Belastung auf 62,9% (Var. 4) bzw. 66,7% (Var. 5) und erreicht dann 80,3% auf Var. 7. Alle anderen Arten vermindern ihren relativen Anteil, auch die beiden anderen häufigen Arten *Rhodacarellus silesiacus* und *Alliphis siculus*.

4.2.2 Mittlere Individuendichte

Die mittleren Individuendichten sind in Abb. 2 zu sehen. Der Einfluß von mechanischen Bodenbelastungen ist bei den Raubmilben wesentlich weniger einschneidend als bei den Collembolen. Bei mittleren Belastungen (Var. 4 & 5) ergibt sich eine Verringerung der mittleren Individuendichte über den Gesamtzeitraum von 20% bis 25% und auf der extrem belasteten Var. 7 (Fahrgasse) von ca. 40%. Die mittleren Abundanzdepressionen, bezogen auf die angebauten Feldfrüchte, sind z.T. stärker ausgeprägt (Zuckerrüben und W-Weizen). Unter W-Gerste wurden nicht so starke Auswirkungen der mechanischen Belastungen auf die Individuendichte der Raubmilben beobachtet. Die Mittelwerte für den Gesamtzeitraum und die unter Zuckerrüben zeigen eine signifikante negative Korrelation zwischen Individuendichte und Belastungshöhe ($r_s = -0,8$; $\alpha < 0,05$). Die Mittelwerte unter W-Weizen und W-Gerste sind dagegen kaum mit der Belastungshöhe korreliert ($r_s = -0,4$).

4.2.3 Reaktionen der Arten mit mehr als 2% Dominanz

Von den 28 gefundenen Raubmilben-Arten erreichen nur die in Tab. 5 aufgeführten Arten eine Dominanz von mehr als 2% auf mindestens einer beprobten Variante. Die knapp 1 mm große Art *Veigaia nemorensis* zeigt deutlich, daß sie auf Ackerflächen, besonders auf stark mechanisch belasteten, kaum vorkommt, weil die verfügbaren Hohlräume für sie zu eng sind. Wichtig sind die drei individuenstarken Arten *A. cetratus*, *R. silesiacus* und *A. siculus*. Nur *A. cetratus* reagiert auf Verdichtungen mit der Zunahme der Individuenzahl und zeigt damit eine positive Korrelation mit der Belatungshöhe an. Die anderen beiden Arten vermindern ihre Individuenzahl. Diese drei kleinen Arten mit einer Körperlänge von maximal 455 μm stellen auf Var. 0 81,9% aller Individuen. Dieser Anteil erhöht sich bei zunehmender mechanischer Belastung, so daß er 91,3% auf Var. 4 , auf Var. 5 90,6% und auf Var. 7 sogar 96,2 % erreicht. Alle drei Arten ernähren sich überwiegend oder ausschließlich (*A. siculus*) von Nematoden. Diese nematophagen Raubmilben-Arten haben eventuell auf den verdichteten Flächen gegenüber den anderen Ernährungstypen innerhalb der Raubmilben einen Nahrungsvorteil, vorausgesetzt der höhere Anteil des mit Wasser gefüllten Porenraums in den verdichteten Parzellen bietet Nematoden zusätzlichen Lebensraum. Nach DUNGER (1968) sind alle drei genannten Raubmilben-Arten Pionierarten (r-Strategen) und deshalb zu schnellen Reaktionen auf neue Bedingungen befähigt.

Der relative Anteil, den diese kleinen Raubmilben-Arten an der Gesamtindividuenzahl einnehmen, könnte eventuell als Maß, also als Bioindikation, für die Beurteilung von Bodenverdichtungen herangezogen werden. Ein Anteil von etwa 90% müßte dann als Grenzwert angesehen werden. Steigt dieser Anteil auf über 95% an, würde man schon eine Schadverdichtung diagnostizieren müssen, während man in dem Bereich dazwischen noch tolerierbare Verdichtungen hätte.

	Var. 0 % Dom	Var. 4 % Dom	Var. 5 % Dom	Var. 7 % Dom
Fam. Eugamasidae				
Parasitus hortivagus	0,06 SR	— —	— —	0,1 SR
Pergamasus crassipes	0,38 SR	0,33 SR	0,45 SR	0,39 SR
P. misellus	1,44 R	1,32 R	1,7 R	0,58 SR
P. mirabilis	0,81 SR	0,58 SR	0,6 SR	0,29 SR
P. suecicus	0,19 SR	0,08 SR	0,15 SR	— —
P. septentrionalis	0,19 SR	— —	0,15 SR	— —
P. diversus	0,06 SR	— —	— —	— —
P. digitulus	— —	0,08 SR	0,45 SR	— —
P. runciger	— —	— —	0,3 SR	— —
Veigaia exigua	0,69 SR	0,16 SR	— —	0,1 SR
V. nemorensis	6,8 SD	0,5 SR	0,23 SR	0,29 SR
V. planicola	— —	0,08 SR	0,15 SR	0,1 SR
Fam. Rhodacaridae				
Rhodacarellus silesiacus	12,8 D	19,06 D	14,3 D	8,0 D
R. epigynealis	0,19 SR	— —	— —	— —
Dendrolaelaps rectus	2,6 R	0,91 SR	1,28 R	0,68 SR
D. septentrionalis	1,3 SR	— —	0,23 SR	— —
D. disetosimilis	0,06 SR	— —	— —	— —
Fam. Ascidae				
Arctoseius cetratus	47,3 ED	62,9 ED	66,7 ED	80,3 ED
A. venustulus	0,12 SR	0,16 SR	0,9 SR	0,1 SR
Sejus serratus	0,06 SR	— —	— —	— —
S. mutilus	0,38 SR	0,16 SR	— —	0,1 SR
Fam. Dermanyssidae				
Hypoaspis aculeifer	1,06 SR	0,99 SR	1,2 SR	0,58 SR
Fam. Eviphididae				
Alliphis siculus	21,8 D	9,3 SD	9,56 SD	7,86 SD
Fam. Macrochelidae				
Pachyseius humeralis	0,38 SR	3,2 R	0,15 SR	0,29 SR
Geholaspis mandibularis	0,86 SR	0,08 SR	0,08 SR	0,1 SR
Pachylaelaps ineptus	0,38 SR	0,08 SR	0,08 SR	— —
Macrocheles robustulus	— —	— —	0,08 SR	— —
Fam. Podocinidae				
Lasioseius berlesei	0,06 SR	— —	1,05 SR	0,1 SR
Artenzahl	24	18	21	17

Tabelle 4: Raubmilben: Artenspektrum, relativer Anteil (%) und Dominanz (Dom)

Art / max. Körperlänge	[µm]	Var. 0	Var. 4	Var. 5	Var. 7	r_s
Veigaia nemorensis	940	109	6	3	3	−0,85
Rhodacarellus silesiacus	340	205	231	190	83	−0,8
Dendrolaelaps rectus	440	42	11	17	7	−0,8
Arctoseius cetratus	360	757	762	888	882	+0,8
Alliphis siculus	455	349	113	127	81	−0,8
Pachyseius humeralis	730	6	39	2	3	−0,6

Tabelle 5: Raubmilben: Individuensummen der Arten mit mehr als 2% Dominanz für die Zeit von Mai 1988 bis Juli 1990 auf den Belastungsvarianten 0; 4; 5 und 7. r_s: SPEARMAN'scher Rangkorrelationskoeffizient.

5. Fazit

Mechanische Bodenbelastungen verursachen Bodenverdichtungen und führen zu Abundanz-Depressionen sowie zur Verringerung der Artenzahl der Bodenfauna, speziell von Collembolen und Raubmilben. In beiden Gruppen ist die Tendenz zum Verlust der rezedenten Arten zu erkennen. Um diese Auswirkungen zu vermeiden oder doch zu vermindern, sollten von den Landwirten immer häufiger solche Bewirtschaftungsstrategien eingesetzt werden, die die Bodenfauna schonen. Das bedeutet, die Anzahl der Überfahrten sollte verringert werden z.B. durch Kombination von Arbeitsgängen. Gleichzeitig müßte eine Beschränkung in der Höhe der Radlasten erfolgen; also sollte ein dem Arbeitsgang angepaßter Schlepper benutzt werden. Außerdem wären solche Bewirtschaftungsmaßnahmen einzusetzen, die die natürliche Bodenfruchtbarkeit und damit auch eine hohe Ertragsfähigkeit der Böden — auch in Zukunft — gewährleisten, weil sie auch die Bodenfauna fördern. Hierfür geeignete Maßnahmen sind z. B. Gründüngung, Mulchsaat im Rüben- und Maisanbau, sowie eine reduzierte Bodenbearbeitung, wie sie auch KARG (1961, 1963) und TEBRÜGGE (1987) vorschlagen. Bodengefüge und Bodenhygiene würden durch eine artenreiche und individuenstarke Bodenfauna positiv beeinflußt.

Danksagung

Diese Untersuchungen wurden gefördert vom Bundesminister für Forschung und Technologie; FKZ: 033 90 60 E.

Anschrift des Autors:

Dr. Claus Heisler, Zoologisches Institut der Technischen Universität, Pockelsstraße 10a, W-3300 Braunschweig

Frauke Butz-Strazny & Rainer Ehrnsberger

Auswirkungen von mineralischer und organischer Düngung auf Mesostigmata (Raubmilben) und Collembola (Springschwänze) im Ackerboden

mit 12 Abbildungen und 3 Tabellen

Abstract

In this paper, the influence of liquid manure and mineral fertilizer on springtails (Collembola) and mites (Acari) inhabiting cultivated soil, is described. The investigation lated from march 1988 to february 1990. First till september 1989 maize was planted and then wintergrain. For the mineral fertilized plots the fertilization doses were 170 and 340 kg N/ha and the organic variants were treated with 3 and 6 manurial units/ha, so there were four different fertilization plots. The agricultural field, that was examined is in the community of Zwischenahn (Landkreis Ammerland) Nether Saxonia. The sandy soil of the gley-podsolic soil type consists of 3,3% organic matter in the manured fields and of 2,7% organic matter in the fields, that were treated with mineral fertilizer. Each sample date per variant eight samples were taken and extracted by a type of MAC-FADYEN-Canister-Apparatus. 22 species of Mesostigmata (a special group of mites) and also 22 species of Collembola were found. There was no significant difference between the abundances of mites or springtails from the plot with low mineral and from the plot with high mineral applications. But the typical species of cultivated soils (*Alliphis siculus*, *Arctoseius cetratus*, *Dendrolaelaps latior*; *Folsomia fimetaria*, *Folsomia litsteri*, *Isotoma notabilis*) were advanced significantly by slurry. Putrification prefering root mites (Acaridae) and the mesostigmatic mite *D. latior* were found more frequent within the plot high manured. Intensive anthropogeneous influence by cultivation like the changing of cultivated fruit caused alterations amoung the soil inhabiting mites and springtails. Especially ploughing reduced the abundance and spectrum of species extremely.

Keywords

Acari, anthropogeneous influence, collembola, cultivated soil, liquid manure, maize, mesostigmata, mineral fertilizer, mites, slurry, springtails

Inhalt

1. Einleitung und Zielsetzung
2. Danksagung
3. Probennahmefläche
4. Klimadaten des Untersuchungszeitraumes
4.1 Luft- und Bodentemperatur
4.2 Niederschlag
5. Bodenuntersuchungen
5.1 Bodenprofil und Bodenart
5.2 Organischer C-Gehalt, N-Gehalt, C/N-Verhältnis und pH-Wert
6. Bodentiere
6.1 Probennahme und Probenaufbereitung
6.2 Ergebnisse
6.2.1 Abundanzen
6.2.2 Dominanzen
6.2.3 Dominantenidentität
6.2.4 Artenidentität
6.2.5 Shannon-Wiener-Index
7. Abschließende Diskussion
8. Zusammenfassung

1. Einleitung und Zielsetzung

Die im Boden lebenden Kleinarthropoden wie z. B. Springschwänze (Collembola) und Milben (Acari) tragen zur Verbesserung der Bodenstruktur bei, sind als Primär- und Sekundärzersetzer sowie Räuber Glieder von Nahrungsketten und regulieren mit ihrer Fraßtätigkeit u. a. den Mikroorganismenbesatz (BAUCHHENSS 1983, KARG 1968). Viele dieser Bodenarthropoden sind so sehr an das Leben in den Bodenhohlräumen angepaßt, daß sie beim Verlassen des Bodens zugrunde gehen. Einzelne Milbenarten weisen unterschiedliche ökologische Ansprüche auf (HERBKE et al. 1962, KARG 1982) und bestimmte Springschwänze zeigen neben einer engen Korrelation zu den abiotischen Faktoren Feuchtigkeit und Temperatur (SCHALLER 1981) unterschiedliche Nahrungsspezialisierung (RUSEK 1975). Diese Eigenschaften haben zur Folge, daß sich Veränderungen im Boden auf die Zusammensetzung der Bodenzoozönose auswirken (FRANZ 1975, KARG 1968, 1982).

In der Landwirtschaft greift der Mensch in den Naturhaushalt ein. Er steuert ihn von außen in seinem Sinn. Zur Produktion weniger Pflanzen- und Tierarten müssen Bedingungen geschaffen werden, die für die eine Art besonders günstig sind. Gleichzeitig bedeutet dies ungünstige Lebensbedingungen für die meisten anderen Arten.

Die meisten Tierarten leben bevorzugt in Habitaten mit armen bis mittleren Nährstoffgehalten (HEYDEMANN & MEYER 1983). In einem stark gedüngten Ackerboden sind damit die Lebensumstände für diese Tiere äußerst ungünstig, so daß sie weniger häufig auftreten oder sogar ganz verschwinden. Tierarten, die der Eutrophierung gegenüber toleranter sind, werden gefördert (FRANZ 1975).
In agrarischen Intensivgebieten wird der hohe Anfall von Flüssigmist (Gülle) aufgrund der Massentierhaltung zu einem Entsorgungsproblem. Überhöhte Güllegaben sind häufig die Folge, ohne daß im Maisanbau mit Ertragseinbußen zu rechnen ist (VETTER & STEFFENS 1986). Es würde dem ökologischen Grundprinzip widersprechen, wenn sich die anthropogenen Eingriffe nicht in einer Änderung des Arteninventars und seiner Dominanzstruktur zeigen würde.
Mit dem Hintergrund der regionalen Gülle-Problematik Südoldenburgs wurde eine Untersuchung durchgeführt, in der mineralische und organische Düngung (Schweinegülle) in jeweils zwei unterschiedlichen Dosierungen im Maisanbau zu vergleichen waren. Untersuchungsobjekte waren die Bodentiere, wobei die Milben, hier speziell die Raubmilben, und die Springschwänze besondere Beachtung fanden. Schwerpunktmäßig sollten Artenverschiebungen, das Auftreten und Verschwinden von Arten als Folge der unterschiedlichen Düngungsmaßnahmen in einem Zeitraum von zwei Jahren (März 1988 bis Februar 1990) untersucht werden.

2. Danksagung

Diese Untersuchungen wurden mit Forschungsmitteln des Landes Niedersachsen gefördert, die Herrn Prof. Dr. Rainer Ehrnsberger im Rahmen des Projektes „Milben im Boden" zur Verfügung standen. Wir danken Herrn Sigurd Fuchs, Universität Osnabrück, Standort Vechta, der die elektronische Temperaturregelungsanlage für den MAC-FADYEN-Canister konzipiert und gebaut hat.

3. Probennahmefläche

Die Landwirtschaftskammer Weser-Ems führt seit 1982 auf ihrem Versuchsbetrieb für Acker- und Pflanzenbau in Wehnen (Gemeinde Zwischenahn, Landkreis Ammerland) eine Untersuchung der Auswirkung von Schweinegülledüngung und reiner Mineraldüngung bei Mais- Getreide-Fruchtfolge durch. Die Düngermengen betragen für die Mineraldüngung 160 bzw.170 kg/ha N (als Kalkammonsalpeter) und für die Gülledüngung 3 Dungeinheiten (DE). Nach dem Niedersächsischen Gülleerlaß (1983) entsprechen die 3 Dungeinheiten der Obergrenze für Gülleaufbringung pro Hektar und Jahr. Die Mineraldüngung wird vergleichsweise als optimal angesehen. Um die in der Einleitung genannte Problematik der Über-

A	20.04.88	170 kg/ha N als KAS; Pflugarbeit
B	20.04.88	340 kg/ha N als KAS; Pflugarbeit
C	20.04.88	3 DE/ha Schweinegülle (35 m^3/ha); Pflugarbeit
D	20.04.88	6 DE/ha Schweinegülle (70 m^3/ha); Pflugarbeit
A B C D	21.04.88	2 dt/ha DAP als Unterfußdüngung
A B C D	17.05.88	2 l/ha Atrazin
C D	07.06.88	10 m^3/ha Schweinegülle
A B C D	17.10.88	Ernte
A	18.04.89	160 kg/ha N als KAS; Pflugarbeit
B	18.04.89	320 kg/ha N als KAS; Pflugarbeit
C	18.04.89	3 DE/ha Schweinegülle (40 m^3/ha); Pflugarbeit
D	18.04.89	6 DE/ha Schweinegülle (80 m^3/ha); Pflugarbeit
A B C D	24.04.89	2 dt/ha DAP als Unterfußdüngung
A B C D	16.05.89	2 l/ha Gesaprim
A B C D	06.06.89	8 kg/ha Solubor
A B C D	22.09.89	Maisernte; Wintergetreideanbau
A B	22.02.90	75 kg/ha N als KAS
C D	22.02.90	21 m^3/ha Schweinegülle

Tab. 1: Landwirtschaftliche Maßnahmen

düngung mit ihrer Auswirkung auf das Bodenleben untersuchen zu können, wurde 1988 die Versuchsdurchführung für zwei Jahre derart geändert, daß zwei Teilstücke (je 240 m^2) der 2880 m^2 großen Anlage mit jeweils doppelter Dosierung mineralisch bzw. organisch gedüngt wurden. Diese Dosierung entspricht keinen Empfehlungen der Landwirtschaftskammer Weser-Ems und wurde nur zum Zweck dieser Untersuchung zeitbegrenzt durchgeführt. Die Düngung erfolgte 1988 und 1989 jeweils im Frühjahr, wobei für die doppelte Dosierung die halbe Düngermenge vor dem Pflügen und die andere Hälfte nach dem Pflügen aufgebracht wurden. In Tabelle 1 sind sämtliche landwirtschaftlichen Maßnahmen aufgelistet. Parallel dazu untersuchte Herr Poppe, zu der Zeit Diplomand der Universität Oldenburg, die Stickstoffdynamik und den Nährstoffhaushalt dieser Flächen. Die bodenkundlichen Daten stammen z. T. aus seiner Arbeit und z. T. von der Landwirtschaftskammer Weser-Ems.

4. Klimadaten des Untersuchungszeitraumes

4.1 Luft- und Bodentemperatur

Ein Vergleich zwischen den langjährigen mittleren Lufttemperaturen und dem jeweiligen Monatsmittel (Abb. 1 a) ergab, daß 1988 der Mai außergewöhnlich warm und 1989/1990 insgesamt etwas wärmer war als das langjährige Mittel. Die Monatsmittelwerte der Bodentemperaturen in 5 cm und 20 cm (Abb. 1 b) zeigten

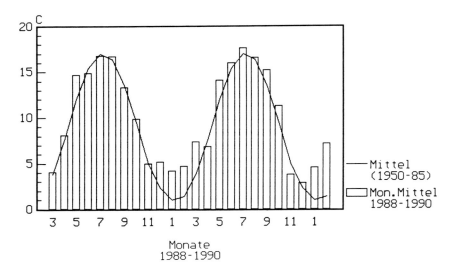

Abb. 1 a: Lufttemperatur, gemessen an der Wetterstation Wehnen

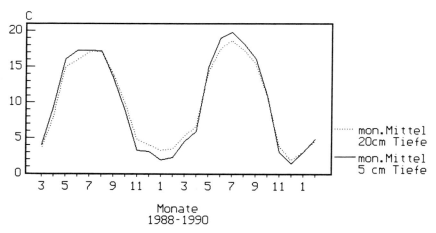

Abb. 1 b: Bodentemperatur, gemessen an der Wetterstation Wehnen

einen ähnlichen Verlauf wie die Lufttemperaturwerte. Nur die Amplituden unterschieden sich leicht, indem die Amplitude der Temperaturschwankung in 20 cm Tiefe niedriger ausfiel als in 5 cm Bodentiefe.

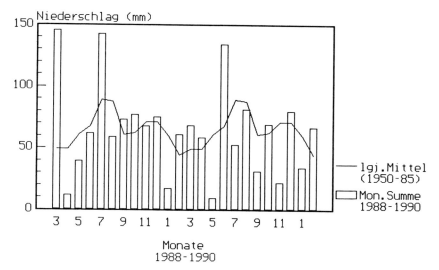

Abb. 2: Niederschlag, gemessen an der Wetterstation Wehnen

4.2 Niederschlag

Die monatlichen Niederschlagssummen (Abb. 2) ergaben verhältnismäßig geringe Werte in den Monaten April und Mai 1988, so daß die Anfangsentwicklung der Maispflanzen verzögert wurde. Die Maiskultur konnte sich dann aber normal weiter entwickeln, da die Niederschlagsmengen im Juni und Juli recht hoch waren. Insgesamt zeigte die Niederschlagsverteilung im Vergleich zum langjährigen Mittel ziemliche Schwankungen mit mehreren recht trockenen Monaten.

5. Bodenuntersuchungen

5.1 Bodenprofil und Bodenart

Das geologische Ausgangsmaterial der Bodenbildung bilden saalezeitliche fluvioglaziale Sande über Geschiebelehm. Der daraus entstandene Gley-Podsol ist aufgrund des verfestigten B-Horizontes tiefgepflügt worden. Durch das Aufbrechen dieser Schicht sollte die Wasserführung und Durchwurzelung verbessert werden. Diese Form von Melioration ist im Norwestdeutschen Raum bei über 50.000 ha landwirtschaftlich genutzter Flächen durchgeführt worden (FOERSTER 1989, in POPPE 1990).

Der Tiefumbruch auf den Versuchsflächen hatte zur Folge, daß eine Vermischung der verschiedenen Bodenhorizonte vorliegt, die zu Inhomogenitäten zwischen Krume und Ausgangsgestein geführt hat. Man bezeichnet diesen durch anthropogene Maßnahmen veränderten Boden als Kultosol.
Bei der Bodenart handelt es sich bis in eine Tiefe von 120 cm um Sand, und darunter ist sie als schluffiger Sand zu bezeichnen.

5.2 Organischer C-Gehalt, N-Gehalt, C/N-Verhältnis und pH-Wert

Der Kohlenstoff-Gehalt in der gegüllten Variante lag mit 19,3 mg/g Boden höher als in der Mineralparzelle (15,7 mg/g). Dieser Unterschied kann auf die langjährige Gülledüngung zurückzuführen sein.
Der Stickstoff-Gehalt lag ebenfalls mit 0,82 mg/g Boden in der Güllevariante etwas höher als in der Mineralfläche mit 0,66 mg/g. Das C/N-Verhältnis wurde für die organisch gedüngte Fläche mit 23,5 und für die mineralisch gedüngte mit 23,7 angegeben. Enge C/N-Verhältnisse (<20) sprechen für eine hohe biologische Aktivität, ein weites Verhältnis (>25) für einen gehemmten Substanzabbau. Die gefundenen C/N-Verhältnisse lassen auf eine leicht eingeschränkte mikrobielle Tätigkeit schließen.
Die pH-Werte der unterschiedlich gedüngten Flächen wichen nur wenig von einander ab und kennzeichneten einen mäßig sauren Boden. Die Werte nahmen mit zunehmender Tiefe ab. Der pH-Wert im Oberboden war durch Kalkung angehoben worden (POPPE 1990).

6. Bodentiere

6.1 Probennahme und Probenaufbereitung

Pro Variante wurden 8 Bodenproben mit einem Bodenstecher aus insgesamt 16 cm Tiefe entnommen. Eine Aufteilung dieses Probenkerns in 4 Tiefenabschnitte (0-4 cm, 4-8 cm, 8-12 cm, 12-16 cm) lieferte 4 Einzelproben, die bei einer Oberfläche von 19,6 cm^2 ein Volumen von 78,4 cm^3 hatten. Die von einem Kunststoffring umhüllten Einzelproben konnten beidseitig zugedeckelt und so transportiert werden. Zur Extraktion wurden die Oberseiten der Einzelproben entdeckelt und mit dieser Seite nach unten auf einen Netzboden (1 mm Maschenweite) in das Extraktionsgerät gestellt. Bei diesem Gerät handelt es sich um einen modifizierten Nachbau des MACFADYEN-Canister-Apparates, in dem mit Hilfe eines Temperatur- und Feuchtigkeitsgradienten die Springschwänze und Milben ausgetrieben wurden. Ausgehend von der aktuellen Bodentemperatur wurde die Temperatur etwa alle 24 Stunden um 5 Grad Celsius erhöht. Bei einer Temperatur von 40 Grad Celsius wurde der zweite Deckel von den Einzelproben entfernt. KOEHLER (1984) schreibt, daß nach 5 Tagen ein großer Prozentsatz der Collembolen die Proben verläßt, während Milben erst bei höheren Temperaturen auswandern. Die Extraktion dauerte 10 bis 11 Tage, wobei die Tiere in wässriger, ca. 30%iger Pikrinsäure fixiert und danach zur weiteren Aufbewahrung in 70%igen Alkohol überführt wurden. Von sämtlichen Tieren wurden Dauerpräparate hergestellt. Die Milben wurden den einzelnen Gruppen (Meso-, Pro-, Crypto- und Astigmata) zugeordnet, wobei die Mesostigmata bis zur Art determiniert wurden. Bei den arthropleonen Collembolen erfolgte die Bestimmung, soweit möglich, bis zur Art, während die Symphypleona (Kugelspringer) lediglich als Familie Sminthuridae erfaßt wurden. Die Probennahmen fanden in 2-8-Wochen-Abständen von März 1988 bis Februar 1990 statt. Sämtliche Probennahmetermine sind Tabelle 2 zu entnehmen. Vom 29.03.88 bis zum 12.07.88 wurden pro Termin 64 Einzelproben gezogen. Durch Anschaffung weiterer Extraktionsgeräte verdoppelte sich danach die Anzahl auf 128 Einzelproben pro Termin.

6.2 Ergebnisse

Insgesamt wurden 14.193 Milben und 10.950 Springschwänze bestimmt. Die Abundanz der Milben lag zwischen 140 und 98.300 Tieren pro m^2 und für die Springschwänze zwischen 120 und 42.600 Individuen pro m^2 bezogen auf 16 cm Tiefe. Diese Abundanzwerte sind als auf 1 m^2 hochgerechnete Summen zu verstehen, denn wie erwartet liegt bei den hier untersuchten Tiergruppen eine inhomogene Verteilung vor, sodaß ein Mittelwert kein repräsentatives Abbild der Verteilung sein kann (PRECHT 1979 in KOEHLER 1984). Diese Inhomogenität läßt sich nicht ausschalten, da die Bodentiere unter anderem auf mikroklimatische Veränderungen reagieren, und diese Kleinhabitate immer gegeben sind. Da kei-

29.03.88*	31.01.88*	30.01.90
26.05.88*	08.03.89*	27.02.90*
09.06.88	04.04.89	
30.06.88	03.05.89*	
12.07.88	13.06.89*	
26.07.88*	11.07.89	
30.08.88	22.08.89*	
28.09.88*	27.09.89	
27.10.88	26.10.89*	
30.11.88*	06.12.89*	
30.12.88		

Tab. 2: Probennahmetermine des gesamten Untersuchungszeitraumes. Die mit Stern versehenen Termine (ca. 8-Wochen-Rhythmus) wurden hier für die Darstellung der Ergebnisse gewählt.

ne Normalverteilung vorliegt, müssen zur statistischen Auswertung parameterfreie Tests angewandt werden (BAUCHHENSS 1977).
Bei den mesostigmaten Milben wurden 22 Arten und bei den arthropleonen Collembolen ebenfalls 22 Arten gefunden (Tab. 3).

6.2.1 Abundanzen

Als Abundanz bezeichnet man die Individuenanzahl einer Gruppe oder Art bezogen auf eine Volumen- oder Flächeneinheit (hier: pro m^2 bei einer Probentiefe von 16 cm).

a: Mesostigmata	b: Collembola
Eviphididae: *Alliphis siculus*	Onychiuridae: *Mesaphorura—Arten* *Onychiurus spec.*
Ascidae: *Arctoseius cetratus* *Arctoseius semiscissus* *Cheiroseius borealis* *Cheiroseius longipes* *Iphidozercon gibbus*	Poduridae: *Hypogastrura assimilis* *Hypogastrura succinea* *Willemia anophthalma* *Anurida spec.* *Pseudachorutes spec.*
Rhodacaridae: *Dendrolaelaps arenarius* *Dendrolaelaps rectus* *Dendrolaelaps latior* *Rhodacarus coronatus* *Rhodacarus minimus* *Rhodacarellus silesiacus*	Isotomidae: *Folsomia fimetaria* *Folsomia litsteri* *Folsomia candida* *Folsomia quadrioculata* *Isotoma notabilis* *Isotoma viridis* *Isotoma olivacea* *Isotomurus spec.* *Proisotoma spec.* *Proisotoma minuta*
Dermanyssidae: *Hypoaspis nolli*	
Macrochelidae: *Macrocheles glaber*	
Eugamasidae: *Parasitus beta* *Parasitus consanguineus* *Parasitus hyalinus* *Pachylaelaps spec.* *Pergamasus celticus* *Pergamasus crassipes* *Pergamasus septentrionalis* *Veigaia spec.*	Entomobryidae: *Entomobrya multifasciata* *Entomobrya marginata* *Lepidocyrtes cyaneus* *Pseudosinella alba* Sminthuridae

Tab. 3: Artenspektrum

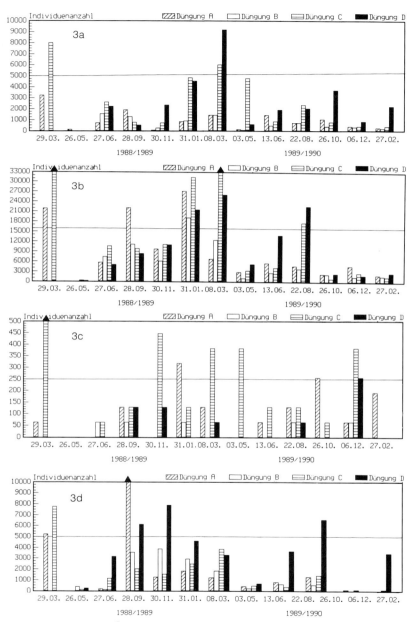

Abb. 3: Individuenzahl/m² a Mesostigmata, b Prostigmata, c Cryptostigmata, d Astigmata

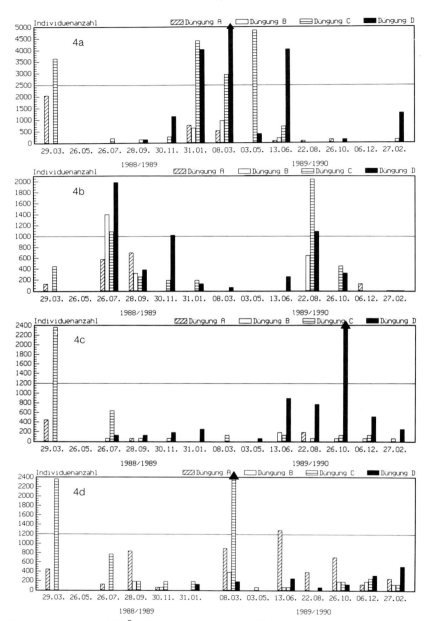

Abb. 4: Individuenzahl/m² bei den Mesostigmata; a *Alliphis siculus*, b *Arctoseius cetratus*, c *Dendrolaelaps latior*, d *Dendrolaelaps rectus*

Gegenübergestellt wurden die Abundanzen der Flächen A (einfache mineralische Düngung) und C (einfache organische Düngung), B (doppelte mineralische Düngung) und D (doppelte organische Düngung), A und B sowie C und D. Die Berechnung erfolgte über den Zeitraum vom 26.05.88 bis 06.12.89 nach dem U-Test von Wilcoxon, Mann & Whitney (SACHS 1974) zum Vergleich zweier unabhängiger Stichproben.

Ein Vergleich auf der Ebene der Milbengruppen (Meso-, Pro-, Crypto- und Astigmata; Abb.3a-c) zeigt mit Ausnahme der heterogenen Prostigmatagruppe signifikante Unterschiede in der Individuenanzahl zwischen organischer und mineralischer Düngung, während sich Dosierungsunterschiede auf dieser Gruppenebene nicht widerspiegeln.

So ist die Individuenanzahl der Mesostigmata und Cryptostigmata in der C-Variante signifikant höher ($\alpha= 0,01$ und $\alpha= 0,025$) als in der A-Variante. Die Individuenzahlen in den Düngungsvarianten B und D unterscheiden sich in höheren Werten für die D-Parzelle auf dem 0,1%igen bzw. 1%igen Signifikanzniveau bei den Mesostigma bzw. Astigmata. Die Familie der Pyemotidae aus der Gruppe der Prostigmata ist mit einer Irrtumswahrscheinlichkeit von 5% stärker in der D-Parzelle als in der B-Variante vertreten.

Beim Vergleich der C- und D-Varianten miteinander ergibt sich ein Unterschied für die Astigmata-Individuen auf dem 1%-Niveau. Sie kommen häufiger in der doppelt güllten Fläche vor. Sie sind im wesentlichen durch die Wurzelmilben vertreten.

Die Cryptostigmata dagegen treten mit 5%iger Irrtumswahrscheinlichkeit häufiger in der einfach güllten C-Variante auf.

Auf dem Mesostigmata-Art-Niveau ergeben sich für *Alliphis siculus* (Abb. 4 a), *Arctoseius cetratus* (Abb. 4 b) und *Dendrolaelaps latior* (Abb. 4 c) signifikant höhere Individuenzahlen in der D- Variante als in der B-Parzelle ($\alpha= 0,01; 0,01; 0,001$). Auch in der C-Variante ist die Anzahl der Tiere höher als in der A-Variante mit einem signifikanten Unterschied bei *Alliphis siculus* (2,5%-Niveau) und *Dendrolaelaps latior* (1%-Niveau). *D. latior* tritt als einzige Art mit einer Irrtumswahrscheinlichkeit von 5% häufiger in der stark güllten D-Fläche auf als in der C-Variante. Die Art *Dendrolaelaps rectus* (Abb. 4 d) zeigt in ihrem Besatz keine statistisch abgesicherten Unterschiede.

Die gesamte Gruppe der Collembola (Abb. 5) läßt keine signifikanten Unterschiede zwischen den vier Varianten erkennen. Dies betrifft ebenfalls die Gattung *Mesaphorura* (Abb. 6 a) und die Gattung *Hypogastrura* (Abb. 6 b). Die Arten *Folsomia fimetaria* und *F. litsteri* treten signifikant häufiger in den organisch gedüngten Varianten C und D als in den Parzellen mit mineralischer Düngung (A und B) auf. Die Irrtumswahrscheinlichkeiten liegen zwischen 0,5% und 5%. Die *Folsomia*-Arten wurden zum Überblick des Untersuchungszeitraumes als Gattung *Folsomia* zusammengefaßt (Abb. 6 c). Auch *Isotoma notabilis* tritt signifikant vermehrt in den organisch gedüngten Parzellen auf (Vergleich A/C: $\alpha= 0.025$ und Ver-

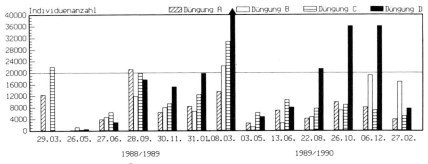

Abb. 5: Individuenzahl/m² bei den Collembola

gleich B/D: α= 0,001). Die Abundanzen von *Isotoma viridis* zeigen keine signifikanten Unterschiede. *Isotoma notabilis* und *Isotoma viridis* wurden zur Ansicht des Jahresverlaufes als Gattung Isotoma zusammengefaßt (Abb. 6 d).
Bei Betrachtung der Jahresverläufe nehmen die Individuenzahlen in allen Tiergruppen direkt nach den Bearbeitungsmaßnahmen im Mai 1988 und 1989 erwartungsgemäß ab.
Da der Mais in Reihen angebaut wurde, sind Bodenproben gezielt innerhalb einer Reihe und zwischen den Reihen gezogen und getrennt ausgewertet worden. Mit dem Heranwachsen des Mais und damit auch der Maiswurzel wurden in der Regel mehr Milben und Springschwänze innerhalb der Reihen gefunden als zwischen den Reihen.
Bei der Betrachtung der vier Tiefenfraktionen befinden sich zur Zeit des Maisanbaus (ausgenommen der Probennahmetermine direkt nach der Pflugarbeit und bei Bodentemperaturen um den Gefrierpunkt) ca. 70% der Springschwänze und ca. 80% der mesostigmaten Milben in den oberen 8 cm des Ackerbodens. Ab dem 26.10.89 (Beginn der Getreideanbauphase) verschiebt sich das Verhältnis bei den Collembolen innerhalb der A- und B-Varianten zu einer mehr oder weniger gleich starken Verteilung auf die 4 Bodentiefen, und in den C- und D-Varianten sind noch etwa 60% der Collembolen in den oberen 8 cm anzutreffen.

6.2.2 Dominanzen

Bei der Dominantenverteilung muß beachtet werden, daß es sich um Werte der relativen Häufigkeit handelt, wobei die Individuen einer Art in Abhängigkeit zur Gesamtindividuen- und Artenzahl stehen. Da eine Dominantenverteilung über den gesamten Untersuchungszeitraum nicht sinnvoll erscheint, wurden die Dominanzen für jeden Probennahmetermin errechnet und zur besseren Übersicht in Dominanzklassen nach ENGELMANN (1978) zusammengefaßt.

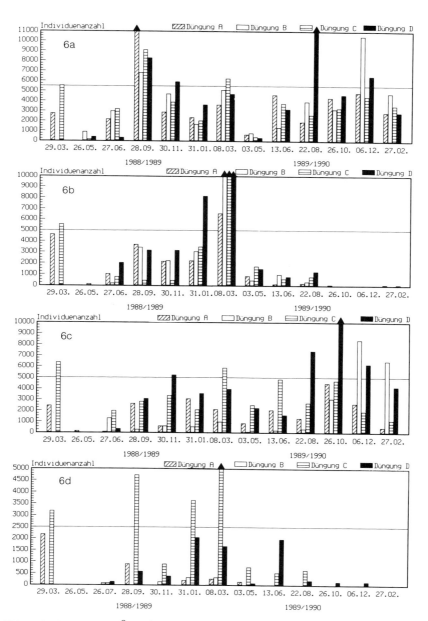

Abb. 6: Individuenzahl/m² bei Collembola, a *Mesaphorura*, b *Hypogastrura*, c *Folsomia*, d *Isotoma*

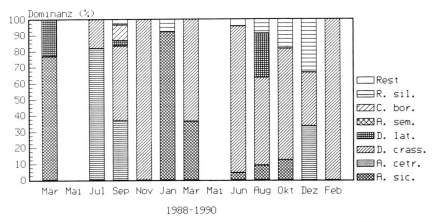

Abb. 7 a: Dominanzen bei Mesostigmata (mineralische Düngung, 170 kg N/ha)

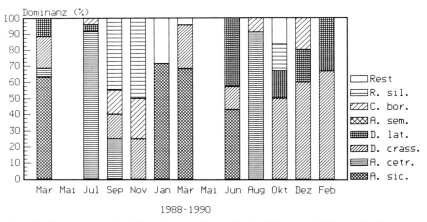

Abb. 7 b: Dominanzen bei Mesostigmata (mineralische Düngung, 340 kg N/ha)

Unter den Mesostigmata sind *Arctoseius cetratus* und *Dendrolaelaps rectus* als eudominante-dominante Arten in der A-Variante (Abb. 7 a) vertreten. *Alliphis siculus* ist eudominant nur im Januar und März 1989 vertreten. Als im wesentlichen subdominate Art ist *Rhodacarellus silesiacus* zu nennen.

In der B-Variante (Abb. 7 b) treten wieder *A. siculus*, *A. cetratus* und *D. crassitarsalis* eudominat-dominant auf, und auch *R. silesiacus* ist eudominant-dominant im Herbst zu finden. Ab Juni 1989 zeigt sich *D. latior* als eudominante-dominante Art.

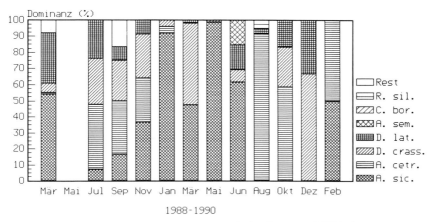

Abb. 7 c: Dominanzen bei Mesostigmata (organische Düngung 3 DE/ha)

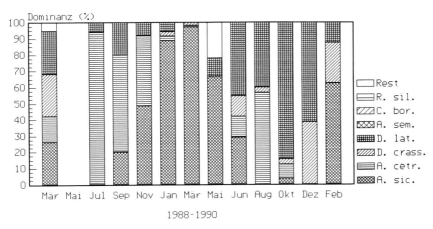

Abb. 7 d: Dominanzen bei Mesostigmata (organische Düngung 6 DE/ha)

Während sich in der C-Variante (Abb. 7 c) *A. siculus* im Winter und Frühjahr eudominant zeigt, übernimmt *A. cetratus* diese Stellung in den Sommer-Herbst-Monaten. *D. crassitarsalis* und *D. latior* sind im wesentlichen dominant vertreten. *R. silesiacus* ist nur im August 1989 subdominant vorhanden.

Bezüglich *A. siculus* und *A. cetratus* zeigt die D-Variante (Abb. 7 d) ein ähnliches Bild. *D. crassitarsalis* ist bis Oktober 1989 eher subdominant-rezedent vertreten und nimmt danach erst wieder zu. *D. latior* tritt zu Anfang des Untersuchungszeitraumes subdominant und zum Ende dominant-eudominant auf. *R. silesiacus* ist in dieser Variante nicht gefunden worden.

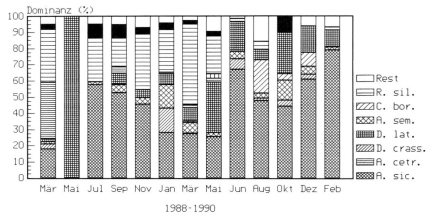

Abb. 8 a: Dominanzen bei Collembola (mineralische Düngung, 170 kg N/ha)

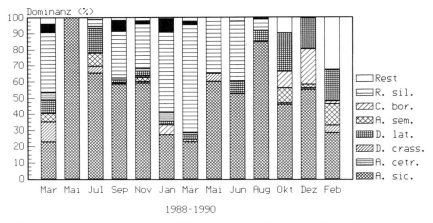

Abb. 8 b: Dominanzen bei Collembola (mineralische Düngung, 340 kg N/ha)

Bei der Dominantenverteilung der Collembolen (Abb. 8 a — d) ist die Gattung *Mesaphorura* als eudominant während der Sommer-, Herbst- und Wintermonate in allen Varianten zu finden. Im Frühjahr tritt diese Gruppe als dominant hinter die dann eudominante Art *Hypogastrura assimilis* zurück. Die Gattung *Folsomia* mit den Arten *F. litsteri*, *F. fimetaria*, *F. candida* und den juvenilen Tieren tritt in der B-Variante (Abb. 8 b) während der Mais-Anbauphase eher subdominant auf, während sie in den anderen Parzellen dominant-eudominant vertreten ist. Ab Oktober 1989 zeigt sie sich in allen Parzellen dominant-eudominant. *Isotoma notabilis* tritt während der Mais-Phase eher rezedent in der doppelt gegüllten Fläche (D-

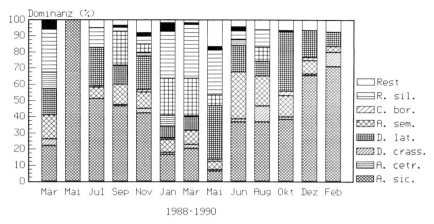

Abb. 8 c: Dominanzen bei Collembola (organische Düngung, 3 DE/ha)

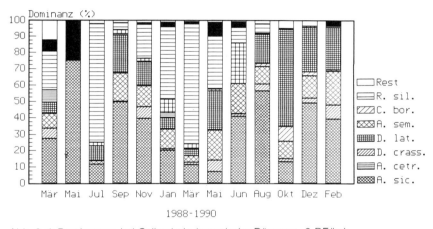

Abb. 8 d: Dominanzen bei Collembola (organische Düngung, 6 DE/ha)

Variante, Abb. 8 d), und subdominant-dominant in der einfach gegüllten Fläche (C-Variante, Abb. 8 c) auf, während sie ab Oktober 1989 nur noch einmal im Dezember in der D-Variante rezedent vertreten ist. In den Mineralparzellen (A- und B-Varianten, Abb. 8 a + b) ist sie überhaupt nur zur Mais-Zeit vereinzelt subrezedent-rezedent anzutreffen. Die anderen Collembolenarten treten rezedentsubrezedent, vereinzelt auch mal subdominant auf.

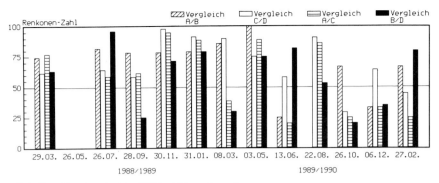

Abb. 9 a: Dominantenidentität bei Mesostigmata

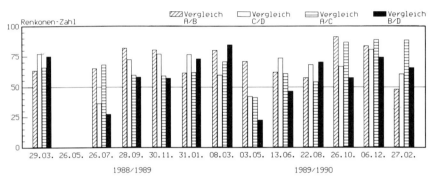

Abb. 9 b: Dominantenidentität bei Collembola

6.2.3 Dominantenidentität

Um die Dominantenidentität der vier Flächen zu bestimmen, wurden für jeden Probennahmetermin die Renkonen-Zahl berechnet. Von den in je zwei Flächen gemeinsam vorkommenden Arten wurden die jeweils niedrigeren Dominanzwerte addiert.

Für die Mesostigmata (Abb. 9 a) ergeben sich in der Maisanbauphase fast durchgängig hohe bis sehr hohe Werte (58,2 bis 97,6). Mit vier Ausnahmen ist die Dominantenidentität der mineralisch gedüngten Varianten und der organisch gedüngten Varianten geringer (20,3-38,6). Ab dem 26.10.89 (Beginn der Getreideanbauphase) treten große Schwankungen in der Renkonen-Zahl auf (20,3 bis 80,0).

Diese Tendenz zeigen die Collembolen (Abb. 9 b) bezüglich der Dominantenidentität nicht. Die Renkonen-Zahlen liegen im wesentlichen zwischen mittleren (53,8) und hohen (91,3) Werten. Eine geringere Dominantenidentität ist an den Probenahmeterminen nach der Pflugarbeit aufzuweisen (22,3 bis 41,8).

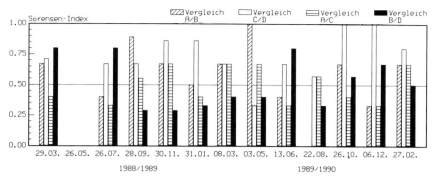

Abb. 10 a: Artenidentität bei Mesostigmata

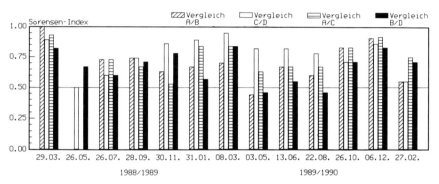

Abb. 10 b: Artenidentität bei Collembola

6.2.4 Artenidentität

Mit Hilfe des Sörensen-Index läßt sich die Artenidentität der Flächen für jeden Probennahmetermin feststellen. Je größer die Zahl der gemeinsamen Arten, desto höher ist der Index.

An sechs Probennahmeterminen liegt der Sörensen-Index (Mesostigmata-Arten, Abb. 10 a) für den Vergleich der A- und C-Fläche bzw. der B- und D-Fläche kleiner als 0,4. An drei Terminen trifft dieses auch für den Flächenvergleich A/B zu. Die Varianten C und D zeigen lediglich direkt nach der Pflugarbeit am 03.05.89 eine geringe Artenidentität. An allen anderen Terminen liegt der Sörensen-Index höher als 0,5.

Die Collembolen betreffend liegt die Artenidentität (Abb. 10 b) beim Vergleich der Flächen A und B, A und C sowie B und D an beiden Terminen direkt nach der Pflugarbeit verhältnismäßig niedrig zwischen 0,33 und 0,46. Alle übrigen Werte liegen höher als 0,5.

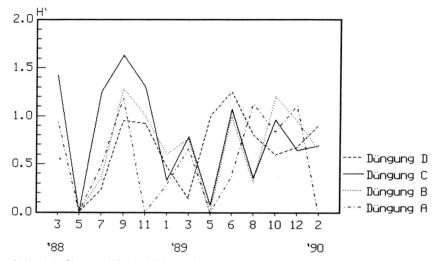

Abb. 11 a: Shannon-Wiener-Index bei Mesostigmata

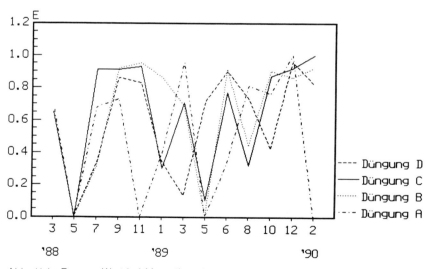

Abb. 11 b: Eveness-Wert bei Mesostigmata

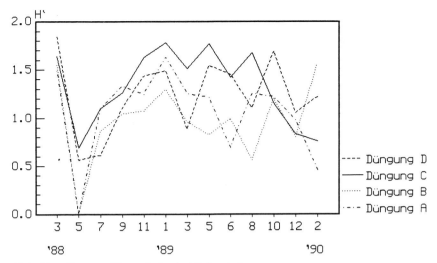

Abb. 12 a: Shannon-Wiener-Index bei Collembola

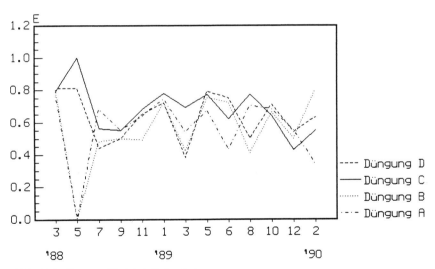

Abb. 12 b: Eveness-Wert bei Collembola

6.2.5 Shannon-Wiener-Index und Eveness-Wert

Mit Hilfe des Shannon-Wiener-Indexes kann eine Aussage zur Vielfalt der Zoozönosen gemacht werden, wobei in die Berechnung die Artenzahl und die Abundanzen der einzelnen Arten eingehen. Parallel dazu ist der Eveness-Wert berechnet worden, um die Gleichmäßigkeit der Verteilung zu beurteilen.
Bei den Mesostigmata zeigt der S-W-Index in allen Varianten extreme Schwankungen (Abb. 11 a). Da verhältnismäßig wenig Arten in die Berechnung eingehen, kommen die niedrigen Werte im wesentlichen durch eine geringe Gleichverteilung (siehe Eveness- Wert, Abb. 11 b) zustande. Auffällig sind die Einbrüche der Kurven nach den Bearbeitungsmaßnahmen. Die meisten Schwankungen zeigt die A-Variante, die wenigsten Schwankungen sind in der D-Variante zu verzeichnen.
Die Shannon-Wiener-Index-Kurven der Collembola (Abb. 12 a) liegen insgesamt höher als die der Mesostigmata und weisen auch nicht so extreme Schwankungen auf. Die niedrigen Werte werden hier sowohl durch Artenreduktion als auch durch eine geringe Gleichverteilung (Abb. 12 b) verursacht. Insgesamt läßt sich erkennen, das die S-W- Indices der einfachen Dosierungen (Fläche A und C) im Vergleich zur jeweiligen doppelten Dosierung (Fläche B und D) fast durchgängig höher liegen.

7. Abschließende Diskussion

Die in dieser Untersuchung zur Extraktion der Bodentiere benutzte Methode (MACFADYEN-Canister-Apparat) wird mit geringen Variationen heutzutage vielfach in der Bodenzoologie verwendet. Für Ackerbodenproben ist sie eine gebräuchliche Methode. Bei Beachtung bestimmter Bedingungen (siehe KOEHLER 1984) zur Probennahme und während der Extraktion sind die Ergebnisse miteinander vergleichbar.
Das Problem der inhomogenen Verteilung der Bodentiere wurde bei den Ergebnissen schon angeschnitten. Um die gesamte Bodenfauna zu erfassen, muß eine entsprechende Probenanzahl, die bezüglich des Aufbereitungs- und Auswertungsaufwandes angemessen sein muß, gezogen werden. Die acht Parallelproben pro Düngungsvariante werden als ausreichend angesehen.
Die gefundenen Abundanzen der Milben und Collembolen stimmen mit den Literaturangaben für Ackerböden überein (KARG 1967, TISCHLER 1980).
Der Vergleich auf der Gruppenebene der Milben ergibt eine signifikant höhere Besiedlung der organisch gedüngten Flächen für Meso-, Crypto- und Astigmata. ANDREN & LAGERLÖF (1983) berichten über höhere Abundanzen von Mesostigmata und Collembola in einer organisch gedüngten Variante verglichen zur mineralischen Düngung. Dabei scheinen Collembolen weniger stark durch Kultivierungs-

methoden beeinflußt zu werden als andere Tiere. Dies scheint auch in dieser Untersuchung zuzutreffen.

Bei den cryptostigmaten Milben handelt es sich um kleine Formen (*Brachychthonius*-Arten, *Oppiella nova*, *Tectocepheus velatus*), die in leichten Ackerböden vorkommen (KARG 1963). Sie treten in geringer Abundanz auf, jedoch häufiger in der C- als in der D-Variante. Nach HÖLLER (1959 in KARG 1969) nehmen Cryptostigmata zu, wenn Fäulnisvorgänge im Boden ab- und Humifizierungsprozesse zunehmen. Im Gegensatz dazu stehen die Wurzelmilben (*Tyrophagus*-Arten der Familie Acaridae), die den Hauptanteil der Astigmata in dieser Untersuchung bilden. Als Anzeiger für sauerstoffarme Bedingungen bevorzugen sie Fäulnisprozesse (KARG 1963, 1967, DUNGER 1983). Sie kommen signifikant häufiger in der D-Parzelle vor. KARG (1963) stellt fest, daß im Ackerboden zeitweise aerobe Prozesse und zeitweise anaerobe Prozesse überwiegen. Wird ein Boden z. B. durch Gülleausbringung extrem durchnäßt, und organische Substanz übermäßig zugeführt, treten Fäulnisprozesse auf (FRANZ 1961). Es ist möglich, daß die starke Gülledüngung in der D-Variante anaerobe Bedingungen vermehrt geschaffen hat. Die Familie Pyemotidae aus der Gruppe der Prostigmata tritt ebenfalls häufiger in der D- Parzelle auf. KREUZ (1963) weist eine Vermehrung der Pyemotidae durch Klärschlammdüngung nach.

Die Mesostigmata als Gruppe läßt keine signifikanten Unterschiede zwischen der C- und D-Variante erkennen. Auch eine Differenzierung auf der Gattungsebene Dendrolaelaps bringt kein anderes Resultat. Erst die Artbestimmung zeigt, daß *Dendrolaelaps latior* in der D- Variante signifikant häufiger vertreten ist, wohingegen *D. rectus* indifferent bleibt. Diese Raubmilbe wird als Acker- und Wiesenart beschrieben, die vorwiedend in humosen Sandböden vorkommt und mäßig feuchte Substrate bevorzugt (KARG 1971). *D. latior* ist u. a. in Komposthaufen und in altem Mist in der Erde gefunden worden. (KARG 1971, HIRSCHMANN & WISNIEWSKI 1982). Hier zeigt sich deutlich, wie wichtig die Bestimmung bis zur Art ist, und daß Arten einer Gattung unterschiedliche Habitatansprüche haben können.

Die anderen dominanten Mesostigmata-Arten *Alliphis siculus* und *Arctoseius cetratus* kommen häufiger in den C- und D-Varianten als in den A- und B-Parzellen vor, ohne die Folgen unterschiedlicher Gülledosierungen widerzuspiegeln. *A. siculus* ist eine typische Ackerbodenart. Diese Raubmilbe bevorzugt als Habitat organische Reste unter Staunässe und ist ein reiner Nematodenfresser (KARG, 1961, 1962, 1982). Nach KARG (1965) leben Eviphididae (*A. siculus* gehört zu dieser Familie) an besonderen Orten, wie Exkrementanhäufungen. Da die Nematodenfauna nicht speziell untersucht wurde, kann nicht beantwortet werden, ob durch die Gülledüngung der Nematodenbesatz gefördert wurde. *A. siculus* zeigt ein Abundanz-Maximum im Winter und Frühjahr (Abb. 4 a), und liegt damit zwischen den zwei Sommerpiks von *Arctoseius cetratus* (Abb. 4 b). In einer Untersuchung von KARG (1961) zeigt die Art *A. cetratus* im Ackerboden ebenfalls ein Abundanzmaximum im Sommer. Bei der Betrachtung des Bodentemperaturverlaufes (Abb. 1 b) fällt auf, daß die Maxima von *A. cetratus* in der warmen und trockenen Jahreszeit liegen. *A. cetratus* scheint trockenheitsresistenter zu sein als *A. siculus*. Diese Piks spiegeln sich auch in der Dominantenverteilung wider, als zu diesen Zeiten die Arten eudominant-dominant auftreten. Ob eine Nahrungskonkurrenz vorliegt ist schwer zu beantworten, da *A. siculus* nur Nematoden frißt und *A. cetratus* außerdem noch Collembolen und *Tyrophagus*-Arten.

Bei *Dendrolaelaps latior* erfolgt in der D-Variante ein langsamer Abundanzanstieg nach der Bearbeitungsmaßnahme im April 1988 bis zum Wintergetreideanbau im Oktober 1989 (Abb. 4 c). Lediglich die Bodenbearbeitung im April 1989 bedingt einen Einbruch. Zur Zeit der Getreideanbauphase nimmt die Abundanz wieder ab, während die Individuenanzahl von *D. rectus* gleichzeitig zunimmt (Abb. 4 d). Zum einen kann eine Nahrungskonkurrenz vorliegen, zum anderen mag *D. rectus* durch die stärkere Durchwurzelung der oberen 20 cm im Boden bessere Habitatbedingungen während des Getreideanbaus vorfinden.

Rhodacarellus silesiacus ist als euedaphische Raubmilbe subdominant in den Herbst- und Wintermonaten vertreten. Sie zählt zu den Acker- und Wiesenbodenarten und ernährt sich von Collembolen der Gattung *Mesaphorura* und von Nematoden. Nach KARG (1971) kann sie noch „im Sand an der Küste mit geringen Humusspuren existieren". In dieser Untersuchung kommt sie niemals in der doppelt gegüllten Variante vor und ist meistens in den mineralischen Parzellen anzutreffen.

Alle anderen aufgeführten Mesostigmata-Arten sind nur vereinzelt gefunden worden. In einer Untersuchung forstwirtschaftlich und landwirtschaftlich genutzter Böden stellte KARG (1967) fest, daß von fünf Pergamasus-Arten drei Arten ohne eine schützende Streudecke nicht mehr existieren konnten. Gerade im Maisanbau fehlt für ca. sechs Monate eine abdeckende Vegetationsschicht. Maisstoppeln erfüllen diesen Schutz nur unzureichend, so daß Arten der Gattung *Pergamasus* und der Gattung *Parasitus* unter den ungünstigen Lebensbedingungen nur sehr selten anzutreffen waren.

Bei Betrachtung der Tiefenverteilung wird deutlich, daß während des Maisanbaus ein hoher Prozentsatz der Milben und Collembolen in den oberen 8 cm des Bodens anzutreffen waren, wie auch WEIL & KROONTJE (1979) in ihrer Untersuchung bestätigen.

Unter den Springschwänzen sind es die Arten *Folsomia fimetaria*, *F. litsteri* und *Isotoma notabilis*, die signifikant häufiger in den organisch gedüngten Varianten vorkommen. *F. fimetaria* und *I. notabilis* werden als Arten angegeben, die bevorzugt in Ackerböden mit reicher organischer Substanz im Rotteprozeß vorkommen (HERGARTEN 1984, HÖLLER-LAND 1962). Ähnliches mag für *F. litsteri* gelten. Die Trennung der Arten *F. fimetaria* und *F. litsteri* war manchmal problematisch, denn die Beborstung des Manubriums, die ein wichtiges Merkmal zur Bestimmung darstellt, war bei einigen Tieren undeutlich ausgebildet (siehe auch HERGARTEN 1984).

Die von Rusek (1971) revidierte *Tullbergia krausbaueri* ist aus arbeitstechnischen Gründen nicht weiter unterteilt worden. Ein stichprobenartiges Durchsehen der *Mesaphorura*-Gattung ergab, daß schätzungsweise 68% der Tiere aus der *Yosii*-Gruppe, 30% aus der *Sylvatica*-Gruppe und 2% aus der *Krausbaueri*-Gruppe stammen. Alle drei Gruppen wurden in dieser Arbeit als Gattung *Mesaphorura* zusammengefaßt. Die Collembolen aus dieser Gattung scheinen Umwelteinflüssen gegenüber recht tolerant zu sein, wie das fast durchgängige Auftreten dieser Gruppe zeigt. Nach Sachse (1969 in Hergarten 1984)) besteht bei *M. krausbaueri* keine enge Korrelation zu Feuchtigkeitsverhältnissen, wie man es bei anderen Collembolen finden kann.

Hypogastrura (Untergattung *Hypogastrura s. str.*) *assimilis* zeigt beim Vergleich der Varianten keine signifikanten Unterschiede, und *Hypogastrura* (Untergattung *Ceratophysella*) *succinea* kommt nur vereinzelt vor, dann aber hauptsächlich in den gegüllten Varianten. Bei der Primärsukzession auf Bergbauflächen beschreibt Dunger (1991) die *Hypogastrura assimilis-Ceratophysella succinea*-Synusie als kennzeichnend für „ein Pionieroptimum an Standorten mit aktiver Entwicklung der Vegetation, das mikrobiologisch durch ein Maximum des Zelluloseabbaus und bodenkundlich durch die Anhäufung von Moderhumus gekennzeichnet ist". *H. assimilis* ist am stärksten im Januar und März 1989 vertreten. Nur zu dieser Zeit lagen auf den Ackerflächen besonders viele Maispflanzenreste, und Maisstoppeln steckten mit ihren Wurzelballen im Boden; abgestorbenes Pflanzenmaterial zum Zelluloseabbau.

Sowohl für die Collembolen als auch für die Milben erfolgt nach der Pflugarbeit eine starke Reduktion der Individuendichte. Dieser Effekt zeigt sich bei der Renkonen-Zahl (Abb. 9 a + b) und beim Sörensen-Index (Abb. 10 a + b), indem zu diesem Zeitpunkt die Dominanten- und Arten-Identität der vier Flächen herabgesetzt sein kann (siehe Ergebnisse). Sobald sich die Tiere erholt haben, stellt sich eine mittlere bis hohe Arten- und Dominanten-Identität ein. Zwar unterscheiden sich die mineralischen und organischen Varianten in ihrem Milbenbesatz häufiger voneinander, da aber in den Flächen insgesamt nur wenig durchgehend bestandsbildende Arten vorhanden waren, kann sich eher mal ein niedriger Index ergeben. Bei den Collembolen liegen nur die Werte der Mai-Termine nach der Pflugarbeit niedrig. Insgesamt ähneln sich die Flächen im Arteninventar und in der Häufigkeit, mit der die Arten vorkommen, so daß eine gemeinsame Ursprungsfauna anzunehmen ist.

Bei der Renkonen-Zahl ist zu beachten, daß sie sich aus den Relativ-Werten der Dominanz errechnet, so daß es zu Verschiebungen kommt, die nicht den Absolutzahlen entsprechen.

Bei der Betrachtung der Shannon-Wiener-Index-Kurven (Abb. 11 a, 12 a) fallen die starken Schwankungen auf. Der Eveness-Wert (Abb. 11 b, 12 b) zeigt, daß die Gleichverteilung der Arten genauso stark schwankt. Bei den im Vergleich zu den Collembolen weniger häufig vorkommenden räuberischen Mesostigmata ist dies besonders deutlich. Diese Unregelmäßigkeiten in Artenzahl und Äquität können Folge der intensiven Bewirtschaftung sein. Bei den Collembolen zeigt sich während der Maisanbauphase eine höhere Diversität in den einfach gedüngten Varianten als in den Parzellen mit doppelter Dosierung. Ob die geringere Diversität in den Flächen B und D durch die stärkere Düngung verursacht wurde, kann nicht mit Sicherheit behauptet werden, da alle anderen Beurteilungskriterien dies nicht eindeutig stützen.

Zum Beginn des Getreideanbaus haben sich bei einzelnen Mesostigmata- und Collembola-Arten Veränderungen im Besatz gezeigt. Es ist ein Indiz dafür, daß ein Fruchtwechsel Auswirkungen auf das Edaphon hat.

Abschließend läßt sich sagen, daß bei den Mesostigmata lediglich vier bestandsbildende Arten zu verzeichnen sind. *Alliphis siculus* und *Arctoseius cetratus* werden von GLOCKEMANN & LARINK (1989) als euryöke Arten eingeordnet.

Die Collembolen weisen acht bestandsbildende Arten während des Maisanbaus auf, die als äußerst tolerante bzw. Rotte-bevorzugende Arten in der Literatur aufgeführt sind.

Diese Mesostigmata- und Collembola-Arten werden im wesentlichen durch Düngung gefördert, so daß aufgrund der Düngung allein ein Artenrückgang nicht nachzuweisen ist. ANDREN und LAGERLÖF (1983) schreiben, daß organische und mineralische Düngung normalerweise Bodenarthropoden fördert. Bei einer einmaligen hohen Düngergabe gekoppelt mit ungünstigen klimatischen Bedingungen können toxische Mengen von Ammoniak entstehen oder der osmotische Druck im Bodenwasser wird zu groß. Die resistentesten Tiere vertragen weniger als ein hundertstel Prozent Ammoniak (MOURSI 1962). Der Arten- und Individuen-Rückgang direkt nach dem Pflügen der Felder kann durch Düngung kurzzeitig verstärkt werden.

Daß wenig bestandsbildende Arten gefunden wurden, kann außerdem die Folge der Jahre zurückliegenden Tiefpflugarbeit sein. Nach DUNGER (1982) haben Böden ein „Langzeitgedächnis", was die euedaphe Fauna betrifft, da sich die physikochemischen Bedingungen im Boden nur langsam verändern und eine Besiedlung durch das Euedaphon nur allmählich geschieht. Das Tiefpflügen zum Beheben der Bodenverdichtung hat das Euedaphon stark beeinträchtigt, so daß sich die kleineren Formen der tieferen Bodenschichten erst langsam entwickeln und damit für längere Zeit (Löschzeiten von mehr als 100 Jahren) den alten Bodenzustand und die Störung anzeigen. *A. siculus* und *A. cetratus* können allerdings durch Phoresie an Käfern und Dipteren neue Habitate schnell erschließen, was ihre verhältnismäßig hohe Abundanz erklärt.

Die intensive Wirtschaftsweise im Maisanbau läßt als Faktorenkomplex nur das Überleben weniger Arten zu. Als besonders Ausschlag gebend ist die Pflugarbeit (BUTZ-STRAZNY & EHRNSBERGER 1988) und der lange Zeit frei liegende Boden (BAUCHHENSS 1986) zu nennen. Die starke Düngung birgt, wie bekannt, die Gefahr der Nitratauswaschung ins Grundwasser, die für die B- und D-Varianten als extrem hoch anzusehen ist (POPPE 1990). HOFFMANN (1989) schreibt, daß „neben der Reduzierung der Artenvielfalt und Beeinträchtigung der Bodenfruchtbarkeit vor allem die hohe Nitratauswaschungsrate unter Maiskulturen kritisiert wird". Betrachtet man Monokulturen nach den ökologischen Grundregeln, so wirkt sich die Produktion einer Kulturpflanze (z. B. Mais) negativ auf die meisten übrigen Pflanzen- und Tierarten aus. Begünstigt werden einzelne Arten, die z. T. durch Massenvermehrung zu Schädlingen werden (HEYDEMANN & MEYER 1983).

Besonders die Bodentiere mit ihren vielen verschiedenen Nahrungsspezialisten sind für den Ackerboden sehr wichtig, indem die Bodentiergemeinschaft selbst als ein abbauendes Speichersystem anzusehen ist, das die organische Substanz (z. B. Streureste, Düngung) in die tierische Nahrungskette aufnimmt und damit verzögert und kontinuierlich an den Boden freiläßt (BAUCHHENSS 1986). Einer schnellen Mineralisierung und einem eventuellen Verlust an Nährstoffen durch Auswaschung wird durch die Bodentiere entgegengewirkt. Außerdem tragen die Bodentiere zur Stabilisierung der Bodenstruktur bei, was den Wasser- und Lufthaushalt des Bodens begünstigt.

Schonende Bodenbearbeitung, bedarfs- und zeitgerechte Düngung und ganzjährige Bodenbedeckung schützen die verschiedensten Bodentierarten, die in ihrer Mannigfaltigkeit eng mit der Entstehung und Erhaltung der natürlichen Bodenfruchtbarkeit verknüpft sind.

8. Zusammenfassung

In der vorliegenden Arbeit sollte der Einfluß von organischer Düngung (Schweinegülle, 3 Dungeinheiten) und mineralischer Düngung (170 kg N pro ha) in einfacher und doppelter Dosierung auf Milben (speziell Raubmilben, Mesostigmata) und Springschwänze (Collembola) untersucht werden.

Es handelte sich um einen sandigen Boden, der als mittel humos eingestuft und dem Bodentyp Gley-Podsol zugeordnet wurde. Im Untersuchungszeitraum (29.03.88 — 27.02.90) wurde bis zum 22.09.89 Mais angebaut, danach Wintergetreide.

In den vier Vergleichsflächen wurden im 2-8-Wochen-Abstand pro Fläche 8 Proben aus 16 cm Tiefe gezogen, die in jeweils 4 Tiefenfraktionen unterteilt waren (insgesamt 128 Einzelproben pro Termin). Mit Hilfe einer gebräuchlichen Auslesemethode (MACFADYEN- Canister-Apparat) geschah die Extraktion der Milben und Springschwänze. Nach Herstellung von Dauerpräparaten erfolgte die Einordnung in Großgruppen und für die Mesostigmata und Collembola die Determinierung auf Artebene. Bestimmt wurden 14.193 Milben und 10.950 Springschwänze. Die Abundanz der Milben lag zwischen 140 und 98.000 Tieren und für die Springschwänze zwischen 120 und 42.000 Individuen pro m^2 und 16 cm Tiefe. Diese Abundanzwerte sind als auf 1 m^2 hochgerechnete Summen zu verstehen.

Insgesamt wurden 22 mesostigmate Milbenarten und 22 Collembolenarten gefunden. Beim Vergleich zwischen der einfach und doppelt mineralischen Düngungsvariante ergaben sich keine signifikanten Unterschiede im Milben- bzw. Collembolenbesatz. Die organische Düngung förderte im Vergleich zur mineralischen Düngung die vorhandenen ackerbodentypischen Arten (*Alliphis siculus, Arctoseius cetratus, Dendrolaelaps latior; Folsomia fimetaria, F. litsteri, Isotoma notabilis*) in ihrer Individuenanzahl signifikant. Die fäulnisliebenden Acaridae (Astigmata) traten besonders häufig in der Parzelle mit doppelter Gülledüngung auf. Auch die u. a. im Kompost anzutreffende Art *Dendrolaelaps latior* wurde in dieser Parzelle signifikant häufiger gefunden. Arten, die Habitate mit relativ geringer organischer Substanz (*Rhodacarellus silesiacus*) bzw. Humifizierungsprozesse bevorzugen (Cryptostigmata-Arten), waren eher in den mineralisch gedüngten Varianten bzw. in der einfach gegüllten Fläche zu finden.

Im Gesamtüberblick zeigt sich, daß Unterschiede in Abundanz und Dominanz zwischen den mineralisch gedüngten Flächen und den organisch gedüngten Flächen klar zu erkennen sind. Dosierungsunterschiede spiegeln sich nicht so deutlich wieder. Berücksichtigt werden muß dabei, daß durch die intensiven Bearbeitungsmaßnahmen im Maisanbau insgesamt eine Reduktion der Milben- und Collembolenarten vorliegt, so daß erkennbare Einflüsse unterschiedlicher Dosierungen durch die Auswirkungen von Pflugarbeiten und Herbizideinsatz evtl. überlagert wurden. Zum Schutz der Milben und Collembolen, die im Boden wichtige Funktionen übernehmen, ist eine mäßige organische Düngung durchzuführen und die Bearbeitungsintensität des Bodens zu vermindern.

Anhang

Dominanzklassen nach ENGELMANN (1978)

subrezedent	< 1%
rezedent	1.0- 3.1%
subdominant	3.2- 10.0%
dominant	10.0- 31.9%
eudominant	31.9-100.0%

Anschrift der Autoren:

Dipl.-Biol. Frauke Butz-Strazny, Prof. Dr. Rainer Ehrnsberger, Universität Osnabrück, Standort Vechta, Fachbereich Naturwissenschaften/Mathematik, W-2848 Vechta

Thomas Kampmann

Untersuchungen zu Auswirkungen unterschiedlicher ackerbaulicher Produktionssysteme (Dünger, Pflanzenschutzmittel) auf Bodenmilben

mit 6 Abbildungen und 2 Tabellen

Abstract

In a research project of soil organisms in agricultural crops soil mites were investigated. Different crops (winter-wheat, winter- barley, sugar-beet) were cultivated in succession of crops. Each crop in the field was divided into four areas which received different fertilizer and plant protection products:

I_0 = Production of plants without plant protection, fertilizer in minimum.

I_1 = Extensive production of plants with an application of N-fertilizer and plant protection products lower than optimum.

I_2 = Integrated production of plants with the aim of highest efficiency by minimum expenditure.

I_3 = Intensive production of plants using all admitted and essential products to obtain maximum output with the highest efficiency. Preventive application of plant protection products.

Soil samples were taken in intervals of four weeks and were divided into two depth of 0-5 cm and 5-10 cm. 47500 mites were determined alltogether which could be classified into 49 taxa (from species to families). The density of individuals/m^2 was 10000 to 20000 in average and there were influences in some taxa by the different crops (especially by the difference of cereals and sugar-beet). The influence of cultivation was very different:
— Some taxa were not influenced by the different intensities.
— Some other taxa were influenced a little by the intensities (especially in the difference of I_0 to the other three intensities).
— A few taxa were strongly influenced by the different intensities (continous decrease respectively increase with increasing intensities).

The reasons for these relationships could not be analysed in this research project. The dominant species seemed to be able to adapt to changing environmental conditions, while the populations of less dominant species were damaged by increasing impacts in cultivation systems.

Keywords

soil mites, taxa, density, distribution, crops, intensities, ferilizer, pesticides

1. Einleitung
2. Standort, ackerbauliche Maßnahmen, Probenahme
3. Ergebnisse
3.1 Einfluß der Kulturen
3.2 Einfluß der Intensitätsstufen
4. Diskussion

1. Einleitung

In der modernen Landwirtschaft wird der Boden häufig nur unter produktionswirtschaftlichen Gesichtspunkten als Standort für Pflanzenwachstum und Ertrag angesehen. Aber der Boden ist auch Lebensraum für eine Vielzahl pflanzlicher und tierischer Organismen, die an den organischen und anorganischen Stoffumsätzen und -kreisläufen beteiligt sind.

Milben treten im Ackerboden in großer Zahl auf (mittlere Individuendichte 6000-20000 Tiere/m^2) (Huhta et al. 1979, Lübben 1987). Durch die große Individuenzahl und ihre Zugehörigkeit zu unterschiedlichen Ernährungsformen (Verzehr von Pilzen, Mikroben, toter organischer Substanz und Räuber) kommt ihnen eine große Bedeutung im Boden zu. Um so wichtiger sind daher auch Kenntnisse, wann Bodenmilben im Acker durch die landwirtschaftliche Produktionsweise nachhaltig geschädigt werden könnten.

Die Auswirkungen verschiedener Bearbeitungs- und Pflanzenschutzmaßnahmen auf die Milbenfauna von Ackerböden wurden schon häufig untersucht (Baudissin 1952, Baring 1956, 1957, Höller 1962, Karg 1961 a, 1965, 1967 a, 1967 b, Edwards & Stafford 1979, Regh-Melcher 1990 u. a.). Doch die Prinzipien der landwirtschaftlichen Produktionsweise haben sich gewandelt. Der intensive Pflanzenbau ist dem integrierten Pflanzenbau gewichen, in dem unter Beachtung ökonomischer und ökologischer Anforderungen alle geeigneten und vertretbaren Verfahren des Acker- und Pflanzenbaus, der Pflanzenernährung und des Pflanzenschutzes in möglichst guter Abstimmung aufeinander verwendet werden (Philipp 1988).

Um die Auswirkungen des unterschiedlich hohen Dünge- und Pflanzenschutzmittel-Einsatzes auf die Bodenorganismen erkennen zu können, wurden in einem Forschungsprojekt* verschieden hohe Produktionsintensitäten, die sich vor allem durch den Einsatz von Dünge- und Pflanzenschutzmitteln unterschieden, untersucht. Ziel dieses Projektes war u. a., eine möglichst vollständige Bestandsaufnahme der Bodenmilben und ihrer Populationsentwicklung durchzuführen.

*gefördert durch das Bundesministerium für Forschung und Technologie

Zusätzlich sollten die Auswirkungen verschiedener Ackerbaukulturen und des unterschiedlich hohen Dünge- und Pflanzenschutzmittel-Einsatzes auf die Milben ermittelt werden.

2. Standort, ackerbauliche Maßnahmen, Probenahme

Die Untersuchungen wurden auf der ca. 36 ha großen Versuchsfläche „Ahlum" der Biologischen Bundesanstalt für Land- und Forstwirtschaft (BBA) östlich der Stadt Wolfenbüttel bei Braunschweig durchgeführt (Deutsche Grundkarte 1:5000, Blatt Atzum-Süd, Nr. 3829/8). Am Standort herrschen flachwellige Lößbörden vor, aus denen sich als Bodentypen Parabraunerden und Pseudogley-Parabraunerden entwickelten. Der Standort gehört der subkontinentalen Bergvorlandregion an. Das langjährige Mittel der Niederschläge liegt bei 638 mm. Die klimatische Wasserbilanz ist positiv, auch wenn in der Hauptvegetationszeit Defizite bis zu 100 mm auftreten. Die Versuchsfläche war bereits sechs Jahre vor Beginn der Untersuchungen in drei gleich große Teilflächen von je 12 ha unterteilt worden, auf denen nacheinander Zuckerrüben, Winterweizen und Wintergerste angebaut wurden. Von 1987–1989 wurde jede dieser Teilflächen ihrerseits in vier verschieden hohe Intensitätsstufen unterteilt, auf denen in unterschiedlich hohen Mengen Dünge- und Pflanzenschutzmittel ausgebracht wurden (Abb. 1, Tab. 1).

Die acker- und pflanzenbaulichen Maßnahmen erfolgten nach den Prinzipien einer ordnungsgemäßen Landbewirtschaftung. Folgende Maßnahmen waren in allen Intensitätsstufen gleich:
— Die wendende Bodenbearbeitung,
— die Grunddüngung,
— die Aussaat als Drillsaat,
— die Saattechnik.

Während die Aussaatstärke bei den Zuckerrüben einheitlich war, lag sie beim Getreide zwischen 280 und 450 Körnern/m^2 je nach Intensität. Folgende Intesitätsstufen hinsichtlich des Dünge- und Pflanzenschutzmittel-Einsatzes wurden unterschieden:

I_0 = Pflanzenproduktion ohne Pflanzenschutz, minimaler Düngemittel-Einsatz.
I_1 = Extensive Pflanzenproduktion mit suboptimalem Einsatz an N-Düngung und Pflanzenschutzmitteln.
I_2 = Integrierte Pflanzenproduktion mit dem Ziel eines möglichst hohen Naturalertrages bei Minimierung des Aufwands. Einsatz von Pflanzenschutzmitteln erfolgt nach Schadensschwellen-Ermittlung.
I_3 = Intensive Pflanzenproduktion unter Ausnutzung aller zugelassenen und erforderlichen Mittel zur Erzielung eines maximalen Naturalertrages bei möglichst hoher Wirtschaftlichkeit. Prophylaktischer Einsatz von Pflanzenschutzmitteln.

Die Probenahme erfolgte von April 1987 — November 1989 auf allen drei Schlägen und in allen vier Intensitäten. Infolge der hohen Individuenzahlen und des

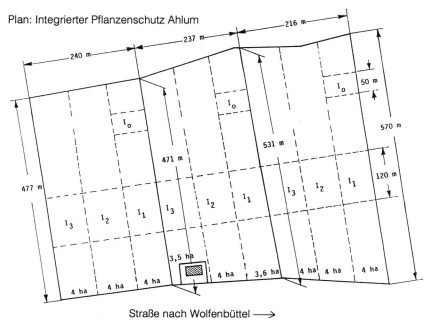

Abb. 1: Die Versuchsfläche „Ahlum" mit Aufteilung der Schläge und Intensitäten

	Intensitätsstufen			
	I_0	I_1	I_2	I_3
Düngung (ohne Grunddüngung)				
Winterweizen (1987)	150 kg/ha	660 kg/ha	810 kg/ha	910 kg/ha
Wintergerste (1988)	260 kg/ha	555 kg/ha	660 kg/ha	780 kg/ha
Pflanzenschutzmittel				
Winterweizen Herbizide	—	4.0 l/ha	4.0 l/ha	8.5 l/ha
(1987) Fungizide	—	2.8 l/ha	5.8 l/ha	8.3 l/ha
Wachstumsregler	—	1.0 l/ha	2.0 l/ha	2.5 l/ha
Insektizide	—	—	0.15 kg/ha	0.36 kg/ha
Wintergerste Herbizide	—	4.0 l/ha	6.5 l/ha	9.0 l/ha
(1988) Fungizide	—	—	0.5 l/ha	2.2 l/ha
Wachstumsregler	—	—	1.5 l/ha	2.0 l/ha
Aussaat Gründüngung (1988) (20 kg/ha Gelbsenf)	+	+	+	+

Tab. 1: Aufwandmengen von Dünge- und Pflanzenschutzmitteln in den Kulturen von Schlag II, von denen Bodenmilben bearbeitet wurden

hohen Bestimmungsaufwands wurde in allen drei Kulturen (Winterweizen, Wintergerste, Zuckerrübe) nur ein Zeitraum von sechs Monaten (April bis September) bearbeitet. In einem Schlag wurde ein Zeitraum von 18 Monaten (Winterweizen, Wintergerste und Zwischenfrucht im zeitlichen Nacheinander) untersucht.
Die Bodenproben wurden in vierwöchigem Abstand in 100 m^2 großen Parzellen gezogen:
— Pro Intensität wurden sieben Proben zu je zwei Einstichen von 5 cm Durchmesser genommen.
— Die Proben wurden bis zu einer Tiefe von 10 cm genommen und in die zwei Tiefenstufen 0-5 und 5-10 cm unterteilt.
— Bei der Probenahme wurde differenziert zwischen Proben in den Saatreihen (vor allem in den Getreidekulturen mit Pflanze) und zwischen den Saatreihen.
Die Bodenproben wurden invers und leicht zerbröckelt in einem modifizierten Macfadyen-Extraktor (high-gradient extraction) (Macfadyen 1961, Schauermann 1982) innerhalb von 12 Tagen extrahiert. Die Extraktion begann bei 22° C und endete bei 45° C. Pro Tag wurde die Temperatur um ca. 3° C erhöht, wobei sie bei 25° C und 42° C für jeweils drei Tage konstant blieb. Zu Beginn der Extraktion wurden die Bodenproben oben abgedeckt, damit keine Tiere nach oben entkommen konnten. Die Bodentiere, die auf diese Weise durch Eintrocknung der Proben von oben nach unten ausgetrieben wurden, fielen in eine Fixierflüssigkeit, die aus 40%iger Pikrinsäurelösung (ab Juli 1989 aus 5%igem Natriumbenzoat) bestand. Die Milben (und auch die Collembolen) wurden aussortiert und bis zur Art bestimmt.
Insgesamt wurden 47500 Milben bestimmt und ausgewertet. Dabei mußte auf eine weitergehende Bestimmung bei den Schildkrötenmilben (Uropodina), der Familie der Tydeidae und der Rhagidiidae (Großkiefermilben) verzichtet werden. Die Bestimmung erfolgte nach Balogh (1972), Evans & Till (1979), Fain (1976), Karg (1971, 1989), Krantz (1978), Krczal (1959), Mahunka (1964, 1969, 1972), Schweizer & Bader (1963), Sellnick (1960), Türk & Türk (1959), Willmann (1931), Woas (1986).

3. Ergebnisse

3.1 Einfluß der Kulturen

Insgesamt wurden 23 Milbenfamilien gefunden, die den vier Unterordnungen der Gamasida (Raubmilben), Actinedida, Acaridida und Oribatida (Moosmilben) zugeordnet werden konnten.
Von insgesamt 49 systematischen Gruppen (Arten bis Familien) fanden sich in der Zuckerrübenkultur 36, im Winterweizen 44 und in der Wintergerste 42. Einige Arten aus all diesen systematischen Gruppen kamen entweder nur in der einen

oder anderen Kultur vor. Gemeinsam ist aber all diesen Arten, daß sie nur in wenigen Individuen gefunden wurden. Deshalb läßt sich auch nicht entscheiden, ob diese Arten wirklich nur in der jeweiligen Kultur vorkamen oder ob sie wegen der geringen Individuenzahlen nur zufällig in dieser einen Kultur gefunden wurden. Alle übrigen 34 Arten wurden in allen drei Kulturen gefunden (Tab. 2).
Die Häufigkeitsverhältnisse (Dominanzen) der in allen Kulturen vorkommenden Arten zeigt (Tab. 2), daß die Raubmilbe *Alliphis siculus* mit einem Anteil von 10 Prozent und mehr mit die häufigste Bodenmilbe auf dem Acker war. Sie ernährt sich ausschließlich von Fadenwürmern (KARG 1971). Auch die Familie der Tydeidae war mit über 10% Anteil in allen Kulturen zu finden. Dominant (10-5% Anteil) waren vier Arten: Die Raubmilbe *Arctoseius cetratus*, die Weichhautmilbe *Bakerdania blumentritti* und die Modermilbe *Histiostoma strenzkei* sowie die Fadenfußmilbe *Tarsonemus sp.*. Alle übrigen 37 systematischen Einheiten (Taxa) wurden mit weniger als 5% Anteil gefunden. Somit verteilte sich bei den Bodenmilben der größte Teil der Individuen auf nur acht systematische Einheiten (Arten bis Familien). Während die Raubmilbe *Alliphis siculus* in den beiden Getreidekulturen und der Zuckerrübenkultur gleichmäßig stark vertreten war, wurde die Familie der Tydei-

TAXA	Zuckerrübe %	Winterweizen %	Wintergerste %
G A M A S I D A			
Alliphis siculus (OUDEMANS, 1905)	10.0	14.7	10.9
Hypoaspis aculeifer (CANESTRINI, 1883)	1.3	*	1.0
Arctoseius cetratus (SELLNICK, 1940)	6.2	5.4	11.8
Rhodacarellus silesiacus WILLMANN, 1935	1.9	1.2	2.3
Dendrolaelaps foveolatus (LEITNER, 1949)	1.1	2.5	*
POLYASPIDAE	*	*	1.9
A C T I N E D I D A			
TYDEIDAE	20.3	11.2	10.5
Siteroptes graminum (REUTER, 1900)	*	1.6	3.0
Bakerdania blumentritti KRCZAL, 1959	7.0	10.5	15.5
Bakerdania sellnicki KRCZAL, 1958	4.7	8.3	6.7
Scutacarus acarorum (GOEZE, 1780)	1.9	*	*
Tarsonemus sp.	*	10.9	7.5
A C A R I D I D A			
Tyrophagus infestans (BERLESE, 1884)	1.4	8.4	*
Troupeauia nova (OUDEMANS, 1906)	*	2.4	1.4
Histiostoma strenzkei SCHEUCHER, 1959	6.4	12.9	8.3
O R I B A T I D A			
Tectocepheus velatus (MICHAEL, 1880)	24.7	3.2	5.9
Oppiella obsoleta (PAOLI, 1908)	2.8	1.1	*

Tab. 2: Systematische Zuordnung der häufigsten Milbentaxa und ihr prozentualer Anteil in den drei Kulturen (*<1% Anteil)

dae und die Moosmilbe *Tectocepheus velatus* sehr viel häufiger in der Zuckerrübenkultur als in den Getreidekulturen gefunden. Die Weichhautmilbe *Bakerdania blumentritti* und die Fadenfußmilbe *Tarsonemus sp.* wurden dagegen weit häufiger in den Getreidekulturen ermittelt.

Die Verteilung der Bodenmilben in den beiden Tiefenstufen (0 — 5 cm und 5 — 10 cm) zeigt deutlich, daß ca. 75 — 85% aller Milben in den oberen 5 cm des Ackerbodens lebten (Abb. 2 a). Die Bodenmilben sind gezwungen, das vorhandene Porensystem des Bodens zu nutzen. Somit gibt die Verteilung der Milben mit der Tiefe auch die Porensituation im Boden wider, die mit zunehmender Tiefe rasch abnimmt (von Regenwurmgängen einmal abgesehen).

Aber auch die horizontale räumliche Verteilung innerhalb der obersten 10 cm des Bodens ist nicht gleichmäßig. So ist die Individuendichte in den Saatreihen (vor allem in den Getreidekulturen) etwa doppelt so hoch wie zwischen den Saatreihen (Abb. 2 b). Der Populationsverlauf der Bodenmilben über einen Zeitraum von sechs Monaten (April — September 1987) ließ zwischen den verschiedenen Kulturen nur geringe Unterschiede erkennen. Lediglich im August und September wurden hohe Individuendichten (bis zu 30000 Ind./m^2) ermittelt.

3.2 Einfluß der Intensitätsstufen

In den vier Intensitäten (I_0, I_1, I_2, I_3) eines Schlages mit der Kulturfolge Winterweizen, Wintergerste und Zwischenfrucht wurden die Bodenmilben über einen Zeitraum von 18 Monaten untersucht. Dabei wurden insgesamt 22 Milbenfamilien mit 44 systematischen Einheiten (Arten bis Familien) gefunden.

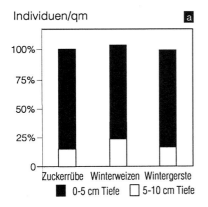 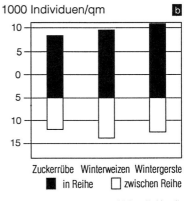

Abb. 2: Räumliche Verteilung der Bodenmilben auf der Versuchsfläche „Ahlum" (April-September 1987) — a) nach der Tiefe, b) nach den Saatreihen

Die einzelnen Intensitäten unterschieden sich nicht oder nur unbedeutend in der Zahl der systematischen Einheiten (Taxa) voneinander. So wurden in I_0 34, in I_1 36, in I_2 37 und in I_3 35 Taxa gefunden. Vereinzelt kamen Taxa nur in einer oder zwei der vier Intensitäten vor. Doch schien dies eher zufallsbedingt zu sein und nicht mit einem niedrigeren oder höheren Einsatz von Dünge- und Pflanzenschutzmitteln zusammenzuhängen. Die prozentuale Verteilung der Milbentaxa nach der Häufigkeit war ähnlich wie in den Kulturen.
Die mittlere Häufigkeit (Abundanz) der gesamten Milben in den vier Intensitätsstufen läßt keine Unterschiede erkennen (Abb. 3). Diesen Ergebnissen zufolge scheint kein Einfluß von Dünge- und Pflanzenschutzmitteln auf die Bodenmilben zu erfolgen. Betrachtet man hingegen die einzelnen Milbentaxa, so sind verschiedene Auswirkungsgrade im Vergleich der jeweiligen Intensitätsstufen unterscheidbar:
— Taxa ohne oder mit nur geringem Einfluß der Intensitätsstufe,
— Taxa mit deutlicherem, aber undifferenziertem Einfluß der Intensitätsstufe,
— Taxa mit einem unmittelbaren Zusammenhang zur Höhe der Intensitätsstufe.

3.2.1 Taxa ohne oder mit nur geringem Einfluß der Intensität

Bei der Raubmilbe *Alliphis siculus* lag die mittlere Individuenzahl zwischen 2000 und 3000 Ind./m^2, je nach Intensität (Abb. 4 a). Die Individuendichte war in den beiden Intensitätsstufen I_0 und I_2 etwas niedriger als in den anderen beiden Stufen. Tendenzen mit Zunahme der Intensitätsstufen waren nicht erkennbar. Ähnliches konnte beispielsweise auch bei der Familie der Tydeidae beobachtet werden (Abb. 4 b). Hier lag die mittlere Individuendichte zwischen 1500 und fast 2500 Ind./m^2. In der Intensität I_1 war sie gegenüber den anderen Intensitäten

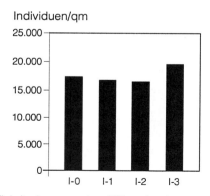

Abb. 3: Mittlere Häufigkeit der gesamten Milben in den verschiedenen Intensitäten (Schlag II, April 1987-September 1988)

deutlich erniedrigt. Tendenzen waren auch hier nicht mit steigender Intensitätsstufe zu erkennen.

3.2.2 Taxa mit deutlicherem Einfluß der Intensität

Zu dieser Gruppe gehört z. B. die Fadenfußmilbe *Tarsonemus sp.*, von der ähnlich hohe Individuenzahlen in den drei Intensitätsstufen I_1, I_2 und I_3 gefunden wurden (Abb. 5 a). Sie betrugen ca. 1500 Ind./m^2 im Mittel. In der Intensitätsstufe I_0 hingegen wurde mit fast 3000 Ind./m^2 eine nahezu doppelt so hohe Individuendichte ermittelt. Ein Einfluß der Höhe der Intensitätsstufe (Dünge- und Pflanzenschutzmittel-Einsatz) ist in diesem Fall recht wahrscheinlich. Auch wenn er sich nur im Unterschied von I_0 zu den anderen drei Intensitätsstufen zeigt. Während in I_0 keinerlei Pflanzenschutzmittel ausgebracht worden waren, galt dies nicht für I_1 bis I_3 (Tab. 1). Da andererseits in I_0 keine ausreichende mechanische Unkrautbekämpfung stattfand, lagen in dieser Intensität infolge eines hohen Unkrautbesatzes andersartige Biotopbedingungen vor. Dies könnte die fast doppelt so hohe Individuendichte der Fadenfußmilbe in I_0 erklären. Bei der Weichhautmilbe *Bakerdania blumentritti*, die mit mittleren Individuendichten von 1500 bis 2500 Ind./m^2 vorkam, wurde ebenfalls ein Einfluß der Intensitätsstufe beobachtet (Abb. 5 b).

Einerseits ist auch hier wieder ein Unterschied zwischen I_0 und den anderen Intensitäten in der mittleren Individuenzahl zu erkennen, andererseits erfolgte aber innerhalb der drei Intensitätsstufen I_1 bis I_3 mit Zunahme des Dünge- und Pflanzenschutzmittel-Einsatzes eine kontinuierliche Zunahme der mittleren Individuendichte. Der Unterschied zwischen I_0 und den anderen Intensitäten hängt

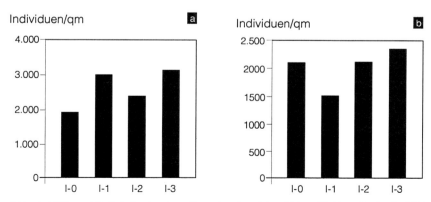

Abb. 4: Mittlere Häufigkeit einzelner Taxa in den Intensitäten (Schlag II, April 1987 -September 1988) — a) Raubmilbe *Alliphis siculus*, b) Familie der Tydeidae

unter Umständen wieder mit den veränderten Biotopbedingungen zusammen, die eine Folge des Dünge- und Pflanzenschutzmittel-Einsatzes sind.

3.2.3 Taxa mit einem eindeutigen Zusammenhang zur Intensität

Treten kontinuierliche Zu- bzw. Abnahmen der mittleren Individuendichte über alle Intensitäten auf, liegt ein Zusammenhang zur Höhe der Intensität nahe (Abb. 6 a, b). Dies war z. B. bei der Gräsermilbe *Siteroptes graminum* der Fall (Abb. 6 a). Die mittlere Individuendichte lag zwischen 170 und 500 Ind./m^2. Es ist eine kontinuierliche Abnahme der Individuenzahl mit Zunahme des Dünge- und Pflanzenschutzmittel-Einsatzes zu erkennen.

Bei der Raubmilbe *Dendrolaelaps foveolatus* ist die gegenteilige Reaktion zu beobachten: Zunahme der Individuendichte mit steigendem Dünge- und Pflanzenschutzmittel-Einsatz (Abb. 6b). Die mittlere Zahl der Tiere schwankte hier zwischen 20 bis fast 1000 Ind./m^2 und damit sehr stark. Inwieweit eine Zunahme dieser Raubmilbe in den höheren Intensitäten eine Folge der Zunahme des Pflanzenschutzmittel-Einsatzes ist, müßten weitere Untersuchungen zeigen. Denkbar ist z.B. ein vermehrtes Nahrungsangebot an Beuteorganismen durch verstärkten Einsatz von Pflanzenschutzmitteln, insbesondere Insektiziden.

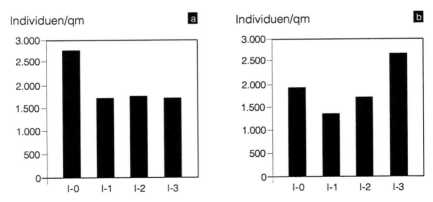

Abb. 5: Mittlere Häufigkeit einzelner Taxa in den Intensitäten (Schlag II, April 1987 -September 1988) — a) Fadenfußmilbe *Tarsonemus sp.*, b) Weichhautmilbe *Bakerdania blumentritti*

4. Diskussion

4.1 Einfluß der Kulturen

Ebenso wie an anderen Ackerstandorten in Mitteleuropa und in anderen Kulturen waren die Moosmilben (Oribatida) nur mit wenigen Taxa vertreten (BARING 1956, HÖLLER, 1962, PRASSE 1978, VOGEL 1979).
BARING (1956) ermittelte vor allem *Oppia*-Arten und *Tectocepheus velatus* und PRASSE (1978) fand *T. velatus* mit 7-16% Anteil. Am Standort Ahlum wurden 25% (Zuckerrüben) und 3-6% (Getreide) ermittelt (KAMPMANN 1991). In Getreidekulturen an vergleichbaren Standorten in Mitteleuropa ergaben sich ähnliche Zusammensetzungen der Milbengesellschaften (PRASSE 1978, HEISLER 1989).
Die ungleichmäßige Verteilung der Milben nach der Tiefe und nach den Saatreihen hängen mit dem abnehmenden Porenvolumen mit zunehmender Tiefe und einer ungleichmäßigen Durchwurzelung des Bodens zusammen. Porensituation und Durchwurzelungsgrad sind typische Verteilungscharakteristika der Bodenmesofauna. Die stärker durchwurzelten Saatreihen bieten den Milben nahezu in allen Jahreszeiten einen bevorzugten Lebensraum.

4.2 Einfluß der Intensitäten

Untersuchungen zum Einfluß unterschiedlicher landwirtschaftlicher Wirtschaftsweisen auf die Bodenmilben erfolgten bisher nur bei einem Vergleich von biologisch-dynamischem und konventionellem Anbau (REGH-MELCHER 1990). Bei

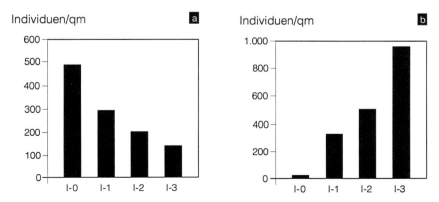

Abb 6: Mittlere Häufigkeit einzelner Taxa in den Intensitäten (Schlag II, April 1987 -September 1988) — a) Gräsermilbe *Siteroptes graminum*, b) Raubmilbe *Dendrolaelaps foveolatus*

den vier Intensitätsstufen handelt es sich quasi um vier verschiedene Anbausysteme, die sich vor allem im unterschiedlich hohen Einsatz an Dünge- und Pflanzenschutzmitteln unterscheiden. Deshalb sind auch keine detailierten Schlußfolgerungen möglich, welcher Faktor für die Zu- bzw. Abnahme der Individuenzahl in den jeweiligen Intensitäten verantwortlich ist. Vielmehr handelt es sich in der vorliegenden Untersuchung um eine beschreibende Darstellung zwischen den Milbengruppen, ihren Individuenzahlen und den verschiedenen Intensitätsstufen. Es zeigte sich, daß eine Auswertung durch Darstellung der mittleren Individuenzahl aller Milben (unabhängig von der systematischen Zugehörigkeit) zu wenig verwertbaren Ergebnissen führt (Abb. 3). Es waren keine Unterschiede zwischen den verschiedenen Intensitäten erkennbar.

Erst die Aufschlüsselung nach systematischen Einheiten (möglichst bis zur Art) erlaubte eine differenzierte Betrachtung der unterschiedlichen Reaktionen der jeweiligen Milbentaxa. Danach fanden sich Taxa mit indifferenten, tendenziellen und offenbar eindeutigen Reaktionen auf die Zunahme der Intensitätsstufen. Interessant ist, daß die indifferent reagierenden Taxa mit hohen Individuenzahlen, also dominant, vorkamen. Offensichtlich handelt es sich hier um Taxa, deren ökologisches Potential sehr groß ist, so daß sie in der Lage sind, sich schnell veränderten Umweltbedingungen anzupassen.

Im Gegensatz dazu besitzen die weniger häufig vorkommenden Taxa eine geringere Fähigkeit, sich veränderten Bedingungen anzupassen. Das hat zur Folge, daß diese Taxa durch die Veränderungen in ihrem Lebensraum entsprechend der Stärke des Einflusses in ihrer Individuenzahl stärker dezimiert werden und deshalb weniger häufig vorkamen (*Siteroptes graminum* 170-500 Ind./m^2, *Dendrolaelaps foveolatus* 20-1000 Ind./m^2).

Zukünftig erscheint es jedoch notwendig, nach orientierenden Voruntersuchungen eine Analyse über die Auswirkungen einzelner Faktoren vorzunehmen, um entscheiden zu können, welche Faktoren (z. B. Bodenbearbeitung, Dünge- und Pflanzenschutzmittel-Einsatz) für die negativen Auswirkungen auf die Bodenmilben verantwortlich sind. Erst dann kann eine gezielte Entscheidung vorgenommen werden, welche Beeinträchtigungen der Milbenfauna man beim Ackerbau hinnehmen will und welche nicht.

Anschrift des Autoren:

Dr. Thomas Kampmann, Biologische Bundesanstalt für Land- und Forstwirtschaft, Fachgruppe für Biologische Mittelprüfung, Messeweg 11/12, W-3300 Braunschweig

Barbara Lübben & Brunhild Glockemann

Untersuchungen zum Einfluß von Klärschlamm und Schwermetallen auf Collembolen und Gamasiden im Ackerboden

mit 13 Abbildungen

Keywords

Collembola, Acari, Gamasida, sewage sludge, heavy metals, agricultural soil.

Abstract

In a longterm field experiment the influence of sewage sludge and heavy metals on Collembola and Acari was investigated. At 8 plots on two experimental fields samples were taken. Sewage sludge was applied in two different amounts, partly with artificially added heavy metals in two concentrations. Two control plots were treated with slightly contaminated sludge, one control plot was without any sewage sludge. Soil samples were taken from May 1987 to September 1989 (Collembola), or from May to October 1987 (Acari), respectively.

The abundance of Collembola and Acari was obviously enhanced on the plots fertilized with sewage sludge. Heavy metal contents, even below the German maximum limits, caused changes in the mesofauna. This was evident partly on higher taxa, and partly just on species level. The effects were not uniform. Some species were suppressed by higher contents of heavy metals, as e. g. the Collembola *Isotoma notabilis*, *Cryptopygus thermophilus*, or the predatory mite *Dendrolaelaps samsinaki*, whereas other species as the Collembola *Mesaphorura* spp. and the Gamasida *Alliphis siculus* and *Arctoseius cetratus* seemed to be promoted on the contaminated plots.

As a conclusion of this results, a moderate use of not or very low contaminated sewage sludge can benefit the mesofauna as an important contributor to metabolism in agricultural soil. In contrary, higher amounts of sewage sludge, especially of contaminated sludge, could have negative influence to the coenosis.

1. Einleitung
2. Standort und Durchführung der Untersuchungen
3. Ergebnisse und Diskussion
3.1 Collembolen
3.2 Gamasiden, Nematoden und andere Milben
4. Fazit

1. Einleitung

Ein Problem für Umwelt- und Naturschutz, dessen Bedeutung in den letzten Jahren zunehmend erkannt und beachtet wird, stellen die wachsenden Mengen von Zivilisationsabfällen verschiedener Art dar. Recycling ist ein vielgenannter Weg, die Müllberge zu reduzieren.
Die Nutzung von Klärschlamm als einem organischen Düngemittel in der Landwirtschaft ist in diesem Zusammenhang eine häufig diskutierte Konzeption. In den Kläranlagen der alten Bundesländer fallen jährlich ca. 50 Mio. m^3 kommunaler Klärschlämme an. Von diesen wurden 1989 etwa 50-60% auf Deponien gelagert und 10-15% verbrannt. 20-30% wurden landwirtschaftlich verwertet; die Tendenz ist seit mehreren Jahren rückläufig (UBA 1989, 1990). Die Nutzung dieser Siedlungsabfälle als Düngemittel auf Ackerflächen kann zu Ertragssteigerungen im Vergleich zu einer Mineraldüngung führen (HEMPHILL et al. 1982, TIMMERMANN 1985). Als häufig sehr problematisch erweist sich allerdings der Gehalt der Schlämme an organischen Schadstoffen und an, in der hier vorliegenden Untersuchung betrachteten, Schwermetallen. Die Schwermetalle können einerseits, in Abhängigkeit von ihrer Konzentration, den physikalischen und chemischen Eigenschaften des Bodens, der Kultur und den unterschiedlichen Schwermetallen (MERIAN 1984, LÜBBEN et al. 1990), in den Nutzpflanzen akkumuliert werden und schließlich in die menschliche Nahrung gelangen. Andererseits kann auch der Boden, Standort und Lebensraum für Pflanzen und Tiere und wichtiger Teil unserer Umwelt, durch Schadstoffanreicherungen irreparabel geschädigt werden. Um solchen Gefahren vorzubeugen, wurden in der Klärschlammverordnung (KSVO 1982) Grenzwerte für die Schwermetallgehalte von für die landwirtschaftliche Nutzung vorgesehenen Klärschlämmen sowie für die Konzentration in den Böden festgelegt.
Von 1987 bis 1990 wurden im Rahmen eines BMFT-Verbundprojektes „Auswirkungen von Siedlungsabfällen auf Böden, Bodenorganismen und Pflanzen" diese Zusammenhänge von verschiedenen Seiten untersucht. Ein Teilprojekt, das am Zoologischen Institut der Technischen Universität Braunschweig und an der Bundesforschungsanstalt für Landwirtschaft (FAL) in Braunschweig-Völkenrode durchgeführt wurde, befaßte sich dabei mit dem Einfluß von Klärschlammdüngung und Schwermetallbelastung auf bestimmte Tiergruppen der Mesofauna

des Bodens, insbesondere die Collembolen, die Gamasiden und andere Milben. In angegliederten Arbeiten wurden auch die terricolen Dipteren und die Nematoden untersucht (LARINK et al. 1990, WEISS & LARINK 1991).

Die genannten Tiergruppen kommen im Boden in hohen Individuenzahlen vor. Viele ihrer Vertreter sind an Abbauprozessen direkt beteiligt oder haben, v. a. über den als „grazing" bekannten Effekt, einen steuernden Einfluß auf die Mechanismen von Dekomposition und Mineralisation im Boden (SACHSE 1978, ANDERSON et al. 1981, MOORE & WALTER 1988). Sie werden daher als Zeigerorganismen für Umsetzungsvorgänge im Boden, für die „Bodenfruchtbarkeit" und für Störungen der Bodenlebewelt angesehen.

Die Raubmilben oder Gamasiden stehen aufgrund ihrer räuberischen Lebensweise am Ende einer Nahrungskette. Da Umwelteinflüsse (wie z. B. bestimmte Schadstoffe) auf dieser Ebene der Zönose kumulieren können, sind die Gamasiden als Indikatororganismen nach KARG (1968, 1982) besonders geeignet. Auch Ergebnisse aus Arbeiten von HÖLLER (1959) und HUHTA (1979) an Klärschlammböden weisen auf eine solche Eignung hin.

Im folgenden werden vor allem die Ergebnisse der Untersuchung der Collembolen und der Gamasiden vorgestellt.

2. Standort und Durchführung der Untersuchungen

Standort

Die Freilanduntersuchungen erfolgten auf zwei Versuchsfeldern, die in enger Nachbarschaft auf dem Gelände der Bundesforschungsanstalt für Landwirtschaft (FAL) in Braunschweig-Völkenrode liegen. Es handelt sich um Bänderparabraunerden aus Sandlöß über glazifluviatilem Sand (GEHRT 1988). Die Bodenart beider Felder ist ein schluffiger Sand. Auf dem Feld „A" wird schon seit alters her Ackerbau betrieben, während Feld „W" erst nach 1945 durch Waldrodung in Ackerland überführt wurde. Aus dieser unterschiedlichen Nutzungsgeschichte resultieren leichte Differenzen in den Bodenparametern. Die pH-Werte liegen im Mittel für Feld A bei ca. 6,5 und auf Feld W bei ca. 5,5. Feld A weist geringere Kohlenstoff- und Stickstoffgehalte auf als Feld W. Das C/N- Verhältnis ist auf Feld A mit ca. 10,5 enger als auf Feld W mit ca. 16,5. Feld W ist gegenüber Feld A durch eine höhere Wasserhaltekapazität gekennzeichnet.

Feldversuch

Auf beiden Feldern wurde schon 1971 bzw. 1972 ein Klärschlammversuch durchgeführt, bei dem große, einmalige Klärschlammgaben angewendet wurden (EL BASSAM & TIETJEN 1980). Seit 1980 erfolgte auf den Flächen normalerweise einmal jährlich eine Düngung mit Klärschlamm. Ein Teil des zunächst nur gering mit Schwermetallen belasteten Klärschlammes wurde künstlich mit Chloriden der

Parzelle	Cd	Zn	Pb	Cu	Ni	Cr
A0	0,19	45,9	29,1	13,2	5,7	15,4
A1u	0,29	97,8	35,5	22,2	6,9	19,0
A1b	0,75	156,0	50,9	38,5	9,7	35,1
A2u	0,65	210,0	40,6	38,3	12,6	23,3
A2b	2,08	353,0	84,7	92,7	22,1	76,8
W0	0,10	36,7	22,8	9,2	5,1	12,8
W2u	0,93	190,0	31,7	30,0	10,3	22,3
W2b	2,13	365,0	88,7	88,6	17,3	85,4
Boden-GW	3	300	100	100	30	100

Tab. 1: Schwermetallgehalte im Boden (mg/kg), 1987 im Vergleich zum Bodengrenzwert der KsvO (1982) (Königswasserextraktion, $HCl:HNO_3 = 3:1$). Die Daten wurden von Herrn Rietz und Herrn Lübben, Inst. f. Pflanzenernährung u. Bodenkunde, FAL, freundlicherweise zur Verfügung gestellt.

Parzelle	Artenzahl	mittlere Individuendichte (Ind./m^2)	Diversität	Eveness
A0	15	5.700	1.7	0.63
A1u	16	12.200	2.1	0.76
A1b	17	9.300	1.8	0.64
A2u	17	21.300	1.4	0.51
A2b	16	23.900	1.0	0.35
W0	12	6.100	0.7	0.73
W2u	14	15.900	1.1	0.42
W2b	10	31.000	0.8	0.35

Tab. 2: Vergleich der 8 untersuchten Varianten anhand von Artenzahl, Individuendichte und Mannigfaltigkeit (Diversität nach SHANNON & WEAVER und Eveness aus MÜHLENBERG (1976))

Metalle Blei, Chrom, Kupfer, Zink, Nickel und Cadmium bis maximal zum Zweifachen des in der Klärschlammverordnung vom 25.6.1982 (KSVO 1982) angegebenen Grenzwertes für den Gehalt im Klärschlamm versetzt. Sobald im Laufe des Feldversuches der Grenzwert für eine Schwermetallkonzentration im Boden erreicht oder überschritten wurden, was 1989 für alle Metalle außer Nickel der Fall war, wurde das entsprechende Metall dem Klärschlamm nicht mehr zugesetzt. Vor der Beschlammung der Flächen wurde der mit Schwermetallen versetzte Klärschlamm sechs bis acht Wochen anaerob in Tanks inkubiert, damit die Metallsalze umgesetzt werden konnten. Der Klärschlamm wurde in flüssiger Form (4 — 5% Trockenmasse) beim Fräsen in den gelockerten Boden gepumpt und gleichzeitig in die oberen 15 cm des Bodens eingearbeitet.

Die Fruchtfolge war in den Jahren 1983 bis 1986 Mais, Zuckerrübe, Sommerweizen und Kartoffel. Im Untersuchungszeitraum wurden auf den Flächen Hafer (1987), Sommerweizen (1988) und Mais (1989) angebaut.

Auf Feld A wurden in fünf Parzellen (Maße: 6 m x 9 m) und auf Feld W in drei Parzellen (Maße: 4,5 m x 6,4 m) Proben genommen. Folgendermaßen unterschied sich die Behandlung der Untersuchungsvarianten:
A0: kein Klärschlamm (KS), keine Schwermetalle (SM)
A1u: 100 m^3 KS/ha (5t Trockenmasse/ha), keine SM-Beimischung
A1b: 100 m^3 KS/ha (5t Trockenmasse/ha), mit SM-Beimischung
A2u: 300 m^3 KS/ha (15t Trockenmasse/ha), keine SM-Beimischung
A2b: 300 m^3 KS/ha (15t Trockenmasse/ha), mit SM-Beimischung
W0: kein Klärschlamm, keine Schwermetalle
W2u: 300 m^3 KS/ha (15t Trockenmasse/ha), keine SM-Beimischung
W2b: 300 m^3 KS/ha (15t Trockenmasse/ha), mit SM-Beimischung
Die Gesamtgehalte der Schwermetalle im Boden der einzelnen Varianten sind für das erste Untersuchungsjahr in Tab. 1 aufgeführt.

Probennahme, Extraktion und weitere Bearbeitung des Tiermaterials
Die Probenahme erfolgte von Mai 1987 bis September 1989 in 4- oder 8wöchigen Abständen. Im Mai 1987 wurden je Variante 5 Paralleleinstiche genommen. Die Anzahl wurde dann auf 10 Einstiche im Juni und Juli 1987 bzw. 8 Paralleleinstiche an den folgenden Terminen erhöht. Bei einem Durchmesser von 4,1 cm reichte der verwendete Probenstecher bis in die Bodentiefe von 20 cm. Die Extraktion der Mesofauna erfolgte mit Hilfe einer modifizierten MACFADYEN-Apparatur, in der die Tiere durch einen Temperatur- und Austrocknungsgradienten aus dem Boden getrieben und in einer Fixierungsflüssigkeit (gesättigte Pikrinsäure) aufgefangen wurden. Aus den Proben von Mai bis Oktober 1987 wurden Milben und Collembolen, aus den folgenden Proben nur die Collembolen bearbeitet. Die Collembolen und die Gamasiden wurden bis zur Art determiniert, die übrigen Milben taxonomischen Großgruppen zugeordnet.

3. Ergebnisse und Diskussion

3.1 Collembolen

In einem ersten Untersuchungsabschnitt (Mai 1987 — Juli 1988) wurden alle 8 Varianten auf die Collembolenbesiedlung hin untersucht. Im anschließenden Zeitraum (August 1988 — September 1989) erfolgte die Erfassung der Collembolen nur noch auf drei Varianten, mit dem Ziel, die Ergebnisse aus dem vorangegangenen Probenahmezeitraum zu überprüfen.
Auf den Flächen wurden mittlere Individuendichten der Collembolen zwischen 16.000 und 60.000 Ind./m^2 festgestellt. Die Besiedlungsdichten liegen damit in einem für Ackerflächen üblichen Rahmen.
Im ersten Zeitraum zeigte sich, daß das Feld W (8wöchiges Probenintervall) ge-

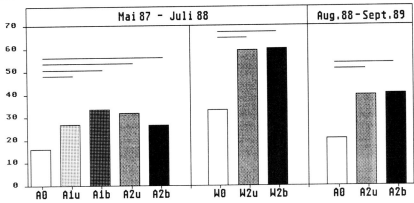

Abb. 1: Mittlere Individuendichten der Collembolen auf den verschiedenen Untersuchungsparzellen in zwei Untersuchungsabschnitten. Die Striche markieren signifikante Unterschiede (Wilcoxon-Test, $P < 0{,}05$)

genüber Feld A (4wöchiges Probenintervall) durch eine deutlich höhere Collembolenbesiedlung gekennzeichnet war. Die Kontrollvariante des Feldes W wies mit 33.000 Ind./m^2 eine fast doppelt so hohe Collembolenabundanz auf wie die Kontrollvariante des Feldes A mit 16.000 Ind./m^2. Interessant war es nun zu verfolgen, ob die Behandlung mit Klärschlamm und Schwermetallen auf beiden Feldern ähnliche Veränderungen in den Individuenzahlen der Tiere verursachte. Auf den ersten Blick (Abb. 1) scheint die Gesamtindividuendichte der Collembolen zwar deutlich durch die Düngung mit Klärschlamm gesteigert, jedoch weder durch die Klärschlammenge noch durch die Schwermetallbelastung eindeutig beeinflußt zu sein. Eine solch oberflächliche Betrachtung der Collembolenbesiedlung reicht aber nicht aus, denn Unterschiede werden oftmals erst deutlich, wenn man einzelne Arten betrachtet.

Insgesamt wurden 47 Collembolenarten auf den Versuchsflächen gefunden. Die mit der geringen Menge Klärschlamm behandelten Varianten wiesen mit 32 Arten (A1u) und 31 Arten (A1b) leicht erhöhte Artenzahlen gegenüber den anderen Varianten auf (A0: 28 Arten, A2u: 25 Arten, A2b: 29 Arten). Die Artenspektren waren auf den Varianten recht ähnlich. Unterschiede waren im wesentlichen auf die mit geringer Individuenzahl auftretenden Arten zurückzuführen. Ökologische Indizes wie Diversität, Evenness, Renkonenzahl, Sörensenindex und Jaccardindex vermochten in der Regel keine reproduzierbaren Unterschiede in den Collembolensynusien aufzuzeigen.

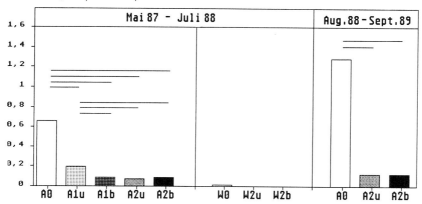

Abb. 2: Mittlere Individuendichten von *I. productus* auf den verschiedenen Untersuchungsparzellen in zwei Untersuchungsabschnitten. Die Striche markieren signifikante Unterschiede (Wilcoxon-Test, $P < 0{,}05$)

Folgende Arten erreichten mindestens in einem der beiden Untersuchungszeiträume eine mittlere Abundanz von mehr als 1.000 Ind./m^2 bei einer Konstanz von mehr als 30%:
Hypogastrura assimilis KRAUSBAUER, 1898
Hypogastrura denticulata (BAGNALL, 1941)
Willemia intermedia MILLS, 1934
Brachystomella parvula AGREN, 1903
Onychiurus armatus (TULLBERG, 1868)
Mesaphorura spp., hier = *Tullbergia krausbaueri* s.l.
Folsomia fimetaria (LINNE, 1758)
Folsomia candida (WILLEM, 1902)
Isotomodes productus (AXELSON, 1906)
Cryptopygus thermophilus (AXELSON, 1900)
Isotoma notabilis SCHÄFFER, 1896
Isotoma anglicana LUBBOCK, 1862
Isotomurus palustris (MÜLLER, 1776)
Sphaeridia pumilis (KRAUSBAUER, 1898
Sminthurinus aureus (LUBBOCK, 1862)
Bourletiella hortensis (FITCH, 1863)
Die meisten dieser Arten wurden durch Klärschlammdüngung gefördert und erreichten auf den beschlammten Flächen höhere Individuendichten als auf den

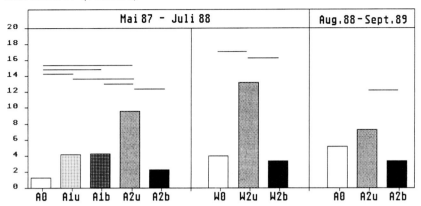

Abb. 3: Mittlere Individuendichten von *I. notabilis* auf den verschiedenen Untersuchungsparzellen in zwei Untersuchungsabschnitten. Die Striche markieren signifikante Unterschiede (Wilcoxon-Test, P < 0,05)

Kontrollflächen (A0, W0), was in der Regel im zweiten Untersuchungsabschnitt bestätigt wurde. Nur *Isotomodes productus* (Abb. 2) und *Brachystomella parvula* wiesen auf den 0-Varianten deutlich höhere Besiedlungsdichten auf.

Neben Veränderungen der physikalischen und chemischen Verhältnisse im Boden hat wahrscheinlich der Wandel von Quantität und Qualität der Nahrung eine zentrale Bedeutung für die Förderung der meisten Collembolenarten durch (zumindest unbelasteten) Klärschlamm. Der Gehalt an organischer Substanz wird durch die Düngung gesteigert, und damit einher geht eine Erhöhung der mikrobiellen Biomasse (FLIEßBACH & REBER 1990, LÜBBEN 1991), die die Nahrungsgrundlage für die meisten Collembolenarten bildet.

Für viele der Arten ist bekannt, daß sie in Substraten mit höheren Gehalten an organischer Substanz vorkommen. Einige sind häufig an Rotteprozessen beteiligt. So treten z.B. *H. assimilis, H. denticulata, O. armatus, F. fimetaria, F. candida, I. notabilis* und *C. thermophilus* bei der Kompostrotte oder in stallmistgedüngtem Boden in höheren Individuendichten auf (BECKMANN 1990, HÖLLER-LAND 1962, SCHLEUTER 1981). *T. krausbaueri* wurde in einer Untersuchung von KREUZ (1963) durch Klärschlammdüngung stark gefördert, während *I. notabilis* unbeeinflußt erschien. Für *I. productus* liegen dagegen keine Nachweise im Zusammenhang mit rottender Substanz vor. HÖLLER-LAND (1962) vermutet, daß *I. productus* Grünland und Gartenboden dem stallmistgedüngten Ackerboden vorzieht, was, wie in der vorliegenden Untersuchung, ein Hinweis auf den negativen Effekt von Zersetzungsprozessen auf diese Art ist.

Individuen/m² (Tausend)

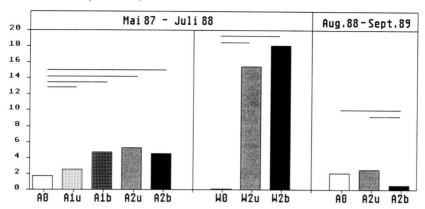

Abb. 4: Mittlere Individuendichten von *F. fimetaria* auf den verschiedenen Untersuchungsparzellen in zwei Untersuchungsabschnitten. Die Striche markieren signifikante Unterschiede (Wilcoxon-Test, P < 0,05)

Auf die Schwermetallbelastung reagierten die Arten sehr unterschiedlich. Einige waren bei Schwermetallbeimischung zum verwendeten Klärschlamm signifikant reduziert gegenüber den gering belasteten Vergleichsflächen (A2b/A2u, W2b/W2u). Andere Arten reagierten nicht eindeutig auf die Schwermetallbelastung, und einige waren sogar auf den stark schwermetallbelasteten Varianten mit höherer Individuendichte vertreten als auf den gering belasteten Parzellen. Zu den Arten, die durch die Schwermetallbelastung reduziert wurden, gehörten bespielweise *Isotoma notabilis* (Abb. 3) und *Cryptopygus thermophilus*. Die Reduktion dieser Arten war bei den hohen Schwermetallgehalten (A2b, W2b gegenüber A2u, W2u) besonders deutlich. Sie zeigte sich in beiden Untersuchungsabschnitten. Die euryöke Art *I. notabilis* erwies sich auch in anderen Untersuchungen als empfindlich gegenüber Schwermetallen (BENGTSSON & RUNDGREN 1988, HAGVAR & ABRAHAMSEN 1990). Für *C. thermophilus* sind aus der Literatur keine Angaben bekannt.

Ob als Ursache dieser Reduktion direkte oder indirekte Einflüsse der Schwermetalle überwiegen, kann mit der vorliegenden Arbeit nicht entschieden werden. Untersuchungen an anderen Collembolenarten zeigten, daß Schwermetalle einen negativen Einfluß auf Wachstumsrate, Fertilität, Schlupf- und Überlebensrate haben können (BENGTSSON et al. 1985, JOOSSE & VERHOEF 1983, VANSTRAALEN et al. 1989). Ebenso ist der Einfluß der Schwermetalle auf die Nahrung der meisten Collembolen, z.B. die Pilze, nicht zu unterschätzen. Bodenpilze reichern einerseits die Metalle unterschiedlich stark an und sind andererseits auch unter-

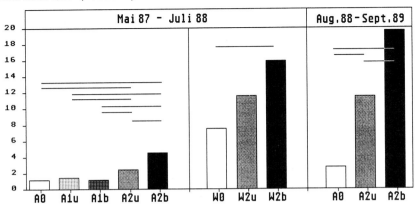

Abb. 5: Mittlere Individuendichten von *Mesaphorura spp.* auf den verschiedenen Untersuchungsparzellen in zwei Untersuchungsabschnitten. Die Striche markieren signifikante Unterschiede (Wilcoxon-Test, $P < 0{,}5$)

schiedlich tolerant gegenüber Schwermetallen (TRANVIK & EIJSACKERS 1989). Beides kann für Collembolen bedeutsam sein. Zum einen verändert sich das verfügbare Nahrungsspektrum, zum anderen werden bei Präferenz für einen stark akkumulierenden Pilz entsprechend große Mengen der Schwermetalle aufgenommen.

Eine Art, die auf die Schwermetallbelastung eher indifferent reagierte, ist *Folsomia fimetaria* (Abb. 4). Im ersten Untersuchungsabschnitt wies *F. fimetaria* auf beiden Feldern jeweils ähnliche Abundanzen in den beschlammten Varianten auf. Im zweiten Untersuchungsabschnitt zeigte sich jedoch auch bei dieser Art eine Reduktion auf der am höchsten belasteten Variante A2b.

Zu den Arten, die auf den schwermetallbelasteten Varianten sogar höhere Individuendichten erreichten als auf den gering belasteten Vergleichsflächen, gehörten *Mesaphorura spp.* (zu einem Großteil repräsentiert durch *M. macrochaeta* RUSEK 1971) und *Folsomia candida*. *F. candida* zeigte auf Feld A die größeren Individuendichten auf den Parzellen, die mit dem schwermetallbelasteten Klärschlamm gedüngt worden waren. Bei dieser Art war das Maximum auf der Variante festzustellen, die die kleine Menge des belasteten Schlammes erhielt (A1b). *Mesaphorura spp.* (Abb. 5) erreichte ihre höchsten Abundanzen jeweils auf den am stärksten mit Schwermetallen belasteten Varianten (A2b, W2b). Die Ergebnisse für *Mesaphorura spp.* sind vergleichbar mit den Angaben von BENGTSSON & RUNDGREN (1988), in deren Untersuchung die Art die geringsten Individuenzahlen an dem am weitesten von einer Emissionsquelle entfernten Standort aufwies.

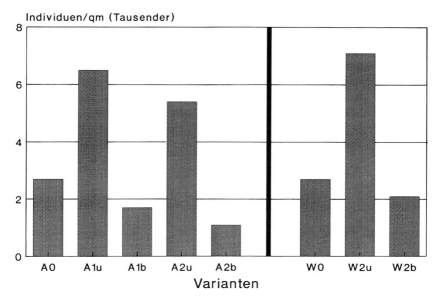

Abb. 6: Mittlere Individuendichten der Scutacaridae (6 Probenahmen von Mai bis Oktober 1987) auf den verschiedenen Untersuchungsparzellen.

Ob diese gegenüber Schwermetallen anscheinend unempfindlichen Arten über besonders effektive Entgiftungsmechanismen (s. JOOSSE & BUKER 1979, JOOSSE & VERHOEFF 1983, VANSTRAALEN et al. 1987) verfügen, oder ob sie über den Faktor Nahrung gefördert werden, ist nicht bekannt.

Offenbar sind die zuletzt genannten Arten in der Lage, die reduzierte Individuendichte der empfindlicheren Arten zahlenmäßig auszugleichen. Ob damit auch ein funktioneller, d.h. auf die Leistung bezogener Ausgleich stattfindet, ist schwer zu beurteilen, da man über die Funktionen und Abbauleistungen der einzelnen Arten immer noch viel zu wenig weiß.

3.2 Gamasiden und andere Milben

Es wurden von Mai bis Oktober 1987 in vierwöchigen Abständen an sechs Terminen auf jeweils allen acht Parzellen Bodenproben wie in Kapitel 2. beschrieben entnommen und die Mesofauna extrahiert. Über den Untersuchungszeitraum wurden für jede der acht Parzellen insgesamt 49 Proben ausgewertet. Die aus diesen Zahlen berechneten mittleren Individuenzahlen der Acari in den oberen 20 cm des Bodens lagen zwischen 30.000 und 100.000 Tieren pro m^2. Die Parzellen A0 und W0 wiesen mit Individuendichten zwischen 30.000 und 40.000 ge-

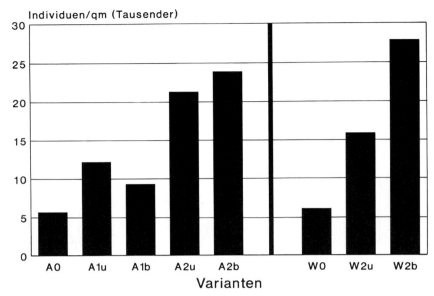

Abb. 7: Mittlere Individuendichten der Gamasidae (6 Probenahmen von Mai bis Oktober 1987).

ringere Tierzahlen auf als die sechs mit Klärschlamm behandelten Flächen.
Die Gruppe der Scutacariden, deren Anteil an der gesamten Milbenpopulation 5,8% betrug, zeigte eine deutliche Reaktion auf die Faktoren Klärschlammdüngung und Schwermetallbelastung (Abb. 6). Während eine Düngung mit unbelastetem Schlamm (A1u, A2u, W2u) die Tierdichte gegenüber den Kontrollen A0 und W0 mehr als verdoppelte, lagen die Individuenzahlen auf den schwermetallbelasteten Parzellen A1b, A2b und W2b noch unter den Werten der Kontrollen. Über die Lebensweise der sehr kleinen Scutacariden ist leider zu wenig bekannt, als daß über den Mechanismus dieser Reaktion Aussagen gemacht werden könnten.
Mit über 24% der extrahierten Milben stellten die Gamasiden die individuenreichste der Milbengruppen dar. 5.780 Gamasiden wurden insgesamt extrahiert. In dieser Gruppe führte die Klärschlammdüngung ebenfalls zu signifikant höheren Individuendichten auf allen beschlammten Flächen gegenüber den Kontrollparzellen. Darüberhinaus bewirkte auf den Varianten mit der höheren Klärschlammdosierung die Schwermetallbelastung eine Erhöhung der Tierdichten gegenüber den Vergleichsparzellen (A2b/A2u und W2b/W2u) (Abb. 7).
Ein genaueres Bild ergibt sich bei einer Betrachtung der einzelnen Arten. Es konnten 27 Raubmilbenarten festgestellt werden. Mit insgesamt jeweils mehr als 20 Individuen waren vertreten:

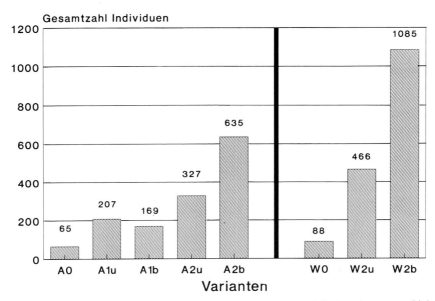

Abb. 8: Gesamtzahlen der Individuen von *Alliphis siculus* aus 6 Probenahmen von Mai Oktober 1987.

Alliphis siculus (OUDEMANS, 1905)
Arctoseius cetratus (SELLNICK, 1940)
Rhodacarellus silesiacus WILLMANN, 1935
Hypoaspis aculeifer (CANESTRINI, 1883)
Dendrolaelaps samsinaki HIRSCHMANN & WIESNEWSKI, 1982 (nach Vergleichen mit Individuen von anderen Fundorten evtl. identisch mit *Dendrolaelaps foveolatus* (LEITNER, 1949))
Pergamasus septentrionalis OUDEMANS, 1902
Pergamasus suecicus (TRÄGHARD, 1936)
Pergamasus misellus BERLESE, 1904
Sejus mutilus (BERLESE, 1916)
Parasitus consanguinis OUDEMANS & VOIGTS, 1904
Veigaia nemorensis (C. L. KOCH, 1839)
Protogamasellus minor (EVANS, 1982)
Dendrolaelaps rectus KARG, 1962
Dendrolaelaps strenzkei HIRSCHMANN, 1960
Die drei erstgenannten Arten waren mit zusammen über 80% der Tiere auf allen Parzellen die bei weitem dominierenden. Über 50% der Individuen wurden als *Alliphis siculus* bestimmt.

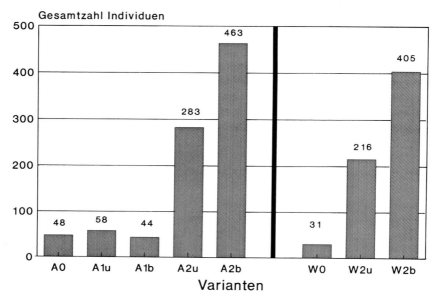

Abb. 9: Gesamtzahlen der Individuen von *Arctoseius cetratus* aus 6 Probenahmen von Mai Oktober 1987.

Die Zunahme der Raubmilbendichte auf den gedüngten Flächen beruhte vor allem auf einer Zunahme der beiden euryöken Arten *Alliphis siculus* und *Arctoseius cetratus* (Abb. 8, Abb. 9). *Alliphis siculus* ernährt sich ausschließlich von Nematoden (KARG 1961, 1962). Auch *Arctoseius cetratus* ist nach BINNS (1974) und KARG (1961) zu den nematodenfressenden Arten zu zählen. Im April 1989 wurde auf den drei Parzellen A0, A2u und A2b eine Probennahme zur Ermittlung des Nematodenbesatzes der Flächen durchgeführt (WEISS & LARINK 1991). Dabei ergab sich, daß die Individuenzahlen durch Klärschlamm und zusätzlich durch die Schwermetallbeimischung im Schlamm erhöht wurden (Abb. 10, aus WEISS & LARINK 1991). Eine Zunahme der Nematoden durch Klärschlammdüngung fanden auch HUHTA et al. (1979) und MITCHELL et al. (1978) in ihren Untersuchungen. Die Förderung der Fadenwürmer durch die Schwermetallbelastung ist allerdings anhand der vorliegenden Befunde nicht zu erklären.

Auch Untersuchungen zur mikrobiellen Biomasse, die als Nahrungsgrundlage für die meisten der hier nachgewiesenen Nematoden anzusehen ist, zeigte nicht dieselbe Tendenz. Vielmehr lagen die mikrobielle Biomasse und die mikrobielle Respiration im Boden der Parzelle A2b niedriger als in A2u (LÜBBEN 1991). Der Zusammenhang zwischen den erhöhten Dichten der beiden widerstandsfähigen Raubmilbenarten *Alliphis siculus* und *Arctoseius cetratus* und einem erhöhten Beuteangebot an Nematoden ist aber deutlich zu erkennen.

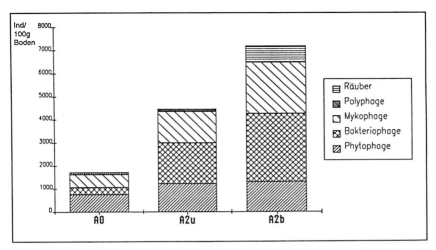

Abb. 10: Individuendichte der Nematoden in drei Untersuchungsvarianten. Ermittelt nach einer Probenahme im April 1989 (aus WEISS & LARINK, 1991).

Die subdominante Art *Rhodacarellus silesiacus* dagegen reagierte bei steigender Klärschlammgabe mit abnehmenden Individuendichten (Abb. 11). Auch in einer Untersuchung von EL TITI (1986) führte die Düngung mit Schweinemist nicht zu der von dem Autor erwarteten Populationszunahme von *Rhodacarellus silesiacus*. KARG (1971) berichtet über diese Art, daß sie auch „... mit geringen Humusspuren zu existieren" vermag. Da auch *Rhodacarellus silesiacus* zu den nematophagen Raubmilben zu zählen ist (SARDAR et al. 1967), tritt sie potentiell in Konkurrenz zu *Alliphis siculus* und *Arctoseius cetratus*. Beide Arten sind größer und waren in ihrem Auftreten weitgehend auf die oberen 10 cm des Bodens beschränkt. In den nährstoffärmeren, etwas dichter gepackten Böden der Parzellen A0 und W0 (LÜBBEN 1991) zeigte sich dagegen die kleine, euedaphisch lebende *Rhodacarellus*-Art überlegen. Sie trat auch über die gesamte Einstichtiefe von 20 cm etwa gleichmäßig verteilt auf.

Drei weniger häufige Arten, *Pergamasus septentrionalis*, *Hypoaspis aculeifer* und *Dendrolaelaps samsinaki* (Abb. 12) zeigten zum Teil ähnliche Reaktionen auf die beiden Faktoren Klärschlamm und Schwermetallbelastung, wie sie bei der Gruppe der Scutacariden zu beobachten waren. Die Individuenzahlen nahmen mit der Beschlammung zwar zu, waren aber auf den Schwermetallvarianten erniedrigt. Es waren bei diesen Arten Unterschiede zwischen den beiden Versuchsfeldern A und W festzustellen.

Die Abbildungen 13 a, b, c, d und e verdeutlichen die Veränderungen im Arten- bzw. Dominanzgefüge, die Klärschlamm- und Schwermetalleinbringung bedingten. Die geringere Klärschlammenge führte nicht nur zu einer Zunahme der Indi-

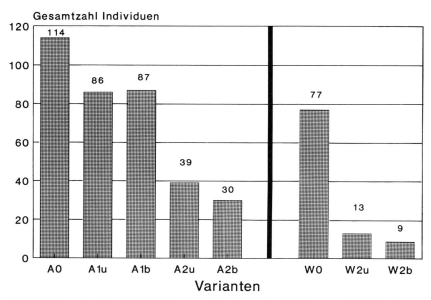

Abb. 11: Gesamtzahlen der Individuen von *Rhodacarellus silesiacus* aus 6 Probenahmen von Mai Oktober 1987.

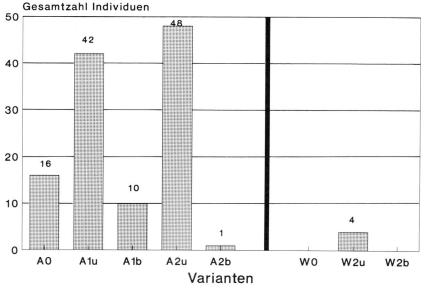

Abb. 12: Gesamtzahlen der Individuen von *Dendrolaelaps samsinaki* aus 6 Probenahmen von Mai Oktober 1987.

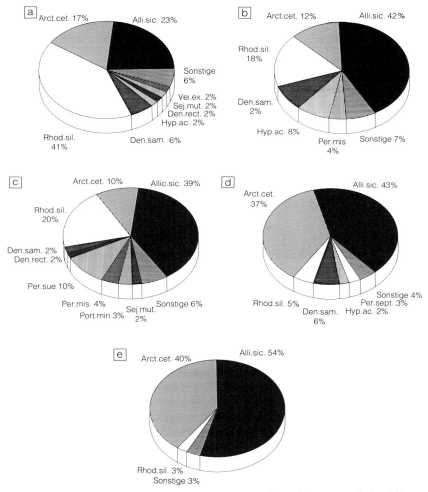

Abb. 13: a) bis e): Prozentuale Anteile der häufigsten Gamasidenarten auf den 5 Untersuchungsparzellen des Versuchsfeldes A; a): A0; b): A1u; c): A1b; d): A2u; e): A2b. Abkürzungen: Alli.sic. = *Alliphis siculus*; Arct.cet. = *Arctoseius cetratus*; Den.rec. = *Dendrolaelaps rectus*; Den.sam. = *Dendrolaelaps samsinaki*; Hyp.ac. = *Hypoaspis aculeifer*; Per.mis. = *Pergamasus misellus*; Per.sept. = *Pergamasus septentrionalis*; Per.sue. = *Pergamasus suecicus*; Prot.min. = *Protogamasellus minor*; Rhod.sil. = *Rhodacarellus silesiacus*; Sej.mut. = *Sejus mutilus*; Vei.ex. = *Veigaia exigua*. Unter „Sonstige" wurden die Arten zusammengefaßt, deren jeweilige Anteile unter 1,5% lagen. Die Artnahmen folgen den Angaben von KARG (1971). Ausnahmen davon sind *Dendrolaelaps samsinaki* (schriftl. Mitt. HIRSCHMANN 1988) und *Protogamasellus minor* (nach EVANS 1982).

viduen. Vielmehr bewirkte sie auch eine Diversifizierung des Artenspektrums. Die doppelte Schlammenge, vor allem aber die hohe Schwermetallkonzentration verschoben das Spektrum jedoch dahingehend, daß nur noch wenige Arten mit sehr hohen Individuenzahlen den Lebensraum nutzten. Für die Gamasiden gibt die folgende Tabelle einen zusammenfassenden Vergleich.

Es zeigt sich, daß die geringe Klärschlammenge nicht nur die Individuenzahlen, sondern, wie die Werte der Diversität und Eveness zeigen, auch die Vielfalt der Raubmilbenzönose geringfügig erhöht. Die hohe Klärschlammdosis führt dagegen zu einer Abnahme der Mannigfaltigkeit. Die Schwermetalleinbringung in den Boden hat in allen drei Vergleichspaaren denselben Effekt. Offensichtlich verschiebt sich aufgrund der Belastung des Bodens und der Lebensgemeinschaft durch die Schwermetalle das Artenspektrum weiter in Richtung auf einen Extremlebensraum hin. Nur wenige, widerstandsfähige Arten können starke Populationen aufbauen, während störungsanfälligere Formen sich nur in geringen Zahlen zu halten vermögen.

4. Fazit

Ein wichtiges Anliegen des Projektes war es, den Einfluß der Faktoren Klärschlamm und Schwermetallbelastung auf die Lebensgemeinschaft der Bodenorganismen im Hinblick auf eine langfristige Erhaltung eines gesunden, produktiven Bodens zu beleuchten. Insbesondere sollte der Versuch unternommen werden, die momentan geltenden Grenzwerte für Klärschlammeinsatz einerseits sowie die Schwermetallgehalte im Schlamm und im Boden andererseits unter verschiedenen Gesichtspunkten zu überprüfen.

Für die Lebensgemeinschaft der Mesofauna zeigte sich, daß erst eine Betrachtung auf dem Artniveau die Veränderungen deutlich werden läßt. Viele Arten der Collembolen und Gamasiden reagierten auf die Unterschiede in Klärschlammenge und Schwermetallgehalt, wenn auch nicht alle in gleicher Weise.

Die quantitative Zusammensetzung der Mesofauna, wie auch die von Nematoden (WEISS & LARINK 1991) und Dipteren (LARINK et al. 1990, PRESCHER 1990, WEBER 1990), wird durch die untersuchten Faktoren, insbesondere durch Schwermetallgehalte in Grenzwertnähe, deutlich verändert. Es läßt sich vermuten, daß damit auch eine Veränderung in der Leistung dieser Tiergruppen im Agrarökosystem verbunden ist.

Ein Indiz dafür, daß die Abbauleistungen der gesamten Bodenfauna durch Schwermetalle beeinträchtigt werden, sind Ergebnisse, die mit dem Köderstreifentest nach VON TÖRNE (1990 a, b) ermittelt wurden (LARINK & LÜBBEN 1991, LÜBBEN 1991). Mit dieser Methode konnte gezeigt werden, daß die Fraßleistung der Bodentiere auch bei einer die bestehenden Grenzwerte (KSVO 1982) nicht überschreitenden Schwermetallbelastung verringert wird.

Es ist im Interesse des Umwelt- und Naturschutzes, aber auch im Interesse einer langfristig ökonomisch sinnvollen Landnutzung, zum Erhalt eines gesunden, fruchtbaren Bodens einen maßvollen Einsatz nur sehr gering mit Schwermetallen belasteter Siedlungsabfälle zu empfehlen. Nach den vorliegenden Ergebnissen kann auch eine deutlich unter den zulässigen Grenzwerten bleibende Schwermetallbelastung die Lebensgemeinschaft des Bodens beeinflussen, die Stabilität im Sinne der Vielfalt beeinträchtigen.

Vorsicht ist ebenso wegen der Belastung der Klärschlämme mit organischen Schadstoffen geboten, die im Rahmen dieses Projektes nicht berücksichtigt werden konnte.

Anschrift der Autoren:

Dr. Barbara Lübben, Dipl.-Biol. Brunhild Glockemann, Zool. Institut Universität Braunschweig, Pockelstr. 10a, W-3300 Braunschweig

Romuald Buryn

Auswirkung von Pflegemaßnahmen (Schafbeweidung oder Mahd) auf Gamasida auf Magerrasen

mit 6 Tabellen

Abstract

The progressive destruction of natural habitats led to a dramatic impoverishment of our flora and fauna. Beside the traditional environmental protection some alternative ways have to be found for an active cultivation of special biosystems to preserve their peculiar character. Rough meadows, which loose their particular character in event of succession by shrubs can be mowed or grazed by sheep to conserve them. The gamasid fauna as reliable indicator of various types of habitats and sensitive to environmental changes were used to detect the effect of mowing and grazing by „flexible standing pasture".

The gamasid fauna (Acari, Gamasida) has been analyzed in five different areas in Upper Franconia with regard to species composition, richness, dominance and abundance. Furthermore the size of the mites in this areas were documented.

The gamasid fauna on grazed areas differed considerably from that of mowed and non cultivated areas. In first habitats the gamasid abundance decreased and the dominance structure changed. Instead of species which are characteristic of open habitats, they are now dominated by small, fast developing pioneer species. On the other hand the mowed areas kept their rough meadow character and their gamasid fauna is relativly similar to that of a well developed „exemplary rough meadow". The size of the mites decreased generally between the analyzed years 1991 and 1992. Statistically non significant were the size changes on mowed areas and on non cultivated „succession by shrubs" areas.

Keywords

rough meadows, grazing, mowing, succession by shrubs, Gamasida, faunal composition

Inhalt

1. Einleitung
2. Untersuchungsstandorte
3. Material und Methoden
4. Ergebnisse
4.1 Artenzusammensetzung der Untersuchungsflächen
4.2 Struktur der Gamasiden-Taxozönosen
5. Diskussion
6. Danksagung

Anhang

1. Einleitung

Die Ursachen für den fortschreitenden Rückgang vieler Tier- und Pflanzenarten sind vor allem in der Zerstörung ihrer Lebensräume als Folge der Nutzungsintensivierung der bäuerlichen Kulturlandschaft zu sehen (KAINEDER 1990). Die moderne Landwirtschaft wird übereinstimmend als der größte Verursacher des Artenrückganges genannt (KAULE 1991, JEDICKE 1990). Zunehmend sind davon auch solche Gebiete betroffen, die auf Grund der geringen Ertragsleistungen und des häufig damit verbundenen hohen Arbeitsaufwandes durch eine Jahrhunderte währende extensive Bewirtschaftung geprägt wurden (z. B. Mahd bzw. Beweidung von Mager- und Trockenstandorten). Die dadurch geschaffenen vielfältigen Lebensräume haben einen Artenreichtum hervorgebracht, wie er in den intensiv genutzten Acker- und Grünlandflächen der Gegenwart nicht mehr zu finden ist (BLAB 1984). Ein effektiver Artenschutz auf diesen Flächen bedeutet daher in erster Linie die Bewahrung der wenigen noch erhaltenen traditionsgeprägten Kulturlandschaften.

Seit einigen Jahren versucht man im Rahmen der Biotopkartierung solche Lebensräume, die bis heute von der modernen Landwirtschaft weitgehend unbeeinträchtigt geblieben sind und deshalb aus naturschutzfachlicher Sicht besondere Aufmerksamkeit verdienen, bayernweit zu erfassen (DEIXLER 1990). Viele der aufgenommenen Biotopflächen — vor allem Sonderstandorte, wie Trockenrasen — sind mittlerweile durch Zerstörung, Beseitigung und Überbauung, aber auch durch Nutzungsänderungen (Aufforstung) sowie Nutzungsauflassung stark beeinträchtigt (BLAB 1984). Dadurch kann eine Sukzession eingeleitet werden, die schließlich zum Verlust des Charakters dieser Lebensräume führt (WAITZBAUER 1990). Um solche selten gewordenen Lebensräume auch zukünftig für die daran angepaßte Tier- und Pflanzenwelt erhalten zu können, ist die Fortführung bzw. die Wiederaufnahme der ursprünglichen Nutzungsart von grundlegender Bedeutung.

Der beträchtliche Flächenverlust, der durch traditionelle Landwirtschaft geprägten Biotoptypen, führte jedoch zu einer Verinselung der restlichen und meist kleinflächigen Lebensräume (JEDICKE 1990). Es erscheint daher in vielen Fällen kaum realisierbar, die ursprünglichen biotopprägenden Nutzungsarten — wie z. B. die Wanderschäferei — als praktikable Pflegeformen wieder einzuführen. Gerade aber in einer Zeit, in der auf Grund der anhaltenden Zerstörung vieler Lebensräume die Artenvielfalt kontinuierlich abnimmt (die Beseitigung von Sonderstandorten ist die stärkste Ursache des Artenrückganges bei Pflanzenarten der Roten Liste (KAULE 1991)), müssen auch solche kleinen Restflächen in ihrer Funktion als Rückzugsgebiete und Trittsteinbiotope unbedingt erhalten werden. Zukünftig wird man deshalb alternativ zu den traditionellen Nutzungsarten andere, den Lebensraumtyp in seiner Eigenart erhaltende Bewirtschaftungsformen entwickeln müssen. Als Ersatz für die traditionelle Wanderschäferei können z. B. stark verinselte und kleinflächige Magerrasenflächen mit Hilfe der extensiv durchgeführten Standweide (bei der die Beweidungsintensität unter naturschutzfachlichen Aspekten regulierbar ist) gepflegt werden.

Die auf der Oberfläche sichtbaren Veränderungen eines Lebensraumes, die üblicherweise durch pflanzensoziologische Aufnahmen, Kartierungen ausgewählter Tiergruppen, z. B. Großinsekten, Vögel, Reptilien und durch Untersuchungen zur Populationsdynamik einzelner Arten aus diesen Gruppen dokumentiert werden, betreffen aber auch die im Boden lebende (endogäische) Fauna (WAITZBAUER 1990, KOEHLER 1984). Deshalb müssen auch sie unter naturschutzrelevanten Aspekten ausgewertet und zur Erfolgsbeurteilung, nach Durchführung von Pflegemaßnahmen, herangezogen werden. Dabei zeigt sich, daß die unterschiedliche Biologie der verschiedenen Bodentiergruppen eine sensible Indikation der Systemstörung durch Umweltveränderungen ermöglicht. Darüber hinaus ist die Erfassung der unterirdischen Trophieebenen, neben den Produzenten und den Konsumenten auf der Bodenoberfläche für den ökosystemaren Ansatz (WEIGMANN 1982) unbedingt notwendig. Dabei kann die Bodenbiologie auch deshalb wichtige Beiträge liefern, da:

1. es ausreichend viele Taxa gibt, die einen nachgewiesenen bioindikatorischen Wert haben (u. a. KARG 1963, 1968, 1982, 1986, 1989 a; TITI 1984; Lagerlöf & Andren 1988; VANNIER 1980; KOEHLER 1984, 1991, 1992; BURYN 1990, 1991; BURYN & HARTMANN 1992 und

2. durch die allgemein hohen Abundanzen der Bodentiere neben qualitativen auch quantitative Aussagen möglich sind (DUNGER 1983, KARG 1989 a, BURYN 1990).

In der vorliegenden Arbeit wird erstmalig der Zusammenhang zwischen den naturschutzbedingten Pflegemaßnahmen von Magerrasen und den Änderungen

der endogäischen Gamasidengesellschaft (Acari, Gamasida) untersucht. Dabei standen folgende Fragen im Mittelpunkt der Untersuchung:
i. Unterscheiden sich die Gamasidenfaunen unterschiedlich stark verbuschter Flächen von einem strauchfreien als „Musterfläche" ausgewählten Magerrasen ?
ii. Welchen Faunencharakter weist im Vergleich dazu die Raubmilbengesellschaft einer regelmäßig gemähten Fläche auf ?
iii. Welche Änderungen der Faunen treten nach ein- bzw. zweimaliger Beweidung durch Schafe („flexible Standweide") auf.
iv. Gibt es Hinweise darauf, daß die Beweidung die Bodenstruktur ändert ?

2. Untersuchungsstandorte

Zur Erfassung der Raubmilbengesellschaften (Taxozönose der Gamasiden) auf Schafweiden und zur Untersuchung des möglichen Einflusses der Beweidung auf diese Faunen wurden auf 5 Probeflächen östlich von Hainbronn (Lkr. Bayreuth, Oberfranken) Bodenproben genommen. Die Untersuchungsflächen (UF) wurden wie folgt bezeichnet:
UF I: „Musterfläche", ein Magerrasen in gutem Zustand, nicht verbuscht, nicht beweidet;
UF II: „Sukzessionsfläche", ein Magerrasen stark verbuscht, degradiert, nicht beweidet;
UF III: eine zum Teil verbuschte, einmal jährlich beweidete Fläche;
UF IV: eine zum Teil verbuschte, zweimal jährlich beweidete Fläche;
UF V: eine regelmäßig gemähte Fläche.
Die kurzzeitige Beweidung (Frühjahr (UF IV) und Herbst (UF III und UF IV)) erfolgte mit einer aus ca. 70 Tieren bestehenden Schafherde in Parzellen, die mit einem Elektrozaun begrenzt waren. Die Beweidungsdauer richtete sich nach dem Futterangebot auf den Flächen.

3. Material und Methoden

Die Probenahme auf allen Flächen erfolgte mit einem Bodenbohrer ($\varnothing$ 5 cm) am 19. Mai 1991 und am 14. Juni 1992. 1991 wurden jeweils sechs parallele Proben in den Flächen I bis IV mit je 2 aufeinanderfolgenden 2.5 bzw. 3 cm dicken Bodenschichten genommen. In der Untersuchungsfläche V wurde auf Grund der Flachgründigkeit des Bodens nur eine Schicht je Probe entnommen. Die Schichtdicke betrug hier 4 cm. 1992 wurden auf allen Flächen ebenfalls sechs parallele Proben, einheitlich mit je zwei aufeinanderfolgenden 2.5 cm dicke Bodenschichten genommen.
Die Extraktion erfolgte in modifizierten „High-gradient canister" nach MACFADYEN.

Die Handhabung der Proben und der Verlauf der Extraktion wurde modifiziert nach Vorgaben von KOEHLER (1984 — für Details siehe BURYN 1990). Ausgewertet wurden grundsätzlich alle genommenen Proben. Jeweils eine Probe aus den Flächen IV (1991) und II (1992) mußte jedoch nach der Bestimmung verworfen werden, so daß für diese Fläche nur fünf Parallelen in der Analyse berücksichtigt werden konnten.

Die Determination der Gamasiden erfolgte hauptsächlich nach KARG (1971, 1989 b), BLASZAK (1974), GILJAROV (1977) und HYATT & EMBERSON (1988).

Die Bestimmung der juvenilen Tieren ist im Falle der Gamasiden sehr schwierig und vielfach unmöglich, da diese Stadien äußerst merkmalsarm sein können (vgl. KARG 1965). Eine Zuordnung auf Gattungsebene ist meistens möglich. Für die statistische Auswertung wurden die juvenilen Individuen anteilsmäßig (Anzahl der Weibchen) auf die einzelnen Arten, innerhalb der Gattung zugeordnet.

	UF I		UF II		UF III		UF IV		UF V	
	1991	1992	1991	1992	1991	1992	1991	1992	1991	1992
S	30	24	27	31	26	22	24	20	18	27
Dichte	25 636	26 868	18 169	23 210	18 761	17 004	25 669	15 303	18 676	25 752
H_s	2.61	2.42	2.80	2.94	2.74	2.46	2.51	2.47	2.11	2.53
E_s	0.77	0.76	0.85	0.86	0.84	0.80	0.79	0.82	0.73	0.77

Tabelle 1: Charakterisierung der Untersuchungsflächen (UF) I bis V in den Jahren 1991 und 1992 nach Artenzahl (S), Gesamtindividuendichte (Ind./m^2), Diversität (nach Shannon-Wiener — H_s) und Evenness (nach Shannon-Wiener — E_s).

4. Ergebnisse

4.1 Artenzusammensetzung der Untersuchungsflächen

Im Rahmen der Untersuchung wurden insgesamt 62 Gamasiden-Taxa (1991: 50 und 1992: 45) gefunden. Die Verteilung der Arten auf die einzelnen Flächen und deren Dichten (hochgerechnete Individuenzahlen in einer Standardfläche von 1 m^2 — vgl. KOEHLER 1984), sind in der Tabelle 1 im Anhang angegeben. Einfachheitshalber verwende ich den Terminus „Art" obwohl die taxonomische Stellung einzelner Taxa z. B. *Veigaia decurtata*, *Pergamasus runcatellus/vagabundus*-Gruppe oder *Geholaspis mandibularis* nicht sicher ist (s. Kommentar zur Tabelle 1 im Anhang).

4.2 Struktur der Gamasiden-Taxozönosen

Aus der Artenzahl und den dazugehörigen Individuenzahlen lassen sich quantitative Aussagen über die Struktur der Artengemeinschaft (die sogenannte α-Diversität) machen. In der Tabelle 1 sind Anzahl der Arten, die Individuendichte, der Shannon-Wiener-Index *) sowie die Evenness **) für die einzelnen Untersuchungsflächen angegeben.

Die untersuchten Flächen unterscheiden sich zum Teil deutlich voneinander hinsichtlich der Struktur der Gamasidenfaunen. Das Artenreichtum der einzelnen Standorte schwankt auch stark zwischen den Jahren. Die höchsten Artenzahlen wurden 1992 in der Fläche II mit 31 und 1991 Fläche I mit 30 Arten festgestellt. Die niedrigste Artenzahl fand ich 1991 in der Fläche V mit 18 und 1992 in der Fläche IV mit 20 Arten. Als Standorte mit den artenärmsten Gamasidengesellschaften sind die Untersuchungsflächen III und IV zu nennen. Die Fläche V nimmt eher einen Sonderstatus ein, da hier sowohl die Artenzahl wie auch die Individuendichte von 1991 auf 1992 sehr stark zugenommen hat (vgl. Kapitel 3.). Bei den Mengendichten fallen die vergleichsweise niedrigen Werte für die beiden beweideten Flächen III und IV im Jahr 1992 auf. Der Standort I weist in beiden untersuchten Jahren hohe Dichten auf. Die Evenness-Werte sind auf allen Flächen hoch, was auf eine ausgewogene Artstruktur hinweist. Interessanterweise wurden die niedrigsten Werte für die Flächen I und V, also für relativ ungestörte Flächen festgestellt.

Unter dem Aspekt der Beweidung fällt auf, daß die beiden betroffenen Flächen eine deutliche Abnahme sowohl der Artenzahlen als auch der Individuendichten aufweisen. 1992 waren diese Standorte die arten- und individuenärmsten Flächen.

Über diese numerische Charakteristika hinaus ist zu berücksichtigen, daß sich die untersuchten Flächen auch durch das Artenspektrum der Gamasidaarten deutlich unterscheiden. Die nachfolgende Tabelle 2 gibt ein Überblick über das Dominanzspektrum der häufigsten Arten. Bei der Aufteilung in die Dominanzklassen richte ich mich nach dem Vorschlägen von ENGELMANN (1978) und STÖCKER & BERGMANN (1977). Die Arten mit einer relativen Häufigkeit über 3.2% werden

---

*) Der Shannon-Wiener-Index beschreibt in welchem quantitativen Verhältnis die vorhandenen Individuen auf die Arten verteilt sind. Er steigt sowohl mit der Artenzahl als auch mit zunehmender Gleichverteilung der Individuen auf die Arten. Der minimale Wert gleicht 0 wenn nur eine Art vorhanden ist. Die H_s-Werte von den meisten realen Biozönosen erreichen Werte zwischen 1.5 und 3.5 (nach MÜHLENBERG 1989).

**) Die Evenness, welche manchmal als „Ausbildungsgrad der Diversität" bezeichnet wird, gibt an, wieweit der berechnete Diversitäts-Index in Relation zu dem maximal möglichen Diversitätswert (bei gleicher Artenzahl, aber bei größtmöglicher Verteilung der Individuen auf die bestehenden Arten) steht. Der Wert von E_s liegt zwischen 1 (gleichmäßiger Verteilung) und 0 (nach MÜHLENBERG 1989).

nach MÜHLENBERG (1989) „Hauptarten", die mit niedriger Häufigkeit „Begleitarten" genannt. In der Tabelle 2 wurden alle Hauptarten berücksichtigt.
Die Gamasida-Hauptarten lassen sich, unter dem Aspekt der Beweidung in mehrere Gruppen aufteilen. Die erste Gruppe bilden Arten, deren Dominanzanteile in beiden beweideten Flächen zugenommen haben. Den größten Zuwachs erfuhr die sehr kleine und als Pionierart bekannte *Rhodacarellus silesiacus*. Sehr stark zugenommen haben die ebenfalls kleinen Arten: *Pergamasus oxygynelloides* und *Hypoaspis praesternalis*. Als zweite Gruppe habe ich solche Arten zusammengefaßt, die in einer der beweideten Flächen zugenommen haben und gleichzeitig auf der anderen keine Änderung der Dominanzanteile aufwiesen. Von drei Arten dieser Gruppe weist *Leioseius bicolor* den größten Zuwachs (auf der Fläche IV von 0 auf über 6%) auf. Die dritte Gruppe bilden Arten, die auf einer der Flächen zu- und auf der anderen abgenommen haben. Der größte Unterschied in den Häufigkeitsanteilen zwischen den Jahren ist bei der mit Ameisen vergesellschafteten (myrmekophilen) *Hypoaspis vacua* zu verzeichnen. Stark abgenommen in der Untersuchungsfläche IV hat der Anteil der eher für Waldhabitate charakteristischen *Asca aphidioides*. Der Anteil von *Rhodacarus ancorae* hat ebenfalls in der Fläche IV leicht abgenommen, diese Art gehört aber weiterhin zu den dominanten Arten dieses Standortes. Arten, die in beiden Flächen ihre Dominanzanteile verringert haben, bilden die vierte Gruppe. Besonders stark sind davon *Discourella cordieri* und *Asca bicornis* betroffen. Beide Arten charakterisierten 1991 die Fläche IV mit je über 20% der Gesamtdichte der Gamasiden. Die eurytopen Waldarten *Veigaia nemorensis* und *Trachytes aegrota* verloren ebenfalls an Bedeutung in dieser Fläche. In die fünfte Gruppe kamen Arten, die auf einer der beweideten Flächen abgenommen haben und gleichzeitig auf der anderen keine Änderungen widerfahren haben. Den größten Unterschied in den Dominanzanteilen in dieser Gruppe weist *Trachyuropoda ponticuli* auf, die zu den myrmekophilen Arten zurechnen ist. Die in trockenen Standorten vorkommende *Zercon vagabundus* nahm hier ebenfalls ab. Die Arten, welche in keiner der beweideten Flächen vorkamen, bilden die letzte Gruppe in der Tabelle 2.
Einer der Aspekte, unter dem die Pflegemaßnahmen der Magerrasen mit Hilfe der Beweidung zu sehen sind, ist die mögliche Veränderungen der Bodenstruktur, z. B. eine Bodenverdichtung. Hier soll nun der Versuch unternommen werden, Veränderungen gezielt unter dem Aspekt der Verdichtung aufzugreifen. In der nachfolgenden Tabelle 3 sind die Größen der Gamasiden in den Untersuchungsflächen aufgelistet. Gemessen wurden die Breiten der idiosomalen Schilde der adulten Tiere, getrennt für Arten und Geschlechter. Es wurde geprüft, ob sich die Flächen hinsichtlich der Artengröße (gemessen als Mittelwert aller Arten ggf. gesondert nach Geschlechtern) und der Individuen (gemessen als Durchschnittswert aller adulten Individuen) über die ganze beprobte Tiefe unterscheiden.
Für fast alle Untersuchungsflächen zeigte sich, daß sowohl die mittlere Größe der

Arten wie auch die der Individuen abgenommen haben. Die Unterschiede für die mittlere Individuengröße wurden mit dem t-Test statistisch gesichert. In den Flächen I, III und IV nahm die mittlere Individuengröße der adulten Gamasiden signifikant ab. Die Flächen II und V — beide unbewirtschaftet und ungestört — zeigten keine signifikante Abnahme, obwohl in beiden Fällen die mittlere Größe der Arten abgenommen haben. In der Fläche III ist im Gegensatz zu allen anderen Flächen die mittlere Art-Größe gleich geblieben.

Taxon:	UF I '91	UF I '92	UF II '91	UF II '92	UF III '91	UF III '92	UF IV '91	UF IV '92	UF V '91	UF V '92
Rhodacarellus silesiacus	r	3.3	+	r	7.6	24.4	3.7	23.9	6.7	4.1
Pergamasus oxygynelloides	r	+	r	—	+	3.6	5.2	12.9	—	r
Hypoaspis praesternalis	—	r	—	—	—	9.3	—	r	—	+
Rhodacarus agrestis	r	3.7	r	5.8	+	3.6	—	r	—	4.7
Hypoaspis aculeifer	—	r	—	r	—	r	—	r	—	3.8
Leioseius bicolor	—	+	—	r	—	—	—	6.1	—	r
Amblyseius bidens	—	r	—	r	—	3.6	—	—	—	—
Urodiaspis tecta	—	—	—	3.9	—	+	—	—	—	—
Asca aphidioides	6.6	3.7	r	3.2	15.6	17.1	7.4	r	7.7	10.4
Rhodacarus ancorae	r	r	r	+	—	r	11.5	10.4	—	—
Pergamasus suecicus	8.7	10.7	13.1	4.8	10.4	8.3	3.3	3.7	r	3.5
Hypoaspis vacua	9.1	30.8	r	r	4.3	+	—	9.2	r	—
Zercon peltatus	3.5	r	3.3	r	+	—	—	+	11.1	5.0
Discourella cordieri	19.6	5.4	16.0	r	15.2	9.8	20.4	8.0	3.4	4.1
Asca bicornis	22.7	17.7	11.7	7.7	9.5	3.6	21.2	8.0	38.5	33.1
Veigaia nemorensis	r	—	5.2	11.3	5.7	4.7	4.8	+	r	—
Trachytes aegrota	—	+	10.3	17.1	r	—	4.1	—	—	+
Veigaia decurtata	r	—	r	—	3.3	—	r	—	3.4	—
Trachyuropoda ponticuli	4.2	—	+	—	5.2	—	—	—	—	—
Macrocheles cf. recki	+	—	—	—	3.8	—	—	—	—	—
Veigaia exigua	r	—	3.3	—	+	—	—	—	r	—
Zercon vagabundus	—	—	—	6.8	r	r	4.8	+	—	—
Pergamasus digitulus	+	—	3.8	3.2	—	—	r	+	14.4	r
Pergamasus spec. 1.	—	—	—	—	—	—	r	—	3.4	—
Parazercon radiatus	+	—	5.2	—	—	—	+	—	—	—
Amblyseius jugortus	—	r	—	—	—	—	—	—	—	3.8
Amblyseius sororculus	—	r	—	—	—	—	—	—	—	3.2
Amblyseius tubae	—	+	—	—	—	—	—	—	—	8.2
Hypoaspis astronomica	—	3.7	—	+	—	—	—	—	—	+
Prozercon fimbriatus	—	—	5.6	8.4	—	—	—	—	—	—
Uropoda minima	—	—	—	4.2	—	—	—	—	—	+

Tabelle 2: Dominanzanteile der Raubmilben-Hauptarten in den Untersuchungsflächen (UF) I bis V in den Jahren 1991 und 1992.

UF/Jahr	T	x_1	n	x_2	n
I/'91	6	263.4	32	259.5	122
I/'92	5	232.9	30	223.1	166
Signifikanz:				***	
II/'91	6	301.4	31	278.4	108
II/'92	5	273.4	32	286.1	102
Signifikanz:				n. s.	
III/'91	6	276.4	25	255.8	95
III/'92	5	276.4	24	213.2	107
Signifikanz:				**	
IV/'91	5	276.3	25	265.8	101
IV/'92	5	221.5	27	195.2	93
Signifikanz:				***	
V/'91	4	248.8	17	227.8	102
V/'92	5	228.2	37	212.5	176
Signifikanz:				n. s.	

Tabelle 3: Mittlere Breiten der (adulten) Gamasiden in den Untersuchungsflächen (UF). T: Untersuchte Bodentiefe (in cm); x1: Mittelwert aller Arten (ggf. Geschlechter) eines Standortes; x2: Mittelwert aller adulten Individuen eines Standortes; n: Anzahl der berücksichten Arten (ggf. Geschlechter) bzw. Individuen. Signifikanzniveau für den t-Test angegeben als: ** für P 0.05, *** für P 0.001, n.s. für „nicht signifikant".

5. Diskussion

Das Arteninventar der untersuchten Flächen entspricht dem augenscheinlichen Charakter der Standorte. Auf den Untersuchungsflächen I und III — V dominierten im Jahre 1991 Arten, die für offene und trockene Habitate charakteristisch sind. Mit der Beweidung änderten sich die Gamsidenfaunen der betroffenen Flächen III und IV. Die Fläche II ist durch den hohen Anteil von euryöken und eurytopen sowie von Waldarten charakterisiert.
Ein Großteil der häufigen Arten dieser Untersuchung wurden auch im Rahmen einer Studie im Leutratal bei Jena an einem südlich exponierten Halbtrockenrasen nachgewiesen (KARG 1989 a). Darüber hinaus wurden *Asca bicornis, A. aphidioides, Rhodacarus ancorae* sowie eine Reihe weniger abundante Arten bei Untersuchungen an Dünen in Schleswig — Holstein gefunden (KOEHLER, mündl. Mitt.). In Dünen auf Jütland (Dänemark) wurden in höheren Dominanzanteilen *Leioseius bicolor, Hypoaspis aculeifer* und *Rhodacarus ancorae* determiniert (KOEHLER et al. 1992). *Zercon vagabundus* kann ebenso als charakteristisch für trockene Standorte angesehen werden (BLASZAK, mündl. Mitt.). Diese Überein-

stimmungen unterstreichen, daß die Gamasiden sich hervoragend für Beschreibung eines Standortes eignen und als Bioindikator zur Diagnose für Änderungen herangezogen werden können.

Die Gamasiden-Arten der untersuchten Gebiete lassen sich auf Grund der bekannten Vorkommenspräferenzen in fünf „Charakter-Gruppen" aufteilen:
— Arten offener Habitate wie Acker- , Weiden- und Wiesenböden;
— Waldarten;
— Euryöke und eurytope Arten, die sowohl in offenen als auch in bewaldeten Habitaten vorkommen;
— Arten, die mit Ameisen vergesellschaftet sind. Diese Arten können nicht direkt zur Charakterisierung des Standortes herangezogen werden. Sie können lediglich als Hinweis auf eine möglicherweise höhere Dichte von Ameisennestern dienen (KARG 1989 a);
— Pionierarten früher Sukzessionsstadien.

Die Verteilung der Arten auf die Charakter-Gruppen in den einzelnen Untersuchungsflächen ist in der Tabelle 4 angegeben.

Die untersuchten Flächen unterscheiden sich nicht nur durch numerische Kenndaten wie Artenzahl, Diversität oder Individuendichten (Tabelle 1). Auch das Artenspektrum weist große Unterschiede auf (Tabelle 2). Generell gingen 1992 die Anteile der für offene Biotope charakteristischen Arten zurück; die myrmekophilen Arten nahmen dagegen zu. Die auffälligsten Veränderungen fanden unter den stark zunehmenden Pionierarten statt.

Untersuchungsfläche I wies 1991 im Vergleich zu den anderen untersuchten Flächen sowohl die höchste Artenzahl als auch die höchste Milbendichte auf. Die Milbenfauna wird eindeutig durch die Arten offener Habitate dominiert. Euryöke- und Wald-Arten sind hier seltener. Einen großen Anteil nehmen die myrmekophilen Arten ein. Der Charakter der Fläche ist 1992 geblieben — die Ergebnisse der

Charakter-gruppen	UF I 1991	UF I 1992	UF II 1991	UF II 1992	UF III 1991	UF III 1992	UF IV 1991	UF IV 1992	UF V 1991	UF V 1992
A	45.3	27.7	32.0	14.4	28.0	23.7	43.1	22.2	58.7	43.9
B	11.5	9.0	29.5	36.4	19.4	21.2	15.7	9.8	19.8	22.3
C	22.1	20.5	29.6	34.7	33.0	27.4	20.0	21.5	10.1	25.5
D[1]	14.3	35.5	5.6	10.9	10.4	1.5	0.7	9.2	1.5	0.6
E	4.8	4.6	3.2	2.2	7.6	26.0	15.2	34.3	6.7	4.1

Tabelle 4: Verteilung der Gamasida-Arten (in Prozentsummen) auf „Charaktergruppen" (A: Arten offener Habitate, B: Waldarten, C: euryöke und —tope Arten, D: myrmekophile Arten, D: Pionierarten) in den Untersuchungsflächen (UF) I bis V in den Jahren 1991 und 1992.

[1] Die zum Teil hohen Anteile der myrmekophilen Arten, vor allem in der Fläche I (vorwiegend *Hypoaspis vacua*), werden nicht zur Charakterisierung der Flächen herangezogen (s. o.).

Untersuchung 1992 sind durch die hohe Dominanz der myrmekophilen Arten „verfälscht". Die Mengendichte der Milben hat bei leichter Abnahme der Artenzahl geringfügig zugenommen.

Auf der Artebene dominieren hier neben der myrmekophilen Art *Hypoaspis vacua* die weitverbreitete *Pergamasus suecicus* und die für offene und trockenere Habitate charakteristische *Asca bicornis* und *Discourella cordieri*.

Die Milbenfauna der Untersuchungsfläche II wies 1991 und 1992 relativ hohe Artenzahlen auf, wobei die Verteilung der Individuen auf die Arten im Vergleich zu anderen Flächen am gleichmäßigsten war. Auf dieser stark verbuschten Fläche sind die Dominanzanteile der Arten, welche für offene Habitate charakteristisch sind, von 1991 auf 1992 deutlich (auf die Hälfte) zurückgegangen. Gleichzeitig stiegen die relativen Anteile der Wald- und euryöken Arten, die nun mit jeweils annähernd gleichen Anteilen dominieren. Ein Anstieg ist auch bei den mit Ameisen vergesellschafteten Arten festzustellen.

Unter den Arten erreichen die Waldarten *Prozercon fimbriatus* und *Trachytes aegrota* sowie die weitverbreitete, jedoch mit Vorkommensschwerpunkt in den Wäldern, *Veigaia nemorensis* höchste Dichten. Die beiden dominanten Arten der offenen Habitate *Discourella cordieri* und *Asca bicornis* gingen in ihrer Individuendichten stark zurück. Die euryöke Art *Pergamasus suecicus*, welche trockene Standorte bevorzugt, verlor ebenfalls an Bedeutung.

Diese Verteilung unterstützt den offensichtlich stabilen und heterogenen Charakter des Habitates (freie Rasen-Flächen mit verbuschten Bereichen und Laubstreu), wobei diese Fläche für die magerrasentypischen Arten zunehmend an Attraktivität verliert. Die Pionierarten sind hier unter allen untersuchten Flächen am schwächsten vertreten.

Auf der einmal jährlich beweideten Untersuchungsfläche III wurde 1992 im Vergleich zu 1991 eine leichte Abnahme der Arten- und Individuenzahlen festgestellt. Charakteristisch für diesen Standort ist, daß hier im Vergleich zu den anderen Flächen die euryöken und —topen Arten am stärksten vertreten sind. Die Waldarten erreichen annähernd gleiche Anteile wie die Arten der offenen Habitate. Vor allem aber das Vorkommen der Pionierarten (*Rhodacarellus silesiacus* und *Rhodacarus ancorae*) verdient große Aufmerksamkeit. Diese Arten waren zwar bereits 1991 auf dieser Fläche stark vertreten, ihr Anteil stieg aber zwischen den zwei Jahren um das 3.5fache auf 26%. Da diese Arten auf der zweimal jährlich beweideten Fläche IV noch höhere Dominanzwerte erreichen, ist diese Zunahme als Folge der Beweidung (d. h. der wiederholten Störung) zu deuten.

Die höchsten Abundanzwerte unter den Arten erreicht auf diesem Standort die Pionierart *Rhodacarellus silesiacus*. Interessant ist hier weiterhin, daß die Waldart *Asca aphidioides* höhere Abundanzwerte als ihre Schwesterart *A. bicornis* erreicht. In den anderen Untersuchungsflächen liegen die Abundanzen von *A. bicornis*, die als Art offener Habitate charakterisiert wurde, zum Teil wesentlich höher als die von *A. aphidioides*. Erwähnenswert sind ebenfalls die hohen Domi-

nanzwerte der euryöken Art *Pergamasus suecicus* und der Arten offener Habitate: *Discourella cordieri* und *Hypoaspis praesternalis*.
Der bereits zweimal beweideten Untersuchungsfläche IV widerfuhr zwischen 1991 und 1992 noch stärkere Veränderungen als der Fläche III. Dieser Standort verlor die Hälfte der Dominanzanteile der Arten, die offene Habitate bevorzugen. Auch die Waldarten sind anteilsmäßig zurückgegangen, obwohl die Fläche klein ist und unmittelbar an einem Wald grenzt. Gestiegen dagegen ist der relative Anteil (aber auch die absolute Individuen-Dichte) der Pionierarten. Anscheinend bewirkt die Beweidung eine tiefgreifende Veränderung des Bodens, die solchen Arten die nötigen Entwicklungsbedingungen bietet. Dies kann auch bedeuten, daß die auf abiotische Stabilität angewiesenen Arten aus solchen Standorten weichen müssen.
Die beiden für ungestörte Standorte charakteristischen Arten *Asca bicornis* und *Discourella cordieri* gingen von 20.4 bzw. 21.4 auf 8.0% der Dominanzanteile zurück. Die Pionierarten *Rhodacarellus silesiacus* und *Rhodacarus ancorae*, sowie die euryöke Art *Pergamasus oxygynelloides* dominieren 1992 die Gamasidenfauna. Als myrmekophile Art kommt hier *Hypoaspis vacua* vor.
Die großen Unterschiede, die sich bei dem Vergleich der Ergebnisse aus den Jahren 1991 und 1992 auf der durch Mahd gepflegten Untersuchungsfläche V ergeben, sind sicherlich auch durch den Probenahmemodus verursacht (s. Kapitel 3).

		Jaccard				
		I	II	III	IV	V
	I		0.46	0.47	0.29	0.33
	II	0.57		0.51	0.46	0.41
Renkonen	III	0.60	0.55		0.32	0.42
	IV	0.62	0.52	0.52		0.27
	V	0.46	0.34	0.39	0.43	

Tabelle 5: Die Änlichkeitsindices nach Jaccard und Renkonen für die Untersuchungsflächen I bis V für das Jahr 1991.

		Jaccard				
		I	II	III	IV	V
	I		0.49	0.44	0.42	0.59
	II	0.33		0.43	0.38	0.38
Renkonen	III	0.39	0.32		0.45	0.36
	IV	0.41	0.27	0.55		0.38
	V	0.50	0.31	0.37	0.33	

Tabelle 6: Die Änlichkeitsindices nach Jaccard und Renkonen für die Untersuchungsflächen I bis V für das Jahr 1992.

Die Artenzahl erhöhte sich um die Hälfte, fast die gleiche Steigung betraf die Mengendichte. Die höchsten Anteile an der Gesamtindividuenzahl nehmen hier Arten der offenen Habitate ein. Die eurytopen Arten erhöhen ihre Anteile ähnlich wie die Waldarten auf ein Viertel der Individuen. Die Mahd bewirkte im Gegensatz zur Beweidung keinen Anstieg von Dichten der Pionierarten, was darauf hinweist, daß diese Methode keine Störung der Bodenstruktur bedeutet.

Auf Artniveau fallen die sehr hohen Dominanzwerte von *Asca bicornis* auf. Die Waldart *Zercon peltatus* und die (wahrscheinlich) euryöke *Amblyseius tubae* erreichen hier im Vergleich aller Flächen ihre höchsten Dominanzanteile.

Durch die Schafbeweidung der Flächen III und IV soll die leichte Verbuschung zurückgedrängt werden und als Endeffekt eine Angleichung an die als „Musterfläche" ausgewiesene Fläche I stattfinden. Ob Hinweise über solche Tendenzen bereits nach einem Jahr festzustellen sind, wurde mit Hilfe von zwei Ähnlichkeitsindices (Jaccard-Index *) und Renkonen-Index **) — Tabellen 5 und 6) überprüft. Unter dem Aspekt der Artenzusammensetzung (Jaccard-Index) sind sich die Flächen II (Sukzessionsfläche) und III (zum Teil verbuscht und beweidet) 1991 am ähnlichsten, wobei grundsätzlich die Ähnlichkeitswerte relativ niedrig sind. Die Berücksichtigung der Dominanzverhältnisse im Renkonen-Index zeigt, daß 1991 die Fläche I („Musterfläche") mit den Flächen III und IV (beide zum Teil verbuscht und zu beweiden) am ähnlichsten war.

Nach einem Jahr, d. h. nach einmaliger Beweidung auf der Fläche III und zweimaliger Beweidung auf der Fläche IV, änderten sich die Ähnlichkeitsverhältnisse, wobei die Ähnlichkeitswerte weiterhin niedrig geblieben sind. Die Artenzusammensetzung der Gamasiden der Fläche I („Musterfläche") ähnelten am meisten der Fauna von Fläche V (gemähte Fläche). Diese zwei Flächen unterschieden sich auch deutlich von den übrigen (verbuscht mit oder ohne Beweidung). Die Berücksichtigung der Dominanzverhältnisse im Renkonen-Index bestätigt, daß die beiden strauchlosen Flächen 1992 eine für diese Untersuchung relativ hohe Übereinstimmung aufwiesen. Eine noch größere Ähnlichkeit zeigte sich jedoch zwischen den beiden beweideten Flächen III und IV.

Sehr deutlich nahmen 1992 die Ähnlichkeiten zwischen der Musterfläche (UF I) und den beweideten Flächen III und IV ab. Waren die entsprechenden Renkonen-Werte im Jahre 1991 0.60 und 0.62, so sanken sie im Jahre 1992 ent-

---

*) Der Jaccard-Index vergleicht die Faunen ausschließlich auf Grund der An- und Abwesenheit der Arten. Die möglichen Werte liegen zwischen 1 (identische Artenlisten) und 0 (keine gemeinsame Arten) (nach MÜHLENBERG 1989).

**) Der Renkonen-Index berücksichtigt außer der Anzahl der gemeinsamen Arten auch deren Dominanzanteile in den Artengemeinschaften. Der Renkonen-Index nimmt Werte zwischen 1 (identische Artengemeinschaften) und 0 (keine Übereinstimmungen) (nach MÜHLENBERG 1989).

sprechend auf 0.39 und 0.41. Dies bedeutet, daß die Beweidung als unmittelbare Folge nicht zu einer Angleichung der Gamasidenfaunen an eine als Muster ausgewiesene Fläche bewirkt.

Die Untersuchung der mittleren Individuen- und Arten-Größen (Tabelle 3) der Gamasiden in den Hainbronner Standorten zeigte, daß bei den beiden beweideten Flächen eine deutliche, signifikante Abnahme der Individuen-Größen stattgefunden hat. Dagegen zeigten die Flächen II und V — beide unbewirtschaftet und ungestört — keine signifikante Abnahme der mittleren Individuen-Größen. Die Abnahme der Größen in der Fläche I ist überraschend. Diese Fläche wird weder bewirtschaftet noch anderweitig genutzt. Trotzdem sinkt aber sowohl die mittlere Art-Größe als auch die mittlere Individuen-Größe.

Obwohl die Abnahmen der mittleren Größen zum Teil statistisch signifikant sind, wäre es jedoch spekulativ, dieses Ergebnis als Nachweis für bereits aufgetretene Bodenveränderung zu werten. Es ist aber ein Hinweis, der weiter verfolgt werden sollte.

6. Danksagung

Diese Untersuchung wurde ermöglicht durch die Naturschutzbehörden der Regierung von Oberfranken und des Landratsamtes Bayreuth. Beiden möchte ich für die Unterstützung danken. Mein besonderer Dank gilt dem Lehrstuhl für Tierökologie I der Universität Bayreuth für die Hilfe bei der Durchführung der Untersuchung. Bedanken möchte ich mich bei Herrn Stefan Pönisch für Hilfe bei naturschutzrelevanten Fragen und Frau Dr. Christiane Weitzel für das Korrekturlesen des Manuskriptes.

Anschrift des Autors:

Dipl.-Biol. Romuald Buryn, Moritzhöfen 1, 8580 Bayreuth

Romuald Buryn

Die oberfränkischen Hecken als Lebensraum für Bodentiere/Mesostigmata

mit 2 Abbildungen und 5 Tabellen

Abstract

The gamasid fauna (Acari, Gamasida) of three hedges in Upper Franconia (Bavaria, Germany) has been analysed with respect to species composition, richness, dominance and abundance. The hedgerows grows on different soil types and consists of different flora. The investigated faunas differed considerably between the hedges, but are all dominated by eurytopic and forest species. Because the gamaid fauna of the hedges differ from faunas of adjacent areas, this structurs are important element in the landscape with regard to species and biotop conservation. Mean number densities of other Mesofauna-taxa are mentioned too.

Keywords

hedge, Gamasida, mesofauna, faunal composition

Inhalt

1. Einleitung
2. Untersuchungsstandorte
2.1 Lagebeschreibung der Standorte
2.2 Geologische und bodenkundliche Charakterisierung der Heckenstandorte
2.2.1 Bodenkundliche Kurzbeschreibung der Untersuchungsstandorte
2.2.2 Bodenfeuchte
2.2.2 pH
2.3 Pflanzensoziologische Charakterisierung der Hecken
3. Material und Methoden
4. Ergebnisse

4.1 Artenliste
4.2 Struktur der Gamasiden-Taxozönosen
4.3 Die Gamasida und andere Taxa der Bodenfauna
5. Diskussion
5.1 Welcher Arbeitsaufwand ist für die Untersuchung der Mesostigmaten erforderlich?
5.2 Hecken als schützenswerter Naturraum
6. Danksagung

1. Einleitung

Hecken stellen sehr alte Bestandteile der Kulturlandschaft Mittel- und Nordeuropas (ZWÖLFER & STECHMANN, 1989; RÖSER, 1988) dar. Ihre Bedeutung für den Menschen, vor allem im Zusammenhang mit einer Ertragsteigerung in der Landwirtschaft, aber auch als Erholungselement durch ästhetische Bereicherung der Natur, haben PAVLINEC (1989), RÖSER (1988) und SCHÄFER (1974) in ihren Arbeiten betont.
In den letzten Jahren rückten diese Kleinbiotope, sicherlich vor dem Hintergrund landwirtschaftlicher Intensivierungsbestrebungen und fortschreitender Umweltverarmung, verstärkt ins Licht der biologischen Forschung. Zu den „Klassikern" unter den Arbeiten über die Tierwelt der Hecken gehören die Untersuchungen von TISCHLER (1948, 1950) und THIELE (1960) an den Wallhecken Schleswig-Holsteins. In neuerer Zeit beschäftigte sich das „Bayreuther Heckenprojekt" um Prof. Zwölfer vor allem mit biozönotischen Aspekten der Hecken und ihren Wechselbeziehungen mit dem Umland. Besondere Berücksichtigung fanden dabei phyto- und entomophage Insekten der Kraut- und Strauchschicht. (ZWÖLFER et al. 1981). Ausführliche Literaturangaben zu diesem Thema finden sich bei RÖSER (1988) und ZWÖLFER et al. (1984).
Im Bereich des Bodens konzentrierten sich die Untersuchungen vor allem auf epigäisch lebende Vertreter der Makrofauna, wie Käfer und Spinnentiere (THIELE 1960, TISCHLER 1948, 1958, BLICK 1989). Die Bodenmesofauna im Bereich der Hecke wurde dagegen bis heute nur im geringen Umfang bearbeitet (BURYN 1990, BURYN & HARTMANN 1992).
Die vorliegende Arbeit an der oberfränkischen Heckenfauna stellt die epi- und endogäisch lebenden Gamasida in den Mittelpunkt der Untersuchung. Die Gamasida (oder Mesostigmata) wurden ausgewählt, da sie als Bioindikatoren im Boden gelten. Sie erwiesen sich sowohl im Agrarbereich als auch im Naturschutz und bei Rekultivierungsmaßnahmen als durchaus geeignet, Veränderungen im Boden anzuzeigen und dadurch wertvolle Informationen über dieses Stratum zu liefern (KARG 1962, 1963, 1967 a, 1967, 1968, 1982, 1983, 1986 b, 1989 a, KOEHLER 1984, 1991, 1992, TITI 1984, GLOCKEMANN & LARINK 1989, LAGERLÖf & ANDRÉSN

1988, VANNIER 1980, SIEPEL & BUND 1988, LUFF & HUTSON 1977, MORITZ 1984, BU-
RYN 1991). Es ist zu erwarten, daß dieser angewandte Aspekt in den nächsten
Jahren an Bedeutung gewinnen wird, da zunehmend der Stellenwert des Bodens neben Luft und Wasser als bedrohte und schützenswerte Ressource erkannt wird.

In der vorliegenden Arbeit soll, an Hand von drei für den oberfränkischen Raum
charakteristischen Hecken ein Einblick in die faunistische Zusammensetzung der
Gamasiden-Taxozönose dieser Habitate gegeben werden. Außerdem wird eine
methodische Fragestellung untersucht. Es soll ermittelt werden, welcher minimale
Aufwand nötig ist, um die Gamasidenfauna eines Standortes ausreichend beschreiben und bewerten zu können.

2. Untersuchungsstandorte

2.1 Lagebeschreibung der Standorte

Die erste der untersuchten Hecken befindet sich bei Gesees, 5 Km südlich von
Bayreuth an einem West/Nord-Westhang mit einer Neigung von ca. 4 — 5 Grad.
In der Hecke ist der Hang wesentlich steiler (ca. 10 Grad). Die Hecke steht parallel zum Hang und ist 51 m lang bei einer Breite zwischen 6.5 und 10 m. Sie ist
charakterisiert durch eine reiche Kraut- und Strauchflora sowie eine gute Ausbildung der einzelnen Heckenbereiche (Ränder, Mantel, Dach und Mitte der
Hecke). Die Hecke ist an beiden Seiten von Mähwiesen umgeben.

Die zweite Hecke befindet sich oberhalb der Ortschaft Lanzendorf (Gem. Him-
melkron), an einem Ost/Nord-Osthang mit einer Neigung von ca. 4 — 5 Grad.
Sie steht parallel zu dem Hang an einer steilen 10 — 15 Grad Stufe zwischen zwei
Mähwiesen auf einem Lesesteinwall. Die nördliche Seite der 74 m langen und
6.5 — 9.5 m breiten Hecke grenzt an ein Getreidefeld und ist scharf abgeschnit-
ten. Hier wurde kein Saum ausgebildet.

Die dritte Hecke liegt ca. 1 km nördlich von Heinersreuth (Gem. Ködnitz) und ist
im Gegensatz zu den übrigen Hecken von Feldern (Getreide, Mais) umgeben.
Sie verläuft in Nord/West-Nordrichtung in flachem Gelände auf einem Lesesteinwall und ist 108 m lang bei 7 — 9 m Breite.

Alle untersuchten Hecken befinden sich auf annähernd gleicher Meereshöhe (ca.
450 m ü. NN). Das Heckenalter ist mit über 100 Jahren, wie auch das Phasen-
alter mit über 20 Jahren, relativ hoch (A. Reif mündl. Mitt.). Eine genauere Beschreibung der Hecken ist bei BURYN (1990) und BLICK (1988) gegeben.

2.2 Geologische und bodenkundliche Charakterisierung der Heckenstandorte

2.2.1 Bodenkundliche Kurzbeschreibung der Untersuchungsstandorte

Der Boden unter der Geseeser Hecke wird als ein kalkhaltiger Pelosol aus Mergel und Tonmergelgestein des Lias Delta (Amaltheenton) angesprochen. In allen untersuchten Profilen sind ab ca. 40 cm Tiefe (untere Wiese ab 25 cm) deutliche hydromorphe Merkmale in Form von Eisenkonkretionen zu beobachten. Die Tiefenverteilung von organischer Substanz kann durch Quell- und Schrumpfungsdynamik (bis ca. 20 cm) sowie durch frühere Ackernutzung (A_p-Horizont) entstanden sein.

Der Bodentyp unter der Hecke in Lanzendorf ist eine „Rendzina" in einem Lesesteinhaufen aus teilweise dolomitisiertem Kalkschotter. Unterhalb der ersten 35 cm befindet sich eine mineralische Matrix, die durch Wind- und Wassererosion in den anthropogen entstandenen Wall mit seiner „Rendzina" eingetragen wurde. Sie wird als eine gering mächtige Kalkbraunerde des oberen Muschelkalks angesprochen.

Der Boden im Bereich der Heinersreuther Hecke ist eine Braunerde aus dem oberen Platten-Sandstein im Buntsandstein. Es handelt sich hier also um einen bodensauren Standort.

2.2.2 Bodenfeuchte

Im Verlauf der Untersuchung wurde die Bodenfeuchte in den einzelnen Bodenkernen als „Feuchte-Volumen-Prozent" gemessen (Tab. 1, zur Methodik siehe Kap. 3.).

Bodenschicht	Gesees	Lanzendorf	Heinersreuth
0—4 cm	26.57	29.43	14.64
4—8 cm	23.55	27.78	12.18

Tab. 1: Die durchschnittliche Bodenfeuchte der Vergleichshecken („Feuchte- Volumen-Prozent") in den einzelnen Schichten.

2.2.2 pH

Die pH-Messungen (nach Vorgaben aus SCHEFFER & SCHACHTSCHABEL 1984 mit $CaCl_2$) ergaben, daß die Böden unter den beiden Hecken in Gesees und Lanzendorf als neutral (pH-Werte von 6.2 bzw. 6.4) und unter der Hecke in Heinersreuth als sauer zu bezeichnen sind (pH-Wert von 3.4).

2.3 Pflanzensoziologische Charakterisierung der Hecken

Die Hecke bei Gesees gehört zu Rhamno-Cornetum (sanguinei) — Assoziation (ohne Cornus) (Berberidion, Prunetalia spinosae) (REIF 1984 und mündl. Mitt.). Unter den Bäumen dominieren hier *Fraxinus excelsior, Quercur robur* und *Prunus avium*. In der Strauchschicht sind *Prunus spinosa, Crataegus x macrocarpa, Rosa canina* und *Rhamnus catharica* besonders häufig. Die Krautschicht ist durch *Viola hirta, Ranunculus auricomus, Chaerophyllum temulum, Geranium robertianum* und *Prunus spinosa* charakterisiert. Genaue pflanzensoziologischen Beschreibung der Hecke ist bei BLICK (1988) gegeben.

Die Lanzendorfer Hecke gehört, trotz des unterschiedlichen geologischen Untergrundes und Bodens, ebenfalls zu der Rhamno- Cornetum-Assoziation (REIF 1984). Zu den im Vergleich zur Geseeser Hecke wichtigsten Unterschieden in der Flora ist das Fehlen von *Quercus spec.* und *Fraxinus excelsior*, eine stärkere Präsenz von *Sambucus nigra* und *Crataegus spec.*, das Auftreten von *Acer pseudoplatanus* an Stelle von *A. campestris*, starkes Vorkommen von *Cornus sanguinea* und an den Rändern eine mächtige Ausprägung von *Urtica dioica* — Beständen. Allgemein ist die Dichte der Pflanzen in dieser Hecke höher.

Pflanzensoziologisch wird die Hecke bei Heinersreuth zu der Eichen-Birken-Hecken — Assoziation (Rubion plicati, Quercetalia- robori-petraeae) gezählt (REIF 1984). Sie weist im Gegensatz zu den übrigen eher den Charakter einer Baumhecke mit hohen und alten Bäumen und sehr spärlichem Mantel (Rand) auf. Sie ist dadurch sehr licht. Diese Hecke ist durch *Quercus robur* und *Betula pendula* in der Baumschicht, *Rubus plicatus, Frangula alnus, Populus tremula, Rubus idaeus* und *Corylus avellana* in der Strauchschicht sowie durch *Holcus mollis, Vaccinium myrtillus* und *Melampyrum pratense* in der Krautschicht charakterisiert (REIF 1983: Tabelle XIV, Aufnahme 10).

3. Material und Methoden

Die Probenahme auf allen Standorten fand jeweils aus der Mitte der Hecken mit einem Bodenbohrer ($\varnothing$ 5 cm) am 14. Oktober 1988 statt. Es wurden jeweils 12 parallele Proben mit je 2 aufeinanderfolgenden 4 cm dicken Bodenschichten genommen. Die Extraktion erfolgte in modifizierten „High-gradient canister" nach MACFADYEN. Die Handhabung der Proben und der Verlauf der Extraktion wurde modifiziert nach Vorgaben von KOEHLER (1984); für Details siehe (BURYN 1990). Die Proben wurden vor der Extraktion (feldfrisch) und danach (im trockenen Zustand) gewogen und der Gewichtsunterschied zur frischen Probe als Wasserverlust deklariert. Der so gewonnenen Wert wurde auf Volumeneinheit des Boden (100 cm^3) umgerechnet und „Feuchte-Volumen-Prozent" genannt (vgl. Tab. 1). Das Tiermaterial wurde unter dem Binokular in größere taxonomische Gruppen

aufgeteilt, die Mesofauna-Taxa (Mesostigmata, restliche Milben, Collembola, Symphyla, Thysanoptera) aus sechs parallelen Proben ausgezählt und in die Auswertung übernommen. Die Gamasiden wurden aus neun parallelen Proben für die Auswertung der Gamasidentaxozönose determiniert. Die Bestimmung der Gamasiden erfolgte hauptsächlich nach KARG (1971, 1989 b), BLASZAK (1974), GILJAROV (1977) und HIRSCHMANN (1957-1981).
Die Bestimmung der juvenilen Tieren ist im Falle der Gamasiden sehr schwierig und vielfach unmöglich, da diese Stadien äußerst merkmalsarm sein können (vgl. KARG 1965). Eine Zuordnung auf Gattungsebene ist jedoch meistens möglich. Für die statistische Auswertung wurden die juvenilen Individuen anteilsmäßig (Anzahl der Weibchen) auf die einzelnen Arten, innerhalb der Gattung zugeordnet. Abgesehen von den wenigen Ausnahmen habe ich die systematische Gliederung der Gamasina von EVANS & TILL (1979) übernommen. Die Uropodina-Systematik habe ich KARG (1989 b) entnommen.

4. Ergebnisse

4.1 Artenliste

In den untersuchten drei Hecken wurden insgesamt 58 Arten aus 23 Gattungen nachgewiesen (Tabelle 2). In einigen wenigen Fällen konnten habituell klar zu trennende Arten nicht eindeutig taxonomisch zugeordnet werden bzw. ist die taxonomische Stellung einzelner Taxa nicht sicher (s. Kommentar zur Tabelle 2).

4.2 Struktur der Gamasiden-Taxozönosen

Die Gamasidenfaunen der drei Hecken unterscheiden sich voneinander in ihrer Artenzusammensetzung und der Struktur der Artengemeinschaften. In der Tabelle 3 sind Gesamtartenzahl, Artenreichtum, die Individuendichte, der Shannon-Wiener-Index sowie die Evenness für die einzelnen Untersuchungsflächen angegeben[*]. Abbildung 1 stellt die Rarefraction-Kurven, welche das Artenreichtum beschreiben, dar (LUDWIG & REYNOLDS 1988).
Die Tabelle 3 verdeutlicht, daß die Geseeser Hecke zwar die niedrigsten Werte für Individuendichte und Gesamtartenzahl aufweist, dafür aber ist die Diversität (vor allem Evenness) hoch. Die geringste Diversität und das niedrigste Artenreichtum ($R(S_n)$ + Abb. 1) kennzeichnen die Heinersreuther Hecke bei gleichzeitig sehr hoher Individuendichte. In der Hecke in Lanzendorf ist die Gamasiden-

---

[*] Zur Erklärung der Indices siehe: Buryn, R., „Auswirkung von Pflegemaßnahmen (Schafbeweidung oder Mahd) auf Gamasida auf Magerrasen" in diesem Band.

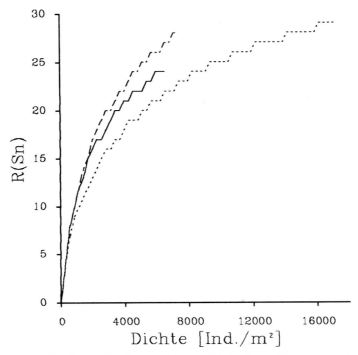

Abb. 1: Rarefraction Kurven für die erwartete Anzahl der Gamasidaarten in den Hecken (durchgezogene Linie: Gesees, Strichlinie: Lanzendorf, Punktlinie: Heinersreuth).

I. Gamasina:
Division: Dermanyssides
Familie: Macrochelidae VITZTHUM, 1930
   Geholaspis hortorum/mandibularis [1]
   G. longispinosus (KRAMER, 1876)
   Macrocheles montanus (WILLMANN, 1951)
   M. opacus (C. L. KOCH, 1839)
   M. spec. Juv
Familie: Eviphidae BERLESE, 1913
   Eviphis ostrinus (KOCH, 1836)
   Aliphis siculus (OUDEMANS, 1905)
Familie: Pachylaelapidae BERLESE, 1913
   Pachyseius humeralis Berlese, 1910
   Pachylaelaps furcifer Oudemans, 1903[2]
   P. laeuchlii Schweizer, 1922
   P. longisetis Halbert, 1915

Familie: Ascidae Voigts & Oudemans, 1905
   Arctoseius brevicheles Karg, 1969
   A. certratus (Sellnick, 1940)
   Proctolaelaps pygmaeus (Müller, 1860)
   Leioseius bicolor (Berlese, 1918)
Familie: Laelapidae Berlese, 1892
   Androlaelaps spec. Juv.
Familie: Rhodacaridae Oudemans, 1902
   Rhodacarus agrestis Karg, 1971
   R. ancorae Karg, 1971
   R. coronatus Berlese, 1921
   Rhodacarellus epigynalis Sheals, 1956
   R. apophyseus Karg, 1971
   R. silesiacus Willmann, 1935
Familie: Veigaiidae Oudemans, 1939
   Veigaia cerva (Kramer, 1876)

V. decurtata Athias—Henriot, 1961
V. exigua (Berlese, 1917)
V. nemorensis (C. L. Koch, 1839)

Division: Parasitides
Familie: Parasitidae Oudemans, 1901
Unterfamilie: Parasitinae Oudemans, 1901
Vulgarogamasus kraepelini (Berlese, 1905)
comb. nov. in Hyatt 1980
Eugamasus cavernicola Trägardh, 1912
Porrhostaspis lunulata J. Müller, 1859
Unterfamilie: Pergamasinae Juvara—Bals, 1972
Pergamasus alpestris Berlese, 1904
P. bidens Sellnick, 1951
P. crassipes (Linne, 1758)
P. cornutus Schweizer, 1961
P. cuneatus Karg, 1968
P. digitulus Karg, 1963
P. cf. homopodioides Athias—Henriot, 1967
P. misellus Berlese, 1904
P. obesus (Holzmann, 1955) Micherdzinski, 1969
P. oxygynelloides Karg, 1968
P. processiferus Halbert, 1915
P. quisquiliarum (G. & R. Canestrini, 1882)
P. suecicus (Trägardh, 1936)
P. tectegynellus Athias—Henriot, 1967
P. truncellus Athias—Henriot, 1969
P. spec. 1 [3]
P. spp aus runcatellus/vagabundus—Gruppe [4]

Division: Epicriidaes
Familie: Zerconidae Canestrini, 1891
Zercon peltatus C. L. Koch, 1836
Parazercon radiatus (Berlese, 1914)
Prozercon kochi Sellnick, 1943
P. träghardi (Halbert, 1923)

II. Uropodina
Überfamilie: Polyaspidoidea
Familie: Trachytidae Evans, 1972
Trachytes aegrota (C. L. Koch, 1841)
Überfamilie: Uropodoidea
Familie: Uropodidae Berlese, 1900
Uropoda minima Kramer, 1882
U. misella (Berlese, 1916)
U. willmanni Hirschmann & Zirngiebl—Nicol, 1964
Familie: Urodinychidae Berlese, 1917
Urodiaspis stammeri Hirschmann & Zirngiebl— Nicol, 1969
U. tecta (Kramer, 1876)

Tab. 2: Gesamtartenspektrum in den untersuchten Hecken (Gesees, Lanzendorf und Heinersreuth).

Anmerkungen zur Artenliste
[1] *Geholaspis hortorum/mandibularis*-Komplex: eine Unterscheidung von *G. hortorum* (BERLESE 1904) und *G. mandibularis* (BERLESE 1904) nach HYATT & EMBERSON (1988) war nicht möglich; die Individuen weisten „gemischte" Merkmale auf.
[2] *Pachylaelaps furcifer* wurde nach GILJAROV (1977) determiniert. In dieser Arbeit werden die Männchen von *P. leauchlii* SCHWEIZER 1922 zu dem Weibchen *P. furcifer* zugeordnet. *P. leuchlii* ist deswegen in vorliegender Untersuchung nur durch Weibchen vertreten.
[3] Die in Lanzendorf gefundenen und nicht weiter determinierbaren Männchen und Weibchen aus der Gattung Pergamasus wurden von mir unter *P. spec. 1* zusammengefaßt und als eine Art betrachtet.
[4] Weibchen aus der „*Pergamasus runcatellus-vagabundus*" — Gruppe (in KARG 1971 s. 381 ff) sind nach aufgeführten Merkmalen nicht trennbar (DIELMANN 1991). Eindeutig determiniert wurden Männchen von *P. runcatellus* (BERLESE, 1903) und *P. vagabundus* KARG 1968.

	Gesees	Lanzendorf	Heinersreuth
S	25	31	31
$R(S_n)$	24	27	22
d_n	8 318	9 677	23 597
H_s	2.83	2.91	2.63
E_s	0.88	0.85	0.77

Tab. 3: Strukturmerkmale der Gamasidengemeinschaften der drei untersuchten Hecken (gesamte Artenzahl (S), Rarefraction-Modell des Artenreichtum ($R(S_n)$): n = 6 508 Ind/m^2), Gesammtindividuendichten (d_n [Ind./m^2]) sowie Shannon-Index (H_s) und Eveness (E_s)).

Art	Gesees	Lanzendorf	Heinersreuth
Veigaia nemorensis	11.3	20.6	12.5
Pergamasus suecicus	9.8	5.9	10.8
Proctolaelaps pygmaeus	12.8	4.1	8.3
Pergamasus cornutus	10.5	—	—
Rhodacarus agrestis	6.8	r	—
Geholaspis hort/mand.	5.3	r	—
Veigaia decurtata	4.5	+	—
Pergamasus processiferus	—	7.6	—
Pergamasus spec. 1.	—	7.1	—
Pergamasus oxygynelloides	—	5.9	—
Pergamasus digitulus	+	5.3	+
Macrocheles montanus	+	4.1	—
Pergamasus misellus	—	3.5	—
Trachytes aegrota	r	+	9.0
Rhodacarus ancorae	—	—	8.3
Pergamasus truncellus	—	—	3.5
Rhodacarus coronatus	—	3.5	23.1
Veigaia exigua	9.0	8.8	r
Pergamasus runcat/vagab—Gruppe	5.3	r	4.8
Zercon peltatus	3.8	—	3.5
Summe	79.1	76.4	83.8

Tab. 4: Dominanzanteile der Gamasida-Hauptarten in den untersuchten Hecken (r = rezedent, + = subrezedent, — = abwesend).

dichte ähnlich wie in der Geseeser Hecke. Gleichzeitig sind die Artenzahlen hier so hoch wie in der Heinersreuther Hecke, wobei der Artenreichtum in letzterer viel höher ist.

Sehr klar lassen sich die drei Hecken auf Grund ihrer Artenspektren voneinander abgrenzen. Aus der Tabelle 4 wird ihre unterschiedliche Besiedlung durch die Hauptarten deutlich. Bei der Aufteilung in die Dominanzklassen richte ich mich nach dem Vorschlägen von ENGELMANN (1978) und STÖCKER & BERGMANN (1977). Die Arten mit einer relativen Häufigkeit über 3.2% werden nach MÜHLENBERG (1989) „Hauptarten" genannt. In der Tabelle 4 wurden alle Hauptarten berücksichtigt.

Insgesamt kommen nur drei der Hauptarten (*Veigaia nemorensis, Proctolaelaps pygmaeus* und *Pergamasus suecicus*) in allen drei untersuchten Hecken vor. 11 der 20 hier vorgestellten Arten sind in ihrem Aufkommen als Hauptart auf eine Hecke beschränkt. Auffallend ist, daß die Hauptarten, die nur in der Lanzendorfer Hecke vorkommen, über 30% der dort nachgewiesenen Individuendichten ausmachen. Unter den Gamasidaarten der Geseeser Hecke dominieren neben den euryöken und —topen *Pergamasus suecicus, Veigaia nemorensis* und *V. exigua* die eher für Waldhabitate charakteristische Art *Pergamasus cornutus*. Die relativ hohe Dominanz von *Proctolaelaps pygmaeus* kann durch erhöhte mikrobielle Abbauprozesse in Folge von Gülleeintrag im Herbst erklärt werden. Wie die Hecke in Gesees steht auch die untersuchte Lanzendorfer Hecke auf kalkiglehmigem Untergrund. Auch hier sind die beiden *Veigai*a — Arten (*V. nemorensis* und *V. exigua*) mit auffällig hohen Anteilen vertreten. Interessant ist ferner der hohe Dominanzwert für *Pergamasus processiferus*, einer Art, die bis jetzt schwerpunktmäßig in Nadelwäldern gefunden wurde (KARG 1971).

Die Hecke bei Heinersreuth unterscheidet sich durch den Buntsandsteinuntergrund, den trockenen Boden, die Pflanzendecke und ihren Charakter als Baumhecke von den anderen untersuchten Hecken. Auch die Faunenzusammensetzung ist anders als bei den vorherigen Standorten. Den höchsten Dominanzwert erreicht hier die Art *Rhodacarus coronatus*. Über diese Art finden sich in der Literatur sehr widersprüchliche Standortangaben, so daß man sie als euryök einstufen sollte. Die hohen Dichten von P*roctolaelaps pygmaeus* und T*rachytes aegrota* (beide Arten sind Indikatoren für organische Zersetzungsprozesse, s. o.) sind auf intensive Düngung des Umlandes (Acker) bzw. auf die Streuqualität in dieser Baumhecke zurückzuführen.

Die großen Unterschiede sowohl in der Struktur der Gamasidazönose und hier vor allem bei den Gesamtartenzahlen und den Individuendichten wie auch bei dem Vergleich der Artenspektren, erklären die niedrigen Ähnlichkeitswerte der untersuchten Standorten. So betrug der Renkonen-Index[*] zwischen der Geseeser Hecke und den Hecken bei Lanzendorf und Heinersreuth entsprechend 0.42 und 0.41, zwischen den beiden letztgenannten 0.31 (der Jaccard-Index[*] betrug entsprechend 0.33, 0.24 und 0.24). Dies verdeutlicht, daß es sich hier um sehr unterschiedliche Taxozönosen handelt.

---

[*] Zur Erklärung der Renkonen- und Jaccard-Indices siehe: Buryn, R., „Auswirkung von Pflegemaßnahmen (Schafbeweidung oder Mahd) auf Gamasida auf Magerrasen" in diesem Band.

4.3 Die Gamasida und andere Taxa der Bodenfauna

Um den Eindruck von dem Formen- und Individuenreichtum zu ermitteln, wurden aus jeweils sechs parallelen Proben die Tiergruppen der Mesofauna aussortiert und gezählt. In der Tabelle 5 sind die Individuendichten dieser Gruppen aufgelistet.

Erwartungsgemäß weist der bodensauere Standort bei Heinersreuth die höchsten Dichten für die wichtigsten Mesofaunagruppen auf: Nicht-Gamasida (hier vor allem Oribatiden), Collembola, Mesostigmata und Protura. Nur die Symphyla sind in den beiden anderen Hecken häufiger vertreten als in Heinersreuth. In der Hecke bei Lanzendorf ist die gesamte Milbenindividuendichte fast doppelt so hoch wie in der Geseeser Hecke. Die Proturen sind in der Lanzendorfer Hecke im Vergleich zu anderen Standorten mit niedrigsten Dichten vertreten.

5. Diskussion

In den letzten Jahren war vor allem im Rahmen angewandter bodenzoologischer Fragestellungen, ein wachsendes Interesse an den Gamasida festzustellen (KOEHLER 1984, GLOCKEMANN & LARINK 1989, KARG 1968, 1982, 1986, 1989 a, TITI 1984, LAGERLÖF & ANDRÉN 1988, BURYN 1991). So wurde ihnen neben anderen Bodenorganismen Indikatoreigenschaften zugeschrieben, die geeignet erschienen, bestimmte Zustände oder auch Veränderungen der Lebensbedingungen in Böden anzuzeigen z. B.:
— Mikroklimaveränderungen nach Streuentfernung (KARG 1967 b, SCHULZ 1986)
— Bodenfeuchte, Bodenbearbeitungsmethoden, Fruchtfolge im Agrarbereich, Rottung- und Vermoderungs-Prozesse (KARG 1962, 1963, 1967 a, 1967 b, 1968, 1982, 1986, 1989 a, TITI 1984, LAGERLÖF & ANDRÉN 1988, KÖHLER et al. (in Vorb.)), - Sukzessionsprozesse (KOEHLER 1984, 1991, DAVIS 1963 in KOEHLER (1984), STREIT et al. 1985, KARG 1986)
— Vorkommen von anderen Bodenorganismen, die mit Gamasiden vergesellschaftet sind, insbesondere den potentiellen Beutetieren (z .B. Nematoden), Wirtsorganismen (z. B. Kleinsäuger oder Vögel) oder Ameisen (KARG 1961, 1962, 1983, 1989 a).

5.1 Welcher Arbeitsaufwand ist für die Untersuchung der Mesostigmaten erforderlich ?

Die Verwendung der Gamasiden im Rahmen naturschutzrelevanter Fragestellungen erfordert einen hohen Zeitaufwand, der nötig ist um gesicherte Aussagen treffen zu können. Dieser Aufwand ist im Fall der Mesofauna insgesamt sehr groß:

Taxon:	Gesees	Lanzendorf	Heinersreuth
Mesostigmata	7 480	10 625	21 760
Sonstige—Acari	54 995	88 910	383 775
Collembola	83 045	71 230	116 365
Protura	3 230	340	11 645
Symphyla	1 785	1 190	340

Tabelle 5: Mittlere Dichten der Mesofauna-Taxa (Ind./m^2) in den drei Vergleichshecken in den obersten 8 cm des Bodens (Werte basieren auf sechs ausgezählten parallelen Proben) (aus Buryn, 1990).

Probenahme, Sortierung, Auszählung und Bestimmung sind sehr arbeitsintensive Tätigkeiten. Im Fall der Gamasiden kommen die schwierige und vielfach nicht endgültig geklärte Taxonomie vieler Taxa und die Tatsache hinzu, daß es sich um Tiere handelt, die bei einer Länge von ca. 600 μm einzeln unter dem Mikroskop bestimmt werden müßen. Der aufwendige Apparaturpark, der nötig ist um mit den Raubmilben zu arbeiten (Extraktionsgerät(e), Binokular, Mikroskop u. a.), macht solche Untersuchung fast nur in Anlehnung an größere Institute oder Universitäten möglich.

Der Arbeitsaufwand ist primär mit der Anzahl der Proben verknüpft, welche ausgewertet werden. Im Folgenden soll dargestellt werden welchen Informationszuwachs — hier die Artenzahl — eine steigende Zahl von parallelen Proben mit sich bringt. Für jeden Standort wurden drei zufällige Reihenfolgen der ausgewerteten Proben als Arten-Probenrang-Relation ermittelt. Anschließlich wurde über jeden Rang (je drei Werte für die erste, zweite, dritte usw. Probe) ein Mittelwert gebildet. Die Abbildung 2 zeigt wieviel neue Arten in jeder aufeinanderfolgenden Probe pro Standort enthalten sind.

Aus der Abbildung 2 wird deutlich, daß erwartungsgemäß mit zunehmender Probenzahl der Zuwachs an neuen determinierten Arten abnimmt. Die größte Abnahme findet etwa bis zur fünften Probe statt. Die folgenden Proben enthalten zwar immer noch bis zu drei neue Arten, diese gehören aber meist zu den wenig abundanten, subrezedenten Arten.

Bei der Geseeser Hecke steigt die Artenzahl durch Auswertung der letzten fünf Proben nur um ca. eine Art pro Probe. Für diesen Standort wurde außerdem festgestellt, daß die diagnostizierte Dominanzstruktur der Gamasidengesellschaft, determiniert mit einer einmaligen Probenahme von sechs Proben, weitgehend übereinstimmt mit einer Untersuchung, bei der eine Probenahme einmal monatlich über einen Zeitraum von sechs Monaten (April bis Oktober) mit vier parallelen Proben durchgeführt wurde (Buryn 1990). Für diese sowie für die Lanzendorfer Hecke scheint durch eine weitere Steigerung der Probenzahlen keine wesentliche Steigerung der Informationen über die Gamasidagesellschaft erwarten zu sein. Anders dagegen für die Hecke bei Heinersreuth. Hier würden weitere Proben wesentliche Beiträge zur Komplettierung der Artenliste bringen. Die Kurve für

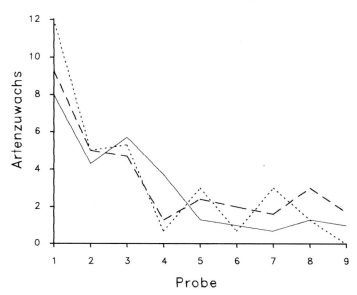

Abb. 2: Artenzahl-Zunahme bei Auswertung von aufeinanderfolgenden Proben in den Hecken (durchgezogene Linie: Gesees, Strichlinie: Lanzendorf, Punktlinie: Heinersreuth).

diese Hecke zeigt, daß von der vierten bis neunten Probe immer noch ca. 2 — 3 neuer Arten pro weiterer Probe determiniert wurden. Im Bezug auf das Vorkommen und die Dominanzanteile der Gamasida- Hauptarten hat die Auswertung von neun Proben im Vergleich zur Auswertung von sechs Proben in keiner der Hecken eine wesentliche Änderungen gebracht (vgl. BURYN 1990).

Die Entscheidung darüber, wieviel Proben für eine Untersuchung genommen und ausgewertet werden müssen, hängt davon ab, ob die Dominanten und dadurch für eine Standortanalyse relevanten Arten gefunden werden sollen, oder ob eine möglichst vollständige Artenliste (auch mit den Arten die möglicherweise nur zufällig auftreten) erstellt werden soll. In dem ersten Fall wäre für die vorliegende Untersuchung eine Probenzahl von 5 oder 6 genügend. Für eine Komplettierung der Artenlisten müßten, besonders im Fall der Heinersreuther Hecke, weitere Proben ausgewertet werden. Eine pauschale Festlegung auf eine nötige Probenzahl ist demnach nicht möglich. Es müßten dabei, abgesehen von den Anforderungen an den Standort z. B. deren Homogenität und Repräsentierbarkeit, die Arten-, Individuendichten, Diversität und die Mannigfaltigkeiten der Gamasidenfauna eines Habitates berücksichtigt werden.

5.2 Hecken als schützenswerter Naturraum

Hecken sind anthropogene, durch Pflegemaßnahmen in einem mittleren Sukzessionsstadium gehaltene Saumbiotope, inmitten meist monotoner Kulturlandschaften (ZWÖLFER & STECHMANN 1989). Sie sind sehr alte Bestandteile der europäischen Fluren — die mit rund 900 Jahren ältesten Hecken sind aus Großbritannien bekannt. Eine Zusammenfassung der Bedeutung der Hecke als Natur — und Lebensraum gibt PAVLINEC (1989).
Hecken beherbergen nach übereinstimmender Meinung aller Autoren eine reichhaltige und vom Umland stark abweichende Fauna. BURYN (1990) fand in der Hecke Wiesenarten, dagegen waren die an die Hecke angrenzenden Wiesen fast vollständig durch Wiesenarten charakterisiert. Demnach beeinflußt die Wiesenfauna durchaus die Fauna in der Hecke, während die Charakterarten der Hecken in der Mehrzahl auf ihren Standort beschränkt bleiben. BLICK (1989) fand diese Tendenz auch bei den epigäischen Spinnen. Den umgekehrten Schluß lassen dagegen die Untersuchungen an Tiergruppen mit großem Aktionsradius zu. So kamen TISCHLER (1950, 1958), ZWÖLFER et al. (1984) und PALVINEC (1989) zu dem Ergebnis, daß Carabiden, entomophage Insekten und die von ihnen untersuchten Spinnen aus der Hecke in das benachbarte Umland einwandern.
Die Gamasidengesellschaften der drei untersuchten Hecken bestehen bei hoher Artendichte aus wenigen, gemeinsamen und gleichzeitig abundanten Arten. Dies könnte ein Hinweis auf eine stark zufallsabhängige Zusammensetzung der Heckenfauna sein. Trotz der großen Unterschiede im Arteninventar sind sich aber die Milbenfaunen der beiden Hecken in Gesees und Lanzendorf im quantitativen Vergleich der Habitatsansprüche der auftretenden Arten recht ähnlich (BURYN 1990). So kommen in den Hecken in Gesees und Lanzendorf ähnlich hohe Artenzahlen und relative Häufigkeiten bei Wiesen- und Waldarten vor. Dagegen unterscheidet sich die Hecke in Heinersreuth von den beiden anderen durch geringere Wiesenarten- und höhere Waldartenzahlen. Die Arten in Gesees und Lanzendorf bevorzugen darüber hinaus vor allem mittlere Feuchteklassen und meiden extrem feuchte und trockene Standorte. Dagegen sind eine ganze Reihe von Arten aus Heinersreuth in der Lage, auch trockene Standorte zu ertragen (dito).
Unter dem Gesichtspunkt des Artenreichtums und dem Dominanzverhältnis von Wald- und eurytopen — Arten zeigen die Gamasidenfaunen der untersuchten Hecken einen ähnlichen Charakter wie europäische Wälder (USHER 1971, HEUNGENS & DAELE 1984, LUXTON 1982, HUHTA et al. 1986, ATHIAS-HENRIOT 1978, ELBADRY 1973, SCHULZ 1989). BLICK (1989) fand bei seiner Untersuchung der Spinnen ebenfalls höhere Dominanzen der Waldarten in der Geseeser Hecke. Ähnliche Ergebnisse erhielt HENATSCH (1990) für die Staphyliniden. Gleichzeitig zeigte sich, daß die Carabidenfauna nur wenige Waldarten beherbergte. Das letzte Ergebnis stimmt mit den Aussagen von THILE (1964) und ROTTER & KNEITZ (1977) überein,

die die Laufkäferfauna der Hecken als „verarmte Waldfauna" bezeichnen. Anscheinend kann für relativ große Arthropoden mit großem Aktionsradius wie die Carabiden die Größe des Habitates ein limitierender Faktor sein (ROTTER & KNEITZ 1977). Kleine Invertebraten wie Gamasiden, Staphyliniden und partiell Spinnen finden ausreichende Bedingungen auch innerhalb von kleineren Habitaten (BURYN & HARTMANN 1992).

Aufgrund ihres, bei mehreren Tiergruppen bereits nachgewiesenen hohen Artenreichtums und in ihrer Eigenschaft als Refugium für seltene Arten (TISCHLER 1958, RÖSER 1988, ZWÖLFER & STECHMANN 1989), muß der Hecke in unserer zunehmend verarmenden Kulturlandschaft auch für die Raubmilben eine besonders hohe Bedeutung als schützenswerter Naturraum zugemessen werden.

6. Danksagung

Diese Arbeit basiert zum Teil auf Ergebnissen, die während meiner Diplomarbeit gewonnen wurden. Ich möchte allen danken, die zum Gelingen dieser Arbeit beigetragen haben. Mein besonderer Dank gilt den Herren Prof. Dr. H. Zwölfer, Dr. P. Hartmann, Dr. R. Brandl, Dr. A. Reif und Dipl.-Geoökologe A. Mahr. Bedanken möchte ich mich bei Frau Dr. Christiane Weitzel für das Korrekturlesen des Manuskriptes.

Anschrift des Autors:

Dipl.-Biol. Romuald Buryn, Moritzhöfen 1, 8580 Bayreuth

Hans Schick & Kurt Kreimes

Der Einsatz von Collembolen als Bioindikatoren

mit 7 Abbildungen und 2 Tabellen

Inhalt

1. Einleitung
2. Bioindikation
3. Collembolenuntersuchungen im Rahmen eines landesweiten Meßnetzes
3.1 Untersuchungsgebiet
3.2 Untersuchungen
3.3 Methoden
3.3.1 Probenahme und Extraktion
3.3.2 Ökologisch mathematische Methoden
3.4 Ergebnisse
3.5 Ergebnisbewertung
4. Zusammenfassung

1. Einleitung

Der Einsatz von Bioindikatoren tritt in den letzten Jahren immer mehr in den Vordergrund. Hierauf baut ein wesentliches Aufgabengebiet der Bodenbiologie für die Zukunft auf, das die Nutzung der Bodentiere als Indikatoren für anthropogene Beeinflussungen der Fruchtbarkeit und Stabilität der Böden beinhaltet. Dies zeigt sich besonders auf dem Gebiet der Immissionsökologie, die ihre heutige Bedeutung erst durch die rasche Ausbreitung der Waldschäden erlangt hat, da die schädigende Wirkung von Immissionen zunächst unterschätzt wurde. Die Fehleinschätzung der Schadstoffeinwirkungen lag im wesentlichen daran, daß man sich bei der Schadstoffbeurteilung nur auf physikalisch-chemische Meßdaten stützte. Dieser Ansatz wird den hochkomplizierten Funktionsabläufen in Organismen und deren Wechselbeziehungen untereinander in Ökosystemen nicht gerecht, da die Reaktion von Lebewesen auf Reize von vielen Nebenbedingungen abhängt (z. B. genetische Anlagen, Klima, Boden, verschiedene Streßfaktoren). Die Zahl der einflußnehmenden Umweltfaktoren ist noch unbekannt. An dieser

Stelle wird deutlich, daß der Ansatzpunkt für die Beurteilung von Schadstoffen bei der stofflichen Zusammensetzung und den Reaktionen der Lebewesen erfolgen muß. Die Umweltüberwachung mit Bioindikatoren (Biomonitoring) bietet hierfür eine Möglichkeit. Hierbei wird die Reaktion einzelner Arten oder Artengruppen stellvertretend für die Beurteilung der Situation anderer Organismen beobachtet, wodurch man Hinweise auf den Zustand des gesamten Ökosystems erhält.

2. Bioindikation

Bei der Umweltüberwachung mittels Bioindikatoren können grundsätzlich zwei Verfahrensweisen unterschieden werden. Beim passiven Monitoring untersucht man Lebewesen, deren Reaktionen gegenüber den entsprechenden Belastungen bekannt sind. Aufgrund ihres Vorkommens (Reaktionsindikator) bzw. ihrer Belastung (Akkumulationsindikator) kann man Rückschlüsse auf die Belastung des Ökosystemes ziehen. Die zweite Möglichkeit des Biomonitorings ist das aktive Monitoring. Hierzu werden unter standardisierten Bedingungen aufgezogene Organismen innerhalb des zu beurteilenden Standortes exponiert, wobei ebenfalls Reaktions- und Akkumulationsindikatoren eingesetzt werden können. Dieses Verfahren hat gegenüber dem ersteren den Vorteil, daß die Reaktionen dieser standardisierten Indikatororganismen einfacher zu interpretieren sind. Nachteilig sind aber die relativ schlechte Übertragbarkeit auf die gesamte Biozönose des Standortes und der vergleichsweise hohe Erhebungsaufwand.

Beim Biomonitoring ist es grundsätzlich möglich, die Reaktion von Organismen auf unterschiedlichen Ebenen zu untersuchen (Tab. 1).

Für Untersuchungen zur Beurteilung von Immissionseinwirkungen auf Ökosysteme eignet sich das Biomonitoring auf der Populations- und Zönosenebene, da hiermit eine zumindest teilweise Beurteilung des gesamten Systemes möglich ist (vgl. LANDESANSTALT FÜR UMWELTSCHUTZ 1986).

Auf der Populationsebene wird hauptsächlich mit Akkumulationsindikatoren (z. B. Lumbriciden) gearbeitet, während auf der zönotischen Ebene Reaktionsindikatoren benützt werden, die nach DUNGER (1982) bestimmte Idealanforderungen erfüllen sollen:

— eindeutige Erfaßbarkeit der aktiven Stadien,
— Empfindlichkeit gegenüber Noxen,
— gute Reaktionsfähigkeit auf die Bildung neuer Nischen durch günstigen Voltinismus (1 — 4 Generationen pro Jahr),
— enge Korrelation zur mikrobiologischen Gesamtaktivität,
— gute Erfaßbarkeit durch hohe Individuendichte,
— eindeutiger Bezug auf den Untersuchungsort durch absolute Ortstreue.

Collembolen entsprechen weitgehend den o. g. Anforderungen. Sie haben eine große Diversität und kommen in hohen Abundanzen vor. Sie können standardisiert erfaßt werden und sind taxonomisch gut beschrieben. Infolge ihrer im Ver-

Untersuchungsmethoden zur Bioindikation	
Untersuchungsebene	Untersuchungsmethode
subzellular	biochemisch biophysiologisch elektronenmikroskopisch
zellular	zellphysiologisch mikroskopisch
Gewebe und Organe	biochemisch mikroskopisch
Organismen (Individuen)	ökophysiologisch symptomatologisch chronologisch
Populationen und Assoziationen	phytozönologische zoozönologisch
Biozönosen und Ökosysteme	integrale multidisziplinäre Ökosystemuntersuchung

Tab. 1: Untersuchungsmethoden zur Bioindikation nach SCHUBERT, SCHUH (1980) STEUBING (1982)

gleich zu anderen Tieren (z. B. Milben) dünnen Cuticula haben sie engen Kontakt mit im Boden und Bodenwasser vorhandenen Stoffen. Aufgrund unterschiedlicher Ernährungs- und Lebensweisen reagieren sie differenziert auf die unterschiedlichsten Veränderungen innerhalb des Ökosystemes mit Änderungen der Individuen- und Artenzusammensetzung. Daneben weisen sie eine sehr gute Eignung für ökotoxikologische Tests auf (IGLISCH 1981, SPAHR 1981, WOLF-ROKOSCH 1983). Hinzu kommt, daß sie als die am weitesten verbreitete Gruppe von Insekten, mit einer hohen Anpassungsfähigkeit an verschiedenste Lebensräume (WALLWORK 1976), für die Standortdiagnose in weiten geographischen Bereichen zu allen Jahreszeiten herangezogen werden können. Im Ökosystem Wald stellen Collembolen ein wichtiges Regulativ im Streuabbau dar (BECK 1983, 1985).

3. Collembolenuntersuchungen im Rahmen eines landesweiten Meßnetzes

In der Literatur ist der Einfluß von Immissionseinwirkungen auf Collembolen vielfach belegt; praktische Untersuchungen auf diesem Gebiet stehen jedoch noch weitgehend aus. Aus diesem Grunde bot sich die Untersuchung der Collembolenzönosen von Walddauerbeobachtungsflächen im Rahmen des Ökologischen Wirkungskatasters Baden-Württemberg an, das von der Landesanstalt für Umweltschutz in Karlsruhe durchgeführt wird. Die hieraus gewonnenen Erkenntnisse

Baden-Württemberg

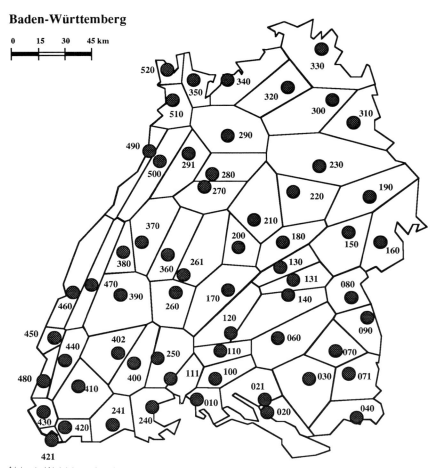

Abb. 1: Walddauerbeobachtungsflächen des Immissionsökologischen Wirkungskatasters Baden-Württemberg.

sollen in spätere Untersuchen miteinfließen und somit helfen, Bewertungskriterien zur biologischen Beurteilung von Immissionseinflüssen zu schaffen.

3.1 Untersuchungsgebiet

Im Rahmen des Ökologischen Wirkungskatasters Baden-Württemberg wurden 60 Walddauerbeobachtungsflächen, die naturnahe Waldstandorte in allen Naturräumen Baden-Württembergs beinhalten, ausgewiesen.

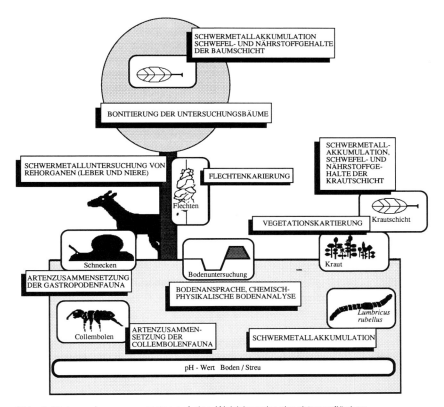

Abb. 2: Untersuchungsparameter auf den Walddauerbeobachtungsflächen

Ein sehr wesentlicher Faktor war hierbei, daß während des Untersuchungszeitraumes (10 Jahre) auf den Dauerbeobachtungsflächen keine Bewirtschaftung erfolgen darf, da hierdurch eine Ergebnisbeurteilung nur noch sehr bedingt möglich wäre. Aus diesem Grunde konnte nur auf staatliche Flächen zurückgegriffen werden.

3.2 Untersuchungen

Auf den Dauerbeobachtungsflächen werden im zweijährigen Turnus eine Reihe von Untersuchungen durchgeführt (Abb. 2), die soweit möglich in die statistische Analyse miteinbezogen wurden. Aufgrund der zahlreichen Begleituntersuchun-

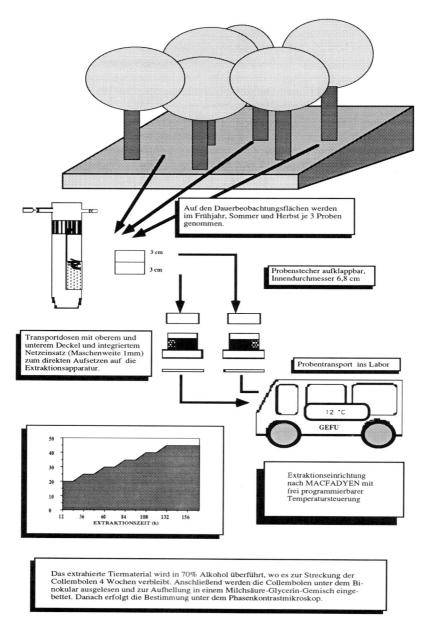

Abb. 3: Schematisierte Darstellung von Probenahme und Probenbehandlung

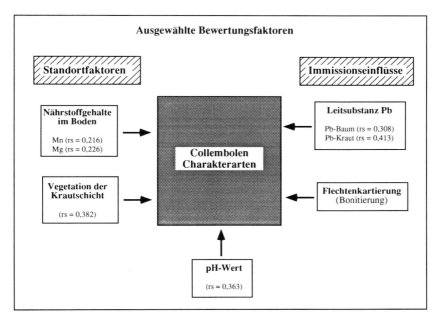

Abb. 4: Ausgewählte Bewertungsfaktoren

gen kann bei der Ergebnisbeurteilung auf umfangreiche Datenbestände zurückgegriffen werden.

3.3 Methoden

3.3.1 Probenahme und Extraktion

Die 60 Walddauerbeobachtungsflächen werden im Zweijahresrhythmus alternierend beprobt, d. h. jedes Jahr 30 Flächen. Es werden jeweils drei Probenahmen (Frühjahr/Sommer/Herbst) durchgeführt.
Zur Probeentnahme für die Collembolenuntersuchungen werden auf jeder Untersuchungsfläche drei Teilflächen von je zwei Metern Kantenlänge abgeflockt. Ihre Auswahl erfolgt im Gelände unter Berücksichtigung des Baumbestandes und der Bodenvegetation. Mit einem Bodenstecher von 6,8 cm Innendurchmesser wird ein Bohrkern entnommen, der in zwei Teilproben (0 — 3 cm und 3 — 6 cm) unterteilt wird. Diese werden in eigens hierfür entwickelte Transportdosen eingebracht und mit Kühlboxen ins Labor transportiert.
Die Extraktion der Collembolen aus den Bodenproben erfolgt mit der Methode

> **Schädigungsstufen von Zönosen**
>
> - Dominanzverschiebung
>
> - Stabilisierung auf niederer Diversitätsstufe verbunden mit dem Populationsanstieg bestimmter plastischer Spezies
>
> - Bei erneuten Noxen reagiert die Zönose mit einer geringeren Elastizität
>
> - Die Schädigung führt zu einer Degradation der Zönose und verringert dadurch die Stabilität des Ökosystems

Abb. 5: Schädigungsstufen von Zönosen

nach MAC FADYEN, die für die gegebene Fragestellung und den damit verbundenen hohen Probenanfall besonders geeignet ist, in einem eigens hierfür entwickelten High Gradient Extractor. Der oben gelegene Heizraum ist durch Einlegeplatten vom darunter liegenden Kühlraum getrennt. In diesen Platten sind Aussparungen vorgesehen, in die 60 Extraktionsgefäße eingehängt werden können. Hierauf werden die im Freiland befüllten Erdtransportdosen direkt aufgesetzt, wodurch eine besonders ökonomische Arbeitsweise ermöglicht wird. Besonders wichtig ist, daß der Temperaturanstieg während des Extraktionsvorgangs sehr langsam erfolgt. Dies gewährleistet ein eigens hierfür entwickeltes Temperatursteuergerät, das einen entsprechend dem extrahierten Substrat (z. B. Streu- oder Erdproben) frei programmierbaren Temperaturverlauf sowohl im Heiz- als auch im Kühlraum ermöglicht. Durch dieses standardisierte Extraktionsverfahren mit einem im Handel befindlichen Gerät (Bodenstecher, Erdtransportdosen und Extraktionsgerät sind bei der Firma GEFU in Heidelberg erhältlich) ist eine genaue Reproduzierbarkeit der Extraktionsergebnisse gewährleistet. Dies ist bei einem Extraktionsgerät mit manueller Steuerung oder nicht genau steuerbarer Kühlraumtemperatur nicht in vollem Umfang gegeben.
Von dem ausgelesenen Collembolenmaterial werden mikroskopische Präparate angefertigt (GISIN 1960), die anschließend unter dem Phasenkontrastmikroskop durchgesehen und bestimmt werden.

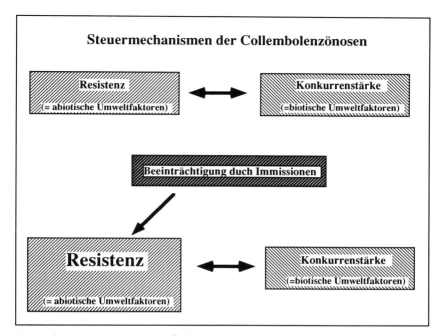

Abb. 6: Steuermechanismen der Collembolenzönosen

3.3.2 Ökologisch mathematische Methoden

Bei der statistischen Auswertung des Datenmaterials von edaphischen Untersuchungen ist zu beachten, daß Bodentiere fast immer eine mehr oder weniger stark ausgeprägte Aggregation und praktisch nie eine lineare Verteilung aufweisen (KÜHNELT 1957, DEBAUCHE 1962, DUNGER 1968). Aus diesem Grund dürfen bei der statistischen Auswertung nur parameterfreie statistische Testmethoden angewendet werden, soweit die Originalwerte nicht durch Transformation sekundär in eine Normalverteilung überführt wurden.

Die Populationsdichte (Abundanz) pro Flächeneinheit ergibt sich aus dem arithmetischen Mittel der Einzelproben und wird gewöhnlich auf einen m^2 bezogen. Die Dominanz ist ein relatives mengengebundenes Charakteristikum und gibt den Anteil einer Art oder Artengruppe an der Gesamtheit der betrachteten Zönose an. Nach dem Dominanzgrad erfolgt eine in der Literatur übliche Einteilung in fünf Dominanzklassen (TISCHLER 1949, HEYMANN 1960, SCHLEUTER 1984):

eudominant >10%
dominant >5-10%
subdominant >2-5%

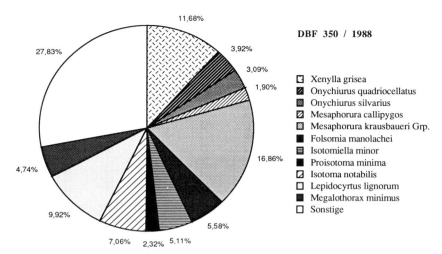

Abb. 7: Häufige Collembolenarten der Dauerbeobachtungsfläche Schriesheim (35.0)

rezedent ≧1-2%
subrezedent <1%
Die Konstanz (Frequenz) gibt die Stetigkeit des Vorkommens einer Art an. Sie wird im prozentualen Anteil des Vorkommens in der Gesamtprobenzahl angegeben. Nach TISCHLER (1949) werden vier Konstanzbereiche unterschieden: 0-25%, >25-50 %; >50-75% und >75-100%. Aufgrund der im Untersuchungszeitraum entnommenen Probenzahl ergibt sich im Bereich der Konstanzwerte bis 40% eine mögliche Abstufung in 11, 22, und 33%. Da der Wert 22 im wesentlichen akzessorische und keine akzidentiellen Arten repräsentiert, wurde der Konstanzbereich der akzessorischen Arten auf 22-50 % festgelegt. Demnach ergeben sich folgende Dominanzklassen:
eukonstant >75-100%
konstant >50-75%
akzessorisch >21-50%
akzidentiell >0-21%
Neben den o. g. mathematisch ökologischen Methoden wurde zur Prüfung kausaler Zusammenhänge eine Korrelation der verschiedenen Parameter durchgeführt. Da keine Normalverteilung vorliegt, eignet sich hierfür der Rangkorrelationskoeffizient nach Spearman rs. Mit Di als Differenz der Ränge beim Wertepaar (xi, yi) ergibt sich:

$$rs = 1 - 6 \sum Di^2 / [n(n^2-1)]$$

Die von der Anzahl der Wertepaare abhängigen Schranken für rs sind aus SACHS (1988 und 1990) entnommen.

3.4 Ergebnisse

In den Untersuchungsjahren 1987/88 konnten insgesamt 90 Collembolentaxa nachgewiesen werden (Schick 1990).
Die auf den 60 Dauerbeobachtungsflächen ermittelten Gesamtabundanzwerte aller Collembolenarten liegen zwischen 1.958 und 56.388 Ind./m^2 im Jahresmittel.
Die Artenzahl je Fläche schwankt zwischen 11 und 34 Arten.
Die häufigsten Arten waren *Folsomia quadrioculata, Mesaphorura krausbaueri s.l., Folsomia penicula, Folsomia manolachei, Isotoma notabilis* und *Isotomiella minor*, wobei *Folsomia quadrioculata* im Flächenmittel eukonstant und die anderen Arten konstant auftraten. Ebenfalls häufig, aber teilweise nur akzessorisch war *Lepidocyrtus lignorum* anzutreffen.
Da bisher noch keine flächendeckenden Untersuchungen der Collembolenfauna in Baden-Württemberg durchgeführt wurden, dienen die im Rahmen des Immissionsökologischen Wirkungskatasters durchgeführten Erhebungen der Erfassung des Istzustandes und bieten somit die Grundlage für längerfristige Untersuchungen.

3.5 Ergebnisbewertung

Aufgrund der geringen Stichprobenzahl der durchgeführten Untersuchungen ergeben sich Ungenauigkeiten in bezug auf die Gesamtartenlisten, da sehr seltene Arten hierbei möglicherweise nicht erfaßt werden. Für einen sinnvollen Vergleich der Artenspektren der Dauerbeobachtungsflächen ist es nötig, diese Ungenauigkeiten in die Bewertungsschemata miteinzubeziehen. Aus diesem Grund wurden in dem nachfolgenden Bewertungsansatz nur akzessorische Arten (Konstanz $\geqq$ 22%) in die vergleichende Betrachtung der Untersuchungsflächen miteinbezogen, da die akzidentiellen Arten (Konstanz < 22%) als Zufallsfunde betrachtet werden müssen. Nach Dunger (1968) werden hiermit die jeweiligen Charakterarten der Standorte erfaßt.
Für die vergleichende Betrachtung der Untersuchungsflächen wurden von den im Rahmen des Immissionsökologischen Wirkungskatasters durchgeführten Untersuchungen der Deckungsgrad der Krautschicht, die Flechtenbonität, der Bleigehalt der Blätter der Baumschicht und der Strauchschicht sowie der pH-Wert ausgewählt. Hierbei dürften die Bonitätsstufe der Flechtenkartierung und die Bleigehalte der Baum- und Strauchschicht größtenteils die Immissionsbelastungen dokumentieren. Wobei Blei als Leitsubstanz für Immissionen angesehen werden kann. Bei bisher durchgeführten Niederschlagsanalytischen Messungen (Adam et al. 1987) zeigten sich enge Korrelationen mit einer Reihe von Luftschadstoffen (NO2, SO2, Cd). Darüberhinaus konnte bei Bodenanalysen eine enge Korrelatio-

DBF Nr.	Mittlere Abundanz 1987/88	Artenzahl	Charakterarten K > 21%
10	4867	23	12
20	10616	24	14
21	16218	23	11
30	1958	11	8
40	16769	28	14
60	7439	30	14
70	3339	20	10
71	4835	22	13
80	56388	28	15
90	4622	23	12
100	12697	27	13
110	5815	17	11
111	6153	20	11
120	23101	30	20
130	11628	19	13
131	3993	14	10
140	31821	34	17
150	3796	19	8
160	22491	34	10
170	8201	25	11
180	8752	24	15
190	9397	26	13
200	5081	25	11
210	8690	14	10
220	22425	21	12
230	5448	18	10
240	10588	25	12
241	8200	25	13
250	7559	27	14
260	29280	33	19
261	41704	30	19
270	9394	21	13
280	13893	22	15
290	4314	23	11
291	11321	15	10
300	10498	29	14
310	11324	26	17
320	8232	25	14
330	4102	23	13
340	10768	24	14
350	2306	19	8
360	29187	32	20
370	9027	19	11
380	32767	26	16
390	7529	17	8
400	30442	25	16
402	15055	23	16
410	2356	14	8
420	10864	31	20

DBF Nr.	Mittlere Abundanz 1987/88	Artenzahl	Charakterarten K > 21%
421	8447	27	11
430	2051	15	9
440	12850	23	14
450	2358	14	7
460	10558	20	14
470	2541	18	9
480	8874	28	18
490	14105	20	11
500	16829	16	8
510	3367	13	9
520	9519	22	13

Tab. 2: Abundanzwerte und Artenzahlen der untersuchten Walddauerbeobachtungsflächen

nen mit organischen Schadstoffen (Dioxine, Furane) nachgewiesen werden (LfU 1990).

Bei der Durchführung einer multifaktoriellen Analyse der o. g. Untersuchungsfaktoren lassen sich zwei Hauptkomponenten erkennen, die für die Varianz dieser Werte verantwortlich sind. Diese Faktoren dürften zum einen der Standortfaktor und zum anderen der Immissionsfaktor sein.

Die Untersuchungsergebnisse der Waldgesellschaften zeigen, daß bei zunehmenden Immissionsbelastungen Dominanzverschiebungen innerhalb der Collembolenzönosen auftreten, die eine Reduzierung der Charakterartenzahl bedingen.

Bei der Betrachtung der Abundanzwerte ist dieses Muster nicht durchgängig erkennbar. Die Gründe hierfür dürften einerseits in der Varianz der Standorte liegen und andererseits darauf zurückzuführen sein, daß einige euryöke Arten aufgrund ihrer schnellen Generationsfolge in der Lage sind, freiwerdende Nischen kurzfristig zu besetzen.

Hieraus folgt, daß für den Einsatz von Collembolen als Bioindikatoren die Determination auf Artniveau unbedingt erforderlich ist, da reine Abundanzwerte keine klaren Aussagen ermöglichen.

Die bei den Collembolen festgestellten Dominanzverschiebungen stimmen mit den bisher bekannten Schädigungsstufen von Biozönosen (Abb. 5) überein.

Dies gilt auch für die Tatsache, daß die Gesamtabundanzen der Collembolen duch Immissionseinflüsse oft kaum beeinflußt werden.

Beide Beobachtungen lassen sich durch bestimmte Reaktionsmechanismen erklären.

Bei der Betrachtung der Dominanzverhältnisse einzelner Standorte ist ein bestimmter Steuermechanismus erkennbar, der aus zwei antagonistischen Faktoren besteht. Diese wurden von KOGLIN und BECK (1983) treffend als Resistenz und Konkurrenzstärke (Abb. 6) bezeichnet. Verstärkte Immissionsbeeinträchtigungen

führen demnach zu einer Verschiebung des Gleichgewichts der Faktoren Konkurrenzstärke und Resistenz, die eine antagonistische Wirkungsweise zeigen. Als Konkurrenzstärke ist hierbei die Anpassung an die biotischen und als Resistenz die Anpassung an die abiotischen Faktoren zu verstehen.
Je größer die Immissionseinflüsse werden um so stärker dominiert der Faktor Resistenz und es entsteht ein immer stärkeres Ungleichgewicht. Dies ist mit dem gehäuften Auftreten von Arten mit einer größeren Resistenz gegenüber Immissionen verbunden. Gleichzeitig werden andere empfindlichere Arten zurückgedrängt oder verschwinden sogar völlig.
Die Immissionseinflüsse bewirken also eine Änderung der Dominanzverhältnisse am Standort. Hieraus resultiert zunächst eine Reduktion der Anzahl der Charakterarten, d. h. der Arten die zumindest akzessorisch auftreten und bei weiteren negativen Beeinträchtigungen eine Reduktion der Artenzahl.
Ein typisches Beispiel für einen immissionsbeeinträchtigten Standort ist die Dauerbeobachtungsfläche Schriesheim (350). Sie zeichnet sich durch eine Reduktion der Charakterartenzahl und das gehäufte Auftreten von Arten mit einer größeren Resistenz gegenüber Immissionseinwirkungen aus. Dies gilt beispielsweise für *Mesaphorura krausbaueri s.l., Xenylla grisea* und besonders für *Proisotoma minima*, die tolerant gegenüber extremen pH-Werten ist und freiwerdende Nischen wegen ihrer hohen Reproduktionsrate schnell besiedeln kann.
Eine weiterführende Möglichkeit der Bioindikation mit Collembolen besteht in der Zusammenstellung von Zeigerarten für bestimmte Beeinträchtigungen, womit eine genauere Beurteilung bestimmter Einflußfaktoren ermöglicht wird.
Erste Schritte hierfür sind schon aus der Literatur bekannt oder konnten aufgrund der vorliegenden Ergebnisse gewonnen werden. Dies gilt insbesondere für die Beeinträchtigung durch Schwermetalle, Schwefeldioxid und Versauerung.
Bei den vorliegenden Untersuchungen wurden für die Collembolenarten *Onychiurus armatus, Stenaphorura denisi, Folsomia quadrioculata, F. montigena, Isotomiella minor, I. paraminor, Isotoma notabilis, I. propinqua, Lepidocyrtus lignorum* und *Heteromurus nitidus* Beeinträchtigungen durch Schwermetalle festgestellt. Auch Untersuchungen von BENGTSSON & RUNDGREN (1988) bestätigen den Rückgang der Collembolenartenzahlen infolge von erhöhten Zink-, Kupfer- und Bleibelastungen. Laboruntersuchungen an *Onychiurus armatus* (BENGTSSON et al. 1985) und Orchesella cincta (JOOSSE & VERHOEF 1983) zeigen ebenfalls eine Beeinträchtigung der Überlebens- und Reproduktionsrate durch Kupfer und Blei. Dies gilt insbesondere bei einer andauernden Exposition gegenüber Blei, während kurzfristige Bleidosen über eine Regulierung der Nahrungsaufnahme und einen Resistenzmechanismus in den Darmzellen (vorübergehende Bindung und spätere Ausscheidung) weitgehend abgefangen werden können (JOOSSE & VERHOEF 1983, STRAALEN et al. 1987, BENGTSSON & RUNDGREN 1988).
Ähnliche Ergebnisse finden sich bei verstärkten Immissionsbelastungen durch Schwefeldioxid (ANDRE & LEBRUN 1980). Hierbei können direkte Schädigungen

oder eine negative Beeinflussung der Nahrungsresourcen (LEETHAM et al. 1981) auftreten. Dies gilt aufgrund der vorliegenden Untersuchungen insbesondere für die Arten *Onychiurus sublatus*, *O. armatus* und *Isotoma propinqua*.
Beeinträchtigung durch Versauerung zeigen *Onychiurus armatus*, *Stenaphorura denisi*, *Folsomia quadrioculata*, *Folsomia montigena*, *Isotomiella minor*, *Isotomiella paraminor*, *Isotoma notabilis*, *Isotoma propinqua*, *Lepidocyrtus lignorum* und *Heteromurus nitidus*.
Aufgrund der durchgeführten Untersuchungen lassen sich zwei wichtige Ergebnisse in bezug auf den Einsatz von Collembolen als Bioindikatoren zusammenfassen.
1) Erste Erkenntnisse für den Einsatz von Zeigerarten für Immissionsbeeinträchtigungen liegen vor und können bei weiteren Untersuchungen verfeinert werden.
2) Der Einsatz von Charakterarten zur Beurteilung von Immissionseinwirkungen hat im vorliegenden Fall gute Ergebnisse gezeigt und sollte deshalb auch bei weiteren Untersuchungen berücksichtigt werden.

4. Zusammenfassung

Im Rahmen des Immissionsökologischen Wirkungskatasters Baden-Württemberg erfolgte in den Jahren 1987 und 1988 eine Untersuchung der Collembolenfauna von 60 Walddauerbeobachtungsflächen.
In den beiden Untersuchungsjahren konnten insgesamt 90 Collembolentaxa nachgewiesen werden. Die Populationsdichte lag zwischen 1.958 und 56.388 Individuen / m^2. Die starke Streuung der Werte ist auf die stark differierenden Umweltbedingungen an den einzelnen Standorten zurückzuführen.
Bei der Betrachtung der Charakterarten der Walddauerbeobachtungsflächen konnten bereits aus der Literatur bekannte Beobachtungen hinsichtlich der Beeinträchtigung von Collembolen durch Immissionen bestätigt werden.
Die Untersuchungsergebnisse der Waldgesellschaften zeigen, daß bei zunehmenden Immissionsbelastungen Dominanzverschiebungen innerhalb der Collembolenzönosen auftreten, wobei vergleichsweise resistente Arten begünstigt werden. Hieraus resultiert eine Reduktion der Anzahl der Charakterarten, die zur Bioindikation von Immissionseinflüssen herangezogen werden kann.

Anschriften der Autoren

Dr. Hans Schick, GEFU Gesellschaft für Umweltbewertung, Umweltplanung, Umweltüberwachung, Hardtstraße 90, 6900 Heidelberg
Kurt Kreimes, Landesanstalt für Umweltschutz, Griesbachstaße 3, 7500 Karlsruhe

Hartmut Koehler

Chemikalienwirkung auf Bodenmesofauna am Beispiel des Pestizids Aldicarb

mit 8 Abbildungen

Abstract

Soils are very much endangered by various kinds of pollution. Soil mesofauna may be a good indicator for such impact and may be used for the assessment of the effects before the background of an ecosystematic view. Results from a four year study are presented to discuss the effects of an Aldicarb application on the succession of soil mesofauna in an experimental mesocosm setup. Observed effects on abundances range from longterm inhibition, tolerance to promotion. Species spectrum of Collembola is not so much affected as that of Gamasina, but dominance structure is altered, which is not the case for the Gamasina. Problems arising from the complexity of the soil biota and the limited knowledge thereof, from the natural heterogeneity and from the difficulties of relating structural changes to functional properties are discussed. The need and possibilities of an indicator system using soil mesofauna is stressed.

Keywords

ecotoxicology, mesofauna, Collembola, Enchytraeidae, Acari, Gamasina, Aldicarb, chemical impact, indicator

Inhalt

1. Einleitung
2. Probeflächen, Material und Methode
2.1 Probeflächen
2.2 Chemikalienapplikation
2.3 Probenahme und Extraktion
2.4 Rückstandsanalytik

2.5 Auswertung
3. Die Sukzession der Bodenmesofauna unter Aldicarb-Einfluß
3.1 Aldicarb-Rückstände
3.2 Vegetation
3.3 Bodenmesofauna
4. Diskussion

1. Einleitung

Böden im ökologischen Sinne sind der belebte oberste Teil der Erdkruste. Diese dünne, oft nur wenig mehr als 10 cm mächtige Schicht, ist der Lebensraum der Bodenmesofauna, den sie sich mit zahlreichen anderen Organismen teilt. Als Mesofauna bezeichnet man kleine Tiere, deren geringer Körperdurchmesser von bis zu ca. 1 mm die Besiedlung von Bodenporen erlaubt: kleine Gliedertiere (Mikroarthropoden: Urinsekten (z. B. Springschwänze, Collembola), Milben (Acari) und kleine Gliederwürmer (Enchytraeidae)) (DUNGER & FIEDLER 1989). Diese Kleintiere sind wesentlich an der Bodenbildung beteiligt und sind mitverantwortlich für die Ausbildung bestimmter Böden. Ihre Bedeutung für den Erhalt der Bodenfruchtbarkeit liegt in direkter und indirekter Beteiligung am Stoff- und Energiehaushalt des Bodens, bzw. an dessen Regulation und in der Beeinflussung bodenchemischer und -physikalischer Gegebenheiten. Die Formenvielfalt der Bodenmesofauna ist immens. Dies gilt nicht nur für ihre Größe und ihr Aussehen, sondern auch für den bevorzugten Lebensraum und die bevorzugte Nahrung. So gibt es Arten, die nahe der Oberfläche in großen Poren leben und andere, die hauptsächlich in den engen Poren der Bodentiefe zu finden sind. Die einen ernähren sich von abgestorbenem Pflanzenmaterial (Detritus), die anderen von lebenden Wurzeln, von Bakterienschleimen oder Pilzen. Wieder andere sind Räuber oder parasitieren andere Bodentiere oder Pflanzenwurzeln. Hinzu kommt, daß sowohl Männchen und Weibchen als auch die Jugendstadien ein und derselben Art von verschiedener Gestalt sein und sich ökologisch völlig unterschiedlich verhalten können.

Es sind eher die klassischen, traditionellen Forschungsdisziplinen, die sich mit diesem gesamten Komplex der Biologie und Taxonomie (Bestimmung) der Bodentiere befassen. Leider ist festzustellen, daß diese Forschungsrichtungen in zunehmendem Maße vernachlässigt werden, wodurch angewandter Bodenschutz und ökologisch fundierte Bodennutzung mehr und mehr zu Schlagwörtern verkommen (HAIDER et al. 1990, AGBMF 1991).

Die Komplexität des Bodens in abiotischer und biotischer Hinsicht läßt sich gut als Ökosystem analysieren, d.h. als ein System aus abiotischen und biotischen Elementen, die mit- und untereinander in Wechselwirkung stehen. Es liegt auf der Hand, daß bei einer solchen Beschreibung des Bodens eine fragestellungsabhängige Auswahl der Systemelemente und ihrer Interaktionen getroffen wird. Für die abschließende Bewertung von Befunden der Ökosystemforschung ist die Berücksichtigung der somit gesetzten, beschreib- und beurteilbaren Grenzen des systemanalytischen Ansatzes als Bestandteil integren wissenschaftlichen Arbeitens unerläßlich.

Werden chemische Stoffe auf dem Land ausgebracht oder durch atmosphärische Deposition abgelagert, so wird das komplexe Wirkungsgefüge des Bodens beeinflußt. Dies kann zum Rückgang oder Verlust von Arten führen bzw. Wechselbeziehungen verändern. Die große Artenvielfalt der Bodenmesofauna, ihre Einbindung in die Ökologie des Bodens, seines Energie- und Stoffhaushaltes, hat dazu geführt, daß schon vor mehr als 20 Jahren begonnen wurde, die Bodenkleintiere zur Indikation und auch Beurteilung von Chemikalienwirkung und Bodenqualität zu nutzen (z. B. VAN DE BUND 1965, KARG 1968, EDWARDS & THOMPSON 1973, GHILAROV 1978). Aus der skizzierten Darstellung des Ökosystems Boden wird deutlich, daß selbst bei einer komplexen Betrachtung der Bodenmesofauna viele wichtige Systemelemente aus verschiedenen Gründen unberücksichtigt bleiben (Abb. 1). Beurteilungen der durch die Bodenmesofauna indizierten Veränderungen im Ökosystem sind daher niemals Überschätzungen einer Chemikalienwirkung. Vielmehr können geringfügige beobachtete Effekte Warnsignal sein, daß in einem anderen, weniger beachteten Kompartiment des Systems tiefgreifende Veränderungen stattgefunden haben.

Die Bewertung der Veränderungen ist letztendlich eine Risikoabschätzung vor dem Hintergrund der methodischen Fehler und der natürlichen Variabilität, die einen Wahrscheinlichkeitsrahmen für die Gültigkeit der Befunde abstecken. Boden ist in abiotischer und insbesondere in biotischer Hinsicht naturgemäß sehr heterogen, wobei diese Heterogenitäten in Raum und Zeit unterschiedlich ausgeprägt sein können. Derartige dynamische Heterogenitäten sind z. B. Ansammlungen von Pilzen und Bakterien oder eine Pflanzenwurzel, die durchs Erdreich wächst und bodenökologisch unterschiedlich wirksame Bereiche von Wurzelspitze bis zu älterer Wurzel aufweist (CLARHOLM 1985). Das Vorkommen der Arten der Bodenmesofauna kann an derartige Kleinhabitate gebunden sein, doch spielt auch die Biologie der Arten für die Verteilungsmuster eine Rolle.

Die Erfassung der Bodentiere erfolgt meist mit Hilfe einer Anzahl von Bodenkernen, durch die unterschiedliche Kleinhabitate stichprobenartig beprobt werden. Auf Grund der heterogenen Natur des Bodens ist es in keiner Weise verwunderlich, wenn die gewonnenen Daten z. B. von Siedlungsdichten stark streuen. Da wegen der großen Anzahl der in einem Bodenkern vorkommenden Kleintiere der für die Bearbeitung einer Probe erforderliche Zeitaufwand sehr hoch ist, können i.d.R. nur relativ kleine Stichprobenumfänge bearbeitet werden. Statistische Aussagen ohne bodenökologische Plausibilität besitzen daher geringen Wert und genauso können umgekehrt relativ „weiche" Daten Schlußfolgerungen stützen, wenn sie ökologisch plausibel sind.

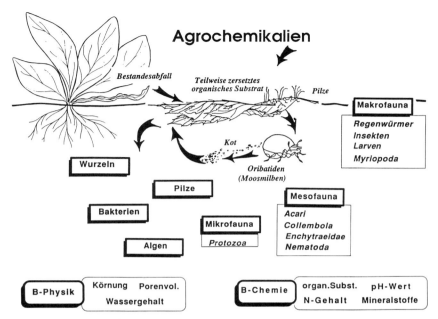

Abb. 1: Vereinfachtes Ökosystem-Modell des Bodens. Die zahlreichen möglichen Wechselwirkungen (Interaktionen, wie Nahrungsbeziehungen, Stoffflüsse) sind nicht eingetragen. Das Modell verdeutlicht, daß selbst bei einer umfangreichen Analyse zahlreiche Kompartimente und folglich auch deren Interaktionen unberücksichtigt bleiben (unter Verwendung einer Milbenzeichnung von DINDAL 1977).

Schon 1983 haben die Bundesminister entschieden, „daß der Schutz des Bodens künftig umfassend ... wahrgenommen werden soll. Die vielfältigen ökologischen wie auch ökonomischen Zusammenhänge und Wechselwirkungen sind von vornherein einzubeziehen" (BUNDESMINISTER DES INNERN 1985, S. 17).

Die Böden werden weltweit durch Chemikalien aus atmosphärischer Deposition belastet. Im Licht der Öffentlichkeit stehen z.Zt. die Waldschäden auf Grund des atmosphärischen Säureeintrags oder der Niedergang der Hochmoore wegen des diese Biotope schädigenden atmosphärischen Stickstoffeintrags. Es ist zu betonen, daß atmosphärische Depositionen nicht auf Wälder und Moore beschränkt sind, deren Phytozönosen uns die Belastung des Bodens drastisch indizieren, sondern die Böden großräumig belasten. Ein Ende dieses diffusen und auch chronischen Schadstoffeintrags und der dadurch verursachten Schäden an Böden, Pflanzen und Tieren kann nur durch Reduzierung, ja Vermeidung der Luftverschmutzung erreicht werden.

Regional begrenzt ist die Belastung des Bodens durch organische Dünger (z. B.

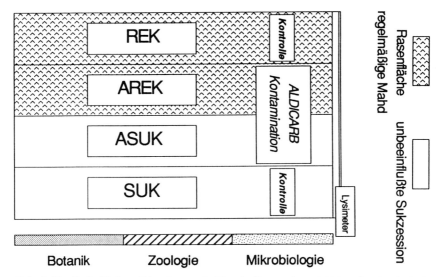

Abb. 2: Die Probeflächen (Mesokosmos). Die als Rasen eingerichteten Areale sind als REK (rekultivierte Variante) und die der natürlichen Sukzession überlassenen Flächen als SUK gekennzeichnet. Der Prefix A bezeichnet die einmalig mit Aldicarb kontaminierten Areale.

Gülle) und Agrochemikalien, die im Zuge der durch wirtschaftliche Zwänge unterstützten umfassenden „Modernisierung" der landwirtschaftlichen Praxis in großem Maße ausgebracht werden. Es besteht ein starkes, wenn auch unterschiedlich motiviertes Interesse, „Indikatoren zur prospektiven Bewertung der Belastbarkeit von Ökosystemen", speziell von Böden, durch derartige Chemikalien zu finden (SCHEELE & VERFONDERN 1988, MATHES & WEIDEMANN 1991). Hierbei steht die Analyse der Folgen von Chemikalienapplikation unter realistischen Gegebenheiten, d.h. im Freiland, im Vordergrund. Als Indikatoren kommen, wie eingangs erwähnt, sowohl Ökosystemstrukturen, d.h., die qualitative und quantitative Zusammensetzung der das System konstituierenden Kompartimente (Artenspektren, Siedlungsdichten), als auch Funktionen, wie Bodenatmung oder Meßgrößen des N-Haushalts in Frage.

In einem einjährigen Experiment wurden die Folgen einer einmaligen Applikation des systemischen Pestizids Aldicarb auf die Sukzession einer neu angelegten Freilandfläche (Mesokosmos, ODUM 1984) ökosystemar untersucht (WEIDEMANN et al. 1988, MATHES & WEIDEMANN 1991, KOEHLER 1993). In diesem Beitrag werden die Befunde der Untersuchungen der Bodenmesofauna zusammengefaßt und kommentiert.

2. Probeflächen, Material und Methode

2.1 Probeflächen

Die Experimente wurden in einem Mesokosmos von 30 x 20 m^2 auf einer ehemaligen Bauschuttdeponie am Stadtrand Bremens (ehemalige Siedenburg'sche Deponie, Bremen-Walle) durchgeführt. Toxische Einflüsse des abgelagerten Materials auf die Abdeckschicht sind nicht bekannt. Die Probeflächen liegen ca. 20 m über dem Umland und haben keinen Grundwasserschluß. Nachdem ein Areal von 30 x 20 m^2 bis zu einer Tiefe von 80 cm ausgebaggert war, wurde der Bodenaushub mit einem Radlader mit Mutterboden vermischt, dabei weitgehend „homogenisiert" und in die Grube verfüllt (April 1985). Der so geschüttete Boden war ein lehmiger Sand (pH= 6.9, C = 1.6%, N= 0.09%). Nach 14tägiger Setzung wurde die Oberfläche gefräst und sorgfältig eingeebnet (Ende Mai 1985). Eine Hälfte der Fläche wurde so belassen (Sukzessionsfläche SUK), die andere mit Gras eingesät (Rekultivierungsfläche REK) (Abb. 2). Die Sukzessionsfläche wurde einer unbeeinflußten Entwicklung überlassen, während die Rasenfläche regelmäßig gemäht wurde, wobei der Schnitt nur nach der ersten Mahd entfernt wurde.

2.2 Chemikalienapplikation

Unmittelbar nach den letzten Nivellierungsarbeiten und der Graseinsaat (22.5.1985) wurde auf die aneinandergrenzenden Hälften der beiden Teilflächen SUK und REK mit einem Granulatstreuer TEMIK 5G aufgebracht (2.5 g a.i. Aldicarb/m^2, Areale ASUK, AREK, Abb. 2). Die Gesamtfläche wurde geharkt. Das Granulat wurde somit ca. 5 cm in den Boden eingearbeitet. Abschließend wurde der Mesokosmos mit einer handgezogenen Walze behandelt.

2.3 Probenahme und Extraktion

Alle Daten wurden synchron erhoben. Für die Gewinnung der Mesofauna wurden mit einem Schlagbohrer Bodenproben aus den Bodentiefen 0 — 4 cm und 4 — 8 cm entnommen. Die jeweiligen Proben hatten eine Oberfläche von 25 cm^2 und ein Volumen von 100 cm^3.
Die erste Probenahme mit einem Stichprobenumfang von 10 Einstichen erfolgte am 22.5.85 unmittelbar vor der Einsaat und vor der Chemikalienapplikation. Von Juni 1985 bis Juni 1986 wurden die Flächen anfangs in 14tägigem, dann in monatlichen Abständen beprobt (Auswertung auf Artebene 2-monatlich). Die Bodenkerne wurden entlang eines Transekts über die vier Teilflächen REK-AREK-ASUK-SUK entnommen. Mit jedem Probenahmetermin wurde der Transekt um

ca. 1 m verlagert. Der Stichprobenumfang für die Bodenkleinarthropoden betrug 9 Einstiche je Variante, für die Enchytraeidae 10.

Die langfristige Entwicklung der Gamasina (Raubmilben) wurde durch zusätzliche Beprobung im Juni 1988 und im Juni 1989 erfaßt. Die Mikroarthropoden wurden mit der dynamischen Methode nach MACFADYEN (modifizierter MACFADYEN-canister Extraktor) über einen Zeitraum von 10 Tagen extrahiert. Die Temperatur wurde täglich um 5 °C erhöht, bis zu Endtemperaturen von 60 °C an der Probenoberseite und von ca. 45 °C an der Bodenunterseite. Die Enchytraeiden wurden nach O'CONNOR ausgetrieben (Modifikationen: 24h Wässerung der Proben bei Raumtemperatur, 4h oberseitiges Erwärmen auf 45 °C) (zur Extraktion siehe KOEHLER in diesem Band).

2.4 Rückstandsanalytik

Für die Bodentiefen 0 — 4 cm und 4 — 8 cm wurden die Aldicarb- Rückstände jeweils aus Mischproben mit Aceton und Dichlormethan extrahiert. Die Lösung wurden mit Acetonnitril gepuffert und chromatographisch analysiert (Aldicarb, Aldicarb Sulfoxid, Aldicarb Sulfon; HPLC Perkin-Elmer-2-Pumpen-System, Identifizierung bei 205 μm) (DEKKER & HOUX 1983). Für die Auswertung wurden Aldicarb und seine beiden Hauptmetaboliten zusammengefaßt.

2.5 Auswertung

Unter dem Binokular wurden die Bodenkleinarthropoden in Großgruppen sortiert. Die Bestimmung bis zur Art erfolgte für die Raubmilben (Gamasina) hauptsächlich nach KARG (1971), für die Collembola nach GISIN (1970) und FJELLBERG (1980), und für die Enchytraeidae nach NIELSEN & CHRISTENSEN (1959). Die Abundanzunterschiede zwischen den mit Aldicarb kontaminierten Varianten und den Kontrollen wurden mit dem verteilungsfreien Mann-Whitney-U-Test auf Signifikanz geprüft (P= 5%). Für qualitative Vergleiche wurden Indices zur Beschreibung der Artenidentität (Sörensen- Index) und der Dominantenidentität (Renkonen-Index) verwendet (MÜHLENBERG 1989).

3. Die Sukzession der Bodenmesofauna unter Aldicarb-Einfluss

3.1 Aldicarb-Rückstände

Der Abbau von ca. 66% Aldicarb zu den Metaboliten A-Sulfoxid und A-Sulfon innerhalb einer Woche entspricht den Befunden anderer Autoren (BULL 1968, AN-

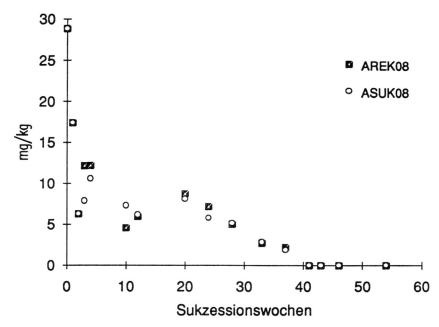

Abb. 3: Rückstände des Aldicarb und seiner Hauptmetabolite im Boden der Rasenfläche AREK und der Sukzessionsfläche ASUK für die Tiefe 0-8cm. Dargestellt ist die Summe der Analysewerte für Aldicarb, Aldicarb-Sulfoxid und Aldicarb-Sulfon.

DRAWES et al. 1971). Die beiden Metabolite sind wesentlich persistenter und wurden bis zur 37. Sukzessionswoche gefunden (Abb. 3). Nach der 10. Sukzessionswoche wurden keine wesentlichen Unterschiede der Rückstandskonzentrationen in den jeweiligen Bodenschichten, bzw. Teilflächen mehr nachgewiesen.

3.2 Vegetation

Die Vegetation entwickelte sich rasch und erreichte während der ersten zwei Monate eine Deckung von 100% (Abb. 4, MÜLLER in WEIDEMANN et al. 1988). Durch die unterschiedlichen Vegetationsstrukturen der Rasen- und Sukzessionsfläche wird das Mikroklima dieser Flächen geprägt (SCHRIEFER 1984). Die hochwüchsige Ruderalflur bewirkt ein im Vergleich zum Rasen ausgeglicheneres, kühleres und trockeneres Mikroklima. Von den Gräsern der Rasenfläche wird der Boden oberflächennah von einem feinen Wurzelfilz durchzogen, wohingegen die Ruderalpflanzen in gewissem Abstand voneinander wachsen und ihre z. T. starken Wurzeln sich bis in große Tiefe entfalten. Durch diesen Faktorenkomplex wird die Entwicklung der Bodenmesofauna beeinflußt (KOEHLER & BORN 1989).

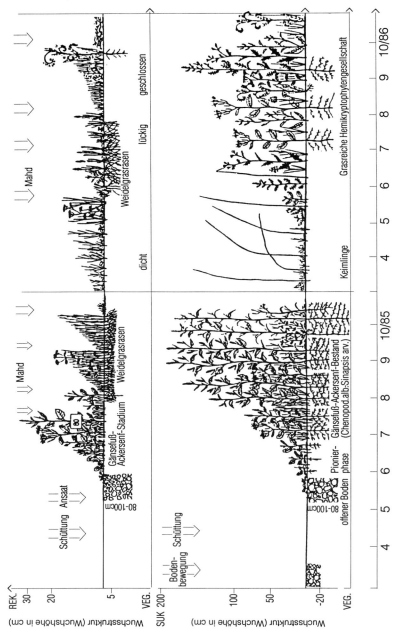

Abb. 4: Die Entwicklung der Vegetation während des Untersuchungszeitraumes von Juni 1985 bis Juni 1986. Die charakteristische Vegetation und ihre Wuchshöhe sind für die Rasenfläche REK (oben) und die Sukzessionsfläche SUK (unten) dargestellt.

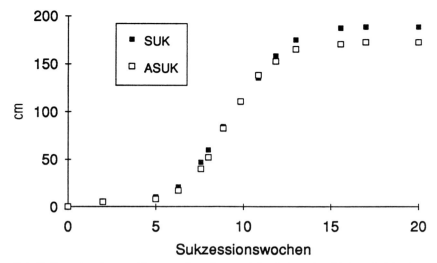

Abb. 5: Zuwachsraten von *Chenopodium album* auf den Sukzessionsflächen. Auf der kontaminierten Fläche ASUK ist ein leicht reduzierter Zuwachs gegenüber der Kontrolle SUK festzustellen.

Die Aldicarb-Applikation wirkte sich nicht auf den Deckungsgrad der Vegetation oder deren Artenzusammmensetzung aus. Auf der belasteten Ruderalfläche ASUK wurde jedoch ein im Vergleich zur Kontrolle leicht verringertes Wachstum und ein früheres Abreifen der dominanten Art *Chenopodium album* festgestellt (Abb. 5). Zwei Monate nach der Applikation wurden in pflanzlicher Substanz von ASUK 31 mg/kg TG Aldicarb-Sulfon nachgewiesen. Die Pestizidgehalte sanken bis September 1985 auf 3.5 mg/kg TG und im Oktober 1985 wurden wenig mehr als 1 mg/kg TG gefunden.

3.3 Bodenmesofauna

Nach der Einrichtung der Probeflächen im Mai 1985 setzte die Sukzession der Bodenmesofauna ein. Die Entwicklung der Abundanzen (Siedlungsdichten) der betrachteten Gruppen und Arten ist sehr unterschiedlich und hier zusammenfassend dargestellt (ausführliche Darstellung in KOEHLER 1991 a).
Die Ermittlung der Siedlungsdichten erlaubt eine Beurteilung quantitativer Veränderungen. Aus den vielschichtigen Befunden wurde ein charakteristischer Verlauf der Abundanzentwicklung der Bodenkleintiere der Kontrollflächen abgeleitet (Abb. 6). Bis Anfang Herbst 1985 sind die Abundanzentwicklungen durch einen starken Anstieg gekennzeichnet, auf den dann eine Stagnation oder sogar ein

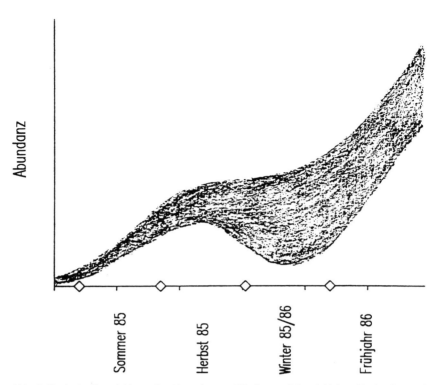

Abb. 6: Typische Entwicklung der Abundanzen (Siedlungsdichten) kleiner Bodentiere auf den Kontrollflächen. Die zahlreichen im einzelnen unterschiedlichen Entwicklungen sind durch den Graubereich angedeutet.

Rückgang der Siedlungsdichten folgt, bevor sich im Frühjahr 1986 ein weiterer Wachstumsschub abzeichnet. Die Abschwächung des Abundanzzuwachses im Herbst ist nicht mit externen Einflüssen, wie Frost, zu erklären, sondern beruht wohl eher auf Regulationsmechanismen innerhalb der Populationen.
Die Folgen der initialen Aldicarb-Applikation auf die Sukzession der Bodenmesofauna wurden im allgemeinen an einer im Vergleich zu den Kontrollen drastischen und andauernden Reduzierung der Abundanzen deutlich. Durch das Pestizid waren die Abundanzen der Collembolen auf beiden Varianten über den gesamten Untersuchungszeitraum stark und in 60% der Probenahmen signifikant reduziert. Eine vergleichbar deutliche Hemmung wurde für die Enchytraeidae und Acari als Gruppen nur auf der Sukzessionsfläche nachgewiesen. Auf der Rasenfläche war der Einfluß auf die Abundanzentwicklungen dieser beiden Gruppen geringer. Auf Artebene waren die Folgen der Aldicarb-Applikation noch kom-

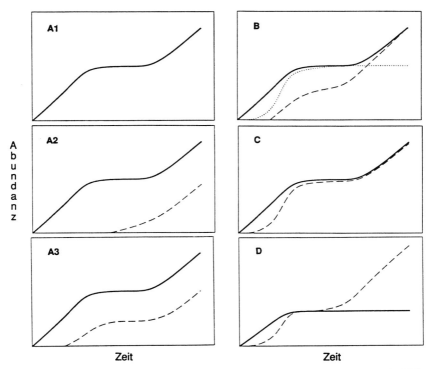

Abb. 7: Entwicklung der Abundanzen nach Aldicarbapplikation (Juni 1985 bis Juni 1986). Die Befunde der Gruppen- und Artebene sind zu typischen Entwicklungen zusammengefaßt. Die durchgezogene Linie gibt die typische Entwicklung auf den Kontrollen wieder, die gestrichelte Linie verdeutlicht die Abundanzen von den belasteten Varianten. A: Durch die Chemikalie langfristig stark eingeschränkte Abundanzentwicklung. B: Hemmung der Abundanzentwicklung ist abhängig von der Vegetation: gepunktet Rasenfläche AREK, gestrichelt Sukzessionsfläche ASUK. C: Toleranz; nur kurzfristiger Chemikalieneinfluß bemerkbar. D: Nach Abklingen der hochtoxischen Ausgangskonzentration von Aldicarb im Boden sind im Vergleich zur Kontrolle höhere Abundanzen festzustellen.

plexer: langfristige starke Hemmung der Abundanzentwicklung auf beiden Varianten, unterschiedlich ausgeprägte Hemmung auf REK und SUK, Toleranz und sogar Förderung. Die Befunde sind in Abb. 7 zusammengefaßt.
Die qualitative Betrachtung der Artenspektren der Collembola und Gamasina ergibt ein anderes Bild als das der quantitativen Meßgrößen. Insgesamt ist die Artenzahl der Collembola in Folge der Aldicarb-Applikation mit jeweils 17 Arten auf AREK und ASUK nur um zwei Arten niedriger als auf den jeweiligen Kontrollen (19 Arten). Die Taxozönose der Gamasina jedoch umfaßt auf AREK nur 12 Arten

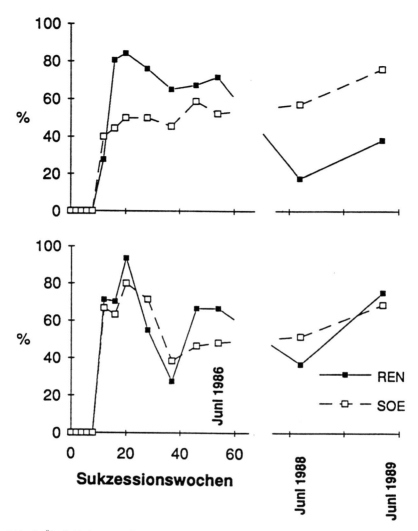

Abb. 8: Ähnlichkeiten der Gamasina Taxozönosen, Juni 1985 — Juni 1986, einschließlich der Befunde zweier Probenahmen im Juni 1988 und Juni 1989. Zwei verschiedene Indices sind dargestellt: Dominantenidentität (Renkonenindex REN) und Artenidentität (Sörensenindex SOE).

im Vergleich zu 33 auf der Kontrolle REK. Die entsprechenden Artenzahlen der Ruderalfläche lauten 18 (SUK) und 29 (REK). Bei den Collembolen verändern sich in Folge der Aldicarb-Applikation die Dominanzverhältnisse, bei den Gamasina die Artenspektren bei wenig veränderter Rangfolge der dominanten Arten. Die Ähnlichkeit der Taxozönosen der Gamasina von belasteter Variante und jeweiliger Kontrolle wurde durch zwei Indices ermittelt. Wegen der starken Pestizidwirkung sind anfangs keine großen Ähnlichkeiten der Parallelflächen zu erwarten. Während der folgenden fünf Monate nehmen sowohl die Artenidentität (Sörensen- Index) als auch die Dominantenidentität (Renkonen-Index) rasch zu (Abb. 8). Die daraus ableitbare Erholung der Flächen bestätigt sich bei längerer Untersuchung nicht. Die Taxozönosen der Gamasina werden während der folgenden 4 Monate insbesondere auf der Ruderalfläche wieder unähnlicher. Punktuelle Probenahmen drei und vier Jahre nach der Aldicarb-Applikation ergaben niedrige Ähnlichkeiten. Die Dominantenidentitäten insbesondere der Teilflächen der Rasenfläche lassen keine Angleichung erkennen, doch ist bei den Artenähnlichkeiten ein steigender Trend auszumachen. Die unterschiedliche Aussagekraft der beiden Ähnlichkeitsmaße wird hieran deutlich.

5. Diskussion

Die Aufwandmenge von 2.5 g/m^2 a.i. Aldicarb ergibt eine unmittelbare Belastung der oberen Bodenschicht (0 — 5 cm) von fast 40 mg/kg TG Boden. Diese hohe praxisunübliche Belastung wurde gewählt, um eine starke chemische Belastung herbeizuführen, diese langfristig ökotoxikologisch zu dokumentieren und Kriterien für deren Beurteilung zu finden. Es war nicht Ziel der Arbeiten, die für die Zulassung erforderliche Toxizitätsprüfung zu wiederholen.
Wiederholte Beobachtung der Sukzession der Bodenmesofauna auf experimentell z. B. durch Planieren in einen Nullzustand versetzten Flächen ergaben für frühe Sukzessionsphasen eine relativ hohe Reproduzierbarkeit zumindest der qualitativen Befunde (KOEHLER 1991 b). Die anfänglich unwirtlichen Bedingungen der kahlen oder gering bewachsenen Fläche erlaubt nur einer relativ eingrenzbaren Gruppe von Pionierarten die Ansiedlung. Daher sind derartige Flächen für ökotoxikologische Untersuchungen besonders geeignet.
Die Sukzession der Bodentiere wird durch die einmalige Aldicarb-Applikation langfristig in quantitativer und qualitativer Hinsicht tiefgreifend beeinflußt. Am deutlichsten, aber auch sehr vielfältig, ist die Wirkung des Pestizids auf Artebene. Diese unterschiedlichen Auswirkungen auf die Abundanzen der die Gruppen konstituierenden Arten kann zu einem summarischen Null-Effekt führen. Dies ist bei der Verwendung jeglicher integrierender Meßgrößen zu berücksichtigen.
Die geringe Kenntnis der Biologie der Bodentiere ermöglicht lediglich die Formulierung einiger weniger Hypothesen zur Begründung der unterschiedlichen Reaktionen auf den Pestizideinsatz. Die anfängliche Unterbindung der Abundanzentwicklung durch die Aldicarb-Applikation ist auf eine hohe direkte Toxizität des Pestizids zurückzuführen. Für Bewohner der tieferen Bodenschichten, z. B. für

die kleine Raubmilbe *Rhodacarellus silesiacus* oder die auch obere Bodenschichten besiedelnde Collembole *Isotomodes productus* ist eine langanhaltende Beeinträchtigung der Entwicklung zu beobachten. Oberflächenbewohnende Kleinarthropoden scheinen die belasteten Teilflächen relativ gut wieder besiedeln zu können: z. T. sind hier höhere Abundanzen zu verzeichnen als auf den Kontrollen. Dies kann auf einen rascheren Abbau der Noxe an der Bodenoberfläche zurückzuführen sein. Eine Prüfung dieser Hypothese erfordert eine sehr fein stratifizierte, im mm-Bereich angesiedelte Probenahme für die Rückstandsanalytik. Eine andere Hypothese bezieht sich auf eine veränderte Verfügbarkeit der Nahrung, wovon einige Arten profitieren. Die Zunahme des negativen Einflusses auf die Abundanzentwicklung mit der Bodentiefe ist jedoch keine widerspruchsfreie Beobachtung: die kleinen Collembolen der *Mesophorura krausbaueri* Artengruppe können auf den mit Aldicarb behandelten Flächen wesentlich höhere Abundanzen entwickeln als auf den Kontrollen. Dies kann in dem durch die Chemikalie bewirkten Ausschluß des potentiellen Freßfeindes *Rhodacarellus silesiacus* (Raubmilbe) zurückzuführen sein. Die räuberische Milbe *Alliphis siculus* wiederum lebt oberflächennah. Sie kann auf den Aldicarbvarianten erst sehr spät Populationen aufbauen. Aus Fütterungsversuchen im Labor (SAAR 1980) ist bekannt, daß *Alliphis siculus* ein spezialisierter Nematodenfresser ist. Aldicarb ist ursprünglich als Nematizid bekannt geworden und könnte somit die Milbe ihrer Nahrungsgrundlage beraubt haben. Für die Prüfung dieser Hypothese ist die Analyse der Nematodengemeinschaft erforderlich.

Alle Meßwerte sind von den aus Bodenkernen extrahierten Individuenzahlen abgeleitet. Die Einschätzung der Erfassungsmethode ist daher von größter Wichtigkeit. Versuche zeigten, daß selbst aufwendig „homogenisierte" Böden in kurzer Zeit wieder zu einem Mosaik von Kleinlebensräumen werden, z. B. auf Grund des räumlich ungleichen Wachstums der Bodenpilze, was wieder zu Aggregationen von Pilzfressern führen kann (eigene Beobachtungen, HANDELMANN 1992). Die sich entwickelnde Vegetation führt weiterhin zu ober- und unterirdischer Heterogenisierung, zumindest in der Maßstäblichkeit der Bodenzylinder (25 cm^2 Oberfläche, 4 cm Höhe). Diese dem Forschungsgegenstand eigene hohe räumliche Differenziertheit führt zu einer hohen Schwankungsbreite der mit einer Anzahl diskreter Bodenkerne erhobenen Meßwerte, z. B. Siedlungsdichten der Bodentiere. Wegen des erheblichen Arbeitsaufwandes, der für die Bearbeitung der Bodenproben erforderlich ist, bleibt der Stichprobenumfang auf eine Größenordnung von 10 beschränkt. Mischproben aus einer großen Zahl von Einstichen ergeben auf Grund der mechanischen Empfindlichkeit der Bodentiere ein verzerrtes Bild. Zeitreihen ergeben, wegen der relativ hohen Stichprobenzahl insgesamt und wegen des Einblicks in unterschiedliche ökologische Randbedingungen (z. B. Witterung), verhältnismäßig überzeugende Aussagen. Aus dem Gesagten wird deutlich, daß bodenökologische Untersuchungen relativ „weiche" Daten ergeben (EKSCHMITT 1993), und daß sich folglich die Beurteilung der Befunde nicht ausschließlich auf statistisch abschätzbare Wahrscheinlichkeiten, sondern auch auf ökologische Plausibilität stützen muß. Dies erfordert von ökologisch gutachtender Seite ein hohes Maß an Sachverstand und birgt Probleme für die Justiziabilität (WEIDEMANN & MATHES 1991).

Die Befunde zeigen, daß Bodentiere sehr differenziert und über einen langen Zeitraum auf eine einmalige Pestizidapplikation reagieren. Einige Hypothesen sind ableitbar, die zur Erforschung der Biologie der Bodentiere herausfordern. Die Schwierigkeit einer weitschauenden Abschätzung der Folgen einer Chemikalienapplikation auf den Boden als lebenden Teil der Erdkruste wird deutlich angesichts der einfachen ökosystemaren Betrachtung in Abb. 1: es kann nur eine begrenzte Zahl der hier dargestellten Kompartimente untersucht werden, die vielfältigen Verknüpfungen sind z. T. nur hypothetisch und im einzelnen nicht untersucht, und die räumliche und zeitliche Dynamik stellt große Anforderungen an das Vorstellungsvermögen. Scheinbar widersprüchliche Ergebnisse müssen somit nicht überraschen, es muß vielmehr geprüft werden, ob nicht eine plausible ökologische Erklärung für das beobachtete Phänomen verantwortlich ist. Bodenökologische Forschung und Beurteilung sind junge wissenschaftliche Disziplinen, die auf taxonomisch geschulte Kräfte angewiesen sind und personal- und zeitaufwendig sind. Mit der steten Zunahme bodenökologischer Arbeiten, besonders solchen, die über Jahre die Entwicklung einer Fläche beobachten oder großräumige Raster beproben und mit dem (leider recht spärlichen) Zuwachs an Wissen über die Biologie der Bodentiere zeichnen sich zunehmend Regelmäßigkeiten des Vorkommens von Bodentieren ab. Auf dieser Basis erscheint es trotz der dargestellten Probleme der Beurteilung bodenmesofaunistischer Befunde möglich, mittelfristig mit Hilfe der Bodenmesofauna ein Beurteilungssystem zu entwickeln, das in bodenkundliche und vegetationskundliche Untersuchungen eingebettet wesentlich zu einem Schutz vor Bodenzerstörung beitragen kann.

Anschrift des Autors:

Dr. Hartmut Koehler, Universität Bremen, FB2, AG „Ökosystemforschung und Bodenökologie", Postfach 33 04 40, W-2800 Bremen

Bernd Ullrich & Volker Storch

Umweltschadstoffe und das Reaktionspotential terrestrischer Isopoda und funktioneller Gruppen der Bodenmikroflora: Überleben durch Anpassung?

mit 6 Abbildungen und 2 Tabellen

Abstract

Different amounts of the heavy metals Pb and Cd in two soils near the town of Heidelberg revealed no obvious effects on the size of the microbial biomass in soil. Activities of certain groups of the soil microflora, producing key enzymes for the nutrient cycling in soil, were only slightly hampered by the soilborne heavy metal burdens. Energetics of litter-inhabiting woodlice were negatively influenced by different amounts of Pb and Cd in artificially contaminated food stuff. Also in experiments using acidified food the extent of defects revealed differences between single species of woodlice, possibly due in part to the use of a specific intestinal microflora.

Keywords

woodlice, soil microflora, heavy metals, adaptations, assimilation, symbionts

Inhalt

1. Einleitung
2. Ergebnisse und Diskussion
2.1 Der Einfluß der geogenen Schwermetallfracht auf die Höhe der mikrobiellen Biomasse
2.2 Enzymaktivitäten wichtiger funktioneller Gruppen der Bodenmikroflora an den Standorten
2.3 Dokumentation des rein mikrobiellen Celluloseabbaues im Labor und an den Standorten
2.4 Massen- und Energieassimilation bei Asseln unter Schwermetallbelastung
2.5 Resistenzbildungen bei Asseln gegen Schwermetalle
2.6 Der Einfluß versauerter Nahrungsstoffe auf die Leistungsdaten von Landasseln

2.7 Schwermetalltoleranzen bakterieller Symbionten aus den Mitteldarmdrüsen von Asseln
3. Abschließende Diskussion
4. Zusammenfassung

1. Einleitung

Die zunehmende Belastung von Böden durch zahlreiche Faktoren, wie z.B. den Eintrag von Schadstoffen über Luftdepositionen, die nicht umweltgerechte Lagerung von Deponiegut aus dem industriellen und häuslichen Bereich oder der massive Einsatz von Agrochemikalien im Rahmen einer intensivierten Bewirtschaftungsweise rückt immer mehr in den Mittelpunkt des öffentlichen Interesses. Übersteigt die Menge an Schadstoffen die Pufferkapazität eines Bodens, kommt es zur Freisetzung ökotoxikologisch bedenklicher Mengen von oft über Jahrzehnte im Boden immobilisierter sowie natürlicherweise im Untergrund vorhandener Schadstoffe. Über den Grundwasserkörper gelangen die derart mobilisierten Substanzen in den häuslichen Bereich, wenn nicht vorher aufwendige Verfahren zur Reinigung des Trinkwassers Anwendung finden.

Im Gegensatz zu den Auswirkungen von Schadstoffen auf limnische Ökosysteme, in denen sich in der Regel ein direktes kausales Ursache-Wirkungsprinzip erkennen läßt und Gegenmaßnahmen relativ schnell ergriffen werden können, erlauben die komplexen Wechselwirkungen in terrestrischen Ökosystemem nur vage und wenig detaillierte Folgeabschätzungen. Erschwerend kommt hinzu, daß zwar zur Revitalisierung von geschädigten Gewässern umfangreiche Untersuchungen und technisches Fachwissen vorliegen, die entsprechenden Technologien für Sanierungsmaßnahmen großflächig kontaminierter Böden aufgrund des vergleichsweise recht jungen Problembewußtseins jedoch noch nicht diesen Stand aufweisen.

In all den Diskussionen um die Belastung von Böden wird allerdings selten der Tatsache Rechnung getragen, daß deren Funktions- und Leistungsfähigkeit eine direkte Folge der Aktivität seiner Lebewesen, der Mikroflora sowie der Tierwelt des Bodens, darstellt. Durch die verminderte Aktivität oder das Fehlen von ganzen Bodentiergruppen in hochbelasteten Gebieten verringert sich deren fördernder Effekt auf die Mikroflora und damit auf die Umsetzung von organischem Bestandesabfall.

Um die Effekte von zunehmender Belastung vieler Böden vor allem mit Schwermetallen zu untersuchen, dienten zwei unterschiedlich belastete Buchenwaldstandorte, ein stärker belastetes Waldgebiet (Wiesloch=W) sowie ein minderbelastetes (Nußloch=N) auf oberem Muschelkalk im Übergangsbereich Odenwald-Kraichgau in der Nähe Heidelbergs als Untersuchungsflächen, die durch eine geogene Schwermetallfracht (Nußloch), verstärkt durch historische Erzförderungsmaßnahmen (Wiesloch) langzeitbelastete Gebiete im Hinblick auf die Metalle Blei (Pb), Cadmium (Cd) und Zink (Zn) repräsentieren. Auf diesen Flächen wird modellhaft untersucht, in welchen Zeiträumen Bodenlebewesen in der Lage sind, Resistenzen auszubilden und so auch in kontaminierten Gebieten zu überleben. Besonderes Augenmerk wird hierbei auf die Leistungsfähigkeit der Bodenmikroorganismen gelegt. Die sich aus Pilzen und Bakterien zusammensetzende mikrobielle Biomasse im Boden spielt die entscheidende Rolle beim Abbau von organischem Bestandesabfall (DOMSCH 1972). Die quantitative Erfassung der aktiven mikrobiellen Biomasse erlaubt Rückschlüsse auf die Funktionsfähigkeit eines Bodens und bietet die Möglichkeit, auf das bodeneigene Reservoir an verwertbaren Pflanzennährstoffen zu schließen, da diese eine enge Korrelation zur mikrobiellen Biomasse zeigen (BECK 1986). Durch die Komplexität der Mikroorganismengesellschaften im Boden und deren zahlreichen synergistischen und antagonistischen Effekten haben Schadstoffapplikationen oft komplexe und schwer vorhersehbare Auswirkungen (SCHINNER 1986).

Aus diesen Untersuchungen können Rückschlüsse darauf gezogen werden, inwieweit zusätzliche Einträge von Schadstoffen adaptierte und nicht adaptierte Bodenbiocoenosen massiv schädigen und damit den Abbau von organischem Bestandesabfall, die Dekomposition, vermindern. Die Konsequenzen gestörter Umsetzungsvorgänge in belasteten Böden betreffen insbesondere am Beispiel unserer Wälder nicht nur die dortigen Lebensgemeinschaften, sondern wirken sich durch verminderte Luft- und Wasserqualität bis in den privaten Bereich jedes einzelnen aus (BLUME 1990).

2. Ergebnisse

2.1 Der Einfluß der geogenen Schwermetallfracht auf die Höhe der mikrobiellen Biomasse

Die Erhebung der quantitativen Daten sollte Hinweise darauf geben, ob sich über längere Zeiträume auch am stärker belasteten Standort eine entsprechend adaptierte Mikroflora ohne quantitative Einbußen etablieren konnte. Die Bestimmung der potentiellen mikrobiellen Aktivität und Biomasse erfolgte durch respirometrische Messungen im Sapromat (FA. Voith, Heidenheim) nach der Methode von ANDERSON & DOMSCH (1978) modifiziert nach BECK (1984) bei 22 °C.
Die Messungen der Höhe der mikrobiellen Biomasse ergaben für Wiesloch, dem Gebiet mit der deutlich höheren Grundbelastung an den Metallen Pb, Cd und Zn, im Jahresschnitt ca. 80% höhere Werte als am Vergleichsstandort Nußloch. Im Zeitraum von September 1991 bis August 1992 wurden für den Standort Wiesloch (W) Durchschnittswerte von 236.20 mg C/100 g Bodentrockensubstanz (SD ±39.693) und entsprechende Durchschnittswerte für Nußloch (N) von 148,40 mg

Standort	Pb	Cd	Zn
Wiesloch (W)	1238 µg/g	98 µg/g	5037 µg/g
Nußloch (N)	364 µg/g	25 µg/g	1207 µg/g

Tab. 1: Schwermetallgehalte im A_H-Horizont der Untersuchungsstandorte

C/100 g Bodentrockensubstanz (SD ±18,404) ermittelt. Höchstwerte mit 311 mg C/100 g (W) bzw. 170 mg C/100 g (N) wurden in Wiesloch im März und in Nußloch in den Monaten September und Januar erreicht. Die niedrigsten Werte lagen für (W) mit 170 mg C/100 g im Monat Mai und für den Standort (N) mit 119 mg C/100 g im Dezember. Die Biomasseentwicklung im Jahreslauf verlief bei beiden Standorten ähnlich.

Wider Erwarten zeigten trotz der hohen (W) bzw. minderen Schwermetallfracht (N) der Untersuchungsflächen (Tab. 1) beide Böden Werte, die der Reaktionsnorm unbelasteter Standorte entsprechen. Diese zeigen eine enge Korrelation des Humusgehaltes mit der mikrobiellen Biomasse (BECK 1986), was bei annähernd doppelt so hohem Humusgehalt am Standort Wiesloch erwartungsgemäß entsprechend höhere Biomassewerte gegenüber dem Vergleichsstandort Nußloch zur Folge hatte. Durch ihre kurzen Generationszeiten und ihre große Anpassungsfähigkeit gegenüber toxischen Stoffen sind Bodenbakterien in der Lage, auch massiven Einwirkungen zu widerstehen und so auch in belasteten Gebieten zu existieren.

2.2 Enzymaktivitäten wichtiger funktioneller Gruppen der Bodenmikroflora an den Standorten

Von Pilzen oder Bakterien gebildete Enzyme spielen die Schlüsselrolle im Ablauf grundlegender Stoffkreisläufe im Boden. Erst durch die Zerlegung komplexer Verbindungen in einfachere Bausteine werden diese für die Pflanzen wieder verfügbar. Ergeben sich Einschränkungen von bestimmten Enzymaktivitäten durch direkte Schädigung des Enzyms durch die Schadstoffe, durch eine Beeinträchtigung der Produktion im Organismus oder fällt der entsprechende Funktionsträger ganz aus, verlangsamen sich die entsprechenden Stoffkreisläufe und es kommt zu einer Akkumulation des nicht umgesetzten Substrates (STROJAN 1978, COUGHTREY et al. 1979, SCHÄFER 1986). Ein auffälliges Kennzeichen dieser verminderten Abbauleistung sind die erhöhten Mengen nicht umgesetzten Laubes am stärker belasteten Standort Wiesloch.

Die Messungen der Aktivitäten wichtiger Leitenzyme im Boden (Cellulase, Xylanase, Saccharase, ß-Glucosidase, Urease, Chitinase, Sulphatase, saure Phosphatase) wurden nach ALEF (1991) sowie SCHINNER et al. (1991) durchgeführt. Die Untersuchung verschiedener Bodenenzyme im Juni 1992 an den beiden Untersu-

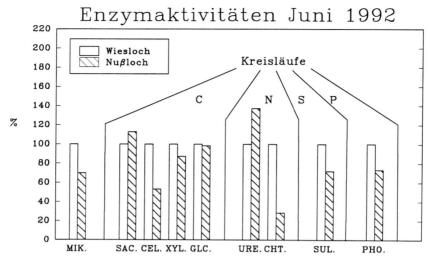

Abb. 1: Relative Enzymaktivitäten bezogen auf den Standort Wiesloch mit 100%. MIK: Mikrobielle Biomasse, SAC: Saccharase, CEL: Cellulase, XYL: Xylanase, GLC: ß-Glucosidase, URE: Urease, CHT: Chitinase, SUL: Sulfatase, PHO: Phosphatase

chungsstandorten erbrachte für Sulphatase und Phosphatase eine enge Korrelation ihrer Aktivität mit der standortkennzeichnenden Höhe der mikrobiellen Biomasse (Abb. 1). Andere Enzyme wie Cellulase zeigen dagegen diese direkte Bindung nicht in dieser Ausprägung.

Besonders ß-Glucosidase und Saccharase wiesen eindeutig höhere Werte am minderbelasteten Standort auf. Diese Werte sind im Zusammenhang mit korrespondierenden Daten (Höhe der organischen Substanz) als Hinweise auf gestörte Stoffkreisläufe am stärker belasteten Standort Wiesloch zu verstehen. Am minderbelasteten Standort (N) erreichten die Enzymaktivitäten in Relation zur mikrobiellen Biomasse durchweg annähernd gleichhohe oder höhere Werte als am belasteten Standort (W), wobei als einzige Ausnahme die Chitinaseaktivität mit höheren Werten in Wiesloch auffiel.

Gerade die Chitinaseaktivität könnte darauf hinweisen, daß die Mikroflora am stärker belasteten Standort (W) eine andere Artenzusammensetzung zeigt als am Vergleichsstandort (N). Da Pilze in ihren Zellwänden Chitin aufweisen, wäre möglicherweise ein höheres Angebot an diesem Substrat (d.h. ein größerer Anteil der Pilze an der mikrobiellen Biomasse in Wiesloch) für diesen Effekt verantwortlich, da gerade auch Pilze große Mengen an Schwermetallen zu tolerieren vermögen.

Erst durch die Untersuchung der Enzymaktivitäten der Mikroflora in (W) wurde deutlich, daß zwar die Höhe der mikrobiellen Biomasse nicht durch die geogene Schadstofffracht beeinflußt wird, für einzelne Enzyme aber durchaus gewisse Einschränkungen konstatiert werden können. Da die Geschwindigkeit von Abbauprozessen durch die Dauer des langsamsten Abbauschrittes limitiert wird, haben auch teilweise Funktionseinschränkungen möglicherweise weitreichende Konsequenzen für die Zersetzung von organischem Bestandesabfall.

2.3 Dokumentation des rein mikrobiellen Celluloseabbaues im Labor und an den Standorten

Die Cellulose stellt das dominierende Naturstoffpolymer in pflanzlichem Bestandesabfall dar. Der Abbau ist nur einem spezialisierten Kreis von Bakterien sowie verschiedenen Pilzgruppen möglich und zeigt eine enge Beziehung zu dem Stickstoffkreislauf (BECK 1986). Nach Zugabe von gepulverter Cellulose zu Böden der Untersuchungsstandorte wurde die substratinduzierte Mehratmung im Sapromat gemessenen. Für den stärker belasteten Standort (W) ergaben sich höhere Werte als für (N). Diese erhöhte Aktivität deckte sich mit den absolut höheren Werten, die für die Cellulaseaktivität in (W) dokumentiert wurden. Die schon lange Zeit vorhandene Belastung an Schwermetallen beeinflußt offensichtlich die Fähigkeiten der cellulolytischen Mikroflora zum Celluloseabbau nur marginal. Trotz der Schwermetallbelastung wird auch in (W) die Intensität des Celluloseabbaues durch den Gehalt an verfügbarem mineralischen Stickstoff bestimmt.

Ergänzend zu den enzymatischen und respirometrischen Messungen zeigten die mit Hilfe von Netzbeuteln mit einer Maschenweite von 20 μm durchgeführten Dekompositonsversuche, die unter Verwendung von abgewogenen Streifen von Whatman-Filterpapier stattfanden, einen primär höheren Dekompositionsverlust im schwächer belasteten Gebiet (N). Am Ende des Versuches nach 10 Monaten Expositionszeit näherten sich die Kurven jedoch einander an und zeigten einen nahezu identischen Verlauf.

Der anfänglich verlangsamte Abbau in (W) zeigt allerdings deutlich, daß die Diskrepanz zwischen einer hohen potentiellen cellulolytischen Enzymaktivität und dem im Freiland festgestellten anfänglich verminderten Abbau möglicherweise durch weitere Faktoren, wie die unterschiedliche Aktivität von Bodentieren an den Standorten (siehe KRATZMANN et al. im Druck), im Zusammenhang steht.

2.4 Massen- und Energieassimilation bei Asseln unter Schwermetallbelastung

Landasseln (terrestrische Isopoda) als die erfolgreichsten landlebenden Krebse eignen sich besonders gut als Modelle zur Abschätzung des Einflusses von Schwermetallen auf Bodentiere, da sie auch höhere Dosen tolerieren und in ihren Mitteldarmdrüsen immobilisieren können (HOPKIN & MARTIN 1982) und so experimentell eher zugänglich sind als andere Bodenorganismen. Sie spielen in unse-

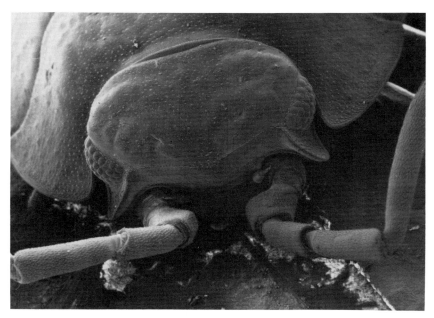

Abb. 2: Vorderansicht der Mauerassel *Oniscus asellus*, Verg. 22x. Aufnahme: Köhler/Alberti

ren Waldökosystemen eine wichtige Rolle als Zersetzer und als Bioturbatoren, d. h. sie zerkleinern und durchmischen das Laubsubstrat und fungieren dabei als Verbreiter von Mikroorganismen. Aber selbst Bodentiergruppen wie Landasseln, die auch an stark schwermetallkontaminierten Standorten existieren können, zeigen dennoch deutliche Beeinträchtigungen.

Für die Versuche zum Verhalten von Landasseln unter Schwermetallbelastung dienten sowohl Tiere der Arten *Oniscus asellus* (L.) (Abb. 2) und *Porcellio scaber* LATREILLE aus eigener Zucht als auch stark vorbelastete Tiere von einer ehemaligen Erzabbaustätte bei Braubach (Koblenz). Die Grunddaten zur Massenassimilation bei einer Fütterung mit Bergahornblättern (*Acer pseudo-platanus*) im teilzersetzten Zustand wurden gravimetrisch durch Messung der Ingestions- und Egestionsraten ermittelt. Die Versuchsdauer betrug 4 Wochen, wobei zu einer Gruppe 18 Tiere (*O. asellus*/Zucht/Braubach, *P. scaber*/Zucht) bzw. 9 (*P. scaber*/Braubach) Tiere zählten.

Die Ergebnisse des Versuches mit fünf Gruppen juveniler Exemplare der Mauerassel *Oniscus asellus* auf künstlich kontaminiertem Ahornlaub unter Schwermetallbelastung (Pb, Cd) sind in Tab. 2 dargestellt. Die unterschiedlichen Ingestionsraten weisen auf das sensorische Potential der Asseln hin, Nahrungsstoffe verschie-

Ahornblätter belastet mit	Reale Ingestion in mg	Massen assimilation in %	Energie assimilation in %	Energiebetrag in Joule (gemittelt)
Kontrolle	23,97 (SD 9,86)	11,52 (SD 5,83)	17,63 (SD 20,62)	61 J
1000 µg/g Pb	16,73 (SD 5,45)	9,20 (SD 9,76)	25,54 (SD 10,59)	61 J
5000 µg/g Pb	6,79 (SD 6,66)	3,55 (SD 10,83)	10,22 (SD 12,07)	10 J
100 µg/g Cd	3,55 (SD 2,43)	-3,11 (SD 27,23)	27,98 (SD 17,44)	14 J
1000 µg/g Cd	0,72 (SD 1,01)	78,54 (SD 15,01)	70,44 (SD 20,68)	7 J

Tab.2: Massen- und Energieassimilation von juvenilen *Oniscus asellus* unter Schwermetallbelastung. J: Joule, SD: Standardabweichung

denen Belastungsgrades zu unterscheiden und hierbei zwischen dem relativ weniger toxischen Pb und dem deutlich toxischeren Cd zu differenzieren. Auf dem Wege von Erkennungs- und Vermeidungsmechanismen versuchen schon vorbelastete Asseln eine interne Belastung mit Schwermetallen nicht auf ein tödliches Maß ansteigen zu lassen. Der durchschnittliche, von der Assel über die Versuchsdauer assimilierte Energiebetrag in Joule belegt die mit steigendem Schwermetallgehalt des Futtersubstrates einhergehende absolute Energieeinbuße. Die Gegentaktik, geringe aufgenommene Nahrungsmengen durch außergewöhnlich hohe Massen- und Energieassimilationsraten intensiv auszuwerten, ermöglicht dennoch nicht die Steigerung des Energiegewinnes auf einen das weitere Überleben des Tieres gewährleistenden Wert.

2.5 Resistenzbildungen bei Asseln gegen Schwermetalle

Viele Tiere und auch Pflanzen sind in gewissen Grenzen in der Lage, sich Schwermetallbelastungen ihres Lebensraumes anzupassen. Dies führt zur Entwicklung von Populationen mit erhöhtem Resistenzverhalten, wie sie z.B. für Springschwänze (Collembola) (VAN STRAALEN et al. 1986) oder für Süßwasserasseln (MALTBY et al. 1986) dokumentiert wurden. Von besonderem Interesse sind hierbei die Unterschiede im Resistenzverhalten von Populationen einer Art sowie von nahe verwandten Arten, die zusammen auf einem kontaminierten Standort vorkommen.

Die Variationsbreite der Resistenz wurde anhand zweier Arten von Landasseln, der Mauerassel *Oniscus asellus* und der Kellerassel *Porcellio scaber*, aus unbelasteter Zucht sowie von einem belasteten Standort (Pb, Cd, Zn) bei Braubach, vergleichend untersucht. Die Mortalitätsdaten (Abb. 3) gaben zu erkennen, daß die aus den Zuchten stammenden Tiere beider Arten ein annähernd identisches Reaktionsmuster mit und ohne belastetem Futter zeigten. Ein anderes Verhalten wiesen die vorbelasteten Tiere auf. Im Gegensatz zu *Oniscus asellus* aus Braubach, die eine sehr hohe Sterblichkeit bei einer Hälterung von mit $Pb(NO_3)_2$ oder $CdCl_2$ kontaminierten Blättern zeigte, vermochten Exemplare der Art *Porcellio scaber*

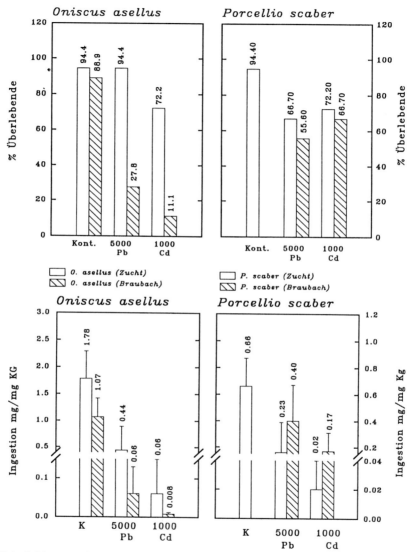

Abb. 3: Mortalitätsraten verschiedener Populationen der Arten *Oniscus asellus* und *Porcellio scaber* mit bzw. ohne Vorbelastung. Kont.: Kontrolltiere mit unbelastetem Futter

Abb. 4: Menge an ingestierter Nahrung von *Oniscus asellus* und *Porcellio scaber* aus belasteten (Braubach) und nicht belasteten (Zucht) Populationen. K: Kontrolle, KW: Körpergewicht

mit ähnlicher Vorbelastung vergleichbar hohe Überlebensraten zu erreichen wie die unbelasteten Tiere.
Diese verschieden hohe Sensibilität bedingte unterschiedliche Ingestionsraten. Während die vorbelasteten Tiere der Art *Oniscus asellus* die Ingestion an kontaminiertem Material stark gegenüber den unbelasteten Tieren herabsetzten (Abb. 4), nahmen vorbelastete Tiere der Art *Porcellio scaber* stark kontaminierte Nahrungsstoffe in deutlich größerem Umfange als die Zuchttiere auf, ohne deutliche Beeinträchtigungen zu zeigen. Die Population der Art *Porcellio scaber* aus Braubach wies in diesen Belastungsversuchen die eindeutig höhere Resistenz gegen eine weitere Belastung mit Pb und Cd auf, während *Oniscus asellus* vom gleichen Standort weit sensibler auf eine zusätzliche Belastung reagierte und somit am Standort Braubach wohl am Rande ihrer Existenzmöglichkeiten lebt.

2.6 Der Einfluß versauerter Nahrungsstoffe auf die Leistungsdaten von Landasseln

In komplexen natürlichen Systemen wie dem Boden lassen sich die direkten Auswirkungen von sauren Niederschlägen nur schwer von den indirekten Effekten, wie z.B. der Mobilisierung von toxischen Metallionen und die daraus sich ergebenden Konsequenzen, unterscheiden. Die im Stammabflußbereich pH-Werte von bis zu 2,4 (NEITE 1987) erreichenden Niederschläge wirken auf das Laubsubstrat acidifizierend ein. Das Ziel dieser Untersuchungen lag darin zu ergründen, inwieweit durch den Säureschub die Verwertbarkeit des Laubes für verschiedene Landasselarten beeinflußt wird.
Die Fütterungsversuche mit durch H_2SO_4 versauerten Blattstücken definierten pH-Wertes wurden mit jeweils 18 Tieren der beiden schon genannten Arten pro pH-Stufe aus der Zucht über die Dauer von 3 Wochen durchgeführt und zusätzlich die Species *Trachelipus ratzeburgi* (BRANDT) in die Untersuchungen miteinbezogen. Zur Erfassung der assimilierten Energiebeträge unter Schwermetall- und Säurebelastung diente in beiden Versuchsreihen eine Mikrokalorimeter-Anlage (Bjeske,Berlin).
Die drei heimischen Arten *Oniscus asellus*, *Porcellio scaber* und *Trachelipus ratzeburgi* unterschieden sich deutlich in ihrem Ingestionsverhalten gegenüber den künstlich versauerten Blattstücken. Unterschiede im Ingestionsverhalten der Arten wurden allerdings erst ab pH-Werten des Futtersubstrates tiefer als 1,7 erkennbar. Bei höheren pH-Werten wiesen die drei Arten ein weitgehend identisches Ingestionsverhalten auf (Abb. 5). Im Gegensatz zu der Art *T. ratzeburgi*, die ihre Ingestion bei einer Fütterung mit Kontrollaub gegenüber der niedrigsten pH-Stufe 1,0 nur um 15,63% erhöhte, fiel der Anstieg bei *O. asellus* mit 65,71 % und *P. scaber* mit 116,42% weitaus deutlicher aus.
Die Massenassimilationrate unter Verfütterung der versauerten Blattstücke wies

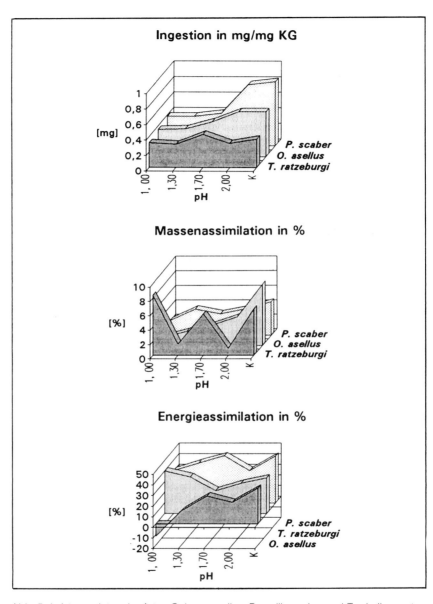

Abb. 5: Leistungsdaten der Arten *Oniscus asellus*, *Porcellio scaber* und *Trachelipus ratzeburgi* aus der Zucht bei Fütterung mit künstlich versauertem Futtersubstrat. KG: Körpergewicht

auf die Sonderstellung von *T. ratzeburgi* im Vergleich zu den beiden anderen Arten (Abb. 5) hin. Die Arten *O. asellus* und *P. scaber* steigerten mit abnehmender Säurebelastung des Futters ihre Massenassimilation fast kontinuierlich während *T. ratzeburgi* ein uneinheitliches Reaktionsmuster aufwies. Die Werte für die Energieassimilation der in dieser Versuchsreihe eingesetzten Arten lagen für die Verwertung des Kontrollfutters in einem relativ engen Bereich zwischen ca. 33% und 44% (Abb. 5).

Besonders sensibel reagierte jedoch die Art *Oniscus asellus* bei der Ingestion von Futter mit pH 1,0 im Vergleich zu den anderen beiden Arten. Bei pH-Werten von 1,0 und 1,3 des Laubsubstrates lagen die Energieassimilationswerte von *O. asellus* deutlich unter denen von *P. scaber* und *T. ratzeburgi*. Das bevorzugte Auftreten von *T.ratzeburgi* in bodensauren Buchenwäldern des Odenwaldes, die auf Buntsandstein gründen, könnte als ein Hinweis auf eine Prädisposition (oder schon Adaption?) gegenüber den Auswirkungen zunehmender Versauerung angesehen werden.

2.7 Schwermetalltoleranzen bakterieller Symbionten aus den Mitteldarmdrüsen von Asseln

Landasseln leben in enger Assoziation mit Bakterien, die als Symbionten im Verdauungstrakt oder als externe Kulturen auf den Faeces existieren und die natürliche Laubnahrung der Asseln um wichtige Stoffe ergänzen (ULLRICH et al. 1991). Von einem Entzug der Faeces und damit der darauf existierenden Mikroflora sind vor allem Jungtiere in ihrer körperlichen Entwicklung negativ betroffen (ULLRICH et al. 1992). Die komplexen Wechselbeziehungen zwischen Asseln und Bakterien werfen die Frage auf, inwieweit das zu Anfang dokumentierte hohe Resistenzpotential der Bakterien zum Überleben von Asselpopulationen an kontaminierten Standorten beiträgt und in welcher Art und Weise Asseln davon profitieren können.

Die Isolation von Mikroorganismen aus der Mitteldarmdrüse (die den zentralen Ort der Sekretion von Verdauungsenzymen und der Resorption von Nährstoffen darstellt) der Arten *Oniscus asellus* und *Porcellio scaber* von verschieden stark kontaminierten Standorten erfolgte auf mit/ohne Schwermetallösungen von $PbNO_3$ und $CdCl_2$ präparierten LB-Nährböden mit den Werten 10000 bzw. 100000 μg Pb/g sowie 100 bzw. 1000 μg Cd/g. Zu diesem Zwecke wurden den äußerlich mit 70%igem Ethanol gereinigten Tieren nach deren Decapitation die Mitteldarmdrüsen mit sterilem Präparierwerkzeug entnommen und direkt in flüssiges LB-Medium überführt. Nach Erreichen einer optischen Dichte von 0.3 bei 600 nm dienten Verdünnungen der Ausgangskultur als Inoculate zum definierten Auftrag einer bestimmten Keimzahl auf die Platten.

Die höchsten Anteile gegen extreme Belastungen (100000 μg/g Pb, 1000 μg/g

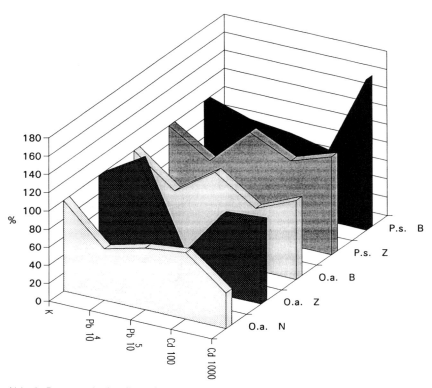

Abb. 6: Prozentuale Anteile resistenter Bakterien aus den Mitteldarmdrüsen von O. a.= Onisus asellus und P. s.= Porcellio scaber von den Standorten B (Braubach), N (Nußloch) oder aus der Zucht (Z). Die Belastungswerte der Nährböden sind in µg/g angegeben

Cd) resistenter Bakterien (Kontrolle unbelastet: 100%) fanden sich sowohl für Oniscus asellus (91,81% SD 6,86) als auch für Porcellio scaber (122,82% SD 59, 62) bei den Tieren, die von einem stark kontaminierten Standort (Braubach) stammten (Abb. 6). Bei Porcellio scaber war ein Trend zu erhöhtem Resistenzverhalten der Mitteldarmdrüsenbakterien im Vergleich zu den bakteriellen Symbionten von Oniscus asellus festzustellen. Ein Zusammenhang mit der höheren Schwermetalltoleranz von Porcellio scaber durch den Besitz resistenter Symbionten könnte bestehen.

Ein Anstieg gramnegativer Bakterien in den Mitteldarmdrüsen von Oniscus asellus ging mit dem zunehmenden Grad der Kontamination der untersuchten Standorte mit den Metallen Pb und Cd einher. Unbelastete Tiere aus der Zucht wiesen 60% gramnegative Isolate auf, während deren Anteil auf über 80% bei Tieren aus dem minderbelasteten Gebiet (N) bis auf 100% für Wildfänge aus dem stark belasteten Braubacharreal anstieg. Dagegen belief sich das Verhältnis von gramnegativen zu grampositiven Mitteldarmdrüsenbakterien bei der Art *Porcellio scaber* sowohl bei Asseln aus der Zucht als auch von Braubach auf jeweils 60% zu 40 %. Nach ersten Untersuchungen bilden die Enterobakterien die bezüglich Typenvielfalt dominierende Gruppe in den Mitteldarmdrüsen der beiden untersuchten Arten, wobei sich die Mikrofloren spezifisch unterscheiden, wie mit Hilfe von DNA-Hybridisierungstechniken gezeigt werden konnte.

Die korrelierenden Beziehungen zwischen der Zunahme des Anteils gramnegativer Bakterien, die gegenüber Schwermetallbelastungen als besonders tolerant gelten (BABICH & STOTZKY 1985), bei *O. asellus* mit der Standortbelastung steht im Kontrast zu dem übereinstimmenden Verteilungsspektrum der bakteriellen Symbionten bei *P. scaber* von belastetem und unbelastetem Standort. Die unterschiedliche Besiedlung der Mitteldarmdrüsen der beiden Arten könnte sowohl im Zusammenhang mit einem unterschiedlichen Akkumulationsverhalten der beiden Arten (HOPKIN 1989) gegenüber Schwermetallen als auch mit divergierendem Resistenzverhalten im Zusammenhang stehen.

3. Abschließende Diskussion

Die Fähigkeit der diversen Mikroflora des Bodens, flexibel und tolerant auf Schwermetallbelastungen zu reagieren (BABICH 1982, COLE 1977) erklärt auch die nur wenig verminderte Aktivität am belasteten Standort Wiesloch. Die Mikroflora des belasteten Gebietes Wiesloch hat sich offenbar im Laufe der Zeit an die vorhandene geogene Schwermetallfracht angepaßt. Die dennoch dort festgestellte verminderte Dekomposition von Bestandesabfall steht offensichtlich im Zusammenhang mit der für höhere Organismen mit weit geringerem Resistenzpotential deutlich toxischen Schwermetallfracht des Gebietes.

Die Versuche zur Ermittlung der Leistungsparameter der Mikroflora des Bodens unter geogener Belastung zeigten, daß allein mit quantitativen Aussagen zur mikrobiellen Biomasse keine befriedigenden Rückschlüsse auf systeminterne Störungen gezogen werden können. Erst die ergänzenden Messungen verschiedener Bodenenzymaktivitäten in Einheit mit abiotischen Daten lassen Unterschiede in der Leistungsfähigkeit von Bodenmikroorganismen unter dem Einfluß von Schadstoffen deutlich werden.

Auch bei Bodentiergruppen wie Landasseln zeigen sich deutliche arteigene Differenzen in der Leistungsfähigkeit unter Belastung. Während sich die resistente *P. scaber* auch unter hohen Schwermetallgaben noch gut zu behaupten vermag, sind vorbelastete Tiere der Art *O. asellus* aus Braubach bei weiterer Schwermetallbelastung durch ein deutlich geringeres Resistenzverhalten gekennzeichnet. Im Vergleich zu den toxischen Schwermetallen können die mutmaßlichen negativen Auswirkungen von durch sauren Regen in ihrem pH-Wert verminderten Nahrungssubstraten auf die Enzymaktivitäten im Intestinaltrakt der untersuchten Landasselarten (SCHAEFER 1985) als minderschwer eingestuft werden. Die indirekten Folgen saurer Depositionen, z. B. in Form der Mobilisierung von Schwermetallionen, bergen für Landasseln (und wohl auch für andere Bodenwirbellose) sicherlich das größere Gefahrenpotential.

Die Untersuchungen zum Toleranzverhalten von Landasseln gegenüber Belastungen erbrachten den Nachweis, daß verschiedene Arten sowie unterschiedliche Populationen einer Art abgestuft sensibel auf weitere Schwermetallgaben reagieren. So lassen sich „resistente" von „weniger resistenten" unterscheiden. Aufgrund der engen Bindungen zwischen Bakterien und Landasseln (ULLRICH & al. 1991, 1992) könnten durch den Besitz resistenter Symbionten Selektionsvorteile für Arten entstehen, die derartige Mikroorganismen in ihrem Intestinaltrakt permanent als Symbionten kultivieren. Der höhere Anteil an schwermetallresistenten Isolaten bei Asseln aus belasteten Gebieten könnte ein Hinweis darauf sein, daß die Anpassungen an Umweltbelastungen nicht nur in den Fähigkeiten eines Einzelorganismus zu suchen sind sondern auch interaktive Wechselwirkungen mit resistenten Symbionten hoher adaptiver Potenz maßgeblich dazu beitragen könnten.

4. Zusammenfassung

Die Untersuchungen der mikrobiellen Biomassen und verschiedener Enzymaktivitäten der Mikroflora an zwei verschieden stark mit den Schwermetallen Blei und Cadmium belasteten Standorten in der Nähe von Heidelberg zeigten keine deutlichen Einschränkungen der Aktivitäten der Bodenmikroorganismen unter dem Schwermetalleinfluß. Dagegen konnten deutliche Auswirkungen von schwermetallbelasteter Nahrung auf Mortalität und Massen- sowie Energieassimilation von Landasseln dokumentiert werden. Hierbei ließ sich deutlich zwischen den Reaktonsmustern von vorbelasteten und unbelasteten Tieren einer Art sowie zwischen Arten mit unterschiedlichem Resistenzvermögen unterscheiden. Im Vergleich zu den teilweise massiven Auswirkungen der Schwermetallgaben hatte die Ingestion künstlich versauerten Nahrungssubstrates nur vergleichsweise geringe Einflüsse auf die Energetik der Tiere. Der Besitz schwermetallresistenter Symbionten in den Mitteldarmdrüsen von Landasseln wird im Hinblick auf seine Rolle als Selektionsvorteil an kontaminierten Standorten diskutiert.

Anschrift der Autoren:

Dr. B. Ullrich, Prof. Dr. V. Storch, Zoologisches Institut I (Morphologie/Ökologie) der Universität Heidelberg, Im Neuenheimer Feld 230, W-6900 Heidelberg

Andreas Ufer, Friedhelm Schmider & Gerd Alberti

Auswirkungen einer Bodenentseuchung auf die Populationen von Collembolen in Ackerbiozönosen

mit 11 Abbildungen

Abstract

The impact of pesticides on Collembola is investigated using soil sterilized by Basamid-Granulat. This article deals with the dynamics and strategies of recolonisation, the influence of boundary strips, and interspecific correlations between beneficials in arable land.

A direct toxic impact on edaphic collembolans can only be observed shortly after application of the chemicals. After low numbers of individuals for two months the population rapidly increases. Conditions in the fumigated soil are apparently so favourable for some groups of these beneficials that the number of individuals increases to three times those of the control. Despite the high population density, changes in the dominance structure of these animals are evident.

The most important strategy for recolonisation of sterilized arable soils is the initiation of new populations by individuals surviving in the deeper zones of the soil. The influence of boundary strips on the number of species can be shown. Whereas the ability of epigeal arthropods, such as spiders, to recolonize sterilized soils depends on their mobility, mesofaunal animals require high reproductive rates.

Keywords

Collembola, agricultural soil, soil sterilant, recolonisation, crop edges, boundary strips

Inhalt

1. Einleitung
2. Material und Methoden

2.1 Untersuchungsmethoden
2.2 Testsubstanz
3. Reaktionen epedaphischer Collembolen
4. Reaktionen hemi- und euedaphischer Collembolen
4.1 Gesamtindividuendichte
4.2 Diversität
4.3 Beispiele einzelner Arten
5. Strategien der Wiederbesiedlung
5.1 Tiere aus der Tiefe
5.2 Ackerrandstrukturen

1. Einleitung

Ackerbiozönosen werden durch kulturtechnische Maßnahmen wie Bodenbearbeitung, Fruchtfolgen, Pflanzenschutz und den dadurch bedingten Veränderungen von Bodenstruktur und Bodenbedeckung geprägt. Es handelt sich daher um kurzlebige Lebensgemeinschaften, deren Dynamik im wesentlichen durch anthropogene Einflüsse bestimmt ist. Die Strukturarmut des Lebensraumes, die Einengung der Fruchtfolgen sowie regelmäßige Umwälzungen der Habitate führen zu einer Vereinfachung der Nahrungsnetze auf diesen Flächen (BAUCHHENSS 1986).
Bodenstruktur, Humusgehalt, Nährstoffkreisläufe und damit insgesamt die Bodenfruchtbarkeit werden langfristig durch die Tätigkeit der Bodenorganismen gewährleistet. Zu diesen gehören neben den Gruppen der Mikroflora und der Protozoa die Bodenmesofauna sowie Vertreter der Makrofauna. Der Erhalt der Ertragsfähigkeit und damit unmittelbar der Erhalt indigener Faunenelemente sowie funktionsfähiger Populationsstrukturen sind Ziel einer modernen Landwirtschaft.
Zur Beurteilung anthropogener Einwirkungen auf ein Ökosystem ist es nicht nur wichtig, die jeweils betroffenen Arten sowie die direkten Ausmaße der Störung zu kennen, sondern ebenso die Reaktionen des Systems auf diese Störung. Je nach Struktur der Ökosysteme ist zwischen Empfindlichkeit (zeitweilige Belastung) und Belastbarkeit, die sich aus Empfindlichkeit und Regenerationsfähigkeit ergibt, zu unterscheiden (ELLENBERG 1972).
Auf der Grundlage einer Charakterisierung der Populationsdynamik epigäischer und edaphischer Faunenelemente in Ackerbiozönosen nach Pflanzenschutz- bzw. Entseuchungsmaßnahmen sollen in der hier vorgestellten Arbeit Regenerationsmechanismen, interspezifische Regelungsprozesse sowie der Einfluß landschaftlicher Strukturen auf diese Dynamik untersucht werden. In der Landwirtschaft ergibt sich vor allem im Zierpflanzen- und Gemüseanbau aber auch im Saatkartoffelanbau, aufgrund bodenbürtiger Krankheitserreger und phytopathogener Nematoden, die Notwendigkeit zur Entseuchung der Böden. Als Beispiel

einer Pflanzenschutzmaßnahme wird eine derartige chemische Bodenbehandlung durchgeführt, mit Hilfe derer entsprechende Fragestellungen bearbeitet werden können. Durch das unspezifische, breite Wirkungsspektrum einer solchen Substanz, welche insektizide, herbizide, fungizide und nematizide Eigenschaften in sich vereint, werden sowohl im als auch auf dem Boden lebende Tiergruppen stark dezimiert. So ist es möglich, Dynamik und Strategien der Wiederbesiedlung von Ackerparzellen zu verfolgen.

Das Regenerationspotential der Biozönose, die Wechselwirkungen zwischen den einzelnen durch Räuber-Beute-Beziehungen verknüpften Faunenelementen sowie die Bedeutung von Randstrukturen als Puffer und Refugien können so untersucht werden.

Freilanduntersuchungen über Auswirkungen anthropogener Eingriffe sind gekennzeichnet durch die Vielfalt und Komplexität der auf die zu untersuchenden Komponenten einwirkenden Faktoren. Daher ist es von Bedeutung, die unterschiedlichen biotischen wie abiotischen Einzelparameter zu erfassen, um geeignete Interpretationsansätze für die beobachteten Prozesse zu erhalten. Im Rahmen einer umfangreichen Studie wurden folgende Organismengruppen, die wichtige Nützlinge in Agrarsystemen repräsentieren, untersucht:

— Collembolen als Vertreter der Sekundärzersetzer (BECK 1989, MITTMANN 1989) wirken bei Dekomposition und Humusbildung mit. Ihre Funktion als Katalysatoren mikrobieller Aktivität durch Stimulierung von Wachstum und Verbreitung der Mikroorganismen ist mehrfach beschrieben (DUNGER 1983, CURRY 1987).

— Gamasina, die als Räuber ein wichtiges Regulativ auf der Ebene der Mesofauna darstellen, bestimmen die Collembolendichte und wirken so indirekt auf die Dekompositionsvorgänge ein (KARG 1971, TISCHLER 1980). Nahrungsbeziehungen bei Bodentieren treten generell als wesentliche Regulatoren in Landökosystemen auf (BRUCKER & KALUSCHE 1976).

— Um festzustellen, ob für die euedaphische Collembolenfauna potentielle Nahrungsgrundlagen vorhanden sind, wird die mikrobielle Biomasse des Bodens gemessen.

— Als Vertreter der Makrofauna und als Regulativ epigäischer Collembolenpopulationen werden die Spinnengesellschaften der Ackerbiozönose erfaßt und untersucht.

Im Weiteren werden die Ergebnisse bezüglich der Collembolenfauna dargestellt.

2. Material und Methoden

2.1 Untersuchungsmethoden

Als Untersuchungsparzellen wurden Ackerflächen von je 50 m x 60 m Größe in der Oberrheinischen Tiefebene bei Speyer ausgewählt. Aufgrund ihrer Lage im

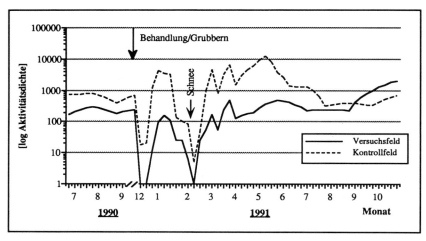

Abb. 1: Gesamtaktivitätsdichte epedaphischer Collembolen

Gebiet der ehemaligen Rheinaue handelt es sich um eine kleinräumig strukturierte Agrarlandschaft. Die Versuchsparzelle grenzt im Osten an eine kleine Fläche Hartholzaue und im Westen an einen 2,5 m breiten Feldrain. Die dazugehörige Kontrollfläche, auf der nur die mechanische Bodenbearbeitung, nicht aber die Bodenentseuchung durchgeführt wurde, grenzt im Westen ebenfalls an einen Feldrain. Über zwei Vegetationsperioden wurden auf den einzelnen Parzellen Proben genommen. Als Kultur wurde 1990 Winterraps bzw. 1991 ein Raps/Phacelia-Gemisch im Rahmen der Rotationsbrache als Gründüngung angebaut.

Die edaphische Collembolenfauna wurde durch monatliches Entnehmen von 12 Bodenproben je Fläche untersucht. Wie Artarealkurven zeigen, liegt die Sättigung der Artenzahl bei 20 — 22 Arten und wird schon nach 6 — 7 Einzelproben erreicht. Bei einem Probenumfang von 12 Einzelproben werden also alle relevanten Charakterarten des Systems erfaßt. Jede Bodenprobe wurde in Fraktionen von 0 — 5 cm und 5 — 10 cm unterteilt. Um die Tiere aus den Bodenkernen auszutreiben, wurden diese über 11 Tage hinweg in einem „MACFADYEN-High-Gradient-Extractor" einem Temperaturregime unterzogen. Mit Hilfe eines Temperaturgradienten, der durch steigende Temperaturen an der Probenoberfläche und eine kühle, feuchte Atmosphäre an der Unterseite der Proben entsteht, werden die Collembolen und Milben in ein Fanggefäß getrieben. Sie folgen dabei den von ihnen präferierten, feuchten Lebensbedingungen mit voranschreitender Austrocknung der Proben nach unten in die Fanggefäße.

Die auf der Bodenoberfläche lebenden epedaphischen Collembolen wurden mit Hilfe von in den Ackerboden eingegrabenen Bodenfallen erfaßt. Je Untersu-

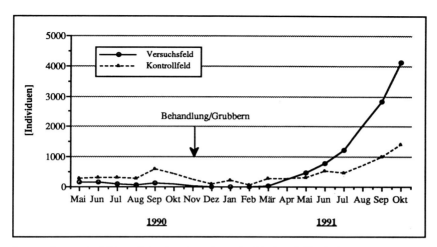

Abb. 2: Gesamtindividuendichte hemi- und euedaphischer Collembolen

chungsfläche wurden 18 Kunststoffbecher mit etwas Äthylenglycol als Konservierungsflüssigkeit gefüllt und derart eingegraben, daß ihr oberer Rand glatt mit der Bodenoberfläche abschließt. Sich an der Bodenoberfläche fortbewegende Tiere fallen, wenn sie auf eine der Fallen treffen, hinein und können so gesammelt werden.

Die Quantifizierung der im Boden vorhandenen mikrobiellen Biomasse erfolgte durch Messung der substratinduzierten Bodenatmung (ANDERSON & DOMSCH 1978). Grundlage hierfür ist ein quantifizierbarer Zusammenhang zwischen der Menge des durch maximal angeregte Stoffwechselaktivität entstehenden Kohlendioxids mit der in mikrobieller Biomasse festgelegten Kohlenstoffmenge (JENKINSON & POWLSON 1976, ANDERSON & DOMSCH 1978). Um eine maximale anfängliche respiratorische Reaktion zu erhalten, wird die Stoffwechselaktivität mit Hilfe eines möglichst unspezifischen, universellen Substrats induziert (ANDERSON & DOMSCH 1974). Durch eine je nach Bodenart variierende Glucosegabe wird eine Substratsättigung der Bodenprobe erreicht. Im Boden vorhandene aerobe Bakterien sowie Pilze, die in der Lage sind Glucose zu veratmen, werden so aktiviert.

2.2 Testsubstanz

Als Testsubstanz wurde das Bodenentseuchungsmittel Basamid-Granulat verwendet. Der Wirkstoff ist Dazomet, welches mit einem Wirkstoffgehalt von 98% in Basamid enthalten ist. Zur Bodenentseuchung wurde das Granulat in die obersten 20 cm des Bodens eingearbeitet und dieser dann mit einer Kunststoffolie ab-

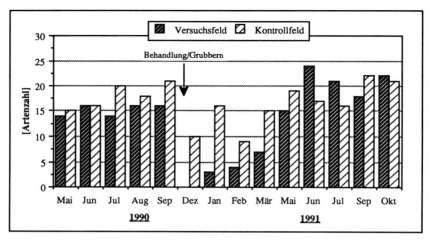

Abb. 3: Anzahl der Collembolen-Taxa

gedeckt. Im Boden zerfällt das Mittel dann durch Reaktion mit dem hier vorhandenen Bodenwasser in eine Reihe flüchtiger Verbindungen, von denen die aktive Substanz Methylisothiocyanat (MITC) darstellt. Diese diffundiert bevorzugt nach oben durch das Bodenhohlraumsystem und tötet durch Einwirkung auf die Atmungskette hier lebende Organismen und keimfähige Samen. Basamid-Granulat dient als Bodenentseuchungsmittel gegen schwer bekämpfbare Nematoden, sonstige bodenbürtige Schädlinge und Krankheitserreger vor allem in Sonderkulturen aber auch zur Sterilisierung von Bodensubstraten in Gewächshäusern.

3. Reaktionen epedaphischer Collembolen

Nach der mechanischen Bodenbearbeitung verbunden mit der Bodenentseuchung auf der Versuchsparzelle und lediglich der mechanischen Bodenbearbeitung auf dem Kontrollfeld geht die Aktivitätsdichte auf beiden Feldern deutlich zurück. Auf der Versuchsparzelle ist der Rückgang dabei so stark, daß kurzzeitig keine epedaphischen Collembolen mehr gefunden werden können (Abb. 1). Schon nach wenigen Wochen tritt jedoch eine Wiederbesiedlung ein. Auf der Kontrollfläche und in etwas abgeschwächter Form auch auf der behandelten Parzelle steigen die Aktivitätsdichten wieder an. Selbst auf dem Versuchsfeld werden Werte, wie sie vor der Behandlung gemessen wurden, bereits im Frühsommer (4 Monate nach Bodenentseuchung) wieder erreicht.

Die Tatsache, daß bis in den Herbst nach Behandlung, also nach Ablauf eines gesamten Jahres, deutlich weniger Collembolen auf der Versuchsfläche als auf

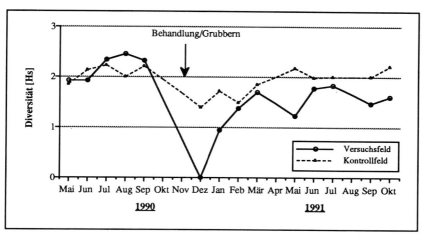

Abb. 4: Diversität nach Shannon-Wiener

der Kontrollfläche auftreten, läßt sich auf die unterschiedliche Vegetationsdecke beider Felder zurückführen.

Auf der behandelten Parzelle steht der Raps sehr groß und dicht, was den Boden derart beschattet, daß beispielsweise Collembolen aus den Familien der *Sminthuridae* und *Entomobryidae* hier kaum auftreten. Durch das nach der Entseuchung angefallene tote organische Material sowie durch die düngende Wirkung der Metaboliten des Mittels selber, steigt der Gehalt frei verfügbarer Pflanzennährstoffe im Boden deutlich an (SCHRÖDER 1984, MALKOMES 1984). Dies, sowie das Fehlen möglicher Schadorganismen führt zu einem deutlich verstärkten Pflanzenwachstum (increased growth response) auf der Versuchsfläche (SCHRÖDER 1984). Der auf dem Kontrollfeld relativ klein gebliebene Rapsbestand, der zusätzlich noch einen bedeutend höheren Unkrautbesatz aufweist, bietet bessere Lebensbedingungen für diese Gruppe der Oberflächenbewohner (*Sminthuridae* und *Entomobryidae*). Eine indirekte Auswirkung der Behandlung überwiegt hier, während die direkten Folgen schon nach Ablauf der kalten Jahreszeit kompensiert sind.

4. Reaktionen hemi- und euedaphischer Collembolen

4.1 Gesamtindividuendichte

Während bei den epedaphischen Collembolen die akuten Auswirkungen der Behandlung in kürzester Zeit kompensiert und Collembolen zumindest in gleichen Dichten gefunden werden können, ist diese Entwicklung bei den im Boden lebenden Arten etwas verzögert (Abb. 2).

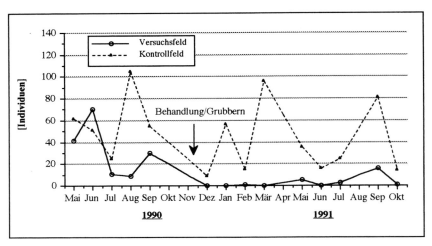

Abb. 5: Populationsverlauf von *Folsomides parvulus*

Nachdem auch hier durch die Behandlung die Gesamtindividuendichten stark reduziert wurden, bleiben sie auf der Versuchsparzelle über den gesamten Winter sehr niedrig. Sie steigen dann jedoch auf dieser Fläche nach Ablauf des Winters, ab März, sprunghaft an. Die Bedingungen nach einer chemischen Bodenentseuchung im Lebensraum Boden scheinen für manche Gruppen so positiv zu sein, daß eine explosionsartige Vermehrung provoziert wird. Die mikrobielle Biomasse als potentielle Nahrungsgrundlage einiger Vertreter der edaphischen Collembolen weist keine signifikanten Unterschiede zwischen beiden Flächen auf. Lediglich unmittelbar nach Beendigung der Behandlung ist auf der Versuchsfläche eine kurzfristig erhöhte mikrobielle Biomasse zu messen. Ein, aufgrund der Stickstoffzufuhr durch Basamid, engeres C/N-Verhältnis induziert dies (SCHRÖDER 1984).

Im zeitigen Frühjahr nach der Entseuchung ist auf allen Punkten der behandelten Fläche eine sehr geringe Collembolendichte zu finden. Feldrand und zentrale Bereiche sind gleichermaßen betroffen. Ab Mai 1991 sind sowohl im Randbereich als auch im zentralen Feld Individuendichten zu finden, die das Kontrollfeld in allen Probepunkten übertreffen. Randbereiche dominieren dabei nicht über Proben im zentralen Feldbereich. Während auf der Kontrollfläche über beide Untersuchungsjahre hinweg eine minimale Individuendichte von 1 892 Ind./m^2 und ein Maximum von 42 769 Ind./m^2 beobachtet wurden, liegen die Extreme auf der entseuchten Fläche weiter auseinander. Dem Minimum von 0 Ind./m^2 in den oberen 10 Bodenzentimetern direkt nach Behandlung steht ein Maximum von 120 927 Ind./m^2 im Oktober 1991 gegenüber.

Die Anzahl der gefundenen Arten zeigt an den einzelnen Probeterminen deutli-

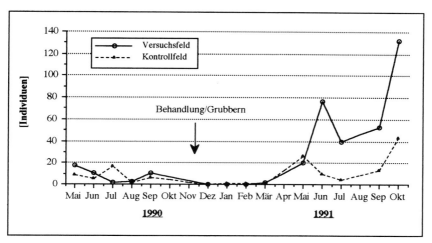

Abb. 6: Populationsverlauf von *Onychiurus jubilarius*

chere Unterschiede. In den ersten 6 Monaten nach der Behandlung ist die Artenzahl in der Entseuchungsparzelle noch deutlich reduziert (Abb. 3). Während sie auf der Kontrollparzelle in der kalten Jahreszeit zwar etwas absinkt, insgesamt jedoch auch während des Winters relativ konstant bleibt, ist die Artenvielfalt auf der Versuchsfläche stark zurückgegangen. Ab Juni 1991 (8 Monate nach Behandlung) werden jedoch wieder vergleichbare Artenzahlen gefunden.

4.2 Diversität

Ein Vergleich der Diversitätsindices auf beiden Flächen relativiert den Eindruck, den die Betrachtung der Individuendichten vermittelt hat. Nach der Behandlung sinkt die Diversität stark ab und bleibt auch nach Ablauf eines Jahres noch hinter den Werten der Kontrollfläche zurück (Abb. 4). Signifikante Diversitätsunterschiede lassen sich sowohl auf dem Versuchsfeld zwischen Sommer 1990 und Sommer 1991 messen, als auch zwischen Versuchsfeld und Kontrollfeld im Sommer nach der Behandlung.

4.3 Beispiele einzelner Arten

Die chemische Bodenentseuchung führt also einerseits zu einer deutlichen Zunahme der Individuenzahlen, andererseits aber auch zu einer Änderung des Artenspektrums. Einzelne Arten werden durch die Behandlung derart dezimiert, daß sie in der darauffolgenden Zeit ihren ursprünglichen Anteil an der Gesamtin-

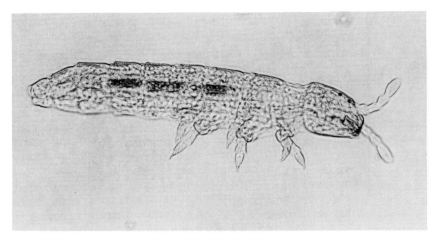

Abb. 7: *Folsomides parvulus* STACH, 1922 (Größe: 0,7 mm)

dividuenzahl nicht wieder erreichen. Andere Arten nehmen dafür enorm an Dichte zu, so daß insgesamt höhere Populationszahlen für Collembolen zu beobachten sind.

Folsomides parvulus (Abb. 7), eine im Sommer 1990 dominante Art auf der Versuchsparzelle, erreicht nach der Behandlung nur noch subrezedenten Charakter (Abb. 5). Während Arten wie *F. parvulus* ausfallen, nehmen andere Arten stark zu und drücken dadurch die Gesamtindividuenzahlen nach oben. *Onychiurus jubilarius* (Abb. 8) ist ein Beispiel für Arten, bei denen durch die neu geschaffenen Bedingungen die Individuendichte stark zunimmt (Abb. 6). Die Ursachen hierfür können vielfältig sein. Der Ausfall konkurrierender Collembolenarten, der mögliche Ausfall von räuberischen Gamasiden, sowie veränderte mikroklimatische Bedingungen nach der Behandlung können im Einzelfall zu derartigen Zunahmen führen. Zusammenfassend läßt sich sagen, daß manche Collembolenarten eine Wiederbesiedlung nach Abtötung von Bodenorganismen der oberen 20 Bodenzentimeter erstaunlich schnell bewerkstelligen. Sie reagieren dabei also nur kurzfristig durch Rückgang der Gesamtindividuendichte. Dominanzverschiebungen lassen sich jedoch auch mittelfristig feststellen.

5. Strategien der Wiederbesiedlung

5.1 Tiere aus der Tiefe

Eine Möglichkeit die Parzellen neu zu erschließen, ohne große Strecken zurücklegen zu müssen, stellen beispielsweise Tiere dar, die während der Behandlung in größerer

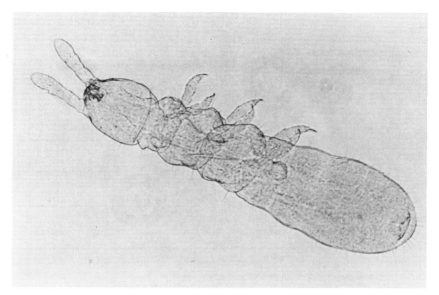

Abb. 8: *Onychiurus jubilarius* GISIN, 1957(Größe: 0,8 mm)

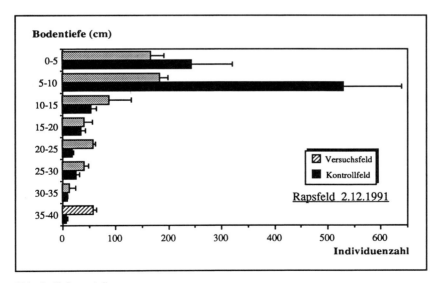

Abb. 9: Tiefenverteilung

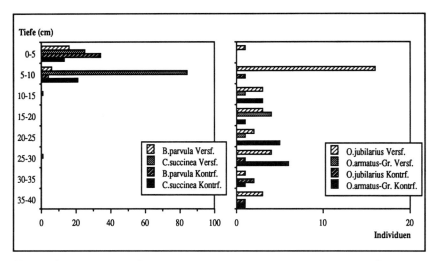

Abb. 10: Tiefenverteilung: *Ceratophysella succinea, Brachystomella parvula, Onychiurus jubilarius, Onychiurus armatus*-Gruppe

Tiefe leben. Diese beschränkt sich üblicherweise auf die oberen 20 cm des Bodens. Obwohl ca. 80% der Gesamtindividuen auch im Dezember noch bis in 10 cm Tiefe zu finden sind, können die verbleibenden Prozente als Ausgangspool für den Aufbau neuer Populationen ausreichen (Abb. 9). Dies ermöglicht es auch zu erklären, warum selbst in der Feldmitte schon nach relativ wenigen Monaten beachtliche Collembolendichten gefunden wurden.

Die Möglichkeit durch „Tiefentiere" eine Population wieder aufzubauen, ist jedoch für manche Arten günstiger als für andere. *Ceratophysella succinea* und *Brachystomella parvula* leben z. B. fast ausssschließlich in den oberen zehn Zentimetern. Eine Behandlung bis in 20 cm Tiefe vernichtet somit die Population fast quantitativ. Andere Arten, wie beispielsweise Tiere aus der Familie *Onychiuridae*, sind auch in 40 cm Tiefe noch gut vertreten und dürften keine Probleme haben, von hier aus wiederzubesiedeln (Abb. 10).

5.2 Ackerrandstrukturen

Eine weitere, jedoch eher für Oberflächenarten relevante Möglichkeit der Wiederbesiedlung, stellt das Einwandern von Randbereichen, in unserem Fall vom nahegelegenen Auwald oder Feldrain, dar. Wanderungsbewegungen der euedaphischen Arten aus Randstrukturen sind jedoch wesentlich langsamer als die beobachtete schnelle Wiederbesiedlung es fordern würde. Trotzdem lassen sich Effekte der am Feld angrenzenden Landschaftsstrukturen zeigen.

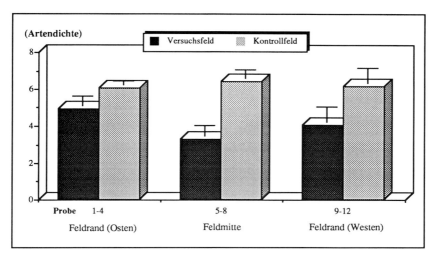

Abb. 11: Zahl der Arten in den verschiedenen Feldbereichen

Auf der Versuchsparzelle ist die Artendichte in den Proben aus der Nähe des angrenzenden Augebietes deutlich erhöht. Zentrale Feldbereiche weisen die geringste Artendiche auf (Abb. 11). Dagegen ist die Artendichte auf dem Kontrollfeld in Randbereichen und zentralen Bereichen gleich. Ackerrandstreifen und Landschaftsstrukturen, welche kleinstrukturierte landwirtschafliche Regionen auszeichnen, führen also selbst bei den relativ immobilen, durch Mikrohabitate des Bodens geprägten Bodenarthropoden, zu einer Bereicherung des Artenspektrums. Ihre Funktion, selbst für die Bodenmesofauna als Pufferzonen, Refugien und Ausgangspunkte der Wiederbesiedlung zu fungieren, zeigt sich.

Andere, mobile Tiergruppen, wie es die epigäischen Spinnen und Carabiden darstellen, reagieren noch deutlicher auf das Vorhandensein derartiger Strukturen. Während bei den Collembolen im Vergleich mit anderen Tiergruppen des Ackers vornehmlich die Fähigkeit, schnell große Mengen an Nachkommen zu produzieren, über Erfolg oder Mißerfolg einer zügigen Wiederbesiedlung entscheiden, sind bei epigäischen Spinnen und Carabiden ihre Mobilität, das Dispersionsvermögen und das Vorhandensein geeigneter Einwanderungsquellen die relevanten Faktoren.

Anschrift der Verfasser

Prof. Dr. G. Alberti, Dr. A. Ufer, Zoologisches Institut I (Morphologie/Ökologie), Universität Heidelberg, Im Neuenheimer Feld 230, W-6900 Heidelberg
Dr. F. Schmider, Landwirtschaftliche Versuchsstation der BASF AG, W-6703 Limburgerhof

Juliane Filser

Die Bodenmesofauna unter der landwirtschaftlichen Intensivkultur Hopfen: Anpassung an bewirtschaftungsbedingte Bodenbelastungen?

mit 8 Abbildungen und 5 Tabellen

Gewidmet Prof. Dr. Friedrich Beese zum 50. Geburtstag

Abstract

In two different studies (1986 and 1989/1990) the soil mesofauna in hops, especially Collembola, was investigated in eight fields. Soil types under study were a colluvial cambisol and a calcaric regosol both derived from Loess, and a gleysol derived from callow sands. Special attention was drawn to the influence of green manure and the intensity of management. Intercropping had an overall positive effect on the soil fauna. By far the lowest abundances and biomasses of Collembola were found in two cambisols. Both fields were the only ones to be treated with sulfur fungicides, and the copper contents of the topsoils were higher than in all other fields. One of the two fields was the only one where minimal cultivation was practised and which received extremely high amounts of pesticides. Besides these two exceptions, abundances, biomasses, and species numbers of Collembola were comparable to other agroecosystems. However, some species common in arable land such as *Folsomia quadrioculata* and *Isotomina bipunctata*, were never found in hops or vineyards, which are managed in a very similar intensive way and usually are also highly copper-contaminated.

Keywords

Collembola — hops — green manure — fungicides — copper — epigaeic fauna — soil type — biomass — intensive management — *Folsomia quadrioculata* — *Isotomina bipunctata*.

Inhalt

1. Einleitung
2. Untersuchungsgebiet und Methoden

3. Ergebnisse und Diskussion
3.1 Epigäische Fauna (Untersuchung 1986)
3.1.1 Individuenzahlen
3.1.2 Formen- und Artenvielfalt
3.1.3 Biomasse der Collembolen
3.2 Endogäische Fauna (Untersuchung 1989/1990)
3.2.1 Gründüngung
3.2.2 Bodentyp
3.2.3 Fungizide
3.2.4 Vergleich mit anderen Kulturen
4. Schlußfolgerungen
5. Danksagung

1. Einleitung

Über die Hälfte der Fläche der Bundesrepublik Deutschland dient der landwirtschaftlichen Produktion. Im Vergleich zu naturnahen, unbearbeiteten Böden weisen landwirtschaftlich genutzte Böden eine Reihe von Besonderheiten auf. Im wesentlichen sind dies:
— Im Oberboden (A_p-Horizont) aufgelockerte, darunter zumeist verdichtete Struktur (Pflugsohle)
— Häufige Störung und Durchmischung des A_p-Horizonts durch Bodenbearbeitungsmaßnahmen
— Größere mikroklimatische Schwankungen wegen des Fehlens einer Streuschicht
— Neutrale bis schwach saure Bodenreaktion aufgrund von Kalkungsmaßnahmen
— Hohe Nährstoffversorgung durch regelmäßige Düngung
— Regelmäßige Belastung durch Fremdstoffe (Wuchsstoffe, Pestizide und andere Agrochemikalien)
— Geringer Humusgehalt.

Die Bodenfauna in landwirtschaftlichen Kulturen ist auf verschiedene Weise an die dort herrschenden Verhältnisse angepaßt. Aufgrund der stark wechselnden Lebensbedingungen sind die meisten Bodentiergruppen in Äckern individuen- und artenarm (BABEL 1982). Kleinere, zu schneller Reproduktion befähigte Arten können sich unter derartigen Bedingungen jedoch oft gut durchsetzen und sehr zahlreich auftreten (CHRISTIANSEN 1964, CURRY 1986, HAARLOV 1960). Die Mikro- und Mesofauna stellen daher in Agrarökosystemen einen größeren Anteil an der Gesamtfauna als in naturnahen Böden. Collembolen decken durch ihre große Artenzahl eine Vielzahl ökologischer Ansprüche ab, besiedeln unterschiedlichste Habitate und eignen sich so als Indikatoren für Bodenzustände. Als bedeutsame

Repräsentanten der Mesofauna waren sie häufig Gegenstand umfassender bodenzoologischer Untersuchungen auf landwirtschaftlichen Flächen (z. B. AHRENS 1989, HEIMANN-DETLEFSEN 1991, LAGERLÖF 1987, ROSCHE 1987). Spezialfälle der landwirtschaftlichen Produktion sind Dauerkulturen wie Wein, Obst, Spargel oder Hopfen. Diese Anbaufrüchte werden im Regelfall über Jahrzehnte auf derselben Fläche als Monokulturen angebaut und sind von daher besonders anfällig für verschiedene Pflanzenerkrankungen und tierische Schädlinge. Dies bedingt einen ausgesprochen intensiven Einsatz von Pflanzenschutzmitteln. So werden drei Viertel aller Fungizide allein im Wein-, Obst- und Hopfenanbau ausgebracht und konzentrieren sich damit auf nur 4% der landwirtschaftlichen Nutzfläche (BÖRNER 1983). Die Anwendung von Fungiziden entzieht vielen Vertretern der Mesofauna ihre Nahrungsgrundlage. Zusammen mit den ebenfalls regelmäßig verwendeten Insektiziden stellen sie eine potentielle Gefährdung des Lebensraumes der Bodentiere dar.

Zur Untersuchung von Langzeitwirkungen eines massiven Pflanzenschutzmitteleinsatzes auf die Bodenmesofauna wurde die Sonderkultur Hopfen als Beispiel ausgewählt. Der Hauptschwerpunkt wurde auf die Collembolen als die mit Abstand zahlreichste und auf landwirtschaftlichen Flächen am besten untersuchte Gruppe gelegt. Den in insgesamt acht verschiedenen Hopfengärten durchgeführten Untersuchungen lagen folgende Hypothesen zugrunde:

Aufgrund der langjährigen Belastung mit Pestiziden ist in Dauermonokulturen eine gegenüber anderen landwirtschaftlichen Flächen an Arten und Individuen verarmte Fauna zu erwarten. Dies ist umso ausgeprägter, je intensiver und je länger eine Fläche bewirtschaftet wurde. Bodenverbessernde Maßnahmen wie der Anbau von Gründüngungspflanzen, resourcenschonende Bewirtschaftung und reduzierter Einsatz von Pflanzenschutzmitteln fördern dagegen Individuen- und Artenzahlen der Bodentiere.

2. Untersuchungsgebiet und Methoden

Die Untersuchung gliedert sich in zwei getrennte Studien: 1986 wurde die epigäische Fauna in vier verschiedenen Bewirtschaftungssystemen untersucht. Die Aufnahme 1989/1990 befaßte sich mit der endogäischen Fauna in zwei Bodentypen sowie den Auswirkungen von Fungiziden und dem Anbau von Gründüngungspflanzen auf Collembolen.

Sämtliche Untersuchungsflächen lagen ca. 50 km nördlich von München im oberbayerischen Tertiärhügelland im Hopfenanbaugebiet Hallertau (Abb. 1). Die mittlere Jahrestemperatur dieser Region beträgt 7,3 °C, die jährliche Niederschlagsmenge liegt zwischen 700 und 800 mm. Es wurden die für das Tertiärhügelland typischen Lößbraunerden und als Sandböden Auengleye ausgewählt. Die Größe jeder einzelnen Untersuchungsparzelle betrug ca. 0,1 ha. Auf dieser

Fläche wurden die Proben zufallsverteilt genommen. 1986 wurde die epigäische Fauna in vier Betrieben untersucht, die sich hinsichtlich der Bewirtschaftungsintensität deutlich unterschieden:
— LK (Lehm, konventionelle Bewirtschaftung)
— LI (Lehm, integrierte Bewirtschaftung)
— LP (Lehm, verstärkter Pestizideinsatz + Minimalbodenbearbeitung)
— SB (Sand, biologischer Landbau)
Die 1989/1990 durchgeführten Untersuchungen konzentrierten sich auf den Einfluß des Bodentyps und der Gründüngung auf die endogäische Fauna:
— LM (Lehm, Mineraldüngung)
— LG (Lehm, zusätzliche Gründüngung)
— SM (Sand, Mineraldüngung)
— SG (Sand, zusätzliche Gründüngung)
In den Tabellen 1 und 2 sind die wichtigsten Boden- und Bewirtschaftungsdaten zusammengefaßt (nähere Einzelheiten siehe FILSER 1992).

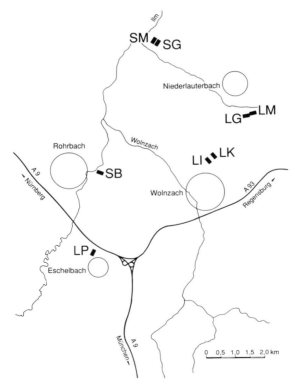

Abb. 1: Lage der Versuchsflächen

Die Aktivitätsdichte der epigäischen Fauna wurde mit Einsatz- Trichterfallen (FILSER 1992) erfaßt. Die Fallenoberfläche betrug 200 cm^2. Als Fangflüssigkeit diente Ethylenglykol, die Standzeit betrug drei Tage. Je vier Fallen waren in den Pflanzreihen jeweils so in der Mitte zwischen zwei Hopfenpflanzen aufgestellt, daß der Abstand zwischen ihnen 10 m nicht unterschritt.
Zur Erfassung der endogäischen Fauna wurden je 20 Stechzylinderproben von 50 cm^2 Oberfläche aus den oberen 4 cm des Bodens (= 200 cm^3) gezogen. Die eine Hälfte des Kollektivs wurde in den Pflanzreihen, die andere in den Zwischenreihen der Hopfenpflanzen genommen. Die Mesofauna wurde mit einem modifizierten MacFadyen-High-Gradient-Extraktor binnen sechs Tagen extrahiert und in Ethylenglykol aufgefangen (Details und Präparation der Collembolen siehe FILSER 1992).
Die Determination der Collembolen erfolgte unter dem Phasen- bzw Interferenzkontrastmikroskop nach FJELLBERG 1980, GISIN 1960 und PALISSA 1964. Die übrige Fauna wurde unter dem Binokular bis auf die (Über-)Familie bestimmt.
Die Biomasse der Collembolen wurde 1986 mit der Näherungsformel
BM = l^3 (BM = Biomasse, l = mittlere Körperlänge jeder Art) abgeschätzt. 1989/90 wurde die Biomasse nach DUNGER (1968) berechnet.

3. Ergebnisse und Diskussion

3.1 Epigäische Fauna (Untersuchung 1986)

Es muß darauf hingewiesen werden, daß die Daten der epigäischen Fauna unter den Einzelflächen nur bedingt vergleichbar sind, da unterschiedliche Bodenverhältnisse vorlagen. Lediglich die direkt benachbarten Flächen LK und LI sind

	LK	LI	LP	SB	LG	LM	SG	SM
Bodenart	uL	uL	uL	lS	uL	uL	lS	lS
Bodentyp	Pararendzina aus Löß	Pararendzina aus Löß	Parabraunerde	Auengley	Kolluvium über Parabraunerde aus Löß		Auengley	Auengley
Die folgenden Daten gelten nur für die oberen 10 cm. Die Probennahme erfolgte im August 1989.								
WKmax/ Gew. %	n.b.	52	n.b.	n.b.	56	58	54	58
pH (CaCl2)	n.b.	7.3	n.b.	n.b.	7.2	7.1	5.2	6.4
C-Gehalt (%)	n.b.	2.03	n.b.	n.b.	1.98	2.28	3.39	2.62
N-Gehalt (%)	n.b.	0.16	n.b.	n.b.	0.21	0.25	0.31	0.25
C/N-Verhältn.	n.b.	12.8	n.b.	n.b.	9.5	9.1	11.1	10.6

Tab. 1: Bodenkurzbeschreibung. WKmax = maximale Wasserkapazität, übrige Abkürzungen siehe Text

	LK	LI	LP	SB	LG	LM	SG	SM
Anlagejahr	1976	1978	1979	1981	1950	1967	1978	1983
Mineralische Düngung (1)	NPK N-Mg KAS	N-Mg KAS	NPK KAS	SM TM PatK	NPK KAS	NPK KAS	NPK KAS	NPK N-Mg KAS
Organische Düngung				Brennesseljauche	StM (alle 3 J) RH (alle 3 J)	RH (alle 6 J)	StM (alle 3 J) RH (alle 3 J)	
Gründüngung	<Raps> *	Raps	<Klee> *	Leguminosen Senf	Raps		Raps	
Bodenbearbeitung	2 x Grubbern 2 x Pflügen	2 x Grubbern 2 x Pflügen 1 x Fräsen	1 x Eggen	2 x Grubbern 2 x Pflügen 1 x Fräsen	2 x Grubbern 2 x Pflügen 1 x Fräsen	3 x Grubbern 2 x Pflügen	2 x Grubbern 2 x Pflügen 1 x Fräsen	3 x Grubbern 2 x Pflügen
Herbizide (2)	AHL [36] 1 x Reglone	AHL [21]	AHL [58] 2 x Reglone 1 x U 46 M		AHL [40] 1 x Reglone	1 x Reglone	AHL [40] 1 x Reglone	1 x Reglone
Fungizide (3)	3 x Cu 4 x sys 2 x orgF	4 x Cu 1 x sys 1 x orgF	1 x CS 1 x sys 2 x Cu/S	3 x Cu	2 x Cu 3 x sys 1 x orgF	1 x Cu 1 x sys 2 x orgF 3 x Cu/S	3 x Cu 6 x sys 1-2 x orgF	3 x Cu 1 x sys 1-2 x orgF
Insektizide (4)	1 x Pyr 1 x PE 2 x Car	2 x Pyr	1 x CS 1 x PE 1 x Car 1 x ES	3 x WG 1 x SpSm 3 x Spr	Pyr ** Car ** ES **	Pyr ** Car ** ES **	Pyr ** Car ** ES **	Pyr ** 1 x PE Car ** ES **
Acarizide			1 x		0-1 x	0-1 x		0-1 x

Tab. 2: Bewirtschaftungsübersicht (jährliche Durchschnittswerte).
1) KAS = Kalkammonsalpeter, SM = Steinmehl, TM = Thomasmehl, PatK = Patentkali, StM = Stallmist, RH = Rebhäcksel
2) AHL = konzentrierte Stickstofflösung [kg N/ha], U 46 M = Phenoxyessigsäure
3) Cu (S) = kupfer(+ schwefel-)haltige Fungizide, sys = systemische Fungizide, orgF = organische Fungizide gegen Mehltau
4) Pyr = Pyrethroide, PE = Phosphorsäureester, Car = Carbamate, ES = Endosulfan, CS = Carbosulfan, WG = Wasserglas, SpSm = Spiritus + Schmierseife, Spr = Spruzit (Pyrethrum)
* nur Spritzgassen (wurden nicht beprobt)
** wechselnde Wirkstoffe, 2 Behandlungen/Vegetationsperiodep

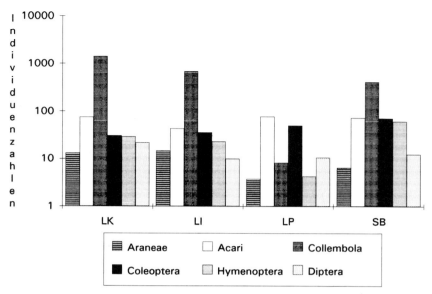

Abb. 2: Aktivitätsdichte der häufigsten Taxa (1986). Logarithmische Darstellung (Summe aus je vier Fallen, Mittelwert von vier Probenterminen).

vom Bodentyp her identisch. Untersuchungen der epigäischen Collembolen der Flächen LM, LG, SM und SG haben jedoch gezeigt, daß zumindest bezüglich der Artenausstattung der Einfluß der Bewirtschaftung größer ist als der des Bodentyps (FILSER 1991).

3.1.1 Individuenzahlen

Abb. 2 zeigt die Aktivitätsdichten der häufigsten Taxa auf den verschiedenen Bewirtschaftungssystemen. Die Collembolen sind bis auf LP, dem Betrieb mit Minimalbodenbearbeitung und verstärktem Pestizideinsatz, mit Abstand die zahlreichste Gruppe. Auf LK und LI sind die Collembolen zahlreicher als auf SB. Dies kann verschiedenen Ursachen haben wie z. B. bessere Nährstoffversorgung durch die mineralische Düngung, höhere Feldkapazitäten und pH-Werte der Pararendzinen LK und LI. Coleopteren und Hymenopteren sind auf SB am zahlreichsten, Collembolen und Dipteren auf LK. Mit Ausnahme der Milben und der Käfer weist die Fläche LP überall die geringsten Aktivitätsdichten auf. Es ist zu bedenken, daß die Aktivitätsdichte laufaktive Tiere im Vergleich zu den tatsächlichen Individuenzahlen überrepräsentiert. Nach ASSMUTH et al. (1985) erhöht fehlende Bodendeckung die Laufaktivität, da die Tiere sich ungehinderter fortbewe-

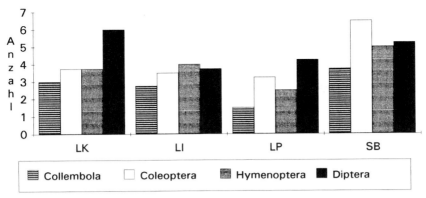

Abb. 3: Mittlere Anzahl der Familien der häufigsten Insektentaxa (1986; Summe aus je vier Fallen, Mittelwert von vier Probenterminen).

gen können als auf einer bewachsenen Fläche. Auch Nahrungsmangel kann die motorische Aktivität erhöhen (ERNSTING 1977).
Nach CHRISTIANSEN (1964), HÜTHER (1961) und LORING et al. (1981) sind Collembolen durch Bearbeitungsmaßnahmen weniger stark betroffen als andere Bodentiere oder werden sogar gefördert. Dennoch führt Minimalbodenbearbeitung in der Regel zu einem deutlichen Anstieg der Individuenzahlen besonders der hemiedaphischen und epigäischen Fauna (CURRY 1986, EDWARDS & LOFTY 1977, FRIEBE 1990). Aus zahlreichen anderen Arbeiten geht hervor, daß verstärkter Pestizideinsatz mit reduzierten Individuen- und Artenzahlen von Bodentieren einhergeht, wohingegen die resourcenschonende Wirtschaftsweise des biologischen Landbaus eine individuenreiche, vielfältige Bodenfauna mit sich bringt (z. B. EDWARDS 1977, HERGARTEN 1984, JOOSSE 1983, KÖCK 1989).

3.1.2 Formen- und Artenvielfalt

Abb. 3 verdeutlicht, daß sich die Faunenausstattung der vier Felder nicht nur quantitativ, sondern auch qualitativ unterscheidet. Mit Ausnahme der Dipteren sind die Anzahlen der vorgefundenen Familien der wichtigsten Taxa im biologischen Betrieb am größten und auf LP am geringsten. Am auffälligsten ist dies bei den Coleopteren und den Hymenopteren, zu denen eine Vielzahl von Nützlingen zählen. Zwischen LK und LI finden sich keine deutlichen Unterschiede. Dies ist unter anderem darauf zurückzuführen, daß eine Determination auf die Familie sehr grob und von daher wenig aussagekräftig ist.
Die Bestimmung auf Artenebene ermöglicht aufgrund der unterschiedlichen ökologischen Ansprüche einzelner Arten sehr viel differenziertere Betrachtungsmög-

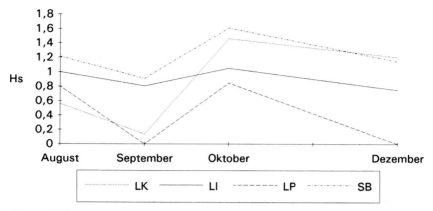

Abb. 4: Zeitlicher Verlauf der Diversität der epigäischen Collembolen (1986; Hs = Diversität <ohne Sminthuridae>, Berechnungsgrundlage: Summe der Individuen aus je vier Fallen).

lichkeiten. Der zur Charakterisierung der Artenvielfalt häufig verwendete Diversitätsindex nach SHANNON & WEAVER (REMMERT 1984) ist um so höher, je größer die Artenzahl ist und je gleichmäßiger die Gesamtindividuen auf die einzelnen Arten verteilt sind. Am Beispiel der Collembolen wird die zeitliche Abfolge der Diversität in Abb. 4 dargestellt. Auf allen vier Flächen ist ein Zickzackverlauf festzustellen. Dieser ist auf Bewirtschaftungs- und Witterungsverhältnisse zurückzuführen: Die Hopfenernte im September führte zu einer schlagartigen Habitatsänderung, von der sich die Populationen bis zum Oktober jedoch wieder rasch erholten. Die niedrigen Werte im Dezember sind durch den Wintereinbruch und das Absterben der epigäischen Arten bzw. ihren Rückzug in tiefere Bodenschichten zu erklären. Auf den Einzelflächen sinkt der Index im Mittel in der Reihenfolge SB — LI — LK — LP. Die zeitliche Dynamik ist im integrierten und im biologischen Betrieb wesentlich geringer als in LK und LP. Ursache dafür ist — besonders unmittelbar nach der Ernte — die Rückzugmöglichkeit der Tiere unter die schützende Gründüngung von LI und SB, während auf den beiden anderen Flächen zu diesem Zeitpunkt jegliche Vegetationsdecke fehlte.

3.1.3 Biomasse der Collembolen

Die Berechnung der Biomasse ist eine sinnvolle Ergänzung der Individuen- und Artenzahlen, da sie ein besseres Bild über den Ernährungszustand einer Population und ihre Bedeutung im Stoffkreislauf abgibt. Die hier verwendete einfache Formel überschätzt zwar die absoluten Werte, kann jedoch für relative Vergleiche

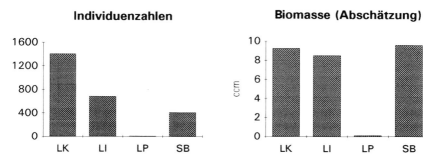

Abb. 5: Aktivitätsdichten der epigäischen Collembolen im Vergleich zur Biomassenabschätzung (Biomasse = Körperlänge^3). (1986; Summe aus je vier Fallen, Mittelwert von vier Probenterminen).

als Näherung verwendet werden. Vergleicht man Individuenzahlen und Biomassen der Collembolen (Abb. 5), so fällt auf den ersten Blick ins Auge, daß die Collembolen auf der integrierten, besonders aber auf der biologischen Fläche wesentlich größere Individualgewichte als auf der konventionellen Fläche ausbildeten. Die Gesamtbiomassen dieser drei Felder sind fast identisch, während der extrem niedrige Status der Pestizidfläche hier besonders hervortritt.

3.2 Endogäische Fauna (Untersuchung 1989/1990)

3.2.1 Gründüngung

Der fördernde Einfluß der Gründüngung auf endogäische Collembolen konnte eindeutig nachgewiesen werden. Sowohl auf dem Lehm- als auch auf dem Sandboden lagen die Individuenzahlen auf den Flächen mit Gründüngung deutlich über denen ohne Zufuhr organischer Substanz. Dasselbe gilt, wenn auch weniger stark ausgeprägt, für die Artenausstattung (Abb. 6). Ähnliche Ergebnisse sind auch von zahlreichen anderen Autoren beschrieben worden (z. B. AHRENS 1989, CHRISTIANSEN 1964, CURRY 1986).

Die Gründüngung bewirkte auch Veränderungen in der Dominanzstruktur der Collembolen. Viele Arten waren unter Gründüngung eindeutig häufiger, während ohne Gründüngung nur drei Arten vermehrt auftraten (Tab. 3). Daß letzteres nur in lehmigem Substrat der Fall war, macht deutlich, daß der Zwischenfruchtanbau gerade auf Sandböden die Lebensbedingungen von Collembolen entscheidend verbessert.

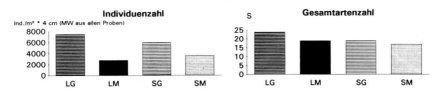

Abb. 6: Individuen- und Artenzahlen der endogäischen Collembolen während des gesamten Untersuchungszeitraums (1989/90).

3.2.2 Bodentyp

Die Artenzahl der Collembolen war im Lehmboden höher als im Sandboden (siehe Abb. 6). Bezüglich der Individuenzahlen verhielten sich die beiden Düngungsvarianten unterschiedlich. Da Collembolen sowohl auf hohe Feuchtigkeit als auch auf Grobporen angewiesen sind, finden sie die günstigsten Bedingungen in strukturierten Böden, d. h. Böden mit hohem Schluff- und Tonanteil (CHRISTIANSEN 1964). Zu hohe Tonanteile wirken sich oft negativ aus, während sandige Böden mit hohen C-Gehalten ebenfalls hohe Individuendichten haben können (ANDREN 1984, HERGARTEN 1984, RÖSKE & LARINK 1990). Die untersuchten Auengleye und Parabraunerden sind zwei Bodentypen, die sich in vielen Eigenschaften (Textur, pH-Wert, Humusgehalt; vgl. Tab. 1) deutlich voneinander unterscheiden. Entsprechend bieten sie Bodentieren auch bei gleicher Bewirtschaftung unterschiedliche Lebensbedingungen. Die Collembolengesellschaften der beiden Böden weisen völlig verschiedene Dominanzstrukturen auf, obwohl die Artenzusammensetzung sehr ähnlich ist (Tab. 4). Die Ähnlichkeit der Artenausstattung beruht darauf, daß überwiegend euryöke Arten in der Lage sind, sich an die stark wechselnden Bedingungen in Agrarökosystemen anzupassen. Euryöke Arten sind zwar nie scharf spezialisiert, jedoch besitzen auch Arten dieser Gruppe unterschiedliche Toleranzbereiche für extreme Standortverhältnisse. Die im Sand dominierenden Onychiuriden sind ausschließlich euedaphisch. Sie sind somit besser in der Lage, sich bei oberflächlicher Austrocknung in tiefere Schichten zurückzuziehen als hemiedaphische oder epigäische Formen.

3.2.3 Fungizide

Bei als Fungiziden eingesetzten Kupferverbindungen (vgl. Tab. 2) wird das Kupfer im Boden nicht abgebaut, sondern reichert sich bei langjähriger Anwendung stark an. Collembolen scheiden inkorporierte Schwermetalle bei der Häutung mit dem Mitteldarmepithel aus und sind damit bis zu einem gewissen Grad toleranter als viele andere Bodenarthropoden (BENGTSSON & TRANVIK 1989, POSTHUMA 1992,

	M > G		G > M	
	L	S	L	S
O. armatus	* *			
F. fimataria	*			
B. hortensis	* * *			
W. intermedia			*	
O. subarmatus				* *
P. minuta			*	
I. notabilis			* *	
I. palustris			* * *	* *
L. cyaneus			* * *	
P. alba				* * *
A. caecus				*

Tab. 3: Signifikante Unterschiede der Colembolenabundanzen (1989/90) bezüglich der Düngungsart (H-Test). S = Sand, L = Lehm, M = nur Mineral—, G = Mineral- + Gründüngung.

TYLER 1981). Dies kann als Erklärung dafür dienen, warum der prozentuale Anteil der Collembolen an der Mesofauna mit 35% — 66% in Hopfenfeldern größer ist als auf anderen landwirtschaftlichen Flächen (etwa 25% bis max. 50%; vgl. Referenzen unter 2.4.).
Es fällt auf, daß auf der am stärksten mit Kupfer belasteten Fläche LM (Abb. 7) auch die Individuenzahlen und die prozentualen Anteile (35,5%) am geringsten waren. Dies mag darin begründet sein, daß Fungizide vielen Collembolenarten wichtige Teile der Nahrungsgrundlage entziehen. Andererseits können Fungizide, wenn sie mit der Nahrung in hochkonzentrierter Form aufgenommen werden, im Verdauungstrakt auch direkt toxisch wirken (BENGTSSON et al. 1983). Möglicherweise ist in der Fungizidkontamination auch ein Grund für die außerordentlich geringen Collembolenzahlen der 1986 untersuchten Fläche LP zu sehen. Die prozentualen Anteile der Collembolen an der übrigen Fauna waren dort mit nur 5,1% gegenüber den anderen Flächen (62,6% — SB, 83,2% — LI, 88,5% — LK) extrem niedrig. Der Kupfergehalt von LP (0-30 cm) war mit 136 μg/g etwa so hoch wie der von LG. Durch die Pflugbearbeitung wird der Boden im Ap-Horizont (ca. 0-20 cm) gleichmäßig durchmischt. Dies führt auch zu einer Durchmischung des Kupfers. Unterhalb der Pflugsohle sind die Cu-Gehalte aufgrund der fehlenden Beimischung besonders im Lehm wesentlich geringer, da Kupfer nur wenig mobil ist (vgl. a. Abb. 7). Auf LP (Minimalbearbeitung) wurde seit Jahren nicht gepflügt. Durch fehlende Einmischung entstehen bereits im Zentimeterbereich sehr steile Gradienten (BEESE & ULRICH 1986, WITTASSEK 1987) — die Konzentrationen an der Bodenoberfläche lagen auf LP also mit Sicherheit deutlich über dem Mittelwert (136 μg/g) aus dem Bereich 0 — 30 cm.
Ein weiterer Grund für die niedrigen Abundanzen auf LP und LM kann in der Ver-

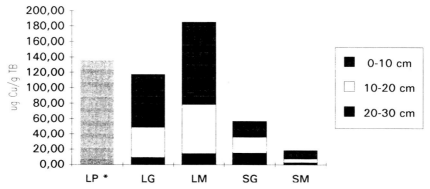

Abb. 7: Kupfergehalte im Oberboden, verändert nach WINTER (1990). Die Schraffuren stellen die prozentualen Anteile der Kupfergehalte für den jeweiligen Horizont dar. (*): Keine getrennte Beprobung der Einzelhorizonte.

wendung schwefelhaltiger Präparate liegen, die ausschließlich auf diesen beiden Schlägen eingesetzt wurden (vgl. Tab. 2). Auch elementarer Schwefel wird im Boden nur langsam abgebaut und kann sich dort anreichern. Der vor allem zur Mehltaubekämpfung eingesetzte Schwefel wirkt nicht nur acarizid (BÖRNER 1983), sondern auch insektizid, wie TALBOT (1987) in Laborversuchen mit zwei verschiedenen Collembolenarten feststellte.

Im Gegensatz zu den Individuenzahlen lag die Biomasse der Collembolen (Abb. 8) im Sandboden im Mittel wesentlich höher als im Lehmboden. Dies entspricht auch den Ergebnissen von 1986 (vgl. Kap. 1.3.) und könnte auf den höheren Gehalten an organischer Substanz der Auengleye beruhen. Die organische Substanz dient den Collembolen entweder direkt oder indirekt über die sie zersetzenden Mikroorganismen als Nahrung. Eine zweite Erklärungsmöglichkeit könnten auch die wesentlich niedrigeren Kupfergehalte der Sandböden bieten. Dies bedarf jedoch weiterer Untersuchungen.

Äußerst ungewöhnlich ist der zeitliche Verlauf der Biomasse von LM. Im Gegensatz zu den drei anderen Flächen, die sehr starke Biomassenanstiege verzeichneten, war dort die Population im Lauf des Untersuchungszeitraums fast zusammengebrochen. Die Gründe für den starken Einbruch auf LM stehen im Zusammenhang mit Fungizidbehandlungen: Im Juni 1990 wurde auf dieser Fläche erstmalig das systemische Fungizid Aktuan appliziert. FILSER (1992) konnte nachweisen, daß bereits eine einmalige Aktuanbehandlung die Biomasse der Collembolen um nahezu 50% reduziert. Als zweite Ursache ist die Aufbringung von Rebhäcksel (September 1990) zu nennen. Die zerkleinerten Stiele und Blätter der Hopfenpflanzen enthielten mit bis zu 1.700 µg Kupfer je Gramm Trockensubstanz ein Vielfaches der Cu-Konzentration des Bodens (Maximum der Untersuchung

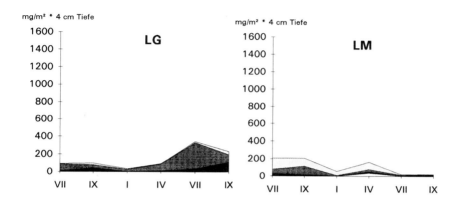
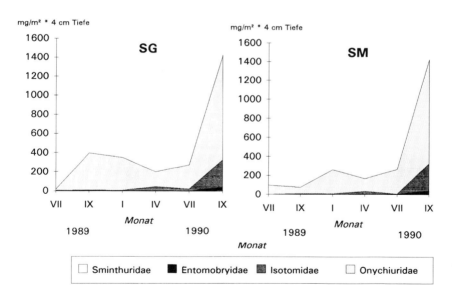

Abb. 8: Zeitlicher Verlauf der Biomassen der endogäischen Collembolen, Zwischenreihen (1989/90). Mittelwerte aus 10 Proben. Die Ordinate bezieht sich auf die Gesamtwerte, die Höhe der unterschiedlich schraffierten Flächen über dem jeweiligen Zeitpunkt zeigt die prozentualen Anteile der in der Legende aufgeführten Familien.

von WINTER (1990): 325 µg/g in LM, 0 — 10 cm) und wurden zu diesem Zeitpunkt nur auf LM aufgebracht. Durch das enge C/N-Verhältnis und den starken Aufwuchs von Mikroorganismen sind Hopfenblätter geradezu ein ideales Nahrungssubstrat für Collembolen, das sie rasch und in hoher Anzahl besiedeln. Auf diese Weise gelangt das Kupfer direkt in den Verdauungstrakt der Tiere und wirkt dort toxisch. KALLHARDT (1991) führte auf LG, LM, SG und SM Netzbeutelversuche zum Abbau von Hopfenblättern durch. Trotz teilweise hoher Besiedlungsdichten konnte kein Einfluß der Mesofauna auf den Stoffverlust nachgewiesen werden. Ein Vergleich mit den Individuenzahlen aus dem umgebenden Boden zeigt, daß Collembolen nur in LM und SM die Hopfenstreu über einen längeren Zeitraum besiedelten — auf LG und SG, wo ihnen durch die Gründüngung eine alternative Nahrungsquelle zur Verfügung stand, waren ihre Abundanzen im umgebenden Boden höher als in den Streubeuteln. Die angebotenen Hopfenblätter enthielten — neben beträchtlichen Mengen anderer Schwermetalle — etwa 800 µg Cu/g Trockensubstanz. Da BENGTSSON et al. (1983) fanden, daß sich bereits Kupfergehalte von 200 µg/g negativ auf das Wachstum von *Onychiurus armatus* auswirkten, ist dies auch bei dem angebotenen Substrat anzunehmen. Nähere Untersuchungen zur Wirkung von Kupfer auf Collembolen werden derzeit durchgeführt.

3.2.4 Vergleich mit anderen Kulturen

Abschließend soll die Frage erörtert werden, ob sich die Collembolenpopulationen in einer Intensivkultur wie Hopfen von denen anderer landwirtschaftlicher Gebiete unterscheiden.
Aufgrund unterschiedlicher Methoden, Untersuchungszeiträume, Boden- und Klimaverhältnisse ist es nur bedingt möglich, die Daten verschiedener Studien direkt miteinander zu vergleichen. Unter Berücksichtigung der jeweiligen Methodik soll jedoch bei kritischer Bewertung der Ergebnisse zumindest ein grobes Bild gegeben werden. Hierzu wurden folgende Untersuchungen landwirtschaftlicher Flächen herangezogen: AHRENS (1989), ANDRÉN (1984), DIELMANN (1982), HEIMANN-DETLEFSEN (1991), HÖLLER-LAND (1962), LAGERLÖF (1987), MÜLLER (1986), OTTOW (1984), RÖSKE & LARINK (1990), ROSCHE (1987) und TISCHLER (1953).
Abgesehen von den beiden Extremen LM und LP liegen die Abundanzen der Collembolen auf demselben Niveau wie in den o.a. Untersuchungen. Auch die Biomassen liegen mit 300 — 900 mg/m^2 und 4 cm Bodentiefe im Normalbereich, teilweise sogar relativ hoch. Mit 32 (nur Untersuchung 1989/1990, da 1986 nicht alle Familien bis zur Art determiniert wurden) Arten wurden auch nicht weniger gefunden als in anderen Kulturen. Auch die Artenausstattung war ähnlich. Alle häufig in den Hopfengärten auftretenden Arten waren als typische Ackerarten in den meisten anderen Studien ebenfalls dominant. Bis auf eine einzige Art

	S > L		L > S	
	M	G	M	G
T. macrochaeta	***	***		
T. sylvatica	***	*		
O. subarmatus		***		
O. armatus		**		
I. viridis	*			
A. caecus		*		
T. krausbaueri				
F. fimetaria		*	*	
N. minimus				
F. kerni			*	
P. minuta				*
I. notabilis				**
H. nitidus			**	
T. affinis				**
B. hortensis			***	
L. cyaneus				***
I. palustris			**	***
P. alba			***	***

Tab. 4: Signifikante Unterschiede der Colembolenabundanzen (1989/90) bezüglich der Bodenart (H-Test). S = Sand, L = Lehm, M = nur Mineral-, G = Mineral- + Gründüngung.

(*Onychiurus subarmatus*) kam auch jede der selteneren Arten in wenigstens einer dieser Agrozönosen ebenfalls vor — es gibt also keine typische „Hopfenzönose" der Collembolen.

Alle Untersuchungen, aus denen Angaben zur Artenzahl entnommen wurden, wurden in jüngerer Zeit vorgenommen. Es stimmt allerdings bedenklich, daß HÜTHER (1961) in fünf verschiedenen Weingärten 90 (!) verschiedenen Arten vorfand, obwohl zum damaligen Zeitpunkt noch weit weniger Arten als heute bekannt waren. Für eine Reduktion der Artenzahl mit zunehmender Anbauintensivierung sprechen auch Untersuchungen in der ehemaligen DDR: Trotz bester Bodenverhältnisse (Lößschwarzerde) wurden in fünf Untersuchungsjahren nur 19 verschiedene Arten gefunden (ROSCHE 1987). Dies würde den Befund von BURN (1988) untermauern, wonach Collembolen zu den gegen Langzeitanwendung von Pestiziden empfindlichsten Bodentieren gehören.

Trotz vergleichbarer Artenzahl und -ausstattung fehlen im Hopfen eine Reihe von Arten, die jeweils in mehreren ähnlichen Studien vorkamen (Tab. 4). Keine dieser Arten wurde in konventionell bewirtschafteten Hopfenfeldern gefunden (und daher nicht in Tab. 4 aufgenommen). *Isotoma tigrina* war im integrierten und im biologischen Betrieb subrezedent, und von *Sminthurides pumilis* wurde nur ein einzelnes Exemplar gefunden. Das Fehlen der Arten kann nicht durch die geographische Verbreitung erklärt werden. Viele der in dieser Tabelle aufgeführten

	LA	DI	AH	HG	HD	RO	BW	FR	HLI	HSB
O. jubilarius	*	*		*	*	*	*			
O. tricampatus		*	*							
T. callipygos		*	*							
F. bisetosa		*	*							
F. spinosa		*	*	*	*					
F. quadrioculata	*		*				*	*		
F. candida			*	*	*		*			
F. parvulus		*					*	*		
P. minima		*	*	*	*		*			
I. minor	*	*	*	*	*		*	*		
I. scapellifera		*	*							
I. sphagneticola		*	*							
I. bipunctata			*				*	*		
I. productus	*						*			
I. tigrina			*	*	*				*	*
E. multifasciata			*	*						
E. lanuginosa		*	*	*						
L. curvicollis		*	*							
S. pumilis			*	*	*		*	*	*	

Tab. 5: Häufige Collembolenarten vergleichbarer Untersuchungen, * = Art vorgefunden. Nähere Erläuterung siehe Text.

LA: LAGERLÖF 1987, versch. Äcker bei Uppsala/Schweden (tL, pH 6—6,5) (1 Boden hoher Löß—, 1 Boden hoher Humusgehalt)
DI: DIELMANN 1982, Weinberge bei Mainz Ranker, flachgründig, nährstoffarm, pH 5,3; Parabraunerde, pH 6,7; Pelosol, pH 7,3)
AH: AHRENS 1989, versch. Äcker bei Bonn (Vega, lU—sU, pH 5,9—6,5)
HG: HERGARTEN 1984, versch. Äcker bei Duisburg (lS; Braunerde, Pseudogley—Braunerde, Gley—Braunerde, z.T. m. hohem Skelettanteil)
HD: HEIMANN—DETLEFSEN 1991, versch. Äcker bei Braunschweig (tU, Parabraunerde, Kollouvium, Rendzina, Schwarzerde—Parabraunerde, z.T. kiesig, pH 7)
RO: ROSCHE 1987, versch. Äcker bei Halle/Ex—DDR (uL, Lößschwarzerde, pH 7,3)
BW: BAUCHHENSS & WEIGAND 1974, zwei Zuckerrübenschläge in Bayern
FR: FROMM (in Vorb.), versch. tonige bis stark kiesige Lößlehm—Braunerden Kolluvien (z.T. grundwasserbetont) bei München; Winterweizen
HLI: Hopfenfeld LI (vorliegende Untersuchung)
HSB: Hopfenfeld SB (vorliegende Untersuchung)

Arten kommen auch in Bayern vor, wie die Erhebungen von BAUCHHENSS & WEIGAND (1974) und FROMM (in Vorb.) beweisen. Verschiedene Anhaltspunkte sprechen dafür, daß zumindest ein Teil der in Tab. 4 aufgeführten Arten gegen hohe Bewirtschaftungsintensität empfindlich ist: *Sminthurides pumilis* reagiert nach HEIMANN-DETLEFSEN (1991) äußerst sensibel auf Steigerung der Bewirtschaftungsintensität. *Proisotoma minima* wurde im Winter 1986 im angrenzenden Grünland, aber nie im Hopfenboden selbst gefunden. Bis auf *Onychiurus jubilarius* wurde keine einzige dieser Arten auf den stark artenverarmten Feldern der ehemaligen

DDR (ROSCHE 1987) gefunden. Den Nachweis, daß sich Hopfenanbau negativ auf die Individuenzahlen und auf einzelne Arten verstärkt auswirkt, liefert eine Studie von FROMM et al. (i. Druck). In einer Agrarlandschaft von ca. 1 km^2 Größe wurden auch zwei ehemalige Hopfenfelder beprobt. Im Vergleich zu anderen Schlägen dieses Areals waren die Individuenzahlen der Hopfenböden deutlich reduziert. Auffällig war die nahezu identische Dominanzstruktur der beiden ehemaligen Hopfenfelder. *Isotomurus palustris* dominierte im Hopfenboden und war deutlich häufiger als im übrigen Acker. Im Gegensatz dazu bildete *Folsomia quadrioculata*, die auf den anderen Flächen eudominant war, nur wenige Prozent der Gesamtpopulation. Von *F. quadrioculata* wurde auf keiner der hier beschriebenen acht Hopfengärten auch nur ein einziges Exemplar gefunden. Die Art fehlt auch in Weinbergen, die aufgrund der sehr ähnlichen Bewirtschaftung ebenfalls stark mit Fungiziden belastet sind (DIELMANN 1982, MÜLLER 1986, WITTASSEK 1987). Eine zweite, auf landwirtschaftlichen Flächen häufige und sowohl im Hopfen als auch im Wein vollständig fehlende Art ist *Isotomina bipunctata*.

4. Schlußfolgerungen

Der Anbau von Gründüngungspflanzen ist besonders auf sandigem Boden mit einer Steigerung der Individuen- und Artenzahlen der Collembolen verbunden, ebenso mit einer vielfältiger strukturierten Hymenopteren- und Coleopterenfauna. Die Collembolenbiomasse kann unter verschiedenen Standort- und Bewirtschaftungsbedingungen anders ausgeprägt sein als Individuen- und Artenzahlen und ist damit eine wichtige Ergänzung dieser Parameter. Zur detaillierten Beurteilung der Collembolenzönosen ist eine Determination auf Artenebene unerläßlich, da sich viele Einflußfaktoren nur auf einzelne Arten, nicht aber auf die Population als Ganzes auswirken.

In der Regel sind Biomasse, Individuen- und Artenzahl der Collembolen in Hopfenfeldern nicht niedriger als auf anderen landwirtschaftlich genutzten Flächen. Die Artenzusammensetzung zeigt jedoch, daß verschiedene, in anderen Agrarökosystemen häufig vorkommende Arten im Hopfen fehlen. Für *Folsomia quadrioculata* und *Isotomina bipunctata* kann dies als gesichert gelten.

Langjähriger massiver Einsatz von Pflanzenschutzmitteln kann zu einem Zusammenbruch der Collembolenpopulation führen. Verschiedene Indizien deuten darauf hin, daß dies vor allem auf die Verwendung anorganischer Fungizide (Kupfer, Schwefel) zurückzuführen ist, die sich im Boden langfristig anreichern. In diesem Zusammenhang ist Minimalbodenbearbeitung im Hopfenbau nicht anzuraten, da sich besonders das nur wenig mobile Kupfer im Lebensraum der Collembolen anreichern kann. In Verbindung mit den übrigen Pestiziden kann diese Akkumulation gerade bei epigäischen Collembolen zu drastisch reduzierten Individuen- und Artenzahlen führen.

5. Danksagung

Ich danke Prof. Dr. Friedrich Beese für die Betreuung der Untersuchungen 1989/1990 und die kritische Durchsicht des Manuskripts sowie Prof. Dr. Ekkehard Vareschi, der die 1986 durchgeführten Arbeiten betreute. Henning Fromm ist für die Überlassung unveröffentlichter Daten, die eine außerordentlich wichtige Ergänzung des vorhandenen Materials darstellten, zu danken.

Anschrift der Autorin:

Dr. Juliane Filser, GSF-Forschungszentrum für Umwelt und Gesundheit GmbH, Institut für Bodenbiologie, D-85758 Oberschleißheim

Markus Beckmann

Die Kleintierwelt in Kompostmieten und Komposten

mit 2 Abbildungen und 2 Tabellen

Abstract

The colonization of meso- and macrofauna in compost heaps mainly depends on physical conditions in the heap. These are dependent on shape, size and mechanical manipulations of the heap, as well as on the composition of organic matter and duration of composting. Due to high temperatures and mechanical disturbances during composting one can hardly find any meso- and macrofauna in composts of large heaps. Small compost heaps are rapidly colonized. The Mesofauna colonizes also inner parts of heaps, whereas the macrofauna, with the exception of *Eisenia fetida*, is restricted to surface parts. The successional changes of abundances and species composition of mesofaunal groups enable a bioindication of the composting process and the compost quality. The role of meso- and macrofauna in compost formation is often overemphasized.

Keywords

compost, succession, bioindication, colonization, mesofauna, collembola, oribatida, role of fauna

Inhalt

1. Einleitung
2. Allgemeines zum Lebensraum Kompostmiete
3. Allgemeine Trends der Besiedlung
3.1 Sukzession der Kompostfauna
3.2 Räumliche Verteilung der Fauna in Kompostmieten
4. Die Fauna bei verschiedenen Kompostierungsverfahren
5. Praktische Bedeutung der Kompostfauna

5.1 Möglichkeiten der Bioindikation
5.2 Bedeutung der Mesofauna für den Kompostierungsprozeß
5.3 Auswirkungen der Kompostfauna auf den Boden

1. Einleitung

Zur Demonstration typischer Vertreter der Bodenfauna sind Komposthaufen besonders gut geeignet, da in ihnen nahezu ganzjährig zahlreiche Gruppen der Meso- und Makrofauna in hohen Abundanzen vorkommen. Das starke „Gewimmel" der Fauna in den meist oberflächlich aus kleinen Mieten entnommenen Proben erzeugt schnell den Eindruck, als seien der gesamte Komposthaufen und auch alle Komposte derart intensiv belebt. Die Abundanzen und Artenzusammensetzung der Kompostfauna sowie ihre räumliche und zeitliche Verteilung in der Miete sind jedoch in starkem Maße abhängig von der Mietengröße und -form, dem verkompostierten Ausgangsmaterial und den an der Miete vorgenommenen Manipulationen.

2. Allgemeines zum Lebensraum Kompostmiete

Unter natürlichen Bedingungen werden organische Substanzen unter Beteiligung der Mikroorganismen und der Bodenfauna meist langsam abgebaut. Die dabei freiwerdende Wärme kann ungehindert in die Umgebung entweichen. Durch Reduzierung des Wärmeabtransportes können sich die in Kompostmieten angehäuften organischen Substanzen langsam erwärmen. Höhere Temperaturen steigern die mikrobielle Aktivität, weitere Wärmefreisetzung verursacht die bekannte Selbsterhitzung der Kompostmieten. Die zum Teil sehr hohen Mietentemperaturen führen zu einer Verdampfung von Wasser, wodurch das Mieteninnere bei intensiver Rotte schnell austrocknet. Die mikrobielle Aktivität führt zu einem Verbrauch von Sauerstoff und einem deutlichen Anstieg des CO_2-Gehaltes. Dadurch kommt es zu einer deutlichen Zonierung der Temperatur, Feuchte und der Gaszusammensetzung in der Miete. Während der ersten intensiven Rottephase ist das Rottegeschehen weitgehend unabhängig von den Verhältnissen außerhalb der Miete, wird aber im weiteren Verlauf der Rotte immer stärker von diesen beeinflußt. Auch die räumliche Struktur des Lebensraumes Komposthaufen verändert sich deutlich. Zum einen findet durch den Abbau der organischen Substanz eine ständige Zerkleinerung und Massenreduzierung der Kompostmaterialien statt, zum anderen wird durch Sackungen das Volumen der Kompostmiete und damit die Größe des Lebensraumes deutlich reduziert. Die chemischen Veränderungen der kompostierten Stoffe sind sowohl an typischen Rotteprozeßparametern, wie z.B. den Gehalten an Huminstoffen, Nitrat, Ammonium und dem

C/N-Verhältnis festzustellen, aber auch durch eine einfache Bonitierung des Kompostes nach den Kriterien Struktur, Farbe, Körnigkeit, Geruch und Feuchte (BECKMANN 1990).
Der Lebensraum Kompost ist damit charakterisiert durch:
1. Großes Angebot an potentiellen Nahrungsstoffen.
2. Extreme Temperaturen und CO_2-Gehalte, die neben der Feuchte limitierend für den größten Teil der Bodenfauna wirken können.
3. Sehr schnelle Veränderung der räumlichen Struktur sowie der physikalischen und chemischen Milieubedingungen.
4. Scharfe räumliche Abgrenzung des Lebensraumes mit anfänglich weitgehender Unabhängigkeit von den Klimaeinflüssen.

Makrofauna	
Regenwürmer (*Eisenia fetida*)	150
Isopoda (Asseln)	50
Araneae (Spinnen)	10
Pseudoskorpione	30
Myriopoda (Tausendfüßler)	
Chilopoda (Hundertfüßler)	10
Diplopoda (Doppelfüßler)	10
Pauropoda (Wenigfüßler)	150
Coleoptera (Käfer)	
Staphylinidae (Kurzflügelkäfer)	200
sonstige Coleoptera	200
Diptera (Fliegen— und Mückenlarven)	800
Mesofauna	
Collembolen	12.000
Acari (Milben)	19.300
Oribatida (Hornmilben)	14.000
Gamasina (Raubmilben)	3.100
Uropodina (Schildkrötenmilben)	1.800
Prostigmata	2.200
Acaridiae	2.100
Anoetidae	500
Enchytraeidae	70
Protura (Beintaster)	110
Tardigrada (Bärtierchen)	1.000

Tab. 1: Gruppen typischer Kompostbesiedler und die bisher maximal in verschiedenen Kompostsubstraten festgestellten Abundanzen (Ind./l Kompost). Die tatsächlich anzutreffenden Abundanzen liegen in Abhängigkeit vom Rottezustand zwischen 0 und dem Maximalwert und sind meist wesentlich niedriger (veränd. aus BAB 1988, BECKMANN 1988, 1990).

3. Allgemeine Trends der Besiedlung

3.1 Sukzession der Kompostfauna

Der Lebensraum Kompost wird von den gleichen Gruppen der Bodenfauna besiedelt wie andere Biotope, doch sind es besonders in den ersten Rottephasen meist nur wenige Pionierarten, die an die extremen Verhältnisse in den Mieten angepaßt sind. Ein Teil der Arten kommt nahezu ausschließlich in größeren Ansammlungen rottender Substanzen vor.

Die ursprüngliche Fauna der zur Kompostierung gelangenden organischen Substanzen wird zu Beginn der Rotte durch hohe Temperaturen im Mieteninneren weitgehend reduziert, sei es durch Abwandern in die äußeren, kühleren Mietenschichten, sei es durch Absterben der Tiere. Daher hat die oft propagierte Beimpfung neu angelegter Kompostmieten mit altem Kompost kaum Auswirkungen auf die spätere Zusammensetzung der Fauna. Sinken nach Ende der thermophilen Rottephase die Temperaturen des Mietenmaterials auf unter 40 °C, findet eine Neubesiedlung statt.

Zu den ersten Besiedlern der räumlich isolierten Kompostmieten gehören die fliegenden Insekten, insbesondere Coleoptera (Käfer) und Diptera (Fliegen und Mücken). Diese tragen ihrerseits durch Phoresie zur Verbreitung von Nematoden (Fadenwürmern) und verschiedener Milbengruppen (Gamasina, Uropodina und Astigmata) bei (CHERNOVA 1970). Sind die Klima- und Witterungsbedingungen nicht allzu ungünstig, findet die Besiedlung auch während des Winters statt. Bei nicht befestigtem Mietenuntergrund kann auch vom Boden aus eine Einwanderung erfolgen (ROSER-HOSCH et al. 1982).

Nach erfolgter Besiedlung ist die Abundanz der Kompostbesiedler abhängig vom Entwicklungszyklus der Arten, dem physikalischen Milieu in der Miete und den chemischen Substrateigenschaften. Im allgemeinen wird man in Komposten aufgrund der sich schnell ändernden Verhältnisse nur Arten mit sehr kurzer Entwicklungsdauer antreffen, diese dann aber in sehr hohen Abundanzen.

Die Sukzession der Mesofauna beginnt mit hohen Abundanzen weniger Arten (Abb. 1). Im weiteren Rotteverlauf gehen die Abundanzen zurück und es treten zahlreichere Arten auf. Dabei läßt sich besonders deutlich bei den Collembolen erkennen, daß je weiter sich der Kompost von der Struktur und Zusammensetzung einem humusreichen Boden angleicht, desto stärker die hemiedaphischen Arten durch euedaphische Arten abgelöst werden. Erstere leben vornehmlich in den obersten Zentimetern des Bodens, sind meist deutlich pigmentiert, haben eine kräftige Sprunggabel und gut ausgebildete Augen. Die euedaphischen Arten besiedeln tiefere Bodenschichten. Meist sind sie blind und pigmentlos (weiß) und haben eine reduzierte Sprunggabel (BOCKEMÜHL 1981, MROHS 1958).

Die Abundanzen der Meso- und Makrofauna in Komposten sind sehr oft deutlich höher als in natürlichen Böden. Tabelle 1 zeigt maximale Abundanzen typischer

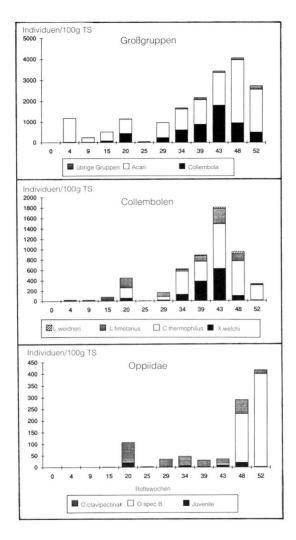

Abb. 1: Abundanzentwicklung einiger Großgruppen der Mesofauna sowie die der dominanten Collembolen- und Oribatidenarten (einzige Familie: Oppiidae) in der Mitte einer ursprünglich 1,8 m hohen, 3,5 m breiten und 12 m langen Dreiecksmiete aus gehölz- und laubreichen organischen Abfällen. Nach intensiver Rotte trocknete die im Juli aufgesetzte Miete aus und der Rotteprozeß kam zum Stillstand. Im Dezember wurde durch starke Niederschläge das Mietenmaterial angefeuchtet und die Rotte intensiviert. Durch Mietentemperaturen von bis zu 60 °C in der 25. Rottewoche wurde die Meso- und Makrofauna weitgehend reduziert (BECKMANN 1990).

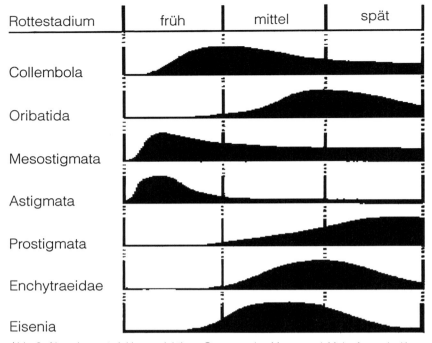

Abb. 2: Abundanzentwicklung wichtiger Gruppen der Meso- und Makrofauna in Kompostsubstraten von günstiger Feuchte und Struktur in Abhängigkeit vom Rottestadium (z. B. Garten- und Küchenabfälle).

Kompostbesiedler. Die tatsächlich feststellbaren Abundanzen liegen meist wesentlich niedriger und treten bei verschiedenen Organismengruppen in Abhängigkeit vom Rottestadium zu unterschiedlichen Zeiten auf (Abb. 2).

3.2 Räumliche Verteilung der Fauna in Kompostmieten

Die Besiedlung einer Kompostmiete beginnt an der Mietenoberfläche durch fliegende oder phoretische Organismen, bei natürlichem Mietenuntergrund auch aus dem Boden durch echte Bodenorganismen. Mit Abklingen der hohen Temperaturen im Mieteninneren werden zunehmend auch tiefere Schichten besiedelt. Ist der Mietenkern stark verdichtet und herrschen dort mehr oder weniger anaerobe Verhältnisse, ist die Besiedlung nur spärlich und es werden hauptsächlich astigmate Milben (Acaridiae) und Uropodina angetroffen.
Während die Mesofauna aufgrund des eingeschränkten Hohlraumvolumens bis in das Mieteninnere vordringen kann, kommt die Makrofauna auch in späteren

Rottestadien vorwiegend in den äußeren Mietenschichten vor. Eine Ausnahme stellt der Kompostwurm *Eisenia fetida*[1] dar, der durch das Schaffen eines eigenen Gangsystems das ganze Mietenvolumen nutzen kann. Allerdings hält sich die Art vorwiegend an feuchten (70% Wassergehalt) und warmen ($\approx$ 23 °C) Stellen in der Miete auf. Aus nahezu fertig gerotteten oder zu trockenen Komposten wandert *E.fetida* aus. Regelmäßig und oft in hohen Abundanzen in Kompostmieten anzutreffende Vertreter der Makrofauna sind neben *E. fetida* verschiedene Arten von Asseln und Käfer(larve)n, während andere Gruppen wie Hundert- und Tausendfüßler, kleine Spinnen und Pseudoskorpione die Mieten nur in geringen Abundanzen besiedeln. In trockenen Mieten bauen Ameisen ihre Nester.

4. Die Fauna bei verschiedenen Kompostierungsverfahren

In Kompostmieten können aufgrund des hohen organischen Gehaltes und der meist günstigen Struktur sehr hohe Abundanzen der Mesofauna auftreten. Doch wirken vornehmlich die Temperatur und im geringeren Maße die oft zu geringe Feuchte und der zu hohe CO_2- Gehalt limitierend auf das Artenspektrum und die Abundanzentwicklung. Diese physikalischen Faktoren hängen aber im wesentlichen von der Mietenform und -größe, der Umsetzhäufigkeit, der Lagerungsdichte der Kompostmaterialien sowie der Rottedauer ab. Die Besiedlung von großen Kompostmieten unterscheidet sich daher deutlich von der in kleinen Mieten.

Kleine Mieten

Als Kleinmieten kann man kleinvolumige Gartenkompostmieten, Schnellkomposter sowie Laub- und Grashaufen bezeichnen, die beim Aufsetzen eine Höhe von 1,2 m nicht überschreiten und deren thermophile Phase meist nach einem Monat abgeschlossen ist. Sowohl oberflächliche als auch tiefere Mietenschichten werden sehr schnell von der Mesofauna besiedelt. Besonders hohe Abundanzen der Collembolen, Uropodinen sowie von *Eisenia fetida* und der Enchytraeide *Enchytraeus albidus* werden in feuchten Materialien angetroffen. Feuchte, kleine Mieten sind daher am besten geeignet zur Demonstration verschiedener Gruppen der Bodenfauna. Dieser Mietentyp neigt aber zur Trockenheit, was sich besonders bei im Sommer aufgesetzten Mieten durch das weitgehende Fehlen der Makrofauna bemerkbar macht. Es sind dann anstelle der feuchtigkeitsliebenden Arten der Mesofauna besonders zahlreich pilzfressende Collembolen und Oribatiden festzustellen.

---

[1] BOUCHÉ (1972, 380) schließt sich der Feststellung von STÖP-BOWITZ (1969) an, nach der die weit verbreitete und von DUGES (1837) eingeführte Orthographie *E.foetida* nicht korrekt ist; es müßte geschrieben werden *E.fetida* (= *Enterion fetidum* SAVIGNY, 1826).

Große Mieten

Zu dieser Gruppe gehören die verschiedensten Mietentypen, in denen große Mengen von Laub, Holzschnitt, Gras und Bioabfällen verkompostiert werden. Zumindest im Mieteninneren herrschen aufgrund des Wärmestaus durch die großen Massen mehrere Monate lang Temperaturen von über 40 °C, so daß die Umwandlungsprozesse bei weitgehendem Fehlen der Fauna nahezu ausschließlich mikrobiell erfolgen. Nur die obersten, kühlen Mietenschichten sind recht schnell durch Meso- und Makrofauna besiedelt. Diese Großmieten werden meist mehrmals umgesetzt, so daß die Fauna sowohl durch die mechanische Störung als auch durch das Einbringen in heißere Mietenteile abgetötet wird. Sollten sich dennoch höhere Abundanzen von Bodentieren in den produzierten Fertigkomposten finden, handelt es sich um Pionierarten, die an hohe Temperaturen und CO_2-Gehalte angepaßt sind, nicht jedoch an das Leben im Erdboden.

5. Praktische Bedeutung der Kompostfauna

5.1 Möglichkeiten der Bioindikation

Die Kenntnis der Milieuansprüche einzelner Mesofaunagruppen und -arten macht eine Bioindikation des Kompostzustandes bei Komposten aus kleinen Mieten möglich. Auf der Gruppenebene sind dabei vor allem die Gruppendominanzen sowie das Abundanzverhältnis der Collembolen/Oribatiden aussagekräftig. Weitere Informationen liefert die Artbestimmung der Collembolen und Oribatiden (BECKMANN 1988, BOCKEMÜHL 1981, CHERNOVA 1963, MROHS 1958).
So handelt es sich bei den Komposten in Tabelle 2 um verschieden lang gerottete organische Substanzen aus der Biotonne. Bedingt durch die Dominanz- und Abundanzabnahme der Collembolen sowie den Abundanzanstieg der Oribatiden nimmt mit zunehmendem Rottealter das Abundanzverhältnis Collembolen/Oribatiden ab. Der 10 Monate alte Kompost kann aufgrund seines Mesofaunabesatzes bereits als ausgereift bezeichnet werden. Bei der 5 Monate alten Miete weisen die hohe Gruppendominanz der Uropodinen und die geringe Collembolenzahl auf eine deutliche Rottestockung durch Vernässung hin. Dieser Kompost wird auch nach langer Rottedauer nur mäßige Qualität haben.

5.2 Bedeutung der Mesofauna für den Kompostierungsprozeß

Am Rotteprozeß in großen Kompostmieten ist die Mesofauna nur in geringem Maße beteiligt, da die Umwandlungsprozesse bei Auftreten nennenswerter Abundanzen bereits weit fortgeschritten sind.
In kleineren, kühlen Mieten hat die Mesofauna aufgrund der höheren Abundan-

Rottealter (Monate)	3	5	7	10
Aufsetzdatum	3/86	1/86	11/85	8/85
Gruppendominanzen der Mikroarthropoden				
Collembolen %	41,0	20,9	31,3	18,7
Oribatiden %	1,6	0,4	32,3	55,9
Gamasinen %	1,0	0,2	0,7	13,2
Uropodinen %	5,1	54,5	28,9	3,4
Acaridiae %	19,6	17,2	0,7	4,2
Abundanzverhältnis				
Collembolen/Oribatiden	25,7	51,2	1,0	0,3
Abundanzen der Collembolen und Oribatiden-Arten sowie Summe der Mikroarthropoden (Ind./l)				
Hypogastrura assimilis KRAUSBAUER	300	3	—	—
Xenylla welchi FOLSOM	1800	—	—	3
Proisotoma minuta (TULLBERG, 1871)	600	13	107	157
Frisea sublimis MACNAMARA, 1921	—	240	1865	74
Ceratophysella denticulata (BAGNALL, 1941)	—	—	—	31
Isotoma tigrina (NICOLET, 1842)	—	—	—	3
Proisotoma schoetti (DELLA TORRE, 1895)	—	—	—	9
Minunthozetes semirufus (C.L.KOCH, 1841)	5	—	—	—
Oppia clavipectinata (MICHAEL, 1885)	100	5	2035	818
Oppia nitens (C.L.KOCH, 1836)	—	—	3	10
Summe Mikroarthropoden	6574	1224	6304	1482

Tab. 2: Möglichkeiten der Bioindikation des Kompostzustandes anhand der aus Kompostmischproben extrahierten Mesofauna (veränd. aus BECKMANN 1990).

zen und der geringeren mikrobiellen Aktivität eine größere Bedeutung. Diese ist allerdings mehr von qualitativer als quantitativer Art. So spielt die Mesofauna im Vergleich zu den Mikroorganismen für die Gesamtatmung des Komposts (STREIT et al. 1985), für die Freisetzung von Pflanzennährstoffen aus der toten organischen Substanz sowie für die Nährstoffspeicherung nahezu keine Rolle (BECKMANN 1990). Anderseits wurde wiederholt festgestellt, daß die Humifizierung in denjenigen Kompostmieten am schnellsten voranschreitet, die am raschesten und besten von der Mesofauna besiedelt wurden (SACHSSE 1959). Wird Kompost als Pflanzsubstrat verwandt, so nehmen Wuchsfreudigkeit und Gesundheit von Sämlingen und Pflanzen in dem Maße zu, wie die zur Anzucht benutzten Komposte zuvor von Collembolen besiedelt waren (MROHS 1961). Auch die oft hervorgehobene Bedeutung des Kompostwurms E.fetida bei der sogenannten Wurmkompostierung ist möglicherweise zu einem nicht geringen Anteil auf die (wahrscheinlich übersehene) Mesofauna zurückzuführen (vgl. MROHS 1961).

5.3 Auswirkungen der Kompostfauna auf den Boden

Die Komposte aus großen Kompostmieten sind relativ arm an Meso- und Makrofauna, so daß sie nicht zu einer Beimpfung biologisch verarmter Böden mit Mesofauna geeignet sind. Bei den intensiv besiedelten Komposten aus kleinen Mieten ist das Rottealter entscheidend. Je länger die Komposte gerottet sind, um so größer ist die Besatzdichte und Artenzahl echter Bodentiere, die allein zu einer Besiedlung des Erdbodens in der Lage sind. In noch nicht ausgereiften Komposten sind zwar deutlich höhere Abundanzen der Meso- und Makrofauna zu finden, doch können typische Kompostbesiedler, z. B. *Eisenia fetida*, in der Regel nicht längere Zeit im Boden überleben. Ihre umwandelnde Tätigkeit bleibt weitgehend auf den Nahbereich des in oder auf den Boden ausgebrachten Kompostes beschränkt. Mit fortschreitender Vererdung des Kompostes werden die Arten der Kompostfauna durch typische Bodenarten abgelöst, deren Abundanz als Folge des noch großen Angebots mikrobieller Biomasse und organischer Substanzen meist deutlich ansteigt.

Anschrift des Autors:

Dr. Markus Beckmann, Dipl. Biologe, Rüdensheimer Str. 7, W-2800 Bremen 1

Grażyna Madej & Czesław Błaszak

Untersuchungen über die Sukzession der Mesostigmata-Fauna (Acarina) auf verschieden alten Brachfeldern mit Galmei- und Bleiglanzabraum im Bergbau

mit 2 Abbildungen und 2 Tabellen

In den letzten Jahren hat es viele Untersuchungen über die Sukzession der Bodenfauna in Gebieten gegeben, die durch anthropogene Einflüsse zerstört oder beeinträchtigt wurden (BECKMANN 1988, BODE 1973, DUNGER 1968, GUTTMANN 1979, HERMOSILLA 1976, 1980, 1982, HUTSON & LUFF 1978, LUXTON 1982, KOEHLER 1984, 1985, 1991, 1991 a, KOEHLER & Born 1989, LUXTON 1982, MOORE & LUXTON 1988, RYABININ 1990, ZERLING 1990).

Bis jetzt existieren in der Literatur noch keine Angaben über die Sukzession der Mesostigmata-Milben auf Galmei- und Bleiglanz- Brachland. Das Ziel dieser Arbeit war die Auswertung der Mesostigmata-Milben in verschiedenen Stufen der Sukzession.

Die Untersuchungen wurden in den Jahren 1988 — 1989 durchgeführt. Die untersuchten Flächen bestanden aus dem gleichen Material (Reste aus dem Bergbau, Galmei- und Bleiglanz), unterschieden sich aber im Alter und in der Pflanzendecke sowie im Bodenprofil. Die Untersuchungsfläche lag in Bukowina bei Olkusz. Alle Teilflächen waren mit einer Grasdecke (*Festuco sedetalia*) bedeckt und mit vielen xerothermen Arten versehen.

Die Fläche I war die jüngste, ohne Bäume und Streu, mit vielen Steinen und einer wenig geschlossenen Grasdecke. Die Fläche II war mit schwach entwickelten Pflanzen versehen, mit jungen Exemplaren von *Betula verrucosa, Populus tremula*; nur stellenweise war eine dünne Schicht von Streu vorhanden, daneben viele Steine. Die Fläche III trug junge Exemplare von *Salix caprea*, eine gut entwickelte Krautschicht und eine schwach entwickelte Humusschicht. Die Fläche IV war die älteste, mit älteren Exemplaren von *Pinus silvestris*, einer gut entwickelten Krautschicht und einer schwach entwickelten Humusschicht.

Wie man aus Tab. 1 ersehen kann, nimmt sowohl die Anzahl der Milben als auch die Anzahl der Arten deutlich von Fläche I bis Fläche IV zu.

Auf Fläche I dominiert als deutliche Pionierart *Rhodacarellus silesiacus* WILLMANN. Nach WHELAN (1978) treten in früheren Sukzessionsstadien vor allem Arten mit geringem Nahrungsanspruch und mit großer Reproduktionsrate auf. Zu dieser Gruppe gehört *Rhodacarellus silesiacus* WILLMANN. Aufgrund ihrer schlan-

Fläche	I	II	III	IV
Individuen/m²	3008	3592	3741	4650
Arten/m²	19	26	28	32

Tab. 1: Sukzession der Mesostigmata-Milben

ken Gestalt wandern diese Milben bei ungünstigen Lebensbedingungen in tiefere Schichten des Bodens. Ihre Dominanz geht von Fläche I auf Fläche IV auf ein Zehntel zurück. KOEHLER (1984, 1985, 1991) und MADEJ (1988) konnten nachweisen, daß diese Art als Pionierart auch in Bauschuttdeponien und auf Halden von Steinkohle vorkommt.

Auch *Asca nova* WILLMANN gehört zu den Pionierarten, auf Fläche I mit einer Dominanz von 18,8% und auf Fläche IV mit nur 1,0%. *Asca nova* WILLMANN hat sich in bezug auf die Nahrung anders als *Rhodacarellus silesiacus* WILLMANN spezialisiert. Sie ist eine Acarina (*Thyrophagus*)- und Collembolenfresserin, während *Rhodacarellus silesiacus* sich von Nematoden ernährt.

Auf den Flächen II — IV dominieren neben Vertretern der Familie Ascaidae (*Asca nova* WILLMANN und *Asca aphidioides* (L.)) und der Familie Rhodacaridae (*Rhodacarus coronatus* BERLESE, *Rhodacarellus silesiacus* WILLMANN) auch Vertreter der Familien Parasitidae und Veigaiaidae, nämlich *Paragamasus wasmani* (OUDEMANS), *Paragamasus misellus* BERLESE und *Veigaia decurtata* ATHIAS-HENRIOT. Die Arten der Parasitidae und Veigaiaidae sind vor allem kleine Arten. Darin ist eine Anpassung an gering entwickelte Humusschichten und an kleine Spalten im Boden zu sehen. Bei ungünstigen Bedingungen können sie sehr schnell in tiefere Schichten des Bodens vordringen.

Das Auftreten von Arten aus der Familie Parasitidae und Veigaiaidae hängt mit

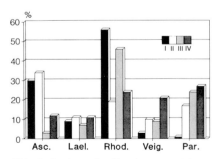

Abb. 1: Struktur der Dominanzen einiger Familien, Asc.-Ascaidae, Lael.-Laelapidae, Rhod.-Rhodacaridae, Veig.-Veigaiaidae, Par.- Parasitidae

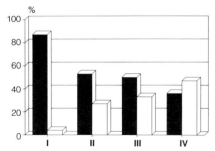

Abb. 2: Häufigkeit der Milbenfamilien mit Arten der 1. Besiedlungsstufe (Pionierarten) (■) und der folgenden Besiedlungsstufe (☐)

	I	II	III	IV
1. *Eviphis ostrinus* (KOCH)	—	—	—	0,66
2. *Pachyseius humeralis* BERLESE	0,36	—	—	0,33
3. *Pachylaelaps* FURCIFER OUDEMANS	—	1,0	—	—
4. *Pachylaelaps pectinifer* (CANESTRINI)	—	—	1,7	1,0
5. *Pachylaelaps suecicus* SELLNICK	—	0,32	—	—
6. *Amblyseius obtusus* (KOCH)	2,2	4,9	0,7	1,66
7. *Amblyseius* sp.	1,47	0,32	0,34	0,33
8. *Cheiroseius borealis* (BERLESE)	2,2	0,65	—	4,66
9. *Arctoseius cetratus* (SELLNICK)	—	—	—	0,66
10. *Asca nova* WILLMANN	18,8	15,35	1,03	1,0
11. *Asca aphidioides* (L.)	—	12,4	—	5,33
12. *Gamasellodes bicolor* (BERLESE)	0,73	2,29	0,68	—
13. *Neojordensia levis* (OUDEMANS & VOIGTS)	—	0,98	1,03	—
14. *Zercoseius spathuliger* (LEON.)	4,42	1,96	0,68	0,33
15. *Ololaelaps veneta* (BERLESE)	4,79	4,57	—	0,33
16. *Hypoaspis aculeifer* (CANESTRINI)	—	0,32	—	3,33
17. *Hypoaspis presternalis* WILLMANN	1,1	2,28	3,32	4,0
18. *Hypoaspis vacua* (MICHAEL)	0,74	0,98	0,34	0,66
19. *Hypoaspis claviger* (BERLESE)	2,2	0,32	0,34	—
20. *Hypoaspis astronomicus* (KOCH)	—	0,65	—	—
21. *Hypoaspis austriacus* (SELLNICK)	—	1,63	1,72	1,66
22. *Hypoaspis* sp.	—	—	1,37	1,0
23. *Antennoseius* sp.	—	—	—	—
24. *Rhodacarus coronatus* BERLESE	14,0	13,07	24,4	19,66
25. *Rhodacarus reconditus* ATIAS—HENRIOT	0,37	—	—	0,33
26. *Rhodacarus mandibularis* BERLESE	0,37	—	0,68	0,33
27. *Rhodacarus* sp.	—	—	0,34	—
28. *Rhodacarellus silesiacus* WILLMANN	41,32	5,55	13,05	3,6
29. *Minirhodacarellus minimus* KARG	0,37	—	5,84	—
30. *Dendroseius reticulatus* SHEALS	—	—	1,37	—
31. *Veigaia cervus* (KRAMER)	—	—	0,34	0,66
32. *Veigaia decurtata* ATHIAS—HENRIOT	1,84	2,61	6,18	10,0
33. *Veigaia exigua* (BERLESE)	—	—	—	0,33
34. *Veigaia nemorensis* (KOCH)	1,1	4,24	2,4	9,66
35. *Veigaia planicola* BERLESE	—	2,94	—	—
36. *Paragamasus runcatellus* BERLESE	—	—	11,34	1,66
37. *Paragamasus cambriensis* BHATT	—	8,82	3,78	10,0
38. *Paragamasus wasmanni* (OUDEMANS)	—	0,98	7,0	10,3
39. *Pragamasus misellus* BERLESE	1,47	7,18	1,37	1,0
40. *Leptogamasus suecicus* (TRÄGARDH)	—	—	0,34	3,33
41. *Pergamasus crassipes* (L.)	—	—	—	0,33
42. *Zercon triangularis* KOCH	—	4,24	1,7	1,33
43. *Prozercon traegerdhi* (HALBERT)	—	—	7,2	—

Tab. 2: Liste der Mesostigmata Arten (Dominanzstruktur)

der stärkeren Entwicklung eines Bodenprofils und mit der Akkumulation von Streu zusammen. Auf den Flächen III und IV treten schon große Arten mit hoher Dominanz auf, nämlich *Veigaia nemorensis* (KOCH) und *Paragamasus runcatellus* BERLESE (Abb. 1).
Zwei Familien gehören zu Pionierfamilien nämlich Ascaidae und Rhodacaridae, zwei andere Familien treten deutlich später mit größeren Individuenzahlen auf: Veigaiaidae und Parasitidae (Abb. 2).

Anschriften der Autoren

Prof. Dr. Czesław. Błaszak, Institut für Tiermorphologie, Universität Poznań, Szamarzewskiego 91, PL 60-569, Poznań, Polen

Dr. Grażyna. Madej, Lehrstuhl für Ökologie der Tiere, Universität Slaski Bankowa 9, PL 40-087 Katowice, Polen

Hartmuth Ernst, Frank Siemer, Jens Bücking & Harald Witte

Die litorale Milbenzönose auf Uferbefestigungen des Weserästuars in Abhängigkeit von Substrat und Salzgehaltsgradient.

mit 5 Abbildungen und 1 Tabelle

Abstract

Die Milbenzönose auf Hartsubstraten des Eu- und Supralitorals im Bereich des Weserästuars wird hinsichtlich ihrer Abwandlung im ästuarinen Gradienten, ihrer vertikalen Verteilung sowie ihrer Abhängigkeit von der Struktur der Substrate untersucht. Dabei lässt sich eine Abnahme der Artenzahl und Abundanz zum limnischen Bereich hin feststellen. Die Bedeutung der Substratstruktur für die Vielfältigkeit der Besiedlung wird herausgearbeitet. Darüberhinaus wird die Schutzwürdigkeit der auf Hartsubstraten siedelnden Biozönose diskutiert.

Keywords

Acari, Litoral, Hartsubstrat, Ästuar

Inhalt

1. Einleitung
2. Ergebnisse
2.1 Allgemeine Charakterisierung des Weserästuars
2.2 Abwandlung der Milbenzönose im ästuarinen Gradienten
2.3 Vertikale Zonierung
2.4 Das Zusammenspiel abiotischer und biotischer Faktoren im Felslitoral
2.5 Besiedlungstypen
2.5.1 Spaltenbesiedler
2.5.2 Spaltenrandbesiedler
2.5.3 Oberflächenbesiedler
2.6 Substrat und Besiedlung
3. Diskussion

1. Einleitung

Im Bereich der Meeresküsten und der Ästuare siedelt auf Hartsubstraten des Supra- und oberen Eulitorals eine charakteristische, individuenreiche Biozönose, die von Milben, Collembolen, Algen und Flechten dominiert wird (SCHUSTER 1965, SCHULTE 1977, LUXTON 1990). An den Felsküsten Frankreichs, Großbritanniens und Skandinaviens ist diese Biozönose in ihrer nordeuropäischen Ausprägung weit verbreitet, hat aber auch auf Helgoland, Rügen und auf Geschiebeblöcken der Ostseeküste natürliche Vorkommen.

Seitdem der Mensch sich durch Deiche und Molen gegen das Meer schützt, Häfen und Leuchttürme baut und Neuland gewinnt, hat sich der Lebensraum der Hartsubstratbiozönosen durch Steinpackungen und Mauerwerk vieler Art im Bereich unserer sonst durch Weichsubstrate charakterisierten Küsten beträchtlich ausgeweitet. Der im Verlauf jahrhundertelanger Überformung durch den Menschen entstandene Lebensraum der punktuell in die Weichsubstratküsten eingestreuten Hartsubstrate wird, sofern er nicht brutal an die Stelle von Weichsubstratküsten gesetzt wurde, durchaus als der Küstenlandschaft zugehörig empfunden, z. B. im Bereich von Schleusen, Buhnen und Deichfüßen.

Die Milben und Collembolen des Felslitorals lassen sich größtenteils von Gattungen mit edaphischer oder epedaphischer Lebensweise herleiten und zeichnen sich durch besondere Toleranz gegenüber abiotischem Streß aus. Sie haben das Litoral offenbar mehrfach konvergent besiedelt. Eine weitere Gruppe der litoralen Milben, die Meeresmilben (Halacaroidea), entstammt vermutlich dem marinen Sublitoral. Diese Arten haben sich sekundär an die aerischen Phasen des Gezeitensaumes angepaßt.

Obwohl die Arten der Mesofauna der Hartsubstratküsten, wie die der Mesofauna insgesamt, durchgängig nicht in Roten Listen erfaßt werden, ist die Biozönose der Hartsubstrate durchaus schützenswert. Sie verkörpert eine sehr alte Lebensgemeinschaft, die durch die Durchdringung terrestrischer und mariner Elemente einmalig ist und deren weitere Erforschung dringend geboten ist.

Ziel der hier vorgelegten Untersuchungen ist unter anderem, Vorschläge für eine ökologisch vernünftige Gestaltung von, aus Gründen des Küstenschutzes notwendigen, Hartsubstratbereichen zu unterbreiten. Dabei zeigt das von uns gewählte Untersuchungsgebiet „Weserästuar" gegenüber den eigentlichen Meeresküsten als Besonderheiten einen steilen Salzgehaltsgradienten von oligohalinen zu polyhalinen Verhältnissen sowie starke lokale Schwankungen des Salzgehalts. Um Auswirkungen von Baumaßnahmen auf Hartsubstratbiozönosen besser abschätzen zu können und erste Empfehlungen hinsichtlich einer ökologisch verträglichen „Baugestaltung" treffen zu können, geben wir im folgenden eine Übersicht über wichtige Abwandlungen der Milbenzönose vom limnischen zum polyhalinen Bereich, über ihre Vorkommen innerhalb der Zonen des Eu- und Supralitorals und über die besondere Bedeutung der Oberflächenstruktur der Substrate für Arten- und Individuenreichtum.

2 Ergebnisse

2.1 Allgemeine Charakterisierung des Weserästuars

Flußästuare gliedern sich nach FAIRBRIDGE (1980) in einen äußeren, mittleren und inneren Bereich. Im Weserästuar dehnt sich die äußere, polyhaline Zone von der offenen Verbindung zum Meer bis Bremerhaven aus. Hier ist der Einfluß des Meeres noch stark zu spüren, Salinitäten von 15 $^0/_{00}$ S und mehr sind die Regel. In der mittleren Ästuarzone ist die Vermischung des ausströmenden Süßwassers mit dem periodisch einströmenden Meerwasser besonders intensiv. Diese Zone reicht in der Unterweser von Bremerhaven flußaufwärts bis Brake. Im Bereich des meso- wie auch des polyhalinen Abschnittes wird nicht nur ein Salzgradient aufgebaut, es kommen auch große Salinitätsschwankungen von bis zu +/- 8 $^0/_{00}$ S vor. Die innere, infolge der Salzfracht aus dem Kalibergbau nicht mehr limnische Zone des Weserästuars reicht bis zum Weserwehr der Hansestadt Bremen. Dieser Abschnitt wird vom Meer nur noch durch den periodischen Tidenhub beeinflußt; eine marine Salzzufuhr ist nicht mehr festzustellen.
Durch flußregulative Maßnahmen im gesamten Unterweserlauf wurden starke Veränderungen der Strömungsverhältnisse, des Sedimenttransportes sowie der Hochwasser- und besonders der Niedrigwasserstände verursacht. Ende des letzten Jahrhunderts betrug der mittlere Tidenhub in Bremen 30 cm, heute, nach diversen Flußvertiefungen und Uferbegradigungen, liegt das mittlere Tideniedrigwasser (MTNW) 400 cm unter dem mittleren Tidehochwasser (MTHW) (BUSCH et al. 1989). Unsere Untersuchungen wurden entlang des ästuarinen Gradienten vom polyhalinen bis zum oligohalinen Bereich an den Standorten Bremerhaven/Weddewarden (Flußkilometer 75, Salinitätsschwankungen zwischen 6 und 20 $^0/_{00}$ S), Langlütjen I (Km 70, 9 bis 20 $^0/_{00}$ S), Dedesdorf (Km 55, 1 bis 10 $^0/_{00}$ S), Sandstedt (Km 40, 0,5 bis 3 $^0/_{00}$ S) und Bremen (Km 0, 1 — 3,5 $^0/_{00}$ S) durchgeführt.

2.2 Abwandlung der Milbenzönose im ästuarinen Gradienten

Im Vergleich zum Meer tritt in Brackwässern in der Regel eine Abnahme der Zahl mariner Arten ein (REMANE & SCHLIEPER 1958). Im Weserästuar läßt sich ähnliches auch für die Milbenzönose feststellen (Abb. 1). Vom polyhalinen zum oligohalinen Bereich der Weser nimmt die Artenvielfalt sowohl innerhalb der marinen als auch der terrestrischen Milbenzönose ab. An den polyhalinen Standorten sind 20 Arten zu finden, während im oligohalinen Bereich der Weser nur noch zehn Arten leben. Auffällig ist, daß besonders die Räuber unter den terrestrischen und marinen Milben hier fehlen. Bereits in Dedesdorf treten nur noch phytophage Meeresmilben auf, die terrestrischen carnivoren Acari sind in Sandstedt lediglich durch *Rhagidia* vertreten.

Wie am Beispiel der Meeresmilben (Halacaroidea) in Abb. 1 dargestellt ist, nehmen auf Hartsubstraten im Weserästuar die Abundanzen aller Arten zwischen der poly- und oligohalinen Zone des Brackwassers (Km 55 bis 40) stark ab. Am Standort Weddewarden wurden maximale Besiedlungsdichten einzelner Arten von bis zu 4000 Individuen auf 100 cm^2 algenbewachsener Steinoberfläche ermittelt, während im oligohalinen Bereich der Weser zwei (Bremen) bis maximal zehn Individuen einer Art auf 100 cm^2 (Sandstedt) gezählt wurden. Eine vergleichbare Abundanzabnahme konnte auch für die terrestrischen Arten im meso- und oligohalinen Bereich beobachtet werden.

2.3 Vertikale Zonierung

Alternierende Emersion und Submersion ist die wesentlichste Ursache für die Zonierung von Küstenorganismen (LEWIS 1964). Während im unteren Eulitoral durch die langen Überflutungszeiten nahezu aquatische Bedingungen herrschen, sind die Organismen im oberen Supralitoral starken terrestrischen Einflüssen ausgesetzt. In der dazwischen liegenden Zone findet eine Vermischung und Durchdringung des terrestrischen mit dem marinen Lebensraum und damit der betreffenden Arten statt (PUGH & KING 1985 a, PUGH & KING 1985 b).
Die Zonierung wird an den Felsküsten zusätzlich durch eine Vielzahl anderer Faktoren beeinflußt, die nicht im direkten Zusammenhang mit dem Tideneinfluß stehen (siehe 2.4.).
Die organismische Zonierung wird in Abb.2 anhand eines relativ gut entwickelten, artenreichen Standortes in der polyhalinen Zone der Weser verdeutlicht.
Im Supralitoral wachsen besonders gelbe und graue Flechten, die verschiedenen Acari terrestrischen Ursprungs Lebensraum und einigen auch Nahrung bieten. Die Hauptverbreitung (graue Felder in Abb. 2) vieler terrestrischer Milben liegt innerhalb der Cyanophyceenzone; sie kommen aber auch in dem unterhalb der Schwarzen Zone liegenden Grünalgengürtel mit hohen Abundanzen vor. Hier sowie in der Fucus-Zone des mittleren und oberen Eulitorals sind auch die Meeresmilben zahlreich vertreten. Überraschenderweise zeigen also nicht nur Milben terrestrischer sondern auch solche mariner Herkunft eine deutliche Präferenz für relativ hoch gelegene Litoralzonen mit nur kurzer, täglicher Überflutungszeit.

2.4 Das Zusammenspiel abiotischer und biotischer Faktoren im Felslitoral

Die Salzgehaltsschwankungen und der Tidengang im Ästuarbereich sowie die daran gekoppelten, niveauabhängigen Gradienten für Feuchte, Wasserbewegung etc. sind die kennzeichnenden Elemente im Faktorenkomplex des ästuari-

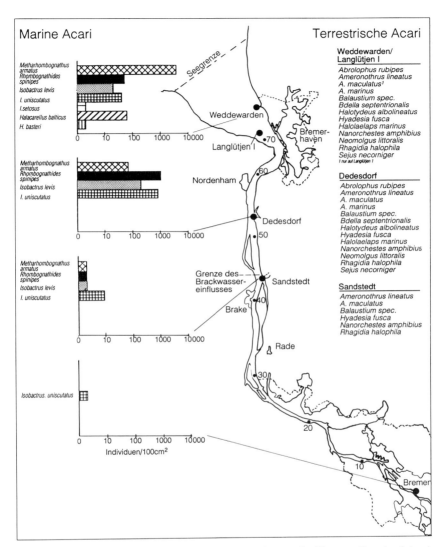

Abb. 1: Die Artendiversität der Milben und die Abundanzen der Meeresmilben im ästuarinen Gradienten der Weser.

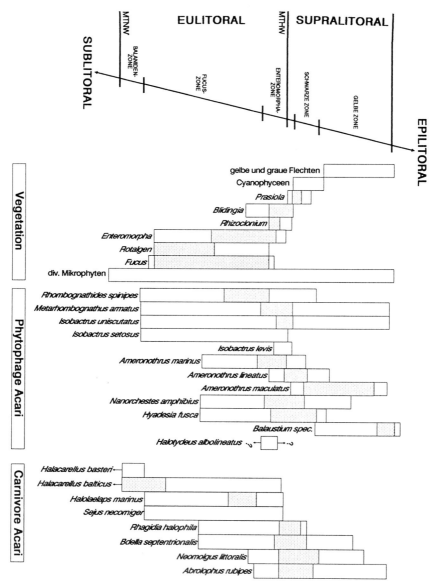

Abb. 2: Vertikale Verbreitung der Vegetation sowie der phytophagen und carnivoren Milben (graues Feld = Schwerpunkt der Verbreitung)

nen Felslitorals. In Abb. 3 werden am Beispiel einer litoralbewohnenden Milbe die wichtigsten Faktoren, die das Auftreten und die Besiedlungsdichte der verschiedenen Arten und somit die Struktur der Biozönose beeinflussen, in vereinfachter Form dargestellt.

Das Schema verdeutlicht, daß die einzelnen Faktoren nicht nur unmittelbar auf das Tier einwirken, sondern auch untereinander in komplexer Wechselbeziehung stehen. So haben Submersion und Emersion einen direkten Einfluß und erfordern je nach vertikaler Verbreitung der Tiere eine bestimmte Überflutungs- bzw. Austrocknungstoleranz, sie beeinflussen aber auch nahezu alle anderen abiotischen Parameter. Hinsichtlich der biotischen Wechselwirkungen ist zu bedenken, daß jeder der genannten Organismen wiederum selbst in das Zentrum der Graphik gesetzt werden könnte. So wird der Bewuchs u.a. auch von Substrateigenschaften wie Wasseraufnahme- und Wasserhaltekapazität bestimmt, Bewuchszusammensetzung und —dichte wiederum haben entscheidenden Einfluß auf die mikroklimatischen Verhältnisse. Die physikalischen Eigenschaften der Hartsubstrate wirken sich also nicht nur direkt, z. B über das Spaltenangebot und die räumliche Struktur (siehe Punkt 2.6.), sondern auch indirekt auf die Biozönose aus.

2.5 Besiedlungstypen

Das Hartsubstratlitoral bietet je nach Bewuchs und Oberflächenstruktur der Gesteine eine Reihe unterschiedlicher Mikrohabitate. Die hier lebenden Milben, die taxonomisch sehr unterschiedlichen Gruppen angehören, lassen sich entsprechend ihren Ansprüchen an den Lebensraum den Besiedlungstypen Spalten-, Spaltenrand- und Oberflächenbesiedler zuordnen.

2.5.1 Spaltenbesiedler

Im Untersuchungsgebiet sind die Spaltenbesiedler u.a. durch die räuberischen Schnabelmilben *Bdella septentrionalis* ATYEO und *Neomolgus littoralis* (L.), die räuberische Laufmilbe *Abrolophus rubipes* (TROUESSART) und der phytophagen *Nanorchestes amphibius* TOPSENT & TROUESSART vertreten. Diese Arten ziehen sich während tidaler Überflutung und für sie ungünstiger Bedingungen in Spalten des Gesteins zurück.

Die Art *Nanorchestes amphibius* ernährt sich offenbar von Mikrophyten (SCHUSTER & SCHUSTER 1977). Sie bildet in Spalten Nester mit hunderten von Eiern, Larven, Nymphen, Adulti und Häutungsstadien. Die kleine, weichhäutige Milbe ist für die Jugendstadien der oben genannten räuberischen Arten eine wichtige Nahrungsgrundlage. Die Schnabelmilben *Bdella* und *Neomolgus* bilden mit

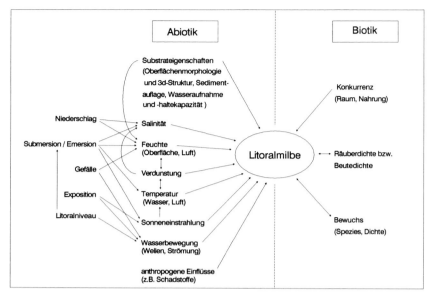

Abb. 3: Ausschnitt aus dem Wechselwirkungsgefüge zwischen litoralbewohnenden Milbenarten und abiotischen sowie biotischen Faktoren.

ihren mobilen Stadien kleinere Aggregationen in Gesteinsspalten des Felslitorals. Zum Beutefang benutzen sie ein klebriges, fadenziehendes Sekret, mit dem das Beutetier an das Substrat gefesselt wird (ALBERTI 1973). Sie jagen zumeist auf vertikalen Flächen mit *Blidingia*-Bewuchs. Während der submersen Phasen sowie bei Dunkelheit oder niedriger Luftfeuchte (< 70% RH) ziehen sie sich in Spalten zurück. Die Tiere sind nur auf von Meerwasser, nicht aber auf von Regen befeuchtetem Substrat aktiv. Eine vollständige Abtrocknung des Substrates unterbindet ebenfalls eine Aktivität der Tiere. *Bdella septentrionalis* (Abb. 4 a) jagt solitär *Nanorchestes amphibius* und juvenile Vertreter der eigenen Art (ALBERTI 1973), aber auch *Abrolophus rubipes* und gelegentlich *Hyadesia fusca* (LOHMANN). *Bdella* bevorzugt Spalten im oberen Eulitoral. Hier findet auch die Eiablage und das Einspinnen der Larven und Nymphen zur Häutung statt (ALBERTI 1973). Hohe Lichtintensitäten und Substrattemperaturen über 20°C werden gemieden.

Die Jugendstadien von *Neomolgus littoralis* haben ein ähnliches Beutespektrum wie *Bdella septentrionalis*. Die schnellaufenden erwachsenen Tiere erbeuten dagegen fast ausschließlich Litoralfliegen. Dabei beteiligen sich oft mehrere Tiere an dem Festheften des Beutetieres. Es wurden bis zu sieben Tiere beim Aussaugen einer Fliege beobachtet. *Neomolgus littoralis* bewohnt überwiegend Gesteinsspalten der Schwarzen Zone und des unteren Supralitorals. Die Häutung der Larven und Nymphen erfolgt ohne Einspinnen.

Abrolophus rubipes lebt räuberisch in der oberen *Enteromorpha*-Zone des Eulitorals und der unteren Flechtenzone des Supralitorals. Die Tiere sind ausschließlich am Tage auf trockenem Substrat aktiv. Spermatophoren werden bevorzugt während der hellsten Tageszeit abgesetzt (WITTE 1975). Die Tiere ziehen sich bereits in der Abenddämmerung sowie schon bei nur fleckenhaft befeuchtetem Substrat in Spalten zurück, in denen auch die Eier abgelegt werden. Dennoch zeigt *Abrolophus* auch gegenüber längeren Überflutungen eine große Toleranz. Im Laborversuch können die Eier sogar unter Wasser abgelegt werden und sich dort über die Prälarve normal zur Larve entwickeln. Der Rückzug vor Oberflächenwasser und Überflutung in die Gesteinsspalten scheint die Tiere also primär vor dem Verdriften zu schützen. Die Beutetiere der Adulten sind Milben der Gattungen *Ameronothrus*, *Rhombognathides*, *Metarhombognathus*, *Hyadesia* und *Nanorchestes*. Die Larven sind im Gegensatz zur Mehrzahl der Erythraeidae nicht parasitisch, sondern erbeuten *Nanorchestes* sowie die Jugendstadien von Rhombognathiden und *Hyadesia*.

2.5.2 Spaltenrandbesiedler

Die Spaltenrandbesiedler überdauern ungünstige Bedingungen an den Rändern gröberer Spalten, in Substrateinkerbungen und Kleinstvertiefungen. Sie verlassen diese Rückzugsorte während der Aktivitätsphasen z. B. zur Nahrungsaufnahme. Zu diesem Besiedlungstyp zählen die Hornmilben *Ameronothrus marinus* (BANKS) und *Ameronothrus lineatus* (THORELL). Die vertikale Verbreitung dieser Ameronothriden erstreckt sich von der *Enteromorpha*-Zone bis in das untere Supralitoral. Die sehr langsam laufenden, lebendgebärenden Tiere sind in der feuchten emersen Phase aktiv und ziehen sich bei Überflutung und Trockenheit zu den Spaltenrändern und Kleinstvertiefungen zurück (Abb. 4b). Beide Arten sind phytophag. *Ameronothrus marinus* ernährt sich im Untersuchungsgebiet hauptsächlich von den dort dominanten Grünalgen der Gattungen *Enteromorpha*, *Blidingia*, *Prasiola* und *Rhizoclonium* (vgl. SCHULTE 1977). *Ameronothrus lineatus* bevorzugt *Blidingia*, Cyanophyceen und Krustenflechten der Gattungen *Lecanora* und *Lecania*.

2.5.3 Oberflächenbesiedler

Neben den Spalten- und Spaltenrandbesiedlern, die zumindest zeitweise auch die Oberfläche der Gesteine besiedeln, können vor allem die Halacariden und Vertreter der Gattung *Hyadesia* als überwiegende Phytal- und Oberflächenbe-

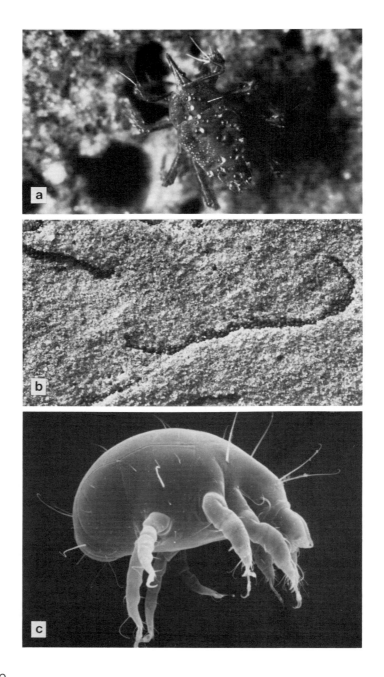

wohner angesehen werden. Entsprechend den extremen Bedingungen ihres Lebensraumes zeichnen sie sich durch eine hohe Toleranz z. B. gegenüber Überflutung, Austrocknung und wechselnden Salzgehalten aus (BARTSCH 1974, GANNING 1970, SØMME & BLOCK 1984).

Von der astigmaten Milbe *Hyadesia fusca* (Abb. 4c) können im Bereich der Außenweser während des ganzen Jahres über alle Entwicklungsstadien nebeneinander gefunden werden. Diese Art ernährt sich sowohl von Makroalgen (z. B. *Blidingia*, *Enteromorpha*, *Rhizoclonium* und *Prasiola*) als auch von einzelligen Algen und den in der Schwarzen Zone dominanten Cyanophyceen. Am Standort Weddewarden wurden zu den Hauptreproduktionszeiten im Übergangsbereich von *Blidingia*- und Cyanophyceen-Bewuchs auf einer Fläche von nur 100 cm^2 bis zu 14000 Hyadesien gefunden.

2.6 Substrat und Besiedlung

Die Zonierung des Bewuchses und der Zoozönose ist in der vertikalen Ausdehnung und Lage nicht konstant (vergl. LEWIS 1964, BALLANTINE 1961). Sie wird im besonderen Maße auch von der Art der Gesteine, deren räumlicher Struktur sowie der Wasserhaltekapazität bestimmt. So wachsen z. B. auf dem gleichen Litoralniveau nebeneinander auf Sandstein *Enteromorpha intestinalis* (L.) und auf Betonplatten *Blidingia minima* (NÄGELI ex KÜTZING). Dies liegt offensichtlich an der geringeren Wasserhaltekapazität des Betons und der hohen Austrocknungstoleranz von *Blidingia*, aber auch an der unterschiedlichen Anheftungsfähigkeit der Algenkeimlinge. In ähnlicher Weise können sich *Fucus*-Zone, *Enteromorpha*-Zone, Schwarze Zone und gelbe Flechtenzone gegeneinander verschieben. Entsprechend den unter 2.3 geschilderten autökologischen Ansprüchen der Litoralmilben bilden Oberflächenstruktur und Spaltenangebot der Gesteine sowie der Bewuchs die wichtigsten Rahmenbedingungen für die Artendiversität und Abundanz der Milben.

Tabelle 1 zeigt für das obere Eulitoral eines Standortes im Brackwasserbereich der Wesermündung, hier Langlütjen I, die unterschiedlichen Kombinationen von Substrateigenschaften, Algenbewuchs und terrestrischen Milbenarten.

Weitere, in der Tabelle nicht berücksichtigte Faktoren sind u.a. Verschlickung sowie Alter und Exposition des Substrates. Häufig ist eine starke Verschlickung in der unteren *Enteromorpha*-Zone besonders im mittleren Ästuarbereich zu beobachten. Die Besiedlung durch terrestrische Milben geht dann stark zurück und

Abb. 4: Milben des Felslitorals
    a) *Bdella septentrionalis* auf feuchtem Gipssubstrat
    b) Aggregationen von Ameronothriden an Spaltenrändern auf Sandstein
    c) Rasterelektronenmikroskopische Aufnahme einer Tritonymphe von *Hyadesia fusca*

Oberfläche	dominante Grünalgen	terrestrische Milben
glatt	Blidingia minima	Hyadesia fusca
rauh, mit Kleinstvertiefungen und Einkerbungen	Blidingia minima Enteromorpha intestinalis Enteromorpha compressa	Hyadesia fusca Ameronothrus lineatus Ameronothrus marinus
rauh, mit Kleinstvertiefungen Einkerbungen und Spalten	Blidingia minima Enteromorpha intestinalis Enteromorpha compressa	Hyadesia fusca Ameronothrus lineatus Ameronothrus marinus Nanorchestes amphibius Abrolophus rubipes Rhagidia halophila Halolaelaps marinus
rauh, mit Kleinstvertiefungen und Einkerbungen, Spalten und Überhängen	Blidingia minima Enteromorpha intestinalis Enteromorpha compressa	Hyadesia fusca Ameronothrus lineatus Ameronothrus marinus Nanorchestes amphibius Abrolophus rubipes Rhagidia halophila Halolaelaps marinus Bdella septentrionalis Neomolgus littoralis

Tabelle 1

andere Tiergruppen wie Nematoden und Collembolen gewinnen an Bedeutung. Die unterschiedliche Artendiversität und Abundanz in Abhängigkeit von Substrat und Bewuchs soll durch einen Vergleich unterschiedlich strukturierter Abschnitte der Uferbefestigung auf der Festungsinsel Langlütjen I weiter verdeutlicht werden. Es werden drei unterschiedliche Kombinationen von Substrat, Bewuchs und Milben terrestrischer Herkunft vorgestellt. Hierfür werden ein Abschnitt der Uferböschung im Osten der Insel (Ost), einer im Norden (Nord) und ein Abschnitt der Uferböschung auf dem Verbindungsdamm zum Festland vergleichend betrachtet. In Abb. 5 sind die maximalen Besiedlungsdichten der terrestrischen Milben dieser drei Abschnitte näherungsweise angegeben. Die Abundanzabschätzungen beziehen sich auf das maximale Auftreten der Adulti im Jahreszyklus.
Die Uferböschung Ost neigt sich in einem Winkel von ca. 45° zum Watt hin ab. Sie besteht aus einem gleichförmigen Verbund großer Sandsteinblöcke, deren Zwischenräume mit großporigen, mittlerweile stark verwittertem Gußbeton ausgefüllt sind. Blöcke und Beton weisen zahlreiche Spalten, gröbere Einkerbungen und Kleinstvertiefungen auf. Im unteren Bereich der Uferböschung werden die Sandsteinblöcke von der Grünalge Enteromorpha intestinalis bewachsen. Weiter oben schließt sich die Blidingia- Zone an. Auf dem Gußbeton wächst zwischen

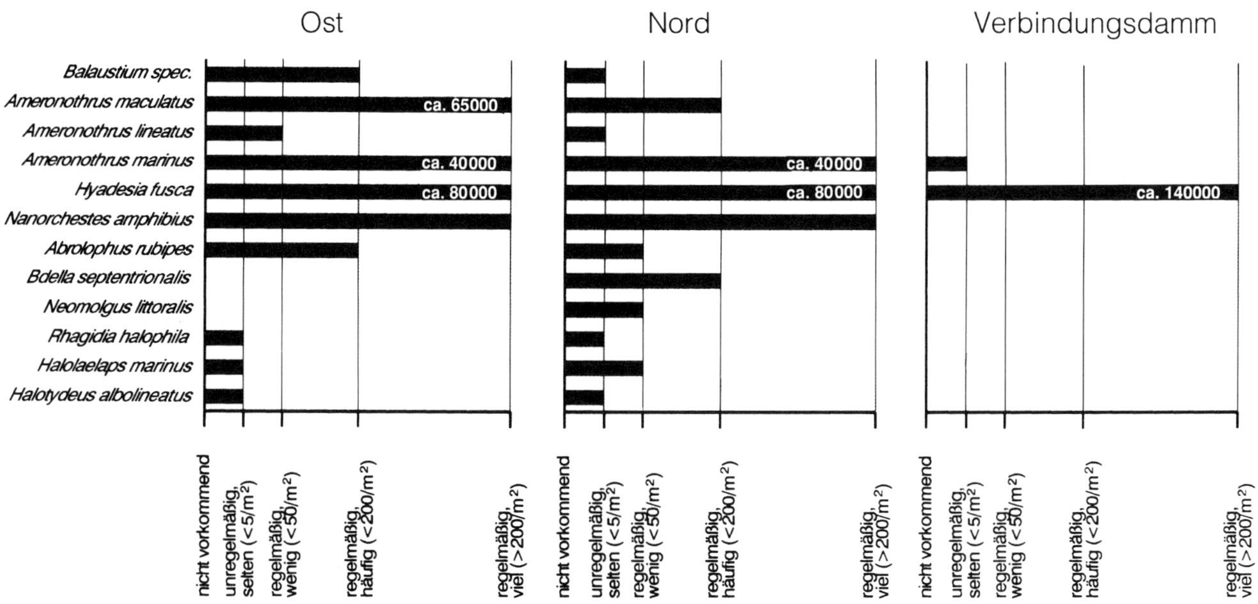

Abb. 5: Abschätzungen der Abundanz der terrestrischen Milben an drei Abschnitten der Uferbefestigung von Langlütjen I, bezogen auf das maximale Auftreten der Adulten im Jahreszyklus.

den Sandsteinblöcken auch im unteren Bereich schon die austrocknungstolerantere *Blidingia minima*. Oberhalb der Grünalgenzone ist die Uferböschung mit Cyanophyceen bewachsen. Im sich anschließenden Supralitoral sind besonders gelbe und graue Krusten- und Blattflechten der Gattungen *Caloplaca*, *Xanthoria*, *Ramalina*, *Lecanora*, *Lecania* und *Rinodina* zu finden. An diesem Abschnitt treten fast alle im Felslitoral der Weser vorkommenden Milbenarten terrestrischen Ursprungs auf. Es fehlen aber die Schnabelmilben *Bdella septentrionalis* und *Neomolgus littoralis*, die feuchte Mikroklimate bevorzugen. Die relativ gleichmäßig geneigte Fläche dieser Uferböschung läßt das Substrat nach Hochwasser jedoch rasch abtrocknen. *Neomolgus littoralis* ist zum Absetzen der Spermatophoren zusätzlich auf unbewachsene, vertikale oder überhängende Flächen angewiesen, die an diesem Standort nicht vorhanden sind.

Die Uferböschung Nord unterscheidet sich vom östlichen Abschnitt darin, daß aus dem Sandsteinverbund Blöcke herausgelöst sind und es im Supralitoral an Flechten mangelt. Dieser Abschnitt der Uferböschung weist die größte Zahl terrestrischer Milbenarten auf. Auch die Schnabelmilben finden hier gute Lebensbedingungen, da ausreichend beschattete und daher langsam abtrocknende Substratflächen sowie unbewachsene Gesteinunterseiten vorhanden sind. Die Abundanzen der für das Supralitoral typischen Arten wie *Balaustium* und *Ameronothrus maculatus* (MICHAEL) sind vergleichsweise gering.

Der Verbindungsdamm zur Insel besteht aus nebeneinander liegenden, glatten Gußbetonplatten (30 x 30 cm). Die Zwischenräume sind meist verschlickt und unbewachsen. Es sind weder Spalten noch gröbere Einkerbungen und nur wenige Kleinstvertiefungen vorhanden. Der Damm ist im Eulitoral wegen der geringen Wasserhaltekapazität der Gußbetonplatten nur mit *Blidingia minima* bewachsen. Weiter oben wachsen Cyanophyceen und *Caloplaca*. In der *Blidingia*-Zone und der Cyanophyceenzone siedelt fast ausschließlich *Hyadesia fusca*. Spalten- und Spaltenrandbesiedler finden hier keine adäquaten Lebensbedingungen.

Zusammenfassend wird deutlich, daß die Oberflächenstruktur einen wichtigen Einfluß auf die Biozönose hat und daß bei Baumaßnahmen der Reichtum dieser Biozönosen über die Wahl der Gesteine entscheidend beeinflußt werden kann.

3. Diskussion

Im folgenden sollen die Besonderheiten der auf Hartsubstraten siedelnden, ästuarinen Milbenzönose diskutiert und auf die Frage eines angemessenen Schutzes dieser Lebensgemeinschaft eingegangen werden.
Die extremen Lebensbedingungen des marinen Felslitorals (KRONBERG 1983), die im Bereich der Flußästuare noch durch die stark schwankenden Salzgehalte des Wassers verschärft werden, führen zur Herausbildung spezieller Biozönosen aus wenigen Arten, die gegenüber Umweltschwankunken sehr tolerant sind. Ne-

ben der extremen Abiotik ist die geringe Vielfalt des Bewuchses, z. B. das Fehlen von Gefäßpflanzen, eine weitere Ursache für die geringe Artenzahl der Fauna bei gleichzeitig hoher Besiedlungsdichte.

Da aus dem ehemals limnischen Bereich der Weser keine Besiedlung durch hartsubstratbewohnende Milben erfolgt, nimmt die Artenzahl, entgegen der Erfahrung mit anderen Tiergruppen (REMANE & SCHLIEPER 1958), oberhalb des Brackwassereinflußes rapide ab.

Neben dem Salzgehalt beeinflussen besonders die unterschiedlichen Substrateigenschaften die Artendiversität. So entscheidet z. B. daß Vorhandensein von Spalten direkt über das Auftreten oder Ausbleiben bestimmter Arten (z. B. *Nanorchestes*, *Bdella*)

Die vorliegende Arbeit gibt einen Einblick in das Verteilungsmuster der Arten im ästuarinen Gradienten. Es besteht aber noch erheblicher Forschungsbedarf hinsichtlich der Autökologie aller vorhandenen Arten und deren ökosystemarer Wechselbeziehungen.

Im Naturschutz haben die Hartsubstratbereiche der Ästuare und Küsten bisher eine schlechte Lobby. Dies liegt insbesondere daran, daß Uferbefestigungen nicht als standorttypischer Lebensraum gelten. Da aber ohnehin ein Großteil unserer Umwelt massiv anthropogen überformt ist, z. B. auch die meisten Salzwiesen, erscheint es uns sinnvoll, auch den Habitattyp des Hartsubstratlitorals zu schützen. Dies gilt besonders dort, wo es sich um alte, gewachsene Standorte wie Molen, Deichfüße u. ä. handelt, auf denen eine für Norddeutschland typische Biozönose siedelt. Es kann jedoch nicht darum gehen, Spundwände oder gleichförmige, vergossene Steinpackungen, die nur sehr wenigen Arten einen adäquaten Lebensraum bieten, zu fördern oder die Verbauung und Kanalisierung der Flußläufe weiter voranzutreiben. Auch soll natürlich nicht gegen Renaturierungen der Flüsse, wie z. B. Rückdeichungen, argumentiert werden. Vielmehr sollten bestehende, im Sinne des Küstenschutzes notwendige Befestigungen oder nicht zu vermeidende Baumaßnahmen ökologisch sinnvoll ausgestaltet werden. Wenig strukturierte Uferbefestigungen sind abzulehnen, ein Mosaik unterschiedlicher Gesteine mit heteromorpher Oberfläche, Spaltenreichtum und komplexer, dreidimensionaler Struktur würde einen vergleichbaren Erosionsschutz bieten und dabei gleichzeitig die Besiedlung durch eine artenreichere Flora und Fauna fördern. In Hinsicht auf die verstärkt geführten Auseinandersetzungen um Umweltverträglichkeitsprüfungen sowie Ausgleichs- und Ersatzmaßnahmen kann es unserer Ansicht nach nicht genügen, lediglich das Arteninventar oder nur „Rote-Liste-Arten" zu erfassen, um mit diesen relativ wenigen Informationen den ökologischen Wert eines Standortes zu ermitteln. Vielmehr sollte versucht werden, die Vielfalt der Interdependenzen aller Faktoren stärker zu berücksichtigen oder, wie in unserem Beispiel, den Unikatcharakter der betreffenden Biozönose in die Beurteilung einzubeziehen.

Anschrift der Autoren:

Prof. Dr. Harald Witte, Hartmuth Ernst, Frank Siemer, Jens Bücking, Universität Bremen, Fachbereich 2 (Biologie/Chemie), Leobener Str., NW2, W-2800 Bremen 33

Literaturverzeichnis aller Arbeiten

ABRAHAMSEN, G., HOVLAND, J. & S. HÅGVAR (1980): Effects of artificail rain and liming on soil organsims and the decomposition of organic matter. — In: T. C. HUTCHINSON & M. HAVAS (eds.): Effects of Acid Precipitation on Terrestrial Ecosystems. Plenum Press. New York, London: 341 — 362.

ADAM, K., EVERS, F. H. & Th. LITTEK (1987): Ergebnisse niederschlagsanalytischer Messungen in südwestdeutschen Waldökosystemen 1981 — 1986.- KfK-PEF **24**, 119 S., Karlsruhe.

AGBMF (1991): Resolution der Arbeitsgemeinschaft Bodenmesofauna, Braunschweig, Dez. 1990. Auszugsweise veröffentlicht im Mitteilungsblatt der Deutschen Bodenkundlichen Gesellschaft, Dez. 1991: 40.

AHRENS, B. (1989): Die Collembolenfauna landwirtschaftlich genutzter Flächen in der Umstellungsphase von konventionellem auf ökologischen Landbau. — Diss. (Bonn), 137 S.

AIKING, H., H. GOVERS & J. VAN'T RIET (1985): Bacterial detoxification of heavy metals: Essential versus non-essential elements. In: Lekkas TD (ed.): Heavy metals in the environment. CEP Consultants; Edinburgh. 54 — 56.

AJTAY, G. L., KETNER, P. & P. DUVIGNEAUD (1979): Terrestrial primary production and phytomass. — In: BOLIN, B., DEGENS, E. T., DUVIGNEAUD, P. & S. KEMPE (eds.): The Global Carbon Cycle. — SCOPE Report **13**: 129 — 189, J. WILEY, Chichester.

Aktivität in Hopfengärten mit unterschiedlicher Bewirtschaftung. — Diplomarbeit (Univ. Freising-Weihenstephan): 58 S.

ALBERTI, G. & I. K. LÖWENFELD (1990): Feinstruktur der Genitalpapillen actinotricher Milben (Acari). — Mitt. Dtsch. Ges. Allg. Angew. Ent. **7** (2): 463 — 466.

ALBERTI, G. (1973): Ernährungsbiologie und Spinnvermögen der Schnabelmilben (Bdellidae, Trombidiformes).- Z. Morph. Tiere **76**: 285 — 338.

ALBERTI, G. (1979): Fine structure and probable function of genital papillae and Claparède organs of Actinotrichida. — In: J. G. RODRIGUEZ (ed.) Recent Advances in Acarology. Vol. II. Academic Press. New York, San Francisco, London: 501 — 507.

ALBERTI, G., BŁASZAK, C., KRATZMANN, M. & M. LUDWIG (1992): Bodenversauerung und Mikroarthropoden. — Ann. Univers. Saraviensis Med. Suppl. (1. Symp. Mensch-Umwelt).

ALBERTI, G., KAISER, T. & I. K. LÖWENFELD (1992): Zur Feinstruktur und Funktion der Ventralsäckchen und vergleichbarer Organe bei Spinnentieren (Arachnida). — Verh. Dtsch. Zool. Ges. (1992) Kurzpublikationen — Short Communications. 85. Jahresvers. Kiel. G. Fischer. Stuttgart, Jena, New York: 197.

ALBERTI, G., KRATZMANN, M., BŁASZAK, C. & A. SZEPTYCKI (1989): Reaktion von Mikroarthropoden auf Waldkalkungen.- Mitt. Dtsch. Ges. Allg. Angew. Ent. **7** (1): 119 — 122.

ALBERTI, G., KRATZMANN, M., BŁASZAK, C., STREIT, H. & U. BLUMRÖDER (1991): Soil mites and acidification: A comparative study of four forest stands near Heidelberg. — In: SCHUSTER, R. & P. W. MURPHY (eds.) The Acari — Reproduction, development and life history strategies. Chapman & Hall, London: 491 — 493.

ALEF, K. ((1991): Methodenhandbuch Bodenmikrobiologie. — ecomed Verlagsgesellschaft, Landsberg: 284 S.

ALLEINIKOVA, M. M. & N. M. UTROBINA (1975): Changes in the structure of animal populations in soil under the influence of farm crops. — Proc. 5th. Int. Coll. Soil Zool.: 429 — 435, Prague.

AMELSVOORT, P.A.M. VAN, M. VAN DONGEN & P.A. VAN DER WERFF (1988): The impact of Collembola on humification and mineralization of soil organic matter. — Pedobiologia **32**: 103 — 111.

AMIN, M. F. & M. A. AL-HAQUE (1989): Effect of zinc on leaf litter decomposition and on bacterial and fungal populations in soil. — J. Biol. Sc. Res. **20**: 65 — 77.

ANDERSON, J. M. & D. E. BIGNELL (1980): Bacteria in the food, gut contents and faeces of the litter-feeding millipede *Glomeris marginata* (VILLERS). — Soil Biol. Biochem **12**: 251 — 254.

ANDERSON, J. M. & D. E. BIGNELL (1982): Assimilation of ^{14}C-labelled leaf fibre by the millipede *Glomeris marginata* (Diplopoda, Glomeridae). — Pedobiologia **23**: 120 — 125.

ANDERSON, J. M. (1973): The breakdown and decomposition of sweet chestnut (*Castanea sativa* MILL.) and beech (*Fagus sylvatica* L.) leaf litter in two deciduous woodland soils. —Oecologia **12**: 275 — 288.

ANDERSON, J. M. (1975): Succession, diversity and trophic relationships of some soil animals in decomposing leaf litter. — J. Anim. Ecol. **44**: 475 — 495.

ANDERSON, J. M. (1988): Spatiotemporal effects of invertebrates on soil processes. — Biol. Fertil. Soils 6: 216 — 227.

ANDERSON, J. M., HUISH, S. A., INESON, P., LEONARD, M. A. & P. R. SPLATT (1985): Interactions of invertebrates, micro-organisms and tree roots in nitrogen and mineral element fluxes in deciduous woodland soils. — In: FITTER, A. H., ATKINSON, D., READ, D. J. & M. B. USHER (eds.): Ecological Interactions in Soil Plants, Microbes and Animals. — 377 — 392, Blackwell, Oxford, Edinburgh.

ANDERSON, J. P. E. & K. H. DOMSCH (1974): Measurement of bacterial and fungal contributions to respiration of selected agricultural and forest soils. — Can. J. Microbiol. **21**: 314 — 321.

ANDERSON, J. P. E. & K. H. DOMSCH (1978): A physiological method for the quantitative measurement of microbial biomass in soils. — Soil Biol. Biochem. **10**: 215 — 221.

ANDERSON, R. V. et al. (1981): Effects of saprotrophic grazing on net mineralisation. In: CLARK, F. E. & T. ROSSWALL (eds.): Terrestrial nitrogen cycles. — Ecol. Bull. Stockholm **33**: 201 — 216.

ANDERSON, T. H. & K. H. Domsch (1986): Carbon assimilation and microbial activity in soil. — Z. Pflanzenernähr. Bodenk. **149**: 457 - 468.

ANDRAWES, N. R., W. P. BAGLEY & R. A. HERRETT (1971): Fate and carry over properties of TEMIK aldicarb pesticides (2-methyl-2- (methylthio)propionaldehyde O-(methyl-carbamoyl)oxime) in soil. — J. Agr. Food Chem. **19**: 727 — 731.

ANDRE, H. M. & P. LEBRUN (1980): Effects of air pollution on corticolous microarthropods in the urban district of Carleroi (Belgium).- In: BORNKAMM, R., LEE, J. A. & M.R.D. SEAWARD (eds.): Urban Ecology, 191 — 200, Oxford.

ANDRÉN, O. & J. LAGERLÖF (1983): Soil Fauna (Micrathropods, Enchytraeids, Nematodes) in swedish Agricultural Cropping Systems. - Acta agriculturae Scandinavica **33** (1): 33 — 52.

ANDRÉN, O. (1984): Soil mesofauna of arable land and its significance for decomposition of organic matter. — Dissertation, Universität Uppsala: 120 S.

ASSMUTH, W., BUSCHINGER, A., FRANZ, J. M., GROH, K. & W. TANKE (1985): Nebenwirkungen von Pflanzenschutzmaßnahmen auf die Agrozoozönose in Zuckerrübenkulturen. — In: Forschungsberichte DFG, Herbizide II Verhalten und Nebenwirkungen von Herbiziden unter besonderer Berücksichtigung der ökologischen Zusammenhänge: 12 — 25.

ATHIAS-HENRIOT, C. (1978). Le peuplement de PèdoGAMNUs (Arachnides, Parasitiformes) d'une chènaie de la règion parisienne. — Pedobiologia **18**: 235 — 248.

AUSMUS, B. S., G. J. DODSON & D. R. JACKSON (1978): Behavior of heavy metals in forest microcosms. III. Effects on litter-soil carbon metabolism. — Water Air Soil Pollut. **10**: 19 — 26.

BÅÅTH, E., BERG, B., LOHM, U., LUNDGREN, G., LUNDKVIST, H., ROSSWALL, T., SÖDERSTRÖM, B. & A. WIREN (1980): Effects of experimental acidification and liming on soil organisms and decomposition in a Scots pine forest. — Pedobiologia **20**: 85 — 100.

BAB (Bodenökologische Arbeitsgemeinschaft Bremen) (Hrsg.) (1988): Kommunale Kompostierung und Qualitätssicherung — Ein Handbuch. 139 S., ISBN 3-926 748-09-5.

BABEL, U. (1982): Die Beeinträchtigung der Bodenfauna durch landwirtschaftliche Kulturmaßnahmen. — In: Akademie für Naturschutz und Landschaftspflege (Hrsg.): Bodennutzung und Naturschutz, Fachseminar März 1982, Würzburg. Laufener Seminarbeiträge 3/82: 29 — 36.

BABICH, H. & G. STOTZKY (1977): Sensitivity of various bacteria, including actinomycetes, and fungi to cadmium and the influence of pH on sensitivity. — Appl. Environ. Microbiol. **33**: 681 — 695.

BABICH, H. & G. STOTZKY (1982): Gaseous and heavy metal air pollutions. In: R. G. BURNS & J. H. SLATER (eds.): Experimental Microbial Ecology, Blackwell, Oxford, 631 — 670.

BABICH, H. & G. STOTZKY (1985): Heavy metal toxicity to microbe- mediated ecologic processes: A review and potential application to regulatory policies. — Environmental Research **36**: 111 — 137.

BALLANTINE, W. J. (1961): A biologically defined exposure scale for the comparative description of rocky shores.- Field Studies **1**: 1 — 19.

BALOGH, J. (1972): The Oribatid Genera of the World. — Akademiai Kiado, Budapest: 188 S.

BALSBERG, A.-M. (1982): Plant biomass, primary production and litter disappearance in a *Filipendula ulmaria* meadow ecosystem, and the effects of cadmium. — Oikos **38**: 72 — 90.

BARBER, H. S. (1931): Traps for cave-inhabiting insects. — Journal of the Mitchell Society **46**: 259 — 265.

BARING, H. H. (1956): Die Milbenfauna eines Ackerbodens und ihre Beeinflussung durch Pflanzenschutzmittel. Teil I. — Z. angew. Ent. **39**: 410 — 444.

BARING, H. H. (1958): Die Milbenfauna eines Ackerbodens und ihre Beeinflussung durch Pflanzenschutzmittel. Teil II. — Z. angew. Ent. **41**: 17 — 51.

BARTSCH, I. (1974): Ein Beitrag zur Systematik, Biologie, und Ökologie der Halacaridae (Acari) aus dem Litoral der Nord- und Ostsee. II. Ökologische Analyse der Halacaridenfauna.- Abh. Verh. naturw. Ver. Hamburg **17**: 9 — 53.

BASARABA, J. & R. L. STARKEY (1966): Effect of plant tannins on decomposition of organic substances. — Soil Sci. **101**: 17 — 23.

BAUCHHENSS, J. (1977): Zur speziellen Problematik bodenzoologischer Untersuchungen. In: TÜXEN, R. (Hrsg.): Vegetation und Fauna. Berichte der Internationalen Symposien der Internationalen Vereinigung für Vegetationskunde. 25 — 47.

BAUCHHENSS, J. (1983): Die Bedeutung der Bodentiere für die Bodenfruchtbarkeit und die Auswirkung landwirtschaftlicher Maßnahmen auf die Bodenfauna. — Kali-Briefe **16**: 529 — 548.

BAUCHHENSS, J. (1986): Die Bodenfauna landwirtschaftlich genutzter Flächen. — Laufener Seminarbeiträge: Symposium „Bodenökologie" 6. — 7. Mai 1986; **7**: 18 — 28.

BAUDISSIN, F. Graf von (1952): Die Wirkung von Pflanzenschutzmitteln auf Collembolen und Milben in verschiedenen Böden. — Zool. Jb. (Syst.) **81**: 47 — 90.

BEARE, M. H., BLAIR, J. M. & R. J. PARMELEE (1989): Resource quality and trophic responses to simulated troughfall: effects on decomposition and nutrient flux in a no-tillage agroecosystem. — Soil Biol. Biochem. **8**: 1027 — 1036.

BECK, L. (1983): Zur Bodenbiologie des Laubwaldes. — Verh. Dtsch. Zool. Ges. **76**: 37 — 57.

BECK, L. (1985): Hinweise zur ökotoxikologischen Bewertung von Chemikalien am Beispiel des BMFT-Vorhabens: Vergleichende ökologische Untersuchungen in einem Buchenwald nach Einwirkung von Umweltchemikalien.- Mitt. Biol. Bundesanstalt f. Land- und Forstwirtschaft.

BECK, L. (1987): Begründung der ausgewählten Forschungsansätze und Forschungsbedarf. — In: Statusseminar „Bodenbelastung und Wasserhaushalt I (Bodenforschung)", Bonn.

BECK, L. (1989): Lebensraum Buchenwaldboden. 1. Bodenfauna und Streuabbau — eine Übersicht. — Verh. Ges. f. Ökol. **17**: 47 — 54.

BECK, L., DUMPERT, K., FRANKE, U., MITTMANN, H.-W., RÖMBKE, J. & W. SCHÖNBORN (1988): Vergleichende ökologische Untersuchungen in einem Buchenwald nach Einwirkung von Umweltchemikalien. — Jül-Spez **439**: 548 — 701.

BECK, T. (1986): Aussagekraft und Bedeutung enzymatischer und mikrobiologischer Methoden bei der Charakterisierung des Bodenlebens von landwirtschaftlichen Böden. — Veröff. d. Landw. Chem. Bundesanstalt Linz/Donau **18**: 75 — 100.

BECK, TH. (1984): Mikrobiologische und biochemische Charakterisierung landwirtschaftlich genutzter Böden. — Z. Pflanzenern. Bodenkunde **147**: 456 — 475.

BECK, TH. (1986): Aussagekraft und Bedeutung enzymatischer und mikrobiologischer Methoden bei der Charakterisierung des Bodenlebens von landwirtschaftlichen Böden. — Veröff. Landw. chem. Bundesanst. Linz/Donau **18**: 75 — 100.

BECKMANN, M. (1988): Die Entwicklung der Bodenmesofauna eines Ruderalökosystems und ihre Beeinflussung durch Rekultivierung: 1.Oribatiden (Acari: Oribatei). — Pedobiologia **31**: 391 — 408.

BECKMANN, M. (1988): Microarthropods in household refuse composts with particular reference to oribatid mites. — Ecol. Bull. **39**: 33 - 34.

BECKMANN, M. (1990): Die Sukzession der Bodenfauna und ihre Beziehung zu physikalischen und chemischen Parametern während der Rotte bei verschiedenen Kompostierungsverfahren. — Dissertation, Universität Bremen.

BEHRE, G. F. (1983): Die Sieb-Flotations-Methode. Bau und Erprobung eines ökologischen Arbeitsgerätes zur mechanischen Auslese von Bodenarthropoden. — Staatsexamensarbeit, Universität Bonn: 100 S.

BENGTSON, G. & L. TRANVIK (1989): Critical metal concentrations for forest soil invertebrates. — Water, Air, and Soil Pollution **47**: 381 — 417.

BENGTSSON, G. & S. RUNDGREN (1984): Groundliving invertebrates in metalpolluted forest soils. — Ambio **13**: 29 — 33.

BENGTSSON, G. & S. RUNDGREN (1988): The gusum case: A brass mill and the distribution of soil Collembola.- Can. J. Zool. **66**: 1518 — 1526.

BENGTSON, G. (1986): The optimal use of life strategies in transitional zones or the optimal use of transition zones to describe life strategies. In: VELTHUIS, H.H.W. (ed.): Proceedings of the Third European Congress of Entomology. Nederlandse Entomologische Vereiniging, Amsterdam. 193 — 207.

BENGTSSON, G. et al. (1985): Influence of metals on reproduction, mortality and population growth in *Onychiurus armatus* (Collembola). — J. Appl. Ecol. **22**: 967 — 978.

BENGTSSON, G. et al. (1988): Influence of soil animals and metals on decomosition process: a microcosm experiment. — J. Environ. Qual. **17**: 113 — 119.

BENGTSSON, G., GUNNARSSON, T. & S. RUNDGREN (1983): Growth changes caused by metal uptake in a population of *Onychiurus armatus* (Collembola) feeding on metal polluted fungi. — Oikos (Denmark) **40**: 216 — 225.

BENGTSSON, G., GUNNARSSON, T. & S. RUNDGREN (1985): Influence of metals on reproduction, mortality and population growth in *Onychiurus armatus* (Collembola).- J. Appl. Ecol. **22**: 967 — 978.

BERLESE, A. (1905): Apparachio per raccoglieri presto ed in gran numero piccoli Artropodi. — Redia **2**: 85 — 89.

BERNINI, F. (1984): Notulae Oribatologicae XXXII. Some new galumnid mites (Acarida, Oribatida) from North Africa exhibiting sexual dimorphism with some observations on racemiform organs. — Animalia **11**: 103 — 126.

BERTHET, P. (1971): Mites. In: Phillipson J (eds.): Methods of study in quantitative soil ecology: population, production, and energy flow. Oxford, Edinburgh. 186 — 208.

BESSE, F. & B. ULLRICH (1986): Belastungen von Waldböden — Wirkung und Bedeutung von Schadstoffeinträgen. — In: HEINRICHSMEIER et al. (Hrsg.): Belastungen der Land- und Forstwirtschaft durch äußere Einflüsse, DLG-Verlag (Frankfurt/Main): 83 — 116.

BEWLEY, R.J.F. (1980): Effects of heavy metal pollution on oak leaf microorganisms. —Appl. Environ. Microbiol. **40**: 1053 — 1059.

BEWLEY, R.J.F. (1981): Effects of heavy metal pollution on the microflora of pine needles. - Holarctic Ecol. **4**: 215 — 220.

BEYER, L. (1989): Nutzungseinfluß auf die Stoffdynamik schleswig- holsteinischer Böden — Humusdynamik und mikrobielle Aktivität. — Schriftenr. Inst. f. Pflanzener. u. Bodenk. 6, Kiel.

BEYER, L. (1990): Standortbewertung der biologischen Aktivität über Ermittlung der Bodenatmung und der zellulolytischen Aktivität im Feld. — Z. Pflanzenernähr. Bodenk. **153**: 261 — 269.

BEYER, L., WACHENDORF, C., BALZER, F. M. & U. R. BALZER-GRAF (1992): The use of biological methods to determine the microbiological activity of soils under cultivation. — Biol. Fert. Soils **13**: 242 — 247.

BEYER, R. (1957/58): Ökologische und brutbiologische Untersuchungen an Landisopoden der Umgebung von Leibzig. — Wiss. Zt. K. Marx Univ. Leibzig. mat.-nat. 2/3.

BEYER, R. (1964): Faunistisch-ökologische Untersuchung an Landisopoden in Mitteldeutschland. — Zool. Jb. Syst. **91**: 341 — 402.

BEYER, W. N., PATTEE, O. H., SILEO, L., HOFFMAN, D. J. & B. M. MULHERN (1985): Metal contamination in wildlife living near two zinc smelters. — Environ. Pollut. **38** A: 63 — 86.

BIERI, M., DELUCCHI, V. & C. LIENHARD (1978): Beschreibung von zwei Sonden zur standardisierten Entnahme von Bodenproben für Untersuchungen an Mikroarthropoden. — Mitt. Schweiz. Ent. Ges., **51**: 327 — 330.

BINNS, E. S. (1974): Notes on the biology of *Arctoseius cetratus* (SELLNICK) (Mesostigmata: Ascidae). — Acarologia **16**: 577 — 582.

BLAB, J. (1984): Grundlagen des Biotopschutzes für Tiere. — Schriftenr. f. Landschaftspflege und Naturschutz, **24**. Bundesforschungsanstalt für Naturschutz und Landschaftsökologie. Greven: Kilda-Verlag.

BŁASZAK, C. (1974): Zerconidae (Acari: Mesostigmata) Polski. Monografie Fauny Polski: 3. — Kraków: Panstwowe Wydawnictwo Naukowe, 308 S.

BŁASZAK, C. (1980): Methodical investigations on determination of micromedia of Mesostigmata (Acari) mites in the pine forest soil of the Wielkopolski National Park. — PT Gleb. Pr. Kom. Nauk., **3** (24): 5 — 10 (polnisch mit englischer Zusammenfassung).

BŁASZAK, C., EHRNSBERGER, R. & R. SCHUSTER (1990): Beiträge zur Kenntnis der Lebensweise der Litoralmilbe *Macrocheles superbus* HULL, 1918 (Acarina: Gamasina. — Osnabrücker naturwiss. Mitt. **16**: 51 — 62.

BŁASZAK, C., NIEDBALA, W., RAJSKI, A. & A. SZEPTYCKI (1977): The diferentiation of Acari and Apterygota in Pineto Vaccinetum Myrtili typicum in Puszcza Kampinoska National Park. Preliminary report. — Ecol. Bull. Stockholm **25**: 508 — 511.

BLICK, T. (1988): Ökologisch-faunistische Untersuchungen an der epigäischen Spinnenfauna (Araneae) oberfränkischer Hecken. — Unveröff. Diplomarbeit, Univ. Bayreuth, 104 S.

BLICK, T. (1989): Die Beziehungen der epigäischen Spinnenfauna von Hecken zum Umland (Arachnida: Araneae). — Mitt. Dtsch. Ges. Allg. Angew. Ent., Giessen **7**(1-3): 84 — 89.

BLOWER, J. G. (1955): Millipedes and Centipedes as soil animals. In: KEVAN, D. K. McE (ed.), — Soil Zoology London: 138 — 151.

BLUME, H.-P. (1990): Handbuch des Bodenschutzes. ecomed Verlagsgesellschaft, Landsberg: 668 S.

BOCKEMÜHL, J. (1956): Die Apterygoten des Spitzberges bei Tübingen, eine faunistisch-ökologische Untersuchung. — Zool. Jb. (Syst.) **84**: 113 — 194.

BOCKEMÜHL, J. (1981): Vom Leben des Komposthaufens. — Dornach/Schweiz (Philosophisch-Anthroposophischer Verlag Goetheanum), 67 S.

BODE, E. (1973): Beiträge zu den Erscheinungen einer Sukzession der terricolen Zoozönose auf Rekultivierungsflächen.- Diss. Braunschweig.

BORDONS, A (1985): Accumulation of nickel by resistant bacteria isolated from activated sludge. In: LEKKAS, T. D. (ed.): Heavy metals in the environment, Vol. I. CEP Consultants; Edinburgh. 69 — 71.

BORN, H. (1984): Untersuchungen zur Effizienz des Extraktionsverfahrens nach O'CONNOR und Vergleich von Kurz- und Langzeitextraktionen von Enchytraeen. — Prot. Workshop Methoden der Mesofaunaerfassung und PCP-Wirkung, Bremen.

BÖRNER, H. (1983): Pflanzenkrankheiten und Pflanzenschutz. — Ulmer (Stuttgart), UTB **518**: 406 S.

BOUCHÉ, M.B. (1972): Lombriciens de France. Écologie et systématique. — Institut National de la Recherche Agronomique, Paris.

BRACEWELL, J. M., K. HAIDER, S. R. LARTER & H.-R. SCHULTEN (1989): Thermal degradation relevant to structural studies of humic substances. In: M. H. B. HAYES, P. MACCARTHY, R. L. MALCOLM & R. S. SWIFT (eds.) Humic substances II. In search of structure. — J. Wiley & Sons, Chichester S. 181 — 222.

BRUCKER, G. & D. KALUSCHE (1976): Bodenbiologisches Praktikum. Quelle & Meyer, Heidelberg.

BRUSSAARD, L., BOUWMAN, L. A., GEURS, M., HASSINK, J. & K. B. ZWART (1990): Biomass, composition and temporal dynamics of soil organisms of a silt loam soil under conventional and integrated management. — Neth. J. Agricult. Sci. **38**: 283 — 302.

BUCHANAN, M. & L. D. KING (1992): Seasonal fluctuations in soil microbial biomass carbon, phosphorus, and activity in non-till and reduced-chemical-input maize agroecosystems. — Biol. Fert. Soils **13**: 211 — 217.

BULL, D. L. (1968): Metabolism of UC-21149 (2-methyl-2-(methylthio)propionaldehyde O-(methyl-carbamoyl)oxime) in cotton plants and soil in the field. — J. Econ. Entomol. **61**: 1598.

BUNDESMINISTER DES INNERN (1985): Bodenschutzkonzeption der Bundesregierung. - Kohlhammer, Stuttgart.

BURN, A. J. (1988): Effects of scale on the measurement of pesticide effects on invertebrate predators and predation. — In: GREAVES, M. P. et al. (eds.): Field methods for the study of environmental effects of pesticides, Symp. (Cambridge), BCPC Monograph **40**: 109 — 118.

BURYN, R. & P. HARTMANN (1992 a): Gamasid fauna (Acari, Mesostigmata) of a hedge and adjacent meadows in Upper Franconia (Bavaria, Germany). — Pedobiologia, **36**: 97 — 108.

BURYN, R. (1990): Untersuchungen an Raubmilben (Gamasida, Acari) in oberfränkischen Hecken. — Unveröff. Diplomarbeit, Univ. Bayreuth, 108 S.

BURYN, R. (1991): Die Gamasidenfauna eines Fichtenforstes im Fichtengebirge (Oberwarmensteinach) — Einfluß der Kalkdüngung. — Bericht an das Bayreuther Institut für Terrestrische Ökosystemforschung.

BUSCH, D., SCHIRMER, M., SCHUCHARDT, B. & K. SCHRÖDER (1989): Der Ausbau der Unterweser zum Großschiffartsweg und seine Auswirkungen auf das Flußökosystem und die Flußfischerei.- N. Arch. f. Nds. **33** (1): 60 - 80.

BUTCHER, J. W. et al. (1971): Bioecology of edaphic Collembola and Acarina. — Ann. Rev. of Ent., **16**: 249 — 288.

BUTZ-STRAZNY, F. & R. EHRNSBERGER (1988): Einfluß vom Grubber und Pflug auf die Milbenfauna im Ackerboden mit besonderer Berücksichtigung der Mesostigmata. — Osnabrücker naturwiss. Mitt. **14**: 167 — 186.

CAMERON, G. N. & T. W. LAPOINT (1978): Effects of tannins on the decomposition of Chinese tallow leaves by terrestrial and aquatic invertebrates. — Oecologia **32**: 349 — 366.

CANCELA DA FONSECA, J. P. & N. POINSOT-BALAGUER (1983): Les régimes alimentaires des microarthropodes du sol en relation avec la décomposition de la matière organique. — Bull. Soc. Zool. France **108** (3): 371 — 388.

CAPONE, D. G., REESE, D.D. & R. P. KIENE (1983): Effects of metals on methanogenesis, sulfate reduction, carbon dioxide evolution and microbial biomass in anoxic salt marsh sediments. — Appl. Environ. Micobiol. **45**: 1586 — 1591.

CARASSO, N. & P. FAVARD (1966): Mise en evidence du calcium dans les myonèmes pédonculaires de cilies peritriches. — J. Microscopie **5**: 759 — 770.

CARPENTER, J., ODUM, W. E. & A. MILLS (1983): Leaf litter decomposition in a reservoir affected by acid mine drainage. — Oikos **41**: 165 — 172.

CHERNOVA, N. M. (1963): Dinamika cislennosti kollembol v kompostach iz listovogo opada. — Zoologiceskij zurnal **42** (9): 1370 — 1382 (Dynamik der Collembolenzahl in Laubkomposten).

CHERNOVA, N. M. (1970): Gesetzmäßigkeiten der Verteilung der Mikroarthropoden im Komposthaufen. — Pedobiologia **10**: 365 — 372.

CHRISTIANSEN, K. (1964): Bionomics of Collembola. — Ann. Rev. Entomol. **9**: 147 — 178.

CISTERNAS, R. & R. MIGNOLET (1982): Accumulation of lead in decomposing litter. — Oikos **38**: 361 — 364.

CLARHOLM, M. (1985): Interactions of bacteria, protozoa and plants leading to mineralization of soil nitrogen. — Soil Biol. Biochem. **17**: 181 — 187.

COLE, M. A. (1977): Lead inhibition of enzyme synthesis in soil. — Applied and Environmental Microbiology **33** (2): 262 — 268.

COLEMAN, D. C., INGHAM, E. R., HUNT, H. W., ELLIOTT, E. T., REID, C. P. P. & J. C. MOORE (1990): Seasonal and faunal effects on decomposition in semiarid prairie, meadow and lodgepole pine forest. — Pedobiologia **34**: 207 — 219.

COUGHTREY, P. J., JONES, C. H., MARTIN, M. H. & S. W. SHALES (1979): Litter accumulation in woodlands contaminated by Pb, Zn, Cd and Cu. — Oecologia (Berl.) **39**: 51 — 60.

CRAWFORD, C. S., MINION, G.P. & M. D. BOYERS (1983): Intima morphology, bacterial morphotypes and effects of animal molt on microflora in the hindgut of the desert millipede *Orthoporus ornatus* (GIRARD) (Diplopoda: Spirostreptidae). — Int. J. Insect Morph. Embryol. **12**: 301 — 312.

CRIST, T.O., WILLIAMS, N. R., AMTHOR, J. S. & T. G. SICCAMA (1985): The lack of an effect of lead and acidity on leaf decomposition in laboratory microcosms. — Environ. Pollut. (Ser. A) **38**: 295 — 303.

CURRY, J. P. (1986): Effects of management on soil decomposers and decomposition processes in grassland. — In: MITCHELL, M. J. & J. P. NAKAS (eds.): Microfloral and faunal interactions in natural and agro-ecosystems, Nijhoff/Junk Publishers (Dordrecht): 349 — 398.

CURRY, J. P. (1987): The invertebrate fauna of grassland and its influence on productivity. III. Effects on soil fertility and plant growth. Grass and Forage Science **42**: 325 — 341.

CYRAN, E. & G. MADEJ (1990): Zasiedlanie zwalow po eksploatacji rud zelaza przez roztocze z rzedu Mesostigmata (Arachnida, Acari). I. Struktura zgrupowan. — Acta Biol. Siles. **16** (33): 139 — 160.

DALLINGER, R. & F. PROSI (1988): Heavy metals in terrestrial isopod *Porcellio scaber* LATREILLE. II. Subcellular fractionation of metal- accumulating lysosomes from the hepatopancreas. — Cell Biology and Toxicology **4**: 97 — 109.

DEIXLER (1990): Biotopkartierung in Bayern; in: Kommunalpraxis 5.

DEKKER, A. & N.W.H. HOUX (1983): Simple determination of oxime carbamates in soil and environmental water by high pressure liquid chromatography. — J. Envir. Sci. Health **18**: 379 — 392.

DIELMANN, H. (1982): Untersuchung zur Collembolenfauna verschiedener Weinbergsböden im oberen Rheingau. — Diplomarbeit, Bonn.

DIELMANN, M. (1991): Zur Taxonomie der Raubmilben (Acari: Gamasina) unter besonderer Berücksichtigung der Gattung *Pergamasus* BERLESE, 1904. Diss. Univ. Karlsruhe.

DINDAL, D. L. (1977): Biology of Oribatid Mites. — State University of New York, College of Env. Sci. & Forestry, Syracuse, N. Y.

DISTER, E. (1983): Anthropogene Wasserstandsänderungen in Flußauen und ihre ökologischen Folgen — Beispiele vom Oberrhein-und vom Rio Magdalena (Kolumbien). — Verh. Ges. Ökol. (Festschrift Ellenberg) **11**: 89 — 100.

DOELMAN, P. & L. HAANSTRA (1979a): Effects of lead on the decomposition of organic matter. — Soil Biol. Biochem. **11**: 481 — 485.

DOELMAN, P. & L. HAANSTRA (1979b): Effects of lead on the soil bacterial microflora. — Soil Biol. Biochem. **11**: 487 — 491.

DOMSCH, K. H. (1972): Interactions of soil microbes and pesticides. — Symp. Biol. Hung. **11**: 337 — 347.

DOMSCH, K. H. (1988): Wirkungen pflanzenbaulicher Produktionstechniken auf das Bodenleben. — Naturschutz und Landwirtschaft. H. **4**, aus d. Schr.-R.: Integrierter Pflanzenschutz.

DOWDY, W. W. (1975): Energetics of the diplopod, *Auturus evides*. — Am. Midl. Nat. **93**: 459 — 463.

DUMBECK, G. & T. HARRACH (1985): Porenvolumen bei Bodenverdichtungen. — Mitt. Dtsch. Bodenkundl. Ges. **43**: 213 — 218.

DUNGER, W. & J. FIEDLER (Hrsg.) (1989): Methoden der Bodenbiologie. — Gustav Fischer, Stuttgart, New York.

DUNGER, W. (1958): Über die Zersetzung der Laubstreu durch die Bodenmakrofauna im Auenwald. — Zool. Jahrb. Abt. Syst. Ökol. Geogr. Tiere **86**: 139 — 180.

DUNGER, W. (1968): Die Entwicklung der Bodenfauna auf rekultivierten Kippen und Halden des Braunkohletagebaus. Ein Beitrag zur pedozoologischen Standortsdiagnose. — Ab. Ber. Naturkd. Museum Görlitz **43** (2): 256.

DUNGER, W. (1972): Systematische und ökologische Studien an der Apterygotenfauna des Neißetales bei Ostritz (Oberlausitz). — Abh. Ber. Nat. Mus. Görlitz **47**: 1 — 42.

DUNGER, W. (1973): Tiere im Boden. — A. Ziemsen, Wittenberg, 265 S.

DUNGER, W. (1982): Die Tiere des Bodens als Leitformen für anthropogene Umweltveränderungen. — Dechenieana-Beihefte **26**: 151 — 157.

DUNGER, W. (1983): Tiere im Boden. — A. Ziemsen, Wittenberg Lutherstadt.

DUNGER, W. (1988): Ökologische Funktionen der Tiere im Boden. — Wiss. Z. Ernst-Moritz-Arndt-Univ. Greifswald, Math.-nat. wiss. Reihe **37**: 44 — 47.

DUNGER, W. (1989): — Bodenbiologische Aspekte der Bodennutzung. — Abh. Sächs. Akad. Wiss. Leipzig, Math.-nat. Klasse **56** (4): 67 — 75.

DUNGER, W. (1991): Zur Primärsukzession humiphager Tiergruppen auf Bergbauflächen. — Zool. Jahrb. Syst. **118**: 423 — 447.

DUXBURY, T. & B. BICKNELL (1983): Metal-tolerant bacterial populations from natural and metalpolluted soils. - Soil Biol. Biochem. **15**: 243 — 250.

DUXBURY, T. (1985): Ecological aspects of heavy metal responses in microorganisms. In: MARSHALL, K.C. (ed.): Advances in microbial ecology, Vol 8. Plenum Press; New York, London. 185 — 235.

EDWARDS, C. & A. R. THOMPSON (1973): Pesticides and the soil fauna. — Residue Review **45**: 1 — 79.

EDWARDS, C. A. & C. J. STAFFORD (1979): Interactions between herbicides and the soil fauna. — Ann. Appl. Biol. **91**: 132 — 137.

EDWARDS, C. A. & J. R LOFTY (1969): The influence of agricultural practice on soil microarthropod populations. In: SHEALS (ed.): The Soil Ecosystem, J. G. SHEALS (ed.) pp. 237 — 247. Syst. Assoc. Pub. No. **8**, London.

EDWARDS, C. A. & J. R. LOFTY (1977): The influence of invertebrates on root growth of crops with minimal or zero cultivation. — Ecol. Bull. **25**: 348 — 356.

EDWARDS, C. A. & K. E. FLETCHER (1971): A comparison of extraction methods for terrestrial arthropods. — In: J. PHILLIPSON (ed.), Methods of study in quantitative soil ecology: Population, production and energy flow. — IBP Handbook **18**: 150 — 185.

EDWARDS, C. A. (1969): Soil pollutants and soil animals. — Scient. Am. **220**: 88 — 99.

EDWARDS, C. A. (1977): Investigations into the influence of agricultural practice on soil invertebrates. — Ann. Appl. Biol. **87**: 515 — 520.

EDWARDS, C. A. (1991): The assessment of populations of soil- inhabiting invertebrates. — Agric., Ecosystems & Environment **34**: 145 — 176.

EHNSBERGER, R. (1977): Fortpflanzungsverhalten der Rhagidiidae (Acarina: Trombidiformes — Acarologia, **XIX** (1): 67 — 73.

EHNSBERGER, R. (1988): Mating behaviour of *Linopodes* sp. (Acariformes: Eupodoidea). — In: CHANNABASAVANNA, G. P. & C. A. VIRAKTAMATH (eds.): Progress in Acarology, Oxford IBB Publishing, **1**: 211 — 218.

EHRNSBERGER, R. (1981): Ernährungsbiologie der bodenbewohnenden Milbe *Rhdgidia* (Trombidiformes). — Osnabrücker naturwiss. Mitt. **8**: 127 — 132.

EHRNSBERGER, R. (1988): Entscheidungen im Naturschutz. — In: Ökologie und Naturschutz, Friedrich, Seelze: 79 — 82.

EHRNSBERGER, R. (1989): Bodentiere und Bodenfruchtbarkeit. — Unterricht Biologie **144**: 34 — 37.

Ehrnsberger, R. (1989): Extensivierung der Agrarproduktion und Flächenstillegung — Was bringen sie wirklich für den Naturschutz? - In: WINDHORST, H. W. (Hrsg.): Alternativen in der Agrarproduktion — Ein Ausweg aus den Problemen? Die Violette Reihe, Cloppenburg **10**: 59 — 108.

EICHHORN, H., TEBRÜGGE, F., FREDE, H.-G. & T. HARRACH (1991): Beurteilung von Bodenbearbeitungssystemen hinsichtlich ihrer Arbeitseffekte und deren langfristigen Auswirkungen auf das Ökosystem Boden (BMFT-Verbundvorhaben). — Z. f. Kulturtechnik und Landentwicklung **32** (2): 65 — 70.

EISENBEIS, G. & R. FELDMANN (1991): Zoologische Untersuchungen zum Status der Bodenfauna im Lennebergwald bei Mainz. — In: POLLICHIA-Buch **23**: 521 — 682. LICHT, W. & S. KLOS (eds.): Das Ökosystem „Lennebergwald" bei Mainz. Ergebnisse eines interdisziplinären Forschungsprojektes 1987 — 1990.

EISENBEIS, G. & W. WICHARD (1985): Atlas zur Biologie der Bodenarthropoden. — Fischer Stuttgart, New York: 434 S.

EISENBEIS, G. (1974): Licht- und elektronenmikroskopische Untersuchungen zur Ultrastruktur des Transportepithels am Ventraltubus arthropleoner Collembolen (Insecta). — Cytobiol. **9**: 180 — 202.

EISENBEIS, G. (1976): Zur Feinstruktur und Histochemie des Transport- Epithels abdominaler Koxalblasen der Doppelschwanzart *Campodea staphylinus* (Diplura: Campodeidae). — Ent. Germ. **3**: 185 — 201.

EISENBEIS, G. (1982): Physiological absorption of liquid water by Collembola: Absorption by the ventral tube at different salinities. — J. Insect Physiol. **28**: 11 — 20.
EITMINAVICIUTE, I., BAGDANAVICIENE, Z., KADYTE, B., LAZAUSKIENE, L. & I. SUKACKIENE (1976): Characteristic succession of microorganisms and soil invertebrates in the decomposition process of straw and lupine. — Pedobiologia **16** (2): 106 — 115.
EKSCHMITT, K. (1993): Variabilität in ökologischen Systemen. — Verh. Ges. Ökologie (22. Jahrestagung Zürich, 1992) **22**: im Druck.
EL BASSAM, N. & C. TIETJEN (1980): Flächenkompostierung kommunaler Abwässerschlämme — Verfahren sowie Einfluß auf Ertragsbildung und Inhaltsstoffe von Böden, Wasser und Pflanzen. — Landbauforsch. Völkenrode **30**: 51 — 78.
EL TITI, A. (1984): Auswirkungen der Bodenbearbeitungsart auf die edaphischen Raubmilben (Mesostigmata: Acarina). — Pedobiologia, **27**: 79 — 88.
EL TITI, A. (1986): Einfluß von Bodeninsektiziden und organischer Düngung auf Vertreter der Raubmilbenfamilie Rhodacaridae (Mesostigmata: Acarina). — Pfl. Krankh. **93** (5): 503 — 508.
ELBADRY, E. A. (1973): A Comperative Ecological Analysis of the Soil Mesostigmata (Acarina) Associated with some Coniferous Bavarian Forest. — Z. ang. Ent., **73**: 117 — 128.
ELLENBERG, H. (1972): Belastung und Belastbarkeit von Ökosystemen. - Tagungsbericht Ges. Ökol. Gießen: 15 — 26.
ELLENBERG, H., MAYER, R. & J. SCHAUERMANN (Hrsg.) (1986): Ökosystemforschung - Ergebnisse des Sollingprojektes. — Verlag Eugen Ulmer: 507 S.
ENGELMANN, H.-D. (1978): Zur Dominanzklassifizierung von Bodenarthropoden. — Pedobiologia **18**: 378 — 380.
ERNST, W. H. O. & E. N. G. JOOSSE-VAN DAMME (1983): Umweltbelastung und Mineralstoffe — Biologische Effekte. — G. Fischer, Stuttgart: 234 S.
ERNSTING, G. (1977): Effects of food deprivation and type of prey on predation by *Notiophilus biguttatus* F. *(Carabidae)* on Springtails *(Collembola).* — Oecologia **31**: 13 — 20.
EVANS, G. O. & W. M. TILL (1979): Mesostigmatic mites of Britain and Ireland (Chelicerata: Acari — Parasitiformes). An introduction to their external morphology and classification. — Trans. zool. Sc. Lond. **35** (2): 139 — 270. — London: Academic Press.
EVANS, G. O. (1982): Observations on the genus *Protogamsellus* KARG (Acari: Mesostigmata). — Acarologia t. **23** (4): 303 — 314.
FAIN, A. (1976): Notes on the species of the Genus *Schwiebea* described by OUDEMANS (Acarina, Astigmata). — Zool. Mededel. **50**: 121 — 131.
FAIRBRIDGE, R. W. (1980): The Estuary: Its Definition and Geodynamic Cycle. in: E. OLAUSSON & I. CATO (eds.): Chemistry and Biogeochemistry of Estuaries. John Wiley & Sons Ltd.
FILSER, J. (1991): Sommer- und Wintergesellschaften der epigäischen Collembolen in Hopfengärten unterschiedlicher Bewirtschaftung. — Verh. d. Ges. f. Ökologie **20** (I): 55 — 60.
FILSER, J. (1992): Dynamik der Collembolengesellschaften als Indikatoren für bewirtschaftungsbedingte Bodenbelastungen — Hopfenböden als Beispiel. — Diss. (Univ. München). Vlg. Shaker, Aachen: 136 S.
FJELLBERG, A. (1980): Identification keys to Norwegian Collembola. — Norsk Entomologisk Forening.
FLIEßBACH, A. & H. REBER (1990): Effects of longterm sewage sludge application on microbial parameters. EG-Cost 681 Symposium "Effects of organic contaminants in sewage sludge on soil fertility, plants and animals". — Braunschweig, 06. — 08.06.1990.
FRANZ, H. (1956): Aufgaben der Bodenzoologie im Rahmen der Bodenwissenschaften und Voraussetzungen für ihre Erfüllung. — VI. Congr. de la Sci., du Sol; Bd. C (com. III): 81 — 86, Paris.

FRANZ, H. (1961): Bodenbiologische Probleme der Güllerei. — Bund. Vers. Anst. Alpenland. Landw. Gumpenstein. — Ber. 3. Arbeitstag. Fragen der Güllerei. 61 — 69.

FRANZ, H. (1975): Wandel der Bodenfauna unter dem Einfluß menschlicher Aktivitäten. IN: VANEK, J. (eds.): Progress in Soil Zoology 25 — 29.

FREEDMAN, B. & T. C. HUTCHINSON (1980): Smelter pollution near Sudbury, Ontario, Canada, and effects on forest litter decomposition. — NATO Conf. Ser., Ser.1 (Ecology) 4: 395 — 434.

FRIEBE, B. & W. HENKE (1991): Bodentiere und deren Strohabbauleistungen bei reduzierter Bodenbearbeitung. — Z. f. Kulturtechnik und Landentwicklung 32 (2): 121 — 126:

FRIEBE, B. & W. HENKE (1992): Regenwürmer und deren Abbauleistung bei abnehmender Bearbeitungsintensität. — In: FRIEBE, B. (Hrsg.): Wechselwirkungen von Bodenbearbeitungssystemen auf das Ökosystem Boden. Beiträge zum 3. Symposium vom 12. — 13. Mai 1992 in Gießen: 139 — 145. Wiss. Fachverlag Dr. Fleck, Niederkleen.

FRIEBE, B. (1988): Netzbeutelversuche in landwirtschaftlich genutzten Flächen — Methodische und praktische Probleme. — Tagungsprotokoll des 5. Plenums Bodenmesofauna, Bonn, Oktober 1988: 10 S.

FRIEBE, B. (1990): Besiedlung des Ackerbodens durch die Meso- und Makrofauna in Abhängigkeit von der Bodenbearbeitung. — Verh. Ges. f. Ökol. 19 (2): 246 — 252.

FRITSCH, N. & G. EISENBEIS (1993): Auswirkungen der Waldkalkung auf die Bodenmesofauna Ergebnisse aus dem Fichtenstandort Hunsrück. — Mitt. Forstl. Versuchsanstalt Rheinland-Pfalz 21/1992: 123 — 146.

FRITSCH, N. (1989): Differenzierung bestandeshydrologischer Bereiche anhand von Collembolenzönosen. — Diplomarbeit, Saarbrücken.

FRITSCH, N. (1990): Der chemische Bodenzustand unter dem Einfluß des Stammablaufs in Altbuchenbeständen. — Diplomarbeit, Saarbrücken.

FRITSCH, N. (1992): Collembolen im Stammablaufbereich von Buchen — Untersuchungsfläche Bliesmengen-Bolchen / Bliesgau —. — Faunistisch-floristische Notizen aus dem Saarland 24.Jhg.: 225 — 248.

FROMM, H., FILSER, J. & F. BEESE: Die Verteilung von Collembolen in einer heterogenen Agrarlandschaft. — Mitt. DBG (Blankenburg 1992, i. Druck).

FRÜND, R. & H.-D. LÜDEMANN (1989): The quantitative analysis of solution and CPMAS-C-13 NMR spectra of humic materials. — Sci. Total Environ. 81/82: 157 — 168.

FUNKE, W. (1986): Tiergesellschaften im Ökosystem Fichtenforst (Protozoa, Metazoa-Invertebrata). Indikatoren von Veränderungen in Waldökosystemen. — Projekt Europäisches Forschungszentrum für Maßnahmen zur Luftreinhaltung (PEF); Kernforschungszentrum Karlsruhe (Hrsg.): 150 S.

GANNING, B. (1970): Population Dynamics and Salinity Tolerance of Hyadesia fusca (LOHMANN) (Acarina, Sarcoptiformes) from Brackish Water Rockpools, with Notes on the Microenvironment inside Enteromorpha Tubes.- Oecologia (Berl.) 5: 127 — 137.

GARBE, V., PAPE, T.-F. & R. HEITEFUSS (1989): Nach Zuckerrüben-Mulchsaat mehr Collembolen und Wurzelbrand? — PSP 1989 (1): 15 — 17.

GEHLEN, P. & D. SCHRÖDER (1990): Variabilität mikrobiologischer Eigenschaften von Böden aus gleichem Substrat und ähnlicher Bewirtschaftung. — Kali-Briefe 19: 545 — 556.

GEHRT, E. (1988): Bodenkarte von Niedersachsen. 1 : 250.000, Grundkarte. — Nieders. Landesamt für Bodenforschung, Hannover.

GERDSMEIER, J. (1984): Zur Kenntnis der Colembolenfauna immissionsbelasteter Waldböden. — Diplomarbeit, Münster.

GERE, G. (1956): The examination of the feeding biology and the humificative function of Diplopoda and Isopoda. — Acta Biol. Acad. Sci. Hung. 6: 257 — 271.

GERKEN, B. (1988): Auen — Verborgene Lebensadern der Natur. — Rombach, Freiburg.

GERS, C. (1982): Incidence de la simplification du travail du sol sur la microfaune édaphique hivernale: données préliminaires. — Rev. Ecol. Biol. Sol 19 (4): 593 — 604.
GHILAROV, M.-S. (1978): Bodenwirbellose als Indikatoren des Bodenhaushalts und von bodenbildenden Prozessen. — Pedobiologia 18: 300 — 309.
GHILJAROV, M.-S. (ed.) (1977): „Opredelitel obitajuscich v potchve kleschtschey" Mesostigmata. Akademia Nauk CCCP. Leningrad: Izdatelstvo Nauka, 717 S.
GINGELL, S. M., CAMPBELL, R. & M. H. MARTIN (1976): The effect of zinc, lead and cadmium pollution on the leaf surface microflora. — Environ. Pollut. 11: 25 — 37.
GISI, U., SCHENKER, R., SCHULIN, R., STADELMANN, F. X. & H. STICHER (1990): Bodenökologie. — 336 pp., Thieme, Stuttgart.
GISIN, H. (1943): Ökologie und Lebensgemeinschaften der Collembolen im schweizerischen Exkursionsgebiet. — Rev. suisse Zool. 50: 131 — 224.
GISIN, H. (1960): Collembolenfauna Europas. — Genf.
GLATZEL, G. & M. KAZDA (1984): Schwermetallanreicherung und Schwermetallverfügbarkeit im Einsickerungsbereich von Stammablaufwasser in Buchenwäldern (Fagus sylvatica) des Wienerwaldes. — Z. Pflanzenernaehr. Bodenk., 147: 743 — 752.
GLATZEL, G., SONDEREGGER, E., KAZDA, M. & H. PUXBAUM (1983): Bodenveränderungen durch schadstoffangereicherte Stammablaufniederschläge in Buchenbeständen des Wienerwaldes. — AFZ, 26/27: 693 — 694.
GLAVAC, V., JOCHHEIM, H., KOENIES, H., RHEINSTÄDTER, R. & H. SCHÄFER (1985): Einfluß des Stammablaufwassers auf den Boden im Stammfußbereich von Altbuchen in unterschiedlich immissionsbelasteten Gebieten. — AFZ, 51/52: 397 — 398.
GLOCKEMANN, B. & O. LARINK (1989): Einfluß von Klärschlammdüngung und Schwermetallbelastung auf die Milben, speziell Gamasiden, in einem Ackerboden. Pedobiologia 33: 237 — 246.
GOTTSCHALK, M. R. & D. J. SHURE (1979): Herbicide effects on leaf litter decomposition processes in an oak-hickory forest. — Ecology 60: 143 — 151.
GRAEFE, U. (1987): Eine vereinfachte Extraktionsmethode für terrestrische Enchytraeiden. — Mitt. Hamburg zool. Mus.
GRANDJEAN, F. (1962): Nouvelles observations sur les oribates. (2e série). — Acarologia 4: 396 — 422.
GRUTTKE, H., KRATZ, W. & G. Weigmann (1987): Zur Wirkung von Cadmiumnitrat auf die Makrofauna eines Ruderalökosystems. - Verh. Ges. Ökol. (Gießen) 16: 431 — 435.
GUNNARSSON, T. & A. TUNLID (1986): Recycling of faecal pellets in isopods: microorganisms and nitrogen compounds as potential food for Oniscus asellus L.. - Soil Biol. Biochem. 18: 595 — 600.
GUTTMANN, R. (1979): Untersuchungen zur Entwicklung der Bodenfauna rekultivierten Schutthalden eines Stahlwerkes.- Diss. Braunschweig.
HAARLOV, N. (1960): Microarthropods from Danish soils. — Oikos /Copenhagen) 3: 1 — 176.
HÅGVAR, S. & G. ABRAHMSEN (1990): Microarthropoda and Enchytraeidae (Oligochaeta) in naturally lead-contaminated soil: a gradient study. — Environ. Entomol. 19: 1263 — 1277.
HÅGVAR, S. (1988): Acid rain and soil fauna. — In: J. C. ITURRONDOBEITIA (Ed.): Biologia Ambiental. I. Serv. Editor. Univers. Pais Vasco. Bilbao: 191 — 201.
HÅGVAR, S. (1988): Decomposition studies in an easily-constructed microcosm: effects of microarthropods and varying soil pH. — Pedobiologia 31: 293 — 303.
HAIDER, K., WEIDEMANN, G. & J.C.G. OTTOW (1990): Memorandum "Bodenbiologie". — Mitteilungsblatt der Deutschen Bodenkundlichen Gesellschaft, IX-X.
HANDELMANN, D. (1992): Experimentelle Untersuchungen zur Dispersion von Bodenmikroarthropoden am Beispiel der Collembola (Insecta). — Diplomarbeit Univ. Bremen, FB 2.

HANDSCHIN, E. (1929): Urinsekten oder Apterygota. — Jena.
HANLON, R.D.G. & J. M. ANDERSON (1980): Influence of macroarthropod feeding activities on microflora in decomposing oak leaves. — Soil Biol. Biochem. **12**: 255 — 261.
HANLON, R.D.G. (1981 a): Some factors influencing microbial growth on soil animal faeces. I. Bacterial and fungal growth on particulate oak leaf litter. — Pedobiologia **21**: 257 — 263.
HANLON, R.D.G. (1981b): Some factors influencing microbial growth on soil animal faeces. II. Bacterial and fungal growth on soil animal faeces. — Pedobiologia **21**: 264 — 270.
HARRACH, T. & U. RICHTER (1992): Wirkung von Bodenbearbeitungsverfahren auf den Stickstoffhaushalt im System Boden-Pflanze. — In: FRIEBE, B. (Hrsg.): Wechselwirkungen von Bodenbearbeitungssystemen auf das Ökosystem Boden. Beiträge zum 3. Symposium vom 12. — 13. Mai 1992 in Gießen: 81 — 96, Wiss. Fachverlag Dr. Fleck, Niederkleen.
HASSALL, M., TURNER, J.G. & M.R.W. RANDS (1987): Effects of terrestrial isopods on the decomposition of woodland leaf litter. — Oecologia **72**: 597 — 604.
HEIMANN-DETLEFSEN, D. (1991): Auswirkungen eines unterschiedlich intensiven Pflanzenschutz- und Düngemitteleinsatzes auf die Collembolenfauna des Ackerbodens. — Diss. (Braunschweig): 164 S.
HEINRICHEFREISE, A. (1981): Zum Natuschutzwert der Wälder in der badischen Rheinaue. — Natur u. Landschaft, 56. Jg., **10**: 359 — 362.
HEISLER, C. (1989): Erfassung der Collembolen- und Milbenfauna einer Ackerfläche. — Zool. Anz. **223**: 239 — 248.
HEISLER, C. (1990): Collembolen und Raubmilben auf unterschiedlich verdichteten Ackerflächen unter Getreide. — Verh. Ges. f. Ökol. **19** (2): 262 — 267.
HEISLER, C. (1991): Einfluß von Gefügeschäden infolge mechanischer Belastungen auf die Springschwanz-Besiedlung einer konventionell bewirtschafteten Ackerfläche (Collembola). — Entomol. Gener. **16** (1): 39 — 52.
HEITKAMP, U. & J. SCHAUERMANN (1982): Modifikationen zur Substratextraktion der Enchytraeidae mit einer Wassertauchmethode. - Kurzmitt. SFB **135**: 33 — 38.
HEMPHILL, D. D. Jr. et al. (1982): Sweet corn response to three sewage sludges. — J. Environ. Qual. **11**: 191 — 196.
HENATSCH, B. (1990): Ökofaunistische Untersuchungen der epigäischen Coleopterenfauna (Carabidae, Staphilinidae) in oberfränkischen Hecken — Aktivitätsdynamik und Beziehungen zum Umland. — Unveröff. Diplomarbeit, Univ. Bayreuth, 88 S.
HERBKE, G., HÖLLER, G., HÖLLER-LAND, G. & D. WILCKE (1962): Die Beeinflussung der Bodenfauna durch Düngung. — Monogr. angew. Ent., **18**: 1 — 167.
HERGARTEN, W. (1984): Ökologische Untersuchungen der Collembolenfauna von verschiedenen bewirtschafteten Flächen am Niederrhein. — Diss. (Bonn): 216 S.
HERMOSILLA, W. (1976): Beobachtungen an der Bodenfauna von rekultivierten Böden im Braunkohlentagebaugebiet der Ville.- Decheniana, **129**: 73 — 75.
HERMOSILLA, W. (1980): Die Mesofauna verschieden alter Rekultivierungsflächen im Braunkohlentagebaugebiet der Ville.- Decheniana, **133**: 79 — 83.
HERMOSILLA, W. (1982): Sukzession und Diversität der Collembolenfauna eines rekultivierten Ackers. — I. Rev. Ecol. Biol. Sol. **19**, 2: 225 - 236.
HERMOSILLA, W., RUBIO, I., PUJALK, J. C. & A. RECA (1978): Die Wirkung der Bodenverdichtung auf die hypogäischen Zoozönosen. — Landwirtsch. Forschung, **31**: 208 — 217.
HEUNGENS, A. & E. DAELE VAN (1984): The influence of some acids, bases and salts on the mite and Collembola population of a pine litter substrate. — Pedobiologia **27**: 299 — 311.
HEYDEMANN, B. & H. MEYER (1983): Auswirkungen der Intensivkultur auf die Fauna in den Agrarbiotopen. — Schriftenreihe des Deutschen Rates für Landespflege **42**: 174 — 191.

HIRSCHMANN, W. & J. WISNIEWSKI (1982): Weltweite Revision der Gattungen *Dendrolaelaps* HALBERT 1915 und *Longeoseius* CHANT 1961 (Parasitiformes). - Acarologie **29** (I): 1 — 190; **29** (II): 1 — 48.

HIRSCHMANN, W. (1957 — 1981): Gangsystematik der Parasitiformes, Folgen 1 — 25, Bibliographie in Folge 26. Acarologie.

HOFFMANN, H. (1989): Bewährte Anbauregeln für Mais. Landwirtschaftsblatt Weser-Ems **14**.

HOFFMANN, H., KRATZ, W. & J. NEINAß (1991): Der Ködermembrantest — eine einfache Methode zur Bestimmung der tierischen Freßaktivität. — Mitt. Dtsch. Bodenkundl. Ges. **66**: 507 — 510.

HÖLLER, G. (1959): Die Wirkung der Klärschlammrotte auf die Bodenmilben. — Z. Angew. Entomol. **44**: 405 — 424.

HÖLLER, G. (1962): Die Bodenmilben des rheinischen Lößlehms in ihrer Abhängigkeit von Düngung und anderen Standortfaktoren. — Monogr. angew. Ent., **18**: 44 — 79.

HÖLLER-LAND, G. (1958): Der Einfluß des Grasmulchens auf die Kleinarthropoden des Bodens. — Z. Acker- u. Pflanzenbau, **105**: 108 - 117.

HÖLLER-LAND, G. (1962): Die Abhängigkeit der bodenbewohnenden Collembolen von Düngung und anderen Standortfaktoren unter Dikopshofer Verhältnissen. — Monogr. Angew. Entomol. **18**: 80 — 120.

HOPKIN, S. P. & H. J. READ (1992): The biology of millipedes. — Oxford University Press, Oxford, New York, Tokyo.

HOPKIN, S. P. & M. H. MARTIN (1982): The distribution of zinc, cadmium, lead and copper within the woodlouse *Oniscus asellus* (Crustacea, Isopoda). — Oecologia **54**: 227 — 232.

HOPKIN, S. P. (1989): Ecophysiology of metals in terrestrial invertebrates. Elsevier; London, New York.

HOPKIN, S. P., HAMES, C. A. C. & A. DRAY (1989): X-ray microanalytical mapping of the intracellular distribution of pollutant metals. — Microscopy and Analysis **14**: 23 — 27.

HOPKIN, S. P., WATSON, K., MARTIN, M. H. & M. L. MOULD (1985): The assimilation of heavy metals by *Lithobius variegatus* and *Glomeris marginata* (Chilopoda; Diplopoda). — Bijdr. Dierk. **55**: 88 — 94.

HUBERT, M. (1978): Données histophysiologiques complémentaires sur les bioaccumulations minérales et puriques chez *Cylindroiulus longinensis* (LEACH 1814) (Diplopode, Iuloidea). — Arch. Zool. Exp. Gen. **119**: 669 — 683.

HÜGIN, G. (1981): Die Auenwälder des südlichen Oberrheintals. Ihre Veränderung und Gefährdung durch den Rheinausbau. — Landschaft und Stadt **13**: 78 — 92.

HUHTA, V. & H. SETÄLÄ (1990): Laboratory design to simulate complexity of forest floor for studying the role of fauna in the soil processes. — Biol. Fert. Soils **10**: 155 — 162.

HUHTA, V., HYVÖNEN R., KAASALAINEN, P., KOSKENNIEMI, A., JYRKI, M., MÄKELÄ I., SULANDER, M. & P. VILKAMAA (1986): Soil fauna of Finnish coniferous forests. — Ann. Zool. Fennici **23**: 345 — 360.

HUHTA, V., HYVÖNEN, R., KOSKENNIEMI, A. & P. VILKAMAA (1983): Role of pH in the effect of fertilization on Nematoda, Oligochaeta and microarthropods. — In: LEBRUN, PH., ANDRE, H. M., DE MEDTS, A., GREGOIRE- WIBO, C. & G. WAUTHY (eds.): New Trends in Soil Biology. Proc. 8th Int. Coll. Soil Zoology, Louvain-la-Neuve, Dieu-Brichart: 61 — 73.

HUHTA, V., IKONEN, E. & P. VILKAMAA (1979): Succession of invertebrate populations in artificial soil made of sewage sludge and crushed bark. — Annales Zoologica Fennici **16**: 223 — 270.

HUMBERT, W. (1974): Localisation. structure et genèse des concrétions minérales dans le mésentéron des collemboles Tomoceridae (Insecta, Collembola). — Z. Morph. Tiere **78**: 93 — 109.

HUMBERT, W. (1977): The mineral concretions in the midgut of *Tomocerus minor* (Collembola): Microprobe analysis and physioecological significance. — Rev. Ecol. Biol. Sol **14**: 71 — 80.

HÜTHER, W. (1961): Ökologische Untersuchungen über die Fauna pfälzischer Weinbergsböden mit besonderer Berücksichtigung der Collembolen und Milben. — Zool. JB. Syst. **89**: 243 — 368.

HÜTHER, W. (1983): Collembolen-Populationen brasilianischer Regenwälder und ihre Beeinflussung durch den Menschen. — Pedobiologia **25**: 317 — 323.

HUTSON, B. R. & M. L. LUFF (1978): Invertebrate colonization and succession on industrial reclamation sites.- Sc. Proc. Roy. Dublin Soc. A **6**: 165 — 174.

HUYSMAN, F., GUNASEKARA, W.M.I.S., AVNIMELCH, Y. & W. VERSTRAETE (1989): Hydrogen consumption rate in a soil as an indicator of compaction and gas diffusion status. — Biol. Fert. Soils **8**: 231 — 234.

HYATT, K. B. & R. M. EMBERSON (1988): A review of the Macrochelidae (Acari: Mesostigmata) of the British Isles. - Bull. Br. Mus. nat. Hist. (Zool), **54**: 63 — 125.

IGLISCH, I. (1986): Hinweise zur Entwicklung von Testverfahren zum Nachweis subaktuter Wirkungen von Chemikalien.- Z. Angew. Zool. **73** (2): 199 — 218.

INESON, P. & J. M. ANDERSON (1985): Aerobically isolated bacteria associated with the gut and faeces of the litter feeding macroarthropods *Oniscus asellus* and *Glomeris marginata*. - Soil Biol. Biochem. **17**: 843 — 849.

INMAN, J. C. & G. R. PARKER (1976): The effects of heavy metal contamination on litter decomposition in northwestern Indiana. — Proc. Indiana Acad. Sci. **86**: 173 — 174.

IRELAND, M. P. (1988): Heavy metal sources, uptake and distribution in terrestrial macroinvertebrates. — In: J. C. ITURRONDOBEITIA (ed.): Biologia Ambiental. I. Serv. Editor. Univers. Pais Vasco. Bilbao: 167 — 178.

IVARSON, K. C. (1977): Changes in the decomposition rate, microbial population and carbohydrate content of an acid peat bog after liming and reclaimation. — Can. J. Soil Sci. **57**: 129 — 138.

JAEGER, G. & G. EISENBEIS (1984): ph-dependent absorption of solutions by the ventral tube of *Tomocerus flavescens* (TULLBERG, 1871) (Insecta, Collembola). — Rev. Ecol. Biol. Sol **21**: 519 — 531.

JEDICKE, E. (1990): Biotopverbund: Grundlagen und Maßnahmen einer neuen Naturschutzstrategie. Ulmer Fachbuch, Stuttgart.

JENKINSON, D. S. & D. S. POWLSON (1976): The effects of biocidal treatments on metabolism in soil — V. Soil Biol. Biochem. **8**: 209 - 213.

JENSEN, V. (1974): Decomposition of angiosperm tree leaf litter. In: DICKINSON, C.H. & G.J.F. PUGH (eds.): Biology of plant litter decomposition, Vol I. London, New York. 69 — 103.

JOCHHEIM, H. (1985): Der Einfluß des Stammablaufwassers auf den chemischen Bodenzustand und die Vegetation in Altbuchenbeständen verschiedener Waldgesellschaften. — Berichte des Forschungszentrums Waldökosysteme/Waldsterben, **13**: 1 — 255.

JOOSSE, E. N. G. & J. B. BUKER (1979): Uptake and excretion of lead by litter-dwelling collembola. — Environ. Pollut. **18**: 235 — 240.

JOOSSE, E. N. G. & S. C. VERHOEF (1983): Lead tolerance in Collembola. - Pedobiologia **25**: 229 — 235.

JOOSSE, E. N. G. (1983): New developments in the ecology of Apterygota. — Pedobiologia **25**: 217 — 234.

JORDAN, M. J. & M. P. LECHEVALIER (1975): Effect of zincsmelter emissions on forest soil microflora. — Can. J. Microbiol. **21**: 1855 — 1865.

JÖRGENSEN, R. G. (1987): Flüsse, Umsatz und Haushalt der postmortalen organischen Substanz und ihrer Stoffgruppen in Streudecke und Bodenkörper eines Buchenwald-Ökosystems auf Kalkgestein. — Gött. Bodenk. Ber. **91**: 1 — 409.

KACZMAREK, M. (1977): Comparison of the role of Collembola in different habitats. — Ecol. Bull. **25**: 64 — 74.
KÄGI, J.H.R. (1987): Metallothioneins II. Birkhäuser; Basel.
KAINEDER, H. (1990): Naturschutzgebiet Hundsheimer Berg. — Amt der niederösterreichischen Landesregierung, Abteilung II/3, Wien.
KAISER, E.-A., HEISLER, C., WALENZIK, G. & O. HEINEMEYER (1991): Einflüsse von mechanischen Bodenbelastungen auf mikrobielle Biomasseentwicklung, Collembolenfauna, Denitrifikation und Mineralisation in einem Agrarstandort. — Mitt. Dtsch Bodenkundl. Ges. **66** (1): 531 — 534.
KALLHARDT, F. (1991): Der Abbau organischer Substanz in unterschiedlich bewirtschafteten Hopfenfeldern unter besonderer Berücksichtigung des Einflusses der Mesofauna. — Diplomarbeit (Univ. München): 78 S.
KAMPMANN, T. (1991): Einfluß von landwirtschaftlichen Produktionsintensitäten auf die Milbenfauna im Ackerboden. — Verh. Ges. Ökol. **20**: 13 — 19.
KANÉ, Y. & K. MENGEL (1992): Vergleichende Untersuchungen zur Stickstoffdüngeempfehlung bei unterschiedlicher Bodenbearbeitung. - In: FRIEBE, B. (Hrsg.): Wechselwirkungen von Bodenbearbeitungssystemen auf das Ökosytem Boden. Beiträge zum 3. Symposium vom 12. — 13. Mai 1992 in Gießen: 107 — 115. Wiss. Fachverlag Dr. Fleck, Niederkleen.
KAPFER, H. & H.-R SCHULTEN (1992): Untersuchungen der organischen Bodensubstanz konventionell und alternativ bewirtschafteter landwirtschaftlicher Flächen mit Pyrolyse-Massenspektrometrie. — Agribiol. Res. **45**: 187 — 203.
KARG, W. (1961 a und b): Ökologische Untersuchungen von edaphischen Gamasiden (Acarina, Parasitiformes) Teil I und II. — Pedobiologia **1**: 53 — 74 und 77 — 98.
KARG, W. (1961): Über die Wirkung von Hexachlorcyclohexan auf die Bodenbiozönose unter besonderer Berücksichtigung der Acarina. — Nachr. Bl. Dt. Pflanzenschutzd. (Berlin) **15**: 23 — 33.
KARG, W. (1962): Über die Beziehungen von edaphischen Raubmilben zur Arthropoden- und Nematodenfauna des Bodens. — Ber. 9. Wanderv. Dtsch. Ent. Berlin, 45. Dtsch. Akad. Landwirt. wiss. Berlin, 311 — 327.
KARG, W. (1963): Die edaphischen Acarina in ihren Beziegungen zur Mikroflora und ihre Eignung als Anzeiger für Prozesse der Bodenbildung. In: DOEKSEN, J & J. VAN DER DRIFT: Soil organisms Oosterbeek. — The Netherlands: 305 — 315.
KARG, W. (1965): Bisherige Erkenntnisse über die Wirkung von Pflanzenschutzmitteln im Boden. — Nachr. Bl. Dt. Pflanzenschutzd. (Berlin) **19**: 97 — 105.
KARG, W. (1965): Entwicklungsgeschichtliche Betrachtung zur Ökologie der Gamasina (Acarina, Parasitiformes). — Zeszyty Problemowe Postepow Nauk Rolniczy, **65**: 139 — 155.
KARG, W. (1965): Larvalsystematische und phylogenetische Untersuchung sowie Revision des Systems der Gamasina Leach, 1915 (Acarina, Parasitiformes). — Mitt. Zool. Mus. Berlin, **41**: 193 — 340 pp.
KARG, W. (1967 a): Veränderungen in den Bodenlebensgemeinschaften durch die Einwirkung von Pflanzenschutzmitteln. — In: GRAFF, O. & J. E. SATCHELL (eds.):Progress in Soil Biology, Proceedings of the Colloquium on Dynamics of Soil Communities,. Friedr. Vieweg & Sohn Braunschweig: 310 — 317.
KARG, W. (1967 b): Beeinflussung der Bodenbiozönose im Forst und auf landwirtschaftlich genutzten Flächen für den Flugzeugeinsatz. — Nachr. Bl. Dt. Pflanzenschutzd. (Berlin) **21**: 169 — 175.
KARG, W. (1967): Synökologische Untersuchungen von Bodenmilben aus forstwirtschaftlich und landwirtschaftlich genutzten Böden. — Pedobiologia **7**: 198 — 214.
KARG, W. (1968): Bodenbiologische Untersuchungen über die Eignung von Milben, insbesondere von parasitiformen Raubmilben, als Indikatoren. — Pedobiologia, **8**: 30 — 39.

KARG, W. (1969): Der Einfluß verschiedener Fruchtfolgen, insbesondere mit mehrjährigem Kleegras, auf schädliche und nützliche Mikroarthropoden im Boden. — Arch. Pflanzenschutz **5**: 347 - 371.

KARG, W. (1971): Die freilebenden Gamasina (Gamasides), Raubmilben. - In: DAHL, F. & F. PEUS (Hrsg.): Die Tierwelt Deutschlands, **59**, Fischer, Jena.

KARG, W. (1982): Untersuchungen über Habitatansprüche, geographische Verbreitung und Entstehung von Raubmilbengattungen der Cohors Gamasina für ihre Nutzung als Bioindikatoren. — Pedobiologia **24**: 241 — 247.

KARG, W. (1983): Verbreitung und Bedeutung von Raubmilben der Cohors Gamasina als Antagonisten von Nematoden. — Pedobiologia **25**: 419 — 432.

KARG, W. (1986): Vorkommen und Ernährung der Milbencohors Uropodina (Schildkrötenmilben) sowie ihre Eignung als Indikatoren in Agroökosystemen. — Pedobiologia, **29**: 285 - 295.

KARG, W. (1989 a): Die Bedeutung der Beute- und Wirtsbeziehungen parasitiformer Milben für bodenbiologische Standortanalysen. — Pedobiologia, **33**: 1 — 15.

KARG, W. (1989 b): Acari (Acarina), Milben Unterordnung Parasitiformes (Anactinochaeta) Uropodina Kramer, Schildkrötenmilben. VEB Gustav Fischer, Jena.

KAULE, G. (1991): Arten- und Biotopschutz. — Stuttgart: Ulmer (UTB für Wissenschaft: Grosse Reihe).

KEMPSON, D., LLOYD, M. & R. GHELARDI (1963): A new extractor for woodland litter. — Pedobiologia **3**: 1 — 21.

KHAIRY A. H. & W. ZIECHMANN (1981): Die Veränderung von Huminsäuren in alkalischer Lösung. — Z. Pflanzenernähr. Bodenk. **144**: 407 — 422.

KILLHAM, K. & M. WAINWRIGHT (1981): Deciduous leaf litter and cellulose decomposition in soil exposed to heavy atmospheric pollution. — Environ. Pollut. (Ser. A) **26**: 79 — 85.

KISS, F. & F. JAGER (1987): Investigations on the role of the soil- mesofauna with litter-bag method under arable land conditions. — Bull. Univ. Agric. Sci. Gödöllö **1**: 99 — 104.

KJOLLER, A. & S. STRUWE (1982): Microfungi in ecosystems: fungi occurence and activity in litter and soil. — Oikos **39**: 391 — 422.

KÖCK, H. (1989): Auswirkungen von biologischem und konventionellem Ackerbau auf Flora und Fauna. — Nw. Rundschau **42**: 286 — 288.

KOEHLER, H. & H. BORN (1989): The influence of vegetation structure on the development of soil mesofauna. — Agric. Ecos. & Environm. **27**: 253 — 269.

KOEHLER, H. (1984): Methodische, ökologische und experimentale Untersuchungen zur Sukzession der Mesofauna der Abdeckschicht einer Bauschuttdeponie unter besonderer Berücksichtigung der Gamasina (Acari, Parasitiformes). — Diss., Univ. Bremen, 340 S.

KOEHLER, H. (1985): Rekultivierung als ökologisches Problem. 5. Die Entwicklung der Gamasinen — Synusie (Acari, Parasitiformes) der Deckschicht einer Bauschuttdeponie und ihre Beeinflussung durch Rekultivierungsmaßnahmen. — Verh. Ges. Ökol. Göttingen **13**: 780 — 785.

KOEHLER, H. (1991 a): The soil mesofauna of an experimental successional site as an indicator of Aldicarb application. — In: VEERESH, G.K., D. RAJAGOPAL & C.A. VIRAKTAMATH (eds.), Adavances in Management and Conservation of Soil Fauna, Oxford & IBH Publ. Co. Pvt. Ltd., Neu Delhi, Bombay, Kalkutta: 887 — 901.

KOEHLER, H. (1991 b): Zur Reproduzierbarkeit von Befunden zur Entwicklung der Bodenmikroarthropoden während der Anfangsphase von Sekundärsukzessionen. — Verh. Ges. Ökol. **19**: 99 — 104.

KOEHLER, H. (1991): A five year study on the secondary succession of gamasina on a ruderal site: the influence of recultivation. In: DUSBABEK, F. & V. BUKOVA (eds.), Modern Acarology. — Academia, Prague and SPB Academic Publishing bv, The Hague, **1**: 373 — 383.

KOEHLER, H. (1992): The use of soil mesofauna for the judgement of chemical impact on ecosystems. — Agriculture, Ecosystems and Environment, **40**: 193 — 205.

KOEHLER, H. (1993): Effects of Aldicarb on the soil biocenosis: an attempts of an interdisciplinary effort. — In: HUHTA, V & J. HAIMI (eds.), Proceedings of the XI Int. Coll. Soil Zoology, Jyväskylä, Finnland, 1992: Manuskript eingereicht.

KOEHLER, H., HOFMANN, S. & E. MUNDERLOH, (1992): The soil mesofauna of white-, grey- and brown-dune sites in Jutland (Denemark) with special reference to the Gamasina (Acari, Parasitiformes). — In: CARTER, R. W. G., CURTIS, T. G. F. & M. J., SHEEHY-SKEFFINGTON (eds.): Coastal Dunes: Geomorphology, Ecology and Management for Conservation. Rotterdam: Balkema.

KOENIES, H. (1982): Über die Eigenart der Mikrostandorte im Fußbereich der Altbuchen unter besonderer Berücksichtigung der Schwermetallgehalte in der organischen Auflage und im Oberboden. — Berichte des Forschungszentrums Waldökosysteme/Waldsterben, **9**: 1 — 288 (Nachdruck 1985).

KOGLIN, J. & L. BECK (1983): Die Wirkung von Umweltveränderungen auf die Collembolenfauna (Insecta, Apterygota) eines Buchenwaldes. — Verh. Dtsch. Zool. Ges. 1983.

KÖHLER, H.-R. & G. ALBERTI (1992): The effect of heavy metal stress on the intestine of diplopods. — Ber. nat.-med. Verein Innsbruck. Suppl. **10**: 257 — 267.

KÖHLER, H.-R. (1992): Die Dekomposition der Laubstreu durch ausgewählte Saprophagen unter Schwermetallbelastung. Effekte auf den Abbau des Fallaubes sowie ernährungsphysiologische, cytologische und biochemische Reaktionen der Tiere. Dissertation, Heidelberg.

KÖHLER, H.-R., ALBERTI, G. & V. STORCH (1991): The influence of the mandibles of Diplopoda on the food — a dependence of fine structure and assimilation efficiency. - Pedobiologia **35**: 108 — 116.

KÖHLER, H.-R., STORCH, V. & G. ALBERTI (1992 a): The impact of lead on the assimilation efficiency of laboratoryheld Diplopoda (Arthropoda) preconditioned in different environmental situations. - Oecologia **90**: 113 — 119.

KÖHLER, H.-R., TRIEBSKORN, R., STÖCKER, W., KLOETZEL, P.-M. & G. ALBERTI (1992 b): The 70 kD heat shock protein (hsp 70) in soil invertebrates: a possible tool for monitoring environmental toxicants. - Arch. Environ. Contam. Toxicol. **22**: 334 — 338.

KÖHLER, H.-R., ULLRICH, B., STORCH, V., SCHAIRER, H. U. & G. ALBERTI (1989): Massen- und Energiefluß bei Diplopoden und Isopoden. — Mitt. dtsch. Ges. allg. angew. Ent. **7**: 263 — 268.

KÖHLER, H.-R., WEIN, C., REIß, S., STORCH, V. & G. ALBERTI (eingereicht): The impact of heavy metals on mass and energy flux within the decomposition process in Central European deciduous forests: why does leaf litter material accumulate? — Ecology.

KÖHLER, K., BURYN, R. & S. KLAUTKE (in Vorb.): Räuberisch lebende Bodenmilben als Bioindikatoren für Rotteprozesse. — Unterricht Biologie 196.

KOPESZKI, H. (1992): Veränderungen der Mesofauna eines Buchenwaldes unter Säurebelastung. — Pedobiologia **36**: 295 — 305.

KOPESZKI, H., SCHALLER, F. & E. CHRISTIAN (1987): Bodenzoologische Untersuchungen im Einflußbereich des Buchen-Stammablaufs. — Bundesministerium für Wissensch. u. Forsch., Österreich, Forschungsinitiative gegen das Waldsterben, Bericht 1987, Wien.

KRANTZ, G. W. (1978): A manual of Acarology. — Oregon State University Book Stores, Corvallis, Oregon (2. Aufl.): 509 S.

TEUBEN, A. & T. A. P. J. ROELOFSMA (1990): Dynamic interactions between functional groups of soil arthropods and microorganisms during decomposition of coniferous litter in microcosm experiments. — Biol. Fertil. Soils **9**: 145 — 151.

KRATZ, W. & K. BIELITZ (1989): Streuabbau und Schwermetalldynamik (Pb, Cd) in Blatt- und Nadelstreu in ballungsraumnahen Waldökosystemen. - Verh. Ges. Ökol. (Göttingen) **17**: 473 — 478.

KRATZ, W. (1991): Cycling of nutrients and pollutants during litter decomposition in pine forests in the Grunewald, Berlin. — In: NAKAGOSHI, N. & F. B. GOLLEY (eds.): Coniferous Forest Ecology from an International Perspective. — 151-160 pp., SPB Academic Publishing, The Hague.

KRATZ, W. (1991): Dekompositionsprozesse in ballungsraumnahen Waldökosystemen unter Berücksichtigung der Elementflüsse in der Streuschicht. — Verh. Ges. Ökol. **19**: 363 — 373.

KRATZMANN, M., RUSSELL, D., LUDWIG, M., PETERSEN, U., WEIN, C., STORCH, V. & G. ALBERTI (im Druck): Untersuchungen zur Bodenarthropodenfauna zweier Buchenwaldstandorte im Einflußbereich geogener Schwermetalle. — Verh. Ges. Ökol. 22. Jahrestagung Zürich.

KRCZAL, H. (1959): Systematik und Ökologie der Pyemotiden. — In: STAMMER, H.-J.: Beiträge zur Systematik und Ökologie mitteleuropäischer Acarina. — Akademische Verlagsgesellschaft, Leipzig, I: 385 — 625.

KREUZ, E. (1963): Die Wirkung einer Klärschlammrotte auf Sandboden unter besonderer Berücksichtigung der terricolen Mesofauna. — Z. f. Landeskultur **4**: 61 — 72.

KRONBERG, I. (1983): Ökologie der Schwarzen Zone im marinen Felslitoral.- Dissertation, Mathem.-Naturwiss. Fakultät Kiel.

KRÜGER, W. (1952): Einfluß der Bodenbearbeitung auf die Tierwelt der Felder. — Z. Acker- u. Pflanzenbau, **95**: 261 — 302.

KSVO (1982): Klärschlammverordnung; AbfKlär vom 25.06. 1982.- Bundesgesetzblatt, Teil 1: 734 — 736.

LADELL, W.R.S. (1936): A new apparatus for separating insects and other arthropods from the soil. — Ann. appl. Biol. **23**: 862 — 879.

LAGERLÖF, J. & O. ANDRÉN (1985): Succession and activity of microarthropods and enchytraeids during barley straw decomposition. — Pedobiologia **28** (5): 343 — 357.

LAGERLÖF, J. & O. ANDRÉN (1988): Abundance and activity of soil mites (Acari) in four cropping systems. — Pedobiologia **32**: 129 — 145.

LAGERLÖF, J. (1987): Ecology of soil fauna in arable land. Dynamics and activity of microarthropods and enchytraeids in four cropping systems. — Dissertation, Universität Uppsala: 135 S.

LANDESANSTALT FÜR UMWELTSCHUTZ (1986 — 1990): Immissionsökologisches Wirkungskataster Baden-Württemberg.- Jahresb. 1985 d. Landesanstalt f. Umweltschutz (Institut für Ökologie und Naturschutz): 281 S.

LARINK, O. & LÜBBEN, B. (1991): Bestimmung der biologischen Aktivität von Böden mit dem Köderstreifen-Test nach v. Törne: ein Erfahrungsbericht. — Mitt. Dt. Bodenkundl. Gesellsch. **66** I: 551 — 554.

LARINK, O. et al. (1990): Klärschlamm, Schwermetalle und Bodentiere. Norddeutsche Naturschutzakademie Berichte **3**: 77 — 80.

LASEBIKAN, B.A., BELFIELD, W. & N.H.E. GIBSON (1978): Comparison of relative efficiency of methods for the extraction of soil microarthropods. — Rev. Ecol. Biol. Sol **15**: 39 — 65.

LEETHAM, J. W., J. L. DODD, J. A. LOGAN & W. K. LAUENROTH (1981): Arthropod population responses to three levels of chronic sulfur dioxide exposure in a northern mixed-grass ecosystem. II.: Aboveground arthropods.- In: PRESTON, E. M., O'GUINN, D. W. & R. A. WILS.

LEINWEBER, P. & G. REUTER (1992): The influence of different fertilization practices on concentrations of organic carbon and total nitrogen in particle-size fractions during 34 years of a soil formation experiment in loamy marl. — Biol. Fertil. Soils **13**: 119 — 124.

LEINWEBER, P. & H.-R. SCHULTEN (1993): Dynamics of soil organic matter studied by pyrolysis-field ionization mass spectrometry. — J. Anal. Appl. Pyrolysis 25 (Im Druck).
LEINWEBER, P., G. REUTER, M. KÖRSCHENS & J. GARZ (1991): Veränderungen der organischen Komponenten organisch-mineralischer Komplexe (OMK) in Dauerfeldversuchen auf Löß und lößbeeinflußten — Substraten. Arch. Acker- u. Pflanzenb. Bodenkd. 35: 85 — 93.
LEINWEBER, P., H.-R. SCHULTEN & C. HORTE (1992): Differential thermal analysis, thermogravimetry and pyrolysis-field ionization mass spectrometry of soil organic matter in particle-size fractions and bulk soil samples. — Thermochim. Acta 194: 175 — 187.
LEUTHOLD, R. (1961): Vergleichende Untersuchung der Tierwelt verschiedener Wiesenböden im oberbayerischen Raum unter besonderer Berücksichtigung der Collembolen. — Z. ang. Ent. 49: 1 — 49.
LEWIS, J. R. (1964): The ecology of rocky shores.- The English University Press, London.
LIGHTHART, B. (1980): Effects of certain cadmium species on pure and litter populations of microorganisms. — Antonie van Leeuwenhoek 46: 161 — 167.
LOCKWOOD, J. L. (1968): The fungal environment of soil bacteria. In: GRAY, T.R.G. & D. PARKINSON (eds.): The ecology of soil bacteria. Liverpool. 44 — 65.
LODHA, B. C. (1974): Decomposition of digested litter. In: DICKINSON, C. H. & G.J.F. PUGH (eds.): Biology of plant litter decomposition, Vol I. London, New York. 213 — 241.
LORENZ, R. J. (1984): Grundbegriffe der Biometrie. — Gustav Fischer, Stuttgart.
LORING, S. J., SNIDER, R. J. & L. S. ROBERTSON (1981): The effects of three tillage practices on Collembola and Acarina populations. — Pedobiologia 22: 172 — 184.
LOSSE, G. (1986): Zoocoenosen und Bodenstruktur im Stammfußbereich von Altbuchen des Eggegebirges. — Diplomarbeit, Münster.
LÜBBEN, B. & O. LARINK (1991): Auswirkungen von Klärschlämmen und Schwermetallen auf die Bodentiere unter besonderer Berücksichtigung der Collembolen. Ber. Ökol. Forsch. 6: 390 — 416.
LÜBBEN, B. (1987): Populationsentwicklung ausgewählter Bodenarthropoden auf Ackerflächen bei Neuenkirchen (SO Niedersachsen). — Diplomarbeit, Braunschweig.
LÜBBEN, B. (1991): Auswirkungen von Klärschlammdüngung und Schwermetallbelastung auf die Collembolenfauna eines Ackerbodens. - Dissertation Universität Braunschweig.
LÜBBEN, S. et al. (1990): Metal uptake and crop growths on sewage sludge field trails with heavy metal contents near the recommended limit values. — EG-COST 681 Symposium „Treatment of use of sewage sludge and liquid agricultural wastes". Athen, 1. — 4. 10. 1990.
LUDWIG, J. A. & J. F. REYNOLDS (1988): Statistical Ecology: a primer on methods and computing. — John Wiley & Sons.
LUDWIG, M. & G. ALBERTI (1988): Mineral congregations, „spherites" in the midgut gland of *Coelotes terrestris* (Araneae): Structure, composition and function. — Protoplasma 143: 40 — 50.
LUDWIG, M. (1990): Heavy metals in two agelenid spiders. — Zool. Beitr. N. F. 33: 295 — 310.
LUDWIG, M., KRATZMANN, M. & G. ALBERTI (1991): Accumulation of heavy metals in two oribatid mites. — In: F. DUSBABEK & V. BUKVA (eds.) Modern Acarology. Vol. 1. Academia, Prague & SPB Academic Publishing bv, The Hague: 431 — 437.
LUDWIG, M., KRATZMANN, M. & G. ALBERTI (1992): Observations on the proventricular glands („organes racémiformes") of the oribatid mite *Chamobates borealis* (Acari, Oribatida): an organ of interest for studies on adaptation of animals to acid soils. — Experimental & Applied Acarology 15: 49 — 57.
LUDWIG, M., KRATZMANN, M. & G. ALBERTI (in Vorb.): The influence of some heavy metals on *Steganacarus magnus* (Acari, Oribatida).

LUFF, M. L. & B. R. HUTSON (1977): Soil fauna populations. — In: HUCKETT, B. (ed.): Landscape reclamation practice, — IPC Buisness Press, Guildford: 125 — 147.

LUXTON, M. (1982): The biology of mites from beech woodland soil. — Pedobiologia 23: 1 — 8.

LUXTON, M. (1982): The ecology of some soil mites from coal shale tips.- J. app. Ecology 19: 427 — 442.

LUXTON, M. (1990): The marine littoral mites of the New Zealand region.- J. of the Royal Soc. of New Zealand 20 (4): 367 — 418.

MACFADYEN, A. (1953): Notes on methods for the extraction of small soil arthropods. — Pedobiologia 11: 40 — 45.

MACFADYEN, A. (1955): A comparison of methods for extracting soil arthropods. — In: KEVAN, D.K.McE. (ed.) Soil Zoology, Butterworths, London: 315 — 332.

MACFADYEN, A. (1961): Improved funnel-type extractors for soil arthropods. — J. Anim. Ecol. 30: 171 — 184.

MADEJ, G. & M. KUDLA (1990): Zgrupowania roztoczy rzedu Mesostigmata (Arachnida, Acari) wybranych nasypow kolejowych na terenie GOP- u.- Acta Biol. Siles., 16 (33): 9 — 23.

MADEJ, G. (1988): Analiza zgrupowan roztoczy rzedu Mesostigmata (Arachnida, Acari) trech roznych biotopow na terenie GOP.- Acta Biol. Silesiana, 10 (27): 28 — 45.

MADEJ, G. (1990): Zasiedlanie zwalowisk kopalnictwa weglowego przez roztocze z rzedu Mesostigmata (Arachnida, Acari).II. Zmiany struktury zgrupowan Mesostigmata w zaleznosci od wieku i wysokosci zwalu. Acta Biol. Siles. 16 (33): 69 — 85.

MAHUNKA, S. ((1965): Identification key for the species of the family Scutacaridae (Acari: Tarsonemini). — Acta Zool. Hung. 11: 353 — 401.

MAHUNKA, S. (1969): Beiträge zur Tarsonemini-Fauna Ungarns, VI. (Acari, Trombidiformes). — Opusc. Zool. Budapest, IX (2): 363 — 372.

MAHUNKA, S. (1972): Tetűatkak — Tarsonemina. — Fauna Hung. 18: 215 S.

MALKOMES, H.-P. (1985): Einflüsse auf Bodenflora und Bodenfauna. Berichte über Landwirtschaft: Pflanzenschutzmittel und Boden. 198. Sonderheft: 134 — 147.

MALTBY, L., SNART, J. O. H. & P. CALOW (1987): Acute toxicity tests on the freshwater isopod *Asellus aquaticus* using $FeSO_4 * 7H_2O$, with special reference to techniques and the possibility of intraspecific variation. — Environmental Pollution 43: 271 — 279.

MATHES, K. & G. WEIDEMANN (1991): Indikatoren für Ökosystembelastung. — Ber. Ökol. Forsch., Forschungszentrum Jülich, 2.

MCCARVIL, J. & L. P. MACHAN (1985): Metal resistance and metal accumulation in bacterial populations from activated sludges. In: LEKKAS, T. D. (ed.): Heavy metals in the environment. CEP Consul- tants; Edinburgh 66 — 68.

MCNEILLY, T., WILLIAMS, S. T. & P. J. CHRISTIAN (1984): Lead and zinc in a contaminated pasture at Minera, North Wales, and their impact on productivity and organic matter breakdown. — Sci. Total Environ. 38: 183 — 198.

MERIAN, E. (Hrsg.) (1984): Metalle in der Umwelt. — Verlag Chemie, Weinheim.

MICHAEL, A. D. (1884): British Oribatidae. I. — Ray Society. London: 336 S.

MIKKELSEN, J. P. (1974): Indvirkning af bly pa jordbundens mikrobiologiske aktivitet. — Tidsskrift for Planteavl 78: 509 — 516.

MINDERMAN, G. & L. DANIELS (1967): Colonization of newly fallen leaves by microorganisms. In: GRAFF, O. & J. E. SATCHELL (eds.): Progress in soil biology, Braunschweig. 3 — 9.

MITCHELL, M. J. et al. (1978): Effects of different sewage sludges on some chemical and biological characteristics of soils. — J. Environ. Qual. 7: 551 — 559.

MITTMANN, H.-W. (1980): Zum Abbau der Laubstreu und zur Rolle der Oribatiden in einem Buchenwaldboden. — Dissertation, Universität Karlsruhe: 117 S.

MITTMANN, H.-W. (1987): Lebensraum Buchenwaldboden 3. Änderungen des Elementgehaltes beim Steuabbau. Verh. Ges. Ökol. 17: 61 — 66.

MOORE, F. R. & M. LUXTON (1988): The distribution of Collembola on a coal shale heap. — Pedobiologia **31** (3/4): 157 — 168.
MOORE, J. C., INGHAM, E. R. & D. C. COLEMAN (1987): Inter- and intraspecific feeding selectivity of *Folsomia candida* (WILLEM) (Collembola, Isotomidae) on fungi. — Biol. Fertil. Soils **5** : 6 — 12.
MOORE, J. C., WALTER, D. E. & H. W. HUNT (1988): Arthropod regulation of micro- and mesobionta in below-ground detrital food webs. — Ann. Rev. Entomol. **33**: 419 — 439.
MORITZ, M. (1984): Die Besiedlung unterschiedlich behandelter Deponieabdeckschichten durch Milben. — Unveröff. Diplomarbeit, Univ. Bremen.
MOURSI, A. A. (1962): The lethal doses of CO_2, N_2, NH_3 and H_2S for soil Arthropoda. — Pedobiologia **2**: 9 — 14.
MROHS, E. (1958): Die Collembolen des Flachmistkompostes. — Z. angew. Entomol. **42**: 316 — 333.
MROHS, E. (1961): Die Tierbesiedlung des Kompostes bei Zusatz verschiedener anorganischer Düngemittel im Flachkompostverfahren nach P. Hessing. — Z. angew. Entomol. **48**: 345 — 376.
MÜHLENBERG, M. (1976): Freilandökologie. — UTB Verlag, Quelle & Meyer, Heidelberg.
MÜLLER, C. L. (1986): Untersuchungen zur Collembolenfauna der Böden begrünter und unbegrünter Weinbergsflächen des Oberen Rheingaus bei Eltville. — Diplomarbeit (Bonn): 74 S.
MYERS, N. (Hrsg.) (1985): Gaia — Der Öko-Atlas unserer Erde. — Fischer Taschenbuch, Frankfurt a. M.: 272 S.
NAGLITSCH, F. & K. STEINBRENNER (1963): Untersuchungen über die bodenbiologischen Verhältnisse in einem Futterfruchtfolge-Versuch unter spezieller Berücksichtigung der Collembolden. Pedobiologica, **2**: 252 — 264.
NAGLITSCH, F. (1966): Über die Veränderungen der Zusammensetzung der Mesofauna während der Rotte organischer Substanzen im Boden. — Pedobiologia, **6**: 178 — 194.
NEITE, H. (1987): Veränderungen des Kationenaustauschersystems in den Böden der Stammfußbereiche von Buchen. — Verh. Ges. Ökologie **16**: 291 — 295.
NICHOLSON, P. B., BOCOCK, K. L. & O. W. HEAL (1966): Studies on the decomposition of the faecal pellets of a millipede (*Glomeris marginata* (VILLERS)). — J. Ecol. **54**: 755 — 766.
NIEDBALA, W., BŁASZAK, C., BLOSZYK, J., KALISZEWSKI, M. & A. KAZMIERSKI (1982): Soil mites (Acari) of Warsaw and Masovia.- Memorab. Zool. **36**: 235 - 252.
NIELSEN, C. O. & B. CHRISTENSEN (1959): Studies on Enchytraeidae VII. The Enchytraeidae. A critical revision and taxonomy of European species. — Nat. Jutl. **8 — 9**: 1 — 160.
NORDGREN, A., BÅÅTH, E. & B. SÖDERSTRÖM (1983): Microfungi and microbial activity along a heavy metal gradient. — Appl. Environ. Microbiol. **45**: 1829 — 1837.
O'CONNOR (1962): The extraction of Enchytraeidae from soil. — In: MURPHY, P. W. (ed.), Progress in Soil Zoology, Butterworths, London: 199 — 201.
O'NEILL, R. V. (1968): Population energetics of the millipede *Narceus americanus* (BEAUVOIS). — Ecology **49**: 803 — 809.
ODUM, E. (1984): The Mesocosm. — Bioscience **34**: 558 — 562.
OLFE, G. & H. SCHÖN (1986): Bodenbelastung durch Schlepper- und Maschineneinsatz in der Landwirtschaft. KTBTL-Schrift **308**: 35 — 47.
OLIVIER, P.G. & P. A. RYKE (1969): The influence of citricultural practices on the composition of soil Acari and Collembola populations. — Pedobiologia **9**: 227 — 281.
OTTOW, J. C. G. (1984): Auswirkungen von Schadstoffbelastungen (Pestiziden, Schwermetallen) auf Bodenleben und Bodenfruchtbarkeit. — Landsch. u. Stadt **16**: 163 — 172.
PALISSA, A. (1964 a): Bodenzoologie. — Akademie Verlag, Berlin.
PALISSA, A. (1964): Apterygota — In: BROHMER, P., EHRMANN, P. & G. ULMER: Die Tierwelt Mitteleuropas, Band IV. Insekten I. Teil Apterygota. - Leipzig.

PAVLINCE, M. (1989): Faunistisch-ökologische Untersuchungen in einem Biotopmosaik im Klettgau: Hecke, Wiese, Maisfelder. — Unveröff. Lizenzarbeit, Univ. Bern.

PERSSON, T. (1988): Effects of liming on the soil fauna in forests. A literature review. — Stat. naturv., Rapport 3418. Solna: 92 S.

PETERSEN, H. & M. LUXTON (1982): A comparative analysis of soil fauna populations and their role in decomposition processes. — Oikos **39**: 286 — 388.

POPPE, R. (1990): Untersuchungen zur Stickstoffdynamik und zum Nährstoffhaushalt eines humosen Sandbodens bei organischer (Gülle) und mineralischer Düngung. — Diplomarbeit, Universität Oldenburg.

POSTHUMA, L. (1992): Genetic ecology of metal tolerance in Collembola. — Diss., Vrije Univ. Amsterdam, NL. Febodruck (Enschede): 156 S.

PRASSE, J. (1978): Die Struktur von Mikroarthropodenzönosen in Agro- Ökosystemen und ihre Beeinflussung durch Herbizide. — Pedobiologia **18**: 381 — 383.

PRESCHER, S.: Die Wirkung von Klärschlammdüngung und Schwermetallbelastung auf die Diptera eines Ackerbodens: 1. Erfassung der Brachycera. Nachr. dtsch. Ges. allg. angew. Entomologie 4: 9 — 10.

PROSI, F. & R. DALLINGER (1988): Heavy metals in the terrestrial isopod *Porcellio scaber* LATREILLE. I. Histochemical and ultrastructural characterization of metal-containing lysosomes. — Cell Biology and Toxicology **4**: 81 — 96.

PROSI, F., STORCH, V. & H. H. JANSSEN (1983): Small cells in the midgut glands of terrestrial Isopoda: Sites of heavy metal accumulation. - Zoomorphology **102**: 53 — 64.

PUGH, P.J.A. & P. E. KING (1985 a): The vertical distribution of the British intertidal Acari — The non halacarid fauna (Arachnida: Acari).- J. Zool., Lond. (A) **207**: 21 — 33.

PUGH, P.J.A. & P. E. KING (1985 b): Vertical distribution and substrate association of the British Halacaridae.- J. Nat. Hist. **19**: 961 — 968.

PUSCHNIG, M. (1991): Repräsentative Erfassung von Bodenarthropoden: Mischproben vs. Einzelproben. — Poster Jahrest. dtsch. bodenk. Ges., Bayreuth 1991.

RAJSKI, A. (1967): Autecological-zoogeographical analysis of moss mites (Acari, Oribatei) on the basis of fauna in the Poznan environs. Part I. — Polskie Pismo Entomol. **37**: 69 — 166.

RAJSKI, A. (1968): Autecological-zoogeographical analysis of moss mites (Acari, Oribatei) on the basis of fauna in the Poznan environs. Part. II. — Fragmenta Faunistica **14**: 277 — 405.

RAT VON SACHVERSTÄNDIGEN FÜR UMWELTFRAGEN (1985): Umweltprobleme der Landwirtschaft. — Sondergutachten, Kohlhammer, Stuttgart, Mainz.

RAW, F. (1955): A flotation extraction process for soil microarthropods. — In: KEVAN, D.K.McE. (ed.), Soil Zoology, Butterworths, London: 315 — 332.

RAW, F. (1962): Flotation methods for axtracting soil arthropods. — In: MURPHY, P.W. (ed.): Progress in Soil Zoology, Butterworths, London: 199 — 201.

REGH-MELCHER, B. (1990): Ökologische Untersuchungen der Milbenfauna von verschieden bewirtschafteten Böden am Niederrhein. — Dissertation, Bonn.

REIF, A. (1983): Nordbayerische Heckengesellschaften. — Hoppea, Denkschr. Regensb. Bot. Ges. **41**: 3 — 204.

REIF, A. (1984): Die vegetationskundliche Gliederung und standörtliche Kennzeichnung nordbayerischer Heckengesellschaften. - Sonderdruck aus: Laufender Seminarbeiträge **5/82**: 19 — 28.

REMANE, A. & C. SCHLIEPER (1958): Die Biologie des Brackwassers.- Binnengewässer 22. E. Schweizerbart'sche Verlagsbuchhandlung, Stuttgart.

REMMERT, H. (1984): Ökologie. — Springer, Berlin, Heidelberg, New York, Tokyo: 334 S.

REUTER, G. (1981): Zwanzig Jahre Rostocker Dauerversuche zur Humusbildung im Boden. 1. Mitteilung: Versuchsbedingungen und Entwicklung der Humusgehalte. — Arch. Acker- u. Pflanzenb. Bodenkd. **25**: 277 — 285.

REUTER, G. (1991): 35 Jahre Rostocker Dauerversuche. I. Entwicklung der Humusgehalte. II. Entwicklung chemischer Bodeneigenschaften. — Arch. Acker- u. Pflanzenb. Bodenkd. **35**: 357 — 374.

RIPPLINGER, E. (1992): Vergleichende Untersuchung der Isopoden- und Diplopodenfauna unterschiedlich bewirtschafteter Auwaldstandorte. - Diplomarbeit, 197 S., Universität Heidelberg.

ROSCHE, O. (1987): Einfluß von mineralischer Stickstoffdüngung und Herbizidapplikation auf die Struktur endogäischer Collembolen- und Milbengemeinschaften eines Agro-Ökosystems. — Diss. (Univ. Halle): 149 S.

RÖSER, B. (1988): Saum — und Kleinbiotope. Ökologische Funktion, wirtschaftliche Bedeutung und Schutzwürdigkeit in Agrarlandschaften. — EcoMed, 258 S.

ROSER-HOSCH, S., STREIT, B., MEYER, M. & H. STICHER (1982): Besiedlungsdichten von Mikroarthropoden im Verlaufe der Kompostierung von Rindermist. — Schweiz. landw. Forsch. **21**: 49 — 65.

RÖSKE, H. & O. LARINK (1990): Collembolenfauna auf unterschiedlichen landwirtschaftlich genutzten Flächen. — Verh. d. Ges. f. Ökologie **19** (2): 268 — 275.

ROTHER, J. A., MILLBANK, J. W. & I. THORNTON (1982): Seasonal fluctuations in nitrogen fixation (acetylene reduction) by free-living bacteria in soils contaminated with cadmium, lead and zinc. — J. Soil Sci. **33**: 101 — 113.

ROTTER, M. & G. KNEITZ (1977): Die Fauna der Hecken und Feldgehölze und ihre Beziehung zur umgebenden Agrarlandschaft. — Waldhygiene, **12** (1-3): 1 — 82.

RÜHLING, Ä. & G. TYLER (1973): Heavy metal pollution and decomposition of spruce needle litter. - Oikos **24**: 402 — 416.

RUSEK, J. (1975): Die bodenbildende Funktion von Collembolen und Acarina. — Pedobiologia **15**: 299 — 308.

RYABININ, N. A. (1990): Succesion of Oribatid Mites in Quarry Dumps.-

SACHS, L. (1974): Angewandte Statistik. Planung und Auswertung, Methoden und Modelle. — Berlin, Heidelberg, New York. Springer.

SACHSE, B. (1978): Kalkulation der Zersetzungsleistung von Collembolen und Milben in einem Ackerboden. — Pedobiologia **18**: 384 - 388.

SACHSSE, J. (1959): Vergleichende Untersuchungen der Tierwelt bei verschiedenen Kompostierungsverfahren während des gesamten Rotteprozesses. — Dissertation, München, 80 S.

SADAR, M.A. (1980): The abundance and trophic habits of the Mesostigmata (Acari) of the soil of grazed grassland. PhD thesis, Univ. Nottingham, Sutton Bonington.

SALT, G. & F.S.J. HOLLICK (1944): Studies of wireworm populations. — Ann. appl. Biol. **31**: 53 — 64.

SANWALD, J. & P. THORBRITZ (1988): Unser Boden — unser Leben. — Moewing, Rastatt.

SARDAR, M. A. & P. W. MURPHY (1987): Feeding test of grassland inhabiting Gamasine predators. — Acarologia **28**: 117 — 121.

SATCHELL, J. E. (1971): Soil fauna studies. — Bull. Ecol. Res. Comm. Stockholm **14**: 158 — 160.

SCHAEFER, M. & J. SCHAUERMANN (1990): The soil fauna of beech forests: comparison between a mull an a moder soil. — Pedobiologia **34**: 299 - 314.

SCHAEFER, M. (1974): Auswirkungen natürlicher und experimenteller Störungen in Grenzzonen von Ökosystemen, untersucht am Beispiel der epigäischen Arthropodenfauna. — Pedobiologia **14**: 51 — 60.

SCHAEFER, M. (1985): Waldschäden und die Tierwelt des Bodens. — Allgemeine Forstzeitschrift **27**: 676 — 679.

SCHAEFER, M. (1990): The soil fauna of a beech forest on limestone: Trophic structure and energy budget. — Oecologia **82**: 128 — 136.

SCHÄFER, H. (1986): Streuabbauverzögerung durch Akkumulation von Schadstoffen in Buchenwäldern. — Verh. Ges. Ökologie **14**: 309 — 318.

SCHÄFER, H. (1987): Auswirkungen der Bodenversauerung und Schwermetallakkumulation in Wäldern auf die CO_2-Produktion und Dekomposition der Streu. — Verh. Ges. Ökol. (Gießen) **16**: 279 — 290.

SCHÄFER, H. (1988): Auswirkungen der Deposition von Luftschadstoffen auf die Streuzersetzung in Waldökosystemen — Eine Fallstudie an den durch Stammablaufwasser stark säure- und schwermetallbelasteten Baumfuß-Bodenbereichen alter Buchen. — Berichte des Forschungszentrums Waldökosysteme/Waldsterben, Reihe A, **37**: 1 — 244.

SCHALLER, F. (1950): Biologische Beobachtungen an humusbildenden Bodentieren, insbesondere an Collembolen. — Zool. Jb. **78**: 506 — 525.

SCHALLER, F. (1962): Die Unterwelt des Tierreichs. — Springer, Berlin, Göttingen, Heidelberg: 126 S.

SCHALLER, F. (1981): Quantitative oder Qualitative Ökologie? — Beispiel: Die Collembolen im Wirkungsgefüge des Bodens. — Mittlg. a. d. Ergänzungsstudium Ökol. Umweltsicherung. 7, Gesamthochschule Kassel. 1 — 15.

SCHAUERMANN, J. (1977): Zur Abundanz- und Biomassedynamik der Tiere in Buchenwäldern des Solling. — Verh. Ges. Ökol. 1976: 113 — 124.

SCHEELE, M. & M. VERFONDERN (Hrsg.) (1988): Auffindung von Indikatoren zur prospektiven Bewertung der Belastbarkeit von Ökosystemen. — Jül-Spez **439**, KFA Jülich.

SCHEFFER, F. & P. SCHACHTSCHABEL (1984): Lehrbuch der Bodenkunde. — 11 neubearb. Aufl., Stuttgart: Ferdinand Enke Verlag, 442 S.

SCHEU, S. & V. WOLTERS (1991 a): Influence of fragmentation and bioturbation on the decomposition of C-14-labelled beech leaf litter. — Soil Biol. Biochem. **23**: 1029 — 1034.

SCHEU, S. & V. WOLTERS (1991b): Buffering of the effect of acid rain on decomposition of C-14-labelled beech leaf litter by saprophagous invertebrates. — Biol. Fert. Soils **11**: 285 — 289.

SCHEU, S. (1987): Microbial activity and nutrient dynamics in earthworm casts (Lumbricidae). — Biol. Fert. Soils **5**: 230 — 234.

SCHEUCHER, R. (1957): Systematik und Ökologie der deutschen Anoetinen. In: H. J. STAMMER (Hrsg.): Beiträge zur Systematik und Ökologie Mitteleuropäischer Acarina, Bd. I, Geest u. Portig, 233 — 381, Leipzig.

SCHEUER, M. (in Vorb): Arbeitstitel: Untersuchung der relativen Effizienz verschiedener Extraktionsregimes bei der Extraktion von Gamasina (Acari) (MACFADYEN-Apparatur). — Diplomarbeit Uni. Bremen, FB 2.

SCHICK, H. (1987): Immissionsökologisches Wirkungskataster Baden- Württemberg, Collembolenfauna.- Heidelberg (unveröffentlicht), S. 294.

SCHICK, H. (1990): Collembolen als Bioindikatoren zur Beurteilung von Immissionseinwirkungen auf Waldökosysteme.- Dissertation Universität Heidelberg.

SCHICK, H. (1990): Sonderuntersuchungen an Walddauerbeobachtungsflächen: Collembolen; In: LANDESANSTALT FÜR UMWELTSCHUTZ: Immissionsökologisches Wirkungskataster Baden-Wütemberg.- Jahresbericht 1989 der Landesanstalt für Umweltschutz (Institut für Ökologie und Naturschutz), 198 S.

SCHIMITSCHEK, E. (1938): Einfluß der Umwelt auf die Wohndichte der Milben und Collembolen im Boden. — Z. angew. Ent., **24**: 216 — 247.

SCHINNER, F. (1986): Die Bedeutung der Mikroorganismen und Enzyme im Boden. — Veröff. Landwirtsch. chem. Bundesanst. Linz/Donau **18**: 15 - 39.

SCHINNER, F., ÖHLINGER, R. & E. KANDELER (1991): Bodenbiologische Arbeitsmethoden. Springer Verlag, Berlin, Heidelberg, New York: 213 S.

SCHLESINGER, W. H. (1990): Biogeochemistry. An analysis of global change. — Academic Press, San Diego, 443 S.

SCHLEUTER, M. (1981): Die Collembolenfauna des Dauerdüngungsversuches Dikopshof (Versuchsgut der Universität Bonn). — Decheniana **134**: 162 — 172.
SCHLEUTER, M. (1984): Untersuchung der Collembolenfauna verschiedener Waldstandorte des Naturparkes Kottenforst-Ville. — Dissertation, Bonn.
SCHMID, H. (1952): Nahrungswahl und Nahrungsverarbeitung bei Diplopoden (Tausendfüßlern). — Mitt. naturwiss. Ver. Steiermark **81/82**: 42 — 66.
SCHMIDT, D. & F. TEBRÜGGE (1989): Stand der Technik, Entwicklungstendenzen und Forschungsbedarf bei der Sätechnik „Mulchsaat von Getreide". — KTBL-Arbeitspapier **130**: Bodenbearbeitungs- und Bestellsysteme in der Diskussion: 32 — 47.
SCHNITZER, M. (1990): Selected methods for the characterization of soil humic substances. In: Humic substances in soil and crop sciences; Selected readings. — American Society of Agronomy and Soil Science Society of America, Madison/WI, S. 65 — 89.
SCHNITZER, M. (1991): Soil organic matter — the next 75 years. — Soil Sci. **151**: 41 — 58.
SCHÖN, H. & G. OLFE (1986): Entwicklung und Stand des Schlepper- und Maschineneinsatzes im Pflanzenbau. — KTBL-Schrift **308**: 21 — 34.
SCHRIEFER, T. (1984): Der Zusammenhang von Bodenatmung, Wasserhaushalt und Mikroklima während der Anfangsphase der sekundären Sukzession. - Dissertation Univ. Bremen, FB 2.
SCHRÖDER, M. (1984): Stickstoff-, Phosphor- und Kalium-Freisetzung im Boden nach Schädigung der mikrobiellen Biomasse durch biozide Chemikalien. — Dissertation, Universität Hannover.
SCHUBERT, R. & H. SCHUH (Hrsg.) (1980): Methodische und theoretische Grundlagen der Bioindikation (Bioindikation 1).- Martin-Luther- Universität Halle, Wissenschaftl. Beiträge 1980/24 (P8).
SCHULLER, E. (1989): Enzymaktivitäten und mikrobielle Biomassen in schwermetallkontaminierten Böden von Altlasten. — Verh. Ges. Ökol. **18**: 339 — 348.
SCHULTE, G. (1977): Die Bindung von Landarthropoden an das Felslitoral der Meere und ihre Ursachen.- Habilitationsschrift, Christian-Albrechts-Universität Kiel.
SCHULTEN H.-R. & R. HEMPFLING (1992): Influence of agricultural soil management on humus composition and dynamics: Classical and modern techniques. — Plant Soil **142**: 259 — 271.
SCHULTEN, H.-R. & M. SCHNITZER (1993): A state of the art structural concept for humic substances. — Naturwiss. **80**: 29 — 30.
SCHULTEN, H.-R. & P. LEINWEBER (1991): Influence of long-term fertilization with farmyard manure on soil organic matter: Characteristics of particle-size fractions. — Biol. Fertil. Soils **12**: 81 — 88.
SCHULTEN, H.-R. (1987): Pyrolysis and soft ionization mass spectrometry of aquatic/terrestrial humic substances and soils. — J. Anal. Appl. Pyrolysis **12**: 149 — 186.
SCHULTEN, H.-R. (1993): Analytical pyrolysis of humic substances and soils: Geochemical, agricultural and ecological consequences. — J. Anal. Appl. Pyrolysis **25** (Im Druck).
SCHULTEN, H.-R., P. LEINWEBER & G. REUTER (1992): Initial formation of soil organic matter from grass residues in a long-term experiment. — Biol. Fertil. Soils **14**: 237 — 245.
SCHULTEN, H.-R., PLAGE, B. & M. SCHNITZER (1991): A chemical structure for humic substances. — Naturwiss. **73**: 618 — 620.
SCHULZ, E. (1986): Zur Ökologie von bodenlebenden Milben (Mesostigmata: Gamasina und Uropodina) in einem Laubwald. — Unveröff. Diplomarbeit, Univ. Göttingen, 147 S.
SCHULZ, E. (1989): Abundanzdynamik der Gamasina und Uropodina (Acari: Mesostigmata) eines Kalkbuchenwaldes (zur Funktion der Fauna in einem Mullbuchenwald 13). — Verh. d. Ges. f. Ökologie (Göttingen 1987) **XVII**: 285 — 291.
SCHUSTER, R. & I. J. SCHUSTER (1977): Ernährungs- und fortpflanzungsbiologische Studien an der Milbenfamilie Nanorchestidae (Acari, Trombidiformes).- Zool. Anz. **199**: 89 — 94.

SCHUSTER, R. (1956): Der Anteil der Oribatiden an den Zersetzungsvorgängen im Boden. — Z. Morph. Öko. Tiere **45** (1): 1 — 33.

SCHUSTER, R. (1965): Die Ökologie der terrestrischen Kleinfauna des Meeresstrandes.- Verh. Deutsch. Zool. Ges. Kiel **1964**: 492 — 521.

SCHWEIZER, J. & C. BADER (1963): Die Landmilben der Schweiz. Trombidiformes. — Denkschriften der Schweizerischen Naturforschenden Gesellschaft **84** (2): 378 S.

SEASTEDT, T. R. (1984): The role of microarthropods in decomposition and mineralization processes. — Ann. Rev. Entomol. **29**: 25 — 46.

SELLNICK, M. (1960): Formenkreis: Hornmilben, Oribatei (Nachtrag). — Tierw. Mitteleur., 3 (Ergänzung): 45 — 134.

SETÄLÄ, H. & V. HUHTA (1990): Evaluation of the soil fauna impact on decomposition in a simulated coniferous forest soil. — Biol. Fert. Soils **10**: 163 — 169.

SHAW, G. G. (1970): Energy budget of the adult millipede *Narceus annularis*. - Pedobiologia **10**: 389 — 400.

SIEBENEICHER, G. E. (1985): Ratgeber für den biologischen Landbau. München. Südwest.

SIEPEL, H. & C. F. VAN DE BUND (1988): The influence of management practices on the microarthropod community of grassland. — Pedobiologia **31**: 339 — 354.

SOMMÉ, L. & W. BLOCK (1984): Ecophysiology of two intertidal mites at South Georgia.- Oikos **42**: 276 — 282.

SORGE, C., SCHNITZER, M. & H.-R. SCHULTEN (1993): Analysis of nitrogen in humic substances and soils: In-source pyrolysis-field ionization mass spectrometry and Curie-point pyrolysis-gas chromatography/mass spectrometry of amino acids. Biol. — Fertil. Soils (Im Druck).

SPAHR, H.-J. (1981): Die bodenbiologische Bedeutung von Collembolen und ihre Eignung als Testorganismen für die Ökotoxikologie.- Mitt. dtsch. Ges. allg. angew. Ent. **3**: 141.

SPALDING, B. P. (1979): Effects of divalent metal chlorides on respiration and extractable enzymatic activities of Douglas-fir needle litter. — J. Environ. Qual. **8**: 105 — 109.

SPÄTH, V. (1979): Die Rheinaue zwischen Iffezheim und Neuburgweiher. - Gutachten über Bedeutung und Schutzwürdigkeit, Ötigheim.

SPRENGEL, T. (1986): Die Doppelfüßer (Diplopoda) eines Kalkbuchenwaldes und ihre Funktion beim Abbau der Laubstreu. Dissertation, Göttingen.

SPRENGEL, T. (1989): Die Rolle der Diplopoden als saprophage Makroarthropoden in einem Kalkbuchenwald (Zur Funktion der Fauna in einem Mullbuchenwald 9). — Verh. Ges. Ökol **17**: 263 — 265.

STATISTISCHES JAHRBUCH ÜBER ERNÄHRUNG, LANDWIRTSCHAFT UND FORSTEN (1992). — Landwirtschaftsverlag, Münster-Hiltrup.

STEUBING, L. (1982): Problems of bioindication and the necessity of standadisation. In: STEUBING, L. & H.-J. JÄGER (eds.), Monitoring of air pollutants by plants. Dr. W. JAUCH, Publishers: 19 — 24, The Hague.

STÖCKER, G. & A. BERGMANN (1977): Modell der Dominanzstruktur und seine Anwendung; Modellbildung, Modellrealisierung, Dominanzklassen. — Archiv Natursch. Landschaftsf., **17** (1): 1 — 26.

STORCH, V. & U. WELSCH (1991): Systematische Zoologie. 4. Aufl. — G. Fischer, Stuttgart, New York: 731 S.

STORCH, V. (1988): Cell and environment: A link between morphology and ecology. — In: J. C. ITURRONDOBEITIA (ed.) Biologia Ambiental. I. Sev. Editor. Univers. Pais Vasco. Bilbao: 179 — 190.

STRAALEN, N.M., VAN BURGHOUTS, T.B.A., DOOUNHOF, M.J., GROOT, G.M., JANSSEN, M.P.M., JOOSSE, E.N.G., MEERENDONK, J.H., VAN, THEEUWEN, J.P.J.J., VERHOFF, H.A. & H. R.

ZOOMER, (1987): Efficiency of siad and cadmium excretion in populations of orchesella cinct.

STREIT, B., BÜHLMANN, A. & P. REUTIMANN (1985): Mites succesion in compost communities: Studies with Oribatei, Gamasina, and Uropodina. — Pedobiologia **28**: 1 — 12.

STRIGANOVA, B. R. & R. R. RACHMANOV (1972): Comparative study of the feeding activity of diplopods in Lenkoran province of Azerbaijan. - Pedobiologia **12**: 430 — 433.

STRIGANOVA, B. R. (1972): Effect of temperature on the feeding activity of *Sarmatiulus kessleri* (Diplopoda). — Oikos **23**: 197 — 199.

STROJAN, C. L. (1978 a): Forest leaf litter decomposition in the vicinity of a zinc smelter. — Oecologia **32**: 203 — 212.

STROJAN, C. L. (1978 b): The impact of zinc smelter emissions on forest litter arthropods. — Oikos **31**: 41 — 46.

STRÜVE-KUSENBERG, R. (1987): Die Asseln eines Kalkbuchenwaldes, Populationsbiologie und Nahrungsbiologie. Dissertation — Universität Göttingen.

SUTTON, S. L. & K. D. SUNDERLAND (1980): A seriologial study of arthropod predation in woodlice in a dune grassland ecosystem. — J. Anim. Ecol. **49**: 987 — 1004.

SWIFT, M. J., HEAL, O. W. & J. M. ANDERSON (1979): Decomposition in terrestrial ecosystems. Blackwell Scientific; Oxford.

TALBOT, G. (1987): Untersuchungen zur Entwicklung eines standardisierten Mortalitäts- und Reproduktionstests für Pflanzenbehandlungsmittel bei Collembolenarten. — Diplomarbeit: 182 S.

TATSUYAMA, K., EGAWA, H., SENMARU, H., YAMAMOTO, H., ISHIOKA, S., TAMATSUKURI, T. & K. SAITO (1975): *Penicillium lilacinum*: its tolerance to cadmium. — Experientia **31**: 1037.

TAYLOR, B. & D. PARKINSON (1988): A new microcosm approach to litter decomposition studies. — Can. J. Bot. **66**: 1933 — 1939.

TEBRÜGGE, F. (1987): Landwirtschaftliche Verfahren zum Bodenschutz. — Z. f. Kulturtechnik u. Flurbereinigung **28**: 175 — 183.

TEBRÜGGE; F. & H. EICHHORN (1992): Die ökologischen und ökonomischen Aspekte von Bodenbearbeitungssystemen. — In: FRIEBE, B. (Hrsg.): Wechselwirkungen von Bodenbearbeitungssystemen auf das Ökosystem Boden. Beiträge zum 3. Symposium vom 12. — 13. Mai 1992 in Gießen: 7 — 20. Wiss. Fachverlag Dr. Fleck, Niederkleen.

TEUBEN, A. & H. A. VERHOEF (1992): Relevance of micro- and mesocosm experiments for studying soil ecosystem processes. — Soil Biol. Biochem. **24**: 1179 — 1183.

THEISS, S. (1989): Optimierung der Effektivität einer modifizierten Macfadyen-Extraktions-Apparatur. — Diplomarbeit Zoolog. Inst., TU Braunschweig.

THIELE, H.-U. (1959): Experimentielle Untersuchung über die Abhängigkeit bodenbewohnender Tiere vom Kalkgehalt des Standortes. - Z. angew. Entomol. **44**: 1 — 21.

THIELE, H.-U. (1960): Gibt es Beziehungen zwischen der Tierwelt von Hecken und angrenzenden Kulturfeldern? — Z. angew. Ent. **47**: 122 — 127.

THIELE, H.-U. (1964): Ökologische Untersuchungen an bodenbewohnenden Coleopteren einer Heckenlandschaft. — Z. Morph. Ökol. Tiere **53**: 537 — 586.

THIELE, H.-U. (1968): Die Diplopoden des Rheinlandes. — Decheniana, Bonn **1/2**: 343 — 366.

TIMM, F. (1958): Zur Histochemie der Schwermetalle. Das Silbersulfidverfahren. — Dtsch. Z. Ges. Gerichtl. Med. **46**: 706 — 711.

TIMMERMANN, F. (1985): Wirkung hoher Klärschlammgaben auf Pflanzenertrag und Nährstoffgehalte im Boden. — VDLUFA- Mitteilungen **85** (2): 628 — 630.

TISCHLER, W. (1948): Biozönotische Untersuchungen an Wallhecken. — Zool. Jb. Syst. **77**: 283 — 400.

TISCHLER, W. (1949): Grundzüge der terrestrischen Tierökologie.- Vieweg, Braunschweig 220 S.

TISCHLER, W. (1950): Vergleichend-biozönotische Untersuchungen an Waldrand und Feldhecke. — Zool. Anz. Suppl. Bd. (Klatt Festschrift) 45: 1000 — 1015.
TISCHLER, W. (1953): Bodenbearbeitung und Bodenleben (Pfluggeräte im Blickpunkt des Biologen). — Umschau 20: 620 — 622.
TISCHLER, W. (1958): Synökologische Untersuchung an der Fauna der Felder und Feldgehölze. — Z. Morphol. Ökol. Tiere 47: 54 — 114.
TISCHLER, W. (1980): Biologie der Kulturlandschaft. Fischer, Stuttgart.
TITI, A. El. (1984): Auswirkung der Bodenbearbeitungsart auf die edaphischen Raubmilben (Mesostigmata: Acarina). — Pedobiologia, 27: 79 — 88.
TÖRNE, E., VON (1990 a): Assessing feeding activities of soil-living animals. I. Bait-laminatests. — Pedobiologia 34: 89 — 101.
TÖRNE, E., VON (1990 b): Schätzungen von Freßaktivitäten bodenlebender Tiere. II. Mini-Köder-Tests. — Pedobiologia 34: 269 - 279.
TOUSIGNANT, S., CODERRDE, C. & S. POPOVICH (1981): Effet du labour-hersage sur la mésofaune du sol en plantation de feullius. — Pedobiologia 31 (3/4): 283 — 291.
TRANVIK, L. & H. EIJSACKERS (1989): On the advantage of *Folsomia fimetaroides* over *Isotomiella minor* (Collembola) in a metal polluted soil. — Oecologia 80: 195 — 200.
TRAUTMANN, W. (1977): Vegetationskundliche, gewässerkundliche und avifaunistisch vorrangig erhaltenswerte Flächen der badischen Rheinaue. — Bundesforschungsanstalt für Naturschutz und Landschaftökologie, Bonn, Bad Godesberg.
TROXLER, C. (1990): Vergleichende bodenbiologische Untersuchungen in Grünland- und Ackerflächen: Mikroarthropoden (Acari, Collembola) als Bioindikatoren und mikrobielle Aktivität, insbesondere Zelluloseabbau. — Dissertation, Universität Bern: 110 S.
TÜRK, E. & F. TÜRK (1959): Systematik und Ökologie der Tyroglyphiden Mitteleuropas. — In: STAMMER, H.-J.: Beiträge zur Systematik und Ökologie mitteleuropäischer Acarina. — Akadem. Verlagsges., Leipzig, I: 3 — 231.
TYLER, G. (1972): Heavy metals pollute nature; may reduce productivity. — Ambio 1: 52 — 59.
TYLER, G. (1981): Heavy metals in soil biology and biochemistry. In: PAUL, E. A., & J. N. LADD (eds.): Soil Biochemistry, Vol. 5. Marcel Dekker; New York.
UBA (1989): Jahresbericht 1989, Umweltbundesamt, Berlin, 211 — 212.
UBA (1990): Jahresbericht 1990, Umweltbundesamt, Berlin, 238.
UCHIDA, Y., SAITO, A., KAZIWARA, H. & N. ENOMOTO, (1973): Studies on cadmiumresistant microorganisms. Part I. Isolation of cadmiumresistant bacteria and the uptake of cadmium by the organisms. — Bull. of the Faculty of Agriculture/Saga University 35: 15 — 24.
ULBER, B. (1983): Einfluß von *Onychiurus fimatus* GISIN (Collembola, Onychiuridae) und *Folsomia fimetaris* (L.) (Collembola, Isotomidae) auf *Pythium ultimum* TROW., einen Erreger des Wurzelbrandes der Zuckerrübe. — Proceedings of the VIII. Intl. Colloquium of Soil Zoology 1982: 261 — 268.
ULLRICH, B. (1984): Deposition von Säure und Schwermetallen aus Luftverunreinigungen und ihre Auswirkungen in Waldökosystemen. — In: E. MERIAN (Hrsg.) Metalle in der Umwelt. Verteilung, Analytik und biologische Relevanz. Verlag Chemie. Weinheim, Deerfield Beach/Florida, Basel: XXXS.
ULLRICH, B., MAYER, R. & P. K. KHANNA (1981): Depostion von Luftverunreinigungen und ihre Auswirkungen in Waldökosystemen im Solling. — Schr. Forstl. Fak. Univ. Göttingen. 58. J. D. Sauerländer's, Frankfurt a. M.: 291 S.
ULLRICH, B., STORCH, V. & H. U. SCHAIRER (1991): Bacteria on the food, in the intestine and on the faeces of the woodlouse *Oniscus asellus* (Crustacea, Isopoda). — Pedobiologia 35: 41 — 51.
ULLRICH, B., VOLLMER, M., STÖCKER, W. & V. STORCH (1992): Hemolymph protein patterns and coprophagous behaviour in terrestrial isopods. — J. Inv. Rep. Dev. (im Druck).

USHER, M. B. (1971): Seasonal and vertical distribution of a population of soil arthropods: Mesostigmata. — Pedobiologia 11: 27 - 39.

VAN DE BUND, C. F. (1965): Changes in the soil fauna caused by the application of insecticides. — Boll. Zoll. Agr. Bachic. 7: 185 — 212.

VAN DER KAADEN, A., BOON, J. J., DE LEEUW, J. W., DE LANGE F., SCHUYL, J. P. W., SCHULTEN, H.-R. & U. BAHR (1984): Comparison of analytical pyrolysis in the characterization of chitin. — Anal. Chem. 56: 2160 — 2164.

VAN STRAALEN, N. M. et al. (1987): Efficiency of lead and cadmium excretion in populations of *Orchesella cincta* (Collembola) from various contaminated forest soils. J. Appl. Ecol.24: 953 — 968.

VAN STRAALEN, N. M., GROOT, G. M. & H. R. ZOOMER (1986): Adaptation of Collembola to heavy metal soil contamination. In: Proceedings of the International Conference on Environmental Contamination, Amsterdam, 1986. pp. 16 — 20. Edinburgh, CEP Consultants.

VAN STRAALEN, N. M., KRAAK, M. H. S. & C. A. J. DENNEMANN (1988): Soil microarthropods as indicators of soil acidification and forest decline in the Veluwe area, the Netherlands. — Pedobiologia 32: 47 - 55.

VAN STRAALEN, N. M., SCHOBBEN, J. H. M. & R. G. M. DE GOEDE (1989): Population consequences of cadmium toxicity in soil microarthropods. — Ecotoxicol. and Environm. Safety 17: 190 — 204.

VANNIER, G. (1970) Réactions des microarthropodes aux variations de l'état hydrique du sol. — Edition CNRS, Paris: 23 — 258.

VANNIER, G. (1980): Use of microarthropods (mites and springtails) as valuable indicators of soil metabolic activity. In: Dindal, D. (eds.), Soil biology as related to land use practices. — Proc. 7th Int. Coll. Soil Zool. 592 — 603, EPA, Washington, D.C., USA.

VANNIER, G. (1987): The porosphere as an ecological medium emphasized in Professor Ghilarov's work on soil animal adaptation. — Biol. Fert. Soils.

VETTER, H. & G. STEFFENS (1986): Wirtschaftseigene Düngung. DLG-Verlag Frankfurt/Main.

VOGEL, W. (1979): Die Kleintierzusammensetzung anthropogen beeinflußter Wirtschaftsböden. — Naturwiss. Fakultät, Universität Braunschweig, als Manuskript gedruckt, 65 S.

VOLLHARDT, K. P. C. (1990): Organische Chemie. Verlag Chemie, Weinheim, 1398 S.

VORDERBRÜGGE, T. (1989): Einfluß des Bodengefüges auf Durchwurzelung und Ertrag bei Getreide — Untersuchungen an rekultivierten Böden und einem langjährigen Bodenbearbeitungsversuch. — Dissertation, Universität Gießen. Giessener Bodenkundliche Abhandlungen 5: 320 S. Wiss. Fachverlag Dr. Fleck, Niederkleen.

WAITZBAUER, W. (1990): Die Naturschutzgebiete der Hundsheimer Berge in Niederösterreich. Wien. — Zool.-Bot. Ges. Österreich.

WALDZUSTANDSBERICHT DES BUNDES (1991): Ergebnis der Waldschadenserhebung (Hrsg. vom Bundesministerium für Ernährung, Landwirtschaft und Forsten).

WALLWORK, J. A. (1970): Ecology of Soil Animals. — 283 pp., McGraw- Hill, London, New York, Sidney, Toronto, Mexico.

WALLWORK, J. A. (1976): The distribution and diversity of soil fauna.- London, 355 S.

WARBURG, M. R. (1984): The Effect of Climate on the Distribution and Abundances of Isopods. — Symp. Zool. Soc. Lond. 53: 339 — 367.

WEARY, G. C. & H. G. MERRIAM (1978): Litter decomposition in a red maple woodlot under natural conditions and under insecticide treatment. — Ecology 59: 180 — 184.

WEBB, D. P. (1977): Regulation of deciduous forest litter decomposition by soil arthropod feces. In: MATTSON, W. J. (ed.): The role of arthropods in forest ecosystems. Springer; Berlin, Heidelberg, New York. 57 — 69.

WEBER, G. (1990): Die Wirkung von Klärschlammdüngung und Schwermetallbelastung auf die Diptera eines Ackerbodens: 2. Erfassung der Nematocera-Imagines und Auswertung von Köderversuchen. Nachr. dtsch. Ges. angew. Entomologie **4**: 10 — 11.

WEIDEMANN, G. & K. MATHES (1991): Beurteilung und Bewertung der Wirkung von Pflanzenschutzmitteln auf den Naturhaushalt. In: REHBINDER, E. (Hrsg.): Bremer Kolloquiun über Pflanzenschutz (Tagungsband), Umweltrechtliche Studien, Werner, Düsseldorf, **9**: 85 — 92.

WEIDEMANN, G., K. MATHES & H. KOEHLER (1988): Bezugsökosystem Ödland unter Pestizidbelastung. — In: SCHEELE, M. & M. VERFONDERN (Hrsg.), Auffindung von Indikatoren zur prospektiven Bewertung der Belastbarkeit von Ökosystemen, Jül-Spez **439**, KFA Jülich: 7 — 223.

WEIGMANN (1982): Die Berliner Hornmilbenfauna (Acari, Oribatei). Zur Frage des Artenschutzes von Bodentieren. — In: Landschaftsentw. Umweltf. Nr. **11**.

WEIGMANN, G. (1989): Schadstoffbelastung und Bodentiere. — In: M. HORBERT (Hrsg.) Waldschäden: Ursachen und Konsequenzen. Beiträge zum Fachbereichstag 1987. Landschaftsentw. Umweltf., Schriftenr. FB Landschaftsentw. TU Berlin **59**: 141 — 161.

WEIGMANN, G., GRUTTKE, H., KRATZ, W., PAPENHAUSEN, U. & G. RICHTARSKI (1985): Zur Wirkung von Umweltchemikalien auf den Abbau von *Solidago gigantea*- Streu. — Verh. Ges. Ökol. (Bremen) **13**: 631 — 636.

WEIL, R. R. & W. KROONTJE (1979): Effects of manuring on the arthropod community in an arable soil. — Soil Biol. Biochem. **11**: 669 — 679.

WEIL, R. R. & W. KROONTJE (1979): Organic Matter Decomposition in a Soil Heavily Amended with Poultry Manure. — Journal of environmental quality **8**: 584 — 588.

WEIN, C. (1991): Untersuchungen zur Diplopodenfauna und zum Verlauf der Dekomposition in Buchenwäldern unterschiedlicher Schwermetallbelastung. Diplomarbeit, Heidelberg.

WEISS, B. & O. LARINK (1991): Influence of sewage sludge and heavy metals on nematodes in an arable soil. — Biol. Fertil. Soils **12**: 5 - 9.

WESSÉN, B. (1983): Decomposition of some forest leaf litters and barley straw — some rate-determining factors. — Dissertation, Universität Uppsala: 110 S.

WEYDA, F. (1974): Coxal vesicles of Machilidae. — Pedobiologia **14**: 138 — 141.

WHELAN, J. (1978): Acarine succession in grassland on cutaway raised bog.- Pedobiologia **30**: 419 — 424.

WIEDER, R. K. & G. E. LANG (1982): A critique of the analytical methods used in examining decomposition data. — Ecology **63**: 1636 — 1642.

WIESER, W. & J. KLIMA (1969): Compartimentalization of copper in the hepatopancreas of isopods. — Mikroskopie **24**: 1 — 9.

WIESER, W. (1979): Schwermetalle im Blickpunkt ökologischer Forschung. — Biol. in unserer Zeit **3**: 80 — 89.

WILCKE, D. E. (1963): Untersuchungen über den Einfluß von Bodenverdichtungen auf das tierische Edaphon landwirtschaftlich genutzter Flächen. — Z. Acker- u. Pflanzenbau, **118**: 1 — 44.

WILLIAMS, S. T., MCNEILLY, T. & E.M.H. WELLINGTON (1977): The decomposition of vegetation growing on metal mine waste. — Soil Biol. Biochem. **9**: 271 — 275.

WILLMANN, C. (1931): Moosmilben oder Oribatiden. — In: DAHL, F., DAHL, M. & H. BISCHOFF: Die Tierwelt Deutschlands, **22**. Teil: Spinnentiere oder Arachnoidea, V.: Acarina (Allgemeine Einführung). — Oribatei (Cryptostigmata): 79 — 200.

WILSON, E. O. (1987): The little things that run the world (The importance and conservation of invertebrates). — Conservation Biology **1**: 344 — 346.

WILSON, M. A. (1987): NMR techniques and applications in geochemistry and soil chemistry. — Pergamon Press, Oxford.

WINDHORST, H. W. (1984): Der Agrarwirtschaftsraum Südoldenburg im Wandel. — Die Violette Reihe **3**, Cloppenburg.
WINTER, J. P., VORONEY, R. P. & D. A. AINSWORTH (1990): Soil microarthropods in long-term no-tillage and conventional tillage corn production. — Ca. J. Soil Sci. **70**: 641 — 653.
WITTASSEK, R. (1987): Untersuchungen zur Verteilung des Kupfers in Boden, Vegetation und Bodenfauna eines Weinbergökosystems. — Diss. (Bonn)
WITTE, H. (1975): Funktionsanatomie der Genitalorgane und Fortpflanzungsverhalten bei den Männchen der Erythraeidae (Acari, Trombidiformes).- Z. Morph. Tiere **80**: 137 — 180.
WOAS, S. (1986): Beitrag zur Revision der Oppioidea sensu BALOGH, 1972 (Acari, Oribatei). — Andrias **5**: 21 — 224.
WOLF-ROSKOSCH, F. (1983): Standardisierte Testverfahren zur Prüfung der akuten Toxizität von Umweltchemikalien an Springschwänzen (Collembola), unter besonderer Berücksichtigung von *Folsomia candida*.- Texte Umweltbundesamt: Ökotoxikologische Testverfahren.
WOLTERS, V. & R. G. JOERGENSEN (1991): Microbial carbon turnover in beech forest soils at different stages of acidification. — Soil Biol. Biochem. **23**: 897 — 902.
WOLTERS, V. & S. SCHEU (1987): Die Wirkungen von sauren Niederschlägen auf die Leistungen von Bodentieren. — Spez. Ber. Jülich **413**: 336 — 340.
WOLTERS, V. (1983): Ökologische Untersuchungen an Collembolen eines Buchenwaldes auf Kalk. — Pedobiologia **25**: 73 — 85.
WOLTERS, V. (1989): Die Zersetzernahrungskette von Buchenwäldern: Untersuchungen zur ökosystemaren Bedeutung der Interaktion zwischen Bodentieren und Mikroflora (Zur Funktion der Fauna in einem Mullbuchenwald 2). — Verh. Ges. Ökol. **17**: 213 — 219.
WOLTERS, V. (1991 a): Soil invertebrates — Effects on nutrient turnover and soil structure A Review. — Z. Pflanzenernähr. Düng. Bodenkd. **154**: 389 — 402.
WOLTERS, V. (1991 b): Effects of acid rain on leaf-litter decomposition in a beech forest on calcareous soil. — Biol. Fert. Soils **11**: 151 — 156.
WOLTERS, V. (1991 c): Biological processes in two beech forest soils treated with simulated acid rain — A laboratory experiment with *Isotoma tigrina* (Insecta, Collembola). — Soil Biol. Biochem. **23**: 381 — 390.
WOLTERS, V., SPRENGEL, T., VANSELOW, M. & S. SCHEU (1989): Bodentiere als Steuergrößen für die Zusammensetzung und Leistungsfähigkeit der Zersetzergemeinschaft von Waldökosystemen — Perspektiven für einen integrierten Forschungsansatz. — Ber. Forschungsz. Waldökosysteme Reihe A **49**: 153 — 157.
WOOD, T. G. (1971): The distribution and abundance of *Folsomia deserticola* (Collembola: Isotomidae) and other microarthropods in arid and semiarid soils in Southern Australia, with a note on nematode populations. — Pedobiologia **11**: 446 — 468.
ZACHARIAE, G. (1965): Spuren tierischer Tätigkeit im Boden des Buchenwaldes. — Forstwiss. Forsch. (Beihefte Forstwiss. Centralbl.) **20**: 1 — 68.
ZERLING, L. (1990): Zur Sukzession von Kleinarthropoden, insbesondere Collembolen im Bodenbildungsprozess auf einer landwirtschaftlich genutzten Braunkohlenkippe bei Leipzig.- Pedobiologia **34**: 315 — 335.
ZHULIDOV, A. V. & N. A. DUBOVA (1988): Mercury and cadmium accumulation by *Rossiulus kessleri* (Diplopoda) at various levels of metals in food. — Ekologiya (Sverdlovsk) **19**: 86 — 88.
ZIEGLER, F. & W. ZECH (1989): Zum Einfluß abiotischer und biotischer Faktoren auf die Biodegradation organischer Substanzen unter Laborbedingungen. — Verh. Ges. Ökol. **18**: 815 — 818.
ZWÖLFER, H. & D. STECHMANN (1989): Struktur und Funktion von Feldhecken in tierökologischer Sicht. — Verh. d. Ges. f. Ökologie **XVII**: 643 — 656.

ZWÖLFER, H. , G. BAUER, G. HEUSINGER & D. STECHMANN (1984): Die tierökologische Bedeutung und Bewertung von Hecken. — Beiheft 3, Teil 2, ANL (Ber. Akademie für Naturschutz und Landespf.), Laufen/Salzach. 155 S.

ZWÖLFER, H., BAUER, G. & G. HEUSINGER (1981): Ökologische Funktionsanalyse von Hecken und Flurgehölzen — Tierökologische Untersuchungen über die Struktur und Funktion biozönotischer Komplexe. — Schlußbericht des Lehrstuhls Tierökologie (Universität Bayreuth) an das Bayerische Landesamt für Umweltschutz in München, unpubl., 422 S.

Resolution der AG Bodenmesofauna

Die Arbeitsgemeinschaft Bodenmesofauna, die annähernd einhundert mit und über Klein-Bodentiere arbeitende Bodenzoologen vereinigt (vgl. Pedobiologia 33, 1989), hielt ihre diesjährige Plenarsitzung in Braunschweig ab (November 1990). Das Plenum beauftragte die Autoren, die Diskussion um die Situation der bodenmesofaunistischen Forschung in Deutschland zusammenzufassen. Die Deutsche Bodenkundliche Gesellschaft legte ein entsprechendes Memorandum für die gesamte Bodenbiologie vor („Memorandum Bodenbiologie", DBG, März 1991).

Die Bedeutung des Bodens für unsere Lebensqualität rückt zunehmend in das öffentliche Bewußtsein. Großflächige Veränderungen des Bodenlebens und des ökologischen Gefüges im Boden, die bekannter- oder möglicherweise in naher Zukunft die Bodenfruchtbarkeit und andere wesentliche Funktionen des Bodens beeinträchtigen können, werden jedoch mangels spektakulärer und dramatischer Erscheinungsform nicht erkannt.

Boden ist „entscheidend durch den Tatbestand der Belebtheit geprägt. Darüberhinaus ist der Boden in seiner Entstehung, Entwicklung und Erhaltung vollständig von der Mitwirkung von Lebewesen oder biologischen Vorgängen abhängig" (Rat von Sachverständigen für Umweltfragen, 1985: Umweltprobleme der Landwirtschaft: 1.1.3.1.,24.). Ein wesentlicher Bestandteil des Bodenlebens in struktureller als auch in funktioneller Hinsicht ist die Bodenmesofauna. In zahlreichen Untersuchungen sind die guten Indikatoreigenschaften der Bodenmesofauna oder einzelner ihrer Gruppen belegt. Diese Eigenschaften werden in gesetzlich vorgeschriebenen Tests routinemäßig genutzt (ISU-DIN, OECD). Die Eignung der Bodenmesofauna für eine Indikation von Bodenqualität oder von Auswirkungen anthropogener Eingriffe/Belastungen beruht auf ihrer großen taxonomischen und funktionellen Vielfalt.

Die Kenntnis der ökologischen Funktion der Bodenmesofauna, d.h., ihrer Interaktionen im Ökosystem, eröffnet die Möglichkeit einer Beurteilung der beobachteten Veränderungen. Diese gestaltet sich z. Zt. noch schwierig, da die Bedeutung der Bodenmesofauna weniger in ihrem Anteil an quantitativen Größen (Biomasse, Energiefluß, pool-Größen von Bioelementen), als in ihrer differenzierten steuernden Beeinflussung von Stoffflüssen liegt.

Trotz der erkannten essentiellen Bedeutung der Bodenmesofauna für die Bodenqualität wurde ihr in der Vergangenheit keinerlei Schutzwürdigkeit zuerkannt. Erst die Bodenschutzkonzeption der Bundesregierung (1985) fordert hier eine Änderung.

Bodenökologische Forschung beinhaltet die Untersuchung sowohl der Struktur als auch der Funktion des Ökosystems Boden. Die Klärung funktionaler Zusammenhänge ist ohne detaillierte Kenntnis der Biologie und Ökologie der beteiligten Arten nicht möglich. Damit sind wesentliche Forschungsinhalte angedeutet: Arbeiten zur Artenkenntnis (Taxonomie) der Bodenorganismen, zu ihrer Biologie und zu ihren Interaktionen. Die zentrale Bedeutung dieser Forschungsinhalte spiegelt sich nicht in der Förderungspolitik wider (s.u.). Dies ist umso bedauerlicher, als diese Forschungen die Grundlage zu einem im Rahmen des Bodenschutzes dringend benötigten Bewertungssystem für Böden legen, entsprechend dem Saprobiensystem für Fließgewässer.

Die Stellung der Bodenmesofaunistik innerhalb der Bodenbiologie entspricht nicht ihrer Bedeutung. Dies wird deutlich an der katastrophalen Stellensituation (kaum Planstellen) als auch an der außerordentlich geringen Berücksichtigung der Bodenmesofauna in biologischer und bodenkundlicher Ausbildung und Praxis. Auf den seit 1984 jährlich stattfindenden Plenen der AG Mesofauna wurden grundlegende Defizite der Förderungs- und Forschungspolitik deutlich:

1. Erfassungsmethodik

Die anhaltenden Diskussionen um eine adäquate Methodik zur Erfassung der Bodenmesofauna führte 1984 zur Gründung der AG Mesofauna. Seitdem sind aus diesem Kreis mehrere Ansätze und Vorschläge erfolgt, um Methoden zu prüfen und Richtlinien zu ihrer Standardisierung zu erarbeiten (im Sinne von IOS-DIN). Von den Arbeitsgruppen für Enchytraeiden und Bodenarthropoden wurden mehrere Ringversuche zur Abschätzung der relativen Effizienz der jeweiligen Methodik durchgeführt. Es zeigte sich, daß insbesondere die experimentellen Ansätze zur Klärung methodischer Fragen nur unzureichend neben dem normalen Arbeitsbetrieb durchgeführt werden konnten. Der AG Bodenmesofauna sind andere derartige systematisch vergleichende Arbeiten nicht bekannt.

2. Taxonomie

Grundlage für alle bodenzoologischen Arbeiten ist eine exakte Determination der Arten. Nur an eindeutig bestimmten Spezies gewonnene Ergebnisse erlauben einen Vergleich mit den Resultaten anderer Forscher und lassen sich reproduzieren. Für mesofaunistische Forschungsarbeit ist zum einen die wissenschaftliche Absicherung der taxonomischen Grundlagen erforderlich, zum anderen die Erarbeitung handhabbarer Bestimmungsschlüssel. Die Bewältigung taxonomischer Aufgaben verlangt nach professionell geschulten Spezialisten. Diese sind, wie auch die hohe Mitgliederzahl der AG Mesofauna belegt, vorhanden. Doch gibt es für sie keine Arbeitsplätze noch werden solche geschaffen. Damit geht dieses Potential nicht nur der „Scientific Community", sondern der Gesellschaft insgesamt verloren.
Darüberhinaus ist die wissenschaftliche Betreuung der zur Absicherung und für Vergleichszwecke unerläßlichen zentralen Referenzsammlungen an Museen auf Grund von Personaleinsparungen aktuell oder in Zukunft gefährdet (z.B. Museum Hamburg, Staatliches Museum für Naturkunde Görlitz, British Museum London).

3. Biologie

Die bodenbiologische Kenntnis der Bodenmesofauna unserer Ökosysteme ist noch recht lückenhaft und muß unbedingt vertieft werden, um z.B. im Rahmen von Standortbegutachtungen potentielle Schädigungen erkennen oder aktuelle Schäden beurteilen zu können. Für derartige beurteilende, ökosystemorientierte Fragestellungen reicht jedoch die (z.Zt. keineswegs gewährleistete) Kenntnis des Artenbesatzes allein nicht aus. Wichtige Phänomene der Bodenmesofaunistik, die durch die Lebensäußerungen und die Aktivität der Bodentiere verursacht werden, sind erst ansatzweise verstanden; dazu gehören u. a. Aggregation, Besiedlungsmechanismen, Lebensstrategien, Verhalten, funktionale Zusammenhänge. Zur Klärung derartiger Fragen sind autökologische Untersuchungen und Arbeiten zur Biologie der jeweiligen Arten erforderlich.

4. Forschungsförderung

Bodenmesofaunistische Forschung ist häufig in bodenbiologische Großprojekte eingebettet. Bodenbiologische Forschung muß notwendigerweise interdisziplinär sein, das heißt, verschiedene Fachrichtungen wie Bodenphysik, -chemie, -mikrobiologie, -zoologie und

Botanik müssen gemeinschaftlich mit aufeinander abgestimmten Fragestellungen und Methoden arbeiten. Weiterhin ist die Langfristigkeit der Forschungsvorhaben und der Erhalt des eingearbeiteten Teams von Spezialisten erforderlich. All dies ist nur in institutionalisierten, beständigen Arbeitsgruppen möglich. Die Mesofaunistik ist bei relativ geringem apparativen Aufwand durch hohe Personalintensität gekennzeichnet. Diesem Sachverhalt wird in der Förderungspolitik nicht Rechnung getragen.

Zusammenfassend ist festzustellen, daß angesichts zunehmender Probleme mit dem Lebensgut Boden und obwohl die Bodenmesofauna einen wesentlichen Teil dieses Ökosystems darstellt, keine adäquaten Anstrengungen zur Erweiterung und Sicherung der taxonomischen Kenntnisse und zum Verständnis der Rolle der Bodenmesofauna sich abzeichnen, ja im Gegenteil, daß selbst bestehende Referenzsammlungen an Museen in ihrer Funktion, wenn nicht gar in ihrem Bestand, zunehmend gefährdet sind.

Eine kontinuierliche bodenmesofaunistische Forschung muß durch eine Änderung der Forschungsförderungspraxis gewährleistet werden. Folgende Punkte erscheinen uns von besonderer Wichtigkeit:

1. *Erhalt der vorhandenen und Schaffung neuer Planstellen für Bodenzoologie/Mesofaunistik an Universitäten, Großforschungseinrichtungen, Ämtern, Museen, etc., bzw. Umwandlung von Zeit- in Dauerstellen.*
2. *Gegenüber der bisherigen Praxis erhöhte Bereitstellung von Personalmitteln, evtl. sogar zu Lasten von Sachmitteln, um dem vergleichsweise geringen Materialaufwand, aber dem umso höheren Zeitaufwand mesofaunistischer Forschung Rechnung zu tragen.*
3. *Umfangreiche Förderung methodischer und taxonomischer Arbeiten, um die Grundlagen mesofaunistischer Forschung zu etablieren, abzusichern und zu erhalten.*
4. *Einrichtung von Stellen zur Sammlung und Ordnung bereits vorhandener Daten, sowie zum Aufbau einer Datenbankstruktur, in die künftig Daten aus mesofaunistischer Forschung eingespeist werden können.*
5. *Bereitstellung von Mitteln zur Erarbeitung eines — im Rahmen des Bodenschutzes dringend benötigten — Bewertungssystems für Böden unter Zuhilfenahme der Mesofauna.*
6. *Aufnahme der Bodenzoologie in die Grundausbildung der Studiengänge Biologie, Bodenkunde und Landwirtschaft.*

Für die AG Bodenmesofauna, Bremen, Mai 1991

Dr. Juliane Filser, Dr. Thomas Kampmann, Dr. Hartmut Koehler, Dr. Jürgen Kühle, Dipl. Biol. Andrea Ruf, Dipl.-Biol. Johannes Schettler-Wiegel